Entscheidungsorientierte Volkswirtschaftslehre

Entscheidungsorientierte Volkswirtschaftslehre

Festschrift für Gustav Dieckheuer

Herausgegeben von Matthias Göcke
und Stefan Kooths

PETER LANG
Frankfurt am Main · Berlin · Bern · Bruxelles · New York · Oxford · Wien

Bibliografische Information Der Deutschen Bibliothek
Die Deutsche Bibliothek verzeichnet diese Publikation in der Deutschen Nationalbibliografie; detaillierte bibliografische Daten sind im Internet über <http://dnb.ddb.de> abrufbar.

ISBN 3-631-54430-8

www.peterlang.de

Entscheidungsorientierte Volkswirtschaftslehre

Gustav Dieckheuer

Matthias Göcke
Stefan Kooths
(Herausgeber)

Entscheidungsorientierte Volkswirtschaftslehre

Festschrift für Gustav Dieckheuer

Vorwort

Den 65. Geburtstag von Prof. Dr. Gustav Dieckheuer am 20. Oktober 2005 nehmen die Autoren und Herausgeber zum Anlass, ihrem akademischen Lehrer und wissenschaftlichen Kollegen ihre persönliche und professionelle Verbundenheit zum Ausdruck zu bringen. Diesen Ausdruck halten Sie, lieber Leser, gerade in der Hand. Dabei kam es uns darauf an, Beiträge in einem Band zu versammeln, die das wissenschaftliche Selbstverständnis des Jubilars in besonderer Weise würdigen. Dieses Selbstverständnis ist für alle, die das Glück hatten, längere Zeit mit Gustav Dieckheuer zusammenarbeiten zu können, leicht zu interpretieren, weil er es täglich vorlebt. Ihm ist wichtig, dass sich die Volkswirtschaftslehre weder in formalen Fingerübungen verliert, die im wirtschaftspolitischen Nirwana landen, noch dass sie zur wissenschaftlich verbrämten Produktionsstätte bloßer Meinungen verkommt. Methodische Ansätze müssen daher eine ökonomisch relevante Begründung vorweisen können und wirtschaftspolitische Beratung muss wissenschaftlicher Beurteilung standhalten. Weder *l'art pour l'art* noch *l'art sans l'art* war deshalb die Nebenbedingung, unter der ökonomische Forschung und Lehre an den von ihm geleiteten Instituten stattfinden sollte. Die ökonomische Wissenschaft soll zur Problemlösung in konkreten Entscheidungssituationen beitragen und nicht ihrerseits neue Probleme um ihrer selbst willen schaffen. Uns scheint daher der Begriff der *Entscheidungsorientierten Volkswirtschaftslehre* am besten geeignet, die Sicht von Gustav Dieckheuer auf seine Wissenschaft zu beschreiben, eine Wissenschaft, die lebensnah, aber nicht banal, undogmatisch, aber nicht beliebig, modern, aber nicht traditionslos, komplex, aber nicht orientierungsfrei, theoretisch fundiert, aber nicht trocken ist, und die empirisch arbeitet, ohne deskriptiv zu bleiben, kurzum, die täglich aufs Neue faszinieren kann und jeden, der sich auf sie einlässt, in ihren Bann zu ziehen vermag.

Wer das bisherige wissenschaftliche Werk von Gustav Dieckheuer, die Vielfalt seiner inner- und außeruniversitären Lehrveranstaltungen sowie die zahlreichen von ihm betreuten Dissertationen betrachtet, stellt fest, dass sich dabei ein großes Themenspektrum aufspannt. Hierdurch dokumentiert sich eindrucksvoll sein breites ökonomisches Interesse, das durch die Schwerpunkte Makroökonomik, Außenwirtschaft und Input-Output-Analyse, die man spontan mit seinem Namen verbindet, nur unzureichend beschrieben wäre. Ein Ausschnitt aus dieser Themenvielfalt spiegelt sich in der vorliegenden Festschrift wider, in der neben den Herausgebern 39 weitere Autoren den Begriff der Entscheidungsorientierten Volkswirtschaftslehre in verschiedenen Theorie- und Politikfeldern interpretieren.

Um der Frage nachzugehen, was zur Herausbildung seines Wissenschaftsstils beigetragen haben könnte, wollen wir im Folgenden einen kurzen Blick auf seinen für einen deutschen Hochschullehrer erfrischend untypischen Lebenslauf werfen.

Angefangen hat alles am 20. Oktober 1940 im westfälischen Kamen. In den ersten 23 Jahren deutete noch nicht allzu viel auf die spätere Wissenschaftskarriere hin: Weder der Grund- und Hauptschulbesuch in Bergkamen (1947 bis 1955), noch die kaufmännische Ausbildung in Unna (1955 bis 1958) und schon gar nicht die unternehmerische Tätigkeit als Kinobetreiber in den ersten Berufsjahren, gilt doch eigene Unternehmererfahrung auch bei marktwirtschaftlich ausgerichteten VWL-Professoren weithin als entbehrlich. Vier Jahrzehnte später wird diese Tätigkeit übrigens in einer nicht-kommerziellen Variante auf einem niedrigeren Skalenniveau, dafür aber mit vertikal integrierter Filmproduktion wieder aufleben und zwar in Form faszinierender Videovorführen, die seine legendäre Reisetätigkeit dokumentieren. Auch seine spätere Leidenschaft für die Beschaffung von Beamern und Leinwänden dürfte in den frühen Berufserfahrungen ihre Wurzeln haben.

Die vierjährige Abendgymnasialzeit in Dortumund (1963 bis 1967) kennzeichnet den Beginn einer Neuausrichtung. Nach dem Abitur folgt das Studium der Volkswirtschaftslehre an der Universität Münster (1967 bis 1971) und dann geht alles plötzlich sehr schnell (zumal nach heutigen Maßstäben): 1973 promoviert er bei seinem akademischen Lehrer Jochen Schumann über das Thema *Wirkung und Wirkungsprozess der Geldpolitik* zum Dr. rer. pol. und nach nur drei weiteren Jahren erteilt ihm die Wirtschaftswissenschaftliche Fakultät der Universität Münster die Lehrbefugnis für Volkswirtschaftslehre. Seine Habilitationsschrift zum Thema *Staatsverschuldung und wirtschaftliche Stabilisierung* hat bis heute (leider) nichts von ihrer wirtschaftspolitischen Aktualität verloren – im Gegenteil.

An dieser Stelle ist dem Eindruck vorzubeugen, Gustav Dieckheuer hätte seit Beginn der 1970er Jahre nur noch ökonomische Modelle gebaut. Auch wenn sich die Anzahl der von ihm durchgeführten Wohnungsbauprojekte nicht ganz mit der seiner volkswirtschaftlichen Modelle messen kann, so ist sie gleichwohl beachtlich und ein weiteres unübersehbares Zeichen seiner Kreativität, seines unternehmerischen Tatendrangs und – wie auch bei vielen anderen Aktivitäten – des Teamworks mit seiner Frau Christa, mit der er seit 1971 verheiratet ist.

Nach der Habilitation in Münster übernahm er in den Jahren 1977/1978 eine Lehrstuhlvertretung an der Universität Saarbrücken, gefolgt von einer Gastprofessur an der Technischen Universität Berlin (1978). Rufe an die Universität Hambung, die Universität der Bundeswehr in Hamburg und die Universität Ulm (alle 1978) lehnte er ab. 1979 folgte er dem Ruf an die Universität Bamberg und übernahm dort für zehn Jahre den Lehrstuhl für Allgemeine Volkswirtschaftslehre. Die Aufgabe als Mitbegründer der Abteilung Wirtschaftswissenschaften in der Sozial- und Wirtschaftswissenschaftlichen Fakultät dürfte ihm – als willkommene Herausforderung seiner Gestaltungsfreude – die Entscheidung für Bamberg zusätzlich erleichtert haben. Der dortigen Universität hat er als Vizepräsident in den Jahren 1983 bis 1986 und von 1986 bis 1988 als Senatsmitglied gedient. Als Mitglied des Hochschulrates ist er ihr bis heute verbunden. In die Bamberger Zeit fällt auch seine Gastprofessur an der University of South Carolina in Columbia.

Nach abgelehnten Rufen an die Hochschule Lüneburg (1982) und die Universität Gießen (1985) wechselte er 1989 an die Universität Münster und wurde dort als Nachfolger von Ernst Helmstädter Direktor des Instituts für industriewirtschaftliche Forschung und der Forschungsstelle für Allgemeine und Textile Marktwirtschaft (FATM). Gleich zu Beginn setzte er mit dem neuen Schwerpunktfach *Internationale Wirtschaftsbeziehungen* Akzente für die Neuausrichtung der Volkswirtschafts-Lehre in Münster. Dem großen Erfolg dieses Schwerpunktfaches dürfte auch der Werbeeffekt seiner überaus beliebten Grundstudiumsvorlesungen zugute gekommen sein. Es hat nicht wenige Studierende gegeben, die ihre Schwerpunktentscheidung wegen der Person Gustav Dieckheuers so und nicht anders getroffen haben. Die großen Erfolge in der Lehre haben ihn indessen nicht davon abgehalten, sich weiterhin für die universitäre Selbstverwaltung zu engagieren: als Senatsmitglied (1990/1991), als Dekan (1991/1992) und schließlich als Rektor (1994 bis 1998), als der er vor allem die Internationalisierung der Universität Münster und ihre Profilierung als Forschungsstandort im Blick hatte. Nach seiner Rückkehr in den aktiven Forschungs- und Lehrbetrieb und einer Gastprofessur im japanischen Kobe wurde er 1999 Mitglied im Wissenschaftlichen Beirat im Haus der Technik in Essen. In dieser Funktion trieb er deren MBA-Programme in Kooperation mit der Wirtschaftswissenschaftlichen Fakultät der Universität Münster voran. Innerhalb der FATM hat er im Jahr 2002 mit dem Muenster Institute for Computational Economics (MICE) die erste deutsche Forschungsstelle für Volkswirtschaftsinformatik ins Leben gerufen. Vor dem Hintergrund dieser Vita überrascht es nicht, dass Gustav Dieckheuer von der Möglichkeit Gebrauch macht, seine aktive Zeit als Wissenschaftler über das 65. Lebensjahr hinaus fortzusetzen.

Eine Festschrift lebt in erster Linie vom Engagement der vielen Autoren, bei denen wir uns an dieser Stelle sehr herzlich bedanken. Als Ökonomen wissen wir auch die finanziellen Beiträge zu schätzen, mit denen derzeitige und ehemalige Doktoranden die Produktion über ein Spendenkonto unterstützt haben. Christa Dieckheuer und Heribert Woestmann danken wir für die konspirativ-vertrauensvolle Zusammenarbeit. Unsere studentischen Hilfskräfte, Dorothee Herring, René Löffler, Tatiana Pishaeva und David Rahenbrock, haben bei der Korrektur ganze Arbeit geleistet. Dank sagen wir auch den Sekretariaten des Muenster Institute for Computational Economics und des Instituts für industriewirtschaftliche Forschung, Margret Terlau und Helga Balzer, für ihre wertvolle organisatorische Unterstützung während der Verwirklichung des gesamten Vorhabens.

Unser besonderer Dank, den wir uns für den Schluss aufgehoben haben, gebührt dem Jubilar Gustav Dieckheuer, der uns als akademischer Lehrer stets ein Vorbild war und die Kombination aus Freiraum und wohlwollender kritischer Begleitung ermöglicht hat, ohne die wissenschaftlicher Fortschritt nicht denkbar ist.

Münster, im Mai 2005

Die Herausgeber

Inhaltsverzeichnis

Vorwort ... 5

I. Außenwirtschaft und Globalisierung

Länderrisikoanalyse bei Direktinvestitionen ... 15
Klaus Backhaus, Christian Braun

Globalisierungserfahrungen aus der Automobilindustrie ... 35
Ulrich Müller, Sabine Jost-Heil

A Term-Structure Model of International Interest Rate Convergence Prior to Monetary Union ... 53
Bernd Wilfling

II. Finanzmärkte und Geldpolitik

Die Zwei-Säulen-Strategie der Europäischen Zentralbank ... 83
Manfred Borchert

Problematik, Relevanz und Ursachen übermäßiger Aktienkursbewegungen ... 97
Andreas Hense, Juliane Fissahn, Ebbo Tücking

Zukünftige Erfolgs- und Ertragspotenziale für Banken ... 119
Karsten Hurcks

Optimale Portfolio- und Finanzierungsstruktur unter Risiko ... 129
Ingolf Metze

III. Arbeitsmarkt und Beschäftigung

Der Wert der volkswirtschaftlichen Ausbildung ... 165
Markus Baumgartner

Multiple Equilibria in German Employment ... 171
Ansgar Belke, Matthias Göcke

Impact of Exchange Rate Volatility on Labour Markets – A Case for Transatlantic Monetary Policy Coordination? ... 189
Ansgar Belke, Wim Kösters, Martin Leschke, Thorsten Polleit

IV. Wachstum und Demographie

Demographie und Ökonomie 217
Martin Distelkamp, Bernd Meyer, Marc Ingo Wolter

Savings, Investment and Growth: New Approaches for Macroeconomic Modelling 241
Paul J.J. Welfens

V. Wirtschafts- und Finanzpolitik

Integrierte Steuer-Transfer-Systeme 263
Thomas Apolte, Ansgar Kortenjann

Europäischer Emissionshandel 291
Gerd-Jan Krol

Ist Software anders? 315
Markus Langenfurth

Innovative Cluster – Zauberformel für eine neue Regionalpolitik? 335
Bodo Risch

Die Analyse wirtschaftspolitischer Reformvorhaben unter Berücksichtigung von Transaktions- und Systemänderungskosten 345
Frank Straube

VI. Ordnung und Wettbewerb

Do Economists Matter? 365
Norbert Eickhof, Kathrin Isele

Volkswirtschaftliches Controlling mit Hilfe des Koordinationsmängel-Diagnosekonzepts 397
Heinz Grossekettler

VII. Ethik und Recht

Corporate Citizenship: Raison d'être korporativer Akteure aus Sicht der ökonomischen Ethik 437
Johanna Brinkmann, Ingo Pies

Die Berücksichtigung ethischer Elemente in Unternehmensratings 451
Andreas Pfingsten, Boris Staeck, Norbert Sträter

The Network Structure of Illegal Firms 465
Aloys Prinz

Reichtum, Opfer und Steuern in jüdischen, christlichen, islamischen und buddhistischen Quellen 481
Jochen Schumann

VIII. Methodische Aspekte

Die Grenzen der entscheidungsorientierten Betriebswirtschaftlehre 513
Dietrich Adam

Public Private Partnership 527
Heinz Lothar Grob, Anne-Kathrin Röthemeyer

The Rationality of Rational Choice Making 547
Werner Güth, Hartmut Kliemt

Intelligente Government Support Systeme 567
Stefan Kooths

Monopolmarktmodelle bei explizit modellierten Heterogenitäten auf der Nachfrageseite 587
Eric Ringhut

Autorenverzeichnis 609

Schriftenverzeichnis von Gustav Dieckheuer 627

I. Außenwirtschaft und Globalisierung

Länderrisikoanalyse bei Direktinvestitionen

Eine systematisierende Beurteilung von Methoden zur Risikoevaluation aus einzelwirtschaftlicher Perspektive

Klaus Backhaus, Christian Braun

Zusammenfassung: Unternehmen agieren im Rahmen ihrer globalen Geschäftstätigkeit auf einer Vielzahl von Ländermärkten. Für die Ermittlung der Erfolgsaussichten der jeweiligen Geschäftsaktivitäten ist eine umfangreiche Evaluation der zunächst fremden Rahmenbedingungen unabdingbar. Dabei kommt der Länderrisikoevaluation eine ganz zentrale Bedeutung zu. Länderbewertungsmodelle versuchen, Länderrisiken systematisch abzubilden und sollen Unternehmen somit für die Unternehmenssteuerung wichtige Informationen bereitstellen. Nach einer systematisierenden Darstellung verschiedener Methoden zur Risikoevaluation kann gezeigt werden, dass letztlich kein Länderbewertungsmodell die individuellen länderbezogenen Risiken eines Unternehmens abzubilden vermag. Sie können lediglich eine allgemeine Risikoeinschätzung der Rahmenbedingungen vornehmen und stellen Informationen für die genaue Risikoeinschätzung in Unternehmen bereit. Die unternehmensbezogenen Risiken können aber erst durch die Verknüpfung von Länderbewertungsmodellen und der spezifischen Planung einzelner Geschäftsaktivitäten auf Basis von Finanzplänen abgebildet werden.

Schlüsselworte: Länderrisiken, Direktinvestitionen

1. Die Bedeutung einer umfassenden Beurteilung von Länderrisiken

Die weltwirtschaftliche Entwicklung ist seit den 1950er Jahren durch die internationale Verflechtung der Volkswirtschaften und die verstärkte grenzüberschreitende Geschäftstätigkeit von Unternehmen gekennzeichnet. Diese Phänomene fallen unter den Begriff der Globalisierung. Als zentrale ökonomische Parameter, die globalisierungstreibend wirken, sind Skaleneffekte, sinkende Transaktionskosten und die Internationalisierung der Konkurrenz zu nennen. Insbesondere aufgrund der zunehmenden internationalen Aktivitäten von Wettbewerbern stellt die Internationalisierung der Geschäftstätigkeit auf vielen Märkten keine strategische Option, sondern ein strategisches Erfordernis dar [BIERACH (1997)].[1] Der globale Wettbewerb ist für Unternehmen daher gleichzeitig mit der Bearbeitung bislang fremder Märkte mit unbekannten Rahmenbedingungen verbunden, die einen erheblichen zusätzlichen Informationsbedarf erzeugen. Dieser Informationsbedarf beinhaltet detaillierte Hinweise zu den Chancen und Risiken betrachteter Ländermärkte. Verschiedene Rechtssysteme, politische Gegebenheiten oder kulturelle Besonderheiten seien nur beispielhaft für besondere Rahmenbedingungen genannt, die Unternehmen im Ausland vorfinden und die dementsprechend die Ertragsaussichten von Unternehmen beeinflussen.

Die Gefahr finanzieller Verluste durch ökonomische, politische oder soziale Störungen sowie ökologische bzw. geografische Katastrophen wird durch Länderrisiken beschrieben [KHOURY (2003), S. 77].[2] Die Krisen in Mexiko, Argentinien und Asien sind prominente Beispiele für Länderkrisen, die von vielen Investoren nicht erkannt wurden und die zu erheblichen finanziellen Verlusten geführt haben. Sie haben zudem gezeigt, dass Krisen keinesfalls auf ein einzelnes Land beschränkt sein müssen, sondern aufgrund intensiver Verflechtungen der Volkswirtschaften ebenso auf andere Länder übergreifen können.[3]

Länderrisiken beschreiben jedoch nicht ausschließlich makroökonomische Wirkungen, sondern beeinflussen dadurch auch den Erfolg einzelner Investitionsprojekte. Das gescheiterte Engagement der Fraport AG auf den Philippinen zeigt beispielhaft, wie ein Investor die länderspezifischen Rahmenbedingungen fehlerhaft eingeschätzt und dadurch bedeutende Verluste erlitten hat. Somit können sich Unternehmen nicht auf globale Risikoindikatoren verlassen, sondern müssen Risikoeinschätzungen speziell für die jeweiligen (geplanten) Auslandsaktivitäten individuell durchführen.

Die umfassende Evaluation von Länderrisiken ist gerade bei Engagements in Ländern mit unsicheren oder fremden Rahmenbedingungen von elementarer Bedeutung für die Bestimmung der Erfolgsaussichten von Auslandsaktivitäten. Dabei dienen Länderrisikoinformationen z. B. auf Basis von Länderbewertungsmodellen als Grundlage für die Beurteilung von Ausfallwahrscheinlichkeiten von Krediten oder Finanzanlagen sowie für die Planung der internationalen Geschäftstätigkeit von Unternehmen. Insbesondere vor dem Hintergrund deutlich steigender Investitionsflüsse in „Emerging Markets“ innerhalb der vergangenen 30 Jahre wird die

---

1 BACKHAUS/BRAUN/SCHNEIDER beschreiben insbesondere in diesem Zusammenhang die Gruppe der „geborenen Globalisierer“ [BACKHAUS/ BRAUN/SCHNEIDER (2003), S. 75 f.].

2 Zu einer detaillierten Darstellung der Einflussfaktoren vgl. BOUCHET/CLARK/ GROSLAMBERT (2003), S. 16 ff.

3 Dieses Phänomen wird in der Literatur zunehmend unter dem Begriff „Contagion Effect“ diskutiert [GOLDBERG/VEITCH (2002); CLAESSENS/FORBES (2001); GLICK/ROSE (1999)].

hohe Relevanz der Risikobewertung von Ländermärkten durch Unternehmen deutlich.[1]

2. Länderrisiken bei Direktinvestitionen

Der Begriff Länderrisiko wird in der Literatur nicht eindeutig definiert. Einige Definitionen beziehen sich lediglich auf den Risikostatus einer Volkswirtschaft, andere dagegen erweitern die Risikobetrachtung auf einzelwirtschaftliche Tatbestände [SCHOLTENS (2004), S. 4 ff.]. Weitere Definitionen beschreiben auch Risiken spezifischer Formen von Auslandsengagements (z. B. Risiken bei der Kreditvergabe, Direktinvestitionen oder im Exportgeschäft) [KUMAR (1989), Sp. 914-926].[2] In Abb. 1 werden verschiedene Auslandsaktivitäten vorgestellt, bei denen unterschiedliche Länderrisiken bestehen können. Im Mittelpunkt dieses Beitrags steht der Länderrisikobegriff mit Bezug auf Direktinvestitionen von Unternehmen. Somit wird das „Private Risk" untersucht, d. h. im beschriebenen Kontext alle Risiken, die Unternehmen bei ihren ausländischen Direktinvestitionen entstehen.[3] Daher wird das Länderrisiko hier in Anlehnung an MEYER als die Gesamtheit von Verlustgefahren definiert, die einer Unternehmung durch Beeinträchtigung ihrer Auslandsaktivitäten entweder direkt aus der ökonomischen, politischen, judikativen, soziokulturellen und ökologischen bzw. geografischen Situation eines Landes selbst oder indirekt über externe Einflüsse anderer Länder entstehen [MEYER (1987), S. 16].[4]

---

1 Nachdem in „Emerging Markets" im Zeitraum von 1971-1981 im jährlichen Durchschnitt 5,3 Mrd. USD investiert wurden, stieg die Summe der ausländischen Direktinvestitionen von jährlich 12,0 Mrd. USD (1982-1989) über 62,0 Mrd. USD (1990-1996) auf jährlich 156,8 Mrd. USD im Zeitraum von 1996-2002 [DEUTSCHE BUNDESBANK (2003), S. 7 ff.].

2 Insbesondere Steurer stellt die nach Art und Höhe unterschiedlichen Länderrisiken bei verschiedenen Auslandsengagements heraus [STEURER (2000), S. 243].

3 Entgegen dem „Private Risk" beschreibt das „Sovereign Risk" das Ausfallrisiko von Krediten, die entweder direkt an einen ausländischen Staat vergeben werden oder die durch staatliche Garantien gedeckt sind [WADÉ (2003), S. 9].

4 Zur Erweiterung des Risikobegriffs um judikative und ökologische bzw. geografische Faktoren vgl. CAOUETTE/ALTMAN/NARAYANAN (1998), S. 338.

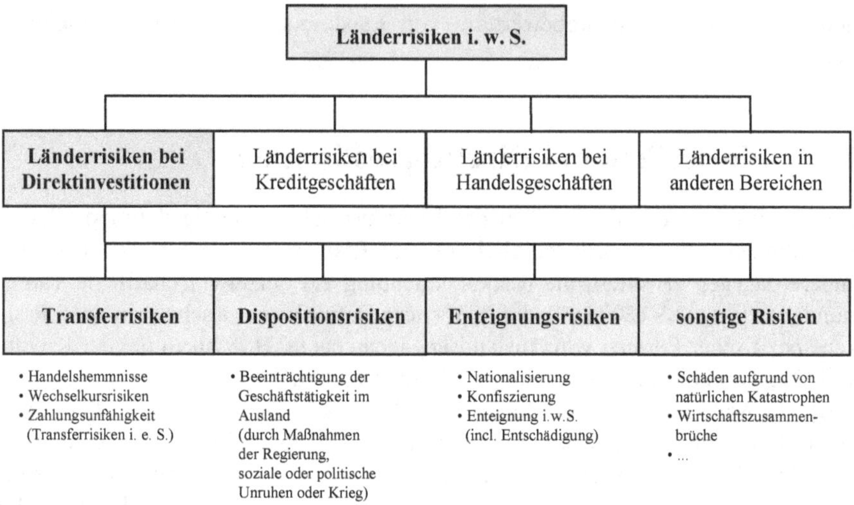

Quelle: Eigene Darstellung in Anlehnung an Wadé, M. (2003), S. 8.

Abb. 1: Systematisierung von Länderrisiken

Viele Länderrisikodefinitionen thematisieren nicht näher, ob sich Länderrisiken auf die aktuellen Rahmenbedingungen eines Landes („country quality") und/oder auf die (unerwartete) Veränderung dieser Rahmenbedingungen beziehen [SCHOLTENS (2004), S. 6]. In Bezug auf Auslandsengagements von Unternehmen werden bislang primär Transferrisiken, Dispositionsrisiken und Enteignungsrisiken als Länderrisiken bei Direktinvestitionen beschrieben, also unerwartete Störungen der Unternehmensaktivitäten [MEYER (1987), S. 16 f.]. Insbesondere im Zusammenhang mit dem Risiko ausländischer Direktinvestitionen erscheint jedoch eine differenzierte Darstellung der beiden Bereiche „country quality" und Veränderung dieser Rahmenbedingungen geboten, da die Unternehmensplanung für eine ganzheitliche Analyse der Geschäftstätigkeiten nicht nur die aktuellen Rahmenbedingungen eines Landes, sondern auch mögliche Abweichungen von diesen erwarteten Gegebenheiten berücksichtigen muss. Daher wird hier dem Ansatz von WADÉ gefolgt, der in seiner Systematisierung beide Bereiche integriert, indem er zwischen dem Makrozustand und dem Makrorisiko eines Landes differenziert.[1] Die Analyse des Länderrisikos, welches sich aus den wirtschaftlichen, politischen, soziokulturellen, ökologischen und judikativen Rahmenbedingungen eines Landes ergibt, hat dementsprechend für die umfassende Untersuchung der Auswirkungen dieser Risikofaktoren auf das Risiko eines Unternehmens beide Bereiche abzubil-

[1] Vgl. hier und im Folgenden WADÉ (2003), S. 13 ff. WADÉs Arbeit behandelt Länderrisiken bei Kreditgeschäften. Ausgangspunkt seiner Abgrenzung ist das Transferrisiko, da nach WADÉs Ausführungen in Ratingagenturen und Banken eine Gleichsetzung von Länder- und Transferrisiken innerhalb des „Private Risk" erfolgt. Hier wird das Transferrisiko jedoch als ein Bestandteil des Makrorisikos aufgefasst.

den (vgl. Abb. 2). Der Makrozustand beschreibt die aktuellen Rahmenbedingungen eines Landes. Diese bilden die Ausgangslage für die Bewertung der Erfolgsaussichten eines Auslandsengagements im wahrscheinlichsten Szenario und stellen insofern das Umfeld für das „Commercial Risk" dar. Dem Makrorisiko ordnet WADÉ alle Risikofaktoren zu, die unerwartet auf ein Unternehmen einwirken. Dieses Risiko umfasst beispielsweise einen plötzlichen Wirtschaftszusammenbruch, einen politischen Umsturz, aber auch eine geografische oder ökologische Katastrophe. Als Folgen entstehen solche Risiken, die bereits zuvor als Länderrisiken bei Direktinvestitionen identifiziert wurden: Transferrisiken, Enteignung und Dispositionsrisiken, zudem wirtschaftliche Verluste aufgrund von Wirtschaftszusammenbrüchen oder Katastrophen. Letztlich müssen bei der Bewertung eines Auslandsengagements sowohl der Makrozustand als auch das Makrorisiko eines Landes miteinbezogen werden, um das „Private Risk" einer Direktinvestition beurteilen zu können. Im weiteren Sinne umfasst das Länderrisiko folglich das Makrorisiko und den Makrozustand eines Landes.

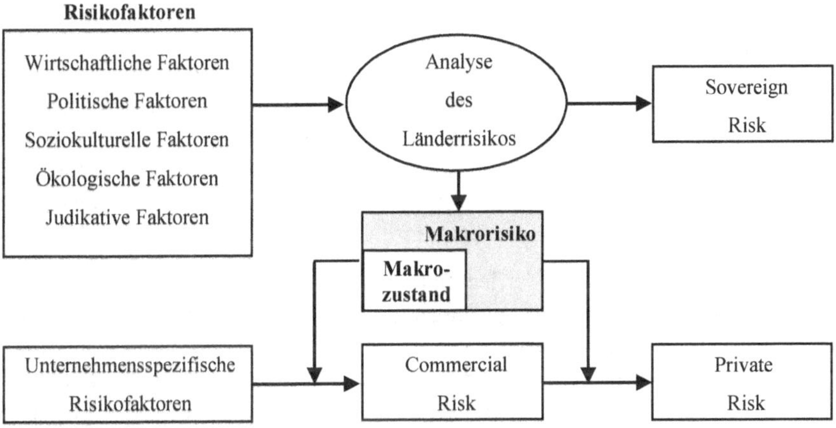

Quelle: In Anlehnung an WADÉ (2003), S. 16.

Abb. 2: Abgrenzung des Länderrisikos über das Makrorisiko

3. Aufgaben von Länderbewertungskonzepten

Die Analyse des Länderrisikos in Unternehmen erfolgt mit dem Ziel, strategische Entscheidungen des Managements im Kontext eines internationalen Marktauftritts zu unterstützen. Dies kann sich sowohl auf Markteintrittsentscheidungen als auch auf Koordinationsentscheidungen des bestehenden Auslandsengagements beziehen. Somit sind die Bedrohungen sowohl derjenigen Länder zu ermitteln, die zukünftig bearbeitet werden sollen, als auch derjenigen, die bereits Gegenstand der Internationalisierung sind. Aufgrund der unsicheren und fremden Rahmenbedingungen bezeichnen KRYSTEK und WALLDORF „Frühaufklärungsinformationen" (zu denen insbesondere die Informationen über landesspezifische Rahmenbedingungen gehören) sogar als „wahrhaft kritische Größe der Internationalisierung" [KRYSTEK/WALLDORF (2002), S. 651].

Länderbewertungskonzepte stellen die Grundlage für die Berücksichtigung von Länderrisiken in der Unternehmensplanung dar. Für die Bewertung von Länderrisiken wurde in Theorie und Praxis bereits eine Vielzahl verschiedener Bewertungsmodelle entwickelt.[1] Sie unterscheiden sich nicht nur in ihrem Aufbau und in den zugrunde liegenden Indikatoren, sondern bilden die relevanten Länderrisiken teilweise spezifisch für besondere Zielgruppen ab. So bedient beispielsweise das BERI-Institut mit dem Business Risk Service vor allem Unternehmen für die Beurteilung von Direktinvestitionsentscheidungen; mit einem weiteren Produkt, dem FORELAND-Index, werden Länderrisiken speziell für internationale Kreditgeber bewertet.

Im Sinne der zuvor erfolgten Definition sollten Länderbewertungskonzepte bei der Bewertung zum einen den Makrozustand eines Landes, also die bestehenden Rahmenbedingungen im Sinne der „country quality" berücksichtigen. Zum anderen sollten Bewertungskonzepte Änderungen der Rahmenbedingungen frühzeitig erfassen, damit Unternehmen gegebenenfalls proaktiv bestehende Auslandsaktivitäten neu ausrichten bzw. im Extremfall gänzlich beenden können. Daher ist im Rahmen der Länderbewertung eine kontinuierliche Beobachtung und Darstellung der Entwicklung des Länderrisikos erforderlich.

Aufgrund der zunehmenden Verflechtung der Volkswirtschaften müssen Länderbewertungskonzepte zudem die gegenseitige Abhängigkeit von Volkswirtschaften berücksichtigen. Dieses Erfordernis wird beispielsweise durch die auf andere Länder übertragenen Krisen in Asien und Lateinamerika verdeutlicht. Die Rückkopplungen entstehen insbesondere durch die starke regionale Verflechtung des Handels (s. Abb. 3), die zum Beispiel durch die Bildung von Wirtschaftsräumen begünstigt wird. Diese regionale Integration führt zu höheren Abhängigkeiten und kann somit zu einer Übertragung von Länderkrisen beitragen.

---

[1] Eine detaillierte Darstellung verschiedener Länderrisikobewertungsmodelle erfolgt in Kapitel 4.

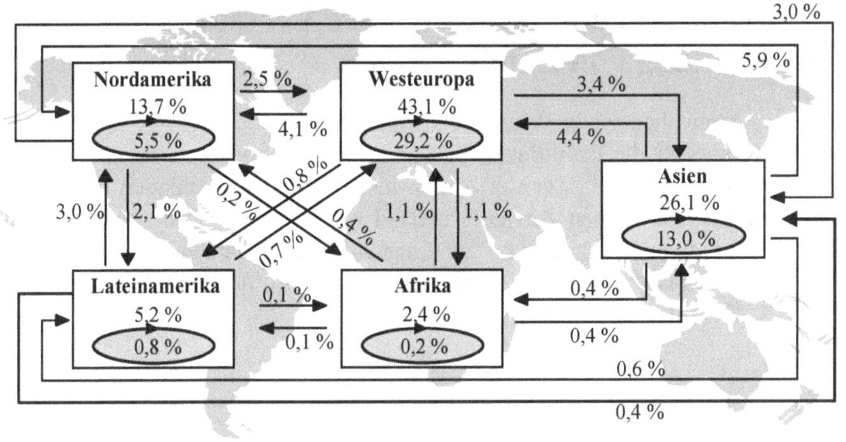

Quelle: BACKHAUS/BÜSCHKEN/VOETH (2003), S. 27; WORLD TRADE ORGANIZATION (2004).

Abb. 3: Regionale Verflechtung des Welthandels (2003)[1]

Allgemeine Beurteilungskonzepte können jedoch nicht den Anspruch verfolgen, die individuellen Risiken von einzelnen Auslandsaktivitäten abzubilden. Sie können lediglich allgemeine Empfehlungen geben und Informationen über die Rahmenbedingungen in verschiedenen Ländern bereitstellen, die wiederum als Basis für die Unternehmensplanung und damit für die investitionsspezifische Risikoevaluation genutzt werden können.[2]

Durch die Unterbewertung des Länderrisikos können gegebenenfalls immense Verluste entstehen. Werden Länderrisiken dagegen überschätzt, können Opportunitätskosten entstehen, weil attraktive Zielmärkte unbesetzt bleiben bzw. Marktaustritte grundlos erfolgen [BALLEIS (1985), S. 149]. Letztlich dienen Länderbeurteilungskonzepte Unternehmen als Informationsgrundlage, um über die allgemeine Risikobeurteilung einzelner Länder hinaus überhaupt verschiedene Entscheidungsalternativen beurteilen und vergleichen zu können [MEYER (1987), S. 12].

---

1 Die Abbildung verdeutlicht, dass beispielsweise der Welthandelsanteil Europas bei 43,1 % liegt, davon jedoch 29,2 % auf den Handel innerhalb Europas entfallen. Aufgrund der Übersichtlichkeit werden in der Abbildung nur Handelsströme zwischen den dargestellten Regionen abgebildet. Nicht berücksichtigt sind z. B. das Baltikum (Welthandelsanteil 4,3 %) und der Mittlere Osten (2,9 %). Für eine umfassende Darstellung von Handelsverflechtungen vgl. auch DIECKHEUER (2001), S. 20 ff.

2 Dabei ist zu beachten, dass Unternehmen ihre Risikoevaluation ganzheitlich durchführen müssen. Daher reicht eine isolierte Betrachtung potenzieller und bereits besetzter Auslandsmärkte nicht aus, wenn Rückkopplungen zwischen diesen bestehen. Vielmehr ist für Unternehmen das sich aus dem neuen Portfolio von Ländermärkten ergebene Gesamtrisiko relevant [BACKHAUS/BÜSCHKEN/VOETH (2005), S. 93 ff.].

4. Systematisierung verschiedener Verfahren zur Beurteilung von Länderrisiken

In der Vergangenheit ist in Wissenschaft und Praxis eine Vielzahl von Beurteilungskonzepten für die Ermittlung von Länderrisiken entwickelt worden. Grundsätzlich lassen sich dabei zwei Vorgehensweisen zur Risikoevaluation unterscheiden: Länderrisiken können entweder anhand beobachtbarer Risikoursachen (direkte Verfahren) oder anhand von auf Finanzmärkten beobachtbaren Risikoauswirkungen (indirekte Verfahren) gemessen werden (vgl. Abb. 4) [POIGNANT-ENG (1992), S. 22; WILL (2001), S. 45 ff.].

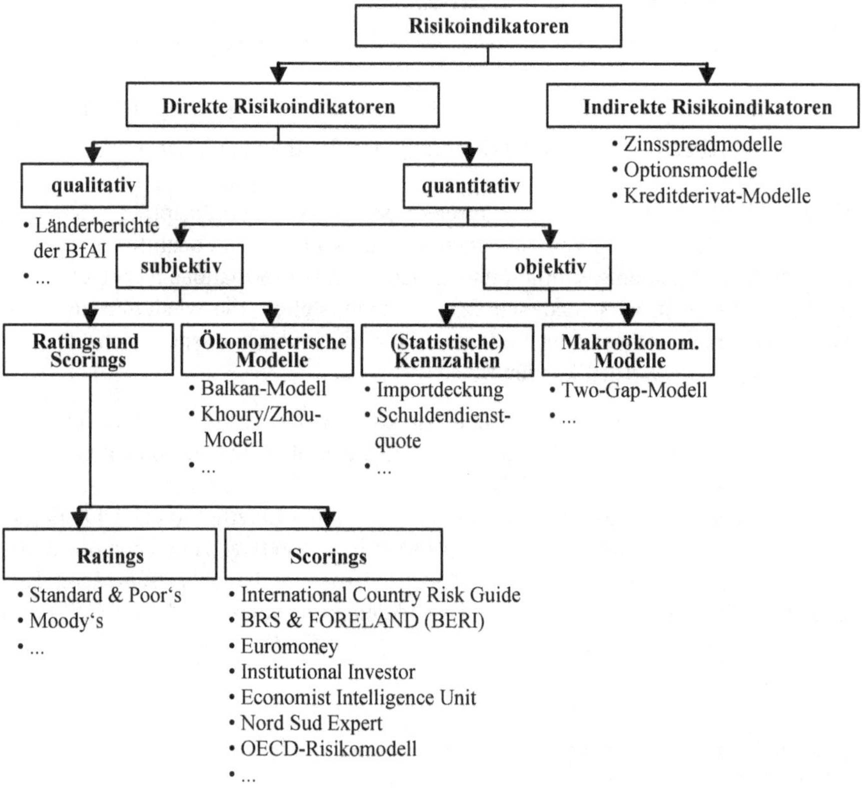

Abb. 4: Systematisierung von Länderrisiko-Beurteilungsmodellen

4.1 Direkte Verfahren

Direkte Verfahren zur Ermittlung des Länderrisikos verfolgen das Ziel, einen Begründungszusammenhang zwischen verschiedenen Beurteilungskategorien einzelner Länder und dem jeweiligen Länderrisiko zu induzieren. Folglich verlangen diese Verfahren weit reichende Kenntnisse über Ursachen von Länderrisiken sowie über die Wirkungszusammenhänge zwischen diesen Ursachen und der Höhe der Länderrisiken. Daher ist die Erstellung solcher Totalmodelle mit großen Schwierigkeiten verbunden.

4.1.1 Qualitative Beurteilungskonzepte

Qualitative Beurteilungskonzepte beschreiben die subjektiv relevanten Risikokomponenten und fassen diese zu Gestaltungsempfehlungen zusammen. Dabei können strukturiert-qualitative und unstrukturiert-qualitative Verfahren unterschieden werden. Beide sollen Entscheidungsträgern in deskriptiver Form Informationen über die generelle Risikosituation eines Landes geben [RAWKINS (1992), S. 29]. Beispiele für qualitative Bewertungskonzepte sind die Länderberichte der Bundesstelle für Außenhandelsinformationen (BfAi) und der Political Risk Letter. Problematisch ist bei qualitativen Beurteilungskonzepten, dass die Berichte (auch bei strukturiert-qualitativen Verfahren) schwer vergleichbar sind und die Qualität einzelner Länderberichte aufgrund der Subjektivität höchst unterschiedlich ausfallen kann [KOCHALUMOTTIL (2002), S. 23 ff.]. Daher können qualitative Länderberichte allenfalls als zusätzliche Informationsquelle zu weiteren Risikobeurteilungskonzepten angesehen werden.

4.1.2 Quantitative Beurteilungskonzepte

4.1.2.1 Quantitativ-objektive Beurteilungskonzepte

Quantitativ-objektive Beurteilungskonzepte basieren ausschließlich auf statistischem Datenmaterial. Dabei können die Länderrisiken anhand einzelner statistischer Kennzahlen wie z. B. der Schuldendienstquote oder der Importdeckung oder auf Basis von makroökonomischen Modellen festgemacht werden.

Makroökonomische (Gap-) Modelle sind Prognoseverfahren, mit denen Krisensituationen abgeleitet werden sollen. Beispielsweise ermittelt das auf über 300 makroökonomische Variablen der volkswirtschaftlichen Gesamtrechnung und der Zahlungsbilanz basierende „Two-Gap-Modell" der Weltbank (Revised Minimum Standard Model) zukünftige Devisenlücken oder -überschüsse, was wiederum Auswirkungen auf die jeweilige Risikoposition eines Landes hat.

Die sehr aggregierte Risikoeinschätzung durch einzelne Kennzahlen bzw. durch makroökonomische Verfahren ist für die Unternehmensplanung nicht ausreichend, um eine umfassende Risikoevaluation zu gewährleisten und unternehmerische Entscheidungen ausreichend fundieren zu können. Bei makroökonomischen Modellen handelt es sich häufig um sehr starre, unflexible Rechensysteme, die Interdependenzen zwischen Ländern nicht berücksichtigen und in denen qualitative Faktoren vernachlässigt werden. Daneben leiden quantitativ-objektive Beurteilungskonzepte durch die Nutzung statistischer Kennzahlen an einer mangelnden

Datenaktualität – soweit diese Daten für bestimmte Länder überhaupt verfügbar sind.

4.1.2.2 Quantitativ-subjektive Beurteilungskonzepte

4.1.2.2.1 Ökonometrische Modelle

Ökonometrische Modelle umfassen lineare Diskriminanzmodelle sowie Logit- und Probit-Modelle. Lineare Diskriminanzmodelle verfolgen die Klassifizierung der betrachteten Länder auf Basis verschiedener statistischer Kennzahlen z. B. in die Kategorien „risikoreiche Länder“ oder „risikoarme Länder“. Logit- und Probit-Modelle versuchen im Gegensatz dazu, konkrete Wahrscheinlichkeiten für bestimmte Ereignisse, z. B. den Umschuldungsfall eines Landes, auf Basis von verschiedenen Indikatoren zu ermitteln.

Das KHOURY/ZHOU-Modell (2003) ist ein jüngeres ökonometrisches Modell, das das Probit-Modell von BALKAN (1995) erweitert, indem es u. a. den contagion effect durch Korrelation von Variablen berücksichtigt. BALKAN entwickelte ein Probit-Modell, um die Wahrscheinlichkeit eines Zahlungsausfalls für ein Land zu prognostizieren. Hierzu flossen ökonomische, politische und sozio-kulturelle Faktoren ein, die KHOURY/ZHOU noch um bestimmte Faktoren erweitern mit dem Ziel, Wirtschaftskrisen vorhersagen zu können. Insbesondere die Wechselkursstabilität wird dabei als wichtige Variable für das Erkennen von Krisen eingeschätzt. Der besondere Wert dieses Verfahrens liegt jedoch in der Berücksichtigung der Verflechtungen von Volkswirtschaften. KHOURY/ZHOU erreichen dies dadurch, dass sie landesspezifische Störterme einführen, die miteinander korreliert werden. Als Einflussfaktoren werden hierbei u. a. Handelsströme, grenzüberschreitende Kapitalflüsse aufgrund von Direktinvestitionen oder Einkommenstransfers und die Zugehörigkeit zu vereinigten Wirtschaftsräumen berücksichtigt. Durch die Eingabe individueller Daten in die Probit-Funktion lassen sich mit dem Modell Ausfallwahrscheinlichkeiten berechnen. KHOURY/ZHOU beziehen diese Werte in ein Portfoliomodell ein, das die optimale Allokation internationaler Investitionen sicherstellen soll.

Das sehr umfassende KHOURY/ZHOU-Modell ist wie andere ökonometrische Modelle in der Praxis kaum anzuwenden, da die Modellierung als sehr komplex einzuschätzen ist und viele Daten benötigt werden, die statistisch nicht erfasst werden, wie z. B. politische Daten sowie solche für die Modellierung des contagion effects.[1] Gerade die Berücksichtigung des contagion effects ist in diesem Verfahren jedoch positiv hervorzuheben, wenn auch vor allem in Bezug auf finanz-

---

[1] Eine umfassende kritische Auseinandersetzung mit dem KHOURY/ZHOU-Modell hat noch nicht stattgefunden. Hier soll nur kurz auf einzelne wichtige Problemfelder eingegangen werden. Da es auch keine empirischen Untersuchungen zum KHOURY/ZHOU-Modell gibt, können keine gesicherten Aussagen zur Prognosegüte gemacht werden.

markttechnische Interdependenzen noch Ergänzungen nötig sind. KHOURY/ZHOU erheben den Anspruch auf Portfoliointegration durch die Einbeziehung der Ergebnisse in ein Risiko-Rendite-Modell. Dabei werden jedoch Risikoneutralität und Marktvollkommenheit als Annahmen vorausgesetzt. Da diese Annahmen als nicht realistisch anzusehen sind, erscheint eine optimale Portfoliointegration praktisch nicht möglich.

Sämtliche ökonometrische Verfahren suggerieren eine objektive Länderrisikobeurteilung, basieren jedoch auf der subjektiven Auswahl von Indikatoren [KRÄMER-EIS (1998), S. 147.] und beinhalten zum Teil auch subjektive Bewertungen der Rahmenbedingungen. Verschiedene Studien haben gezeigt, dass Frühwarnindikatoren allenfalls eine beschränkte Prognosefähigkeit (z. B. von Umschuldungen) besitzen, die beispielsweise in der späten Verfügbarkeit einzelner Daten begründet sind [KRÄMER-EIS (1998), S. 147; MEYER (1987), S. 71 f.].

4.1.2.2.2 Ratings und Scoring-Modelle

Ratings und Scoring-Modelle unterscheiden sich vor allem dadurch, dass Länderrisiken bei Rating-Modellen anhand von ordinalen Rating-Symbolen, bei Scoring-Modellen dagegen anhand von Kennzahlen[1] dargestellt werden.

Ratings

Die bekanntesten Ratings sind die (eindimensionalen) Beurteilungen der Rating-Agenturen Moody's und Standard & Poor's.[2] Diese bewerten mit ihren „Sovereign Ratings" jedoch ausschließlich das Gesamtrisiko eines Landes, das im Zusammenhang mit der Kreditvergabe an staatliche Institutionen bzw. mit staatlich besicherten Krediten besteht [KOCHALUMOTTIL (2002), S. 36; KRÄUSSL (2003), S. 24 ff.].[3] Da neben der Bonitätseinschätzung eines Landes durch Rating-Agenturen keine weitere Beurteilung von Teilaspekten vorgenommen wird, sind diese Risikoeinschätzungen für Unternehmen nur bedingt von Bedeutung.

---

1 Zudem können auf Basis dieser Kennzahlen verschiedene Risikokategorien gebildet werden.

2 Für eine detaillierte Auseinandersetzung mit Ratings vgl. z. B. BHATIA (2002).

3 BOUCHET/CLARK/GROSLAMBERT (2003), S. 93, bezeichnen diese Ratings deshalb als Country Credit Ratings. Die Beobachtung der Länderrisiken durch die Ratingagenturen findet kontinuierlich statt. Daher werden situativ Änderungen einzelner Länderratings vorgenommen, wenn sich Veränderungen der Rahmenbedingungen bzw. der Risikoeinschätzungen ergeben haben. Bei diesen Bonitätsbeurteilungen ist zu beachten, dass die Ratingagenturen selbst darauf hinweisen, dass ein Rating nur eines von vielen Kriterien für die Anlageentscheidung darstellt und Anleger folglich ihr eigenes Urteil auf einer breiten Informationsbasis bilden sollen.

Ein- und mehrdimensionale Scoring-Modelle

Zu den quantitativ-subjektiven Verfahren gehören Scoring-Modelle (Indikatormodelle), bei denen Experten einzelne Risikoaspekte strukturieren und systematisch auf einer Punktskala bewerten. Eindimensionale Punktbewertungsmodelle messen das Länderrisiko anhand eines einzelnen Kriteriums, auch wenn sich hinter der abgefragten Dimension weitere Beurteilungskriterien verbergen. Dagegen wird das Länderrisiko bei mehrdimensionalen Bewertungsmodellen in verschiedene Teilkomponenten zerlegt dargestellt und in einem Gesamtrisikoindikator zusammengefasst.

Das bekannteste eindimensionale Punktbewertungsmodell ist das Länderbewertungssystem des Institutional Investor Magazine, welches seit 1979 halbjährlich veröffentlicht wird und bei dem Bankexperten auf einer Hundert-Punkte-Skala die Kreditwürdigkeit einzelner Länder bewerten. Wie die oben vorgestellten Ratings bedient der Institutional Investor Index jedoch primär Kreditgeber.

Der Euromoney-Index, der Business Risk Service (BRS) des BERI-Instituts sowie der International Country Risk Guide der PRS Group sind die in Theorie und Praxis am weitesten verbreiteten mehrdimensionalen Punktbewertungsmodelle. Bei allen drei Verfahren ergibt sich die Gesamtbeurteilung der Risikosituation eines Landes aus der Bewertung von Teilbereichen, die sich allesamt aus politischen, ökonomischen sowie finanziellen Kriterien zusammensetzen.

Der Euromoney-Index, der wie der Institutional Investor Index seit 1979 zweimal jährlich veröffentlicht wird und auch auf Kapitalmärkte ausgerichtet ist, versucht, das Länderrisiko durch neun verschiedene, unterschiedlich gewichtete Kriterien zu messen, die sich auf die politischen, ökonomischen und finanzmarktbezogenen Rahmenbedingungen eines Landes beziehen. Die Bewertung wird durch 32 Ökonomen verschiedener Institutionen durchgeführt und hat dadurch einen stark subjektiven Charakter [WILL (2001), S. 71].[1]

Der Business Risk Service des BERI-Instituts[2] ermittelt zunächst für die drei Subindizes Operation Risk Index (Geschäftsklima-Index), Political Risk Index und den R-Faktor (Remittance and Repatriation Factor = Transferrisiko) einzelne Bewertungen, die durch eine Durchschnittsbildung im Combined Score (Gesamtbewertung des Länderrisikos) zusammengeführt werden. Auf Basis des Combined Score werden die Länder verschiedenen Risikoklassen zugeordnet, die als Em-

---

1 Für eine grundlegende Darstellung der Euromoney-Methodologie vgl. NEWBY/PEDZINSKI (2003), S. 296.

2 Das kommerzielle BERI-Institut bietet neben dem Business Risk Service, der sich primär an Exporteure und Direktinvestoren richtet, den FORELAND-Index (Forecast of Country Risk for International Lenders) an, der sich primär an Kreditgeber und insbesondere an Banken richtet. Zu einer ausführlichen Darstellung des BRS vgl. HAKE (2004).

pfehlungen für die Art der Geschäftstätigkeit in bestimmten Ländern aufzufassen sind.[1] Abschließend erfolgt die Gesamtbewertung eines Landes durch die Profit Opportunity Recommendation (Empfehlungen zur Gewinnerzielung), bei der jedoch auch „firmen- oder projektspezifische Gegebenheiten berücksichtigt werden [sollten].“ [HAKE (2004), S. 612]. Diese BRS-Risikobeurteilung wird dreimal jährlich durch etwa 100 Panel-Mitglieder auf Basis der Delphi-Methode in einem mehrstufigen Prozess für 50 Länder durchgeführt.

Der International Country Risk Guide (ICRG) umfasst 22 politische, finanzielle und ökonomische Kriterien. Nach der Ermittlung des Risikos für diese drei Kategorien erfolgt die Aggregation zu einer Gesamtrisikobeurteilung [HOTI (2004)]. Der Gesamtpunktwert wird anhand von fünf Risikoklassen bewertet. Die ICRG-Risikoevaluation wird monatlich durchgeführt, wodurch eine möglichst aktuelle Darstellung der jeweiligen Rahmenbedingungen erreicht werden soll. Wie bei der BERI-Evaluation werden auch für den ICRG 1- und 5-Jahres-Prognosen für die zukünftige Risikoentwicklung eines Landes erstellt. Die PRS Group teilt ihren Kunden neben den eigenen Risikoevaluationen auch umfangreiche Daten mit, die die Basis für die ICRG-Risikobewertung darstellen. Damit soll den Kunden die Möglichkeit für die Erstellung eigener, spezifisch auf die jeweiligen Bedürfnisse der Unternehmen zugeschnittener Risikoindikatoren gegeben werden.

Ein wenig diskutiertes mehrdimensionales Scoring-Modell stellt der Informationsbrief von Nord Sud Expert (NSE)[2] dar [hierzu und im Folgenden BOUCHET/CLARK/GROSLAMBERT (2003), S. 82 ff.]. Dieser umfasst zum einen die Darstellung der Chancen für ausländische Investoren, zum anderen die Aufstellung des „Sovereign risk“ sowie die finanziellen, politischen und ökonomischen Risiken von 100 Entwicklungs- und Schwellenländern. Die Besonderheit an diesem Rating ist jedoch, dass die Gesamtbeurteilung durch eine unterschiedliche Gewichtung der Indikatoren für zwei verschiedene Arten von Auslandsaktivitäten dargestellt wird: Exporte und Direktinvestitionen. Dabei wird der Schwerpunkt für Exporteure auf eher kurzfristige Kriterien wie dem „Sovereign risk“ und Zahlungsverspätungen gelegt, für Direktinvestoren aufgrund der langfristigen Orientierung z. B. auf die politische Stabilität. In einem letzten Schritt werden die gebildeten Klassifikationen in Empfehlungen für Margenaufschläge für Exporteure und Risikoaufschläge für Investoren transferiert.

---

1 Länder mit einem Punktwert von 60 bis 100 werden nach den BERI-Risikostufen für Investitionen als geeignet klassifiziert. Länder mit 55 bis 59 Punkten sind nur für Lizenz- und Managementverträge geeignet; Länder mit 40 bis 54 Punkten nur für den Handel, nicht jedoch für eigene Direktinvestitionen, und in Ländern mit 39 Punkten oder weniger sollten nur Exporte gegen Vorauszahlung erfolgen. Auf Basis dieser Rahmenempfehlungen sollte nach Empfehlung des BERI-Instituts jedoch zudem eine firmenspezifische Interpretation der Risikobeurteilung durchgeführt werden [HAKE (2004), S. 610 f.].

2 NSE ist Teil der französischen Mediengruppe Le Monde.

Multidimensionale Punktbewertungsmodelle werden aufgrund des kommerziellen Angebots dieser Risikobeurteilungen und der detaillierten Informationen zu verschiedenen Risikoaspekten von Unternehmen zwar vielfach zur Risikoevaluation und somit als eine Informationsgrundlage für die Unternehmenssteuerung genutzt, sie sind jedoch auch mit einer Vielzahl bereits in der Literatur diskutierter Probleme verbunden:

Grundsätzliche Probleme multidimensionaler Punktbewertungsmodelle sind die (subjektive) Auswahl und Gewichtung der Kriterien, die Aggregationsregel sowie bei linear-additiven Modellen die Unabhängigkeitsprämisse der Kriterien [BACKHAUS/BÜSCHKEN/VOETH (2003), S. 142]. Darüber hinaus bestehen vielfach keine empirisch bestätigten Hypothesen über die Ursache-Wirkungs-Beziehungen; und es werden für jedes Land die gleichen (linearen) Ursache-Wirkungs-Beziehungen impliziert. Individuelle Besonderheiten einzelner Länder und sich im Zeitverlauf ändernde Bestimmungsgrößen werden ebenso wie auch unternehmensspezifische Besonderheiten [PRYBYLSKI (1993), S. 118] nicht berücksichtigt. Ferner wird lediglich das Risiko einzelner Länder bewertet, ohne Rückkopplungen zwischen einzelnen Ländermärkten zu beachten. Durch die isolierte Bewertung kann auch die Portfoliointegration keine Berücksichtigung finden. Weiterhin erfolgt die Risikoevaluation subjektiv durch Experten. Folglich ist die Prognosegüte auch stark vom Know-how dieser Experten abhängig. Da die Bewertungen oft nicht kontinuierlich durchgeführt werden und der Bewertungsprozess z. T. auf Vergangenheitsdaten basiert, ist zudem die fehlende Aktualität der Risikobewertung zu kritisieren. Infolgedessen ist die Vorhersagbarkeit von Länderkrisen nicht gegeben.

4.2 Indirekte Verfahren

Indirekte Verfahren leiten die Länderrisikobeurteilung anhand von beobachtbaren Risikoauswirkungen auf den Finanzmärkten ab. Sie stellen grundsätzlich keinen Begründungszusammenhang zwischen einzelnen Beurteilungskategorien und dem Länderrisiko her, sondern gehen davon aus, dass das Länderrisiko auf Märkten implizit richtig eingeschätzt wird und sich aus Marktpreisen wie z. B. Zinssätzen berechnen lässt. Diese Verfahren setzen somit effiziente Finanzmärkte voraus, auf denen Preise alle relevanten Informationen enthalten [WADÉ (2003), S. 65 ff.]. Zu den indirekten Verfahren gehören Zinsspread-, Options- und Kreditderivat-Modelle.

Zinsspreadmodelle

Rationale Investoren fordern für die Übernahme eines Zahlungsausfallrisikos eine Risikoprämie. Zinsspreadmodelle erfassen Länderrisiken durch die Analyse dieser Zinsaufschläge gegenüber risikolosen Anlagen. Somit implizieren diese Modelle, dass das Länderrisiko als Information in den Zinssätzen enthalten ist und die Ausfallwahrscheinlichkeit in den Preiskonditionen abgebildet wird [LICHTLEN (1997), S. 101]. Die Beziehungen zwischen der Risikoprämie und dem Länderrisiko bzw.

den Ausfallwahrscheinlichkeiten sind jedoch sehr komplex und werden nur durch sehr restriktive Annahmen handhabbar gemacht [DRESEL (2000), S. 586].[1]

Optionsmodelle

Optionen beinhalten das Recht, ein Bezugsobjekt (Anleihen, Währungen etc.) zu einem zuvor festgelegten Kurs zu kaufen oder zu verkaufen [PERRIDON/STEINER (2004), S. 314 f.]. Der Wert einer Option entspricht dabei der Differenz zwischen dem Gegenwartswert einer Investition und dem Barwert des Ausübungspreises.[2] Bei einer Auslandsinvestition in Form eines Kredits ist davon auszugehen, dass „diese Differenz einer marktmäßigen Bewertung der Kreditausfallgröße entspricht. Das Verfahren ermöglicht damit eine auf Basis von Ausfallwahrscheinlichkeiten beruhende Bewertung von Risikoentgelten“ [LICHTLEN (1997), S. 124 f.]. Der Wert einer solchen (hypothetischen) Option stellt demzufolge den Risikoaufschlag für eine bestimmte Anlage dar und kann mit verschiedenen Optionspreismethoden ermittelt werden [KLEIN (1991); VARNHOLDT (1995)]. Anhand dieses Risikoaufschlags kann wiederum auf die Zahlungsausfallwahrscheinlichkeit bzw. das Länderrisiko geschlossen werden.

Kreditderivat-Modelle

Derivate sind Finanzinstrumente, deren Wert von der Entwicklung bestimmter Basistitel abgeleitet wird, z. B. einer Anleihe, Aktie oder auch Zinssätzen oder Wechselkursen. Sie können dabei zur Erfassung, Bewertung und Absicherung von Länderrisiken genutzt werden [WILL (2001), S. 73]. Die Grundidee der Kreditderivat-Modelle liegt darin, aus der am Markt beobachtbaren Höhe der Risikoprämie auf das Zahlungsausfall- oder Bonitätsrisiko schließen zu können.[3]

Alle drei Modelle zur indirekten Ermittlung des Länderrisikos setzen neben der Effizienz der Finanzmärkte die Rationalität der Marktteilnehmer voraus und unterliegen einer Vielzahl weiterer Annahmen, die in der Literatur bereits ausführlich diskutiert wurde [SCHOLTENS (2004), S. 18 f.; WADÉ (2003), S. 65 ff.;

---

[1] Neben den Annahmen der Marktvollkommenheit und Risikoneutralität sind Zinsspreadmodelle mit einer Reihe von Problemen behaftet, z. B. dem Einfluss weiterer Faktoren (z. B. Marktliquidität, steuerliche Bestandteile) und der Rolle von Kreditlinien als effektive Risikobegrenzung [WILL (2001), S. 48 f.; WADÉ (2003), S. 115 ff.; SCHOLTENS (2004), S. 17].

[2] Entsprechend der Idee, dass Anlagen mit gleichen Ausgaben-/Einnahmencharakteristika stets denselben Marktpreis aufweisen, sorgen Arbitrageprozesse immer für den marktmäßigen Ausgleich der Preise. Folglich entwickeln sich Optionen, die Absicherungsinstrumente für Wertveränderungen eines Basistitels darstellen, konträr zu ihrem Basistitel [LICHTLEN (1997), S. 124].

[3] Eine intensive Auseinandersetzung zur Ermittlung impliziter Ausfallwahrscheinlichkeiten durch Kreditderivate bieten z. B. WADÉ (2003), S. 71 ff. und WILL (2001), S. 142 ff.

LICHTLEN (1997), S. 125]. Neben diesen Schwierigkeiten ist die Anwendung dieser Modelle nur beschränkt möglich, da keine homogenen Marktbedingungen vorliegen. Für den alleinigen Einsatz als Planungsinstrument in Unternehmen fehlen zudem detaillierte Informationen zu den jeweiligen Risikodeterminanten eines Landes. Indirekte Verfahren sollten daher allenfalls als zusätzliche Informationsquelle oder als Kontrollgröße für die kontinuierliche Überwachung der Risikoentwicklung dienen.

5. Implikation für die Länderrisikoevaluation bei Direktinvestitionen

Aufgrund der hohen Komplexität der Länderrisikoevaluation konnte bislang kein überlegenes Bewertungsmodell entwickelt werden. Vielmehr sind die verschiedenen Bewertungsmodelle mit spezifischen Vor- und Nachteilen verbunden. Für die Länderrisikoevaluation bei Direktinvestitionen werden von Unternehmen trotz der zuvor beschriebenen vielfältigen Probleme insbesondere Punktbewertungsmodelle genutzt, da diese die umfassendste Informationsbasis für die Beurteilung von Ländern bieten [KRYSTEK/WALLDORF (2002), S. 652].

Letztlich vermag aber kein Bewertungsmodell die individuellen länderbezogenen Risiken eines Unternehmens abzubilden. Sie können ausschließlich eine grundsätzliche Risikoeinschätzung der landesbezogenen Rahmenbedingungen vornehmen und allgemeine Empfehlungen vorgeben. Unternehmen sind aufgrund ihrer speziellen Aktivitäten jedoch auf unterschiedliche Art und Weise dem Risiko eines Landes ausgesetzt. Beispielsweise muss ein Unternehmen, welches in einem Land produziert und die produzierten Produkte dort auch vertreibt, andere Risiken beachten als ein Unternehmen, das im Ausland produziert, um die Produkte auf dem Heimatmarkt abzusetzen. Auch können die Ergebnisse der meisten Bewertungsmodelle nicht direkt in der Unternehmensplanung berücksichtigt werden (z. B. in Form von Ausfallwahrscheinlichkeiten oder Risikoprämien[1]), sondern geben in der Regel nur allgemeine Handlungsempfehlungen (z. B. „für Investitionen geeignet"). Zudem sollten bei der Unternehmensplanung sowohl der Makrozustand als auch die Makrorisiken eines Landes einbezogen werden. Folglich kann die Risikoevaluation im Unternehmen nur individuell erfolgen und sich allenfalls auf die Daten von Bewertungsmodellen beziehen. Nicht zuletzt für diese individuellen Evaluationen bietet beispielsweise die PRS Group ihren Kunden neben dem ICRG auch weitere Daten zu den länderbezogenen Rahmenbedingungen, damit Unternehmen die eigene Risikoposition spezifisch abbilden können.

---

1 Ausnahmen stellen indirekte Risikoindikatoren sowie die Empfehlungen von Nord Sud Expert dar.

Für die ganzheitliche Länderrisikoevaluation in Unternehmen können drei verschiedene Möglichkeiten verfolgt werden: Risikobasierte Anpassungen der Cash-Flow-Prognose, Berücksichtigung einer Risikoprämie bei der Kalkulation eines Auslandsengagements [DAMODARAN (2003)] oder Durchführung einer Risikosimulation [HERTZ (1964); WERTHSCHULTE (2005), S. 62 ff.]. Die simulative Risikoanalyse scheint dabei die Länderrisiken am umfassendsten berücksichtigen zu können. Im Rahmen einer Risikosimulation stellen Unternehmen in einem ersten Schritt Finanzpläne für (geplante) Direktinvestitionen auf, in denen die Zahlungsströme für das wahrscheinlichste Szenario unter Berücksichtigung des Makrozustands dargestellt werden. Auf Basis dieser Finanzpläne kann ein Unternehmen daraufhin das Makrorisiko durch Risikosimulationen abbilden. Dabei werden die einzelnen Inputvariablen des Finanzplans mit Wahrscheinlichkeitsverteilungen hinterlegt, um ein ganzheitliches Bild der Risikosituation zu erhalten. Länderbewertungsmodelle können daher letztlich nur dazu dienen, die landesspezifischen Rahmenbedingungen richtig zu beurteilen, um in Unternehmen eine möglichst realistische Planung von Aktivitäten im Ausland durchzuführen. Sie können folglich zu einer besseren Einschätzung der Inputvariablen von Finanzplänen und der besseren Modellierung von Wahrscheinlichkeitsverteilungen für Risikosimulationen beitragen. Dagegen können Länderbewertungsmodelle nicht die unternehmensspezifischen Risiken abbilden. Diese können erst durch eine Verknüpfung von Länderbewertungsmodellen mit einer spezifischen Planung einzelner Geschäftsaktivitäten richtig eingeschätzt werden. Aufgrund dessen müssen Risikoevaluationen auf Basis von Finanzplänen individuell in Unternehmen durchgeführt werden, um das spezielle Risiko einer Direktinvestition ermitteln zu können.

Literatur

Backhaus, K., Braun, C., Schneider, H. (2003), Strategische Globalisierungspfade, in: Hungenberg, H., Meffert, J. (Hrsg.), Handbuch Strategisches Management, S. 67 - 84, Wiesbaden.

Backhaus, K., Büschken, J., Voeth, M. (2003), Internationales Marketing, 5. Auflage, Stuttgart.

Backhaus, K., Büschken, J., Voeth, M. (2005), International Marketing, Houndmills etc.

Balkan, E. M. (1995), International Bank Lending and Country Risk, New York.

Balleis, S. (1985), Die Bedeutung politischer Risiken für ausländische Direktinvestitionen, 2. Aufl., Nürnberg.

Bhatia, A. V. (2002), Sovereign Credit Ratings Methodology: An Evaluation, IMF Working Paper, WP/02/170, International Monetary Fund, October 2002, Washington, DC.

Bierach, B. (1997), Schmoren im eigenen Saft, in: Wirtschaftswoche, Nr. 30 v. 17.07.1997, S. 58 - 61.

Bouchet, M. H., Clark, E., Groslambert, B. (2003), Country Risk Assessment: A Guide to Global Investment Strategy, West Sussex.

Caouette, J. B., Altman, E. I., Narayanan, P. (1998), Managing Credit Risk – The Next Great Financial Challenge, New York.

Claessens, S., Forbes, K. J. (2001), International Financial Contagion, Boston etc.

Damodaran, A. (2003), Country Risk and Company Exposure: Theory and Practice, in: Journal of Applied Finance, Fall/Winter 2003, pp. 63 - 76.

Deutsche Bundesbank (2003), The Role of FDI in Emerging Market Economies Compared to other Forms of Financing: Past Developments and Implications for Financial Stability, International Relations Department, February 24th, 2003, Frankfurt/Main.

Dieckheuer, G. (2001), Internationale Wirtschaftsbeziehungen, 5., vollst. überarb. Aufl., München und Wien.

Dresel, T. (2000), Die Quantifizierung von Länderrisiken mit Hilfe von Kapitalmarktspreads, in: Johanning, L., Rudolph, B. (Hrsg.), Handbuch Risikomanagement, S. 579 - 609, Bad Soden.

Glick, R., Rose, A. K. (1999), Contagion and Trade – Why are Currency Crisis Regional?, in: Journal of International Money and Finance, Vol. 18, pp. 603 - 617.

Goldberg, C. S., Veitch, J. M. (2002), Country Risk and the Currency Contagion Effect – A Case Study of Argentina, in: Journal of Management Research, Vol. 2, No. 1, April 2002, pp. 13 - 21.

Hake, B. (2004), Bewertung des Risikos von Auslandsmärkten: Das BERI-Konzept, in: Zentes, J., Morschett, D., Schramm-Klein, H. (Hrsg.), Außenhandel: Marketingstrategien und Managementkonzepte, Wiesbaden.

Hertz, D. B. (1964), Risk Analysis in Capital Investment, in: Harvard Business Review, Vol. 42, No. 1, 1964, pp. 95 - 106.

Hoti, S. (2004), An Empirical Assessment of Country Risk Ratings and Associated Models, in: Journal of Economic Surveys, Vol. 18, No. 4, pp. 539 - 588.

Khoury, S. J. (2003), Country Risk and International Portfolio Diversification for the Individual Investor, in: Financial Services Review, Vol. 12, pp. 73 - 93.

Khoury, S. J., Zhou, C. (2003), Country risks: existing models and new horizons, in Mullineux, A. W. (Ed.), Handbook of International Banking, pp. 327 - 365, Cheltenham.

Klein, M. (1991), Bewertung von Länderrisiken durch Optionspreismethoden, in: Kredit und Kapital, Band 24, S. 488 - 507.

Kochalumottil, B. (2002), Verfahren, Methoden und neue Ansätze zur Beurteilung von Länderrisiken, Marburg.

Krämer-Eis, H. (1998), Modifikation der Analyse von Länderrisiken aus umweltökonomischer Sicht: zur supplementären Evaluierung von Umweltparametern im Rahmen der Länderrisiko-Analyse, Berlin.

Kräussl, R. (2003), Sovereign Risk, Credit Ratings and the Recent Financial Crisis in Emerging Markets: Empirical Findings and Policy Implications, Frankfurt/Main.

Krystek, U., Walldorf, E. G. (2002), Frühaufklärung länderspezifischer Chancen und Bedrohungen, in: Krystek, U., Zur, E. (Hrsg.), Handbuch Internationalisierung: Globalisierung – eine Herausforderung für die Unternehmensführung, 2., völlig neu bearb. und erw. Aufl., S. 651 - 671, Berlin u. a.

Kumar, B. (1989), Formen der internationalen Unternehmenstätigkeit, in: Macharzina, K., Welge, M. K. (Hrsg.), Handwörterbuch Export und internationale Unternehmung, Sp. 914 - 926, Stuttgart.

Lichtlen, M. (1997), Management von Länderrisiken, Bern u. a.

Meyer, M. (1987), Die Beurteilung von Länderrisiken der internationalen Unternehmung, Berlin.

Newby, A., Pedzinski, P. (2003), Measured Enthusiasm on East Asian Boom, in: Euromoney, September 2003, pp. 286 - 296.

Perridon, L., Steiner, M. (2004), Finanzwirtschaft der Unternehmung, 13., überarb. und erw. Aufl., München.

Poignant-Eng, C. (1992), Messung von Länderrisiken aufgrund von Finanzmarktdaten, Zürich.

Prybylski, R. (1993), Neuere Aspekte der Länderrisikobeurteilung internationaler Unternehmungen, Hamburg.

Rawkins, P. (1992), The Analytics of Country Reports and Checklists, in: Solberg, R. L. (Ed.), Country Risk Analysis. A Handbook, pp. 27 - 51, London and New York.

Scholtens, B. (2004), Country risk analysis: principles, practises and policies, in: Frenkel, M./Karmann, A./Scholtens, B. (Eds.), Sovereign risk and financial crisis, pp. 3 - 27, Berlin etc.

Steurer, E. (2000), Quantitative Country Risk Assessment, in: Bol, G. (Ed.), Datamining and Computational Finance, pp. 243 - 257, Heidelberg.

Varnholdt, B. (1995), Länderrisiken neu analysieren, in: Schweizer Bank, 4/1995.

Wadé, M. (2003), Länderrisikoanalyse im Rahmen moderner Kreditrisikomodelle bei Banken: Eine Untersuchung mit besonderem Schwerpunkt auf Marktpreisinformationen von Emerging Markets, Frankfurt am Main.

Werthschulte, H. (2005), Kreditrisikomessung bei Projektfinanzierungen durch Risikosimulation, Wiesbaden.

Will, F. (2001), Länder- und Hoheitsrisiken: eine kritische Analyse von Methoden und Verfahren zur Risikoevaluierung, Hamburg.

World Trade Organization (2004), International Trade Statistics, Genf.

Globalisierungserfahrungen aus der Automobilindustrie

Ulrich Müller, Sabine Jost-Heil

Zusammenfassung: Freier Handel und offene Märkte mehren den Wohlstand. Dies kann anhand von gesamtwirtschaftlichen Analysen belegt werden. Seit den fünfziger Jahren nimmt der Außenhandel stetig zu. Immer mehr Länder sind in die Weltwirtschaft integriert, die Verflechtung der einzelnen Volkswirtschaften steigt. Auch Erfahrungen aus der Automobilindustrie zeigen dies eindrucksvoll. Die Bedeutung verlässlicher Spielregeln für alle Partner sowie Verhandlungen zur Weiterentwicklung des Handelssystems und zum Abbau von Handelshemmnissen nimmt stetig zu. Globalisierung hat jedoch neben der Zunahme des Handels noch weitere Facetten. Dies betrifft z. B. die Zunahme der Direktinvestitionen sowie der Portfolioinvestitionen. Im folgenden Beitrag sollen die Entwicklungen auf gesamtwirtschaftlicher Ebene sowie die Implikationen für die Automobilindustrie diskutiert werden. Im Fokus des Beitrags stehen dabei die Entwicklung des Handels und der Direktinvestitionen.

Schlüsselworte: Handel, Direktinvestitionen, Globalisierung, Automobilindustrie, Zölle, nicht-tarifäre Handelshemmnisse, WTO, Regionale Wirtschaftsbündnisse, Bilaterale Beziehungen

1. Aspekte und Wirkungen der Globalisierung

Globalisierung hat mehrere Aspekte. So werden die Wirtschaftsbeziehungen zwischen Ländern bzw. Regionen durch den Austausch von Gütern vertieft. Daneben wird die Vernetzung der Volkswirtschaften und die internationale Arbeitsteilung aber auch durch Direktinvestitionen bzw. Portfolioinvestitionen vorangetrieben [DIECKHEUER (2001), S.27 ff.].

Offene Volkswirtschaften und freier Handel mehren den Wohlstand. Dies kann anhand verschiedener Wirkungsketten nachgewiesen werden:

Handel hat über steigende Produktion positive Effekte auf das Wirtschaftswachstum eines Landes. Das daraus resultierende steigende Einkommen führt zu weiteren Nachfrage- und Produktionseffekten.

Die steigende Anzahl der Anbieter erhöht die Wettbewerbsintensität und fördert damit die Ausnutzung komparativer Standortvorteile. Dadurch entstehen direkte positive Effekte für den Konsumenten über eine bessere Güterversorgung sowohl in bezug auf das Niveau als auch auf Vielfalt und Qualität der Güter. Die höhere Wettbewerbsintensität führt schließlich auch zu niedrigeren Preisen der Güter [DIECKHEUER (2001), S. 33 ff. u. S. 149].

Direktinvestitionen, der zweite Aspekt der Globalisierung, sind eine Reaktion auf eine Vielzahl von Umfeldbedingungen. Hierzu gehören protektionistische Tendenzen in einzelnen Volkswirtschaften, die Bildung regionaler Wirtschaftsbündnisse, Wechselkursrisiken und Konjunkturzyklen, deren Auswirkungen alle durch Globalisierung der Aktivitäten ausgeglichen bzw. gedämpft werden können. Und schließlich können mit Hilfe der Präsenz vor Ort die regionalen Kundenbedürfnisse oftmals am besten erfüllt werden [DIECKHEUER (2001), S. 364].

Im Folgenden sollen diese beiden für den Geschäftsverkehr wesentlichen Aspekte der Globalisierung vertieft behandelt werden.

2. Handel

2.1 Weltwirtschaft

2.1.1 Welthandel

Seit den fünfziger Jahren wächst der weltweite Handel deutlich stärker als die Produktion. Dabei nimmt die Wachstumsdifferenz zwischen den beiden Größen vor allem in der jüngeren Vergangenheit zu. Während diese im Zeitraum 1950 bis 1963 bei 2,8 Prozentpunkten lag, ist sie im Zeitraum von 1990 bis 2003 auf 4,0 Prozentpunkte gestiegen [WORLD BANK (2004 et al)].

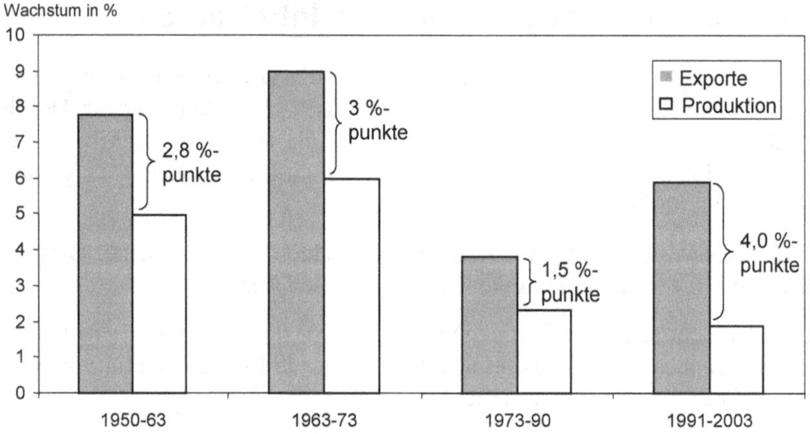

Quelle: WORLD BANK (2004 et al.).

Abb. 1: Entwicklung von Exporten und Produktion weltweit

2.1.2 Wirtschaftswachstum

In einer Studie aus dem Jahr 2003 hat die Weltbank in Szenarien die Effekte von Zollreduzierungen auf Volkswirtschaften im Rahmen der laufenden Verhandlungsrunde der WTO untersucht. Die Szenarien bilden das zusätzliche Wachstumspotential bei BIP und Exporten durch Zollsenkungen ab [GARRETT/GOLDIN/RODRIK (2003)].

- Base Case: Moderate Erfolge bei der Handelsliberalisierung – Zollsenkungen in der Höhe von 10%. Hier können die Entwicklungsländer ihr BIP um 0,2% und ihre Exporte um 2,5% ausweiten. Bei den Industrieländern wäre ein zusätzliches Wachstum des BIP in der Höhe von 0,1% zu erwarten, die Exporte dürften um rund 0,5% stärker wachsen.
- Best Case: Dieses Szenario ist durch signifikante Erfolge bei der Liberalisierung des Handels gekennzeichnet, die Zölle würden um 50% reduziert. In diesem Szenario könnten die Entwicklungsländer ihr BIP um 1% und die Exporte um 15% ausweiten. Die Industrieländer hätten zusätzliche Steigerungsraten von 0,3% bzw. 2,8% zu erwarten.
- Worst Case: Wenn die aktuelle Verhandlungsrunde bei der WTO fehlschlagen würde und die Zölle im Schnitt um 20% ansteigen, sind sehr starke negative Effekte auf Weltsozialprodukt und Welthandelswachstum zu erwarten. In diesem Szenario wäre damit zu rechnen, dass in den Entwicklungsländern das BIP um -0,4% und die Exporte um -4,6% sinken. Die negativen Effekte in den Industrieländern wären mit rund -0,1% bzw. -0,9% zu veranschlagen.

	Basis Szenario	Best Case	Worst Case
Entwicklungsländer			
- Exporte	+2,5%	+15%	-4,6%
- Bruttoinlandsprodukt	+0,2%	+1%	-0,4%
Industrieländer			
- Exporte	+0,5%	+2,8%	-0,9%
- Bruttoinlandsprodukt	+0,1%	+0,3%	-0,1%

Quelle: GARRETT/GOLDIN/RODRIK (2003).

Tab. 1: Auswirkungen von Liberalisierung auf Handel und Wirtschaftswachstum

Änderungen der Zölle können zu signifikanten Veränderungen beim Wachstum von BIP und Exporten führen. Eine wichtige Erkenntnis hierbei ist, dass die Auswirkungen in den Entwicklungsländern deutlich größer sind als in den Industrieländern. Naturgemäß sind vor allem die Exporte direkt betroffen, das Wachstum des BIP nur mittelbar.

Ohne Wachstum im internationalen Handel wäre auch das weltweite Wirtschaftswachstum deutlich niedriger. Das damit verbundene geringere Wachstum bei verfügbaren Einkommen und Kaufkraft würde letztendlich zu geringeren Wachstumsraten bei Konsum und Investitionen und damit sinkenden Gewinnerwartungen für die Unternehmen führen.

2.2 Automobilindustrie

Während der Auslandsumsatz der deutschen Automobilindustrie 1960 nur einen Anteil von 33% am gesamten Umsatz aufwies, betrug dieser 2003 bereits über 59%. Dabei entfielen bei einem Auslandsumsatz von 122 Mrd. Euro etwa 60% des gesamten deutschen Außenhandelsüberschusses auf diese Branche [VDA (2004), S. 228 f.].

Die wichtigsten Handelspartner der deutschen Automobilindustrie befinden sich in der EU: 53% der Exporte bzw. 58% der Importe gehen in Länder der EU bzw. kommen von dort. Darüber hinaus gehen aber nahezu 16% aller Exporte in die USA bzw. rund 11% nach Asien inklusive Japan. Bei den Importen sind dies gut 6% bzw. 8,5% [VDA (2004), S. 228 f.].

2003	Anteil an der Ausfuhr von Erzeugnissen der deutschen Automobilindustrie	Anteil an der Einfuhr von Erzeugnissen d. deutschen Automobilindustrie
Europa gesamt	67,8%	83,1%
DARIN:		
EU	53,2%	58,1%
- Frankreich	8,4%	14,9%
- Italien	8,1%	7,5%
- Ver. Königreich	11,6%	7,7%
- Spanien	6,5%	8,0%
Osteuropa	11,7%	23,8%
Amerika	18,4%	7,9%
DARIN:		
- USA	15,7%	6,1%
- Lateinamerika	1,8%	1,7%
Asien	10,9%	8,4%
DARIN:		
- Japan	2,5%	5,3%
Afrika	2,1%	0,6%

Quelle: VDA (2004).

Tab. 2: Außenhandel der deutschen Automobilindustrie

2.3 Unternehmensbetrachtung DaimlerChrysler

Sowohl Produktstruktur als auch globale Ausrichtung des Personenwagenbereichs von DaimlerChrysler haben sich in den letzten Jahrzehnten deutlich gewandelt: Vom auf Europa fixierten Hersteller zweier Mercedes-Benz Produktreihen mit sieben Produkten hin zu einem global aufgestellten Unternehmen mit 48 Produkten der Mercedes- bzw. Chrysler Car Group.

	DaimlerBenz AG 1980	**DaimlerChrysler AG 2003**
Produktion Pkw	435.745	3.764.289
Produktion Nfz	272.868	500.445
Belegschaft	183.532	362.063
Umsatz	31.053,7 Mio. DM	136.437,0 Mio. €

Quelle: DAIMLER-BENZ (1981); DAIMLERCHRYSLER (2004 a).

Tab. 3: Entwicklung der Daimler-Benz AG bzw. DaimlerChrysler seit 1980

Heute verfügt die DaimlerChrysler AG über sechs Marken im Pkw-Bereich und 9 Marken im Nfz-Bereich.

DaimlerChrysler erwirtschaftet einen Großteil seines Ergebnisses in den Triade-Märkten. Dabei ist Mercedes Car Group sehr stark fokussiert auf Europa und erwirtschaftet dort 63% seiner Erträge. Chrysler Group dagegen hat seinen wirtschaftlichen Mittelpunkt in der NAFTA-Region und erwirtschaftet dort über 91% seiner Erträge. Der Nutzfahrzeugbereich hat mit Europa und der NAFTA-Region zwei starke Standbeine. In diesen beiden Regionen werden 53% bzw. 33% der Erträge erwirtschaftet [DAIMLERCHRYSLER (2004), S. 27 ff.].

Um am zukünftigen Wachstum der Automobilmärkte, das vor allem in den Entwicklungs- und Schwellenländern und hier vor allem in Asien stattfinden wird [GLOBAL INSIGHT (2004)], partizipieren zu können, ist die Industrie gezwungen, ihre Aktivitäten in diesen Wachstumsmärkten auszuweiten, um deren Anteil an den Umsätzen und Erträgen der Unternehmen zu erhöhen. Auch die Strategie von DaimlerChrysler sieht vor, die regionale Ausrichtung in den nächsten Jahren deutlich zu ändern, die regionale Absatzstruktur des Unternehmens soll die regionale Marktaufteilung stärker widerspiegeln.

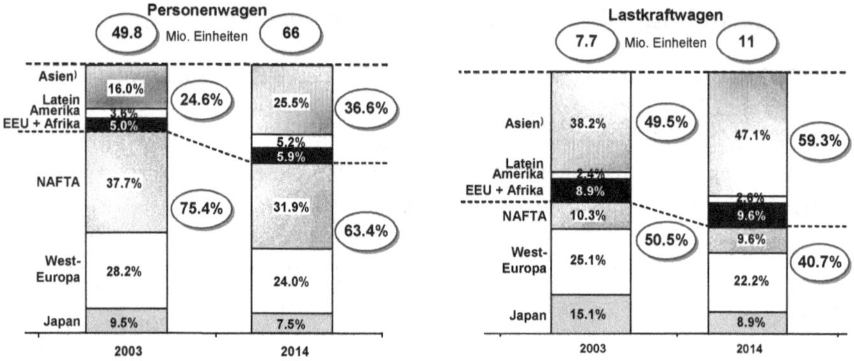

Quelle: DRI (2004).

Abb. 2: Regionale Marktaufteilung

Dabei ist zu beachten, dass die Märkte, auf denen der Fokus für das zukünftige Geschäftswachstum liegen soll, durch Handelsregularien deutlich stärker geschützt sind als die heutigen Märkte. Eine Untersuchung des Schweizer ‚Institutes for Management Development' (IMD) verdeutlicht dies zu ausgewählten Märkten [IMD (2004), S. 624]:

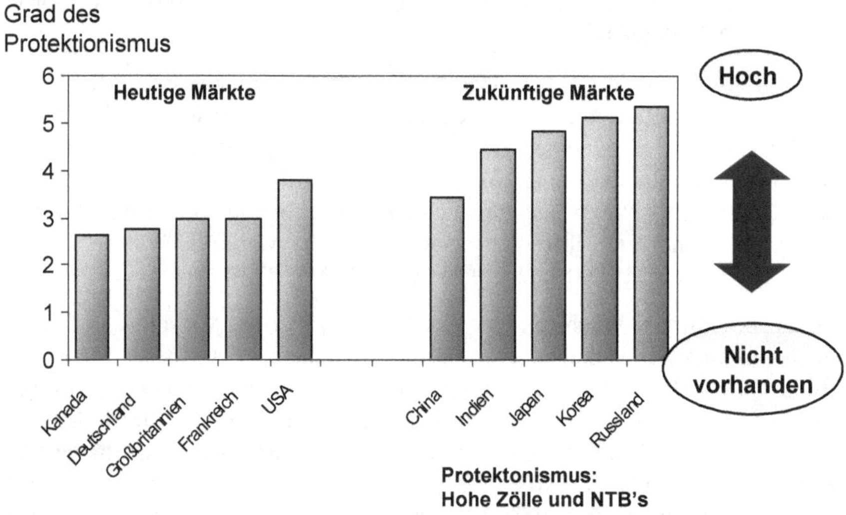

Quelle: IMD (2004).

Abb 3: Protektionismus in ausgewählten Märkten

2.4 Protektionismus

2.4.1 Zölle und ihre Auswirkungen

Zölle werden erhoben, um Einkommen für den Staat zu generieren. Daneben aber erheben viele Länder hohe Zölle aus protektionistischen Gründen. Dies betrifft zum einen die Verhinderung von Importen, um die Handels- und letztendlich damit die Zahlungsbilanz möglichst ausgeglichen zu gestalten. Zum anderen werden hohe Zölle vor allem zur Abschottung von Industrien angewendet, die als strategisch wichtig angesehen werden. Durch die Erhebung von Erziehungszöllen soll der Aufbau der betreffenden Industrie geschützt und gefördert werden [DIECKHEUER (2001), S. 149]. Hiervon ist sehr oft die Automobilindustrie und dabei der Pkw-Bereich betroffen.

Hohe Zölle behindern den Handel stark und laufen letztendlich über niedrigere absolute Importe sogar dem Ziel entgegen, Einnahmen für den Staat zu generieren und vermindern darüber hinaus durch mangelnde Strukturanpassungsfähigkeit das langfristige ökonomische Wachstumspotential der betreffenden Volkswirtschaft [DIECKHEUER, G. (2001), S. 170 f.].

Most Favored Nation Tariff in %, 2005	Pkw	Lkw	Busse	Teile
China	30	15-25	20-25	6-25
Indien	30	20	20	20
Indonesien	25-80	25-40	10-40	15
Südkorea	8	10	10	8
Malaysia	20-200	35-50	30	0-35
Pakistan	50-150	60	20	35
Philippinen	30	3-30	3-20	3-10
Taiwan	60	28,2-34,7	0-34,7	2,5-34,7
Thailand	40-80	40	40	30
Vietnam	100-150	10-100	100	30

Quelle: EU MARKET ACCESS APPLIED TARIFFS DATABASE.

Tab. 4: Zölle im Automobilbereich in ausgewählten Ländern der Region Asien

2.4.2 Nicht-tarifäre Handelshemmnisse und ihre Auswirkungen

Neben den Zöllen, die für die Marktteilnehmer eine kalkulatorisch erfassbare Größe darstellen, spielen aber auch nicht-tarifäre Handelshemmnisse eine sehr wichtige Rolle, wenn es darum geht, den Marktzugang effektiv zu beschränken.

In Korea beträgt der Einfuhrzoll für Pkw nur 8% und ist somit sogar niedriger als der entsprechende Zoll in der EU (10%). Trotzdem sind die Importe von Pkw nach

Korea weiterhin sehr gering. 2004 wurden von Januar bis November insgesamt lediglich 20.842 Pkw importiert. Dies umfasst alle Marken und Nationalitäten und entspricht einem Marktanteil der Importfahrzeuge von 2,6% [AMCHAM AUTOMOTIVE COMMITTEE (2004 a)]. Im Vergleich dazu lag alleine der Anteil importierter koreanischer Pkw der Marken Hyundai, Kia und Daewoo in Westeuropa (EU15 + EFTA) trotz des höheren Einfuhrzolls bei 4,1%. Zählt man noch die Pkw japanischer Marken dazu, kommt man auf einen Marktanteil asiatischer Marken von insgesamt 12,2% [ACEA (2004)].

Gründe für diese großen Unterschiede beim Marktanteil importierter Fahrzeuge gibt es viele. Ein wesentlicher Grund jedoch ist die über lange Zeit sehr offensiv betriebene Politik der koreanischen Regierung, Bürger zum Kauf lokal hergestellter Fahrzeuge anzuhalten. Dazu gehörten Kampagnen im Fernsehen, die Fahrer importierter Fahrzeuge direkt oder indirekt mit Steuersündern in Verbindung brachten. Käufer importierter Fahrzeuge waren des öfteren spontan angesetzten Steuerprüfungen ausgesetzt. Auch wurden importierte Pkw lange Zeit als Luxusgüter klassifiziert, während lokal hergestellte Pkw in der Exportstatistik als Investitionsgüter liefen. Daneben diskriminiert tendenziell auch das Steuersystem in Korea importierte Fahrzeuge. Steuern werden auf den Wert des Fahrzeugs inklusive des 8%igen Einfuhrzolls berechnet. Dieses System bewirkt, dass die Abgaben für einen importierten Pkw deutlich höher sind als für ein lokal hergestelltes Fahrzeug [AMCHAM AUTOMOTIVE COMMITTEE (2004)].

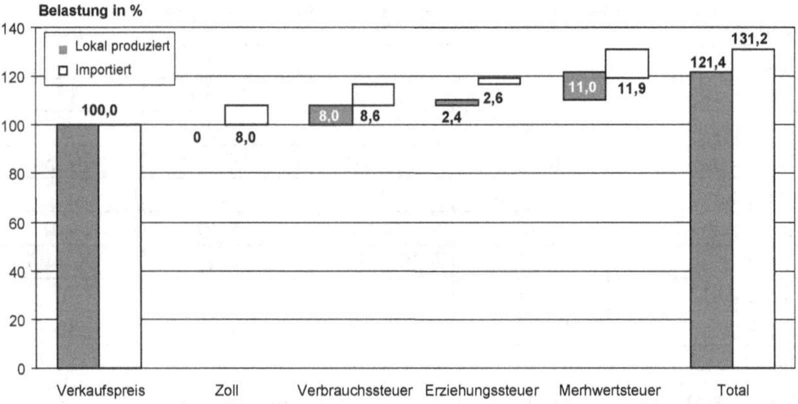

Quelle: AMCHAM AUTOMOTIVE COMMITTEE (2004).

Abb. 4: Zusatzkosten für ein importiertes Fahrzeug

Diese Praxis wird im Übrigen auch in anderen Ländern – v.a. in Asien – angewendet und erhöht die Belastung eines Pkw-Käufers erheblich. Bspw. hatte sich in Pakistan die Belastung mit Zöllen und sämtlichen Steuern für einen Pkw mit einem Hubraum von mehr als 2000 ccm auf mehr als 300% erhöht, auf den Philippinen können die Abgaben zusätzlich zum Importzoll je nach Größe des Fahrzeugs bis zu 100% betragen) [EU MARKET ACCESS DATABASE].

Ein weiteres Beispiel für nicht-tarifäre Handelshemmnisse sind Politiken, mit denen nationale Schlüsselindustrien geschützt werden sollen. So hat Malaysia zwar seine Zölle gesenkt, will die heimische Automobilindustrie jedoch dadurch schützen, dass national hergestellte Produkte bei der Berechnung der Excise Tax einen Rabatt von 50% eingeräumt bekommen.

2.5 Möglichkeiten zur Verbesserung des Marktzugangs

Aufgrund der Existenz von Handelshemmnissen sowohl im tarifären als auch im nicht-tarifären Bereich ist eine weitere Liberalisierung des Handels existentiell wichtig für die Weltwirtschaft. Hierzu gibt es verschiedene Hebel.

2.5.1 Doha Development Agenda

Im Rahmen der neuen Welthandelsrunde, die in Doha, Katar, im November 2001 gestartet wurde, verhandeln die Mitgliedsstaaten über 7 Schwerpunktbereiche [BUNDESMINISTERIUM FÜR WIRTSCHAFT UND ARBEIT (2005 a)]:

- Regeln – Antidumping, sektorale Unterstützungsmaßnahmen, Regionalabkommen
- TRIPS – Schutz geistigen Eigentums
- Handel und Umwelt – Umweltabkommen und WTO
- Streitschlichtung – v.a. Verfahrenstransparenz
- Agrarverhandlungen – Zölle und Subventionen
- Dienstleistungen – Weitere Liberalisierung
- NAMA – Marktzugang für Nicht-Agrargüter

Im für die Automobilindustrie sehr wichtigen Bereich der Marktzugangsverhandlungen für Industriegüter (NAMA) ist die anzuwendende Formel für Zollsenkungen Kern der aktuellen Diskussionen. Zwar besteht Einvernehmen darüber, dass mithilfe einer Kompressionsformel hohe Zölle stärker gesenkt werden sollen als niedrige Zölle [BUNDESMINISTERIUM FÜR WIRTSCHAFT UND ARBEIT (2005)]. Dennoch gibt es nach wie vor sehr unterschiedliche Vorstellungen hinsichtlich der konkreten Ausgestaltung der Formel. Aus Sicht der Automobilindustrie sollten vor allem folgende Punkte sichergestellt werden:

- Ausgangspunkt der Zollreduzierungen müssen die effektiven und nicht die gebundenen Zölle sein. Sonst besteht die Gefahr, dass einzelne Länder, die ihre Zölle auf einem sehr viel höheren Niveau als den heute aktuellen Zöllen gebunden haben, faktisch keine oder kaum Reduzierungsverpflichtungen eingehen müssen.

- Es darf nicht möglich sein, ganze Zolllinien aus den Verpflichtungen zur Zollreduzierung herauszunehmen. Die Automobilindustrie hat eine sehr große direkte Beschäftigungswirkung und über die intensiven Verflechtungen starke mittelbare positive Effekte auf andere Wirtschaftsbereiche. Aus diesem Grund ist damit zu rechnen, dass viele Länder die Automobilindustrie als zu schützende Industrie definieren und aus den Liberalisierungsverpflichtungen herausnehmen. Damit würde der Handel mit Produkten der Automobilindustrie nicht von der Liberalisierung profitieren können.
- Es sollte eine einfache und nachvollziehbare Formel verwendet werden. Durch eine an Ländercharakteristika angepasste Ausgestaltung dieser Formel können für unterschiedliche Länderkategorien unterschiedliche Endzölle bzw. Übergangsperioden definiert werden. Dadurch kann die Akzeptanz des Ansatzes erhöht werden.

Die Diskussion über die nicht-tarifären Handelshemmnisse (NTBs) steht inhaltlich noch am Anfang. Dabei besteht weitgehend Einvernehmen, dass bereits in WTO-Abkommen geregelte NTBs nicht Gegenstand der Verhandlungen sein sollen [BUNDESMINISTERIUM FÜR WIRTSCHAFT UND ARBEIT (2005)]. Dies würde zum Beispiel alle Investitionsregelungen mit Handelsbezug (TRIMS) wie z. B. Vorschriften zur Erreichung von lokalen Wertschöpfungsanteilen oder zu einer ausgeglichenen Devisenbilanz eines Unternehmens betreffen.

Im Sommer 2004 wurde mit dem ‚Juli-Paket' jedoch die Aufnahme multilateraler Verhandlungen zur Reform der weltweiten Zollverfahren beschlossen. Ziel sind transparente, klar geregelte und effektive Zollverfahren. Die Automobilindustrie verspricht sich von diesen Verhandlungen deutliche Verbesserungen der Prozesse bei Import bzw. Export und damit deutliche Kostensenkungen. So liegen die Kosten der Zollverfahren im Durchschnitt bei 5-10% des Warenwerts. Allerdings befürchten viele Entwicklungsländer, dass sie überfordert werden. Aus diesem Grund ist noch viel Überzeugungsarbeit nötig, dass eine Verbesserung der Prozesse letztendlich vor allem in ihrem Interesse liegt [BUNDESMINISTERIUM FÜR WIRTSCHAFT UND ARBEIT (2005)].

2.5.2 Regionale Wirtschaftsbündnisse

Regionale Wirtschaftsbündnisse sollen primär die Bedingungen für den Güteraustausch zwischen den betroffenen Regionen oder Ländern verbessern.

Auf der Prioritätenskala der EU liegen Verhandlungen zu regionalen Wirtschaftsbündnissen prinzipiell hinter den multilateralen Verhandlungen an zweiter Stelle. Denn regionale Wirtschaftsbündnisse erleichtern zwar den Handel zwischen den teilnehmenden Ländern/Regionen, haben aber immer einen protektionistischen Kern. Diese Position ist begründet darin, dass die Importe aus Regionen bzw. Ländern, die nicht dem jeweiligen Bündnis angehören, höheren Zöllen und damit schlechteren Bedingungen unterliegen [DIECKHEUER (2001), S. 205 f.]. Zudem kann die Industrie von den Präferenzen nur unter ganz bestimmten Bedingungen profitieren. Hierzu gehört regelmäßig die Erfüllung so genannter Wertschöpfungsbedingungen. Beispielsweise verhandelt die EU in ihren Freihandelsabkommen, dass zollfrei nur importiert bzw. exportiert werden kann, wenn mehr als 60% des Ursprungs in den beiden Partnerregionen zusammen erwirtschaftet worden sind. Dies widerspricht jedoch den Erfordernissen einer globalisierten Wirtschaft mit vernetzter Produktionsstruktur.

Zwar liegt der Schwerpunkt der EU weiterhin bei den multilateralen Verhandlungen im Rahmen der Doha Development Agenda. Die Tatsache aber, dass Japan plant, Freihandelsabkommen mit asiatischen Staaten zu schließen, sowie der zähe Fortgang der Doha-Verhandlungen haben zu einer leichten Verschiebung der Prioritäten geführt. Die EU erwägt langfristig, Verhandlungen mit ausgewählten Staaten in Asien wie z. B. Singapur oder der ASEAN aufzunehmen. Sollten die USA ebenfalls Schritte unternehmen, Regionalabkommen mit asiatischen Staaten wie z. B. der ASEAN zu schließen, würde die EU endgültig ihre Strategie überdenken und den regionalen Wirtschaftsbündnissen größere Relevanz beimessen.

2.5.3 Bilaterale Gespräche

Neben den multilateralen und regionalen Verhandlungen gibt es sowohl auf Seiten der EU und der Bundesrepublik Deutschland als auch auf Seiten der USA regelmäßige bilaterale Konsultationen mit wesentlichen Handelspartnern.

Ein Beispiel hierfür sind die Beziehungen der EU mit der Volksrepublik China. Um diese zu fördern, wurde im Oktober 1998 ein Unternehmensdialog ins Leben gerufen. Im Automobilbereich besteht dieser im wesentlichen aus zwei Teilen, deren inhaltliche Ausgestaltung bei der Generaldirektion Unternehmen liegt: Zum einen besteht seit 2003 eine Abstimmung mit der chinesischen Reformkommission NDRC zu industriepolitischen Themen. Hierzu gehört zum Beispiel der Entwurf für eine chinesische Automobilpolitik mit Teilaspekten wie der nationalen Wertschöpfungspolitik, Vertriebsrichtlinien oder auch Richtlinien zu Reparatur, Umtausch oder Entschädigung.

Daneben gibt es einen Dialog zu technischen Fragestellungen mit der chinesischen Behörde AQSIQ, die zuständig ist für die Überwachung von Qualität, Inspektion und Quarantänevorschriften.

Zur Weiterführung der Diskussion treffen sich die Arbeitsgruppen ein- bis zweimal im Jahr.

Erfolge bei der Liberalisierung des Handels sind jedoch nur langsam zu verzeichnen. Aus diesem Grund muss die Industrie andere Mittel suchen, um den Marktzugang zu den Wachstumsmärkten zu verbessern.

3. Direktinvestitionen

3.1 Weltwirtschaft

Direktinvestitionen als Form des langfristigen Kapitalverkehrs bilden neben dem Warenaustausch den für die Industrie zweiten wichtigen Aspekt der Globalisierung. Mit ihnen wird das Ziel verfolgt, sich im Ausland an der Herstellung von Waren und/oder Dienstleistungen zu beteiligen oder Waren und/oder Dienstleistungen in einer eigenen ausländischen Produktionsstätte herzustellen [DIECKHEUER (2001), S. 343 ff.].

Zwar hat sich die Dynamik der Direktinvestitionen in den Jahren 2001 bis 2003 weltweit deutlich verlangsamt. Dennoch sind die durchschnittlichen Kapitalflüsse im Zeitraum 1998 bis 2003 signifikant höher gewesen als im Zeitraum 1992 bis 1997, wie sich anhand der folgenden Tabelle darlegen lässt [UNCTAD (2004), Annex Table B1 und B2, pp. 367]:

In Mrd. Dollar		**Kapitalimporte**		**Kapitalexporte**	
		1992-'97	1998-'03	1992-'97	1998-'03
Welt		**310,879**	**870,252**	**328,248**	**816,091**
Industrieländer	Westeuropa	100,796	419,967	161,720	536,940
	Nordamerika	62,280	198,893	88,605	175,910
	Japan	1,225	7,677	20,232	29,645
Entwicklungs- und Schwellenländer	Afrika	5,936	12,644	2,228	0,789
	Südamerika	22,136	44,512	3,767	5,347
	Asien	74,090	112,370	39,554	44,820
	Zentral- und Osteuropa	11,533	26,151	1,182	4,044

Quelle: UNCTAD (2004).

Tab. 5: Entwicklung der Direktinvestitionen seit 1992

3.2 Automobilsektor

Die deutsche Automobilindustrie hat ihre Investitionen im Ausland in den Jahren seit 1960 erheblich ausgeweitet. Während der Anteil der Auslandsproduktion bei den Automobilherstellern 1960 noch bei 2,8% lag, ist dieser 2003 auf über 45% angestiegen [VDA STATISTIKEN].

Einer Untersuchung des VDA zufolge sind die Unternehmen der deutschen Automobilindustrie 2004 an rund 2.000 Standorten außerhalb Deutschlands mit Fertigungsbetrieben oder Lizenznehmern präsent. Im Vergleich dazu waren es 1990 erst rund 800. Diese Entwicklung spiegelt die in diesem Zeitraum um über 140% gestiegene Auslandsproduktion der Fahrzeughersteller ebenso wider wie die rapide Globalisierung der Zulieferer.

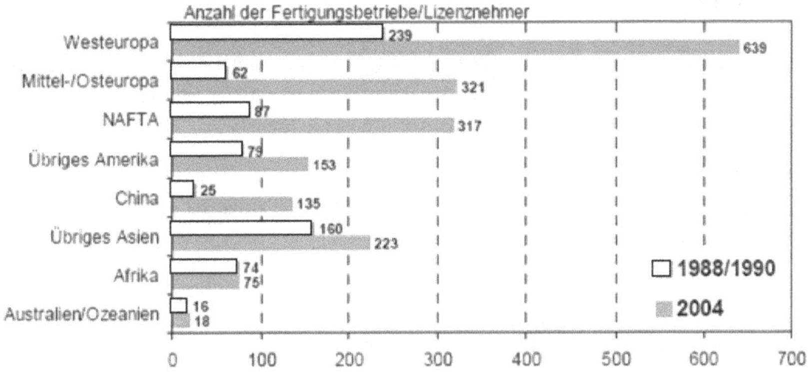

Quelle: VDA (2004; 2004 a).

Abb. 5: Auslandsstandorte der dt. Automobilindustrie

3.3 Unternehmensbetrachtung DaimlerChrysler

DaimlerChrysler betrachtet Direktinvestitionen in keiner Weise als Absage an die Heimatstandorte Deutschland und USA. Durch den Ausbau der weltweiten Marktposition und der Wettbewerbsfähigkeit werden Beschäftigung und unternehmerische Existenz an den angestammten Standorten gesichert. Durch Produktionsverbünde entstehende Arbeitsplätze im Ausland haben immer auch einen positiven Beschäftigungseffekt im jeweiligen Inland [KOHN (1998)].

Weltweit ist DaimlerChrysler mit nahezu 100 Produktionsstätten in 17 Ländern sowie Vertriebsstützpunkten in über 190 Ländern vertreten. Das Produktprogramm umfasst Fahrzeuge vom zweisitzigen Smart bis hin zum Schwer-Lkw [DAIMLERCHRYSLER (2004 a)]. Diese globale und umfassende Präsenz ist notwendig, um weltweit alle Wachstumspotenziale – insbesondere in den Nicht-Triade-Märkten – auszuschöpfen.

Für die Marke Mercedes werden alle Rechtslenkermodelle der C-Klasse in Südafrika sowie C- und A-Klasse in Brasilien produziert. Im Nfz-Bereich werden in der Türkei sowohl Busse als auch Lkw gefertigt, und in Brasilien werden Lkw- und Bus- Chassis für den südamerikanischen Markt gefertigt. In Indonesien sind sowohl der Mercedes Pkw-Bereich mit Montage von C-, E- und S-Klasse als auch der Nfz-Bereich mit Mitsubishi Fuso präsent. Daneben gibt es noch eine Reihe von weiteren Aktivitäten.

Diese schon heute starke globale Präsenz soll in den nächsten Jahren noch weiter ausgebaut werden. So bereitet die Mercedes Car Group derzeit die lokale Produktion von C- und E-Klasse Fahrzeugen in China vor. Auch in bezug auf die Produktion von Lkws bzw. Vans verhandelt das Unternehmen mit entsprechenden chinesischen Partnern.

3.4 Protektionismus

Bezogen auf Direktinvestitionen kommen tarifäre Handelshemmnisse nur mittelbar, im wesentlichen aber nicht-tarifäre Handelshemmnisse zur Anwendung, um protektionistische Ziele der Handelspolitik zu erreichen.

So existieren in vielen Ländern Regelungen, mit deren Hilfe ein gewisser Wertschöpfungsanteil im Lande erzielt werden soll. Um dies zu erreichen, werden unterschiedliche Mittel eingesetzt.

Nach einem jüngst veröffentlichten Entwurf für eine Regelung in China sollen beispielsweise bestimmte importierte Teile mit dem höheren Zoll für Pkw belegt werden. Zu diesem Zweck will China zwei Kategorien von Komponenten einführen: Karosserie und Motor auf der einen Seite und Antrieb, Antriebsache, nicht angetriebene Achse, Rahmen, Lenksystem und Bremssystem auf der anderen Seite. Sobald ein Hersteller beide Komponenten der ersten Kategorie importiert, müsste er statt des niedrigeren Teilezolls den höheren Zoll für komplette Fahrzeuge entrichten. Darüber hinaus würde der höhere Zoll für Komplettfahrzeuge auch fällig, wenn nur entweder Motor oder Karosserie, dafür aber mindestens drei Komponenten der Kategorie 2 importiert würden. Schließlich würde der höhere Zoll für Komplettfahrzeuge auch berechnet, wenn zwar sowohl Karosserie als auch Motor lokal gefertigt, aber mehr als fünf Komponenten der zweiten Kategorie eingeführt würden [CHINA NDRC (2004)]. Die nachstehende Tabelle verdeutlicht nochmals die Fälle, in denen der höhere Zoll für komplette Fahrzeuge beim Import der Teile gezahlt werden müsste (vgl. Tab. 6).

<table>
<tr><th>Kategorie</th><th>Komponente</th><th>Fall 1</th><th>Fall 2</th><th>Fall 3</th></tr>
<tr><td rowspan="2">Kategorie 1</td><td>Karosserie</td><td rowspan="2">Import beider Komponenten</td><td rowspan="2">Import einer Komponente</td><td rowspan="2">Lokaler Bezug beider Komp.</td></tr>
<tr><td>Motor</td></tr>
<tr><td rowspan="6">Kategorie 2</td><td>Antrieb</td><td rowspan="6">Lokaler Bezug aller Komponenten</td><td rowspan="6">Import von mindestens drei Komponenten</td><td rowspan="6">Import von mindestens fünf Komponenten</td></tr>
<tr><td>Antriebsachse</td></tr>
<tr><td>Nicht angetriebene Achse</td></tr>
<tr><td>Rahmen</td></tr>
<tr><td>Lenksystem</td></tr>
<tr><td>Bremssystem</td></tr>
</table>

Quelle: CHINA NDRC (2004).

Tab. 6: Geplante Regelungen zum Import von Teilen für die Produktion in China. (Fälle, in denen auch für Teile der höhere Zoll für Komplettfahrzeuge berechnet würde)

Der Unterschied zwischen den beiden Zollsätzen ist signifikant und kann über die Wirtschaftlichkeit eines Projektes entscheiden. So liegt 2005 der Pkw-Zoll bei 30%, der für Teile zwischen 6% und 25%. Ab Juli 2007, wenn das Ende des Zollabbaus erreicht ist, beträgt der Unterschied im Schnitt mehr als 15% (Pkw-Zoll 25%, durchschnittlicher Teile-Zoll 9,5%). Letztendlich sind solche Regelungen kontraproduktiv für die Entwicklung der lokalen (in dem Fall chinesischen) Automobilindustrie, weil der kontinuierliche Aufbau einer nachhaltigen und wettbewerbsfähigen Industriestruktur behindert wird.

Auch Malaysia hat über lange Jahre Schlüsselkomponenten definiert, die nicht importiert werden durften. Im Zuge der Verhandlungen zum Abbau von Investitionspolitiken mit Handelsbezug (TRIMS) bei der WTO wurden Malaysia lange Übergangsfristen zum Abbau dieser Regelungen gewährt.

Darüber hinaus beschränken viele Länder auch den Erwerb von Eigentum für ausländische Investoren. Eigentumsmehrheit und die damit verbundene unternehmerische Kontrolle müssen bei dem lokalen Partner liegen. Das heißt, Marktzugang wird über einseitigen Technologietransfer erkauft.

So sollen in China Hersteller von Fahrzeugen nicht mehr als 50% an einem Gemeinschaftsunternehmen mit einem chinesischen Partner erwerben können, sofern die Produktion nicht ausschließlich für den Export bestimmt und in ausgewiesenen Gebieten angesiedelt ist.

Auch Malaysia begrenzt den Erwerb von Eigentum für ausländische Investoren. Dabei ist der Prozentsatz des möglichen ausländischen Eigentums abhängig von dem Anteil des Exports an der Produktion des betreffenden Projekts, der Investitionshöhe, dem lokalen Wertschöpfungsanteil, der Wettbewerbssituation im Land und der Technologieintensität. Die grundsätzliche Begrenzung auf 30 % kann somit bis auf 100 % ausgeweitet werden [EU Market Access Sectoral and Trade Barriers Database, Malaysia].

Zwar sind solche Regelungen gemäß dem WTO-Abkommen zu Investitionsmaßnahmen mit Auswirkungen auf den Handel (TRIMS) nicht mit den WTO-Regelungen vereinbar, werden allerdings von vielen Länder noch immer angewendet [WTO (1994)].

4. Ausblick

Wie aufgezeigt, belegen die Erfahrungen einzelner Industrien und Unternehmen die gesamtwirtschaftliche Analyse zu den Vorteilen offener Volkswirtschaften. Allerdings sind die Rahmenbedingungen trotz erheblicher Liberalisierungserfolge noch immer nicht in erforderlichem Maße ausgestaltet.

Eine Reihe von weiter bestehenden Hemmnissen im tarifären und nicht-tarifären Bereich führen dazu, dass Unternehmen und Konsumenten die Vorteile offener Märkte und freien Handels nicht wahrnehmen können. Aus diesem Grund nutzen Unternehmen vermehrt das Instrument der Direktinvestitionen, um den Marktzugang in den Wachstumsmärkten zu verbessern. Doch auch hier wird der staatlich gesetzte Rahmen oft so gestaltet, dass eine Vielzahl von Hemmnissen wie z. B. im Bereich Wertschöpfungsvorschriften oder Beschränkung von Eigentumserwerb existieren. Marktzugang sowie die Ausschöpfung von Wachstumspotentialen kann somit auch mit Hilfe dieses Instruments nur bedingt verbessert werden.

Für die Automobilindustrie als global aufgestellte Branche ist es jedoch unabdingbar, dass der Zugang zu heute noch abgeschotteten Märkten erleichtert wird. Dies betrifft sowohl eine weitere Liberalisierung des Handels als auch verbesserte Möglichkeiten zur Durchführung von Investitionen und Übernahme unternehmerischer Verantwortung. Nur so kann das Ziel, die Präsenz auf den Weltmärkten zu verbessern, erreicht werden.

Hierzu sind die aufgezeigten Hebel auf politischer Ebene zu nutzen.

Literatur

ACEA (2004), New Passenger Car Registrations Western Europe.

AMCHAM Automotive Committee (2004), Auto Industry Briefing, October 2004.

AMCHAM Automotive Committee (2004 a), Prepared by Korea Automobile Importers & Distributors Associations KAIDA (2004), Imported Car Statistics in 2004.

Bundesministerium für Wirtschaft und Arbeit (2005), Der Stand der Welthandelsrunde (Doha Development Agenda): Januar 2005, www.bmwa.bund.de/Redaktion/Inhalte/Pdf/wto-aktueller-sachstand,property=pdf.pdf.

Bundesministerium für Wirtschaft und Arbeit (2005 a), Die 7 Verhandlungsgruppen der Neuen Welthandelsrunde, www.bmwa.bund.de/Navigation/aussenwirtschaft-und-europa,did=10394.html.

China NDRC (National Development and Reform Commission), Customs and Ministry of Commerce (2004), Measures on Management of Parts Import for Entire Automobiles, Draft December 2004.

Daimler-Benz (1981), Geschäftsbericht 1980, Stuttgart.

DaimlerChrysler (2004), DaimlerChrysler Worldwide 2003.

DaimlerChrysler (2004 a), Geschäftsbericht 2003, Stuttgart.

Dieckheuer, G. (2001), Internationale Wirtschaftsbeziehungen, 5. vollständig überarbeitete Auflage, München u.a.

Global Insight (2004), World Car Industry Forecast Report, London et al.

Global Insight (2004 a), World Truck Industry Forecast Report, London et al.

EU Commission, DG Trade, Market Access Applied Tariffs Database, http://mkaccdb.eu.int/cgi-bin/wtdtar/wtdtar.pl.

EU Commission, DG Trade, Market Access Sectoral and Trade Barriers Database, http://mkaccdb.eu.int/cgi-bin/stb/mkstb.pl?action=search.

Garrett, M. W., Goldin, I. A.; Rodrik, D. (2003), Scenarios International Trade and the Doha Development Agenda, in: Collaboration with the World Economic Forum, Annual Meeting 2003.

IMD (2004), World Competitiveness Yearbook 2004, Lausanne.

Kohn, K. (1998), Auswirkung der Globalisierung auf die Beschäftigung am Beispiel der deutschen Automobilindustrie, Konstanz.

UNCTAD (2004), World Investment Report 2004, New York u.a.

VDA (2005), VDA Statistiken, Frankfurt.

VDA (2004), Jahresbericht 2004, Frankfurt.

VDA (2004 a), VDA Tachometer, Ausgabe 5/2004, Frankfurt.

WTO (1994), Agreement on Trade Related Investment Measures (TRIMS), Geneva and Marrakesh, 1994.

World Bank (2004 et al.), Annual Reports, Washington D.C.

A Term-Structure Model of International Interest Rate Convergence Prior to Monetary Union

Bernd Wilfling

Abstract: The process of international interest rate convergence for arbitrary terms (represented by the term structure of interest rate differentials) is derived in a model of a small open economy which faces a purely time-contingent exchange rate regime switch from flexible to fixed rates. Special attention is paid to a situation in which financial markets deem a delay in the regime switch beyond the publicly announced fixing date possible. The closed-form solution of the term structure allows us to analyze the volatility of interest rate differentials thus providing a useful tool for interest-rate-sensitive security valuation and other risk management applications. Furthermore, the model demonstrates that the economy under consideration has to pay for the exchange rate stabilization triggered by the announcement of future regime switching by a higher uncertainty in the evolution of domestic interest rates.

Key words: Exchange rate regimes switches, interest rates, term structure, stochastic processes, uncertainty

1. Introduction

Following the Maastricht timetable, Stage 3 of the European Monetary Union (EMU) started on January 1, 1999. In line with former decisions taken by the European Council in Brussels (Belgium) in early May 1998, the EMU started on that day with a core group of 11 countries, namely Austria, Belgium, Finland, France, Germany, Ireland, Italy, Luxembourg, the Netherlands, Portugal and Spain. An important stipulation accompanying the introduction of the euro as the single EMU-currency was the irreversible fixing of the EMU-currencies' bilateral exchange rates on January 1, 1999 at their central parities from the European Exchange Rate Mechanism (ERM). This episode of fixing a presently floating exchange rate at a known future date and at a publicly announced parity provides an example of a purely time-contingent exchange rate regime switch.[1]

---

[1] In the literature on foreign exchange, rates under a credible target zone or currency band (like the ERM) are often considered as fixed if the band width is sufficiently small.

Although the recent currency crises in Asia have led many economists and policy advisors to advocate for more flexible exchange rate arrangements, it seems plausible for at least two reasons that time-contingent regime switches from flexible to fixed rates will command some interest in the future. The first reason from a European perspective is that all future EMU-entrants will face dated pegs of their currencies to the euro at the moment of transition into EMU. Apart from that there currently is some political activity to propagate the creation of a single currency for the Mercosur countries or the Southeast Asian Nations [EICHENGREEN (1999), p. 95].

On the road towards Stage 3 of EMU there was no doubt among economists that the interest rates of the 'In-countries' would broadly converge during the interim period (i.e. the time between the date at which the future regime switch is publicly announced and the date at which the exchange rates are actually fixed). In fact, from a theoretical point of view, in a fixed exchange rate system with free capital mobility the uncovered interest parity condition implies zero differentials between home and foreign interest rates in the absence of devaluation risks and if risk premiums between 'similar' domestic and foreign bonds can be disregarded. But how do interest rates converge when foreign exchange markets anticipate a time-contingent regime switch from floating to fixed exchange rates? It is the aim of this paper to analyze the process of interest rate convergence during this period. To assess the dynamics of convergence, the interest rate differentials for arbitrary terms are derived in a stylized model, i.e. a closed-form solution of the complete term structure of interest rate differentials is given and its main properties will be examined.

In order to obtain the full term structure of interest rate differentials, a free-float system prior to the regime switch to fixed rates is assumed, the reason for this assumption being a gain in expositional clarity. However, the techniques used in this paper are general enough to be directly applied to other pre-switch regimes, e.g. a managed-float system. Moreover, for various kinds of macroeconomic reasoning, the model presented in the next sections explicitly takes into account that financial markets may be uncertain about strict adherence to the announced fixing-date, i.e. agents deem a delay in the exchange rate regime switch possible.

The setup used in this paper is in several respects similar to that of SVENSSON (1991) who analyzes the term structure of interest rate differentials in a target zone. While the theory of and the empirical findings on the *term structure of interest rates* have been (and are still) widely discussed [COX/INGERSOLL/ ROSS (1985); SINGLETON (1989); CUTHBERTSON (1996); ESTRELLA/MISHKIN (1997)]

After the speculative turmoil in 1992/93 all ERM bands–except that between the DM and the Dutch Guilder–were widened to ±15%. This wide range of possible variation permits to consider the ERM exchange rates as quasi-flexible or at least as managed-float rates.

there are only relatively few results on the *term structure of interest rate differentials* scattered in the literature. This seems all the more surprising since for a small open economy facing a given term structure of world interest rates, the domestic term structure of interest rates follows the term structure of interest rate differentials when capital markets are sufficiently integrated [SVENSSON (1991), p. 90]. Therefore, the analysis of the term structure of interest rate differentials yields a shortcut to exploring the term structure of domestic interest rates [KEMPA ET AL. (1999); WILFLING (2003)].

The paper is organized as follows. After a short description of the underlying monetary exchange rate model with flexible prices, Section 2 presents the exchange rate dynamics during the transition from flexible to fixed rates thereby taking into account a possible delay in the regime switch. Based on these results, Section 3 derives a complete term structure of interest rate differentials during the interim period. Section 4 is two-split, elaborating the main features of the process of interest rate convergence first under certainty and second under uncertainty about the punctuality of the regime switch. Section 5 offers some concluding remarks.

2. Preliminaries and previous results

To derive the term structure of interest rate differentials in the presence of an announced (purely) time-contingent future exchange rate regime switch from flexible to fixed rates, it is convenient to recall the exchange rate dynamics during this period. For notational convenience, let t_A denote the date at which the authorities announce the future regime switch (the date of announcement) whereas the date at which the exchange rate is planned to be irrevocably fixed (the fixing date, the switching date) will be denoted by t_S. Furthermore, let x^* symbolize the specific parity at which the exchange rate will be fixed at t_S. It is assumed that the monetary authorities will inform the market of the fixing parity x^* at the date of announcement. Hence, agents are perfectly informed about all modalities of fixing from t_A onwards.

To assess the exchange rate dynamics during the interim period $[t_A,t_S)$ consider the well-known stochastic version of the (continuous-time) monetary-flex-price exchange rate model which has become the standard setting in recent target zone literature [FROOT/OBSTFELD (1992)]. There, the logarithmic spot rate – measured as the domestic-currency price for foreign exchange – at time t, $x(t)$, equals the sum of a 'fundamental', $k(t)$, and a speculative term proportional to the expected (instantaneous) rate of change in the exchange rate:

$$x(t) = k(t) + \alpha \cdot \frac{E[dx(t) \mid \phi(t)]}{dt}, \quad \alpha > 0. \tag{1}$$

In Eq. (1), $E[\cdot|\phi(t)]$ denotes the expectation operator conditional on the information set $\phi(t)$ containing all information available to market participants at time t. Rational expectations are assumed.[1]

The fundamental k is an aggregate of given macroeconomic variables–such as the domestic and foreign money supplies and outputs–as well as stochastic shocks to money demand and, via the money supplies, under direct control of a monetary authority. Prior to the fixing date t_S , k should follow a continuous-time stochastic process. Throughout this paper, the evolution of k over time (up to t_S) is modelled by a driftless Brownian motion, i.e.

$$dk(t) = \sigma \cdot dw(t), \quad t < t_S, \tag{2}$$

with infinitesimal standard deviation $\sigma > 0$ and $dw(t)$ the increment of a standard Wiener process. This process is particularly useful when modelling a situation in which the central banks refrain from interventions in the foreign exchange market prior to the regime switch. Therefore, underlying the Brownian motion (2) for the fundamental k up to t_S will subsequently be referred to as a free-float pre-switch regime.[2]

In order to state explicit results on the exchange rate dynamics prior to and after the regime switch, it proves convenient to split the time domain into the mutually exclusive intervals $[0,t_A)$, $[t_A,t_S)$ and $[t_S,\infty)$. For $t\in[0,t_A)$ the regime switch has not yet been officially announced by the authorities. For simplicity, it is therefore assumed that agents expect the current free-float regime to last forever. It is well-known that the (bubble-free) solution of the flex-price monetary exchange rate equation (1) then obtains as

$$x(t) = k(t), \tag{3}$$

i.e. the free-float equilibrium exchange rate $x(t)$ coincides with the current value of the fundamental, $k(t)$.

For $t\in[t_A,t_S)$, participants seem to be perfectly informed about all modalities of future exchange rate regime switching. In particular, the authorities have announced the fixing parity x^* and the fixing date t_S. Now, let us take into account that agents may be uncertain about strict adherence to the preannounced fixing date t_S. In what follows, the notion 'uncertainty' is always used in the sense of

---

1 In Eq. (1), $E[dx(t)|\phi(t)]$ is an abbreviation of $\lim_{s\downarrow 0}\{E[x(t+s)|\phi(t)]-x(t)\}/s$.

2 Alternatively, a free-float pre-switch regime could more generally be modelled by a Brownian motion with arbitrary (deterministic) drift θ, i.e. by the stochastic differential $dk(t)=\theta\cdot dt+\sigma\cdot dw(t)$ for the fundamental k. Setting the deterministic trend $\theta=0$ as in Eq. (2) does not affect the qualitative nature of the results.

'uncertainty about the punctuality of the regime switch'. In this context, uncertainty characterizes any situation in which agents impute a non-zero probability to the delay in the regime switch beyond the proclaimed date t_S.

In general, there may be a variety of ways of how to model this kind of market uncertainty. Here, let us adopt the approach of WILFLING/MAENNIG (2001) who suppose that market participants–based on their present date-t-information set $\phi(t)$, $t \in [t_A, t_S)$–associate a specific probability measure with the future lifetime of the pre-switch free-float system. In particular, denoting this lifetime by the random variable Z, the cumulative distribution function of Z, F, which represents the probability that Z does not exceed the future date $s > t$, is assumed to have the parametric form

$$F(s; p, \lambda) \equiv \Pr\{Z \leq s \mid \phi(t)\} = \begin{cases} 0 & \text{for } s < t_S \\ 1 - p \cdot e^{\lambda(t_S - s)} & \text{for } s \geq t_S \end{cases}, \tag{4}$$

where $p \in [0,1]$ and $\lambda \geq 0$.

This specification of F induces several features of the agents' uncertainty assessment. First, the probability of the switch taking place before t_S is zero. Second, the parameters p and λ have the following neat interpretations: p represents the probability of the switch not occuring at the officially announced fixing date t_S so that $1-p$ is the (unconditional) probability which agents assign to the event that the regime switch will take place exactly at t_S. Conditional on a delayed regime switch, the parameter λ represents the (constant) proportional hazard rate that the regime switch will take place in the infinitesimal time period following any date $s \geq t_S$. In other words, for sufficiently small Δs, $\lambda \cdot \Delta s$ approximates the probability of the regime switch taking place in the interval $[s, s+\Delta s]$ provided that the switch has not occurred up to date s inclusively. It is important to note two special cases included in Eq. (4):

(1) For $p=0$ (λ arbitrary) the switching date t_S is considered fully credible by the market. Formally the same is true for $p>0$, $\lambda \to \infty$. In this case the regime switch is not expected to take place at t_S with probability 1 but the delay is considered to be infinitesimally short.

(2) For $p=1$, $\lambda=0$, agents believe that the switch will never take place.

Another two properties of the random lifetime Z and its probability distribution (4) will be of interest for further considerations. First, it is easy to check that the conditional distribution function of Z provided that the pre-switch free-float system has 'survived' up to some date $z \geq t_S$ is given by

$$\Pr\{Z \leq s \mid Z > z \geq t_S\} = 1 - e^{\lambda(z-s)}. \tag{5}$$

Obviously, this conditional distribution is independent of p and (for $z > t_S$) also of the switching date t_S. Second, representing the market's present date-t-assessment of the timing of the regime switch by the distribution function (4) implies that agents expect the switch to take place at

$$E[Z \mid \phi(t)] = t_S + \frac{p}{\lambda}. \tag{6}$$

Note that the expected time of fixing in Eq. (6) is strictly increasing in p and strictly decreasing λ.

Now, taking into account the uncertainty structure from Eq. (4) and using a forward integration technique, WILFLING/MAENNIG (2001) derive the exchange rate path for the interim period $t \in [t_A, t_S)$ as

$$x(t) = \left[1 - \left(1 - \frac{p}{1+\alpha\lambda}\right) \cdot e^{(t-t_S)/\alpha}\right] \cdot k(t) + \left(1 - \frac{p}{1+\alpha\lambda}\right) \cdot e^{(t-t_S)/\alpha} \cdot x^*. \tag{7}$$

Furthermore, it is essential for the computations in the next section to evaluate the exchange rate path for the time beyond the officially announced fixing date t_S. The exact specification of the saddlepath $x(t)$ for $t \geq t_S$ crucially hinges on the policy action taken at date t_S. Here, it suffices to consider the following two scenarios:

(1) The authorities indeed fix the exchange rate irreversibly from t_S onwards at the parity x^*. In this case the rate clearly fulfills

$$x(t) = x^* \quad \text{for all } t \geq t_S. \tag{8}$$

(2) The authorities refrain from fixing at t_S and the rate is still floating at present date $t \geq t_S$ while the market still believes the regime switch to the fixed parity x^* to be executed in the future and that – in line with Eq. (5) – the probability of the switch occurring in any future interval $(t,s]$ is given by

$$\Pr\{Z \leq s \mid Z > t \geq t_S\} = 1 - e^{\lambda(t-s)}.^{1} \tag{9}$$

Under this setup, the exchange rate path for $t \geq t_S$ can be computed as

---

1 Using the conditional distribution from Eq. (9) as the waiting time for the regime switch to fixed rates is equivalent to modelling the timing of the switch as (the first occurrence of) a Poisson process (starting at present date $t \geq t_S$) with arrival rate λ.

$$x(t) = \frac{1}{1+\alpha\lambda} \cdot k(t) + \left(1 - \frac{1}{1+\alpha\lambda}\right) \cdot x^* \tag{10}$$

[WILFLING/MAENNIG (2001), Eq. 21].[1]

In the following sections, the partial exchange rate paths (3), (7), (8) and (10) will provide the key ingredients for the derivation of a closed-form solution of the term structure of interest rate differentials under a free-float system when the market anticipates a time-contingent, but possibly delayed regime switch to fixed rates.

3. The interest rate differential

For what follows, let us adopt the same setting as SVENSSON (1991) who analyzes the term structure of interest rate differentials in target zones. Formally, let $i^*(t, \tau)$ symbolize the foreign nominal interest rate on a pure discount bond (denominated in foreign currency) purchased at time t with $\tau > 0$ denoting the time to maturity (term). The open domestic economy is assumed to be small and the foreign interest rate $i^*(t, \tau)$ is regarded as exogenously given.[2] Accordingly, the nominal interest rate on a home currency pure discount bond purchased at time t and maturing at date $t + \tau$ will be denoted by $i(k(t),t,\tau)$. Note that the realization of the fundamental k at present date t, $k(t)$, is among the arguments of the domestic interest rate i. Neglecting any risk premium between home and foreign nominal bonds, the following form of the uncovered interest parity condition is supposed to hold at all times:

$$ID(k(t),t,\tau) \equiv i(k(t),t,\tau) - i^*(t,\tau) = \frac{E[x(t+\tau) \mid \phi(t)] - x(t)}{\tau}. \tag{11}$$

From Eq. (11) the differential for instantaneous interest rates, i.e. rates on bonds with infinitesimally short time to maturity (say overnight interest rates) obtains as

$$ID(k(t),t,0) \equiv \lim_{\tau \downarrow 0} ID(k(t),t,\tau) = \frac{E[dx(t) \mid \phi(t)]}{dt} \tag{12}$$

---

[1] The formulation of the exchange rate path (10) implicitly assumes that the fundamental k continues to evolve along the Brownian motion (2) up to the present date $t \geq t_S$ inclusively.

[2] Note that no assumption is made on the dynamics of the foreign interest rate $i^*(t, \tau)$. This interest rate may evolve according to an appropriate stochastic process (see CHAN ET AL. (1992), or DEWACHTER (1996), for an overview of suitable stochastic processes used to model the dynamics of interest rates). However, the only assumption made here is that $i^*(t, \tau)$ is exogenously given to the small domestic economy.

(cf. Footnote 1 on page 56).

The uncovered interest parity conditions (11), (12) and the exchange rate paths from Section 2 now provide the main tool for computing the interest rate differentials for arbitrary terms τ on the whole time domain. Before the date of announcement (i.e. for $t \in [0,t_A)$), the market believes the free-float regime to hold for the indefinite future. Thus, invoking Eq. (3) the interest rate differential is obtained as

$$ID(k(t),t,\tau) = \frac{E[x(t+\tau)\,|\,\phi(t)] - x(t)}{\tau} = \frac{k(t)-k(t)}{\tau} = 0\,. \qquad (13)$$

Obviously, the interest rate differential under a free-float regime (which is assumed to hold forever) is independent of the purchase-time t, the term τ, and the current state of the fundamental $k(t)$.[1]

Next, consider the interim period $[t_A,t_S)$. For reasons of argument, the derivation starts with the interest rate differential for instantaneous bonds. For this, recall the exchange rate path (7) which takes into account the uncertainty structure F from Eq. (4). According to (12), the instantaneous interest rate differential $ID(k(t),t,0)$ essentially consists of $E[dx(t)|\phi(t)]$, i.e. the expected infinitesimal change of the (log-) spot rate. The most direct way to compute this magnitude is to interpret the exchange rate x in Eq. (7) as a function of the stochastic fundamental k and time t. The application of Ito's lemma then yields the stochastic differential of x, $dx(t)$. Taking expectations conditional on time t and dividing by dt finally provides the instantaneous interest rate differential for $t \in [t_A,t_S)$:

$$ID(k(t),t,0) = \left(1 - \frac{p}{1+\alpha\lambda}\right) \cdot e^{(t-t_S)/\alpha} \cdot \frac{x^* - k(t)}{\alpha}\,. \qquad (14)$$

In contrast to the case of instantaneous bonds just described, the computation of the interest rate differentials for strictly positive terms $\tau > 0$ turns out to be more complicated. The reason is the expected exchange rate at the time of maturity, $E[x(t+\tau)|\phi(t)]$. Its determination at present date $t \in [t_A,t_S)$ depends on whether or not the time to maturity $t+\tau$ falls before or beyond the announced switching date t_S. Distinguishing between the cases $t+\tau < t_S$ and $t+\tau \geq t_S$ entails a two-branched interest rate differential path during the interim period, namely on the subintervals

---

[1] The reason for the interest rate differential (11) under a permanent free-float to equal zero on the whole time domain lies in the assumption of the driftless Brownian motion (2) for the fundamental k. If the dynamics of k is modelled by a Brownian motion with deterministic trend θ as in Footnote 2 on page 56, the corresponding interest rate differential will equal the drift rate θ for all t, i.e. the constant expected change in the spot rate.

$[t_A,t_S-\tau)$ and $[t_S-\tau,t_S)$, respectively. For $t\in[t_A,t_S-\tau)$ the computation of $E[x(t+\tau)|\phi(t)]$ is straightforward. Explicitly, due to the rational expectation hypothesis agents form their exchange rate forecasts by evaluating $x(t+\tau)$ according to Eq. (7) and then take expectations conditional on the information set $\phi(t)$. Proceeding in this fashion and applying the uncovered interest parity condition (11) then leads after some algebra to the interest rate differential

$$ID_1(k(t),t,\tau)=\left(1-\frac{p}{1+\alpha\lambda}\right)\cdot e^{(t-t_S)/\alpha}\cdot\frac{1-e^{\tau/\alpha}}{\tau}\cdot[k(t)-x^*].^{1} \tag{15}$$

The case $t\in[t_S-\tau,\ t_S)$ requires a more laborious technique to derive $E[x(t+\tau)|\phi(t)]$. Its determination hinges on the more general question how market participants form their expectations of the future exchange rate $x(u)$, $u\geq t_S$, on the basis of their present knowledge represented by $\phi(t)$. First recall, that according to (4) agents assess at present date $t\in[t_A,t_S)$ the exchange rate to be fixed at t_S with probability $1-p$ whereas with probability p the pre-switch free-float regime will remain unaffected at t_S. Thus, for $u\geq t_S$

$$E[x(u)\,|\,\phi(t)]=(1-p)\cdot x^*+p\cdot E[x_1(u)\,|\,\phi(t)]. \tag{16}$$

In Eq. (16), $x_1(u)$ denotes the equilibrium exchange rate that will prevail if the regime switch will not have occurred at t_S. The structure of the expectation $E[x_1(u)|\phi(t)]$, $u\geq t_S$, results from the following reflection: Since the exchange rate has not been fixed at t_S, Eq. (5) implies that the probability of the switch occurring between t_S and u is given by $[1-\exp\{\lambda\cdot(t_S-u)\}]$, whereas with probability $[\exp\{\lambda\cdot(t_S-u)\}]$ the switch does not take place up to u inclusively. Therefore,

$$E[x_1(u)\,|\,\phi(t)]=\left[1-e^{\lambda\cdot(t_S-u)}\right]\cdot x^*+e^{\lambda\cdot(t_S-u)}\cdot E[x_2(u)\,|\,\phi(t)], \tag{17}$$

where $x_2(u)$ represents the exchange rate path which will prevail if the regime switch will not have occurred up to date $u\geq t_S$ inclusively. But based on their present date-t-information set $\phi(t)$, $t\in[t_A,t_S)$, and due to the rational expectation hypothesis, the market *ex ante* assigns–in line with the conditional distribution (5)–the probability $[1-\exp\{\lambda\cdot(u-s)\}]$ to the event that the switch will be executed in the future interval $(u,s]$. Hence, according to Eqs. (9) and (10), the exchange rate path $x_2(u)$ is unambiguously identified as

[1] Observe that the interest rate differential path (14) may be rederived by letting $\tau\rightarrow 0$ in Eq. (15).

$$x_2(u) = \frac{1}{1+\alpha\lambda} \cdot k(u) \cdot \left(1 - \frac{1}{1+\alpha\lambda}\right) \cdot x^* .$$

Now, taking the expectation of $x_2(u)$ conditional on $\phi(t)$ and backward substitution into the Eqs. (17) and (16) leads to

$$E[x(u) \mid \phi(t)] = \frac{p}{1+\alpha\lambda} \cdot e^{\lambda \cdot (t_S - u)} \cdot k(t) + \left[1 - \frac{p}{1+\alpha\lambda} \cdot e^{\lambda \cdot (t_S - u)}\right] \cdot x^* \qquad (18)$$

for $u \geq t_S$.

Formula (18) now allows us to compute $E[x(t+\tau)|\phi(t)]$ for $t \in [t_S - \tau,\ t_S)$. Using the interest parity condition (11), the second branch of the interest rate differential is after some rearrangements found to be

$$ID_2(k(t), t, \tau) = \left[1 - \frac{p}{1+\alpha\lambda} \cdot e^{\lambda \cdot (t_S - t - \tau)} - \left(1 - \frac{p}{1+\alpha\lambda}\right) \cdot e^{(t - t_S)/\alpha}\right] \cdot \left[\frac{x^* - k(t)}{\tau}\right]. \qquad (19)$$

Note from the partial differential paths (15) and (19) that with probability 1

$$\lim_{t \uparrow t_S - \tau} ID_1(k(t), t, \tau) = \lim_{t \downarrow t_S - \tau} ID_2(k(t), t, \tau)$$

ensuring a smooth transition between the successive interest-rate-differential branches.[1]

Finally, it remains to specify the dynamics of interest rate differentials for the time after the official fixing date t_S. For this, the analysis restricts to the same two scenarios which lead to the exchange rate equations (8) and (10). If the authorities in fact implement the irreversible regime switch to fixed rates from t_S onwards then the expectation about the future exchange rate $E[x(t+\tau)|\phi(t)]$ equals x^* for every $t \geq t_S$ and arbitrary term $\tau > 0$. Hence, for all $t \geq t_S$ the Eqs. (11) and (12) provide the constant interest rate differentials

$$ID(k(t), t, \tau) = 0 \quad \text{and} \quad ID(k(t), t, 0) = 0 \qquad (20)$$

---

1 Subsequently, all mathematical limits of the stochastic processes x or k draw on the concept of 'convergence with probability 1'. The above equality of the stated ID_1- and ID_2-limits results from the fact that the trajectories of any Brownian motion (used to model the macroeconomic fundamental k) are almost always (i.e. with probability 1) continuous functions of t.

for all strictly positive terms $\tau > 0$ and instantaneous bonds, respectively.

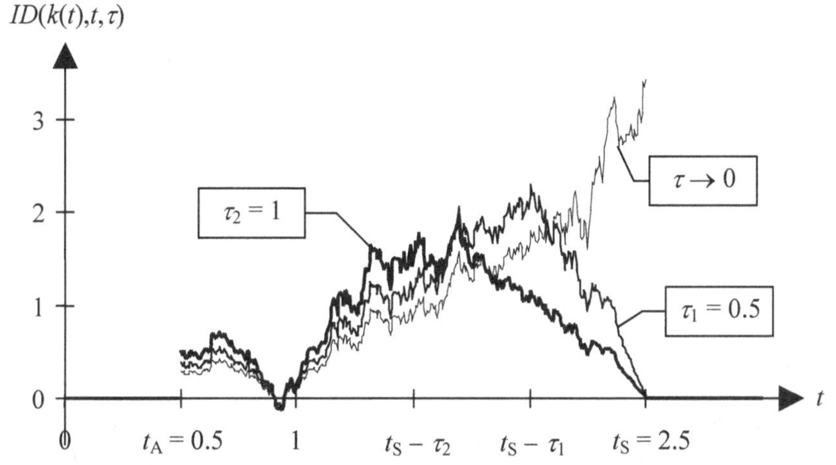

Structural parameters: $\sigma = 2$, $t_A = 0.5$, $t_S = 2.5$, $x^* = 2$, $\alpha = 1$, $p = 0$ (λ arbitrary)

Fig. 1: Interest rate differentials for alternative terms

Next, assume that the authorities refrain from fixing at t_S and give rise to market participants to associate the timing of the regime switch with the probability distribution (9). Then, for every $t \geq t_S$, the expected exchange rate at the time of maturity $t+\tau$ can be derived as follows: According to Eq. (9) agents impute the probability $[1-\exp\{-\lambda\cdot\tau\}]$ of the switch occurring in the interval $(t,t+\tau]$. On the other hand, the probability of the switch not happening in that interval so that the exchange rate continues to evolve along the path (10) until date $t+\tau$ is given by $[\exp\{-\lambda\cdot\tau\}]$. Consequently,

$$E[x(t+\tau)\,|\,\phi(t)] = \left[1-e^{-\lambda\cdot\tau}\right]\cdot x^* + e^{-\lambda\cdot\tau}\cdot E[x_3(t+\tau)\,|\,\phi(t)], \tag{21}$$

with $x_3(\cdot)$ on the right hand side of (21) representing the exchange rate path (10). Taking the expectation conditional upon $\phi(t)$ then transforms Eq. (21) into

$$E[x(t+\tau)\,|\,\phi(t)] = \frac{e^{-\lambda\cdot\tau}}{1+\alpha\lambda}\cdot k(t) + \left[1-\frac{e^{-\lambda\cdot\tau}}{1+\alpha\lambda}\right]\cdot x^*. \tag{22}$$

Inserting the expected value (22) and the exchange rate path (10) into Eq. (11) yields the interest rate differential for all $t \geq t_S$ and strictly positive terms $\tau > 0$:

$$ID(k(t),t,\tau)=\frac{1-e^{-\lambda\cdot\tau}}{\tau}\cdot\frac{x^*-k(t)}{1+\alpha\lambda}\,. \tag{23}$$

At last, the corresponding instantaneous interest rate differential may be derived by letting $\tau\to 0$ in Eq. (23):

$$ID(k(t),t,0)=\frac{\lambda}{1+\alpha\lambda}\cdot\left[x^*-k(t)\right]. \tag{24}$$

4. Features of the interest rate differentials

The main properties of the interest rate differentials so far derived will now be elaborated in greater detail. For this, the section is split into two parts: Subsection 4.1 considers the situation in which agents are sure at any interim-date that the exchange rate regime switch will occur punctually at t_S. Subsection 4.2 then takes into account a possible delay in the regime switch beyond t_S and analyzes the impact of this kind of uncertainty on the process of interest rate convergence.

4.1 Certainty about the punctuality of the regime switch

As discussed in Section 2, a fully credible switching date t_S is represented by the uncertainty parameters p=0, λ arbitrarily chosen. Hence for this subsection, the interest rate differentials during the interim period $[t_A, t_S)$ for instantaneous bonds and strictly positive terms follow from Eqs. (14), (15) and (19) with p=0:

$$ID(k(t),t,0)=e^{(t-t_S)/\alpha}\cdot\frac{x^*-k(t)}{\alpha}, \tag{25}$$

$$ID_1(k(t),t,\tau)=e^{(t-t_S)/\alpha}\cdot\frac{1-e^{\tau/\alpha}}{\tau}\cdot\left[k(t)-x^*\right] \quad \text{for } t\in[t_A,\, t_S-\tau), \tag{26}$$

$$ID_2(k(t),t,\tau)=\left[1-e^{(t-t_S)/\alpha}\right]\cdot\left[\frac{x^*-k(t)}{\tau}\right] \quad \text{for } t\in[t_S-\tau,\, t_S). \tag{27}$$

A first impression of the interest rate differential dynamics under certainty is provided by Figure 1 which depicts the evolution of the differentials for given structural parameters σ, t_A, t_S, x^*, α and alternative terms τ = 0, 0.5, 1. For the time after t_S, Figure 1 assumes that the authorities implement the announced regime switch punctually at t_S thus materializing the agents' expectations what–according to Eq. (20)–leads to differentials of height zero for arbitrary terms.

Three characteristics of the ID-paths are striking:

(1) At t_A the interest rate differentials jump from their pure free-float path (13) on the ID_1-path given in Eq. (26).[1] The jump at t_A is a direct consequence of the fact that the announcement at t_A of future exchange rate regime switching at t_S is modelled as news in the chosen setup. This news affects both, the current exchange rate path $x(t)$ and–at least as important–the agents' expectations about future exchange rates. This new exchange rate environment is immediately transferred to the dynamics of the interest rate differentials via the uncovered interest parity condition (11). It is straightforward to analyze the absolute height as well as the direction of the ID-jumps at t_A by means of standard calculus.

(2) Intuitively, one might expect the absolute value of interest rate differentials for longer terms to be less than for shorter terms. As shown in Figure 1, this need not be the case during the whole interim period. In fact, it turns out to be cumbersome to derive a clear analytic relationship between the absolute value of interest rate differentials and their terms with respect to time.

(3) The interest rate differentials for strictly positive terms $\tau > 0$ converge to zero as t tends to t_S, ensuring a smooth adjustment of domestic and foreign interest rates during the interim period. Formally, this follows from Eq. (27) which implies

$$\lim_{t \uparrow t_S} ID_2(k(t), t, \tau) = 0$$

with probability 1. In contrast to this, the interest rates for instantaneous bonds ($\tau \to 0$) do in general not equalize until t_S since Eq. (25) yields

$$\lim_{t \uparrow t_S} ID(k(t), t, 0) = \frac{1}{\alpha} \cdot \left(x^* - \lim_{t \uparrow t_S} k(t) \right)$$

which is almost always different from zero. Why do strictly positive maturity interest rate differentials converge to zero for $t \to t_S$ while instantaneous differentials exhibit a jump at t_S? One explanation is as follows: If domestic and foreign interest rates for bonds with strictly positve terms $\tau > 0$ did not adjust smoothly, riskless profits would be possible by buying the domestic and sell-

---

[1] To be precise: At t_A the interest rate differential for instantaneous bonds jumps on the path (25). Moreover, if the term τ exceeds the length of the interim period ($t_S - t_A$) then the differential jumps directly from the path (13) on the ID_2-path (27).

ing the foreign bond (or vice versa) infinitesimally shortly before t_S. These arbitrage opportunities can only be ruled out by a smooth adjustment of domestic and foreign interest rates. But for instantaneous bonds, no corresponding arbitrage removing transactions can be done since the time to maturity always falls before t_S for all $t \in [t_A, t_S)$.

Next, we address the *variability of interest rate differentials* during the interim period $[t_A, t_S)$. The economic significance of this topic arises from the key role that the *volatility of interest rates* plays in the valuation of interest-rate-sensitive securities or for the selection of optimal hedging strategies for risk averse investors. But again–as argued in the introduction–if one considers a small economy under perfect capital mobility facing an exogenous term structure of world interest rates, then from the perspective of domestic investors the volatility of interest rate differentials serves as an important predictor of the volatility of domestic interest rates.

In what follows, the variability will be measured by the variance of the interest rate differential for some future date s conditional on the information given at present date t, i.e.

$$Var[ID(k(s), s, \tau) \mid \phi(t)]$$

where $t_A \leq t < s \leq t_S$. In particular, consider the ID-paths (25) for instantaneous bonds and the two branches ID_1, ID_2 for strictly positive terms from the Eqs. (26) and (27). It is obvious from these formulae that every ID-path is a linear function (with time-dependent coefficients) of the stochastic fundamental k. As k evolves according to the Brownian motion (2) until t_S, it follows directly that the probability distribution of each interest rate differential conditional upon $\phi(t)$ is normal with variances

$$Var[ID(k(s), s, 0) \mid \phi(t)] = \frac{1}{\alpha^2} \cdot \left[e^{(s-t_S)/\alpha}\right]^2 \cdot \sigma^2 \cdot (s-t), \tag{28}$$

$$Var[ID_1(k(s), s, \tau) \mid \phi(t)] = \left[e^{(s-t_S)/\alpha}\right]^2 \cdot \left[\frac{1-e^{\tau/\alpha}}{\tau}\right]^2 \cdot \sigma^2 \cdot (s-t), \tag{29}$$

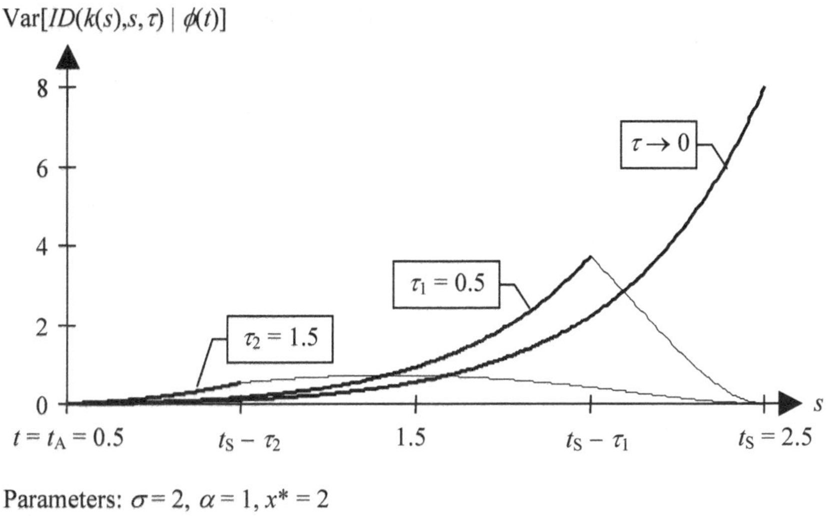

Fig. 2: Variance paths of interest rate differentials with alternative terms

$$Var\left[ID_2(k(s),s,\tau)\,|\,\phi(t)\right]=\frac{1}{\tau^2}\cdot\left[1-e^{(s-t_S)/\alpha}\right]^2\cdot\sigma^2\cdot(s-t) \tag{30}$$

for instantaneous bonds and the two ID-branches for strictly positive terms, respectively.

Figure 2 displays the variance paths for the alternative terms $\tau\to 0$, $\tau_1=0.5$, $\tau_2=1.5$ for given structural parameters. For the strictly positive terms τ_1 and τ_2 the variance paths switch from the branches (29) (the thick lines in Figure 2) to (30) (the thin lines) at the corresponding branching points $t_S-\tau_1$ and $t_S-\tau_2$, respectively. For a more formal analysis, consider the variance path for instantaneous bonds in Figure 2. Obviously, looking into the future from present date t onwards, the variability of the corresponding interest rate differential increases with time s. This qualitative feature can be confirmed analytically by the derivative of (28) with respect to s:

$$\frac{\partial Var\left[ID(k(s),s,0)\,|\,\phi(t)\right]}{\partial s}=\frac{\sigma^2}{\alpha^2}\cdot\left[e^{(s-t_S)/\alpha}\right]^2\cdot\left[\frac{2\cdot(s-t)}{\alpha}+1\right]>0\,. \tag{31}$$

Similarly, the variability of the ID_1-branch is also strictly increasing in s, since

$$\frac{\partial Var\left[ID_1(k(s),s,\tau)\,|\,\phi(t)\right]}{\partial s}=\sigma^2\cdot\left[\frac{1-e^{\tau/\alpha}}{\tau}\right]^2\cdot\left[e^{(s-t_S)/\alpha}\right]^2\cdot\left[\frac{2(s-t)}{\alpha}+1\right]>0\,. \tag{32}$$

In contrast to this, the variability of the ID_2-branch must not be strictly monotonic in s. Figure 2 shows that the corresponding variance path may be strictly decreasing in s (the thin line for $\tau_1 = 0.5$) but it is also possible that it increases first up to some point and then decreases with s tending towards t_S (the thin line for term τ_2=1.5). It is indeed difficult to assess by means of standard calculus the exact monotonic behaviour of $Var[ID_2(k(s),s,\tau)|\phi(t)]$ with respect to s on the domain $s \in t_S - \tau, t_S)$. But it follows directly from Eq. (30) that the variability must be decreasing for s tending towards t_S since

$$\lim_{s \uparrow t_S} Var\left[ID_2(k(s),s,\tau) \mid \phi(t)\right] = 0 . \tag{33}$$

Eq. (33) confirms that the variability of interest rate differentials for strictly positive terms $\tau > 0$ vanishes for s infinitesimally close to t_S. Furthermore, it follows from Eqs. (29) and (30) that

$$\lim_{s \uparrow t_S - \tau} Var\left[ID_1(k(s),s,\tau) \mid \phi(t)\right] = \lim_{t \downarrow t_S - \tau} Var\left[ID_2(k(s),s,\tau) \mid \phi(t)\right] \tag{34}$$

ensuring a continuous transition of the ID_1- and ID_2-variance paths at $t_S - \tau$.[1]

Next, we turn to the following question: How does the variability of interest rate differentials for a given future date s depend on the term length τ? Obviously from Figure 2, there is a region at the left edge of the interval (t, t_S) in which the variance for longer-term bonds is higher than for bonds with shorter time to maturity. For notational convenience, define the following auxiliary function of the term τ:

$$f(\tau) = \frac{1 - e^{\tau / \alpha}}{\tau} . \tag{35}$$

Note the following properties of f:

(1) $f(\tau) < 0$ for all $\tau > 0$.

(2) $f'(\tau) \equiv df(\tau) / d\tau < 0$ for all $\tau > 0$.

From these properties of f one easily finds

$$\frac{\partial Var\left[ID_1(k(s),s,\tau) \mid \phi(t)\right]}{\partial \tau} = 2 \cdot \left[e^{(s-t_S)/\alpha}\right]^2 \cdot \sigma^2 \cdot (s-t) \cdot f(\tau) \cdot f'(\tau) > 0 , \tag{36}$$

---

[1] Although always continuous at the branching point $t_S - \tau$, the whole variance path for strictly positive term $\tau > 0$ represented by the successive $Var[ID_1(k(s),s,\tau)|\phi(t)]$- and $Var[ID_2(k(s),s,\tau)|\phi(t)]$-curves is in general not differentiable at $s = t_S - \tau$ (see the variance path for τ_1 in Figure 2).

$$\frac{\partial^2 Var[ID_1(k(s),s,\tau)\,|\,\phi(t)]}{\partial s \partial \tau} = 2\sigma^2 f(\tau) f'(\tau) \cdot \left[e^{(s-t_S)/\alpha}\right]^2 \cdot \left[\frac{2(s-t)}{\alpha}+1\right] > 0\,. \quad (37)$$

(36) establishes that the variability of interest rate differentials on the ID_1-branch is *ceteris paribus* higher for longer terms than for shorter terms for every future date s. Additionally, it follows from (37) that the ID_1-variance-path is steeper for longer than for shorter terms. For the ID_2-branch we have

$$\frac{\partial Var[ID_2(k(s),s,\tau)\,|\,\phi(t)]}{\partial \tau} = -\frac{2}{\tau^3} \cdot \left[1-e^{(s-t_S)/\alpha}\right]^2 \cdot \sigma^2 \cdot (s-t) < 0\,, \quad (38)$$

i.e. the variability of interest rate differentials on the ID_2-branch is *ceteris paribus* lower for longer-term bonds than for shorter-term bonds. In contrast to (37), the sign of the mixed partial derivative

$$\frac{\partial^2 Var[ID_2(k(s),s,\tau)\,|\,\phi(t)]}{\partial s \partial \tau}$$

is undetermined so that no general statement is possible about the steepness of the ID_2-variance paths with respect to the term length.

When comparing the variability of two alternative interest rate differentials with strictly positive but different terms, one has to bear in mind that there is a time interval during the interim period on which the differential with smaller term is still on its ID_1-path while the differential with longer term has already reached its ID_2-branch (see region $(t_S - \tau_2,\ t_S - \tau_1)$ in Figure 2). Formally, consider the variability of N interest rate differentials with terms $\tau_1 < \tau_2 < \ldots < \tau_N$. All interest rate differentials will be on their ID_1-variance path for $s \in (t,\ t_S - \tau_N)$. According to (36) one finds for this region

$$Var[ID_1(k(s),s,\tau_1)\,|\,\phi(t)] < Var[ID_1(k(s),s,\tau_2)\,|\,\phi(t)] \\ < \mathrm{K} < Var[ID_1(k(s),s,\tau_N)\,|\,\phi(t)].$$

On the other hand, all interest rate differentials will be on their ID_2-variance path for $s \in (t_S - \tau_1,\ t_S)$. Then (38) establishes

$$Var[ID_2(k(s),s,\tau_1)\,|\,\phi(t)] > Var[ID_2(k(s),s,\tau_2)\,|\,\phi(t)] \\ > \mathrm{K} > Var[ID_2(k(s),s,\tau_N)\,|\,\phi(t)].$$

Except for the edges $(t,\ t_S - \tau_N)$ and $(t_S - \tau_1,\ t_S)$, where the interest rate differentials for longer terms exhibit higher variability at the left and lower variability at the right edge, the ranking of ID-variability with respect to the term τ crucially hinges on the specific structural parameters σ, α, t, t_S, τ_1, … , τ_N.

4.2 Uncertainty about punctual regime switching

In contrast to the preceding subsection, it is now assumed that the fixing date t_S is possibly not considered fully credible by the market in the sense that agents take into account a delay in the regime switch beyond t_S. Their uncertainty assessment is represented by the parameters p and λ in the cumulative distribution function $F(s;p,\lambda)$ for the lifetime of the pre-switch free-float regime from Eq. (4). The relevant interest rate differentials are thus given by the Eqs. (14), (15) and (19).

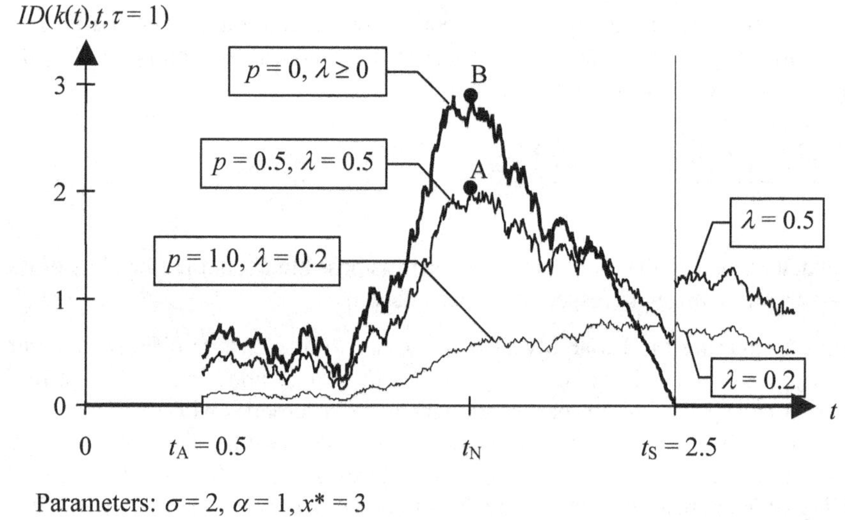

Fig. 3: Interest rate differentials for the term τ=1 under uncertainty

Figure 3 displays the interest rate differential paths before, during, and after the interim period $[t_A, t_S)$ for the term $\tau=1$ where all paths were generated with the same structural parameters σ, α, x^* but under alternative assessments about the punctuality of the switch. The parameter constellation (p=0, $\lambda \geq 0$) represents the situation of Subsection 4.1 with the market assessing the regime switch to occur punctually at t_S. For the two other (p, λ)-constellations market participants reckon with a more or less pronounced delay while–according to Eq. (6)–they expect the switch to take place at t_S+p/λ.

First, it is striking that–in contrast to the certainty-situation from Section 4.1–the interest rate differentials for strictly positive terms under uncertainty do not necessarily have to converge to zero at the end of the interim period $[t_A,t_S)$. If–infinitesimally shortly before t_S–the market deems a delay in the regime switch possible (i.e. $p \neq 0$ shortly before t_S), domestic and foreign interest rates will (almost surely) not adjust smoothly at the end of the interim period. In fact, one finds from Eq. (19)

$$\lim_{t \uparrow t_S} ID_2(k(t),t,\tau) = \frac{p}{1+\alpha\lambda} \cdot \left[\frac{1-e^{-\lambda \cdot \tau}}{\tau}\right] \cdot \left[x^* - \lim_{t \uparrow t_S} k(t)\right]$$

which is different from zero with probability 1. Figure 3 further illustrates that the differentials will necessarily exhibit a jump at t_S if $p \neq 0$ infinitesimally shortly before t_S. For this, consider the differential for the constellation $(p,\lambda)=(0.5,0.5)$. At t_S there are two possible jumps each being explicable by the arrival of news at t_S:

(1) First, let the authorities in fact implement the regime switch punctually at t_S. In this case it is news for the market that the switch was actually executed at t_S, an event that–due to the agents' uncertainty assessment–happens somewhat unexpectedly. The differential jumps immediately on the zero-line at t_S because of the prompt equalization of domestic and foreign interest rates. However, it is important to note that this scenario is not very realistic. If the authorities in fact implement the regime switch punctually at t_S, market participants will be most likely to anticipate this far before t_S and therefore revise their uncertainty assessment by a corresponding change in the parameters p and λ. Such a situation is visualized in Figure 3. For all dates $t<t_N$ the agents' uncertainty assessment is given by $(p,\lambda)=(0.5,0.5)$. At date t_N news are arriving on the scene inducing market participants homogeneously to believe that the switch will happen punctually at t_S. Consequently they set ($p=0$, $\lambda \geq 0$) and the differential jumps at t_N from point A to point B on the certainty-differential. Provided that the market does not revise this last assessment any further, domestic and foreign interest rates will eventually smoothly adjust at the end of the interim period.

(2) A second possible jump of the differential at date t_S takes place if the authorities do not fix the exchange rate at t_S while market participants associate the probability distribution (9) with the future timing of the regime switch. In this case the news consists of the information that the switch in fact happened to delay. At t_S the interest rate differential for strictly positive terms then jumps from the ID_2-path (19) on the path (23).[1] Figure 3 displays two alternative interest rate differentials of the form (23) for the time after t_S (labelled by $\lambda=0.2$ and $\lambda=0.5$) each representing a possible continuation of the uncertainty paths $(p,\lambda)=(1.0,0.2)$ and $(p,\lambda)=(0.5,0.5)$.

---

[1] For the sake of completeness it should be noted that this jump only occurs if $p \neq 1$ infinitesimally shortly before t_S. This may be ascertained formally by verifying that for $p=1$ there will be an almost sure continuous transition from the differential (19) to the path (23).

The next question is how uncertainty about the punctuality of the regime switch affects the variability of interest rate differentials during the interim period $[t_A, t_S)$. The forward-looking variance paths under uncertainty can be derived along the same arguments as their certainty counterparts from Section 4.1. The ID-variance paths follow from Eqs. (14), (15) and (19) and are found to be

$$Var\left[ID(k(s),s,0) \mid \phi(t)\right] = \left[1 - \frac{p}{1+\alpha\lambda}\right]^2 \cdot \frac{1}{\alpha^2} \cdot \left[e^{(s-t_S)/\alpha}\right]^2 \cdot \sigma^2 \cdot (s-t), \tag{39}$$

$$Var\left[ID_1(k(s),s,\tau) \mid \phi(t)\right] = \left[1 - \frac{p}{1+\alpha\lambda}\right]^2 \cdot \left[e^{(s-t_S)/\alpha}\right]^2 \times \left[\frac{1-e^{\tau/\alpha}}{\tau}\right]^2 \cdot \sigma^2 \cdot (s-t), \tag{40}$$

$$Var\left[ID_2(k(s),s,\tau) \mid \phi(t)\right] = \frac{1}{\tau^2} \cdot \left[1 - \frac{p}{1+\alpha\lambda} \cdot e^{\lambda \cdot (t_S - s - \tau)} - \left(1 - \frac{p}{1+\alpha\lambda}\right) \cdot e^{(s-t_S)/\alpha}\right]^2 \cdot \sigma^2 \cdot (s-t) \tag{41}$$

for instantaneous (zero term) differentials and the two ID-branches for strictly positive terms, respectively.

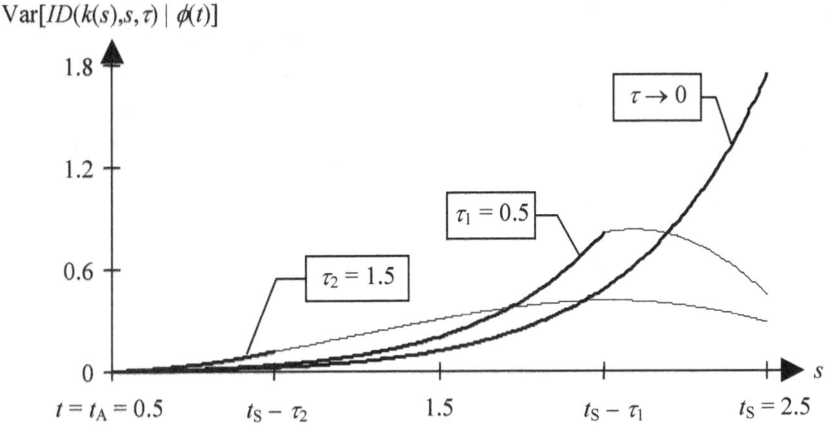

Parameters: $\sigma = 2$, $\alpha = 1$, $x^* = 2$

Fig. 4: Variance paths under the uncertainty scenario (p=0.8, λ=0.5)

Figure 4 illustrates three ID-variance-paths for different terms under the uncertainty scenario (p=0.8,λ=0.5). First, note that in accordance with the certainty case there is a continuous (but in general non-differentiable) transition from the ID_1- to the ID_2-variance path at the branching-point $t_S - \tau$, i.e.

$$\lim_{s \uparrow t_S - \tau} Var\left[ID_1(k(s), s, \tau) \mid \phi(t)\right] = \lim_{s \downarrow t_S - \tau} Var\left[ID_2(k(s), s, \tau) \mid \phi(t)\right].$$

Second, observe that the variance paths (39) for zero term and the ID_1-branch (40) under uncertainty only differ from their certainty counterparts (28) and (29) by the premultiplicative term

$$\left[1 - \frac{p}{1 + \alpha\lambda}\right]^2 \tag{42}$$

which is independent of both, the future date s and the term τ. Hence, it follows from (31), (32), (36) and (37) that under uncertainty we have

$$\frac{\partial Var\left[ID(k(s), s, 0) \mid \phi(t)\right]}{\partial s} > 0, \quad \frac{\partial Var\left[ID_1(k(s), s, \tau) \mid \phi(t)\right]}{\partial s} > 0,$$

$$\frac{\partial Var\left[ID_1(k(s), s, \tau) \mid \phi(t)\right]}{\partial \tau} > 0, \quad \frac{\partial^2 Var\left[ID_1(k(s), s, \tau) \mid \phi(t)\right]}{\partial s \partial \tau} > 0$$

implying the same qualitative ID-variability patterns for zero-term and along the ID_1-branch as under certainty (i.e. the variances increase with s and the ID_1-variance paths are higher and steeper for longer than for shorter terms). In Subsection 4.1 it was proved that under certainty the variability of interest rate differentials along the ID_2-branch is, *ceteris paribus*, lower for longer than for shorter terms. Although the same is shown in Figure 4 for $s>t_S-\tau_1$, this cannot be confirmed analytically as the sign of the partial derivative

$$\frac{\partial Var[ID_2(k(s),s,\tau)\,|\,\phi(t)]}{\partial\tau}$$

can in general change for s ranging on its admissible domain.

Another difference to the certainty case is that the ID-variance for strictly positive terms do not have to converge to zero for s tending towards t_S. According to Eq. (41) it follows that

$$\lim_{s\uparrow t_S} Var[ID_2(k(s),s,\tau)\,|\,\phi(t)] = \frac{1}{\tau^2}\cdot\left[\frac{p}{1+\alpha\lambda}\right]^2 \times\left[1-e^{-\lambda\cdot\tau}\right]^2\cdot\sigma^2\cdot(t_S-t) \qquad (43)$$

which, in general, is greater than zero. Observe from Eq. (43) that the ID-variance for positive terms also vanishes for $s\rightarrow t_S$ under uncertainty whenever λ=0. Although surprising at first glance, there is an appealing interpretation for this: λ=0 means that agents believe the exchange rate regime switch to occur punctually at t_S with probability $1-p$ but, if it does not happen at t_S, it will never be implemented. This implies two possible outcomes for any interest rate differential after t_S:

(1) The irreversible regime switch happens at t_S (with probability $1-p$) and according to Eq. (20) the interest rate differential will be zero for ever after.

(2) The switch does not happen at t_S and the free-float regime will continue forever. In this case, according to Eq. (13), the arbitrarily termed differential will also equal zero.

In each case, the interest rate differential will be constant after t_S and hence its variance will be zero.

The final question is how changes in the market's uncertainty assessment about the timing of the exchange rate regime switch affect the variability of an interest rate differential for a given term. Figure 3 displays the dynamics of an interest rate differential for the term $\tau = 1$ under the alternative uncertainty scenarios (p = 0, $\lambda \geq 0$), (p = 0.5, λ = 0.5) and (p = 1.0, λ = 0.2). Evidently, the differential associated with the constellation (p = 1.0, λ = 0.2) exhibits the lowest oscillations at least on the interval $[t_A, t_S-\tau)$ implying the lowest variance on this region.

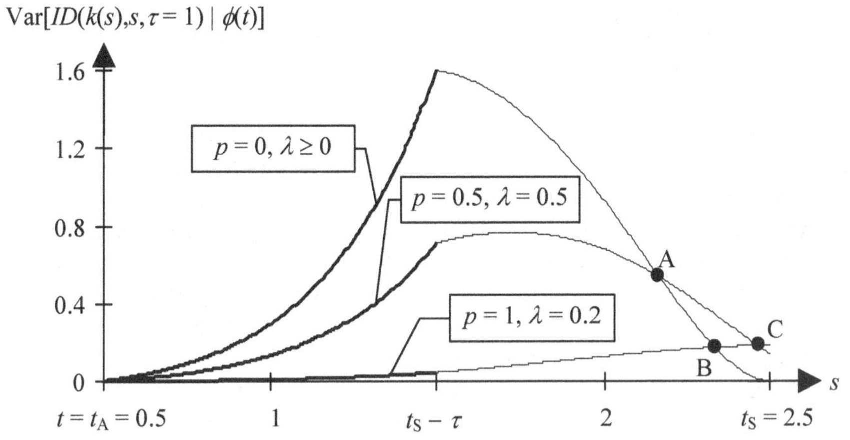

Parameters: $\sigma = 2$, $\alpha = 1$, $x^* = 3$

Fig. 5: Variance paths for term τ=1 under alternative uncertainty scenarios

Figure 5 illustrates the variance-paths of the interest rate differentials for the term τ=1 and the uncertainty scenarios from Figure 3. The three curves give rise to the following conjecture: When comparing alternative uncertainty scenarios it is always the (p,λ)-constellation associated with the most distanced expected regime-switching date t_S+p/λ which entails the lowest variance path at least on the interval $(t,t_S-\tau)$. To strengthen this conjecture further, consider the extreme market assessment (p=1,λ=0) yielding an expected switching date t_S+p/λ in the infinite future. It is easy to check that under this (p,λ)-representation the three variance paths (39), (40) and (41) all reduce to zero for every $s\in(t, t_S)$ and arbitrary term τ.

For a formal analysis of the responsiveness of the ID-variability to changes in the uncertainty parameters p and λ, observe that the variance paths (39) and (40) for zero term and along the ID_1-branch only depend on p and λ through the factor (42), i.e.

$$h(p,\lambda) \equiv \left[1 - \frac{p}{1+\alpha\lambda}\right]^2 .$$

Hence, the signs of the partial derivatives of the variance paths (39) and (40) with respect to p and λ coincide with the signs of

$$\frac{\partial h(p,\lambda)}{\partial p} = -\frac{2}{1+\alpha\lambda} \cdot \left[1 - \frac{p}{1+\alpha\lambda}\right] < 0 \quad \text{for } (p,\lambda) \neq (1,0), \tag{44}$$

and

$$\frac{\partial h(p,\lambda)}{\partial \lambda} = \frac{2\cdot\alpha\cdot p}{(1+\alpha\lambda)^2}\cdot\left[1-\frac{p}{1+\alpha\lambda}\right] > 0 \quad \text{for } p\neq 0,\ (p,\lambda)\neq(1,0). \tag{45}$$

Obviously, the variance paths strictly decrease in p and strictly increase in λ for every admissible s. It is important to note that this result does not state an analytical confirmation of the above conjecture on the relationship between the level of the variance paths and the expected switching date t_S+p/λ.[1] But the monotonic behaviour of the variance paths (39) and (40) implies that the ID-variance for every $s\in(t,t_S-\tau)$ and every term τ are monotonically decreasing (increasing) for increasing (decreasing) p-values while they are monotonically increasing (decreasing) for increasing (decreasing) λ-values. In all, under the free-float pre-switch regime the lowest variance path–namely that of a uniformly zero-variance for all $s\in(t,t_S)$–is generated by the extreme uncertainty assessment $(p,\lambda)=(1,0)$.[2]

Along the ID_2-branch the variance path (41) cannot be uniformly ranked with respect to the uncertainty parameters p and λ in the sense just described. In general, the signs of the partial derivatives

$$\frac{\partial Var[ID_2(k(s),s,\tau)\mid\phi(t)]}{\partial p}, \quad \frac{\partial Var[ID_2(k(s),s,\tau)\mid\phi(t)]}{\partial \lambda}$$

depend on the parameters p and λ as well as on the explicit choice of the future date $s\in(t_S-\tau,t_S)$. This sign-dependence on s is visualized in Figure 5 where the ID_2-variance paths (the thin lines) for alternative scenarios cross before t_S (see the points A, B, C).

5. Summary and conclusions

Based on a monetary flex-price exchange rate model this paper develops a complete term structure of interest rate differentials for a small open economy during the transition from flexible to fixed exchange rates. The closed-form solutions of the dynamics describing the international interest rate convergence for arbitrary terms enable an analytical investigation of several important aspects. So it is possible, for example, to fully determine the volatility processes of interest rate differentials during and after the interim period, a theoretical result useful in a variety

1 On the contrary, concrete examples for two uncertainty constellations (p_1,λ_1) and (p_2,λ_2) with $t_S+p_1/\lambda_1 > t_S+p_2/\lambda_2$ may be found with the (p_1,λ_1)-variance path (40) lying completely above that for (p_2,λ_2), so that the conjecture from above does not hold in general.

2 The generality of this last statement for all $s\in(t,t_S)$–and not only for $s\in(t,t_S-\tau)$–results from the fact that the three variance paths (39), (40) and (41) all reduce constantly to zero for every s under the scenario $(p,\lambda)=(1,0)$.

of applications from financial economics (e.g. the valuation of interest-rate-sensitive securities or the selection of hedging strategies for domestic investors). Moreover, underlying a parametric uncertainty structure representing the financial markets' assessment of the exact timing of the exchange rate regime switch provides further insights into the equalization process of international interest rates. Clearly, frequent changes in the uncertainty assessment due to news (represented by exogenous revisions of the parameters p and λ) may introduce an additional source of volatility into the convergence process.

The paper exclusively focuses on a time-contingent exchange rate regime switch from a free-float system to completely fixed rates. Technically this is accomplished by letting the macroeconomic fundamental k evolve according to the (driftless) Brownian motion (2). From an EMU perspective it seems warranted to model a less flexible pre-switch exchange rate regime, e.g. a managed-float system. Representing the pre-switch dynamics of the fundamental by a mean-reverting Ornstein-Uhlenbeck process may portray such a more active intervention policy adequately. It is straightforward to derive the corresponding dynamics of the exchange rate and the interest rate differentials by means of stochastic calculus. While most qualitative features of the interest rate differential paths from the preceding sections remain valid under a transition from managed-float to fixed rates there are also some differences induced by the alternative pre-switch regimes. As the most striking and empirically most relevant dissimilarity it can be shown that under a managed-float pre-switch system a clear-cut relationship between the differential volatility along the ID_1-path and the term τ as in Eq. (36) no longer holds [WILFLING (2003)].

A final important macroeconomic result holding under both pre-switch regimes may be stated most easily by considering the pre-switch free-float system from above and in particular the exchange rate path (7) during the interim period. It can be verified from Eq. (7) that under any uncertainty assessment $(p,\lambda)\neq(1,0)$ the mere announcement of future exchange rate fixing triggers a significant reduction in the exchange rate variances–as compared to the volatility induced by the permanent free-float path (3)–during the interim period [WILFLING/MAENNIG (2001), Subsection 4.3]. In this context two points are important to note: (a) Exchange rate volatility is reduced even if markets deem a delay in the announced regime switch possible (except for $(p,\lambda)=(1,0)$ where agents expect the pre-switch free-float system to hold permanently). (b) The highest reduction in exchange rate volatility is achieved if markets expect the regime switch to occur punctually at the fixing date preannounced by the authorities, i.e. for $(p=0, \lambda\geq 0)$.

At first glance, the reduction in exchange rate volatility by the announcement of future regime switching alone–i.e. in the absence of any actual interventions in the foreign exchange market–arises the impression of a free lunch. But in conjunction with the relations (44) and (45) it is shown in Section 4.2 that any uncertainty assessment $(p,\lambda)\neq(1,0)$ entails a higher variability of interest rate differentials for arbitrary terms as compared to the permanent free-float situation. Obviously, at least a certain amount of the reduced exchange rate variability goes into the volatility of interest rates. Or, interpreted more economically: During the interim period the economy under consideration has to pay for the reduction in exchange rate volatility by an increase in the uncertainty about the evolution of domestic interest rates.

References

Chan, K. C., Karolyi, G. A., Longstaff, F. A., Sanders A. B, (1992), An empirical comparison of alternative models of the short term interest rate, in: The Journal of Finance, Vol. 47, pp. 1209-1227.

Cox, J. C., Ingersoll, J. E., Ross, S. A. (1985), A theory of the term structure of interest rates, in: Econometrica, Vol. 53, pp. 385-407.

Cuthbertson, K. (1996), The expectation hypothesis of the term structure: The UK interbank market, in: The Economic Journal, Vol. 106, pp. 578-592.

Dewachter, H. (1996), Modelling interest rate volatility: Regime switches and level links, in: Weltwirtschaftliches Archiv, Vol. 132, pp. 236-258.

Eichengreen, B. (1999), Toward a new international financial architecture–a practical Post-Asia agenda, Institute for International Economics, Washington DC.

Estrella, A., Mishkin F.S. (1997), The predictive power of the term structure of interest rates in Europe and the United States: Implications for the European central bank, in: European Economic Review, Vol. 41, pp. 1375-1401.

Froot, K. A., Obstfeld, M. (1992), Stochastic process switching: some simple solutions, in: Krugman, P., Miller, M. (eds.), Exchange rate targets and currency bands (Cambridge University Press, Cambridge), pp. 61-74.

Kempa, B., Nelles, M., Pierdzioch, C. (1999), The term structure of interest rates in a sticky-price target zone model, in: Journal of International Money and Finance, Vol. 18, pp. 817-834.

Singleton, K. J. (1989), Modelling the term structure of interest rates in general equilibrium, in: Bhattacharya, S., Constantinides, G. M. (eds.), Theory of valuation (Rowman and Littlefield, Savage, MD), pp. 152-164.

Svensson, L. E. O. (1991), The term structure of interest rate differentials in a target zone, in: Journal of Monetary Economics, Vol. 28, pp. 87-116.

Wilfling, B. (2003), Interest rate volatility prior to monetary union under alternative pre-switch regimes, in: German Economic Review, Vol. 4, pp. 433-457.

Wilfling, B., Maennig, W. (2001), Exchange rate dynamics in anticipation of time-contingent regime switching: modelling the effects of a possible delay, in: Journal of International Money and Finance, Vol. 20, pp. 91-113.

II. Finanzmärkte und Geldpolitik

Die Zwei-Säulen-Strategie der Europäischen Zentralbank

Manfred Borchert *

Zusammenfassung: Die Diskussion, ob eine Zentralbank die Strategie des monetary targeting oder eher eine des inflation targeting verfolgen sollte, ist nicht eine Frage der herrschende Lehre, sondern der Zweckmäßigkeit. Allein wenn Unternehmen ihre Investitionen über Bankkredite finanzieren und Banken ihre Kredite über Einlagen refinanzieren, schlägt sich die wirtschaftliche Aktivität in der Geldmenge nieder; nach eigenem Willen kann eine Zentralbank ohnehin die im volkswirtschaftlichen Kreislauf befindliche Geldmenge nicht steuern.Inflation targeting dagegen stellt auf sämtliche theoretischen Einflussgrößen von Preisänderungen ab und bezieht darüber hinaus auch Vermögenspreise in die Betrachtung ein. Bei monetary targeting, das regelmäßig auf der Fisherschen Verkehrsgleichung beruht, ist dies nicht möglich. Die Zwei-Säulen-Strategie der EZB trägt dem mit ihrer Umstellung in der Hierarchie der beiden Säulen Rechnung: Seit Mai 2003 steht inflation targeting vor monetary targeting.

Schlüsselwörter: monetary targeting, inflation targeting, P-Modelle, Vermögenspreise*

1. Die Bedeutung der Geldmenge

Bis Mai 2003 war das Leitziel des *Europäischen Systems der Zentralbanken* ESZB mit seinem ausführenden Organ der *Europäischen Zentralbank* EZB ausschließlich die Stabilisierung des Preisniveaus (maximal 2 % Inflation jährlich) [ART. 105 EWG-VERTRAG]. Zur Sicherstellung dieses Leitziels verfolgt die EZB eine Zwei-Säulen-Strategie:

---

* Als ich vor über 30 Jahren Gustav Dieckheuer kennenlernte, war er überwiegend an geldtheoretischen Fragen interessiert, ich selbst eher an außenwirtschaftlichen. Das hat sich während unserer beiden akademischen Karrieren ins genaue Gegenteil gewandelt, ohne dass wir aber unsere ursprüngliche Neigung aufgaben. Wie in einer „guten Ehe" verstehen wir uns persönlich prächtig, was aber gelegentliche fachliche Meinungsunterschiede nicht ausschließt. Genau so muss akademische Freundschaft aussehen!

bis Mai 2003	***1. Säule monetary targeting***		***2. Säule inflation targeting***
	adäquate Variation der Geldmenge M3	*unter Beachtung der Entwicklung von*	• temporären Faktoren (z. B. Ölpreisschocks) • realen Einflüssen, wie - privater Konsum, - staatlicher Konsum, - Produktion (sektoral), - Arbeitslosenquote, - Erwartungen und - Wechselkurs
ab Mai 2003	***II. Säule***		***I. Säule***

Das Endziel Preisniveaustabilität (*final target*) wird durch Anstreben der zwei Säulen als Zwischenziel mit dem geldpolitischen Instrument einer Leitzinssatzänderung (*operating target*) zu erreichen versucht. Eigentlich verfolgte die *Europäische Zentralbank* zunächst also ein monetary targeting und darüber hinaus auch ein inflation targeting.

Im Mai 2003 stellte die EZB ihre Strategie um, aus der 1. Säule wurde die II., und aus der 2. wurde die I. Säule, wenn auch nicht so deutlich formuliert [EUROPEAN CENTRAL BANK (2003), S. 8].

Dies war eine fundamentale Änderung in ihrer geldpolitischen Strategie! Die Strategie bis Mai 2003 ließ eine Interpretation der *Fisherschen* Verkehrsgleichung in beiden Richtungen offen. Beispielhaft sollte eine Erhöhung der Geldmenge die Variablen Y_r und/oder p beeinflussen, ohne dass aber Anhaltspunkte dafür gegeben wurden, wie zusätzliches Geld in den volkswirtschaftlichen Kreislauf gelangt und ohne den Vermögensbereich (Bestände) zu berücksichtigen. Die Geldmenge M steigt nämlich nicht ursächlich durch expansive Geldpolitik der Zentralbank,[1] sondern allein durch Nachfrageimpulse der Nichtbanken im realwirtschaftlichen Sektor. Kredite (im realwirtschaftlichen Bereich) führen zur Kreierung von Geld, nicht umgekehrt [CAPORALE/HOWELLS (2001), S. 548]. Die *Fishersche* Verkehrsgleichung ist also *nicht injektiv*!

Zugespitzt formuliert ist die *Fishersche* Verkehrsgleichung in nur einer Richtung zu lesen, nämlich

$$Y_r \cdot p \;\rightarrow\; M \cdot U;$$

1 Zur Erinnerung: Zur Geldmenge M gehört nicht das Zentralbankgeld der Geschäftsbanken!

mit M = Geldmenge, U = Umlaufgeschwindigkeit der Geldmenge, p = Preisniveau und Y_r = reales Bruttoinlandsprodukt. Die *klassische Theorie* ging allerdings nicht von Y_r aus, sondern verwendete stattdessen das Handelsvolumen H, das neben Y_r auch die Umsätze der Unternehmen untereinander (Bruttoproduktion) sowie Umsätze von Beständen ($Y_{r,t-n}$ der Vergangenheit) enthielt. Sie enthält im übrigen auch nicht die Umsätze von Wertpapieren an der Börse. Der Bezug auf Y_r ist daher eine (eigentlich unzulässiger Weise) sehr vereinfachende Annahme.

Als für Umsätze relevante Geldmenge wurde in Deutschland und wird in der EWU die Geldmenge M3 verwendet, obgleich Zahlungen ausschließlich mit der Zahlungsmittelmenge M1 durchgeführt werden können. Der Grund dafür wird in der geringeren Amplitude der Geldmengenänderungsrate bzw. der geringeren Schwankung der Umlaufgeschwindigkeit der Geldmenge M3 gegenüber M1 gesehen. Dies gilt allerdings nur solange, wie man die Geldmenge mit der Stromgröße Y (Bruttoinlandsprodukt BIP) verknüpft. Der Grund dafür liegt im Refinanzierungsverhalten der Banken, worauf noch eingegangen wird.

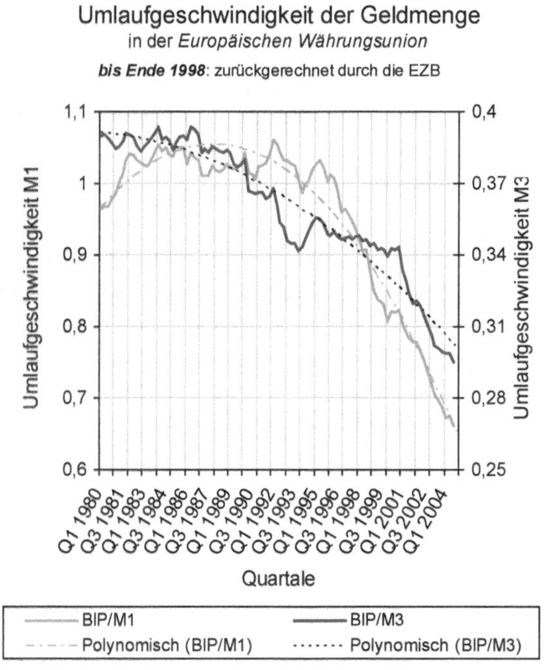

Quelle: Eigene Berechnungen nach Daten aus *Datastream*.

Wird dagegen die Geldmenge mit den Umsätzen im Stromgrößenbereich (ohne die Umsätze der Bruttoproduktion!) *einschließlich* des Geldvermögens GV (financial assets) verknüpft, ergibt sich allerdings ein anderes Bild: Nun ist die Schwankung der Umlaufgeschwindigkeit der Geldmenge M1 geringer als die der Geldmenge M3.

Die Strategie ab Mai 2003 bedeutet hingegen logisch notwendig, dass auf realwirtschaftliche Änderungen – allerdings immer noch unter Vernachlässigung des Vermögensbereichs – mit einer Liquiditätsanpassung reagiert werden kann. Zwar könnten Bestandsänderungen in die heutige II. Säule integriert werden, doch gilt dann eben der Anhaltspunkt mit der alten *Fisherschen* Verkehrsgleichung nicht mehr.

2. Geldangebots- vs. Geldnachfrage-Sicht

Die *keynesianische* wie auch die monetaristische Konzeption der Geldpolitik erfasst regelmäßig die Zusammensetzung der Geldmenge M3 aus der *Sicht der Geldnachfrage*. Dies führte zur Ermittlung komplexerer Geldschöpfungsmultiplikatoren (allerdings ohne zusätzlichen Erklärungsgehalt!) mit Hilfe des sog. *Tinbergen-Ansatzes*: Es wird dabei eine ganz bestimmte Relation zwischen Sichteinlagen D, Termineinlagen T und Spareinlagen S in Form von D : T : S = konstant unterstellt; diese Relation kann durch Zinssatzänderungen variiert werden.

Diametral entgegengesetzt dazu steht die *geldangebotsorientierte Kreditsicht*: Danach werden die über M1 hinausgehenden Komponenten von M3 – also (M3 – M1) – als Refinanzierungskomponenten der Kreditvergabe betrachtet, also als Liquidität innerhalb des Bankensystems. Erst dadurch erhalten Geschäftsbanken überhaupt eine Funktion innerhalb der Theorie der Geldpolitik.

Um die beiden Sichtweisen zu erläutern, sei von einem einfachen Zahlenbeispiel ausgegangen: Zum Zeitpunkt t_0 sei der Buchgeldschöpfungsspielraum ausgeschöpft, es bestehen Mindestreservesätze von $r_D = r_T = r_S = 2$ % und *working balances* (um stets Bargeldauszahlungen von Kunden bei Banken erfüllen zu können) in Höhe von c = 3 %. Der Wunsch eines Investors nach einem Kredit kann jetzt nur dann erfüllt werden, wenn es der Bank gelingt, einige Kunden zu Umschichtungen (*shifting*) des Bodensatzes D_B ihrer Sichteinlagen in Termin- oder Spareinlagen zu bewegen; dies geschieht durch günstige Zinskonditionen [BORCHERT/FRÖHLING (2003), S. 812].

Bank

		D_B	– 100
		T	+ 100
Δ Kredite	+ 60	Δ D(x)	+ 60

Durch die Auflösung der Sichteinlage D_B entsteht eine Überschussreserve in Höhe von ÜR = 5 (die Mindestreserveverpflichtung sinkt um 2, die *working balances* erhöhen sich um 3), und durch die Einräumung einer Termineinlage wird davon der Betrag von 2 an Mindestreserverpflichtung gebunden. Da für Termin- und

Spar-Einlagen keine *working balances* vorgehalten werden müssen (diese Einlagen stellen ja gerade den Verzicht auf die Verwendung von Zahlungsmitteln D dar), kann jetzt die Bank mit der verbleibenden Überschussreserve ÜR = 3 zusätzliche Kredite vergeben. Dies geschieht in einem solchen Umfang x, dass die verbleibende Überschussreserve ausreicht, die Mindestreserve sowie die *working balances* zu bedienen:

$$-DB \cdot (r + c) + T \cdot r + x \cdot (r + c) \overset{!}{=} 0 \cdot \qquad \text{mit } T = DB$$

$$\Leftrightarrow x = \frac{c}{r+c} \cdot D_B = \frac{0{,}03}{0{,}05} \cdot D_B.$$

Hieraus wird zugleich deutlich, welche Bedeutung das Bargeld (*working balances* c) für die Kreditgewährung spielt [BORCHERT (2002), S. 58]. Die Bedeutung des Bargeld-Bedarfs war vor 1999 im DM-Währungsgebiet noch nicht so offensichtlich, weil in dieser Zeit auch Umschichtungen von Einlagen bei abgestuften Mindestreservesätzen $r_D > r_T > r_S$ zu freiwerdender Liquidität führten. Der Bargeldbedarf innerhalb der EWU ist übrigens in allen Mitgliedsländern unterschiedlich, was Banken zu länderübergreifenden Refinanzierungsstrategien veranlassen kann [BORCHERT (1999), S. 59 f.]. Im Zahlenbeispiel ergeben sich durch *shifting* von Einlagen per Saldo folgende Ergebnisse:

ΔM1	– 40
ΔM3	+ 60
ΔKVOL	+ 60.

Dies lässt sich empirisch an Hand der Entwicklungen der Geldmenge M1 und der Refinanzierungskomponenten innerhalb der Geldmenge M3 – also der Liquidität innerhalb des Bankensystems (M3 – M1) – ablesen (siehe folgende Abbildung).

Immer dann, wenn die Geldmenge M1 steigt, sinkt die Liquidität innerhalb des Bankensystems (M3 – M1) und vice versa. Eine Ausnahme stellt dabei die Zeit der Wiedervereinigung Deutschlands dar. Diese Entwicklung ist wohl geldangebotstheoretisch, nicht aber geldnachfragetheoretisch erklärbar!

Im Zahlenbeispiel ist die Zahlungsmittelmenge M1 ist trotz erhöhter Aktivität im realwirtschaftlichen Sektor – über Kredite finanzierte Investitionen – gesunken. Dies geht zwangsläufig mit einer erhöhten Umlaufgeschwindigkeit der Geldmenge M1 einher, weil Banken mehr oder weniger brach liegende Kasse zum dringlicheren Bedarf des Investors leiteten. Die Geldmenge M3 ist wie das Kreditvolumen gestiegen, weil Banken dessen Refinanzierungsvolumen ausdehnen konnten. Die Entwicklung der Geldmenge M3 reflektiert also zugleich die Refinanzierung der Bankkredite.

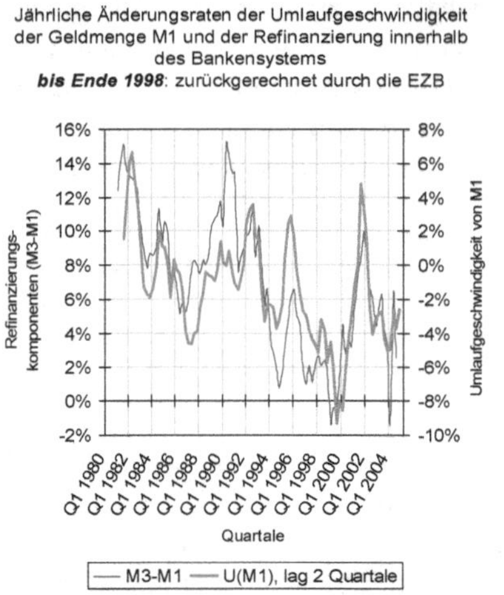

Quelle: Eigene Berechnungen nach Daten aus *Datastream*.

Solange Unternehmen

(1) ihre Investitionen über Bankkredite finanzieren *und*

(2) Banken ihre Kreditvergabe über die Komponenten (M3 – M1) refinanzieren,

ist es deshalb gleichgültig, ob eine Geldmengenpolitik über M3 oder aber eine Kreditpolitik betrieben wird. In diesem Fall spricht man von einer *passivischen Refinanzierung* der Banken. Diese herrschte bisher in Deutschland vor, war aber nicht typisch für alle (europäischen) Länder und ist es auch heute nicht in allen Mitgliedsländern der EWU.

Eine zusätzliche Kreditgewährung der Banken – z. B. zur Finanzierung von Investitionen – ist aber nicht allein durch *shifting* von Einlagen innerhalb der Geldmenge M3 möglich. Banken haben auch die Möglichkeit, neue Kredite zu vergeben, indem sie ihre Kunden

(a) zu Umschichtungen ihrer Sichteinlagen in Einlagen, die nicht auch Komponenten von M3 sind, bewegen (*geldmengenneutrales Passivgeschäft*),

(b) zum Erwerb von Aktien im Portefeuille einer Bank (*geldmengenneutrales Aktivgeschäft*) animieren oder

(c) zur Kreditvermittlung an den Kapitalmarkt (*consulting-banking*) begleiten.

So wurden z. B. in den U.S.A. im Jahr 1994 nur 16% der Kredite bei Banken, aber 49% durch Wertpapier-Emissionen aufgenommen; in Deutschland wurden dagegen Kredite im Umfang von 80% bei Banken und nur 10% am Kapitalmarkt aufgenommen [RAJAN/ZINGALES (2003), S. 5]. Inzwischen gehen aber auch europäische Banken von einer Kredit*gewährung* verstärkt zu einer Kredit*vermittlung* über [EUROPEAN CENTRAL BANK (2000), S. 14].

Diese Kreditvermittlung berührt die Geldmenge M3 nicht, wohl aber die realwirtschaftliche Aktivität. Damit einher geht rein statistisch eine Änderung der Umlaufgeschwindigkeit des Geldes, was geldmengentheoretisch möglicher Weise als Instabilität der Geldnachfrage gedeutet wird.

3. Das P*-Modell

Die Konzeption der Geldmengenpolitik wurde durch die explizite Einbeziehung der Bankenliquidität (M3 – M1) als „Inflationspotential" oder „Preislücke" zu erweitern versucht. Dabei wird (M3 – M1) nicht als bereits verwendetes Refinanzierungsvolumen – also geldangebotstheoretisch – betrachtet, sondern geldnachfragetheoretisch als von den Einlegern noch nicht für Transaktionen verwendete, „geparkte" Liquidität.

Ausgangspunkt ist wieder die *Fishersche* Verkehrsgleichung

$$M \cdot U = P \cdot Y_r, \tag{1}$$

die die aktuellen Niveaus der betrachteten Variablen enthält. Diese weichen in der Regel von den langfristigen, gleichgewichtigen Werten P^*, U^* und Y_r^* ab – im einfachsten Fall: vom Trend –, mit

$$M \cdot U^* = P^* \cdot Y_r^*. \tag{2}$$

Dividiert man die Gleichung (1) durch die Gleichung (2) und löst dann nach der sog. *Preislücke* $P/P^* \equiv PL$ (oder auch in reziproker Schreibweise) auf, folgt

$$PL = \frac{U}{U^*} \cdot \frac{Y_r^*}{Y_r}, \text{ oder logarithmiert} \tag{3 a}$$

$$\ln PL = (\ln U - \ln U^*) + (\ln Y^* - \ln Y). \tag{3 b}$$

Bleibt die aktuelle Produktion Y hinter ihrem Trend zurück (Produktionslücke), so steigt die Preislücke; Liquidität wird „geparkt", sofern sich die Umlaufgeschwindigkeit U nicht ändert.

Mit diesem Ansatz von HALLMAN/PORTER/SMALL (1989) ergeben sich empirisch scheinbar günstigere Ergebnisse als mit einem reinen Geldmengenansatz. HALLMAN ET AL. testeten den Ansatz

$$\hat{p}_t = f[(\ln P_{t-1} - \ln P^*_{t-1}), \hat{p}_{t-2}, \hat{p}_{t-3}, \hat{p}_{t-4}], \tag{4}$$

mit $\hat{p}$ = Inflationsrate und ($\ln P - \ln P^*$) = logarithmierte Preislücke; sie kamen für die U.S.A. zu einem Testergebnis von $r^2 = 0{,}336$. Ein eigener Ansatz für die EWU ohne die zeitverzögerten Inflationsraten $\hat{p}_{t-n}$ führte zu einem Bestimmtheitsmaß von $r^2 = 0{,}18$.

Die zeitverzögerten Variablen $\hat{p}_{t-n}$ in Gleichung (4) sollen der Dynamik des Preislückenmodells Rechnung tragen. Erstaunlich an diesem Ansatz ist allerdings nicht, dass sein Bestimmtheitsmaß recht hoch ist, sondern dass es so niedrig ist. Immerhin wird die aktuelle Inflationsrate $\hat{p}_t$ mit einer Vielzahl zeitverzögerter Inflationsraten der Vergangenheit erklärt. Wenn dabei dennoch nur ein relativ bescheidenes Bestimmtheitsmaß erzielt wird, kann der Einfluss der so wie hier definierten Preislücke nicht sehr bedeutend sein.

Daher stellt sich die Frage, ob Gleichung (4) nicht so sehr ein Preislücken-Ansatz ist als vielmehr ein Preiserwartungsansatz, bei dem sich die aktuelle Inflationsrate durch das Verhalten auf Grund in der Vergangenheit verinnerlichter Inflationserfahrungen ergibt.

Sieht man sich die Entwicklungen von Preislücke[1] und Deflator (des BIP) bzw. des harmonisierten Konsumentenpreisindex (HCPI) in der EWU an, so ergibt sich kein sehr nennenswerter Zusammenhang:

Preislücke und Inflationsraten
in der Europäischen Währungsunion 1981-2004

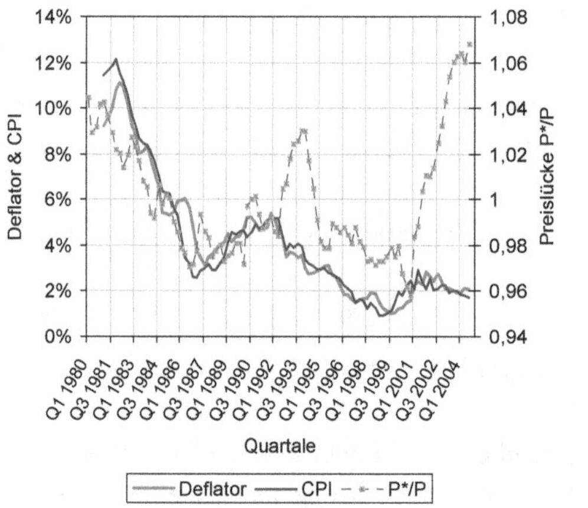

Quelle: Eigene Berechnungen nach Daten aus *Datastream*.

Einen ähnlichen Ansatz wie HALLMAN/PORTER/SMALL (1989) entwickelte zeitgleich VAN SUNTUM, der das noch nicht verwendete *Inflationspotential* π^{pot} mit

---

1 Wählt man wie HALLMAN ET AL. die logarithmierte Form der Preislücke (lnP* - lnP), so ergibt sich bei geänderter Skalierung das gleiche Verlaufsbild.

$$\pi^{pot} = \Sigma \left(e^{(\ln M + \ln V^*) - (\ln Y^* + \ln p)} - 1\right) \qquad (5)$$

testete und dabei ein Bestimmtheitsmaß von $r^2 = 0{,}97$ ermittelte [VAN SUNTUM (1990), S. 263 ff.].

Auch dieser Ansatz beruht auf der *Fisherschen* Verkehrsgleichung und postuliert ein Inflationspotential von $\pi^{pot} = 0$ dann, wenn $M \cdot V^* = Y^* \cdot p$. Ist $M \cdot V^* > Y^* \cdot p$, so gilt $\pi^{pot} > 0$. Die vorhandene Geldmenge ist dann größer als es dem Trend eigentlich entspricht. Die Summenformel in Gleichung (5) bedeutet, dass über die Zeit hinweg periodisch „Geldüberhänge" und „Gelddefizite" (gegenüber dem Trend) addiert werden, was sich längerfristig natürlich ausgleichen muss; deshalb das relativ hohe Bestimmtheitsmaß.

Die entscheidende Frage hierbei ist: Was eigentlich bewirkt eine expansive Geldmengenpolitik, die nicht durch entsprechende Kreditnachfrage ausgelöst wurde? Sie müsste

(a) die Liquidität innerhalb des Bankensystems (M3 – M1) erhöhen, oder

(b) anderweitig angelegt werden.

Für den Fall (a) bleiben beide Ansätze eine theoretische Erklärung der Liquiditätsverwendung innerhalb des Bankensystems schuldig, da der Modell-Ansatz mit den Gleichungen (1) und (2) vollständig beschrieben ist; Kreditnehmer horten kein Geld! Es bleibt nur der Fall (b) übrig, bei dem Liquidität im Vermögensbereich verwendet wird, was gleichzeitig statistisch die Umlaufgeschwindigkeit der Geldmenge beeinflusst, da diese mit der *Fisherschen* Verkehrsgleichung nur auf den Stromgrößenbereich bezogen wird. Dieser Reflex der Liquiditätsänderung spiegelt sich in den Gleichungen (3 a) und (3 b) wider.

4. Inflation Targeting

Geldmengenpolitik und Kreditpolitik unterstellen prinzipiell bestimmte Transmissionskanäle für geldpolitische Impulse:

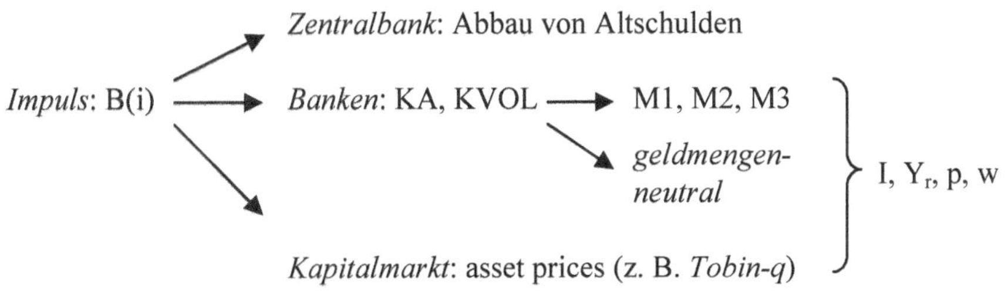

Dabei gilt: B = monetäre Basis, i = Leitzins, KA = Kreditangebot, KVOL = Kreditvolumen, I = Investitionen und w = Wechselkurs.

Innerhalb des monetären Sektors beobachtet die Zentralbank i. d. R. ein *intermediate target*, um wegen unvollkommener Informationen und Wirkungsverzögerungen möglichst frühzeitig festzustellen, ob ihr *operating target* (Impuls) in der beabsichtigten Weise auf ihr *final target* im realwirtschaftlichen Sektor einwirkt. Da z. B. Investitionen auch geldmengenneutral finanziert werden und geldpolitische Impulse direkt in den Kapitalmarkt fließen können, wird manchmal auch ein direktes Ansteuern des Preisniveau-Ziels (*inflation targeting*) verfolgt [BOFINGER/REISCHLE/SCHÄCHTER (1996), S. 369 ff.].

Dies bedeutet, dass transmissionstheoretisch der monetäre Bereich übersprungen wird: Vom *operating target* wird unmittelbar auf das *final target* geschlossen. Dies geschieht nicht völlig theorielos, sondern unter Einbeziehung vielfältiger Theorieaspekte in Form einer empirisch untermauerten Hypothese, einer *Inflationsprognose* auf Grund ökonometrischer Untersuchungen, z. B.

$$\hat{p}_{t+1} = f(\hat{p}_t, \hat{p}_{Öl}, i, w, \text{Beschäftigung}, Y_r, \text{Löhne}, \text{Steuern}, \text{asset prices etc.}) \quad (6)$$

Für jedes einzelne Argument der Prognose gibt es theoretische Fundierungen; die aktuelle Bedeutung der Argumente basiert auf der jeweiligen ökonometrischen Untersuchung. Statt eines einzigen Transmissionskanals steht hier die Inflationsprognose. Wesentlich ist auch hier die Abhängigkeit der Inflationsrate von Preisniveausteigerungen in der Vergangenheit.

Diese Abhängigkeit $\hat{p}_{t+1} = f(\hat{p}_t, ...)$ beruht im Prinzip auf Preisänderungserwartungen der Wirtschaftssubjekte, in die Ölpreisänderungen $\hat{p}_{Öl}$, Tariflohnänderungen $\hat{l}$, Steuersatzänderungen $\hat{t}$, Änderungen des Wechselkurses w und der asset prices etc. eingehen. Diese beeinflussen nicht nur die Inflationsrate, sondern stellen auch laufend Anforderungen an die Zentralbank, ihre Glaubwürdigkeit hinsichtlich des Ziels der Preisniveaustabilisierung zu verteidigen.

Insbesondere MISHKIN weist immer wieder darauf hin, dass auf den monetären Transmissionsmechanismus der U.S.A. die Änderungsraten der Bestandsgüterpreise (*asset prices*) einen starken Einfluss ausüben, und zwar auf

(a) Börsenkurse in ihrem Einfluss auf
- Investitionen (*Tobin*-q)
- Unternehmens-Bilanzen (credit view)
- die private Nachfrage (Vermögen)

(b) Immobilienpreise und

(c) Wechselkurse.

Da alle diese Mechanismen die Nachfrage nach Krediten beeinflussen, wirkt die Geldpolitik eben nicht allein durch ihren Einfluss auf die Kreditzinsen, sondern vor allem durch ihren Einfluss auf Bestandsgüterpreise [MISHKIN (2001), S. 9].[1]

Zwar können die Vermögenspreise in der EWU mangels Daten nicht sehr weit zurückverfolgt werden, doch zeigt ein Vergleich der vorhandenen Daten mit denen der U.S.A. ein ähnliches Bild.

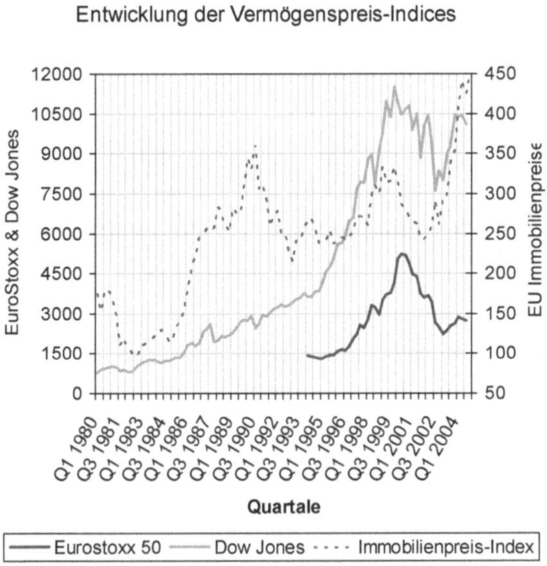

Quelle: Eigene Berechnungen nach Daten aus *Datastream*.

Die Indices für europäische Wertpapiere EuroStoxx – wie auch die für die US-amerikanischen Wertpapiere Dow Jones – enthalten nur einen Teil des jeweiligen Geldvermögens GV; sie werden hier als repräsentativ für das gesamte Geldvermögen angesehen.

In den U.S.A. kann z. B. die Entwicklung des *Dow Jones-Index* DJ mit einiger Genauigkeit durch die Liquidität innerhalb des Bankensystems (M3 – M1) und die Liquidität außerhalb des Bankensystems GV - (M3 - M1) geschätzt werden:

$$DJ = f((M3 - M1), GV - (M3 - M1)) \qquad \text{mit } r^2 = 0{,}66. \qquad (7)$$

Der Einfluss der Spekulation auf Börsenkurse ist dabei außer Acht gelassen (vgl. Abbildung unten).

---

[1] Dies scheint nach einer empirischen Untersuchung der Deutschen Bundesbank auch für Deutschland zuzutreffen [DEUTSCHE BUNDESBANK (2002), S. 49].

Die Entwicklung der asset prices am Kapitalmarkt kann wiederum einen Einfluss auf die allgemeine Preisentwicklung (z. B. durch die Veränderung des *Tobin*-q) haben [BORCHERT (2003), S. 179 ff.]. Auch die Erwartungen über die realwirtschaftliche Entwicklung sowie über die Inflation werden durch die Veränderung von Aktienindizes beeinflusst. Alle diese Einflüsse aber benötigen Zeit, was die relativ langen Wirkungsverzögerungen geldpolitischer Impulse erklärt.

Entwicklung des Dow Jones

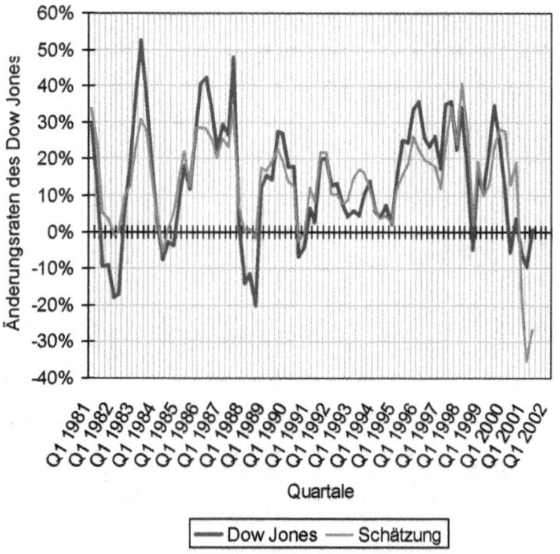

Quelle: Eigene Berechnungen nach Daten aus *Datastream*.

5. Hat die Geldmenge ausgedient?

Es ist üblich, *monetary targeting* (mit M) und *inflation targeting* (mit einer Prognose) allein auf den Stromgrößenbereich (mit Y) zu beziehen: „Ist z. B. ein starker Anstieg der Vermögenspreise auf breiter Front zu beobachten, so spricht wenig dafür, unbeirrt einer Inflationsprognose für die Konsumentenpreise mit einem Zeithorizont von 1-2 Jahren zu folgen." [ISSING (2004), S. 395].

Der Streit um die Rolle der Geldmenge in der Geldpolitik wird daher eigentlich als ein Streit um die zeitliche Zielvorstellung der Geldpolitik apostrophiert [VON HAGEN (2004), S. 448]. Mit inflation targeting wird so auf die kurzfristige Perspektive (bis zu 1, maximal bis zu 2 Jahren) abgestellt, monetary targeting zielt auf eine längerfristige Perspektive ab.[1] Dies kann man so sehen, muss es aber nicht.

Stellt man auf die langfristige Perspektive der Geldmenge ab, so bedeutet dies eigentlich, dass die Zentralbank die Wirtschaft in adäquatem, langfristig inflationsneutralem Umfang mit Liquidität (natürlich über zusätzliche Kredite) versorgen, also im Prinzip den Zahlungsverkehr sichern sollte. Dies war und ist seit jeher vornehmste Aufgabe jeder Zentralbank und ist eigentlich keine geldpolitische Strategie. Insoweit hat die Geldmenge natürlich nicht ausgedient!

Eine kurzfristige Perspektive des inflation targeting über einen Zeitraum bis zu einem Jahr mag zu eng bemessen zu sein. Wenn z. B. Liquidität im Vermögensbereich die asset prices erhöht, überträgt sich dies über *Tobin*-q erst zeitverzögert auf den Stromgrößenbereich, insbesondere auf das Investitionsvolumen. Dies ist allerdings nicht allein von monetären Variablen (Zinssätzen), sondern vor allem von den wirtschaftspolitischen Rahmenbedingungen abhängig.

Das Bindeglied zwischen Stromgrößen- und Bestandsgrößen-Bereich kann mit *Tobin*-q modelliert werden. Für den Erfolg jeder Geldpolitik ist dann als conditio sine qua non die

- Abstinenz von staatlichen Budgetdefiziten (zusätzl. Nachfrage > zusätzl. Angebot)
- Investitionen attrahierende Wirtschaftspolitik

erforderlich.

Die 2-Säulen-Strategie der *Europäischen Zentralbank* ist bei der Liquiditätsversorgung mit ihrer jetzigen I. Säule (inflation targeting) auf die Beobachtung relativ kurzfristiger Änderungen im Stromgrößenbereich ausgerichtet; die nunmehr II. Säule (monetary targeting) stellt expressis verbis auf die mittel- bis langfristige Liquiditätsversorgung im Stromgrößenbereich ab. Es fehlt aber die formale Einbeziehung des Bestandsgrößenbereichs. Es sei nicht geleugnet, dass Zentralbanken dies sicher informell tun.

Der Vermögensbereich ist mit einer längerfristigen Beachtung der Geldmenge wohl implicite berücksichtigt, da sich langfristig Ungleichgewichte zwischen Strom- und Bestandsgrößen einpendeln. Theoretisch ist dies ein Vorteil des monetary targeting. Zu einer Strategie gehört aber auch, dass man auf Hypothesen über Transmissionswege vertrauen kann. Und dies bedeutet, dass ein Bindeglied zwischen Strom- und Bestandsgrößen integriert werden sollte, z. B. mit *Tobin*-q. Dies würde die 2-Säulen-Strategie der *Europäischen Zentralbank* vervollständigen.

---

[1] Für Deutschland ermittelten CABOS ET AL. für die Zeitperiode 1970-1997 verläßlichere Resultate für inflation targeting gegenüber dem monetary targeting [CABOS/FUNKE/SIEGFRIED (2001), S. 231].

Literatur

Bofinger, P., Reischle, J., Schächter, A. (1996), Geldpolitik – Ziele, Institutionen, Strategien und Instrumente, München.

Borchert, M. (1999), The EURO and the large banks′ behaviour within the EMU – entrepreneurial strategies and monetary policy, in: Banca Nazionale del Lavoro Quarterly Review, Vol. LII, No. 208, pp. 39-68.

Borchert, M. (2002), Will West European banks affect monetary policy?, in: Kredit und Kapital, Vol. 35, No. 2, pp. 54-72.

Borchert, M. (2003), Geld und Kredit, 8. Aufl., München.

Borchert, M., Fröhling, A. (2003), Geldpolitik und Bankenverhalten (I), in: WISU, 32. Jg., H. 6, S. 811-816.

Cabos, K., Funke, M., Siegfried, N. A. (2001), Some thoughts on monetary targeting vs. inflation targeting, in: German Economic Review, Vol. 2, Iss. 3 (August), pp. 219-238.

Caporale, G. M., Howells, P. (2001), Money, Credit, and Spending: Drawing causal inferences, in: Scottish Journal of Political Economy, Vol. 48, No. 5 (November), pp. 547-557.

Deutsche Bundesbank (2002), Monetary policy, and investment behaviour – an empirical study, Monthly Report (May), pp. 41-54.

European Central Bank (2000), Mergers and acquisitions involving the EU banking industry – facts and implications, (December), pp. 1-46.

European Central Bank (2003), Monthly Bulletin (May), pp. 1-73.

Hallman, J. J., Porter, R. D., Small, D. H. (1989), M2 per Unit of Potential GNP as an Anchor for the Price Level, Board of Governors of the Federal Reserve System-Staff Study 157, publiziert unter dem Titel: "Is the Price Level Tied to the M2 Monetary Aggregate in the Long Run", in: American Economic Review, Vol. 81 (1991), pp. 841 ff.

Issing, O. (2004), Geldpolitik für den Euroraum, in: Perspektiven der Wirtschaftspolitik, Bd. 5, Heft 4, S. 381-404.

Mishkin, F. S. (2001), The transmission mechanism and the role of asset prices in monetary policy, NBER-Working Paper 8617 (December).

Rajan, R., Zingales, L. (2003), Banks and Markets: The Changing Character of European Finance, NBER-Working Paper 9595 (March).

van Suntum, U. (1990), Geldpolitik und Konjunktur – ein monetaristischer Prognoseansatz für die Bundesrepublik Deutschland, in: Zeitschrift für Wirtschaftspolitik, Bd. 39, S. 263 ff.

von Hagen, J. (2004), Hat die Geldmenge ausgedient?, in: Perspektiven der Wirtschaftspolitik, Bd. 5, H. 4, S. 423-453.

Problematik, Relevanz und Ursachen übermäßiger Aktienkursbewegungen

Andreas Hense, Juliane Fissahn, Ebbo Tücking

Zusammenfassung: Starke Kursfluktuationen können mit gravierenden volkswirtschaftlichen Wohlfahrtseinbußen verbunden sein. Jedoch sind Kursschwankungen nicht per se negativ zu beurteilen. Vielmehr ist eine Differenzierung nach den Ursachen der Volatilität erforderlich. Fundamental ungerechtfertigte, übermäßige Kursbewegungen müssen dabei nicht in spekulativen Transaktionen begründet liegen. Spekulation kann sowohl stabilisierend als auch destabilisierend wirken. Eine überhöhte Volatilität ist letztlich auf eine nicht-rationale Erwartungsbildung der Marktakteure und massenpsychologische Faktoren zurückzuführen. Ein Erfolg möglicher regulatorischer Maßnahmen zur Kursdämpfung setzt daher voraus, dass sie den drohenden negativen Effekten des nicht-rationalen Entscheidungsverhaltens entgegenwirken können.

Schlüsselworte: Aktienmarkt, Excess Volatility, Spekulation, Bubbles, Noise

1. Fragestellung

Preisen kommt in marktwirtschaftlichen Systemen eine zentrale Bedeutung zu. Sie koordinieren die Wirtschaftspläne der Marktteilnehmer, übermitteln alle für eine Markttransaktion relevanten Informationen, steuern die Güter- und Faktorallokation und setzen Anreize zur effizienten Leistungsbereitstellung. Auf Kapitalmärkten tragen sie zu einer Koordination der volkswirtschaftlichen Spar- und Investitionsprozesse und zu einer effizienten Risikoallokation bei. Entgegen den Hypothesen der klassischen Kapitalmarkttheorie, die von rational handelnden Marktakteuren und friktionslosen Märkten ausgeht, weisen die täglichen Bewegungen vieler Aktienkurse aber vordergründig darauf hin, dass der Prozess der Informationsverarbeitung und der Preisermittlung an den realen Wertpapier- und Terminmärkten nicht immer effizient verläuft. Die Kurse erscheinen vielen Beobachtern zu volatil, als dass die Amplituden der Schwankungen allein durch veränderte fundamentale Faktoren erklärt werden könnten [SHILLER (2000)]. Als besonders bedrohlich betrachtet ein Teil der Marktteilnehmer dabei das hohe Ausmaß an spekulativen Transaktionen. Sie schließen hieran oftmals die Forderung nach regulativen Eingriffen.

Regulatorische Maßnahmen zur Kurstabilisierung lassen sich aus volkswirtschaftlicher Perspektive aber nur rechtfertigen, wenn eine Dämpfung von Preisfluktuationen unter wohlfahrtstheoretischen Gesichtpunkten von Vorteil ist, die Eingriffe ursachengerecht erfolgen und zu einer Verbesserung der statischen und dynamischen Effizienz des Börsenplatzes als Handelsplattform beitragen. Bevor also die Möglichkeiten zur Kursstabilisierung auf Aktienmärkten erörtert werden, müssen wichtige Vorfragen beantwortet werden: Welchen volkswirtschaftlichen Nutzen haben stabile Kursbewegungen? Wie ist der Vorwurf zu beurteilen, die Aktienkurse notieren an den internationalen Börsenplätzen zu volatil? Welche Bedeutung kommt in diesem Zusammenhang der Spekulation bei der Entstehung von Preisungleichgewichten zu? Und schließlich: existieren andere mögliche Erklärungen für zu starke Aktienkursschwankungen? Der nachfolgende Beitrag widmet sich der Beantwortung dieser elementaren Grundfragen der Börsenregulierung.

2. Die ökonomische Interpretation von Kursschwankungen

2.1 Wohlfahrtseffekte

Auf funktionsfähigen Märkten kommen Angebot und Nachfrage, von unsichtbarer Hand gesteuert, stets im Gleichgewicht zum Ausgleich, bei dem der Markt geräumt wird. Der Verlauf des Anpassungsprozesses hängt wesentlich von den Informationen und der Reaktionsgeschwindigkeit der Marktakteure ab [VON HAYEK (1945)]. Preisschwankungen sind dabei aus wohlfahrtsökonomischer Sicht nicht grundsätzlich negativ zu beurteilen. Auf effizienten Aktienmärkten dürfen sich die Preise der notierten Papiere gemäß der Effizienzmarkthypothese nach FAMA (1970) dann verändern, wenn neue, kursrelevante Informationen auf den Markt gelangen. Schwanken die Aktienkurse als Reaktion auf entsprechend neu bekannt gewordene Informationen, können sie als zuverlässige Signale ihres fundamentalen Wertes angesehen werden, der im Allgemeinen die unsicheren zukünftigen Erträge des unterliegenden Unternehmens reflektiert. Die Preisreaktionen drücken die Anpassungen des Marktes an eine veränderte Umwelt aus. Sie sind in diesem Fall ein Indikator für die Funktionsfähigkeit der Kapitalmärkte. Nur eine gewisse Schwankungsbreite der Kurse gewährleistet, dass Angebot und Nachfrage nach fundamentalen Datenänderungen wieder zum Ausgleich gelangen.

Preisschwankungen führen einzelwirtschaftlich jedoch zu hohen Planungs- und Kalkulationskosten und bedingen gesamtwirtschaftlich einen erhöhten Ressourcenverzehr. Den Marktteilnehmern fehlen verlässliche und zeitgerechte Informationen. Sie müssen sich gegen zukünftige Preisschwankungen und die gestiegenen Unsicherheit absichern. Sie erhöhen ihren Informationsaufwand, streben danach, verbesserte Prognoseverfahren zu entwickeln, bauen u. U. Liquiditätsreserven auf, um zukünftige Verluste abdecken zu können. Auf Aktienmärkten lässt sich das

Risiko zudem durch Kurssicherungsgeschäfte (Diversifikation, Hedging) ganz oder zum Teil ausschalten.

Schwanken die Preise zu stark, so wird deren Lenkungs- bzw. Signalfunktion wesentlich beeinträchtigt. Hohe Preisvolatilitäten erschweren es den Marktteilnehmern, die wahren Knappheitsrelationen zu erkennen und ihre Aktivitäten daran auszurichten. Aktienkurse verlieren als Wertindikatoren für die Renditeerwartungen bei Produktions- und Investitionsentscheidungen an Zuverlässigkeit. Die Marktakteure fällen Entschlüsse auf der Grundlage von Preisen, die die für den Marktausgleichsprozess relevanten Informationen nicht unverzüglich, vollständig und korrekt reflektieren. Irrtümer und Fehlallokationen sind die Folge. Die Selektionskraft des Kapitalmarktes wird eingeschränkt. Es ist in einem solchen Szenario nicht sichergestellt, dass erfolgreiche Unternehmen Kapital attrahieren und den Wert ihrer Aktien steigern, während leistungsschwache Unternehmen vom Markt verdrängt oder von Konkurrenten übernommen werden.

Das Vertrauen der Marktteilnehmer in die Funktionsfähigkeit des Marktprozesses nimmt dadurch Schaden. Notieren die Kurse an Finanzbörsen im Zeitablauf zu volatil, so ziehen sich einige Akteure aufgrund des kaum einschätzbaren Anlagerisikos u. U. ganz vom Markt zurück. Bei einer geringeren Anzahl an Marktteilnehmern sinkt dadurch das allgemeine Kursniveau. Unternehmen, die sich durch die Emission von Wertpapieren finanzieren wollen, müssen in diesem Fall mit höheren Eigenkapitalkosten kalkulieren. Aufgrund des Kostenanstieges führen sie tendenziell weniger Sachinvestitionen durch, als dieses bei korrekter Marktbewertung der Fall wäre. Dieser Investitionsverzicht impliziert volkswirtschaftliche Wachstumseinbußen und wirkt sich negativ auf die Beschäftigungssituation am Arbeitsmarkt aus [BARRO (1990)]. Strukturelle Anpassungsprozesse werden behindert. Neu zu produzierende Güter verlieren gegenüber bestehenden Gütern an Attraktivität.[1] Technischer Fortschritt und Innovationen werden gehemmt, so dass die Krisenanfälligkeit der betroffenen Unternehmen steigt und die Wettbewerbsfähigkeit der inländischen Volkswirtschaft schwindet.

Da der Aktienmarkt als Indikator für die zukünftige wirtschaftliche Entwicklung herangezogen werden kann, tragen stark schwankende Kurse auch bei den Konsumenten zu Unsicherheiten bei der Erwartungsbildung bei [FISCHER/MERTON (1984), S. 62 ff.]. Sie werden ihr Verhalten dem unsicheren Konjunkturverlauf anpassen und ihren Konsum einschränken. Starke negative Kursausschläge können gar zu einem Einbruch der Konsumnachfrage beitragen. Sie verringern spürbar das Vermögen der privaten Haushalte. Aktionäre reagieren folglich stärker auf eine hochvolatile oder rückläufige Aktienkursentwicklung, als dieses von Nicht-Aktionären zu erwarten ist [MISHKIN (1978); MANKIW/ZELDES (1991)]. Die finanzielle Existenz der Anleger kann sogar bedroht sein, wenn sie ein vorheriger,

---

1 Diese Beziehung wird in der Literatur als ‚Tobin's q' bezeichnet [TOBIN (1969); HAYASHI (1982)].

lang anhaltender Kursanstieg zu privaten Investitionen verleitet hat, die sich nicht durch ihr laufendes Einkommen rechtfertigen.

2.2 Fundamental- versus handelsinduzierte Volatilität

Ab welchem Umfang Kursschwankungen die Lenkungsfunktion der Kurse und die Effizienz der Wertpapiermärkte ernsthaft beeinträchtigen, ist nicht zweifelsfrei abzuleiten. Es stellt sich die Frage nach dem wohlfahrtsökonomisch geeigneten bzw. sinnvollen Ausmaß an Volatilität. In der Regel werden Kursschwankungen zu diesem Zweck in der Finanzmarkttheorie nach ihren Ursachen klassifiziert.

Werden sie durch Veränderungen von einzel- oder gesamtwirtschaftlichen Daten sowie Neubewertungen von einzelnen Vermögensgütern hervorgerufen, so bezeichnet man dieses als fundamentalinduzierte Volatilität. Sie wird durch das Eintreffen neuer Informationen über den ‚wahren', inneren Wert eines Finanztitels verursacht und ist ein elementarer Bestandteil der Informations- und Bewertungsfunktion eines Marktes. Fundamental volatile Kurse begründen daher keinen wirtschaftspolitischen Handlungsbedarf. Die Kursreaktionen stehen in einer stabilen Relation zu den ökonomischen Bestimmungsfaktoren. Es handelt sich um Bewegungen des allokationseffizienten Gleichgewichts.

Eine handelsinduzierte Volatilität wird dagegen durch fehlinformiertes Handeln von Marktteilnehmern bzw. den Handelsprozess ausgelöst. Sie lässt sich nicht durch fundamentale Informationszuflüsse rechtfertigen. Durch nicht-informationsbasierte Handelsstrategien oder außergewöhnliche hohe, prozyklische Transaktionswünsche der Marktakteure entfernen sich die Kurse zeitweilig von ihrem Gleichgewichtspfad. Sie weisen dadurch die Tendenz auf, stets um ihren fundamental gerechtfertigten Wert zu schwanken. Diese Form der übermäßigen Volatilität, die unter dem Begriff „Excess Volatility" [SHILLER (1979), S. 1190] Eingang in die Literatur gefunden hat, wird allgemein als volkswirtschaftlich unerwünscht angesehen. Sie kann, wie oben dargestellt, die Funktionsfähigkeit der Finanzmärkte maßgeblich beeinträchtigen.

3. Empirische Evidenz für eine überhöhte Kursvolatilität

3.1 Excess Volatility

Zu häufige bzw. zu stark empfundene Schwankungen von Aktienkursen können auf Excess Volatility hinweisen, also eine Volatilität der Kurse, die permanent höher liegt, als sich dies durch die fundamentale Informationslage begründen und rechtfertigen ließe. Die täglich an den Börsen zu beobachtenden Kursschwankungen drücken demnach nicht allein die unmittelbare, korrekte Kursanpassung infolge neuer Informationsstände der Marktteilnehmer aus. Sie fallen u. U. zu stark aus, um sich mit einem fundamental-informationsbasierten Marktgeschehen erklären zu lassen, weisen also auf eine Einschränkung der Markteffizienz hin.

Insbesondere unter vielen Marktteilnehmern wird die Auffassung vertreten, dass die Volatilität an den Aktienmärkten in den vergangenen Jahren aufgrund neuer Handelssegmente und des verstärkten Einsatzes modernster Informationstechnologie zugenommen hat. Untersuchungen der zeitlichen Stabilität der Aktienvolatilität kommen zu dem Ergebnis, dass sich die durchschnittlichen Volatilitäten im Zeitablauf tatsächlich ändern [CAMPBELL/HENTSCHEL (1992)]. Ein längerfristiger Betrachtungshorizont zeigt allerdings, dass auf den Finanzmärkten über verschiedene Perioden Preisfluktuationen unterschiedlicher Stärke zu beobachten sind [MENKHOFF/TOLKSDORF (1999), S. 219]. Von einem generellen Anstieg der Volatilität kann also nicht gesprochen werden, sondern eher von einem zeitlichen Muster (Volatility Clustering). Es wechseln immer wieder Phasen geringer Volatilität mit Phasen besonders starker Preisausschläge.

Hohe Volatilität ist jedoch noch kein hinreichendes Indiz für mangelnde Informationseffizienz. Auch ein effizienter Markt kann erhebliche Kursbewegungen aufweisen, wenn die Schwankungen allein ein Ausdruck unsicherer Erträge und der Informationen darüber sind. Dieses umso mehr, wenn den Marktteilnehmern Informationen über die Ertragssituation der betreffenden Unternehmen nur bruchstückhaft nach und nach zugehen. Jedes hinzugewonnene Informationsfragment führt eine Kursbewegung herbei. Auch wenn die Anpassung an die jeweils neueste Informationsbasis effizient erfolgt, so unterliegen die Kurse doch über dem Zeitraum der Informationsverarbeitung stärkeren Schwankungen.

Um zu beurteilen, ob eine exzessive Volatilität vorliegt, ist ein Referenzmodell erforderlich, aus dem sich ableiten lässt, welches Ausmaß an Kursschwankungen als angemessen anzusehen ist. Hierbei findet generell ein Dividendendiskontierungsmodell Anwendung. Ausgehend von der Annahme, dass für die Wertentwicklung eines Finanztitels der Barwert der mit ihr verbundenen zukünftigen Cash Flows von Bedeutung ist, lassen sich über die erwartete Varianz der Dividendenzahlungen Grenzen ableiten, innerhalb derer sich die Kurse bewegen sollten. Solange die Kurse nicht stärker schwanken, als es die Varianzgrenzen des erwarteten Dividendenstromes vorgeben, gelten die Schwankungen unter Effizienzgesichtspunkten als gerechtfertigt [SAPUSEK (1998), S. 55 ff.].

3.2 Testergebnisse für die internationalen Aktienmärkte

Vor allem in den achtziger Jahren ist eine Vielzahl an Untersuchungen der Aktienmärkte auf überhöhte Volatilität vorgenommen worden. Die These, dass die Häufigkeit und das Ausmaß der beobachtbaren Kursschwankungen nicht allein durch den Zugang fundamentaler Informationen zu erklären ist, wurde für Aktien erstmals von SHILLER (1981 a; 1981 b) und LEROY/PORTER (1981) aufgestellt und für unterschiedliche Zeitreihen des Standard & Poor's 500 Index bzw. des Dow Jones Industrial Average getestet. Diese grundlegenden Arbeiten basieren auf der

Annahme, Änderungen der erwarteten Kursverläufe werden in einem effizienten Markt lediglich durch unerwartete Dividendenänderungen verursacht. Die beobachtete Aktienpreisvolatilität wird mit der durch das Dividendendiskontierungsmodell generierten Volatilität der ex post rationalen Kurse verglichen. Die Untersuchungen kommen zu dem Ergebnis, dass die Aktienkurse weit mehr oszillieren als dieses durch die Schwankungen der erwarteten Dividenden zu erwarten ist. Demnach besteht Excess Volatility auf den amerikanischen Aktienmärkten.

An diesen Arbeiten wurde jedoch kritisiert, dass sie von einer Stationarität[1] des Preis- und Dividendenpfades ausgehen [KLEIDON (1988)]. Ergebnisse zahlreicher Studien haben aber gezeigt, dass Gewinne, Dividenden und Aktienkurse nicht-stationären Prozessen folgen. KUPIEC (1993, S. 14) weist darauf hin, dass die Aktienkurse in einem informationseffizienten Markt permanenten Schocks ausgeliefert sind. Deshalb muss der Dividendenprozess in einem entsprechenden Diskontierungsmodell zwangsläufig nicht-stationär abgebildet werden. KLEIDON (1986 a; 1986 b) und POTERBA/SUMMERS (1986) berücksichtigen dies und geben die Stationaritätsannahme auf. Sie stellen keine überhöhte Volatilität fest. Zu diesem Ergebnis kommen auch MARSH/MERTON (1986), die in ihrem nicht-stationären Dividendenmodell beachten, dass Dividenden sich nicht von Jahr zu Jahr ändern, sondern von den Aktiengesellschaften geglättet werden. Durch die Aufhebung der Glättung erhalten sie einen Dividendenverlauf, dessen Schwankungsbreite von der Volatilität der tatsächlichen Kurse nicht übertroffen wird. FLAVIN (1983) verweist auf einen weiteren Bias zugunsten einer übermäßigen Volatilität, der auf die Verwendung kleiner Stichproben (selbst bei 100 jährlichen Beobachtungen) zurückzuführen ist. Dieser Verzerrungseffekt ist umso größer, je stärker die Daten autokorreliert sind.

Infolge der kritischen Auseinandersetzung und widerlegenden Testergebnissen kam es zu einer zweiten Generation von empirischen Tests, die die Hypothese einer überhöhten Volatilität auf den amerikanischen Aktienmärkten überprüfen. Diese neueren Untersuchungen verwenden abgewandelte Referenzmodelle, die die aufgedeckten ökonometrischen Defekte der ersten Ansätze jeweils durch alternative Korrekturverfahren zu vermeiden versuchen [CAMPBELL/SHILLER (1987); WEST (1988); MANKIW/ROMER/SHAPIRO (1991); LEROY/PARKE (1992); CAMPELL/KYLE (1993); BHARATI/GUPTA (1998)]. Auch diese Analysen zeigen unabhängig von der angewendeten Testmethode, dass die Schwankungen der tatsächlichen Kurse die Varianzgrenzen verletzten. Die modifizierten Testansätze der zweiten Generation bestätigen Excess Volatility, wenn auch in geringerem Umfang als die Tests der ersten Generation. Obwohl der größte Teil der Volatili-

---

[1] Eine Zeitreihe wird als stationär bezeichnet, wenn die Erwartungswerte, Varianzen und Kovarianzen gegenüber Verschiebungen auf der Zeitachse invariant sind.

tätstests mit US-Daten geführt worden ist, sind übermäßige Kursschwankungen auch für andere nationale Aktienmärkte nachgewiesen worden.[1]

Als Fazit der Volatilitätstest lässt sich somit festhalten, dass die effektiven Wertpapierkurse in der Tendenz zu volatil erscheinen. Die Ergebnisse legen den Schluss nahe, dass die Kursschwankungen nicht allein die fundamentalen ökonomischen Informationszuflüsse widerspiegeln. Im nächsten Schritt sollen daher ökonomische Ansätze vorgestellt werden, die versuchen, die überhöhte Volatilität auf den Aktienmärkten zu erklären. Insbesondere spekulative Verhaltensweisen stehen dabei im Verdacht, für diese Entwicklung verantwortlich zu sein.

4. Ökonomische Erklärungsansätze einer übermäßigen Preisvariabilität

4.1 Die Bedeutung der Spekulation

4.1.1 Ursachen spekulativen Verhaltens

Erwarten einzelne Marktteilnehmer im Zeitablauf Preisverschiebungen eines Gutes und richten ihre Dispositionen danach aus, um auf diese Weise eine Prämie oder einen Gewinn zu erzielen, so bezeichnet man dieses als Spekulation [KALDOR (1939), S. 1]. Rechnen die Akteure z. B. in der Zukunft mit steigenden Preisen eines Gutes, so werden sie heute dieses Gut erwerben, um es zu einem späteren Zeitpunkt zu einem höheren Preis wieder zu verkaufen. Insofern unterscheidet sich Spekulation von Arbitragegeschäften. Arbitrage bezeichnet die Ausnutzung bereits existenter Preisdifferenzen zwischen verschiedenen Märkten. Der Arbitrageur kauft Güter auf dem Markt mit dem niedrigen Preis und bietet sie zeitgleich bzw. -nah auf dem Markt mit dem höheren Preis wieder an. Er nutzt bereits vorhandenes Tauschpotenzial aus und wirkt in Richtung auf eine Preisangleichung. Spekulatives Verhalten beruht dagegen allein auf Erwartungen über die zukünftige Preisentwicklung und ist nur auf unvollkommenen Märkten möglich, auf denen Unsicherheit und Informationsdefizite herrschen. Da sich die zukünftigen Preise nicht voraussagen lassen, ist es stets mit einem Risiko verbunden. Im Hinblick auf die Funktionen, die Spekulation im ökonomischen System erfüllt, lassen sich grundsätzlich zwei Richtungen unterscheiden. Während die auf KEYNES (1930) zurückgehende Sicht spekulative Transaktionen als Form einer Versicherungsleistung charakterisiert, betont eine zweite Gruppe von Ökonomen den informationstheoretischen Bezug der Spekulation.

---

[1] Für den deutschen Aktienmarkt vgl. DELONG/BECHT (1992); BRUNS (1994). Für Großbritannien vgl. BULKLEY/TONKS (1989).

Die Theorie der ‚Normal Backwardation' stellt den Versicherungsaspekt spekulativer Märkte in den Vordergrund. Spekulation dient als Prozess zur Übertragung von Preisrisiken [HARRISON/KREPS (1978); TIROLE (1982)]. Danach unterscheiden sich die Wirtschaftssubjekte in ihrer Risikoneigung und ihrer materiellen Ausgangsposition. Mit der Existenz spekulativer Märkte besteht aber die Möglichkeit, dass risikotolerante Akteure (Spekulanten) für andere, risikoaverse Marktteilnehmer gegen Zahlung einer (Versicherungs-)Prämie das Risiko zukünftiger Preisfluktuationen übernehmen. Je nach Einstellung zum Risiko agieren die Marktteilnehmer als potenzielle Spekulanten oder potenzielle Versicherungsnehmer (Hedger). Durch laufende Portfolioumschichtungen ist es jedem einzelnen Akteur auf diese Art möglich, seine Risikoposition zu adjustieren und ein für sich optimales individuelles Verhältnis zwischen Risiko und Ertrag herzustellen [KEYNES (1930), S. 142 f.; HICKS (1939), S. 137]. Sind Aktiva einem zukünftigen Preisrisiko ausgesetzt, so können risikoaverse Hedger zur Vermeidung des Preisänderungsrisikos diese Aktiva bereits heute auf einem Terminmarkt zu einem bekannten Preis verkaufen. Als Vertragspartner treten Spekulanten auf, die eine geringere Risikoaversion aufweisen. Sie fordern von den Hedgern für deren Risikominderung die Zahlung einer entsprechenden Prämie (backwardation). Diese spiegelt aus Sicht der Spekulanten den Preis des eingegangenen Risikos wider.

Nach dem alternativen informationstheoretischen Ansatz lösen unterschiedliche Informationen und die Gewinnerzielungsabsicht einzelner Marktteilnehmer spekulatives Verhalten aus [WORKING (1953)]. Bestimmte Akteure (Spekulanten) halten sich hinsichtlich zukünftiger Ereignisse und Preisentwicklungen für besser informiert als andere. Entsprechend gehen sie Positionen (Kauf oder Verkauf eines Gutes) ein, die sie nach kurzer Frist wieder rückgängig machen, um Gewinne zu erzielen. Erwarten Sie z. B. die zukünftige Verknappung eines Gutes, so werden sie heute das betreffende Gut kaufen, um es dann in der Zukunft zu einem höheren Preis wieder anzubieten. Sie haben kein inhärentes Interesse an der Nutzung bzw. der längerfristigen Anlage des gehandelten Gutes, sondern treibendes Motiv ist allein die gewinnbringende Ausnutzung der erwarteten kurzfristigen Preisunterschiede. Ihre spekulative Position gründet auf der Hoffnung, dass ihr tatsächlicher oder vermeintlicher Informationsvorsprung die zukünftige Preisentwicklung vorwegnimmt [HIRSHLEIFER (1975; 1977)]. Das Motiv der Gewinnerzielung dominiert. Der Grad der Risikoaversion der Spekulanten ist hier nicht Auslöser des spekulativen Engagements, sondern bestimmt lediglich dessen Umfang.

4.1.2 Stabilisierende Spekulation

Spekulatives Verhalten trägt unter normalen Bedingungen zur Glättung von Preisschwankungen und zur Erhöhung der Markteffizienz bei. Bei überschüssigem Angebot bzw. niedrigen Marktpreisen kaufen Spekulanten das betreffende Gut und stimulieren dadurch die Nachfrage. Sie bieten dieses Gut zu einem späteren Zeitpunkt wieder an, wenn die Marktpreise stark angestiegen sind und ein Teil der

Nachfrage unter Umständen nicht sofort bedient werden kann. Spekulanten gleichen folglich zumindest teilweise fehlende Angebots- und Nachfragemengen aus und ermöglichen dadurch eine intertemporale Verstetigung des Preisverlaufs [ASCHINGER (1997)]. Bei einem erwarteten Preisanstieg (z. B. aufgrund einer zukünftigen Verknappung des Gutes) vergrößert ein spekulativer Kauf bereits jetzt die Knappheit des Gutes, erhöht den Preis und zwingt zu einem sparsameren Umgang mit dem betreffenden Gut. Die zukünftige Verknappung wird bereits im Voraus zum Ausdruck gebracht. Die Preise stabilisieren sich. Aufgrund des reduzierten Preisrisikos der Marktteilnehmer steigt die Funktionsfähigkeit der Märkte.

Ein stabilisierender Zusammenhang zwischen Spekulation und Preisbewegungen unterstellt aber implizit, dass die Spekulanten ihre Entscheidungen unter Berücksichtigung aller ihnen zur Verfügung stehenden Informationen fällen. Ihre Transaktionen sind an den fundamentalen Daten der Märkte ausgerichtet. Setzten sie auf dieser Basis ihre Strategien am Markt um, so reflektieren die daraus resultierenden Preisbewegungen unmittelbar alle relevanten und aktuellen Marktinformationen. Es ergeben sich informationseffiziente Preise [WORKING (1953; 1962)]. Spekulanten greifen daher bei korrekter Einschätzung durch ihr Handeln zukünftigen Entwicklungen vor. Sie bewegen durch ihre Dispositionen die tatsächlichen Preise in Richtung der Gleichgewichtswerte, sollten sie sich einmal von ihnen entfernt haben.

Die stabilisierende Wirkung der Spekulation ist folglich an Voraussetzungen gebunden. Preisbildung, Markt- und Informationseffizienz hängen wesentlich vom Informationsstand und der Prognosefähigkeit der Akteure ab. Die Spekulanten müssen in der Lage sein, zukünftige Preisentwicklungen besser zu prognostizieren als durchschnittliche Marktteilnehmer. Nur wenn sie zukünftige Marktkonstellationen verlässlich antizipieren, werden Preisfluktuationen gedämpft. Der Anteil der Spekulanten im Markt darf daher nicht zu groß sein, da mit wachsender Zahl die Wahrscheinlichkeit sinkt, dass die zusätzlich spekulativ tätig werdenden Akteure ebenfalls diese Eigenschaften besitzen. Die Gruppe der Spekulanten würden dann im Durchschnitt gegenüber den Nichtspekulanten nicht mehr über eine bessere Voraussicht des zukünftigen Marktgeschehens verfügen.

4.1.3 Destabilisierende Spekulation

Destabilisierende Spekulation führt zu Preisschwankungen. Sie kann entstehen, wenn die Spekulanten die Marktentwicklung nicht richtig einschätzen, d.h. wenn ihre Preiserwartungen stark von den zukünftigen Preisen abweichen. Erwarten Spekulanten beispielsweise die Verknappung eines Gutes, verbunden mit einem entsprechenden Preisanstieg, so fragen sie bereits heute das betreffende Gut nach. Ist diese Erwartung aber objektiv falsch, so steigt jetzt der Preis, muss aber in Zukunft sinken. Es ergeben sich Preisoszillationen, verbunden mit Markt- und Informationsineffizienzen [ASCHINGER (1997)].

Mit destabilisierenden Tendenzen infolge eines hohen Spekulantenanteils ist insbesondere auf Märkten zu rechnen. die sich in einer starken Hausse befinden. Hier verfügen viele Mitläuferspekulanten nur über unzureichende Kenntnisse und Informationen und lassen sich durch andere Marktteilnehmer beeinflussen. Sie richten ihre Erwartungen nicht an fundamentalen Zusammenhängen aus, sondern an der Marktentwicklung und den Interaktionen mit anderen Marktakteuren. Gefühlsgeleitete und spontane Beweggründe für die gewählten Strategien sowie massenpsychologische Phänomene gewinnen in einem solchen Umfeld demnach an Bedeutung. Spekulanten können folglich ihre Strategien nicht mehr allein an den erwarteten Entscheidungen der Nichtspekulanten ausrichten, sondern müssen auch die Erwartungen der Mitspekulanten mit in ihr Kalkül einbeziehen.

Trotz preisdestabilisierender Wirkung kann spekulatives Verhalten unter derartigen Umständen für einen einzelnen Akteur durchaus profitabel sein [STEINMANN (1970), 32 ff.]. Es ist nicht gesichert, dass Spekulanten jeweils die Höchst- und Niedrigstpreise für ihre Transaktionen benutzen. Sie könnten z. B. kurz vor Erreichen des Höchstpreises noch kaufen, um dann zum später erreichten Höchstpreis wieder zu verkaufen. Eine solche Strategie bietet sich insbesondere an, wenn selbsterfüllende Erwartungen Marktbewegungen induzieren, die losgelöst von fundamentalen Marktdaten zu anhaltenden Preissteigerungen führen. Das heißt, selbst wenn aufgrund fundamentaler Daten eine Spekulation nicht vorteilhaft erscheint, lassen sich unter Berücksichtigung des Verhaltens der so genannten Mitläuferspekulanten erhebliche Gewinne erzielen. Das Ziel eines Spekulanten ist es dann, die durchschnittlichen Erwartungen der Marktteilnehmer zu identifizieren, d.h. die Marktpsychologie vorauszusagen. Unter Umständen versuchen Spekulanten auch, andere Marktteilnehmer durch gezielte Fehlinformationen bzw. Manipulationen in ihrem Sinne zu beeinflussen.

4.2 Die Theorie spekulativer Blasen

4.2.1 Entstehung von Spekulationsblasen durch selbsterfüllende Erwartungen

Es besteht eine Vielzahl an Modellen, die die temporären, kumulativen Abweichungen von den fundamental gerechtfertigten Kursen zu erklären versuchen. Auslöser und Triebkraft der anhaltenden Preissteigerungen sind demnach sich selbst bestätigende Erwartungen. Trotz destabilisierender Wirkungen wird den Marktakteuren dabei rationales Verhalten unterstellt. Die hieraus resultierende Theorie spekulativer Blasen geht im Wesentlichen auf BLANCHARD (1979) zurück und wurde von verschiedenen Autoren zur Erklärung von Episoden ungewöhnlicher Preis- bzw. Kursbewegungen herangezogen [DORNBUSCH (1982), FLOOD/HODRICK (1990)].

Die Entstehung und Entwicklung einer spekulativen Blase ist nicht an ein konkretes, allgemein beobachtbares Ereignis gebunden. Die Ursache ist allein in sich selbst erfüllenden Erwartungen hinsichtlich der zukünftigen Kurse bzw. Renditen zu sehen [FLOOD/GARBER (1980)]. Die Marktteilnehmer erwarten steigende Kurse und reagieren mit spekulativ motivierten Transaktionen. Sie fragen vermehrt die entsprechenden Aktien nach, um durch einen späteren Verkauf überdurchschnittliche Gewinne erzielen zu können. Als Folge dieser Transaktionen steigt ceteris paribus das Kursniveau. Der Marktpreis hängt in einer solchen Konstellation positiv von seiner eigenen erwarteten Veränderungsrate ab. Rationale Akteure werden diesen Zusammenhang in ihren Dispositionen berücksichtigen. Folglich steigt der Kurs weiter, ohne dass fundamentale ökonomische Bestimmungsfaktoren, wie z. B. verbesserte Gewinnaussichten der Unternehmen oder eine erhöhte Geldmenge, dieses rechtfertigen können. In der Konsequenz weicht der Kurs über einen längeren Zeitraum von dem Pfad ab, der mit den fundamentalen ökonomischen Bestimmungsfaktoren vereinbar ist. Die Diskrepanz zwischen tatsächlichem und fundamentalem Kurs nimmt dabei im Zeitablauf zu.

Hält die Mehrheit der Anleger eine weitere überdurchschnittliche zukünftige Kursentwicklung für möglich, so kann infolge des sich selbst dynamisierenden Prozesses eine spekulative Preisblase entstehen. Auch wenn den Akteuren bewusst ist, dass die Kurse spekulativ überhöht sind und nicht die Fundamentaldaten widerspiegeln, so verhalten sie sich im Falle eines Engagements aus ihrer Sicht trotzdem durchaus rational [STÖTTNER (1989), 156 f.]. Sie wägen die zu erzielenden Renditen gegen mögliche Verluste ab, die im Falle des Platzens der Blase entstehen können, und setzen auf die Möglichkeit, sich von einer spekulativ überhöhten Aktie vor der Kurskorrektur rechtzeitig trennen und entsprechend lukrative Renditen erzielen zu können.

In den vorherrschenden Modellen mit rationalen, stochastischen Blasen bildet sich im Zeitablauf kein selbstkorrigierender Mechanismus heraus. Im Verlauf der Blasenbildung setzt vielmehr ein auto-akzellerierender Prozess ein. Nicht nur die Abweichung als solche, sondern auch die jeweilige Veränderungsrate der Abweichungen steigt kontinuierlich an. Die Erklärung hierfür liegt in der steigenden Risikoprämie, die rationale Anleger aufgrund des immer näher rückenden Zeitpunkts der unausweichlichen Preiskorrektur fordern. Der Prozess mündet schließlich in eine kurzfristige, drastische Kurskorrektur in Richtung des Fundamentalwertes des Wertpapiers. Die Spekulationswelle bricht zusammen, begleitet von Überreaktionen und erratischen Preisschwankungen.

Der Einbruch der Kurse lässt sich zeitlich nicht antizipieren. Die Marktteilnehmer haben heterogene Erwartungen hinsichtlich des Zeitpunkts der Kurskorrektur [ABREU/BRUNNERMEIER (2003)]. Die Wahrscheinlichkeit des Platzens steigt jedoch allgemein mit dem Fortbestehen der Blase. Je weiter sich der Aktienkurs von seinem ‚wahren', fundamentalen Wert entfernt, desto größer wird die Gruppe jener Anleger sein, die den Kurs für überhöht halten und deshalb den Titel veräußern. Der Kurseinbruch erfolgt aber letztlich hinsichtlich des genauen Zeitpunktes und seines Ausmaßes für die Mehrheit der Marktteilnehmer unerwartet. In einem solchen nervösen Umfeld kann der konkrete Grund für einen massiven Kurssturz bereits in scheinbar unwesentlichen Sachverhalten liegen. Ein dadurch entstehender Angebotsdruck leitet den Preissturz der Aktien ein, die Preisblase platzt und der Kurs pendelt sich wieder in Höhe seines fundamentalen Bewertungsniveaus ein.

4.2.2 Vereinbarkeit spekulativer Preisblasen mit rationaler Erwartungsbildung

Die Modelle der spekulativen Blasen sind nicht ohne Kritik geblieben. Zwischen der Existenz spekulativer Preisblasen und ihrer Bezeichnung als rational scheint intuitiv ein Widerspruch zu liegen. Inwieweit eine Preisblase letztlich als rational angesehen werden kann, hängt entscheidend von dem zugrunde liegenden Rationalitätsbegriff ab. In einer idealtypischen Welt mit vollständiger Information handelt ein Akteur rational, wenn er sich am ökonomischen Prinzip orientiert. Verfügt ein Marktteilnehmer aber nicht über alle erforderlichen Informationen und besteht Unsicherheit über die zukünftige Entwicklung eines Wertpapiers, dann reicht das einfache ökonomische Prinzip nicht aus. Vielmehr müssen ökonomische Verfahren der Ergebnisoptimierung angewendet werden, wie z. B. die auf axiomatischer Basis entwickelte Risikonutzentheorie [VON NEUMANN/MORGENSTERN (1944); ARROW (1965)]. Erwartungen gelten unter diesen Voraussetzungen als rational, wenn sie mit der Vorhersage des korrekten ökonomischen Modells übereinstimmen [MUTH (1961)]. Übertragen auf Finanzmärkte sind solche Erwartungen rational, die sich an den langfristigen informationsbasierten Fundamentaldaten des Marktes bzw. der Aktie orientieren.

Die Beschaffung der erforderlichen Informationen erfolgt jedoch nicht kostenlos. Rationale Wirtschaftssubjekte optimieren daher auf der Basis eines Grenzkosten-Grenznutzen-Kalküls die Nutzung der zum Zeitpunkt der Entscheidungsfindung vorliegenden Informationen. Ihr jeweiliger Informationsstand ist Teil ihres individuellen Entscheidungsprozesses. Der Handel zwischen rationalen Marktteilnehmer ergibt sich somit aus ihrer Heterogenität. Die Marktteilnehmer unterscheiden sich in ihrem Informationsstand, ihrer Ausstattung mit Wertpapieren und/oder ihrer Risikopräferenz. Aus dieser Heterogenität heraus kann sich auch der dynamische Prozess einer spekulativen Preisblase nähren.

Sind auf Aktienmärkten nur Erwartungen rational, die sich an den langfristigen informationsbasierten Fundamentalwerten ausrichten, so lassen sich Bubbles kaum als rational einstufen. Obwohl Preisblasen letztlich allein von Illusionen gespeist werden, unterstellen die meisten Modelle der relevanten Bubbles-Literatur den Akteuren Rationalität im weiter gefassten Sinne. Illusionen werden mit der Realität identifiziert, so dass die Wirtschaftssubjekte aus ihrer Sicht vernünftig handeln. Ihre Erwartungen gründen sich auf den Informationen, die ihnen zur Verfügung stehen. Ihnen fehlt allerdings die Einsicht der Selbsttäuschung. Ein solches Verhalten ist damit kaum als uneingeschränkt rational einzuordnen.

4.3 Verhaltenstheoretische Erklärungsversuche

4.3.1 Noise

Trotz der aufgezeigten Schwächen gehen die finanzierungstheoretischen Modelle über die Preisbildung auf den Finanzmärkten fast ausnahmslos von rational handelnden Akteuren aus. Der Einfluss psychologischer bzw. behavioristischer Komponenten, die über die Rationalität hinausgehen, auf die Kurse von Wertpapieren wird hingegen vernachlässigt. Zur Prognose von Aktienkursen und Erklärung von Preisbewegungen an Börsen ist der rein ökonomische Ansatz allerdings unzureichend. Dieser zentrale Aspekt wurde bereits von KEYNES (1936, S. 133 f.) herausgestellt, der spekulatives Verhalten als Voraussage der Marktpsychologie charakterisiert.

Die verschiedenen verhaltenstheoretischen Ansätze, die unter den Begriff ‚Noise' (bzw. ‚Noise Trading') gefasst werden, basieren auf einem schwächeren Rationalitätsbegriff als die neoklassische Kapitalmarkttheorie. Sie versuchen, die beobachtbaren Kurse durch eine nicht objektiv nachprüfbare Kurskomponente zu erklären. Diese sorgt für zufällige Schwankungen der erwarteten Aktienrenditen im Zeitablauf und trägt damit zu Kursabweichungen von den fundamentalen Werten bei [BLACK (1986)]. Die Noise-Modelle gründen auf der Kritik, dass überhöhte Preisvolatilitäten und Preisblasen nicht mit der Prämisse rationalen Verhaltens der Marktteilnehmer erklärt werden können. Sie führen diese Phänomene vielmehr auf Anlageentscheidungen zurück, die temporär bzw. dauerhaft auf der Basis einer verzerrten Wahrnehmung der zukünftig zu erwartenden Renditen getroffen werden. Sie berücksichtigen den Einfluss von verhaltensorientierten, psychodynamischen Faktoren auf die Kurse von Wertpapieren, wie Emotionen, Motivationen etc. Die Aufgabe der Annahme rationaler Erwartungsbildung heißt jedoch nicht automatisch, dass die Marktakteure beliebige irrationale Verhaltensmuster aufweisen. Vielmehr ist es geboten, die subjektiven, mikroökonomischen Gründe für das Verhalten der Akteure aufzudecken, die auf makroökonomischer Ebene zu einem nicht-rationalen Ergebnis führen. Dazu muss geprüft werden, welche möglichen Interaktionen unter den Marktteilnehmern auftreten.

In der Regel unterstellen die Noise-Ansätze an den Kapitalmärkten heterogene Anleger [SHLEIFER/SUMMERS (1990)]. Dort agieren zum einen so genante ‚Noise Trader', die auf eine systematische und umfassende Auswertung der neuesten Informationen verzichten. Sie konzentrieren sich auf eine Teilmenge der verfügbaren Informationen, von der sie glauben, dass sie die tatsächlichen und künftigen Marktgegebenheiten hinreichend gut abbildet. Dadurch stützen sie ihre Entscheidungen weniger auf Überlegungen hinsichtlich des fundamentalen Wertes von Aktien, sondern richten sich mehr an Stimmungen, Gerüchten und Marktlaunen aus. Sie neigen tendenziell zu Überreaktionen, sowohl in die positive als auch in die negative Richtung. Ein entsprechendes Vorgehen wirkt prozyklisch und führt zunehmende Abweichungen der Aktienkurse von ihren Fundamentalwerten herbei. Aus erlittenen Schäden realisieren Noise Trader aber Lerneffekte. Ihre Neigung, sich in eine spekulativ aufgeblähte Aktie zu engagieren, nimmt mit zunehmendem Erfahrungshorizont ab. Sie verhalten sich demnach nicht ausschließlich irrational. Allerdings sind Noise Trader im Mittel zu optimistisch und tragen dadurch, ohne sich dessen bewusst zu sein, höhere Risiken. Auf der Basis eines erweiterten Rationalitätsverständnisses bezeichnet THALER (1991) dieses Verhalten im Grenzbereich zwischen streng ökonomischer Rationalität und purer Irrationalität als ‚quasi-rational'. Noise Trader sind demnach alle Akteure, deren erwartungsnutzenmaximierendes Kalkül durch menschliche Schwächen, eine reduzierte Informationsaufnahme und Informationsverarbeitung sowie massenpsychologische Einflüsse eingeschränkt wird.

Im Gegensatz zu den Noise Tradern treffen die so genannten ‚Information Investors' bzw. ‚Smart Money Investors' ihre Entscheidungen strikt rational auf der Grundlage der verfügbaren Informationen. Information Investors sorgen bei einer erkennbaren Überbewertung des Marktes durch sofortige Arbitragetransaktionen dafür, dass Preisabweichungen nicht unbegrenzt wachsen und dauerhaft existieren können. Aufgrund der Marktfriktionen und -ineffizienzen finden Arbitrageprozesse aber nur eingeschränkt und u. U. erst verzögert statt, so dass sich die Entstehung von Preisblasen nicht in jedem Fall verhindern lässt. Die Existenz von Noise Tradern erhöht demnach zumindest kurzfristig die Volatilität. Langfristig wird sie abnehmen, da Noise Trader auf weite Sicht zu Gunsten der Information Investors Geld verlieren. Um längerfristige Ineffizienzen zu begründen, muss also zusätzlich unterstellt werden, dass Arbitrage nicht völlig risikolos ist und die Information Investors risikoavers sind. Die Arbitrage bleibt dann unvollständig [SHLEIFER/SUMMERS (1990), S. 21; CAMPBELL/KYLE (1993), S. 2].

Existieren auf einem Markt ausschließlich Information Investors, die ihre Investitionsentscheidungen unter Berücksichtigung sämtlicher verfügbarer Informationen treffen, so sind die Kurse zwar grundsätzlich informationseffizient, es kommt jedoch nicht zu Umsätzen. Alle Informationen sind im Augenblick der Informationsbekanntgabe bereits in den Kursen enthalten. Die Auswertung von Informationen erübrigt sich für den Information Investor, da Transaktionen auf der Basis der gesammelten, neuen Informationen keinen Gewinn versprechen. Werden aber keine Informationen erworben, können diese auch nicht in die Kurse eingehen. Dieser Widerspruch hat als Informationsparadoxon Eingang in die Literatur gefunden [GROSSMAN/STIGLITZ (1976; 1980)]. Die unterschiedlichen Anlegertypen gewährleisten folglich auf der einen Seite den Handel und die Liquidität auf Kapitalmärkten. Auf der anderen Seite führt aber der Einfluss von Noise auf die Aktienkurse dazu, dass diese nicht exakt ihren fundamentalen Wert widerspiegeln, sondern nur verzerrt die Wahrscheinlichkeitsverteilung der zukünftigen Dividendenzahlungen abbilden. Überhöhte Preisvolatilitäten und die mögliche Entstehung von Preisblasen sind die Folge. Noise stellt dadurch für die Marktteilnehmer ein zusätzliches systematisches Risiko dar. Es lässt sich als Gesamtmarktrisiko nicht diversifizieren und kann hohe volkswirtschaftliche Wohlfahrtsverluste verursachen.

Das ,Rauschen' – als Abweichung zwischen dem Marktkurs und dem fundamentalen Wert – lässt sich auf viele, im Einzelnen schwer identifizierbare und über die Zeit variable Faktoren zurückführen. Die verschiedenen alternativen Erklärungsrichtungen betonen jeweils die Wirkung einzelner Aspekte, die sich jedoch überschneiden können und in der Summe zu Noise beitragen: Positive Feedback, Market Fads (Marktlaunen) und Market Overreaction. Diese unterschiedlichen Richtungen des Noise Ansatzes werden im Folgenden näher vorgestellt.

4.3.2 Positive Feedback

KEYNES verdeutlicht mit Hilfe einer Parabel eines Schönheitswettbewerbs, dass nicht der richtige fundamentale Wert an sich, sondern der von der kapitalmäßigen Mehrheit der Anleger für richtig gehaltene fundamentale Wert ausschlaggebend ist.[1] Investoren, die sich bei ihren Transaktionen vorwiegend an der Marktbeurteilung und dem Verhalten der anderen Akteure orientieren, werden als Feedback-Trader bezeichnet. Sie vernachlässigen i.d.R. fundamentale Daten in ihrem Kalkül und treffen ihre Investitionsentscheidungen eher auf Grundlage von Kursentwicklungen, die sie in der jüngeren Vergangenheit beobachtet haben. Sie folgen dem Markttrend, d.h. sie kaufen, wenn der Kurs bereits gestiegen ist (et vice versa). Aus diesem Entscheidungsverhalten kann durch wechselseitige Rückwirkungen in einem gruppen-interaktiven Prozess ein zeitweiliger Herdentrieb (,Herding') unter den Investoren entstehen. Dieser führt zu einem gleichgerichteten Verhalten einer Gruppe von Marktakteuren, die sich durch übereinstimmende, homogene Anlagemeinungen auszeichnen. Spekulationsgewinne lassen sich auf solchen Märkten nicht aufgrund besserer Informationen über die fundamentalen Werte erzielen. Sie sind nur realisierbar, wenn es dem jeweiligen Investor gelingt zu antizipieren, „what average opinion expects average opinion to be" [KEYNES (1936), S. 156]. Ein Spekulant muss also die Erwartungen und Stimmungen der anderen Marktakteure korrekt vorhersehen. Bei völliger Vernachlässigung fundamentaler Bewertungskriterien kann ein Herdentrieb einen Prozess sich selbst erfüllender Erwartungen auslösen, der mit wachsenden Kursabweichungen und der

---

1 KEYNES vergleicht das Verhalten der Börsenakteure mit einem Schönheitswettbewerb, bei dem die Leser einer Zeitung in einem Preisausschreiben aus den Fotos von 100 Bewerberinnen die sechs schönsten Frauen auswählen sollen. Der Teilnehmer, der dem Gesamtergebnis am nächsten kommt, gewinnt. Unter diesen Voraussetzungen wird niemand die Bewerberinnen auswählen, die er selbst am schönsten findet, sondern vielmehr diejenigen, von denen er annimmt, dass sie nach Auffassung der anderen Teilnehmer dem vorherrschenden Schönheitsideal am ehesten entsprechen. Die Teilnehmer lassen somit ihre eigenen Schönheitsvorstellungen zugunsten des (vermeintlichen) Mehrheitsgeschmacks unberücksichtigt [KEYNES (1936), S. 154 ff.].

Bildung einer Preisblase einhergeht [DELONG/SHLEIFER/SUMMERS/WALDMANN (1990)].

Es lassen sich mehrere verhaltenstheoretische Gründe anführen, warum Anleger entsprechend einem Positive Feedback agieren: So neigt das menschliche Denken zum einen zur Extrapolation von Trends der Vergangenheit. Um in Unsicherheitsszenarien Entscheidungen zu treffen, werden Informationen gefiltert und solche überbewertet, die auf der Linie der bisherigen Erwartungen liegen, und andere vernachlässigt, die diesen zuwider laufen [PETERS (1991), S. 35f.]. Dieses Verhalten wird dadurch unterstützt, dass sich komplexe Entscheidungssituationen oftmals durch die Verwendung einfacher Methoden bewältigen lassen, die zur Ableitung von Handlungsempfehlungen Vergangenheitsdaten auswerten (z. B. die Nutzung von Kurscharts). Ein anderer möglicher Erklärungsansatz stellt heraus, dass sich ein Individuum mit seinen Entscheidungen wohler fühlt, wenn diese im Einklang mit dem Verhalten anderer Akteure stehen. Positive-Feedback-Verhalten kann jedoch auch institutionell durch das bestehende Entlohnungssystem von Portefeuille-Managern verursacht oder zumindest begünstigt sein [MENKHOFF (1992), S. 132]. Besteht, wie bei institutionellen Anlegern, ein Performancedruck, so kann dies zu gleichgerichtetem Anlageverhalten beitragen, um gegenüber der Konkurrenz kein schlechteres Ergebnis ausweisen zu müssen.

4.3.3 Market Fads

Nach der Marktlaunentheorie lassen sich einzelne Anleger bei ihren Investitionsentscheidungen von Launen bzw. Modeströmungen des Marktes (‚Fads' bzw. ‚Fashions') leiten [SHILLER (1988)]. Angesichts eines beschränkten Aufnahmevermögens haben sie keinen gleichzeitigen Überblick über die fundamentalen Werte und die Kursverläufe aller Wertpapiere. Sie verfügen über eine selektive Wahrnehmung. Dabei nehmen sie u. U. in erster Linie Informationen über solche Titel auf, über die zur betreffenden Zeit besonders viel gesprochen wird, die also im Trend liegen bzw. in Mode sind. Ein solches Verhalten ist um so mehr zu erwarten, wenn sich einzelne Anleger bei ihrer Informationsaufnahme leicht von äußeren Einflüssen leiten lassen. Bei einer großen Anzahl vorwiegend außengelenkter Persönlichkeiten kann dadurch die Entstehung eines Herdentriebs begünstigt werden [BIKHCHANDANI/HIRSHLEIFER/WELCH (1998)].

Dient der reine Kursverlauf als entscheidendes Informationssignal für die Investitionsentscheidungen der Anleger, können steigende Kurse eine irrationale Hausse-Laune unter den Marktakteuren hervorrufen. Aus einer positiven Kursentwicklung können sich vor diesem Hintergrund selbsterfüllende Erwartungen hinsichtlich der zukünftigen Kursentwicklung herausbilden. Diese Form irrationalen Anlegerverhaltens trägt dann zu einer zunehmenden Abweichung der Kurse von ihren Fundamentalwerten und u. U. zur Entstehung einer Preisblase bei. Bei einem maßgeblichen Einfluss der Marktlaunen auf das Kursverhalten, kann es zu starken Schwankungen kommen. Launen und Moden ändern sich und treten oftmals nur sporadisch auf. Entsprechend kann auch eine Hausse-Laune plötzlich vergehen und einen Kurssturz einleiten [SHILLER (1988)]. Bekanntestes Beispiel hierfür ist die im 17. Jahrhundert stattgefundene Tulpenmanie in Holland.[1]

4.3.4 Market Overreaction

Infolge der Veröffentlichung neuer kursrelevanter Informationen kann es auf Finanztitelmärkten systematisch zu übertriebenen Kursreaktionen (‚Overshooting') kommen, so dass die Aktienkurse zeitweilig von ihren fundamentalen Werten abweichen. Neue, aktuelle Informationen – gleichgültig ob positiv oder negativ – werden von den Investoren tendenziell übergewichtet. Dagegen finden die grundlegenden wertbestimmenden Basisdaten des Marktes bei Prognosen der zukünftigen Kursentwicklung in zu geringem Umfang Berücksichtigung [DEBONDT/THALER (1985; 1987)].

Auf vollkommenen, informationseffizienten Kapitalmärkten erfolgt die Anpassung der Kurse an den Informationszugang unmittelbar im vollen, richtigen Umfang. Der Kurs gibt zu jedem Zeitpunkt den fundamentalen Wert des Finanztitels korrekt wieder. Auf realen Märkten sind dagegen friktionsbedingte, kurzzeitige Verzögerungen bei der Informationsverbreitung und -verarbeitung zu erwarten, so dass sich die neuen fundamentalen Daten in der Regel erst mit kurzer Verzögerung in den Kursen niederschlagen. Bei überreagierenden Handelsteilnehmern trägt der positive Informationszugang aber dazu bei, dass der Kurs des betrachteten Papiers seinen neuen, fundamental gerechtfertigten Kurs schon bald (z. T. weit) überschießt. Das Eintreten von Überreaktionen kann durch einen zeitweiligen Herdentrieb unter den Investoren noch beschleunigt werden [SCHARFSTEIN/STEIN (1990); FROOT/SCHARFSTEIN/STEIN (1992)]. In einem gruppen-interaktiven Prozess bündeln und verstärken sich Stimmungen, so dass einzelne Ereignisse und Informationen in ihrer subjektiven Wahrnehmung dann mitunter weitaus bedeutender erscheinen, als dieses der Realität entspricht. Nach einer bestimmten Zeitspanne kehren die Aktienkurse wieder zu ihren fundamentalen Werten zurück. Dieser Prozess wird als ‚Mean Reversion' bezeichnet [DEBONDT/THALER (1989), S. 190 ff.]. Die Investoren berücksichtigen das so genannte ‚law of average', wonach auf stark steigende Kurse fallende Kurse folgen. Sie setzen bei ihren Prognosen dann wieder in verstärktem Maße auf die langfristig wertbestimmenden Daten.

---

[1] Tulpen stammen aus dem türkischen Raum und gelangten 1593 erstmals nach Holland. Tulpenzwiebeln bzw. entsprechende Optionsscheine wurden dort schon bald ganzjährig auf Auktionen gehandelt. Die fremdartige Blume faszinierte viele Bürger und wurde zum Statussymbol. Dadurch überstieg die Nachfrage bei weitem das Angebot. Die Preise explodierten und stiegen von 1634 bis 1637 auf das über 50-fache an. Ein komplettes Haus wurde für drei Tulpenzwiebeln verkauft. Zu Beginn des Jahres 1637 legte sich jedoch langsam die Tulpenmanie. Am 5. Februar 1637 kam schließlich ihr Ende. Bei einer Versteigerung gab es nicht mehr genügend Käufer. Die Preise fielen panikartig um über 95%, so dass viele Bürger ihr gesamtes Vermögen verloren [KIEHLING (2000)].

Dieses offensichtlich irrationale Verhalten der Kapitalanleger beeinträchtigt maßgeblich die fundamentale Bewertungseffizienz des Marktes. In der Einschätzung der Ertragsaussichten von Unternehmen vollzieht sich u. U. ein fortlaufender Wechsel von übergroßem Optimismus zu übertriebenem Pessimismus, was in starken Kursschwankungen zum Ausdruck kommt. Damit kann die These der Market Overreaction neben einer übermäßigen Preisvolatilität auch das im Crash zu beobachtende Phänomen erklären, dass die Kurse auf ein scheinbar ungerechtfertigt niedriges Niveau fallen.

5. Fazit

Eine übermäßige Volatilität lässt sich nicht monokausal auf spekulative Transaktionen einzelner Marktteilnehmer zurückführen. Spekulation kann vielmehr stabilisierend als auch destabilisierend wirken. Entscheidend für das Niveau der Kursschwankungen ist, inwieweit sich die Anleger von fundamentalen ökonomischen Überlegungen leiten lassen. Sind Kursbewegungen auf informationsbasierte Veränderungen einzel- oder gesamtwirtschaftlicher Parameter zurückzuführen, drücken sie die Anpassungsreaktionen funktionsfähiger Märkte auf veränderte Rahmenbedingungen aus. Die Kurse spiegeln in diesem Fall ihre ökonomischen Bestimmungsfaktoren unverzerrt wider. Nicht-rationales Entscheidungsverhalten und massenpsychologische Faktoren tragen aber maßgeblich zur Entstehung von Noise bzw. Excess Volatility bei, d. h. einer Kursvolatilität, die über das fundamental gerechtfertigte Maß hinausgeht. Diese zusätzliche, handelsinduzierte Volatilität basiert auf Fehlinformationen bzw. -einschätzungen der Marktteilnehmer und kann gravierenden negativen Einfluss auf die volkswirtschaftliche Entwicklung haben, der z. B. in Fehlallokationen von Ressourcen, einem nachhaltigen Investitionsrückgang und Wachstumseinbußen zum Ausdruck kommen kann.

Entscheiden sich Börsenorgane oder übergeordnete Aufsichtsinstitutionen für regulatorische Maßnahmen zur Vermeidung bzw. zur Dämpfung der übermäßigen Volatilität, so müssen sich diese Eingriffe daran messen lassen, ob sie die Auswirkungen des nicht-rationalen Verhaltens (weitgehend) neutralisieren können.[1] Nur wenn die Kursbewegungen fundamentale Datenänderungen zum Ausdruck bringen, erhalten die Marktteilnehmer effiziente Anhaltspunkte für ihre individuellen Anlage- und Investitionsentscheidungen. In keinem Fall aber dürfen Handelsregeln selbst zur Entstehung oder Verstärkung der handelsinduzierten Kurskomponenten bzw. zu Noise beitragen.

---

[1] Vgl. hierzu ausführlicher HENSE (2005).

Literatur

Abreu, D., Brunnermeier, M. K. (2003), Bubbles and Crashes, in: Econometrica, Vol. 71, pp. 173-204.

Arrow, K. J. (1965), Aspects of the Theory of Risk Bearing, Helsinki.

Aschinger, G. (1997), Die Rolle der Spekulation bei der Entstehung ökonomischer Krisen, in: Behrends, S. (Hrsg.), Ordnungskonforme Wirtschaftspolitik in der Marktwirtschaft, Berlin, S. 255-279.

Barro, R. J. (1990), The Stock Market and Investment, in: Review of Financial Studies, Vol. 3, pp. 115-131.

Bharati, R., Gupta, M. (1998), Excess Volatility and Comovement in Individual Stocks, in: American Business Review, Vol. 16, pp. 77-90.

Bikhchandani, S., Hirshleifer, D., Welch, I. (1998), Learning from the Behavior of Others – Conformity, Fads, and Informational Cascades, in: Journal of Economic Perspectives, Vol. 12, pp. 151-170.

Black, F. (1986), Noise, in: Journal of Finance, Vol. 41, pp. 529-543.

Blanchard, O. J. (1979), Speculative Bubbles, Crashes and Rational Expectations, in: Economics Letters, Vol. 3, pp. 387-389.

Bruns, C. (1994), Bubbles und Excess Volatility auf dem deutschen Aktienmarkt, Wiesbaden.

Bulkley, G., Tonks, I. (1989), Are UK Stock Prices Excessively Volatile? – Trading Rules and Variance Bounds Tests, in: Economic Journal, Vol. 99, pp. 1083-1089.

Campbell, J. Y., Hentschel, L. (1992), No News Is Good News – An Asymmetric Model of Changing Volatility, in: Journal of Financial Economics, Vol. 31, pp. 281-318.

Campbell, J. Y., Kyle, A. S. (1993), Smart Money, Noise Trading and Stock Price Behaviour, in: Review of Economic Studies, Vol. 60, pp. 1-34.

Campbell, J. Y., Shiller R. J. (1987), Cointegration and Tests of Present Value Models, in: Journal of Political Economy, Vol. 95, pp. 1062-1088.

DeBondt, W. F. M., Thaler, R. H. (1985), Does the Stock Market Overreact?, in: Journal of Finance, Bd. 40, S. 793-805.

DeBondt, W. F. M., Thaler, R. H. (1987), Further Evidence on Investor Overreaction and Stock Market Seasonality, in: Journal of Finance, Vol. 42, pp. 557-581.

DeBondt, W. F. M., Thaler, R. H. (1989), Anomalies: A Mean-Reverting Walk Down Wall Street, in: Journal of Economic Perspectives, Vol. 3, pp. 189-202.

DeLong, J. B., Becht, M. (1992), Excess Volatility and the German Stock Market: 1876 – 1990, NBER Working Paper, 4054, Cambridge/Mass.

DeLong, J. B., Shleifer, A., Summers, L. H., Waldmann, R. J. (1990), Positive Feedback Investment Strategies and Destabilizing Rational Speculation, in: Journal of Finance, Vol. 45, pp. 379-396.

Dornbusch, R. (1982), Equilibrium and Disequilibrium Exchange Rates, in: Zeitschrift für Wirtschafts- und Sozialwissenschaften, Vol. 102, pp. 573-599.

Fama, E. F. (1970), Efficient Capital Markets – a Review of Theory and Empirical Work, in: Journal of Finance, Vol. 25, pp. 383-417.

Fischer, S., Merton, R. C. (1984), Macroeconomics and Finance: the Role of the Stock Market, in: Carnegie-Rochester Conference Series on Public Policy, Vol. 21, pp. 57-108.

Flavin, M. A. (1983), Excess Volatility in the Financial Markets – A Reassessment of the Empirical Evidence, in: Journal of Political Economy, Vol. 91, pp. 929-956.

Flood, R. P., Garber, P. M. (1980), Market Fundamentals versus Price-Level Bubbles - The First Tests, in: Journal of Political Economy, Vol. 88, pp. 745-770.

Flood, R. P., Hodrick, R. J. (1990), On Testing for Speculative Bubbles, in: Journal of Economic Perspectives, Vol. 4, pp. 85-101.

Froot, K. A., Scharfstein, D. S., Stein, J. C. (1992), Herd on the Street: Informational Inefficiencies in a Market with Short-Term Speculation, in: Journal of Finance, Vol. 47, pp. 1461-1484.

Grossman, S. J., Stiglitz, J. E. (1976), Information and Competitive Price Systems, in: American Economic Review, Vol. 66, pp. 246-253.

Grossman, S. J., Stiglitz, J. E. (1980), On the Impossibility of Informationally Efficient Markets, in: American Economic Review, Vol. 70, pp. 393-408.

Harrison, M. J., Kreps, D. M. (1978), Speculative Investor Behaviour in a Stock Market with Heterogeneous Expectations, in: Quarterly Journal of Economics, Vol. 92, pp. 321-336.

Hayashi, F. (1982), Tobin's Marginal q and Average q: A Neoclassical Interpretation, in: Econometrica, Vol. 50, pp. 213-234.

Hayek, F. A. von (1945), The Use of Knowledge in Society, American Economic Review, Vol. 35, pp. 519-530.

Hense, A. (2005), Handelsregeln bei Preisschwankungen an Börsen, Berlin.

Hicks, J. R. (1939), Value and Capital, Oxford.

Hirshleifer, J. (1975), Speculation and Equilibrium – Information, Risk and Markets, in: Quarterly Journal of Economics, Vol. 89, pp. 519-542.

Hirshleifer, J. (1977), The Theory of Speculation Under Alternative Regimes of Markets, in: Journal of Finance, Vol. 32, pp. 975-999.

Kaldor, N. (1939), Speculation and Economic Stability, in: Review of Economic Studies, Vol. 7, pp. 1-27.

Keynes, J. M. (1930), A Treatise on Money – The Applied Theory of Money, Volume II, London.

Keynes, J. M. (1936), The General Theory of Employment, Interest and Money, London.

Kiehling, H. (2000), Kursstürze am Aktienmarkt –Crashs in der Vergangenheit und was wir daraus lernen können, München.

Kleidon, A. W. (1986 a), Variance Bounds Tests and Stock Price Valuation Models, in: Journal of Political Economy, Vol. 94, pp. 953-1001.

Kleidon, A. W. (1986 b), Bias in Small sample Tests of Stock Price Rationality, in: Journal of Business, Vol. 59, pp. 237-261.

Kleidon, A. W. (1988), The Probability of Gross Violations of a Present Value Variance Inequality: Reply, in: Journal of Political Economy, Vol. 96, pp. 1093-1096.

Kupiec, P. H. (1993), Do Stock Prices Exhibit Excess Volatility, Frequently Deviate from Fundamental Values, and Generally Behave Inefficiently?, in: Financial Markets, Institutions & Instruments, Vol. 2, pp. 1-61.

LeRoy, S. F. (1989), Efficient Capital Markets and Martingales, in: Journal of Economic Literature, Vol. 27, pp. 1583-1621.

LeRoy, S. F., Parke, W. R. (1992), Stock Price Volatility: Tests Based on the Geometric Random Walk, in: American Economic Review, Vol. 82, pp. 981-992.

LeRoy, S. F., Porter, R. D. (1981), The Present-Value Relation – Tests Based on Implied Variance Bounds, in: Econometrica, Vol. 49, pp. 555-574.

Mankiw, N. G., Romer, D., Shapiro, M. D. (1991), Stock Market Forecastability and Volatility – A Statistical Appraisal, in: Review of Economic Studies, Vol. 58, pp. 455-477.

Mankiw, N. G., Zeldes, S. P. (1991), The Consumption of Stockholders and Non-stockholders, in: Journal of Financial Economics, Vol. 29, pp. 97-112.

March, T. A., Merton, R. C. (1986), Dividend Variability and Variance Bounds Tests for the Rationality of Stock Market Prices, in: American Economic Review, Vol. 76, pp. 483-498.

Menkhoff, L. (1992), Feedback Trading auf Devisenmärkten, in: Jahrbuch für Nationalökonomie und Statistik, Bd. 210, S. 127-144.

Menkhoff, L., Tolksdorf, N. (1999), Finanzmärkte in der Krise? – Zur Abkopplung des Finanzsektors von der Realwirtschaft, Stuttgart.

Mishkin, F. S. (1978), The Household Balance Sheet and the Great Depression, in: Journal of Economic History, Bd. 38, S. 918-937.

Muth, J. F. (1961), Rational Expectations and the Theory of Price Movements, in: Econometrica, Vol. 29, pp. 315-335.

Neumann, J. von, Morgenstern, O. (1944), Theory of Games and Economic Behavior, Princeton.

Peters, E. E. (1991), Chaos and Order in Capital Markets, New York.

Poterba, J. M., Summers, L. H. (1986), The Persistence of Volatility and Stock Market Fluctuations, in: American Economic Review, Vol. 76, pp. 1142-1151.

Sapusek, A. (1998), Informationseffizienz auf Kapitalmärkten – Konzepte und empirische Ergebnisse, Wiesbaden.

Scharfstein, D. S., Stein, J. C. (1990), Herd Behavior and Investment, in: American Economic Review, Vol. 80, pp. 465-479.

Shiller, R. J. (1979), The Volatility of Long-Term Interest Rates and Expectations Models of the Term Structure, in: Journal of Political Economy, Vol. 87, pp. 1190 – 1219.

Shiller, R. J. (1981 a), The Use of Volatility Measures in Assessing Market Efficency, in: Journal of Finance, Vol. 36, pp. 291-304.

Shiller, R. J. (1981 b), Do Stock Prices Move Too Much to be Justified by Subsequent Changes in Dividends?, in: American Economic Review, Vol. 71, pp. 421-436.

Shiller, R. J. (1988), Fashion, Fads, and Bubbles in Financial Markets, in: Coffee, J. C. et al. (eds.), Knights, Raiders and Targets – The Impact of the Hostile Takeover, Oxford, pp. 56-68.

Shiller, R. J. (2000), Irrational Exuberance, Princeton.

Steinmann, G. (1970), Theorie der Spekulation, Tübingen.

Stöttner, R. (1989), Zur Instabilität von Finanzmärkten aus finanztechnologischer und theoretischer Sicht, in: Seitz, T. (Hrsg.), Wirtschaftliche Dynamik und technischer Wandel, Stuttgart, S. 145-161.

Thaler, R. H. (1991), Quasi-Rational Economics, New York.

Tirole, J. (1982), On the Possibility of Speculation Under Rational Expectations, in: Econometrica, Vol. 50, pp. 1163-1181.

Tobin, J. (1969), A General Equilibrium Approach to Monetary Theory, in: Journal of Money, Credit and Banking, Vol. 1, pp. 15-29.

West, K. D. (1988), Dividend Innovations and Stock Price Volatility, in: Econometrica, Vol. 56, pp. 37-61.

Working, H. (1953), Futures Trading and Hedging, in: American Economic Review, Bd. 43, S. 314-343.

Working, H. (1962), New Concepts Concerning Futures Markets and Prices, in: American Economic Review, Vol. 52, pp. 431-459.

Zukünftige Erfolgs- und Ertragspotenziale für Banken

Karsten Hurcks

Zusammenfassung: Der technologische und demographische Wandel aber auch das gewandelte Käuferverhalten verändern permanent die Rahmenbedingungen für die Finanzdienstleister. Sie zwingen die Banken wie jedes andere Unternehmen, sich schneller an die Umfeldbedingungen anzupassen. Hierbei wird es zukünftig immer wichtiger, die allgemeingültigen Erfolgspotenziale wie Wertorientierung, Mitarbeitermotivation und Qualitätsmanagement - orientiert an der Kundenperspektive - einer strategischen Perspektive der Banksteuerung zu unterziehen. Dieses erfordert zugleich ein radikales Umdenken und konsequenteres Handeln der Führungskräfte auf allen Ebenen, denn nur so können Erfolge langfristig abgesichert werden.

Schlüsselworte: Erfolgs- und Ertragspotenziale, Wertorientierung, Qualitätsmanagement, Mitarbeitermotivation

1. Das veränderte Bankenumfeld und die Herausforderungen

Das gesamte Umfeld von Unternehmen und Banken hat sich in den vergangenen Jahren erheblich verändert. Dies ist bedingt durch die Globalisierung der Märkte, das Hinzutreten von neuen in- und ausländischen Banken sowie Non- and Near-Banks als auch Fusionen [HURCKS/BREHM (2001)]. Zugleich werden Bankdienstleistungen von immer besser informierten Kunden hinsichtlich Konditionen, Beratung und Service differenziert betrachtet. Insbesondere auf der Seite des Kunden ist es zu erheblichen Veränderungen gekommen, die durch veränderte Umfeldbedingungen bedingt sind. Hier sind Aspekte auf gesellschaftlicher Seite zu nennen, die einen erheblichen Einfluss auf das Sicherheitsdenken und damit Kaufverhalten der Kunden haben [HURCKS/BREHM (2002)]. Diese im Handel schon seit einigen Jahren zu beobachtenden Entwicklungen spiegeln sich im hybriden Kaufverhalten des Kunden wider und zeigen, wie komplex die Umwelt sich gestaltet.

Banken werden nur dann erfolgreich sein, wenn sie in dieser von globalen, branchen- und institutsspezifischen Einflüssen geprägten Umwelt Entscheidungen und Maßnahmen treffen, die diese Interdependenzen berücksichtigen [BAETGE/FISCHER (1989); ULRICH (1970)]. Daher ist es in dem komplexen System zwischen

Umwelt und Bank von entscheidender Bedeutung die Erfolgspotenziale zu kennen, die weit in die Zukunft reichen, um Ertragspotenziale abzusichern. Insbesondere in der volkswirtschaftlichen Literatur wird darauf verwiesen, dass ein Rückgriff auf die Mikroebene und das Verhalten der Marktteilnehmer unabdingbar ist, um komplexe Sachverhalte zu fundieren [DIECKHEUER (2003), S. 1 f.] In der wissenschaftlichen Literatur werden häufig die exogenen Faktoren genannt, aber die konkreten Erfolgspotenziale und deren konkrete Wirkungszusammenhänge werden nur unzureichend analysiert.

Ziel dieses Artikels ist es, zum einen Erfolgspotenziale für Banken herauszufiltern, die für die Zukunft eine weit reichende Bedeutung haben. Zum anderen soll der Zusammenhang von bestehenden Kernkompetenzen und Erfolgspotenzialen herausgearbeitet werden. Da für die Absicherung des Erfolgs eine Vielzahl von Faktoren das Erfolgspotenzial bestimmt, wird in diesem Artikel die Basis der grundsätzlichen Zusammenhänge zwischen den einzelnen Faktoren dargestellt. Er erhebt nicht den Anspruch, Zusammenhänge die aus Experten- und Kundenbefragungen abgeleitet wurden, zu objektivieren. Dieser Schritt kann mit Verfahren der Künstlichen Intelligenz erfolgen.

2. Erfolgspotenziale von Banken

Der Bankensektor ist heutzutage sehr differenziert aufgestellt. So unterscheiden sich die Banken je nach Größe, in ihrer Rechtsstellung, der strategischen Zielsetzung bis hin zur Ausrichtung in den funktionalen Bereichen. Letzter Punkt wird dem Kunden direkt sichtbar, da er in die Bereiche des Marketing-Mix, der Organisation/EDV, des Personalwesens, etc. hineinreicht. Größenordnungen und Rechtsstellungen werden transparent bei der Gegenüberstellung von Großbanken und kleinen Sparkassen sowie Volksbanken. So unterscheiden sich die Banken zwischen Kapitalgesellschaften in Form von Aktiengesellschaften und öffentlich rechtlichen Körperschaften. Die strategischen Zielsetzungen spiegeln sich in Organisationsformen von der Filialbank bis zur Direktbank wider.

Wenn für alle Banken im Großen und Ganzen die gleichen Umweltbedingungen gelten, deren Bedeutung hinsichtlich der einzelnen Umweltfaktoren für jede Bank zwar unterschiedlich sein können, so existieren doch identische Erfolgspotenziale, die auf den gleichen Rahmenbedingungen beruhen. Aus den Rahmenbedingungen lassen sich allgemeine Erfolgspotenziale ableiten, die für Banken relevant und in der Praxis unbestritten sind. Hierbei stehen maßgeblich die

- Qualität
- Mitarbeitermotivation und
- Wertorientierung

im Fokus der Betrachtung, auf die nachfolgend eingegangen wird.

3. Qualität

Qualität von Finanzdienstleistungen kann sehr unterschiedlich betrachtet werden und hängt stark von der Beurteilung des Kunden ab [BARTEL-LINGG (1996), S. 29 ff.; BIELERT (1996), S. 6; HÜTTINGER (1995), S. 41; WILKEN (1993), S. 6]. Hier stehen Kundenerwartung (Bedeutung für den Kunden) und Kundenzufriedenheit (Beurteilung der Leistung) als zentrale Qualitätsdimensionen im Mittelpunkt der Betrachtung. Die Kundenzufriedenheit ist dann gegeben, wenn die wahrgenommene Leistung der Erwartungshaltung des Kunden entspricht. Demnach liegen einem kundenorientierten Qualitätsbegriff folgende Punkte zugrunde [ULRICH (1996), S. 14 f.]:

- Qualität ist die Erfüllung von Kundenerwartungen
- Kunden sind sowohl externe Abnehmer als auch alle an der Leistungserstellung beteiligten Mitarbeiter in der Bank
- Qualität ist vielschichtig
- Qualitätsbeurteilungen erfolgen subjektiv und sind damit objektiv nicht messbar
- Qualität wird unterschiedlich gesehen und unterliegt permanent veränderten Kundenerwartungen und -bedürfnissen.

Grundsätzlich werden Basis-, Leistungs- und Begeisterungsanforderungen unterschieden. Wichtig ist hier, dass Basisdienstleistungen unbedingt erfüllt sein müssen. Es stellt sich noch keine Zufriedenheit ein, wenn Basisdienstleistungen erfüllt sind. Die Zufriedenheit sinkt sogar, wenn die Basisanforderung (z. B. Mängel im Zahlungsverkehr) nicht erfüllt werden. Die Zufriedenheit mit den Leistungsanforderungen entwickelt sich dagegen proportional zum Erfüllungsgrad. Vom Kunden nicht erwartete Finanzdienstleistungen werden mit einem überproportionalen Zufriedenheitsgrad belohnt [PFEIFER (1993), S. 31]. Auf diesen Erkenntnissen bauen auch aktuellste Arbeiten zum Thema Added-Value-Services [BÜHLER (1999), S. 25 ff.; HURCKS/BREHM/BÜHLER (2004)].

Dass die Qualität für Finanzdienstleister zukünftig weiter an Bedeutung gewinnen wird, hat drei Ursachen:

(1) Die Anforderung der Kunden an Finanzdienstleistungen steigen

(2) Dienstleistungen sind schnell austauschbar und kopierbar

(3) Preisspielräume bestehen nur eingeschränkt

Demnach stellt die Qualität der Dienstleistung einen unabdingbaren Faktor dar. Stimmt die Dienstleistungsqualität, steigt die Kundenzufriedenheit und in der Kette die Kundenbindung, die Ertragsausschöpfung und letzt endlich sogar die Mitarbeiterzufriedenheit, die wiederum auf die Qualität einwirkt. Langfristiger Erfolg kann somit durch Qualität, messbar durch Kundenzufriedenheit abgesichert werden [SIMON/HOMBURG (1998), S. 19].

Auffällig ist, dass in allen aktuellen Untersuchungen kein linearer Zusammenhang zwischen der Kundenbindung und der Kundenzufriedenheit besteht. Demnach führen Investitionen in die Kundenzufriedenheit nicht in jeder Phase zur Erhöhung der Kundenbindung.

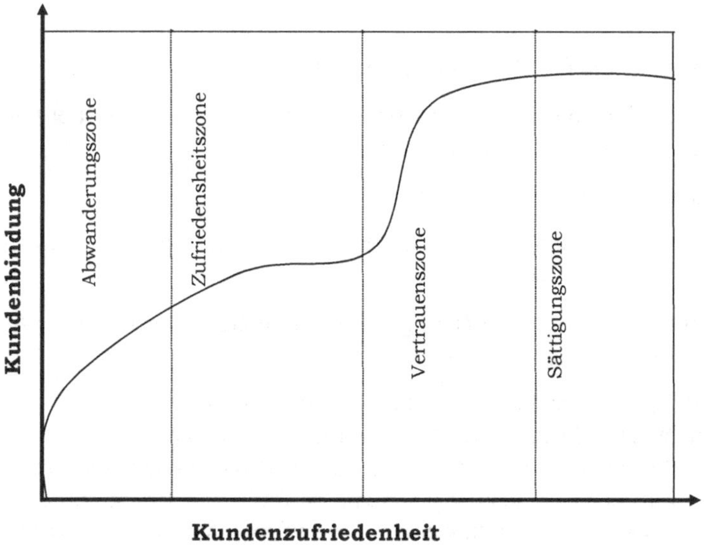

Abb. 1: Beziehung zwischen Kundenzufriedenheit und Kundenbindung

Die Abb. 1 macht deutlich, dass in der Zufriedenheits- und Sättigungszone jeder investierte Euro die Zufriedenheit zwar steigern kann, aber die Kundenbindung unterproportional steigt [HERRMANN/HUBER/BRAUNSTEIN (2000), S. 48].

Demnach wird es für Banken zukünftig immer wichtiger, die Kundenzufriedenheitsgrade genauer zu bestimmen, um gezielte einzelkundenspezifische Investitionen zu bestimmen. Nur so kann bei jedem Einzelkunden genau bestimmt werden, welche Investition notwendig ist, um bei diesem Kunden eine tatsächliche Kundenbindung zu erzielen. Denn die Kundenbindung hat für die Finanzdienstleister folgende Vorteile [HERRMANN/HUBER/BRAUNSTEIN (2000), S. 51 f.]:

- Zufriedene Kunden sind weniger preissensibel.
- Die Wechselbereitschaft sinkt bei höherer Kundenzufriedenheit.
- Erträge können durch höhere Absatzmengen und Preise gesteigert werden.

- Die Bindung steigt aber auch durch höhere Fehlertolleranzgrenzen des Kunden.
- Die Beratungskosten sinken durch verkürzte Beratungszeiten (Beispiel: Vermögenskundengeschäft).
- Durch eine hohe Kundenzufriedenheit werden die Ertragsströme konstanter; aus Gesamtbanksicht steigt damit die Qualität der Gewinne.
- Zufriedene Kunden eignen sich hervorragend für die Erschließung neuer Kunden durch gezielte Weiterempfehlung. Es besteht ein eindeutiger Zusammenhang zwischen Kundenzufriedenheit und Weiterempfehlungsbereitschaft des Kunden.

Ein anderes Kapitel ist die Vermeidung von internen und externen Kosten, die durch gezielte Qualitätsverbesserung vermieden werden. Steigt insgesamt die Qualität, so hat dieses nachfolgende Wirkungen:

- Hohe Korrekturkosten bei Fehlern, die in der Kundenbeziehung entstanden sind, können bei einer stabilen Kundenbeziehung eingeschränkt werden.
- Negative Kommunikation von unzufriedenen Kunden mit zufriedenen Kunden wird vermieden. Es besteht keine Beeinflussung durch negative Erfahrungsberichte. Dadurch wird zunächst bei allen Kunden das Vertrauen in die Dienstleistung der Bank nicht gefährdet und langfristig die Kundenabwanderung vermieden.
- Durch Investitionen in die Fehlervermeidung steigt die Qualität und es sinken die Fehlerkosten bis zu einem bestimmten Grenzwert.
- Kosten für die Neukundenakquisition können gesenkt werden, indem das Weiterempfehlungsmarketing gezielt eingesetzt wird.
- Hohe Qualität der internen Prozessabläufe führt einerseits zu einer Erhöhung der Kundenzufriedenheit (Beispiel: verkürzte Kreditdurchlaufzeiten) und andererseits zur Senkung der Stückkosten und insgesamt zur Reduzierung der Gesamtkosten.
- Eine Erhöhung der Anzahl der Beratungen (Beispiel: Baufinanzierungen, Estate Planning, etc.) führen gleichzeitig zu einer Verbesserung des Lernkurveneffekts und senken die Stückkosten pro Beratung.

Die letzten Beispiele zeigen, dass ein starker Zusammenhang zwischen der Erfüllung des Kundenzufriedenheitsgrades und interner Maßnahmen zur Qualitätsverbesserung bestehen. Verbessert sich die interne Qualität und werden die verringerten Prozesskosten sogar an den Kunden weitergegeben, hat dieses nicht nur Auswirkungen auf die Kundezufriedenheit und Kundenbindung, sondern auch auf die Gewinne durch steigende Erträge und sinkende Kosten.

4. Mitarbeitermotivation

Der Faktor Mitarbeiter ist aktuell ein sehr stark diskutierter Erfolgsfaktor in Banken, da sowohl Großbanken, Sparkassen und Volksbanken viele Arbeitsplätze abgebaut haben. Dieses hängt von unterschiedlichen Aspekten ab:

- Veränderung der Wertorientierung (siehe nächster Abschnitt)
- Starre gesetzliche Regelungen, die den Banken eine schnelle Anpassung der Personalausstattung an die veränderten Marktbedingungen nicht erlauben
- Bis heute falsche personalpolitische Entscheidung (Beispiel: Unzureichende Anzahl von Mitarbeitern mit Verkaufsfähigkeiten und sozialer Kompetenz)
- Unzureichende Anpassungsfähigkeit/-wille der Mitarbeiter, die sich jahrelang in einem sicheren Branchenumfeld bewegt haben
- Nicht vorhandene Lernfähigkeit und fehlender Weiterbildungswille bei ca. 1/3 der Mitarbeiter.

Daher ist die Anpassung des Personals nicht nur unter dem nach außen sichtbaren Stellenabbau quantitativ, sondern auch unter qualitativen Gesichtspunkten zu sehen. Dass die Ressource Mitarbeiter aber von großer Bedeutung ist, ist unbestritten [KOBI (1999), S. 25 f.]:

- Im Dienstleistungsbereich sind 80 – 90 % der Wertschöpfung Personalkosten.
- Die Quote der inneren Kündigung liegt bei ca. 20 – 25 %.
- Mitarbeiter sind bei strategischen Veränderungsprozessen wichtigster Faktor.
- Je stärker sich das Unternehmen für die Mitarbeiter einsetzt, desto mehr engagiert sich der Mitarbeiter.
- Durch qualifizierte Mitarbeiter kann sich die Bank vom Wettbewerb absetzen, indem bessere Beratungsdienstleistungen angeboten werden.

Seit geraumer Zeit werden in der Bankbranche, insbesondere angestoßen durch Wettbewerber wie MLP, AWD, etc., monetäre Anreizsysteme eingesetzt. Die ausschließliche Ausrichtung auf finanzielle Anreizsysteme reicht nach Expertenansicht [WÄLCHLI (1995), S. 129 ff.] nicht aus, da Geld einem Sättigungsgrad unterliegt und zugleich Mitarbeiter, die nur für Geld arbeiten, nur wegen des Geldes die Bank verlassen würden. Inwieweit es sich hierbei um loyale Mitarbeiter handelt liegt auf der Hand. Mittlerweile ist es für viele Mitarbeiter entscheidender einen „interessanten und spannenden Job" zu haben, in dem Selbständigkeit und Eigenverantwortung eine bedeutende Rolle spielen. Resümierend kann herausgestellt werden, dass sowohl monetäre als auch nicht monetäre Anreizelemente entscheidende Determinanten sind, das Leistungsverhalten der Mitarbeiter zu beeinflussen.

Experten zur Leistungsmotivation [BISANI (1995), S. 648 ff.] haben herausgearbeitet, dass hoch motivierte Mitarbeiter höhere Leistungen erzielen, deren Antriebsfedern in den eignen Fähigkeiten und Bemühungen liegen. Wenn bei den hoch motivierten Mitarbeitern Misserfolge eintreten, werden diese durch Mangel an eigenen Anstrengungen begründet. Im Gegensatz hierzu steht die Gruppe der gering motivierten Mitarbeiter.

Vorstände und Führungskräfte suchen permanent nach Gründen aber auch nach Lösungsmöglichkeiten, um diese Mitarbeiter „anzutreiben". Nach der Theorie der Leistungsmotivation müssen Vorstände bei den gering motivierten Mitarbeitern radikal umdenken. Demnach begründet sich die geringere Motivation meist in dem Mangel an eigener Befähigung. Dieses heißt für die Praxis: Entweder bringt der Mitarbeiter die intellektuellen Fähigkeiten mit und muss bei entsprechender Lernbereitschaft aufqualifiziert werden. Oder der gering motivierte Mitarbeiter ist den heutigen notwendigen fachlichen und sozialen Kompetenzansprüchen der Bankkunden nicht gewachsen. Es zeigt sich, dass ein Schlüsselfaktor für Erfolgspotenziale die Personalpolitik ist. Nur durch sofortiges konsequentes Handeln bei gering motivierten Mitarbeitern wird vermieden, dass Erfolgspotenziale nicht realisiert werden können. Mitarbeiter müssen permanent in Form von Leistungstests fachlich gecheckt werden. Jahresgespräche in heutiger Form reichen nicht mehr aus.

Langfristig steht im Mittelpunkt, dass nur die teamorientierte Zusammenarbeit mit motivierten Mitarbeitern

- hohe Mitarbeiterfluktuationsquoten verhindert.
- das Mitarbeiterengagement durch die volle Leistungserbringung für die Bank fördert.
- die Selbständigkeit sich weiter zu qualifizieren gefördert wird.
- negative Diffusionsprozesse (gering motivierte Mitarbeiter beeinflussen negativ hoch motivierte Mitarbeiter) verhindert werden können.

5. Wertorientierung

Die Unternehmensplanung und -führung internationaler Banken orientiert sich stark an der wertorientierten Unternehmensführung, die sich am Shareholder Value ausrichtet. Dieses äußert sich in der starken Orientierung am Aktienkurs und dem Zielwert „Eigenkapitalrendite" [AMELY, T. (1997), S. 277]. Die letzte Steuerungsgröße, die in der Praxis unbestritten ist, hält auch bei deutschen Sparkassen und Volksbanken immer mehr Einzug, so dass die Ausführungen hierzu kurz gehalten werden können. Der Zusammenhang ist darin zu sehen, dass besonders institutionelle Anleger, angetrieben durch ihre eigenen Anleger, langfristig nur in die Unternehmen investieren, die eine wertorientierte Unternehmenspolitik verfolgen.[1]

Unabhängig von der nach außen sichtbaren Wertorientierung z. B. in Form der Eigenkapitalrendite ist auch die nach innen gerichtete Wertsteigerung ein wichtiger Indikator zur Beurteilung der Bank. Demnach müssen langfristig alle Bereiche der Bank daraufhin überprüft werden, ob sie noch zur Unternehmenswertsteigerung beitragen. Bei den Großbanken werden allgemein vergleichbare Kennzahlen, die zur Benchmark-Beurteilung herangezogen werden können, veröffentlicht. Aber auch Sparkassen und Volksbanken haben durch Vergleichskennzahlen in ihrer jeweiligen Bankengruppe ein Benchmarksystem, das als Maßstab der betriebswirtschaftlichen Effizienz für eine wertorientierte Unternehmensführung herangezogen werden kann. Für die Beurteilung von Erfolgspotenzialen von Banken lassen sich demnach Benchmark-Kennziffern (Beispiel: Kennzahlen der Balance Score Card), aber auch potenzialanalytische Benchmark-Verfahren (Beispiel: potenzialgruppenorientierte Benchmark-Kennzahlen) [HURCKS/BREHM (2000)] heranziehen, die die betriebswirtschaftliche Effizienz und damit die Wertorientierung belegen.

Literatur

Amely, T. (1997), Share-Holder-Value als strategisches Steuerungsinstrumentarium, in: Sparkasse, 114. Jg., S. 277-281.

Baetge J., Fischer T. (1989), in: Szyperski, N. unter Mitwirkung von Winand, U. (Hrsg.), Handwörterbuch der Planung, Sp. 1943-1952, Stuttgart.

Bartel-Lingg, G. (1996), Mitarbeiterorientierung im Total Quality Management: Eine Untersuchung in der Automobilindustrie, München u.a.

Bielert, P. (1996), Gewinnorientierte Planung der Produktqualität, Wiesbaden.

Bisani, F. (1995), Personalwesen und Personalführung: The state of the art der betrieblichen Personalarbeit, 4. Auflage, Wiesbaden.

Bühler, W. (1999), Qualitätsdifferenzierung durch Value-added-Services, in: Die Bank, S. 25-31.

Bühner, R., Tuschke, A. (1996), Wertmanagement – Rechnen wie ein Unternehmer, in: Bühler, R., Sulzbach, K. (Hrsg.), Wertorientierte Steuerungs- und Führungssysteme: Shareholder-Value in der Praxis, Stuttgart.

Dieckheuer, G. (2003), Makroökonomik – Theorie und Politik, 5. Aufl., Berlin u.a.O.

---

[1] Auf die kritische Würdigung des Shareholder Value-Konzepts soll hier nicht eingegangen werden. Siehe hierzu: BÜHNER/TUSCHKE (1996), S. 8 f.

Herrmann, A., Huber, F., Braunstein, C. (2000), Kundenzufriedenheit garantiert nicht immer mehr Gewinn, in: Harward Business Manager, 22. Jg., H. 1/2000, S. 45-55.

Hüttinger, S. (1995), Total-Quality-Management bei Kreditinstituten, München.

Hurcks, K., Brehm, B. (2000), Potenzialorientierte Vertriebssteuerung (I), in: Betriebswirtschaftliche Blätter, 08/2000, Berlin.

Hurcks, K., Brehm, B. (2001), Mehr Erfolg im Firmenkundengeschäft durch systematisches Informationsmanagement, in: Betriebswirtschaftliche Blätter, 09/2001, Berlin.

Hurcks, K., Brehm, B. (2002), Fusionen zum Erfolg führen, in: Bankinformation und Genossenschaftsforum, 04/2003, Berlin.

Hurcks, K., Brehm, B., Bühler, W. (2004), Beschäftigungssicherung und Ertragswachstum durch Mehrwertbanking, Stuttgart.

Kobi, J.-M.(1999), Personalrisikomanagement: Eine neue Dimension im Human Resources Management, Wiesbaden.

Pfeifer, T. (1993), Qualitätsmanagement – Strategien, Methoden, Techniken, München u.a.O.

Simon, H., Homburg, C. (1998), Kundenzufriedenheit als strategischer Erfolgsfaktor – Einführende Überlegungen, in: Simon, H., Homburg, C. (Hrsg.), Kundenzufriedenheit: Konzepte – Erfahrungen – Überlegungen, 3. Auflage, Wiesbaden.

Ulrich, H. (1970), Die Unternehmung als produktives soziales System: Grundlage der allgemeinen Unternehmenslehre, 2. Auflage, Berlin u.a.O.

Ulrich, T (1996), Qualitätsmanagement: Eine aktuelle Standortbestimmung unter besonderer Berücksichtigung der Anwendung in der Bank, Diss., Zürich.

Wälchli, A. (1995), Strategische Anreizgestaltung – Modell eines Anreizsystems für strategisches Denken und Handeln des Managements, Diss., Zürich.

Wilken, C. (1993), Strategische Qualitätsplanung und Qualitätskostenanalysen im Rahmen des Total Qualitiy Managements, Heidelberg.

Optimale Portfolio- und Finanzierungsstruktur unter Risiko

Auswirkung der Risikobereitschaft von Geld- bzw. Sachkapitalanlegern auf die Finanzmärkte

Ingolf Metze

Zusammenfassung: Der Beitrag beginnt mit der Bestimmung einer Schätzgleichung für das Ertragsrisiko sowie das Illiquiditätsrisiko eines Geld- bzw. Sachkapitalanlegers. Auf der Grundlage hypothetischer Werte werden die Ertragsrisiko-Nutzenfunktionen und die Illiquiditätsrisiko-Nutzenfunktionen für Kapitalanleger mit unterschiedlicher Risikobereitschaft bestimmt. Anschließend wird aufgezeigt, wie sich eine Änderung der Determinanten der Risiko-Nutzen-Entscheidungen bei Anlegern von Geld- bzw. Sachkapital mit unterschiedlicher Risikobereitschaft auf den Anteil risikobehafteter Kapitalanlagen und die Rendite des eingesetzten Kapitals (Ertragsrisiko) sowie den Anteil des Fremdkapitals am Kapitaleinsatz und die Eigenkapitalrendite (Illiquiditätsrisiko) auswirken.[1]

Schlüsselworte: Portfoliostruktur, Ertragsrisiko-Nutzenfunktionen, Illiquiditätsrisiko-Nutzenfunktionen

1. Vorbemerkungen

Das Verhalten des Finanzmaklers Leason beim Umgang mit den ihm von seiner Bank anvertrauten Geldern sowie das Verhalten des Vorstandes des Unternehmens Enron und der sich anschließende Konkurs des Unternehmens sind vielen am Börsengeschehen interessierten Anlegern sicherlich noch in „guter" Erinnerung. In beiden Fällen war die hohe Risikobereitschaft der entscheidende Beweggrund des Verhaltens der jeweiligen Entscheidungsträger. Im Folgenden wird das beobachtete Verhalten durch ein theoretisches Modell zu erklärt.

---

1 Das dem Beitrag zugrunde liegende Programm „RisikoAnalyse" sowie ein Programm zur Bestimmung der makroökonomischen Wirkungen einer Veränderung von Angebot und Nachfrage auf den Wertpapiermärkten kann vom Verfasser oder vom Muenster Institute for Computalional Economics (MICE) bezogen werden. Bei einer Anfrage bitte Betreff „... Tomo ..." angeben.

Zunächst wird eine Schätzgleichung sowohl für das Ertragsrisiko eines Kapitaleinsatzes als auch für das mit dem Kapitaleinsatz verbundene Illiquiditätsrisiko eines Geldkapital- bzw. Sachkapitalanlegers bestimmt. Exogene Variablen der Ertragsrisiko-Nutzenfunktion sind der Zinssatz für Anleihen, die erwartete Aktien- bzw. Investitionsrendite und deren Streuung; exogene Variablen der Illiquiditätsrisiko-Nutzenfunktion sind der Zinssatz für Kredite, die erwarteten Erträge des Kapitaleinsatzes und deren Streuung sowie die Fremd- bzw. Eigenkapitalquote.

Auf der Grundlage hypothetischer Werte der exogenen Variablen werden die Risiko-Nutzenfunktionen eines Geld- und Sachkapitalanlegers mit geringer, mittlerer und hoher Risikobereitschaft berechnet und graphisch dargestellt. Anschließend wird aufgezeigt, wie Kapitalanleger auf eine Änderung der Determinanten der Entscheidung über das Ertragsrisiko bzw. das Illiquiditätsrisiko mit der Nachfrage nach risikobehafteten Kapitalanlagen (Aktien, Investitionsgütern) bzw. mit der Nachfrage nach Fremdkapital reagieren.[1]

Aufgrund des Zieles, die Auswirkungen der Risikobereitschaft von Kapitalanlegern einerseits auf die Nachfrage nach sicheren bzw. risikobehafteten Kapitalanlagen andererseits auf die Nachfrage nach Fremdkapital bzw. den Einsatz von Eigenkapital aufzuzeigen, entsprechen sind insbesondere die graphischen Darstellungen nicht unmittelbar mit den üblichen μ,σ-Diagrammen vergleichbar.

2. Die notwendigen Entscheidungen

Voraussetzung für die Entscheidung eines Wirtschaftssubjektes mit dem Einsatz von Eigenkapital (Primärrisiko) einen Ertrag zu erzielen, dessen Höhe über dem Ertrag einer sicheren Anlage liegt, ist die Bereitschaft Risiken einzugehen. Die notwendigen Entscheidungen eines Wirtschaftssubjektes betreffen

- die Höhe des Einsatzes von Eigenkapital
- die Risikostruktur des Kapitaleinsatzes und
- die Finanzierungsstruktur des Kapitaleinsatzes

Die erste Entscheidung betrifft das Primärrisiko, die zweite das Ertragsrisiko und die dritte das Illiquiditätsrisiko. Die Bereitschaft eines Wirtschaftsubjektes diese Risiken einzugehen, bestimmen die Höhe, die Anlagestruktur und die Finanzierung des eingesetzten Kapitals. Dies gilt ebenso für Haushalte wie für Unternehmer.

---

1 Die Berechnungen erfolgten unter Verwendung von Mathematica, Vers. 4.2, Wolfram Research; die den Berechnungen zugrunde gelegten Gleichungen werden auf Anfrage zur Verfügung gestellt.

• **das Primärrisiko – Höhe des Einsatzes von Eigenkapital**
=> Ersparnis bei Haushalten
=> Emission von Aktien und Bildung von Reserven bei Unternehmen
• **das Ertragsrisiko – Risikostruktur des Kapitaleinsatzes**
=> Kapitalanlage in Gebrauchsgütern, Anleihen und Aktien bei Haushalten
=> Kapitalanlage in Sachinvestitionen, Anleihen und Aktien bei Unternehmen
• **das Illiquiditätsrisiko – Finanzierungsstruktur des Kapitaleinsatzes**
=> Überschuldung bei Haushalten
=> Konkurs bei Unternehmen

Tab. 2-1: Notwendige Entscheidungen von Haushalten und Unternehmen

Der Unterschied zwischen einer Kapitalanlage von Haushalten und Unternehmern besteht in

- der Art der Beschaffung von Eigenkapital
- der Bedeutung der verschiedener Formen der Kapitalanlage
- der Bedeutung des Ertrags- und Finanzierungsrisikos

Während Haushalte Eigenkapital durch Ersparnisse bilden, bilden Unternehmer Eigenkapital durch Ausgabe von Aktien und Bildung von Reserven. Die Höhe des verfügbaren Eigenkapitals ergibt sich bei Haushalten aus der Präferenz für Sicherheit und dem erwarteten Kapitalertrag, bei Unternehmern aus der Bereitschaft der Altaktionäre den Kapitaleinsatz durch Neuemissionen auszudehnen, und/oder Reserven zu bilden, Gewinne also nicht auszuschütten.

Der zweite Unterschied zwischen einer Kapitalanlage von Haushalten und Unternehmern besteht in der als risikoreich betrachteten Form der Kapitalanlage. Zwar können Haushalte ebenso wie Unternehmer ihr Kapital sowohl in Sachgütern[1] als auch Wertpapieren anlegen, Ausdruck der Risikobereitschaft ist aber bei Haushalten die Anlage von Kapital in Aktien, bei Unternehmen dagegen die Anlage von Kapital in Sachgütern (Investitionsgüter).

Der dritte Unterschied besteht in der Bedeutung der Finanzierung einer Kapitalanlage durch Fremdkapital. Während die Finanzierung einer Kapitalanlage durch Aufnahme von Krediten bei Haushalten eine untergeordnete Bedeutung hat, ist sie bei Unternehmern der Regelfall. Die wirtschaftliche Bedeutung einer Überschuldung von Haushalten ist demnach geringer als die Bedeutung von Konkursen durch Illiquidität bei Unternehmern.

---

[1] Sachkapitalanlagen von Haushalten sind das Gebrauchsvermögen, bei Unternehmen das Produktivvermögen. Während Sachkapitalanlage von Haushalten eine sichere Anlage darstellen (Welfaregewinn), sind Sachkapitalanlagen von Unternehmen risikobehaftet.

Hat ein Wirtschaftssubjekt die Entscheidung über die Höhe des Einsatzes von Eigenkapital getroffen, so wird die Höhe des Kapitaleinsatzes insgesamt sowie die Anlage- und Finanzierungsstruktur durch die Risikobereitschaft bestimmt. Steht die Auswirkung der Risikobereitschaft von Wirtschaftssubjekten auf den Kapitalmarkt im Vordergrund der Betrachtung, so gilt es Angebot und Nachfrage auf den Finanzmärkten zu bestimmen. Aus dieser Sicht geht es um die Nachfrage nach Aktien durch Haushalte und das Angebot an Aktien durch Unternehmen.

Die Möglichkeit eines Haushalts, den Ertrag des Eigenkapitals zu erhöhen, ergibt sich aus seiner Bereitschaft ein Ertrags- und Illiquiditätsrisiko einzugehen. Die Ertragssteigerung durch eine Kapitalanlage in Aktien (Ertragsrisiko) wird von der Differenz zwischen dem erwarteten Ertrag aus Aktien und dem Ertrag einer risikolosen Kapitalanlage, die Möglichkeit einer Ertragssteigerung durch Kreditaufnahme (Illiquiditätsrisiko) von der Differenz zwischen dem erwarteten Kapitalertrag und dem Zinssatz für Kredite bestimmt.[1]

AktienNachfrage <=> qAktien / (1-qFremd) * Ersparnis

```
wobei:
qAktien = Kapitalanlage in Aktien / Kapitaleinsatz insg.= Aktienquote
        = f ( μ-Aktienertrag, σ-Ertragsrisiko)
qFremd =  Fremdkapital / Kapitaleinsatz insg. = Fremdkapitalquote
        = f(μ-Eigenkapitalertrag,σ-Illiquiditätsrisiko)
```

Tab. 2-2: Nachfrage der Haushalte nach Aktien

Die Möglichkeit eines Unternehmers, seinen Aktionären eine über dem Ertrag einer sicheren Kapitalanlage liegende Kapitalrendite zahlen zu können, ergibt sich aus der Bereitschaft risikobehaftete Sachkapitalanlagen durchzuführen und einen Teil dieser Kapitalanlagen durch Fremdkapital zu finanzieren. Mit der Entscheidung über die Höhe der Sachkapitalanlagen entscheidet der Unternehmer also zum einen über die Höhe des Ertragsrisikos und mit der Entscheidung über die Kreditaufnahme über das durch die entstehenden Kosten für Zinsen und Tilgung verbundene Illiquiditätsrisiko.

SachkapitalNachfrage <=> qSach / (1-qFremd) * (AktienAngebot + Reserven)

```
wobei:
 qSach = Sachkapital / Kapitaleinsatz insg. = Sachkapitalquote
       = f(μ-Sachkapitalertrag, σ-Ertragsrisiko)
 qFremd = Fremdkap / Kapitaleinsatz insg. = Fremdkapitalquote
        = f(μ-Eigenkapitalertrag, σ-Illiquiditätsrisiko)
```

Tab. 2-3: Nachfrage der Unternehmen nach Sachkapital

---

[1] Die Möglichkeit der Haushalt, Kapital in Form von Gebrauchsgütern anzulegen, wird im Folgenden nicht weiter betrachtet.

Die Nachfrage nach risikobehafteten Kapitalanlagen – Aktien bei Haushalten, Sachkapital bei Unternehmen – wird von der Risikobereitschaft eines Kapitalanlegers bestimmt.

3. Bestimmung der Risiko-Nutzen-Funktion

3.1 Ertragsrisiko - Kapitalanlagestruktur

Die Anlage von Kapital in Form von Aktien oder Investitionsgütern ist im Vergleich zu einer Kapitalanlage in Form von Sparguthaben oder Anleihen mit einem für den Anleger oft nur schwer einzuschätzenden Risiko verbunden. Dies wird dadurch kompensiert, dass dem Anleger eine höhere Rendite als bei einer sicheren Kapitalanlage in Aussicht gestellt wird.

Die Ursache einer unterschiedlichen Risikobereitschaft von Kapitalanlegern liegt zum einen in der Mentalität, zum anderen in der Bedeutung des eingesetzten Eigenkapitals für den zukünftigen Lebensstandard eines Wirtschaftssubjektes. So ist die Risikobereitschaft in der Regel um so geringer, je wichtiger das eingesetzte Kapital für den Lebensunterhalt in der Zukunft ist (Altersvorsorge) und je kürzer der Planungshorizont des Wirtschaftssubjektes (Alter des Kapitalanlegers).

Aus diesen Gründen sinkt die Risikobereitschaft von *Haushalten* in der Regel mit steigendem Lebensalter, sie steigt dagegen mit steigendem Vermögen. Je älter ein Haushalt und je geringer sein Vermögen ist, desto geringer ist die Risikobereitschaft und damit der Anteil risikobehafteter Kapitalanlagen an seinem Vermögen.[1] Ob sich ein Wirtschaftssubjekt als *Unternehmer* betätigt, wird zum einen von der Mentalität und der Bereitschaft bestimmt, Kapital langfristig in Sachgütern zu binden, zum anderen von der Höhe des für eine Tätigkeit als Unternehmer verfügbaren Kapitals, also von Kapital, das nicht zur Finanzierung des Lebensunterhalts benötigt wird. Die Risikobereitschaft von Managern als Unternehmern ist für die Aktionäre, die das Risiko letztendlich tragen, schwer erkennbar. Aus diesem

---

1 Bei einem Haushalt mit geringem Einkommen und geringem Vermögen dominiert bei der Vermögensbildung der Kauf von Gebrauchsvermögen. Der durch einen Zuwachs an Gebrauchsvermögen entstehende Zuwachs an Welfare wird höher eingeschätzt als ein entsprechender Zinsertrag. Die Alternative zu einer Kapitalanlage in Gebrauchsvermögen ist für einen risikobereiten Haushalt in der Regel eine „Kapitalanlage“ in einem „Gewinnspiel“, also einer „Kapitalanlage“ mit Verlust des Kapitals, wenn kein Gewinn entsteht, aber mit einem hohen Ertrag im Falle eines Gewinns. Eine Kapitalanlage in Wertpapieren kommt entweder aus Unkenntnis, oder aufgrund hoher An- und Verkaufskosten und Depotgebühren nicht in Betracht. Der mögliche Gewinn wird als zu gering angesehen. Die Anlagealternativen sind Kauf von Gebrauchsvermögen und das "Gewinnspiel".

Grunde orientieren Aktionäre ihre Aktiennachfrage mehr an dem erwarteten Unternehmensertrag und weniger an dem Unternehmensrisiko.

Sowohl Haushalte als auch Unternehmer können sich zwischen sicheren und risikobehafteten Kapitalanlagen entscheiden. Der Unterschied zwischen Haushalten und Unternehmern besteht allein darin, dass bei Haushalten die Kapitalanlage in sicheren Anlageformen (Gebrauchsvermögen, Anleihen) dominiert, während bei Unternehmern die Kapitalanlage in unsicheren Kapitalanlagen (Sachkapital zur Produktion von Gütern) im Vordergrund steht. Das zur Entscheidung stehende Problem – Aufteilung des Kapitaleinsatzes in sichere und risikobehaftete Kapitalanlagen – ist für Haushalte und Unternehmen gleich.

3.1.1 Determinanten des Ertragsrisikos

Das Ertragsrisiko übernehmen heißt, mit dem Ziel einer Erhöhung des Ertrags einer Kapitalanlage auf einen sicheren Ertrag zumindest teilweise zu verzichten. Zur Vereinfachung werden im folgenden nur zwei Möglichkeiten einer Kapitalanlage betrachtet, und zwar eine mit einem Ertragsrisiko verbundene Anlage von Kapital in Aktien bei Haushalten und in Investitionsgütern bei Unternehmern und eine risikolose Anlage von Kapital in Anleihen von Haushalten bzw. von Unternehmern. Determinanten der Entscheidung eines Kapitalanlegers über die Struktur der Kapitalanlage sind somit

- die Höhe des Zinssatzes für Anleihen (Haben-Zins)
- die Höhe der erwarteten Aktienrendite bzw. Investitionsrendite
- die Streuung der erwarteten Aktienrendite bzw. Investitionsrendite

Auf der Grundlage der Determinanten der Entscheidungen von Haushalten und Unternehmern über die Struktur des Kapitaleinsatzes werden die Parameter einer für Haushalte und Unternehmer vom Funktionstyp gleichen Portfolio-Nutzen-Funktion bestimmt. Die Unterschiede in den Parametern der Portfolio-Nutzen-Funktion sind Ausdruck der unterschiedlichen Risikobereitschaft verschiedener Haushaltstypen bzw. Unternehmertypen.

Ist ein Kapitalanleger nur dann bereit ein höheres Risiko zu übernehmen, wenn gleichzeitig eine höhere Rendite zu erwarten ist, so wird der Kapitalanleger als risikoscheu (risikoavers) [Bamberg/Coenenberg (1988), S. 384; Neumann (1988), S. 358] bezeichnet. Die konkrete Form der für diesen Fall unterstellten Portfolio-Nutzen-Funktion lautet

Gl. 3.1.1-1 – Portfolio-Nutzen-Funktion eines risikoscheuen Investors

$$F = a + b * \mu - c * (\mu^2 + \sigma^2)$$

Wobei η die erwartete Kapitalrendite und σ das mit dem Kapitaleinsatz verbundene Ertragsrisiko bezeichnen.

Unter der Annahme eines risikoscheuen Investors kann zur Bestimmung der optimalen Entscheidung über die Nachfrage nach risikobehafteten Kapitalanlagen unabhängig von der Art der Finanzierung der Kapitalanlage der folgende Lagrangeansatz aufgestellt werden.

Gl. 3.1.1-2 – Lagrangeansatz zur Bestimmung des optimalen Ertragsrisikos (qVS)

$$L = a + b * \mu - c * (\mu^2 + \sigma^2) - \lambda * (1 - qVB - qVS)$$

mit $\text{Kapitalertrag} = \mu = QB * qVB + QS * qVS$
$\text{Ertragsrisiko} = \sigma = sigVS * qVS$

wobei gilt:

qVB Anteil sicherer Anlagen (Anleihequote)
qVS Anteil risikobehafteter Anlagen = 1 - qFK
(Aktienquote bzw. Quote der Sachinvestition)
QB Ertrag bei sicheren Kapitalanlagen (Zinssatz für Anleihen)
QS Ertrag risikobehafteter Kapitalanlagen
(Aktienrendite bzw. Investitionsrendite)
sigVS Streuung der des Ertrages risikobehafteter Kapitalanlagen
(Streuung der Aktienrendite bzw. der Investitionsrendite)

Die Anlage von Vermögen in Aktien bzw. Sachkapital ist hiernach optimal, wenn der Ertrag einer Erhöhung des Risikos durch eine Erhöhung der Anlage von Vermögen in Aktien der Grenzrate der Substitution von Ertrag und Risiko entspricht. Im Optimum muss gelten [SINN (1980), S. 274]

$$\frac{\delta\mu / \delta qVS - \delta\mu / \delta qVB}{\delta\sigma / \delta qVS} = -\,\delta\mu / \delta\sigma$$

Nach Einsetzen der entsprechenden Ableitungen in die Optimalbedingung ergibt sich die folgende Gleichung

Gl. 3.1.1-3 – Ertragsrisiko: Bedingung der optimalen Quote einer risikobehafteten Kapitalanlage (qVS)

$$\frac{QS - QB}{sigVS} = \frac{2 * sigVS * qVS}{(b / c) - 2 \cdot \{(1 - qVS) * QB + QS * qVS\}}$$

woraus nach mehreren Umformungen für die optimale Aktien- bzw. Sachkapitalquote (qVS) folgt

Gl. 3.1.1-4 – Optimales Ertragsrisiko bei vorgegebener Ertragsrisiko-Nutzenfunktion

$$qVS = \left(\frac{(b/c)}{2} - QB \right) * \frac{QS - QB}{sigVS^2 + (QS - QB)^2}$$

Die Höhe des Anteils risikobehafteter Kapitalanlagen (qVS) ist um so größer, je größer die in den Parametern b/c zum Ausdruck kommende Risikobereitschaft eines Kapitalanlegers und je kleiner die Streuung (sigVS) – das Risiko – der risikobehafteten Kapitalanlage ist. Über die Auswirkung der Höhe der Rendite der risikobehafteten Kapitalanlage (QS) sowie der Höhe des Zinssatzes (QB) kann keine eindeutige Aussage getroffen werden

3.1.2 Schätzung der Parameter der ErtragsrisikoNutzenfunktion

Sind der Zinssatz, die Aktien- bzw. Sachkapitalrendite sowie die Streuung der Aktien- bzw. der Sachkapitalrendite bekannt, so erhält man unter der Annahme, das Wirtschaftssubjekt realisiere die aus seiner Sicht optimale Aktien- bzw. Sachkapitalquote, und damit das optimale Ertragsrisiko, nach mehreren Umformungen für den die Krümmung der Risikonutzenfunktion bestimmenden Parameter (b/c) die Gleichung

Gl. 3.1.2-1 – Parameter der Ertragsrisiko-Nutzenfunktion

$$\left(\frac{b}{c}\right) = 2 * \left(\frac{sigVS^2 + (QS - QB)^2}{QS - QB} * qVS + QB \right)$$

Die Parameter b und c der Nutzenfunktion können nicht isoliert voneinander bestimmt werden. Einer der beiden kann also beliebig festgesetzt werden. Wichtig ist allein, dass der Verlauf der Ertragsrisiko-Nutzenfunktion hierdurch nicht verändert wird. Der das Nutzenniveau bestimmende Parameter a der Ertragsrisiko-Nutzenfunktion kann beliebig festgelegt werden, da der absolute Wert des Nutzens für die optimale Entscheidung eines Anlegers ohne Bedeutung ist. Der sich für (b/c) ergebende Wert ist ein Indikator für die Risikoaversion des betreffenden Anlegers. Ein großer Wert bezeichnet eine geringe Risikoaversion (hohe Risikobereitschaft) und ein kleiner Wert eine starke Risikoaversion (geringe Risikobereitschaft).

Aus historischen Daten über die Höhe des Zinssatzes, die Aktienrendite und die Streuung der Aktienrendite bzw. der Höhe und Streuung der Sachkapitalrendite sowie der daraufhin von einzelnen Wirtschaftssubjekten getroffenen Entscheidungen über die Aktienquote bzw. Sachkapitalquote können die Parameter der Ertragsrisiko-Nutzenfunktion für unterschiedliche Gruppen von Wirtschaftssubjekten bestimmt werden. Entsprechend dem sich für (b/c) ergebenden Wert können

Wirtschaftssubjekte in Gruppen mit unterschiedlicher Risikobereitschaft gegliedert werden (hohe, mittlere und geringe Risikobereitschaft).

Ist der die Krümmung der Ertragsrisiko-Nutzenfunktion bestimmende Parameter (b/c) bekannt, so können die für ein Wirtschaftssubjekt geltenden Isonutzenfunktionen sowie die Ertragsfunktion in Abhängigkeit von seiner Risikobereitschaft bestimmt und graphisch dargestellt werden. Es gilt

Gl. 3.1.2-2 – Ertragsrisiko - Isonutzenfunktion:

$$qVS = \frac{\sigma}{sigVS} = \frac{1}{sigVS} * \left(\frac{a}{c} + \frac{b}{c} * \mu - \mu^2 - \frac{F}{c} \right)^{0.5}$$

Gl. 3.1.2-3 – Ertragsrisiko - Ertragsfunktion:

$$qVS = \frac{\sigma}{sigVS} = \frac{\mu - QB}{QS - QB}$$

wobei:

Kapitalert rag	μ	=	QB * (1 – qVS) + QS * qVS)
Ertragsrisiko	σ	=	sigVS * qVS

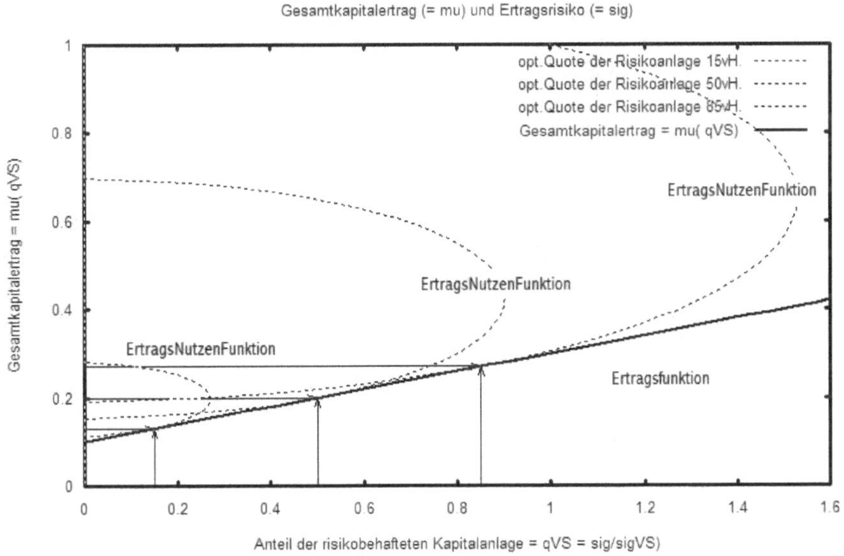

Abb. 3-1: Ertragsrisiko und Kapitalertrag bei alternativer Ertragsrisiko-Nutzenfunktion

Haben die Isonutzenfunktion und die Ertragsfunktion die gleiche Steigung, so ist die von einem Kapitalanleger realisierte Quote risikobehafteter Kapitalanlagen (Aktienquote bzw. Sachkapitalquote) optimal. Abb. 3-1 zeigt den Verlauf der Ertragsrisiko-Nutzenfunktionen für Kapitalanleger mit unterschiedlicher Risikobereitschaft, die ihre Entscheidung über die optimale Nachfragequote nach risikobehafteten Kapitalanlagen auf der Grundlage gleicher Bestimmungsfaktoren des Ertrags (Zinssatz und Rendite der risikobehafteten Kapitalanlage) und des Risikos (Steuerung der Rendite der risikobehafteten Kapitalanlage) treffen.[1]

Durch eine Umformung der in Gl. 3.1.1-3 dargestellten Optimalbedingung für die Entscheidung über die optimale Quote risikobehafteter Kapitalanlagen ergibt sich die folgende quadratische Gleichung.

Gl. 3.1.1-4 – Umformung der Bedingung für eine optimale Quote der risikobehafteten Kapitalanlage (qVS)

$$QB^2 + pp * QB + qq = 0$$

$$\text{mit} \quad pp = \frac{2 * QS * qVS - \frac{1}{2} * \frac{b}{c} - QS}{1 - qVS}$$

$$qq = \frac{1}{2} * \left(\frac{b}{c}\right) * QS - \frac{(sigVS^2 + QS^2)}{1 - qVS} * qVS$$

$$\text{woraus für} \quad \left(\left(\frac{pp}{2}\right)^2 - qq \right) > 0 \quad \text{folgt}$$

$$QB_{1,2} = -\frac{pp}{2} \pm \sqrt{\left(\frac{pp}{2}\right)^2 - qq}$$

Da sich die bei dem für eine sichere Kapitalanlage geltenden Zinssatz ergebende optimale Aktien- bzw. Sachkapitalquote je nachdem ob die Gleichung für QB1 oder QB2 verwendet wird, unterscheidet, entsteht die Frage, welche Gleichung für die Bestimmung der optimalen Aktienquote eines Haushalts relevant ist, ob also QB1 oder QB2 das Verhalten des Haushalts zutreffend abbildet.

Für diese Entscheidung gilt folgende Regel:

1. Liegt die sich ergebende Aktienquote nicht zwischen 0 und 1, so genügt sie nicht der vorgegebenen Nebenbedingung und scheidet als Lösung aus.

---

[1] Es ist zu beachten, dass die x-Achse anders als üblich, den Anteil risikobehafteter Kapitalanlagen am Einsatz von Kapital (qVS) angibt und *nicht das Risiko des Kapitaleinsatzes (σ).* Das Risiko des Kapitaleinsatzes ist das Produkt aus dem Anteil der risikobehafteten Kapitalanlage am Kapitaleinsatz und der Streuung – dem Risiko – der risikobehafteten Kapitalanlage.

2. Ist die Gleichung infolge (pp/2**2 – qq) < 0 nicht lösbar, so kann die optimale Entscheidung nicht bestimmt werden.

3. der sich für den Krümmungsparameter der Ertragsrisiko-Nutzenfunktion (b/c) ergebende Wert muss mit dem aus der Gl. 3.1.1.-3 errechneten Wert übereinstimmen.

Sind die Entscheidung eines Kapitalanlegers über die aus seiner Sicht optimale Anlagestruktur des eingesetzten Kapitals (qVS bzw. qVB) sowie die Rendite der als sicher betrachteten Kapitalanlage (QB), die Rendite (QS) der risikobehafteten Kapitalanlage und deren Streuung (sigVS) bekannt, so kann die der Entscheidung zugrunde gelegte Ertragsrisiko-Nutzenfunktion bestimmt und graphisch dargestellt werden.[1] Damit wird es möglich zu bestimmen, wie sich ein Kapitalanleger verhalten wird, wenn sich die Rendite der sicheren Kapitalanlage bzw. die Rendite und Streuung der risikobehafteten Kapitalanlage ändern.

Allgemein gilt: Je höher bei gegebenem Ertrag und Risiko einer riskanten Kapitalanlage (Ertragsfunktion) die Anlage von Kapital in der risikobehafteten Kapitalanlage (Aktien bzw. Sachkapital) ist (qVS), desto risikobereiter (weniger risikoavers) ist er zu bezeichnen; desto größer ist der Parameter b/c seiner Ertrags-Nutzen-Funktion. Das gleiche gilt, wenn ein Anleger trotz eines geringeren Ertrages und eines höheren Risikos einer risikobehafteten Anlage die gleiche Aktien bzw. Sachkapitalquote realisiert wie ein anderer Anleger

3.2 Illiquiditätsrisiko - Finanzierungsstruktur

Liegt der Zinssatz für Kredite unter dem erwarteten Ertrag einer Kapitalanlage, so kann ein Kapitalanleger den Ertrag des eingesetzten Eigenkapitals durch Aufnahme von Krediten erhöhen. Der Preis ist die mit der Kreditaufnahme verbundene Verpflichtung zur Zahlung von Zinsen und zur Rückzahlung des Kredits unabhängig von dem tatsächlichen Ertrag der Kapitalanlage.

Die Ursachen der Unterschiede in der Risikobereitschaft von Unternehmern ergeben sich aus Abhängigkeit des Unternehmers von Banken. Aus dieser Sicht ist die Risikobereitschaft eines kleinen Unternehmers, der dem Gläubiger gegenüber mit seinem Privatvermögen haftet, kleiner als die Risikobereitschaft eines Managers in einer AG. Während ein kleines Unternehmen damit rechnen muss, dass Kredite von der Bank gekündigt werden, wenn die Ertragskraft sinkt, kann ein großes Unternehmen damit rechnen, dass die Bank Kredite bei zurückgehenden Erträgen prolongiert oder sogar neue Kredite gewährt, um die alten Kredite nicht abschreiben zu müssen.

Die Bereitschaft ein Illiquiditätsrisiko einzugehen, ist bei einem kleinen Unternehmer begrenzt. Er wird mit Gewinnen zufrieden sein, die ihm den Erhalt seines

---

[1] Vgl. Programm „RisikoAnalyse“.

Lebensstandards ermöglichen. Bei einem Manager ist dagegen eine hohe Risikobereitschaft zu erwarten, da für ihn selbst kein unmittelbares Risiko besteht und die Aktionäre mehr auf den Ertrag des Unternehmens als auf das von ihnen nur schwer einzuschätzende Unternehmensrisiko (Ertrags- und Illiquiditätsrisiko) achten.

Ein zusätzlicher Grund für Unterschiede in der Bedeutung der Fremdfinanzierung von Kapitalanlagen liegt in der Kreditwürdigkeit der Kapitalanleger. Die Möglichkeit, eine Kapitalanlage durch Aufnahme von Krediten zu finanzieren, ist nicht allein von der Risikobereitschaft der Nachfrager nach Krediten, sondern auch von der Risikoeinschätzung der Anbieter von Krediten abhängig. Die Kreditwürdigkeit von Haushalten und Unternehmern wird von Kreditgebern in der Regel unterschiedlich beurteilt.

Für welche Kombination von Ertrag und Risiko sich ein Kapitalanleger entscheidet, wird von der Ausprägung seiner Illiquiditätsrisiko-Nutzenfunktion bestimmt. Der mit der Aufnahme von Krediten verbundene Anstieg des Illiquiditätsrisikos muss dem als Folge der Kreditaufnahme entstehenden Anstieg des Erwartungswerts der Eigenkapitalrendite gegenübergestellt werden.

3.2.1 Determinanten des Illiquiditätsrisikos

Für die Beurteilung des Risikoverhaltens im Hinblick auf die Übernahme eines Illiquiditätsrisikos kann unter der Annahme eines risikoscheuen Investors die von der Form her gleiche Risiko-Nutzenfunktion unterstellt werden, wie zur Bestimmung des Risikoverhaltens bezüglich des Ertragsrisikos. Zur Bestimmung der Parameter der Illiquiditätsrisiko-Nutzenfunktion kann der folgende Lagrangeansatz aufgestellt werden.

Gl. 3.2.1-1 – Lagrangeansatz zur Bestimmung der optimalen Verschuldungsquote

$$L = a + b * \mu - c * (\mu^2 + \sigma^2) - \lambda * (1 - qEK - qFK) = max!$$

$$\text{mit Eigenkapitalertrag} = \mu = \frac{QK - QB * qFK}{1 - qFK}$$

$$\text{und Verschuldungsrisiko} = \sigma = sigVK * qFK$$

wobei gilt:

qFK	Fremdkapitalquote
qEK	Eigenkapitalquote = 1 – qFK
QB	Zinssatz für Kredite (Sollzins)
QK	Ertrag der Kapitalanlage
sigVK	Streuung des Ertrags

Die Kreditaufnahmequote (qFK) ist hiernach optimal, wenn der Ertrag einer Erhöhung des Risikos durch eine Erhöhung der Kreditaufnahme der Grenzrate der

Substitution von Ertrag und Risiko entspricht. Im Optimum muss also gelten [Sinn (1980), S. 274].

$$\frac{\delta\mu \,/\, \delta qFK \;-\; \delta\mu \,/\, \delta qEK}{\delta\sigma \,/\, \delta FK} \;=\; -\;\delta\mu \,/\, \delta\sigma$$

Nach Einsetzen der entsprechenden Ableitungen in die Optimalbedingung ergibt sich die folgende Gleichung

Gl. 3.2.1-2 – Illiquiditätsrisiko: Bedingung für eine optimale Fremdkapitalquote

$$\frac{QK - QB}{sigVK * (1 - qFK)^2} = \frac{2 \;*\; sigVK * qFK}{(\frac{b}{c}) - 2 * \left(\frac{QK - QB * qFK}{1 - qFK} \right)}$$

Die Bestimmung der optimalen Fremdkapitalquote eines Kapitalanlegers (qFK) setzt voraus, dass die Parameter der Illiquiditätsrisiko-Nutzenfunktion bekannt sind.

Wie ein Kapitalanleger bei alternativen Parametern seiner Illiquiditätsrisiko-Nutzenfunktion (b/c) mit seinem Finanzierungsverhalten – Eigenkapitalquote (qEK) bzw. Fremdkapitalquote (qFK) – auf eine Veränderung der Rentabilität und Streuung der risikobehafteten Kapitalanlage (QK, sigVK) und eine Veränderung des Zinssatzes für Fremdkapital (QB) reagiert, ist aus der dargestellten Optimalbedingung für das Finanzierungsverhalten nicht unmittelbar ersichtlich.

Um die Parameter der Illiquiditätsrisiko-Nutzenfunktion eines Kapitalanlegers (b/c) zu bestimmen, ist die Bestimmungsgleichung für die aus dem Lagrangeansatz abgeleitete optimale Fremdkapitalquote so umzuformulieren, dass die Parameter aus Daten über die Entscheidungen des Unternehmers in der Vergangenheit geschätzt werden können.

3.2.2 Schätzung der Parameter der Illiquiditätsrisiko-Nutzenfunktion

Ist der Zinssatz für Kredite, die erwartete Rendite der Kapitalanlage sowie deren Streuung bekannt, so erhält man unter der Annahme, der Kapitalanleger realisiere die aus seiner Sicht optimale Fremdkapitalquote, nach mehreren Umformungen für die die Krümmung der Illiquiditätsrisiko-Nutzenfunktion bestimmenden Parameter (b/c) die Gleichung

Gl. 3.2.2-1 – Parameter der Illiquiditätsrisiko-Nutzenfunktion

$$(\frac{b}{c}) = 2 * \left(\frac{QK - QB * qFK}{1 - qFK} + \frac{sigVK^2 * qFK * (1 - qFK)^2}{QK - QB} \right)$$

Die Parameter b und c der Nutzenfunktion können auch hier nicht isoliert voneinander bestimmt werden. Einer der beiden kann also beliebig festgesetzt werden. Der Verlauf der Illiquiditätsrisiko-Nutzenfunktion wird hierdurch nicht verändert. Der das Nutzenniveau bestimmende Parameter a der Illiquiditätsrisiko-Nutzenfunktion kann beliebig festgelegt werden, da der absolute Wert des Nutzens für die Entscheidung des Kapitalanlegers ohne Bedeutung ist. Der sich für einen Kapitalanleger ergebende Wert für (b/c) ist ein Indikator für seine Risikoaversion. Ein großer Wert bezeichnet eine geringe Risikoaversion (hohe Risikobereitschaft), ein kleiner Wert eine starke Risikoaversion (geringe Risikobereitschaft).

Aus historischen Daten über die von einem Kapitalanleger realisierte Fremdkapitalquote, die Höhe des Zinssatzes für Kredite sowie und die Höhe und die Streuung der Kapitalrendite, können die Parameter der Illiquiditätsrisiko-Nutzenfunktion für unterschiedliche Gruppen von Kapitalanlegern bestimmt werden. Entsprechend dem sich für b/c ergebenden Wert können Anleger in Bezug auf das Illiquiditätsrisiko in Gruppen mit unterschiedlicher Risikobereitschaft eingeteilt werden.

Ist der die Krümmung der Illiquiditätsrisiko-Nutzenfunktion bestimmende Parameter b/c bekannt, so können die für den betreffenden Anleger geltenden Isonutzenfunktionen sowie die Ertragsfunktion in Abhängigkeit vom Risiko bestimmt und graphisch dargestellt werden[1]. Es gilt

Gl. 3.2.2-2 – Isonutzenfunktion:

$$qFK = \frac{\sigma}{sigVK} = \frac{1}{sigVK} * \left(\frac{a}{c} + \frac{b}{c} * \mu - \mu^2 - \frac{F}{c} \right)^{0.5}$$

Gl. 3.2.2-3 – Ertragsfunktion:

$$qFK = \frac{\sigma}{sigVK} = \frac{\mu - QK}{\mu - QB}$$

wobei:

$$\text{Eigenkapitalertrag} = \mu = \frac{QK - QB * qFK}{1 - qFK}$$

$$\text{Illiquiditätsrisiko} = \sigma = sigVK * qFK$$

Anders als bei Bestimmung des Ertragsrisikos ergibt sich für die Ertragsfunktion ein gekrümmter Verlauf. Bei einer sich dem Wert von 1 nähernder Fremdkapital-

---

[1] Vgl. Programm „RisikoAnalyse“.

quote nähert sich die Eigenkapitalrendite dem Wert unendlich. Haben beide Funktionen die gleiche Steigung, so ist die Fremdkapitalquote optimal.

Durch eine Umformung der Bestimmungsgleichung der optimalen Fremdkapitalquote (Gl. 3.2.1-2) ergibt sich die folgende quadratische Gleichung.

Gl. 3.2.2-4 – Illiquiditätsrisiko- Umformung der Bedingung für eine optimale Fremdkapitalquote

$$QB^2 + pp * QB + qq = 0$$

$$\text{mit } pp = -QK - \frac{QK}{qFK} + \left(\frac{b}{c}\right) * \frac{1}{2 * qFK} - \left(\frac{b}{c}\right) * \frac{1}{2}$$

$$\text{woraus für } \left(\left(\frac{pp}{2}\right)^2 - qq \right) > 0 \quad \text{folgt}$$

$$QB_{1,2} = -\frac{pp}{2} \pm \sqrt{\left(\frac{pp}{2}\right)^2 - qq}$$

Die optimale Fremdkapitalquote kann somit sowohl aus der Gleichung für QB1 als auch aus der Gleichung für QB2 bestimmt werden.

Da sich die bei gleichem Zinssatz für Kredite ergebende optimale Fremdkapitalquote, je nachdem ob die Gleichung für QB1 oder QB2 verwendet wird, unterscheidet, entsteht die Frage, welche Gleichung für die Bestimmung der optimalen Fremdkapitalquote eines Kapitalanlegers relevant ist, ob also QB1 oder QB2 das Verhalten zutreffend abbildet.

Für die Entscheidung gilt die folgende Regel:

1. Liegt die sich ergebende Fremdkapitalquote nicht zwischen 0 und 1, so genügt sie nicht der vorgegebenen Nebenbedingung und scheidet als Lösung aus.
2. Kann infolge (pp/2**2 – qq) < 0 keine Lösung bestimmt werden, so ist eine optimale Entscheidung nicht bestimmbar.
3. der sich ergebende Krümmungsparameter der Illiquiditäts-Nutzenfunktion (b/c) muss mit dem aus der Gl. 3.2.1-2 als berechneten Wert übereinstimmen.

Eine allgemeine Lösungsgleichung kann also nicht bestimmt werden. Daher muss von Fall zu Fall untersucht werden, welche Ergebnisse der Berechnungen als Lösungen in Frage kommen. Eine Berechnung aller möglichen Lösungen der Gl.

3.2.1-2 bzw. der Gl. 3.2.1-4 zeigt, dass von den 4 möglichen Lösungen nur eine Lösung eine Fremdkapitalquote zwischen 0 und 1 ergibt.[1]

Ist die durch den Parameter (b/c) der Nutzenfunktion bestimmte Risikobereitschaft eines Kapitalanlegers bekannt, so kann untersucht werden, wie einzelne Anleger bzw. Anlegergruppen auf eine Veränderung der Determinanten der optimalen Kreditaufnahme reagieren werden.

Ausdruck der Risikobereitschaft eines Unternehmers ist die gewählte Fremdkapitalquote bei gegebenen Determinanten der Illiquiditätsrisiko-Nutzen-Entscheidung. Der Quotient der Parameter b und c der Illiquiditätsrisiko-Nutzenfunktion eines Kapitalanlegers ist cet. par. umso höher, je höher seine Fremdkapitalquote. Die Entscheidung über die optimale Kreditaufnahme wird allein durch die Unterschiede in der Illiquiditätsrisiko-Nutzenfunktion der einzelnen Anleger bestimmt. Je risikobereiter ein Anleger, desto höher ist die bei Realisierung des optimalen Nutzenniveaus entstehende Eigenkapitalrendite (μ).

Sind die Determinanten der Illiquiditätsrisiko-Nutzen-Entscheidung nicht für alle Anleger gleich, so wird ein Anleger als risikobereiter bezeichnet, wenn er trotz

- eines höheren Zinssatzes für Kredite,
- einer niedrigeren Kapitalrendite oder
- einer größeren Streuung der Kapitalrendite

die gleiche Fremdkapitalquote realisiert wie ein anderer Anleger.

Die folgende Darstellung (Abb. 3-2) zeigt den Verlauf der Illiquiditätsrisiko-Nutzenfunktion und die sich ergebende optimale Fremdkapitalquote eines Anlegers mit geringer, mittlerer und hoher Risikobereitschaft (Fremdkapitalquote 0.15, 0.50 bzw. 0.85) aber gleichen Determinanten der Entscheidung über die Fremdkapitalquote und damit gleicher Bilanz"gerade" , wobei ein Zinssatz für Kredite von 0.10., ein Ertrag des insgesamt angelegten Kapitals von 0.30 und eine Streuung des Ertrages von 0.30 unterstellt wurde.

Hat sich ein Kapitalanleger in Kenntnis des von der Kapitalanlage erwarteten Ertrages und seiner Streuung für eine aus seiner Sicht optimale Finanzierung der Kapitalanlage durch Aufnahme von Krediten entschieden, so kann bestimmt werden, welche Illiquiditätsrisiko-Nutzenfunktion er seiner Entscheidung zugrunde gelegt hat. Sind die Parameter seiner Illiquiditäts-Nutzenfunktion bekannt, so besteht die Möglichkeit, die Reaktion des Kapitalanlegers auf eine Änderung des

---

[1] Die Berechnung der optimalen Fremdkapitalquote für einen Investor, dessen Nutzenfunktion durch den Krümmungsparameter bc = 0.768125 bestimmt ist und für den QB=0.1, QK=0.3 und sigVK=0.3 gilt, ergibt folgende Lösungen qFK = 0.15, qFK = 0.520891 – 0.645068 i, qFK = 0.520891 + 0.645068 i und qFK = 1.80822.

Zinssatzes für Kredite sowie auf eine Änderung der von der Kapitalanlage insgesamt erwarteten Rendite und ihrer Streuung zu bestimmen.

Allgemein gilt: Realisiert ein Anleger bei gegebenen Ertrag und Risiko der Kapitalanlage und gegebenem Zinssatz für Fremdkapital eine höhere Fremdkapitalquote, so ist er als risikobereiter zu bezeichnen. Das gleiche gilt, wenn ein Anleger trotz eines geringeren Ertrages und/oder eines höheren Risikos der Kapitalanlage die gleiche Fremdkapitalquote realisiert wie ein anderer Anleger.

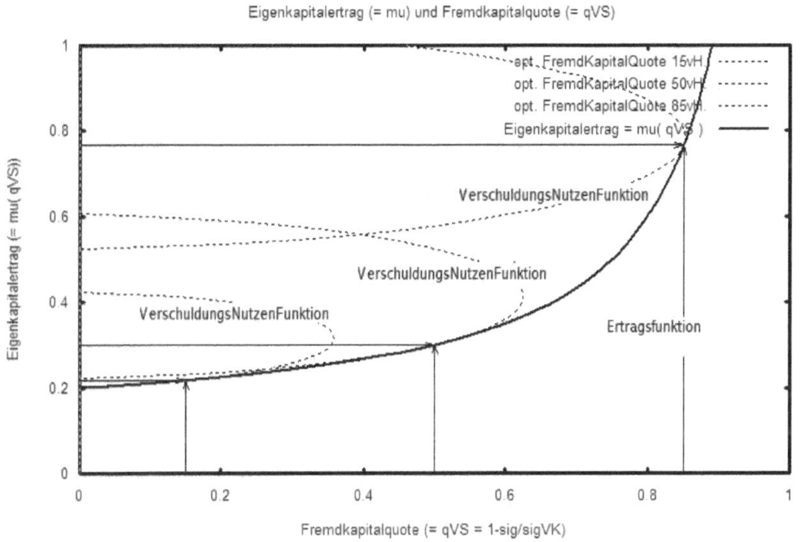

Abb. 3-2: Illiquiditätsrisiko und Eigenkapitalertrag bei alternativer Illiquiditäts-Nutzenfunktion

4. Reaktion auf Änderung der Determinanten der Risiko-Nutzen-Entscheidung

Sind die Parameter des Ertragsrisikos und des Illiquiditätsrisikos der Ertragsrisiko-Nutzenfunktion bzw. der Illiquiditätsrisiko-Nutzenfunktion eines Kapitalanlegers bekannt, so kann untersucht werden, wie Kapitalanleger mit unterschiedlicher Risikobereitschaft auf eine Veränderung der Determinanten der Entscheidung über das Ertragsrisiko und das Illiquiditätsrisiko reagieren.

4.1 Ertragsrisiko eines Kapitalanlegers

Aus der in Gl. 3.1.1-3 dargestellten Form der Bestimmungsgleichung für die optimale Risikostruktur einer Kapitalanlage ist nicht unmittelbar erkennbar, wie sich eine Änderung des Zinssatzes der sicheren Kapitalanlage (QB) sowie der Rendite auf die optimale Anlageentscheidung eines Kapitalanlegers auswirken. Der Grund hierfür ist die gegenläufige Wirkung des Einkommens- und des Substitutionseffektes. So entsteht zwar durch eine Erhöhung des Zinssatzes der sicheren Anlage sowie der Rendite der risikobehafteten Anlage cet. par. ein Anstieg der Rendite der Kapitalanlage, es bleibt aber offen, ob und in welchem Umfang ein Kapitalanleger auf eine Erhöhung der Kapitalrendite mit dem Ziel einer Verringerung des Kapitalanlagerisikos verzichtet.

Zur Bestimmung der Reaktion eines Kapitalanlegers auf eine Änderung des Zinssatzes der sicheren Kapitalanlage sowie der Rendite und der Streuung der risikobehafteten Kapitalanlage wurde aus den Gleichungen für die Bestimmung einer optimalen Nachfrage nach risikobehafteten Kapitalanlagen (Gl. 3.1.1-3 bzw. Gl. 3.1.2-4) die Elastizität der Rendite des Kapitaleinsatzes sowie die Veränderung der Quote der risikobehafteten Anlagen bezogen auf eine Veränderung

a. des Zinssatzes der sicheren Kapitalanlage (QB)

$$\eta_{\mu,QB} = \frac{\partial\mu}{\partial QB}\cdot\frac{QB}{\mu} \quad \text{und} \quad \eta_{qVS,QS} = \frac{\partial qVS}{\partial QB}\cdot\frac{QB}{qVS}$$

b. der Rendite der risikobehafteten Kapitalanlage (QS)

$$\eta_{\mu,QS} = \frac{\partial\mu}{\partial QS}\cdot\frac{QS}{\mu} \quad \text{und} \quad \eta_{qVS,QS} = \frac{\partial qVS}{\partial QS}\cdot\frac{QS}{qVS}$$

c. der Streuung der Rendite der risikobehafteten Kapitalanlage (sigVS)

$$\eta_{\mu,sigVS} = \frac{\partial\mu}{\partial sigVS}\cdot\frac{sigVS}{\mu} \quad \text{und} \quad \eta_{qVS,sigVS} = \frac{\partial qVS}{\partial sigVS}\cdot\frac{sigVSS}{qVS}$$

bestimmt. Für die als Folge einer Änderung des Zinssatzes (QB), der Rendite der risikobehafteten Kapitalanlage (QS) sowie deren Streuung (sigVS) für den Kapitalanleger entstehende Änderung des Risikos gilt wegen $\sigma = sigVS*qVS(sigVS)$

$$\eta_{\sigma,QB} = \eta_{qVS,QB}$$

$$\eta_{\sigma,QS} = \eta_{qVS,QS}$$

$$\eta_{\sigma,sigVS} = 1 + \frac{\partial qVS}{\partial sigVS}$$

Ein Leser, der die Reaktion eines Anlegers in einem konkreten Fall betrachten möchte, hat die Möglichkeit die optimale Reaktion des Anlegers durch das Programm „RisikoAnalyse“ zu bestimmen und graphisch darzustellen. Die Abb. 4-1 zeigt die die Ergebnisse für einen Anleger, der bei einer Rendite der sicheren Kapitalanlage von 10 v.H. und einer risikobehafteten Kapitalanlage mit einem Erwartungswert der Rendite von 30 v.H. bei einer Streuung von 30 v.H. eine als optimal betrachtet Anlagequote in risikobehafteten Anlagen 15 v.H. realisiert.

Unter diesen Annahmen ergibt sich für den Krümmungsparameter der Ertragsrisiko-Nutzenfunktion ein Wert von 0.3950. Der Parameter a der Nutzenfunktion bezeichnet das Nutzenniveau und ist für die Entscheidung über die Anlagestruktur irrelevant. Der Wert wurde so festgelegt, dass das Nutzenniveau im Optimum null beträgt. Entsteht aufgrund einer Änderung der Bestimmungsfaktoren der Entscheidung ein negativer (positiver) Nutzen, so bedeutet dies lediglich, dass der Nutzen sinkt (steigt). Die Gesamtkapitalrendite beträgt 13 v.H. und die Streuung des erwarteten Kapitalertrages 4.5 v.H.

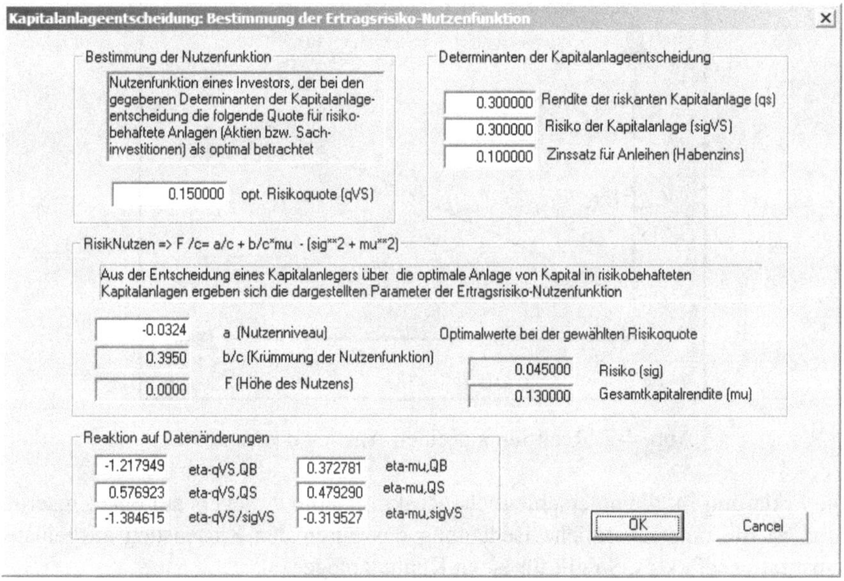

Abb. 4-1: Kapitalanlageentscheidung und Reaktion auf Datenänderungen

4.1.1 Reaktion auf eine Zinsänderung (QB)

Steigt der Zinssatz an, so entsteht cet. par. ein Anstieg der Kapitalrendite. Damit ergibt sich für einen Kapitalanleger die Möglichkeit, auf einen Teil des Anstiegs der Rendite zu verzichten, um das Anlagerisiko – also die Nachfrage nach der risikobehafteten Kapitalanlage – zu verringern. Die Bestimmung der optimalen Reaktion eines Kapitalanlegers zeigt folgendes: Ist die Risikobereitschaft eines Kapitalanlegers gering (qVS<0.5), so verzichtet der Kapitalanleger auf einen Teil des durch den Zinsanstieg entstandenen Anstiegs der Rendite, indem er die Nachfrage nach risikobehafteten Kapitalanlagen einschränkt. Beträgt der Anteil der risikobehafteten Kapitalanlage genau 50 v.H. des Kapitaleinsatzes, so reduziert er die Nachfrage nach der risikobehafteten Kapitalanlage so weit, bis die Rendite des Kapitaleinsatzes mit der vor der Zinserhöhung entstanden Rendite übereinstimmt.

Liegt die optimale die Anlagequote für die risikobehaftete Kapitalanlage vor der Zinserhöhung dagegen über 50 v.H., so verzichtet der Kapitalanleger zugunsten einer Verringerung des Anlagerisikos nicht nur auf den Anstieg der Rendite, sondern reduziert seine Nachfrage nach risikobehafteten Kapitalanlagen so stark, dass die erzielte Kapitalrendite unter derjenigen liegt, die vor der Zinserhöhung erzielt wurde. Die in diesen Fällen entstehenden Effekte zeigt die folgende Abb. 4-2.[1]

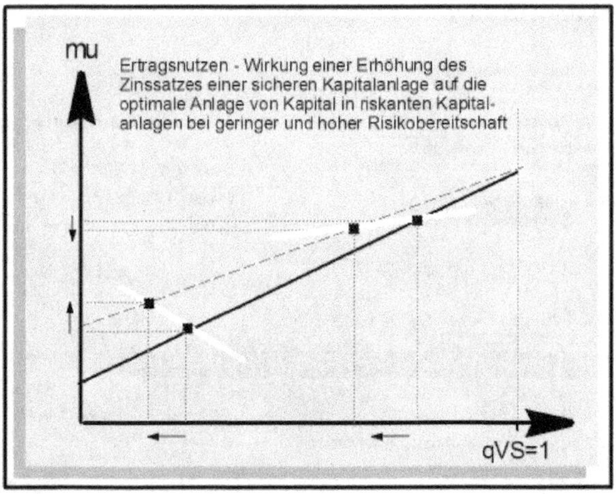

Abb. 4-2: Reaktion auf einen Anstieg des Zinssatzes

Die Erklärung für die unterschiedliche Reaktion eines Anlegers auf eine Zinserhöhung ist die unterschiedliche Bedeutung des durch den Zinsanstieg ausgelösten Substitutionseffektes. So gilt für einen Kapitalanleger

mit geringer Risikobereitschaft

$$\eta_{qVS,QB} < 0 \quad \text{wobei} \quad \eta_{\mu,QB} > 0$$

mit hoher Risikobereitschaft

$$\eta_{qVS,QB} < 0 \quad \text{wobei} \quad \eta_{\mu,QB} < 0$$

[1] Das Diagramm ist nicht unmittelbar mit den üblichen μ,σ-Diagrammen vergleichbar. Es gilt σ = sigVS*qVS.

Die sich in den der Betrachtung zugrunde gelegten Fällen ergebenden Werte zeigt die folgende Tabelle (Tab. 4-1).

Anteil risikobehafteten Kapitalanlagen (qVS) = 0.15		
	QS = 0.3	QS = 0.8
$\eta_{qVS,QB}$	- 1.21	- 0.70
$\eta_{\mu,QB}$	+ 0.37	+ 0.05
Anteil risikobehafteter Kapitalanlagen (qVS) = 0.85		
	QS = 0.3	QS = 0.8
$\eta_{qVS,QB}$	- 3.17	- 0.36
$\eta_{\mu,QB}$	- 0.48	- 0.10

Tab. 4-1 Reaktion auf einen Anstieg des Zinssatzes der sicheren Kapitalanlage

Unabhängig von der Höhe der Risikobereitschaft reagieren Kapitalanleger auf eine Erhöhung des Zinssatzes der sicheren Kapitalanlage mit einer Verringerung des Anteils der risikobehafteten Kapitalanlage. Während jedoch die Rendite des Kapitaleinsatzes bei Kapitalanlegern mit geringer Risikobereitschaft bei einer Verringerung der Anlage von Kapital in risikobehafteten Anlagen steigt, ergibt sich bei Kapitalanlegern mi hoher Risikobereitschaft ein Rückgang der Kapitalrendite. Dieses Ergebnis ist unabhängig von der Höhe der Rendite und der Streuung der risikobehafteten Kapitalanlage.

Die Erklärung der unterschiedlichen Reaktionen der Kapitalanleger sind die unterschiedlichen Auswirkungen der Zinserhöhung auf das Einkommen der Kapitalanleger. Ist die Risikobereitschaft gering, so hat die Zinserhöhung für den Kapitalanleger infolge des hohen Anteils der sicheren Kapitalanlage eine größere Bedeutung als für einen Kapitalanleger mit hoher Risikobereitschaft, bei dem der Anteil der sicheren Kapitalanlage gering ist. Der durch die Zinserhöhung ausgelöste Substitutionseffekt wirkt sich deshalb bei einem Kapitalanleger mit geringer Risikobereitschaft auf die Rendite des eingesetzten Kapitals stärker aus als bei einem Kapitalanleger mit hoher Risikobereitschaft.

4.1.2 Reaktion auf eine Änderung der Rendite der Risikoanlage (QS)

Für die Reaktion eines Kapitalanlegers auf eine erwartete Veränderung der Rendite der risikobehafteten Kapitalanlage ist die Risikobereitschaft unerheblich (Tab. 4-2).

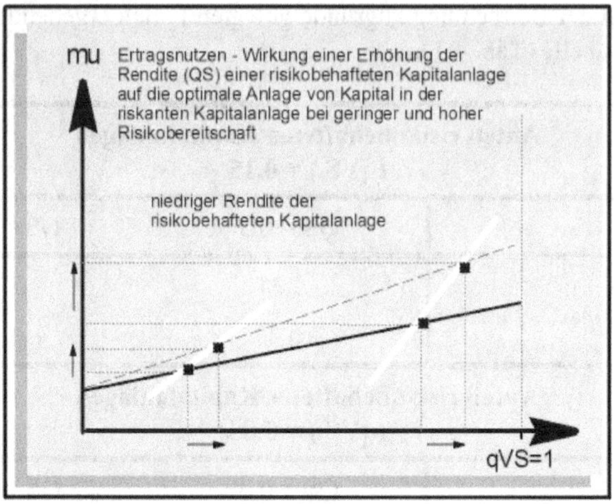

Abb. 4-3: Reaktion auf einen Anstieg der Rendite der risikobehafteten Kapitalanlage bei einer Rendite von 0.30

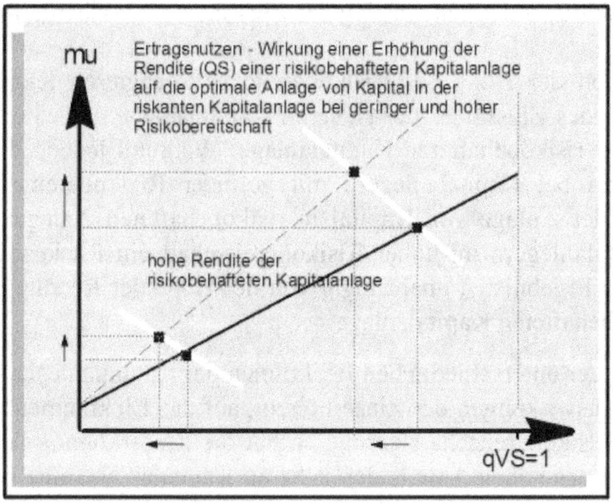

Abb. 4-4: Reaktion auf einen Anstieg der Rendite der risikobehafteten Kapitalanlage bei einer Rendite von 0.80

Unterschiedliche Reaktionen entstehen dagegen bei Unterschieden in der Höhe der Rendite der risikobehafteten Kapitalanlage. Ist der Unterschied zwischen dem Zinssatz der sicheren Kapitalanlage und der Rendite der risikobehafteten Kapitalanlage gering, so hat eine Erhöhung der Rendite einen Anstieg der Nachfrage nach der risikobehafteten Kapitalanlage und eine Erhöhung der Rendite des Kapitaleinsatzes (Abb. 4-3) zur Folge. Ist die Rendite der risikobehafteten Kapitalanlage dagegen hoch, so sinkt der Einsatz von Kapital in der risikobehafteten Kapitalanlage bei einem Anstieg der Rendite des Kapitaleinsatzes (Abb. 4-4).

Die Erklärung für die unterschiedliche Reaktion eines Anlegers auf einen Anstieg der Rendite ist die unterschiedliche Bedeutung der durch eine Erhöhung der Rendite cet. par. entstehenden Erhöhung des Einkommens. So gilt bei einer

geringen Rendite der risikobehafteten Kapitalanlage

$$\eta_{qVS,QS} > 0 \quad \text{wobei} \quad \eta_{\mu,QS} > 0$$

hohen Rendite der risikobehafteten Kapitalanlage

$$\eta_{qVS,QS} < 0 \quad \text{wobei} \quad \eta_{\mu,QS} > 0$$

Die sich in dem der Analyse zugrunde gelegten Beispiel ergebenden Werte zeigt die folgende Tabelle (Tab. 4-2). Die Elastizität der Anlagequote in risikobehafteten Kapitalanlagen bezogen auf die Rendite der risikoabhängigen Kapitalanlage wird von der Höhe der Rendite der risikobehafteten Kapitalanlage bestimmt. Sie ist dagegen unabhängig von der Risikobereitschaft der Kapitalanleger.

Kapitalanlage in risikobehafteten Kapitalanlage (qVS) = 0.15		
	QS = 0.3	QS = 0.8
$\eta_{qVS,QS}$	+ 0.57	- 0.78
$\eta_{\mu,QS}$	+ 0.47	+ 0.18
Kapitalanlage in risikobehafteten Kapitalanlage (qVS) = 0.85		
	QS = 0.3	QS = 0.8
$\eta_{qVS,QS}$	+ 0.57	- 0.78
$\eta_{\mu,QS}$	+ 1.30	+ 0.30

Tab. 4-2: Reaktion auf einen Anstieg der Rendite der risikobehafteten Kapitalanlage

Ist die Rendite der risikobehafteten Kapitalanlage hoch, so nutzt ein Kapitalanleger einen Teil der cet. par. entstehende Erhöhung der Rendite zur Verringerung des Risikos des eingesetzten Kapitals. Der Anteil der risikobehafteten Kapitalanlage am eingesetzten Kapital sinkt. Ist die Rendite der risikobehafteten Kapitalanlage dagegen niedrig, so steigt die Nachfrage nach risikobehafteten Kapitalanlagen.

4.1.3 Reaktion auf eine Änderung des Risikos (sigVS)

Eine Änderung des Risikos der risikobehafteten Kapitalanlage hat cet. par. keine Auswirkung auf die Rendite der Kapitalanlage. Wirkungen auf die Rendite der Kapitalanlage ergeben sich allein durch eine aufgrund der Änderung des Risikos ergebende der Veränderung der Nachfrage nach risikobehafteten Kapitalanlagen.

Die Elastizität der Nachfrage nach risikobehafteten Kapitalanlagen sowie die Elastizität der Rendite des Kapitaleinsatzes bezogen auf die Nachfrage nach risikobehafteten Kapitalanlagen ist negativ. Steigt die Streuung des Ertrages der risikobehafteten Kapitalanlage, so sinkt die Nachfrage nach der risikobehafteten Kapitalanlage und damit die Rendite des eingesetzten Kapitals (Tab. 4-3). Es gilt

$$\eta_{qVS,sigVS} < 0 \quad \text{wobei} \quad \eta_{\mu,sigVS} < 0$$

Unterschiede in der Reaktion der Kapitalanleger beschränken sich auf das Ausmaß der Reaktion auf die Veränderung der Streuung. Der Anteil der risikobehafteten Kapitalanlage eines Kapitalanlegers am Kapitaleinsatz sinkt umso stärker, je geringer die Rendite der risikobehafteten Kapitalanlage.

Kapitalanlage in risikobehafteten Kapitalanlage (qVS) = 0.15		
	QS = 0.3	QS = 0.8
$\eta_{qVS,sigVS}$	- 1.38	- 0.31
$\eta_{\mu,sigVS}$	- 0.31	- 0.15
Kapitalanlage in risikobehafteten Kapitalanlage (qVS) = 0.85		
	QS = 0.3	QS = 0.8
$\eta_{qVS,sigVS}$	- 1.38	- 0.31
$\eta_{\mu,sigVS}$	- 0.87	- 0.26

Tab. 4-3: Reaktion auf einen Anstieg der Streuung der risikobehafteten Kapitalanlage

4.2 Illiquiditätsrisiko eines Kapitalanlegers

Der Anteil der Finanzierung einer Kapitalanlage über Kredite (qFK) wird von der Höhe des Zinssatzes für Kredite (QB), der Rendite der Kapitalanlage (QK) sowie der Streuung der Rendite der Kapitalanlage (sigVK) sowie seiner Risikobereitschaft bestimmt. Steigt der Zins für Fremdkapital (QB) und/oder sinkt die Rendite der Kapitalanlage (QK), so sinkt cet. par. die Eigenkapitalrendite (μ). Dem Rückgang der Eigenkapitalrendite kann ein Kapitalanleger durch eine Erhöhung der Kreditaufnahme entgegenzuwirken.

Wie sich eine Veränderung der Bestimmungsfaktoren der Entscheidung eines Investors auf die Finanzierung der Investition durch Fremdkapital auswirkt und welche Bedeutung der Risikobereitschaft dabei zukommt, ist nur numerisch für konkrete Fälle bestimmbar. Die oben abgeleitete Bedingung für eine optimale Fremdkapitalquote in Abhängigkeit von der Risikobereitschaft (Gl. 3.2.1-2) ermöglicht keine allgemeine Aussage.

Zur Bestimmung der Reaktion eines Investors auf eine Veränderung der Bestimmungsfaktoren der Entscheidung über den Einsatz von Fremdkapital (qFK) wurde die Elastizität der Rendite des Eigenkapitals (μ) sowie die Elastizität der Fremdkapitalquote (qFK) bezogen auf eine Veränderung

a. des Zinssatzes für Fremdkapital (QB)

$$\eta_{\mu,QB} = \frac{\partial \mu}{\partial QB} \cdot \frac{QB}{\mu} \quad \text{und} \quad \eta_{qFK,QB} = \frac{\partial qFK}{\partial QB} \cdot \frac{QB}{qFK}$$

b. der Rendite des Kapitaleinsatzes (QK)

$$\eta_{\mu,QK} = \frac{\partial \mu}{\partial QK} \cdot \frac{QK}{\mu} \quad \text{und} \quad \eta_{qFK,QK} = \frac{\partial qFK}{\partial QK} \cdot \frac{QK}{qFK}$$

c. der Streuung der Rendite des Kapitaleinsatzes (sigQK)

$$\eta_{\mu,sigVK} = \frac{\partial \mu}{\partial sigVK} \cdot \frac{sigVK}{\mu} \quad \text{und} \quad \eta_{qFK,sigVK} = \frac{\partial qFK}{\partial sigVK} \cdot \frac{sigVK}{qFK}$$

bestimmt. Für die als Folge einer Änderung des Zinssatzes für Kredite (QB), der Rendite des eingesetzten Kapitals (QS) sowie der Streuung (sigVK) der Rendite für den Kapitalanleger entstehende Änderung des Risikos gilt wegen σ = sigVK*qFK(sigVK)

$$\eta_{\sigma,QB} = \eta_{qFK,QB}$$

$$\eta_{\sigma,QS} = \eta_{qFK,QS}$$

$$\eta_{\sigma,sigVK} = 1 + \frac{\partial qFK}{\partial sigVK}$$

Die sich für einen Investor mit geringer Risikobereitschaft (qFK= 0.15) und hoher Risikobereitschaft (qFK = 0.85) für die Elastizität der Rendite des Eigenkapitals (μ) bezogen auf das durch die Finanzierung der Investition durch Fremdkapital ergebende Illiquiditätsrisiko (qFK = σ/sigVK) bei einem Anstieg des Zinssatzes (QB), der Rendite der Investition (QK) bzw. der Streuung des Risikos der Investition (sigVK) ergebenden Werte werden im Folgenden dargestellt.

Das Programm „RisikoAnalyse" gibt die Möglichkeit, die Nutzenfunktion eines Investors bezüglich des Verschuldungsrisikos sowie seine Reaktion auf eine Veränderung des Zinssatzes für Kredite, der Rendite sowie der Streuung der Rendite des eingesetzten Kapitals in einem konkreten Fall zu bestimmen und graphisch darzustellen. Die in diesem Fall erforderlichen Angaben, zeigt die folgende Abbildung

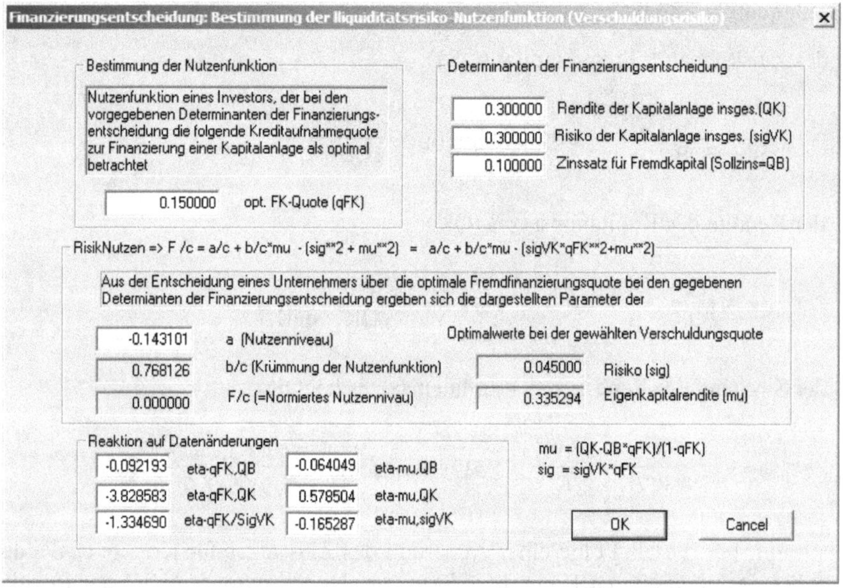

Abb. 4-5: Finanzierungsentscheidung und Reaktion auf eine Änderung der Daten

4.2.1 Reaktion auf eine Veränderung des Zinssatzes für Fremdkapital

Steigt der Zins für Fremdkapital, so muss ein Kapitalanleger (Investor) entscheiden, ob er dem cet. par. entstehenden Rückgang der Eigenkapitalrendite durch eine Erhöhung der Nachfrage nach Fremdkapital entgegenwirken will, oder ob er die Nachfrage nach Fremdkapital mit dem Ziel einer Verringerung des Illiquiditätsrisikos einschränkt. Wie sich ein Kapitalanleger entscheidet, wird von der Rendite des Kapitaleinsatzes sowie seiner Risikobereitschaft bestimmt.

Das Ergebnis der Simulation der Reaktion auf einen Anstieg des Zinssatzes für Fremdkapital für einen Kapitalanleger mit niedriger Risikobereitschaft sowie einen Kapitalanleger mit hoher Risikobereitschaft in Abhängigkeit von der Höhe der Rendite des Kapitaleinsatzes zeigt die folgende Tabelle.

Anteil des Fremdkapitals am Kapitaleinsatz (qVS) = 0.15		
	QK = 0.3	QK = 0.8
$\eta_{qFK,QB}$	- 0.09	+ 0.101
$\eta_{\mu,qFK}$	- 0.06	- 0.003
Anteil des Fremdkapitals am Kapitaleinsatz (qVS) = 0.85		
	QK = 0.3	QK = 0.8
$\eta_{qFK,QB}$	+ 0.07	+ 0.02
$\eta_{\mu,qFK}$	+ 0.001	+ 0.00004

Tab. 4-4: Reaktion auf einen Anstieg des Zinssatzes für Fremdkapital

Ist die *Rendite des Kapitaleinsatzes niedrig* (QK=0.3), so ergeben sich in Abhängigkeit von der Risikobereitschaft - der Höhe der Fremdkapitalquote - unterschiedliche Reaktionen.

Ist die Risikobereitschaft eines Anlegers gering, so verringert er bei einer Erhöhung des Zinssatzes für Fremdkapital seine Nachfrage nach Fremdkapital. Die mit der Zinserhöhung verbundene Verringerung der Eigenkapitalrendite wird durch den Rückgang der Fremdkapitalquote verstärkt. Das Risiko einer Überschuldung wird verringert (Abb. 4-6).[1] Ist die Risikobereitschaft dagegen hoch, so reagiert ein Kapitalanleger auf eine Erhöhung des Zinssatzes für Fremdkapital mit einer Erhöhung der Fremdkapitalquote. Der Kapitalanleger kompensiert den durch die Zinserhöhung entstehenden Rückgang der Rendite des Eigenkapitals durch eine Erhöhung des Illiquiditätsrisikos.

---

[1] Das Diagramm ist nicht unmittelbar mit den üblichen μ,σ-Diagrammen vergleichbar. Es gilt σ = sigVK*qFK.

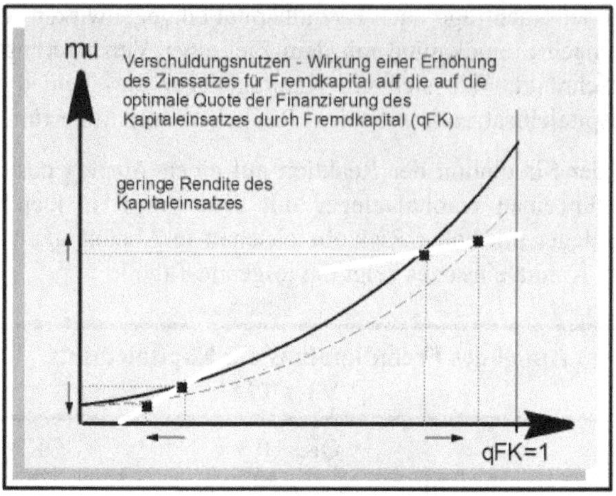

Abb. 4-6: Reaktion auf eine Erhöhung des Zinssatzes für Fremdkapital bei geringer Rendite des Kapitaleinsatzes

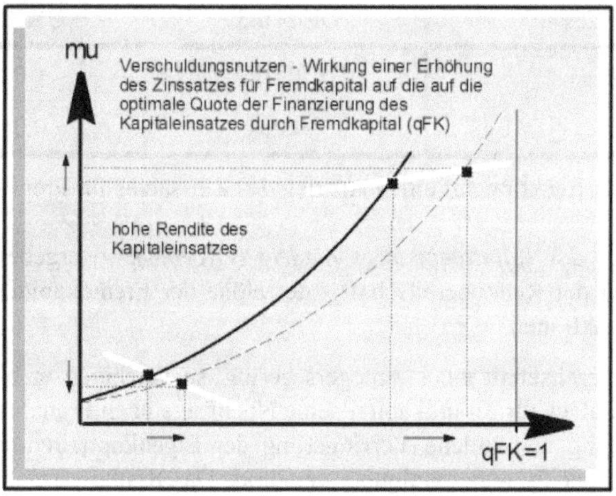

Abb. 4-7: Reaktion auf eine Erhöhung des Zinssatzes für Fremdkapital bei hoher Rendite des eingesetzten Kapitals

Ist die *Rendite des eingesetzten Kapitals hoch* (QK=0.8), so reagieren sowohl Kapitalanleger mit geringer Risikobereitschaft als auch mit hoher Risikobereitschaft auf eine Erhöhung des Zinssatzes für Fremdkapital mit einer Erhöhung der Fremdkapitalquote. Die durch die Zinserhöhung entstehende Verringerung der Eigenkapitalrendite wird bei einem Investor mit geringer Risikobereitschaft durch eine Erhöhung des Illiquiditätsrisikos teilweise, bei einem Investor mit hoher

Risikobereitschaft dagegen vollständig kompensiert. Der Welfareverlust durch die Verringerung der Eigenkapitalrendite wird höher eingeschätzt als der Welfareverlust durch eine Erhöhung des Illiquiditätsrisikos (Abb. 4-7).

4.2.2 Reaktion auf eine Veränderung der Rendite des Kapitaleinsatzes

Steigt die Rendite des eingesetzten Kapitals, so reagieren die Kapitalanleger unabhängig von der Risikobereitschaft und der Höhe der Rendite des Kapitaleinsatzes mit einer Verringerung der Finanzierung des Kapitaleinsatzes durch Fremdkapital. Auf die durch den Anstieg der Kapitalrendite cet. par. entstehende Erhöhung der Eigenkapitalrendite wird mit dem Ziel einer Verringerung des Illiquiditätsrisikos teilweise verzichtet. Der durch den Anstieg der Kapitalrendite cet. par. entstehende Anstieg der Eigenkapitalrendite wird bei Kapitalanlegern mit geringer Risikobereitschaft aber nur zum Teil für eine Verringerung des Illiquiditätsrisikos genutzt. Bei hoher Risikobereitschaft dagegen ergibt sich als Folge der Verringerung der Fremdkapitalquote ein Rückgang der Eigenkapitalrendite. Die Ergebnisse der Simulation zeigt die folgende Tabelle.

Anteil des Fremdkapitals am Kapitaleinsatz (qVS) = 0.15		
	QK = 0.3	QK = 0.8
$\eta_{qFK,QK}$	- 3.82	- 5.99
$\eta_{\mu,qFK}$	+ 0.57	+ 0.07
Anteil des Fremdkapitals am Kapitaleinsatz (qVS) = 0.85		
	QK = 0.3	QK = 0.8
$\eta_{qFK,QK}$	- 0.26	- 0.20
$\eta_{\mu,qFK}$	- 0.007	- 0.0004

Tab. 4-5: Reaktion auf einen Anstieg der Rendite des Kapitaleinsatzes

Die Ergebnisse der Simulation werden in Abb. 4-8 veranschaulicht. Wie die Abbildung zeigt, verschiebt sich die Ertragsfunktion durch die erwartete Erhöhung der Rendite der Kapitalanlage bei einer gleichzeitigen Drehung nach oben. Die optimale Fremdkapitalquote sinkt unabhängig von der Risikobereitschaft und der Höhe der Rendite der Kapitalanlage. Der Eigenkapitalertrag dagegen steigt nur dann, wenn die Risikobereitschaft gering ist. Bei Kapitalanlegern mit hoher Risikobereitschaft ergibt sich eine Rückgang der Rendite des Eigenkapitals.

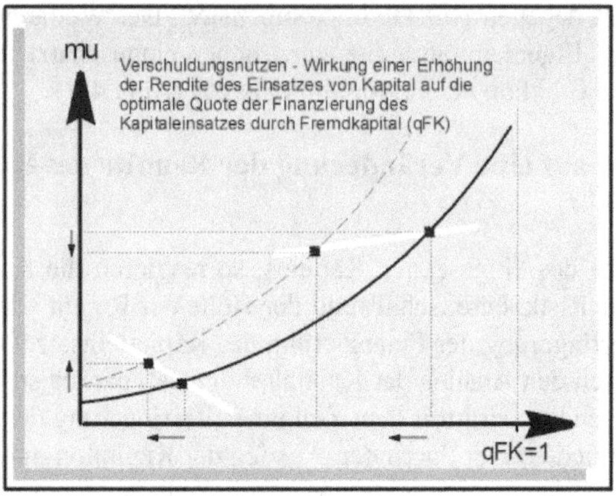

Abb. 4-8: Reaktion auf eine Erhöhung der Rendite des Kapitaleinsatzes

4.2.3 Reaktion auf eine Veränderung des Risikos des Kapitaleinsatzes

Steigt das Risiko des Kapitaleinsatzes, so steigt cet. par. das Risiko der Illiquidität.

Anteil des Fremdkapitals am Kapitaleinsatz (qVS) = 0.15		
	QK = 0.3	QK = 0.8
$\eta_{qFK,sigVK}$	- 1.33	- 0.18
$\eta_{\mu,qFK}$	- 0.16	- 0.02
Anteil des Fremdkapitals am Kapitaleinsatz (qVS) = 0.85		
	QK = 0.3	QK = 0.8
$\eta_{qFK,sigVK}$	- 0.002	- 0.0001
$\eta_{\mu,qFK}$	- 0.010	- 0.0010

Tab. 4-6: Reaktion auf einen Anstieg des Risikos des Kapitaleinsatzes

Mit dem Ziel, dem Anstieg des Illiquiditätsrisikos entgegenzuwirken, verringern Kapitalanleger unabhängig von ihrer Risikobereitschaft und der Rendite des Kapitaleinsatzes ihre Nachfrage nach Fremdkapital. Die Folge ist ein entsprechender Rückgang der Eigenkapitalrendite, der sich umso stärker auswirkt, je geringer die Rendite des Kapitaleinsatzes.

4.3 Zusammenfassung

Im Mittelpunkt der Analyse über das Verhalten von Kapitalanlegern bei Existenz von Risiko steht die Frage, wie Kapitalanleger auf eine Veränderung der Bestimmungsfaktoren der Entscheidung über das Ertrags- bzw. das Illiquiditätsrisiko reagieren, wenn sie das Ziel haben, ihre Eigenkapitalrendite zu maximieren und das Risiko des eingesetzten Eigenkapitals zu minimieren. Unter der Annahme, ein Kapitalanleger treffe seine Entscheidungen auf der Grundlage einer durch das μ-σ-Kriterium darstellbaren Nutzenfunktion, so ergeben sich teilweise unerwartete Reaktionen.

1. Ertragsrisiko

Steigt der Ertrag der sicheren Kapitalanlage, so ist zu erwarten, dass die Nachfrage nach der risikobehafteten Kapitalanlage sinkt, wenn der Zinssatz steigt und die Nachfrage nach der risikobehafteten Kapitalanlage steigt, wenn die Rendite der risikobehafteten Kapitalanlage steigt. Wie die Ergebnisse der Simulation zeigen, ist es bei einer hohen Rendite der risikobehafteten Kapitalanlage dagegen optimal, die Nachfrage nach der risikobehafteten Kapitalanlage zu verringern und damit das Kapitalanlagerisiko zu reduzieren.

Risikobereitschaft	**Zinssatz steigt**	**Rendite steigt** QS niedrig	**Rendite steigt** QS hoch	**Streuung steigt**
gering	↓	↑	↓	↓
hoch	↓	↑	↓	↓

Abb. 4-9: Ertragsrisiko – optimale Veränderung der Nachfrage nach risikobehafteten Kapitalanlagen (qVS)

Zu erwarten ist weiterhin, dass ein Anstieg des Zinssatzes und/oder der Rendite der risikobehafteten Kapitalanlage einen Anstieg der Kapitalrendite zur Folge haben. Wie sich zeigt, hat eine optimale Reaktion auf einen Anstieg des Zinssatzes bei Kapitalanlegern mit hoher Risikobereitschaft einen Rückgang der Rendite des Kapitaleinsatzes zur Folge. Der Rückgang der Nachfrage nach risikobehafteten Kapitalanlagen und damit der Rückgang der Rendite des Kapitaleinsatzes ist dabei umso stärker, je kleiner die Rendite der risikobehafteten Kapitalanlage.

Risikobereitschaft	**Zinssatz steigt**	**Rendite steigt** QS niedrig	 QS hoch	**Streuung steigt**
gering	↑	↑	↑	↓
hoch	↓	↑	↑	↓

Abb. 4-10: Ertragsrisiko – optimale Veränderung der Kapitalrendite

Ändert sich die Streuung der risikobehafteten Kapitalanlage, so stimmen die als optimal ermittelten Reaktionen mit den zu erwartenden Ergebnissen überein. Steigt die Streuung, so sinkt die Nachfrage nach risikobehafteten Kapitalanlagen. Die Folge ist ein Rückgang der Rendite des Kapitaleinsatzes.

2. Illiquiditätsrisiko

Steigt der Ertrag des eingesetzten Kapitals und/oder sinkt der Zinssatz für Fremdkapital, so steigt cet. par. der Ertrag des eingesetzten Eigenkapitals. Unabhängig davon, ob es sich um einen Haushalt oder einen Unternehmer handelt, muss ein Kapitalanleger entscheiden, ob und in welchem Umfange auf einen Teil der Ertragssteigerung mit dem Ziel einer Verringerung des mit dem Kapitaleinsatz verbundenen Risikos verzichtet werden soll.

Hierbei ist zu erwarten, dass die Nachfrage nach Fremdkapital sinkt, wenn der Zinssatz für Fremdkapital steigt. Wie die Ergebnisse der Simulation zeigen, ist dies nur für Kapitalanleger mit geringer Risikobereitschaft und niedriger Kapitalrendite optimal. Für alle anderen Anleger ist es dagegen optimal, die Nachfrage nach Fremdkapital bei einer Erhöhung des Zinssatzes für Fremdkapital zu erhöhen, um die durch die Zinserhöhung cet. par. entstehende Verringerung der Eigenkapitalrendite teilweise zu kompensieren oder sogar zu steigern. Letzteres gilt für Kapitalanleger mit hoher Risikobereitschaft.

Steigt die Rendite des Kapitaleinsatzes, so sinkt bei allen Kapitalanlegern die Nachfrage nach Fremdkapital. Die Ergebnisse entsprechen den Erwartungen. Der Rückgang der Nachfrage nach Fremdkapital ist dabei umso höher, je geringer die Risikobereitschaft und je höher die Rendite des eingesetzten Kapitals. Aufgrund dieser Unterschiede in der Reaktion der Kapitalanleger auf einen Anstieg der Rendite des eingesetzten Kapitals steigt die Eigenkapitalrendite nur bei Kapitalanlegern mitgeringer Risikobereitschaft, während sie bei Kapitalanlegern mit hoher Risikobereitschaft sinkt.

Die Analyse der Reaktion auf einen Anstieg der Streuung der Rendite des eingesetzten Kapitals entspricht den Erwartungen. Die Nachfrage nach Fremdkapital sinkt und die Eigenkapitalrendite sinkt. Die sich ergebenden Unterschiede zwischen den Kapitalanlegern beschränken sich auf die Stärke der Reaktion. So ist die optimale Verringerung der Nachfrage nach Fremdkapital umso geringer, je höher die Risikobereitschaft und je höher die Rendite der Kapitalanlage.

Risikobereit-schaft	**Zinssatz steigt**		**Rendite steigt**	**Streuung steigt**
	QK niedrig	QK hoch		
gering	↓	↑	↓	↓
hoch	↑	↑	↓	↓

Abb. 4-11: Illiquiditätsrisiko: Optimale Veränderung der Fremdfinanzierungsquote des Kapitaleinsatzes (qFK)

Risikobereit-schaft	**Zinssatz steigt**		**Rendite steigt**	**Streuung steigt**
	QK niedrig	QK hoch		
gering	↓	↓	↑	↓
hoch	↑	↑	↓	↓

Abb. 4-12: Illiquiditätsrisiko: Optimale Veränderung der Eigenkapitalrendite (μ)

Zum Schluss sei noch einmal darauf hingewiesen, dass es sich sowohl bei der Bestimmungsgleichung für die optimalen Portfoliostruktur einer Kapitalanlage als auch für der Bestimmungsgleichung für die optimale Finanzierung eines Kapitaleinsatzes um nichtlineare Gleichungen handelt. Dies bedeutet, dass grundsätzlich mehrere Lösungen möglich sind.

Literatur

Bamberg, G. / Coenenberg, A. G. (1988), Art. Entscheidungstheorie, in: Handwörterbuch der Wirtschaftswissenschaft (HdWW), Bd. 2, Stuttgart u.a.O., S. 376-392.

Neumann, M. (1988), Art. Nutzen, in: Handwörterbuch der Wirtschaftswissenschaft (HdWW), Bd. 5, Stuttgart u.a.O., S. 349-361.

Sinn, H.W. (1980), Ökonomische Entscheidungen bei Ungewissheit, Tübingen.

III. Arbeitsmarkt und Beschäftigung

Der Wert der volkswirtschaftlichen Ausbildung

Thesen und anekdotische Evidenz

Markus Baumgartner

Zusammenfassung: Entscheidungen über Investitionen in Humankapital sind sowohl individuell als auch volkswirtschaftlich bedeutsam. Die Frage nach der konkreten Werthaltigkeit der Investition in volkswirtschaftliches Wissen ist theoretisch wie empirisch unzureichend beleuchtet. Der vorliegende Artikel bietet Ansätze zur Strukturierung des Themas und leitet Handlungsoptionen für die volkswirtschaftliche Ausbildung ab.

Schlüsselworte: Humankapital, Volkswirtschaftslehre, Theorie, Empirie

1. Einleitung

Humankapitalinvestitionen sind sowohl theoretisch gut durchleuchtet als auch empirisch ausgiebig untersucht.[1] Für spezifische Arten dieser Investitionen sind im deutschsprachigen Raum jedoch eher weniger Analysen vorhanden.[2] Dies gilt auch für die Investition in volkswirtschaftliche Ausbildung und – im Erfolgsfalle – volkswirtschaftliche Kompetenz. Dies ist umso erstaunlicher, als die Beschäftigung mit der Sinnhaftigkeit einer jeden Ausbildung in der Regel jeden Anwärter vor Beginn der Ausbildung beschäftigt. Gerade von angehenden Ökonomen wäre überdies eine rationale Überprüfung ihres Investitionskalküls zu erwarten.[3] Auch wenn die Rendite einer Investition in spezifisches Humankapital – wie es die volkswirtschaftliche Ausbildung darstellt – sich ex ante nicht individuell absichern lässt, so können doch bestimmte Grundlogiken, Erfahrungswerte und – in be-

---

[1] Vgl. SCHUMANN (1987), S. 92 ff. sowie die dort angegebene Literatur und FRANZ (1991), S. 88 ff.

[2] Ein Zusammenhang zwischen der relativ nachlässigen Befassung mit dem Thema und der Wahl zum Unwort des Jahres scheint jedoch nicht zu bestehen.

[3] Das Investitionskalkül, das grob gesprochen die zukünftigen Erträge aus der Bildungsinvestition ins Verhältnis zu den Aufwendungen für die Bildung setzt, lässt sich mit der intertemporalen Einkommensoptimierung modellhaft ebenso beschreiben, wie mit den Verfahren der klassischen Investitionsrechnung. Individuelles Entscheidungskriterium wäre in beiden Fällen die Maximierung der diskontierten Einkommensüberschüsse [BAUMGARTNER (1995), S. 5 ff.].

grenztem Umfang – Statistiken zur Überprüfung der Werthaltigkeit der Investition herangezogen werden. Vor diesem Hintergrund soll der vorliegende Beitrag einige Anregungen zur Strukturierung der kargen Empirie sowie der theoretischen Fundierung liefern und zu guter Letzt auch Schlussfolgerungen für die volkswirtschaftliche Ausbildung anbieten.

2. Empirischer Befund

Für die Bestimmung der Rentierlichkeit einer Bildungsinvestition sind neben der Aufwandsseite (i.e. geringeres Entgelt ggü. dem durchschnittlichen Entgelt ungelernter Arbeit plus zusätzliche Aufwendungen für Lehrmittel, doppelte Haushaltsführung, ggf. Studiengebühren etc.) die Erträge von wesentlicher Bedeutung (höhere Entgelte ggü. dem Durchschnittseinkommen entsprechender Qualifikationsgüten).

Für die Aufwandsseite sind die Determinanten und die absoluten Beträge für die unterschiedlichen geisteswissenschaftlichen Ausbildungen an deutschen Hochschulen so ähnlich und in der politischen Diskussion so intensiv diskutiert, dass auf eine Vertiefung hier verzichtet werden soll.

Auf der Ertragsseite spielt neben der Höhe der Entlohnung die Dauer der entlohnten Tätigkeit die wesentliche Rolle. Die BUNDESAGENTUR FÜR ARBEIT liefert in ihren Statistiken und Informationsschriften Anhaltspunkte für die Marktgängigkeit bestimmter getätigter Ausbildungsinvestitionen (sprich beruflicher Spezialisierungen). Dabei stellt sich heraus, dass die Arbeitslosigkeit der Volkswirte nach einem zwischenzeitlichen Rückgang zum Ende der neunziger Jahre in den letzten Jahren wieder zugenommen hat (vgl. Abb. 2), sich aber mit ca. 5% (BWLer ca. 3%) auf dem Niveau vergleichbarer akademischer Ausbildungsgänge bewegt.[1] Gleichzeitig zeigt sich zum Beispiel gegenüber der betriebswirtschaftlichen Absolventenschar – trotz deren größerer Zahl – ein höheres Niveau der Arbeitslosigkeit.[2] Überdies ist die Zahl der erwerbstätigen Volkswirte seit Anfang der neunziger Jahre ungefähr gleich geblieben, während die Gesamtzahl der Erwerbstätigen ebenso wie die Zahl der erwerbstätigen BWLer im gleichen Zeitraum gestiegen ist. Infolgedessen ist der Anteil der Volkswirte an den erwerbstätigen Wirtschaftswissenschaftlern im Sinken begriffen. Während dieser Anteil bei den über 50-jährigen noch etwa ein Viertel ausmacht, liegt er bei den unter 35-jährigen lediglich bei etwa einem Zehntel. [STATISTISCHES BUNDESAMT (2000)].

---

1 Zu Definition und Ursachen der Arbeitslosigkeit im Allgemeinen vgl. DIECKHEUER (2003), S. 165 ff.; zu den Statistiken der BUNDESAGENTUR vgl. u.a. deren Internetauftritt, insbesondere das Portal „BerufeNet“.

2 Der grundsätzliche Unterschied zwischen beiden Ausbildungsgängen soll hier nicht beleuchtet werden.

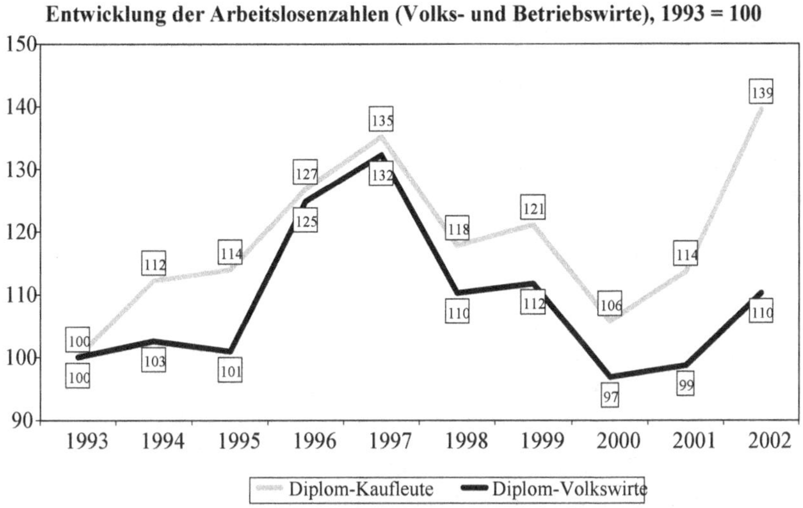

Quelle: ZENTRALSTELLE FÜR ARBEITSVERMITTLUNG (2002), S. 44 f.

Abb. 1: Entwicklung der Arbeitslosenzahlen (Volks- und Betriebswirte)

Bezogen auf die weiteren Komponenten der Ertragsseite (Dauer bzw. Unterbrechungen der Erwerbstätigkeit und Höhe der Entlohnung) geben die offiziellen Statistiken nur begrenzt Auskunft. Hierzu liegen lediglich vereinzelte, z. T. anekdotische Hinweise vor.[1] Diese Hinweise legen den Schluss nahe, dass der überwiegende Teil der Absolventen zunächst qualifikationsadäquaten Tätigkeiten nachgeht.[2] In einem zweiten Zeitintervall, das zwischen 3-5 Jahre nach dem Ende der Qualifizierungsphase beginnt, verlegt sich der Tätigkeitsschwerpunkt auf Felder, die weniger von den Inhalten der formalen Qualifikation bestimmt werden. Häufig treten Gegebenheiten der jeweiligen Branche bzw. Belange des Arbeitgebers in den Vordergrund. Diese Veränderung im Tätigkeitsfeld geht einher mit einer stärkeren Differenzierung in der Entgeltstruktur. Die Dauer der Erwerbstätigkeit bzw. die Gefahr von Arbeitslosigkeit scheint i. W. ein Phänomen der Altersstruktur zu sein (über 80% der arbeitslosen Volkswirte waren im Jahr 2003 über 35 Jahre alt).

---

1 Verwiesen sei hier auf verschiedene Veröffentlichungen von Alumni-Vereinigungen (bspw. der Uni Passau) sowie die Stichprobe der Doktoranden des Instituts für industriewirtschaftliche Forschung.

2 Qualifikationsadäquate Tätigkeiten beinhalten Tätigkeitsbilder, für deren Erfüllung das spezifische volkswirtschaftliche Wissen zumindest teilweise erforderlich oder hilfreich ist.

3. Erklärungsmuster

Trotz der unzureichenden empirischen Basis lassen sich einige robuste Erklärungsmuster ableiten:

Investitionen in volkswirtschaftliches Wissen scheinen aus Sicht der Marktteilnehmer auf dem Arbeitsmarkt für einige Tätigkeiten eine Eingangsbedingung (Markteintrittsbarriere) zu sein. In diesen Fällen decken sich die spezifischen Anforderungen der Tätigkeit mit dem Angebot der Absolventen. Da es sich hierbei i. d. R. um erste berufliche Tätigkeiten handelt, stellt aus Arbeitgebersicht das Zertifikat der formalen Qualifikation (jeweiliger Abschluss) eine ausreichende Gewähr für das Vorhandensein der geforderten Qualifikationen dar. Darüber hinausgehende subjektive Einschätzungen („Ein guter Volkswirt kann alles") scheinen beim Berufseintritt eher schwer vermittelbar zu sein.

Das Angebot an Tätigkeiten mit dem entsprechenden Anforderungsprofil ist im Zeitverlauf zwar eher konstant, bietet aber gleichwohl den Absolventen genügend Möglichkeiten für den Berufseinstieg, wie die geringe Arbeitslosenquote der unter 35-jährigen (< 1%) belegt. Gegenüber den Betriebswirten ist eine stärkere Spezialisierung erkennbar, die das Wahrnehmen eines begrenzten Marktsegments erlaubt. Volkswirte sind hauptsächlich in den Branchen Hochschule und Forschung, Wirtschafts- und Personalberatung, Behörden, Kreditgewerbe sowie Verbände und Vereinigungen tätig. Der Anteil dieser Branchen an den an Volkswirte gerichteten Stellenausschreibungen stieg von 1999 bis 2003 von 64% auf 77,3%. [ZENTRALSTELLE FÜR ARBEITSVERMITTLUNG (2002), S. 24]. Die zunehmende Konkurrenzsituation auf dem Arbeitsmarkt für Wirtschaftswissenschaftler und die Verdichtung gerade in Stabstätigkeiten, statistischen Abteilungen etc. führen aber zu einer labilen Entwicklung dieses Segmentes. Außerhalb der genannten Branchen stellen Unternehmen am ehesten Volkswirte mit betriebswirtschaftlichen Kenntnissen (insbesondere in den Bereichen Controlling und Rechnungswesen) ein. [ZENTRALSTELLE FÜR ARBEITSVERMITTLUNG (2002), S. 23].

Die im weiteren Verlauf der Berufstätigkeit erkennbare Ausdifferenzierung der Tätigkeitsfelder lässt sich durch zwei Faktoren erklären:

Im Zuge der beruflichen Tätigkeit (gerade auch bei einem Arbeitgeber) steigt das unternehmensspezifische Wissen. Das individuelle Humankapital erhält somit eine weitere Ausprägung, das im Zweifelsfall für einen Arbeitgeber wertvoller ist als die reine formale Qualifikation, da es die Wirksamkeit innerhalb der Organisation des Arbeitgebers erhöht.

Gleichzeitig treten beim Abbau der Unsicherheit, die zu Beginn eines Arbeitsverhältnissen auf beiden Seiten bestanden hat, durch die gesammelten Erfahrungen die formalen Qualifikationen gegenüber den individuellen Fähigkeiten zurück (i.e. die durchschnittliche Einschätzung der Leistungsfähigkeit wird ersetzt durch eine Einschätzung der individuellen Leistungsfähigkeit). Dabei zeigt sich in der beruflichen Praxis, dass als Komponenten der individuellen Leistungsfähigkeit weichen

Faktoren (v.a. kommunikative Fähigkeiten, soziale Kompetenzen, Medienbeherrschung, Zielstrebigkeit, Organisations- und Durchsetzungsfähigkeit) eine wesentliche Bedeutung zukommt.

Beide genannten Faktoren – die im Übrigen auch für die Absolventen gelten, die dauerhaft im akademischen und nicht akademischen Teil des öffentlichen Dienstes beschäftigt sind – haben eine maßgebliche Auswirkung sowohl auf die Wahrscheinlichkeit einer späteren Erwerbsunterbrechung (Arbeitslosigkeit) als auch auf die Höhe der jeweiligen Entlohnung.

Da die Phase der Ausdifferenzierung der Tätigkeiten und Entlohnungen bezogen auf die Dauer des gesamten Erwerbslebens einen erheblichen Anteil (zwischen 60 und 75%) ausmacht, ist leicht ersichtlich, dass hierdurch ein wesentlicher Teil der individuellen Verzinsung der Bildungsinvestitionen determiniert wird. Dabei ist wichtig festzuhalten, dass auch die individuelle Leistungsfähigkeit durch die formale Ausbildung mit beeinflusst wird und nicht nur Resultat von Erbanlagen und familiärer Prägung ist.

4. Zusammenfassung

Bezogen auf die Anforderung einer möglichst hohen Verzinsung der getätigten Bildungsinvestitionen zeigt sich, dass die volkswirtschaftliche Ausbildung als Eintrittsvoraussetzung für ein spezifisches Segment des Arbeitsmarktes durchaus nützlich ist und die Mindestanforderung der Erzielung von spezifisch höheren Arbeitseinkommen nach der Phase der Qualifikation erfüllt.

Die aufgezeigten strukturellen Instabilitäten des Berufsbildes außerhalb des öffentlichen Sektors sowie die zunehmende Bedeutung der individuellen Faktoren im weiteren Berufsweg deuten auf eine ex ante schwer kalkulierbare Investitionssituation hin, da die langfristige überdurchschnittliche Entlohnung nicht regelmäßig und gezielt erfüllt ist. Dies ist umso schwieriger, als die zuvor als zunehmend wichtig eingeschätzten „weichen" Faktoren typischerweise im Rahmen der volkswirtschaftlichen Ausbildung nicht gezielt gefördert werden und sich somit eher „zufällig" ergeben.

Vor diesem Hintergrund bieten sich drei Potenziale zur Steigerung der Werthaltigkeit einer Investition in volkswirtschaftliches Wissen an:

Eine stärkere Erweiterung des Qualifikationsportfolios um z. B. betriebswirtschaftliche Fähigkeiten mit dem Ziel, die Anzahl der erreichbaren Marktsegmente zu erhöhen.

Eine gezieltere Förderung der weichen Fähigkeiten bereits im Rahmen der Hochschulausbildung, um eine schnellere und bessere Profilierung der individuellen Leistungsfähigkeit zu erreichen.

Eine bessere Information über die typischen Berufswege und Anforderungen (z. B. auch über Mentorenschaften) für Menschen, die vor der Wahl des Berufsweges stehen oder sich im Rahmen der Ausbildung befinden.

Literatur

Baumgartner, M. (1995), Internationale Auswirkungen einer nationalen Kapitalverknappung, Bergisch-Gladbach u.a.

Dieckheuer, G. (2003), Makroökonomik – Theorie und Politik, 5. Aufl., Berlin u.a.

Franz, W. (1991), Arbeitsmarktökonomik, Berlin u.a.

Schumann, J. (1987), Grundzüge der mikroökonomischen Theorie, 5. Aufl., Berlin u.a.

Statistisches Bundesamt (2000), Mikrozensus 2000, Wiesbaden.

Zentralstelle für Arbeitsvermittlung (2002), Arbeitsmarkt-Information für qualifizierte Fach- und Führungskräfte: Wirtschaftswissenschaftlerinnen und Wirtschaftswissenschaftler, Bonn.

Multiple Equilibria in German Employment

A Note on the Simultaneous Identification of Structural Breaks

Ansgar Belke, Matthias Göcke

Summary: A standard cointegration model for West German employment is compared to a model including structural breaks in the long-run relation. To identify breaks two different algorithms can be applied. First, an algorithm based on the individual search for only one break, independent of additional breaks. Second, as an extension, a process searching for two breaks simultaneously. Both corresponding estimations reveal that persistence is attributed to breaks in the long-run relation and not to a degenerating adjustment process. The second algorithm is superior since it allows to detect breaks only identifyable in combination with other shifts.

Key words: Employment, hysteresis, labour demand, unit root, cointegration

1. Introduction and econometric specification

Generally, the path-dependence property of a system's equilibrium can be attributed to a kind of instability. Path-dependence can occur in two different cases: First, in the case of indifference or *global* instability, when any adustment process is degenerated and, second, in the case of the occurrence of *local* instability, when a sudden alteration of a system's state due to an exogenous change occurs [AMABLE ET AL. (1992); GÖCKE (2002)]. There, the path-dependence has the form of a structural break in the equilibrium input-output relation. In time series models, global instability is modelled via linear difference equations containing unit roots, whereas simple models with structural shifts employ dummy-variables. We try to model the two types simultaneously, considering the possibility of structural breaks in the cointegrating relation. For this purpose, we estimate two types of cointegration models of German employment. First, a standard model without structural breaks where all persistence effects concerning the *relation* between the variables are attributed to an unit root in the dynamics of the system. I.e. the adjustment process towards an equilibrium relation (which is actually not given in this case) is degenerated. Second, a model including structural breaks in the long-run relation. These structural breaks appear when strong economic disturbances occur, i.e. the equilibrium itself is path-dependent.

In the standard model, persistence in West German employment could lead to an insignificant error-correction parameter according to a unit root, whereas in the structural break-augmented model persistence might be attributed to structural shifts. Since generally persistence is analysed in the standard model, the occurrence of a unit root will be more probable than in the structural break-augmented model. The unit root in the standard cointegration model might not be attributed to the degeneration of the adjustment process but rather to a misspecification in form of an ex-ante exclusion of the possibility of structural breaks due to serious economic shocks. Integration of a single variable corresponds to a first unit root: all past changes of the considered variable leave an infinite effect, since the level is determined by the summation of all past disturbances. We, however, are interested in equilibrium *relations* between variables. A degeneration of the adjustment process towards equilibrium relations is described by a *second* unit root. Therefore, we have to test for a unit root in the "error", i.e. the deviation from the presumed equilibrium relation, which is conducted via a test for cointegration.

The main aim of this note is to extend the analysis of an earlier contribution [BELKE/GÖCKE (1997)]. The procedure is as follows. In section 2, the reference error-correction model developed by BELKE/GÖCKE (1997) is introduced as brief as possible. Section 3 looks for breaks in the long-term equilibrium relation. It starts from the basic insight that two different algorithms can be applied to identify structural breaks. First, as in BELKE/GÖCKE (1997), an algorithm based on the individual search *for only one* structural break, independent of additional breaks (section 3.1). Second, as an innovation compared to our earlier contribution, a *simultaneous process* searching for *two* breaks is proposed (section 3.2). This note concludes with section 4.

For reasons of comparability, we use the same data set already applied by BELKE/GÖCKE (1997), i.e. quarterly data from 1970.1 to 1992.3, throughout the application of both algorithms. We set up a relation for West Germany between: employment [BSI, employed residents; source: STATISTISCHES BUNDESAMT], the index of real negotiated standard wages [WTR = WT / PPID; WT = negotiated standard wages (source: BUNDESBANK); PPID = 'PPI all items' (source: OECD)], gross domestic product [1991 prices, BIP91; source: DIW], price index of imported crude oil [PIOE, source: STATISTISCHES BUNDESAMT], a linear trend [TREND] and a constant. The linear trend serves as a proxy for technical progress. A logarithmic transformation (indicated by "L") is applied to all series and a seasonal adjustment is conducted via seasonal dummies [D1, D2, D3 for the first, second and third quarter].

The models are estimated using the cointegrating techniques proposed by BANERJEE/DOLADO/MESTRE (1992), ENGLE/GRANGER (1987) and HENDRY (1993). We are able to confirm the hypothesis that all series in the model are integrated of the order I(1), which serves as a prerequisite for cointegration. For seasonal adjustment, we choose differences on a year-per-year basis (annual growth rates) with regard to tests of the order of integration and the specification of error-correction models (ECMs). To test for *cointegration* we estimate the relation LBSI = f(LWTR, LPIOE, LBIP91, TREND, D1, D2, D3) by OLS. The index of real negotiated standard wages is included with a lead of two periods.[1]

2. An error-correction model without structural breaks

In BELKE/GÖCKE (1997), we specified a reference error-correction model along certain strict guidelines. Since residual based cointegration tests implicitly impose an a-priori *common factor-restriction*, we used a simple test *based on the estimated error-correction coefficient* in the EC representation as proposed by KREMERS/ERICSSON/DOLADO (1992, pp. 326 ff.) and BANERJEE/DOLADO/MESTRE (1992, p. 231). This test is more efficient by relying on unrestricted ECMs and allows a direct test of the null that the adjustment process to an equilibrium is degenerated.

We tested the hypotheses that there is *only one* cointegrating vector and that it enters (only) the employment equation. For this purpose, we used the sequential Johansen procedure.[2] Addtionally we took into account that the statistical inference with respect to the parameters of cointegrating equations in the presence of unit roots heavily relies on the *weak exogeneity* of the regressors W4BP91, W4WTR and W4PIOE. To avoid a potential simultaneous equation bias and to secure that the $t_{C(1)}$-Statistics as well as the cointegration parameters are asymptotically N(0,1)-distributed, we successfully conducted *tests on weak exogeneity* as usual t-tests on the error-correction parameter in the so-called marginal models of W4BIP91, W4WTR and W4PIOE [HANSEN/KIM (1995); HENDRY (1993), pp. 15 ff.]. For estimation we chose the robust two step method by ENGLE/GRANGER (1987). The ECM was then specified by the "general to the specific"-method. A constant was included since drift terms were found in the unit-root test for the individual variables.

Another important point deserved our attention. KREMERS/ERICSSON/DOLADO (1992, pp. 328 ff.) demonstrate that distributional results from 'standard' asymptotic theory generally do not apply without further assumptions to the empirical t_{ECM}-value under the null of no cointegration but that t_{ECM} is asymptotically normally distributed under the alternative. Assuming the cointegration vector to be known, the distribution of the t_{ECM}-value can be approximated by a standard

---

[1] Why is the wage variable included with a lead of two periods? This is not a priori restriction but is in fact tested by BELKE/GÖCKE (1997). In Germany negotiated wage contracts in the typical case cover 1 to 2 years. The lead of two quarters therefore possibly corresponds to an "average" anticipation horizon.

[2] JOHANSEN (1991). Cointegration is indicated when structural break dummies, assigned as in Tab. 1, are implemented in the cointegrating relation.

normal distribution in many cases and one can dispense with the higher critical values implied by the ADF cointegration test. BANERJEE/DOLADO/MESTRE (1992) extended this test concept to the case of ex ante *not known* cointegration vectors and derive critical values for the distribution of the t_{ECM}-value and up to five (weakly) exogenous cointegrating regressors. An important finding from our dynamic model then was that the error-correction term (EC) in the *standard model without* structural breaks was statistically insignificant (–0.06; t-value: –2.30) according to the critical values by BANERJEE/DOLADO/MESTRE (1992).[1]

3. Structural breaks in the long-run equilibrium relation

3.1 Independent determination of breaks

However, in BELKE/GÖCKE (1997) our objective was to differentiate between hysteresis caused by structural shifts and persistence based on unit roots expressed via an insignificant cointegration parameter. We expected an increasing significance and absolute value of the error-correction parameter if structural breaks are considered in an adequate manner. In order to determine the date of structural breaks in the cointegrating regression, we applied a special procedure.[2] The structural break was modelled in a very simple way: A dummy variable was specified to cover a shift in the ordinate. Starting at value 0; at a given date this dummy changes its value to 1. The date of the (0,1)-switch of the dummy variable was defined for every possible period, and the corresponding cointegrating regression was estimated in each case. The residuals of every of these long-run equilibrium regressions were applied to approximate the "error" in the short run error-correction regression. Fig. 1 (a) displays the development of the error-correction parameter C(1) and the R^2 of the error-correction regression according to the underlying date of the structural shift.

1 These results are not tabulated here. The relevant critical value for the 5%-significance level is –3.36. See BANERJEE/DOLADO/MESTRE (1992), appendix, table 2.

2 For the respektive batch-program see the annex. BANERJEE/LUMSDAINE/STOCK (1992) used a similar sequential procedure to determine structural breaks. In contrast to the procedure applied in our paper they emphasized sequential mean - and/or trend shifts in a univariate ADF-test equation of the PERRON (1989) type. See also BELKE (1996).

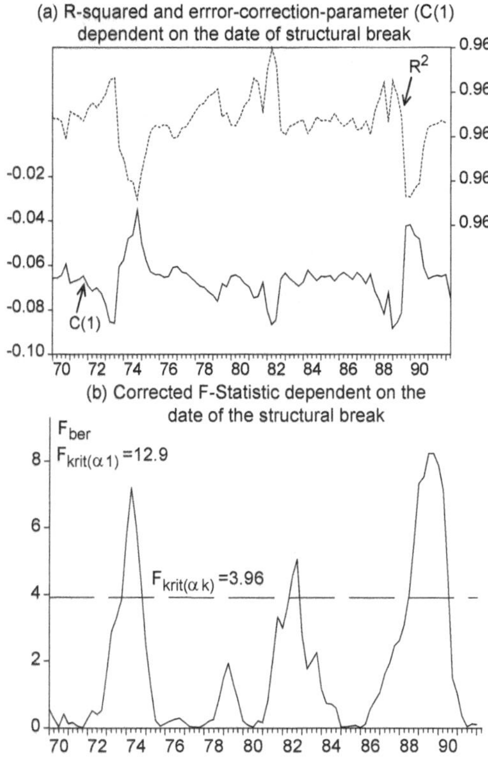

Source: BELKE/GÖCKE (1997).

Fig. 1: Determination of the date of structural breaks

In BELKE/GÖCKE (1997) we stressed that the slopes of the R^2 and C(1)-estimates display interesting features. Dependent on the date of structural shifts in the cointegrating regression, the goodness of fit of the error-correction regression was the better, the higher the error-correction parameter's absolute magnitude was. The periods of structural breaks could be determined by us as the periods with the highest values of R^2 and of the absolute magnitude of the error-correction parameter. According to the three local maxima in the R^2-plot we detected three major structural breaks in the following periods: the last quarter of 1973, the third quarter of 1982 and the second quarter of 1989.[1] Using this timing, we specified three shift dummies to re-estimate the cointegrating and the EC regression (Tab. 1 and 2). We interpreted ORD2 and ORD3 as approximations of the structural shift induced inter alia by the first and second oil price shock (the latter accompanied by restrictive fiscal and monetary policies in Western Europe). ORD4 was imple-

[1] The identified breakpoints were very similar to the ones emerging in case of an univariate representation of the German unemployment rate [BELKE (1996)].

mented by us to indicate the (anticipated) positive employment effects of the German reunification.

Variable	Coeff.	T-Statistic	
Constant	7.526191	27.04507	R^2: 0.9608
ORD2	-0.022238	-3.710572	DW: 1.176
ORD3	-0.022490	-4.200130	Akaike IC: -9.326755
ORD4	0.020264	4.795265	Schwarz IC: -9.021223
LWTR(2)	-0.161816	-3.924092	
LPIOE	-0.011335	-3.634328	Assignment of the
LBIP91(-4)	0.412139	8.653979	structural break dummies:
TREND	0.000571	1.753584	ORD2 = 1 for 73.4–92.2, else 0
D1	0.016859	3.709650	ORD3 = 1 for 82.3–92.2, else 0
D2	0.008183	2.410786	ORD4 = 1 for 89.2–92.2, else 0
D3	0.007755	2.587591	

Source: BELKE/GÖCKE (1997).

Tab. 1: Cointegrating regression with 3 modelled structural breaks
(OLS, dependent variable: LBSI; Sample: 1970.1-1992.2, 90 included observ.)

In our 1997-paper we admitted that C(1) and R^2 can be regarded as *random variables* and, thus, are allowed to vary within a confidence interval without indicating a structural break. In addition we took account of the fact that such confidence intervals tend to get larger if one proceeds sequentially. In order to examine the stability of the long-term employment relation we conducted a *sequential F-sample split test [*HANSEN/KIM (1995); SCHRÖER/STAHLECKER (1995), pp. 6 ff.]. For this purpose, an *unrestricted* regression model, the cointegrating relation including an additional structural break-dummy, was compared by us to a *restricted* (original) model. The output was an *F-statistic* based on the difference between residual sums of squares in the restricted and the unrestricted regression. Thus, we conducted a *global* test as a sequence of individual tests for every possible breakpoint.

The *usual significance level* for individual F-tests was *not* retained in our global sequential test. Instead, we argued in favour of another approach. With α_1 as significance of an individual test, the significance level of the global test α_k may not exceed α_1 times (number of tests k) resp. α_1 times (number of possible breakpoints): $\alpha_k \leq k \cdot \alpha_1 \Rightarrow \alpha_1 \geq \alpha_k/k$ according to the Bonferroni-inequality. If there is no overlapping of the areas of rejection of the null hypothesis of the individual tests the inequality would degenerate to an equality [SCHRÖER/STAHLECKER (1995), pp. 6 f.]. Therefore, applying the inequality as an equality is recommended only if k is not too large. Only in this extreme case, for an overall significance level of α_k=5% and conducting k=88 tests, individual tests have to be performed at the (stricter) level of α_1=0.0568% resp. $F_{krit(\alpha_1)}$=12.9. Since in our case there were overlapping areas of rejection and a-priori information on the localisation of the structural breaks this most conservative critical F-value in our view represented the upper bound for inference. Regarding these problems, we compared the empirical F-values to both, the upper bound $F_{krit(\alpha_1)}=12.9$ and the lower (individual) value $F_{krit(\alpha_k=5\%)}=3.96$. We then used the F-statistic based on the estimated residuals EC1 of the *standard* cointegrating regression on p endogenous lags (corrected for non-i.i.d.-properties) F_{ber}:

$$EC1_t = \hat{\beta}_1 \cdot EC1_{t-1} + \ldots + \hat{\beta}_p \cdot EC1_{t-p} + e_t \qquad (1)$$

$$F_{ber} = (\hat{\sigma}_{EC1} / \hat{\lambda})^2 \cdot F \quad \text{with} \quad \hat{\lambda} = (1 - \hat{\beta}_1 - \ldots - \hat{\beta}_p)^{-1} \cdot \sqrt{\sum_{t=p+1}^{T} e_t^2 / (T-p)}$$

A lag length of p=5 proved to be sufficient according to the usual test statistics [HAMILTON (1994), p. 610; SCHRÖER/STAHLECKER (1995), p. 7].[1] Fig. 1 (b) shows the realisations of the corrected F-statistic F_{ber} for the hypothesis of no structural break in the constant of the cointegrating regression. Obviously, the null hypothesis of no structural break in the cointegrating relation could be rejected at the 5%-level supposing individual tests. Moreover, the assignment of the structural break dummies chosen above (ORD2 = 1 for 73.4–92.2, else 0; ORD3 = 1 for 82.3–92.2, else 0; ORD4 = 1 für 89.2–92.2, else 0) was corroborated. The upper bound $F_{krit(\alpha_1)}$ was not exceeded. However, we recognised that the validity of the upper bound was limited because of overlapping areas of rejection and a-priori information on the structural breaks.

According to the test statistics, the hypothesis that our dynamic employment model is an adequate description of the data generating process could not be rejected. Most important, the error-correction term (EC) was statistically highly significant according to the relevant critical values tabulated by BANERJEE/DOLADO/MESTRE (1992) for a sample size of 100 and three exogenous regressors. Since the empirical t-value of -4.317 was distinctly lower than the 5%-critical t-value of -3.82, the null hypothesis of no cointegration had to be rejected on the 5%-level. In addition, the fit improved compared to the ECM without structural breaks and was in our view quite impressive.

Our analysis in BELKE/GÖCKE (1997) clearly revealed that the hypothesis of a long-run equilibrium relationship between LBSI, LWTR, LBIP91 and LPIOE adjusted by a deterministic trend had to be accepted once structural breaks in the cointegrating regression were taken into consideration. We interpreted these

---

1 Instead of a size correction due to the Bonferroni-inequality one could alternatively have tested for the significance of three dummy variables within a one-step-ECM. However, critical values are again a problem.

dummy breaks economically as results of relatively rare 'crash' kind of shocks which lead to breaks in the employment equilibrium relation and, thus, significantly alter the employment system dynamics. Thus, our theoretical model of structural-break-hysteresis was empirically corroborated. The preceding expositions were kept as brief as possible in order to avoid being too repetitive. A more comprehensive representation of this procedure is of course contained in BELKE/GÖCKE (1997).

Variable	Coeff.	T-Stat.	
Constant	-0.001244	-2.500	R^2: 0.969166; DW: 2.068
EC(-1)	C(1) = -0.1485	-4.317	AIC: -11.9832; SchC: -11.7848
W4BSI(-1)	1.167154	14.105	Jarque-Bera Test: 1.44361
W4BSI(-2)	-0.298734	-3.893	Breusch-Godfrey Test (lag 8):
W4WTR	-0.014028	-1.275	F-stat.: 1.430
W4BIP91	0.105384	6.297	ARCH Test (lag 8):
W4PIOE	-0.001739	-1.872	F-stat.: 0.9125

Source: BELKE/GÖCKE (1997).

Tab. 2: ECM with 3 modelled structural breaks in the cointegrating regression
(OLS, dependent variable: W4BSI; Sample: 1971.1-1992.3, 87 included observ.)

However, this note takes into account that one serious weakness of our procedure still remains: three structural breaks are determined *independently of each other*. That is to say, the algorithm was in each case (of the three breaks) based on only one structural break in the cointegrating equation. However, from a theoretical point of view, our algorithm should have taken the *same* number of structural breaks as in our final model (i.e. three) into account.

3.2 Simultaneous determination of breaks

In order to cope with the above mentioned weaknesses we construct an algorithm searching for multiple breaks in a *simultaneous* manner. However, due to computational complexity and due to the exponentially increasing computation time, we only take the next (but not least) logical step in the direction of modeling multiple structural breaks. In our extended search algorithm (see annex) any combination of *two* breakpoints is taken into account.

The structural breaks are modelled in a manner analogous to the reference algorithm in BELKE/GÖCKE (1997): Now, *two* (instead of one) *dummy variables* are specified to cover ordinate shifts. The date of the (0,1)-switch of the dummy variables is defined for every possible period, and the corresponding cointegrating regression is again estimated for each possible case. As above, the residuals of every of these cointegrating regressions are applied to approximate the "error" in the short-run EC regression.

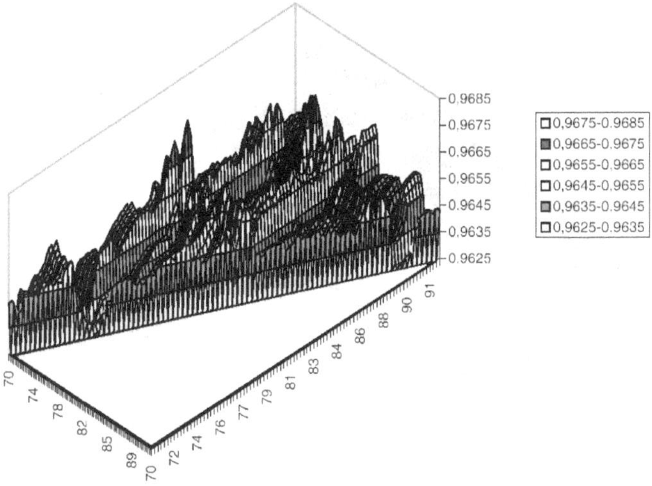

Fig. 2: R^2 of the EC-regressions

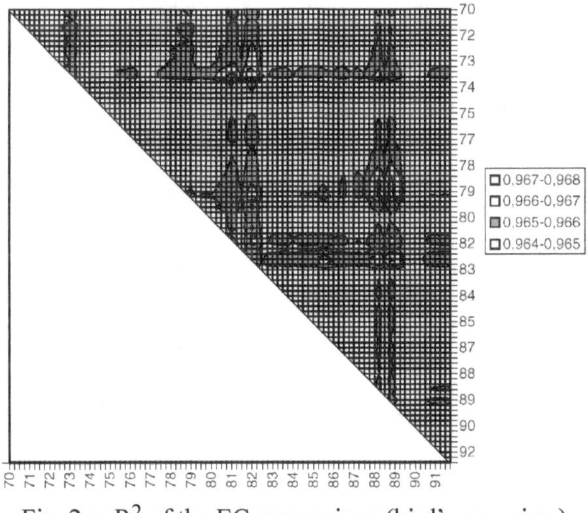

Fig. 2 a: R^2 of the EC-regressions (bird's-eye view)

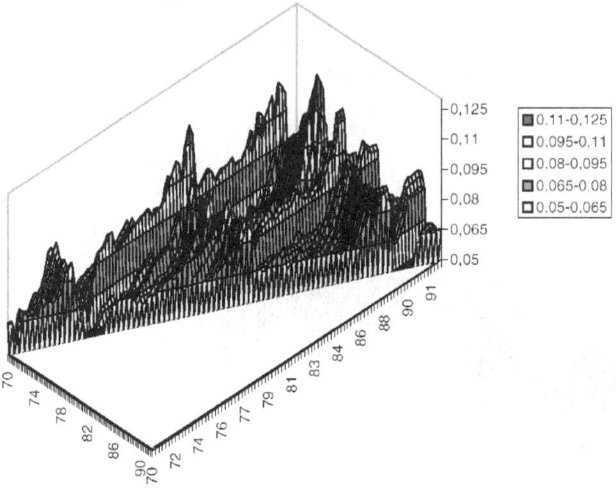

Fig. 3: Absolute values of the EC-parameter

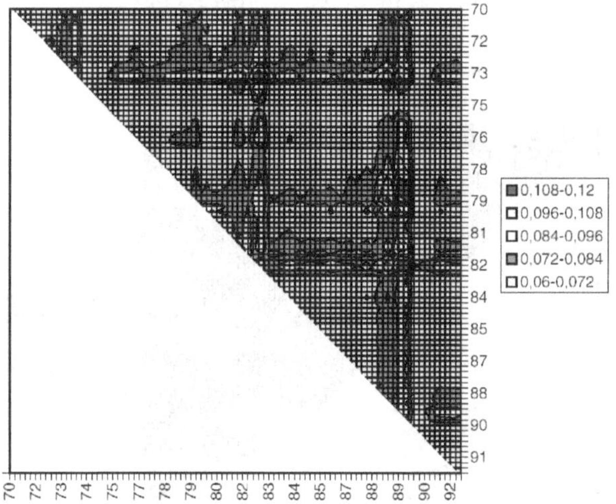

Fig. 3 a: Absolute values of the EC-parameter (bird's-eye view)

The development of the EC parameter C(1) and the R^2 of the EC regression according to the underlying date of the two simultaneous structural shifts is plotted for our two-dimensional procedure in Fig. 2. In Fig. 2, a perspective representation of the three-dimensional R^2-distribution according to the localisation of the two simultaneous breakpoints is presented. In Fig. 2a the same R^2-plane is plotted in form of a topographical map (bird's-eye view). We choose an analogous representation for the EC-parameter (Fig. 3 and 3a). Due to the symmetry of the results, only the *upper right triangle* is plotted.

The two-dimensional sequence of the R^2 and C(1)-estimates reveal striking features. Dependent on the 2-tupels of dates of simultaneous structural shifts in the cointegrating regression, the goodness of fit of the error-correction regression tends to be the better, the higher the error-correction parameter's absolute magnitude is. The periods of structural breaks can be derived from the 2-tupels with the highest values of R^2 and of the absolute magnitude of the error-correction parameter.

The main results of our new analysis are the following:

(1) The two-dimensional algorithm leads to the highest local R^2-maxima and at the same time to the highest absolute values of the EC-parameter in the case of the following combination of breakpoints:

Combination of breakpoints	Estimated EC-parameter	R^2
(a) 73.4 / 82.3	– 0.1188	96.785
(b) 73.4 / 89.2	– 0.1107	96.627
(c) 79.3 / 89.2	– 0.1273	96.752
(d) 82.3 / 89.2	– 0.1146	96.719

Tab. 3: Selected breakpoint-combinations (local maxima)

(2) The timing of the breakpoints which were chosen on the basis of the simple algorithm in BELKE/GÖCKE (1997) is corroborated (See Fig. 1 and Tab. 1). Thus, the identification of breakpoints based on the simple procedure seems to be robust. Even in combination with other possible breakpoints, the already detected structural shifts still display high R^2's and absolute EC-parameters. This can easily be confirmed by a visual inspection of the Fig. 3a and 4a. For each of these already detected breakpoints, a "crest"-line in the R^2/C(1)-planes appears. Due to the symmetry of possible combinations, these "crest"-lines are mirrored by the "principal diagonal".

(3) In contrast to the simple procedure in BELKE/GÖCKE (1997), a new possible breakpoint is detected with the combination (c) (79.3 / 89.2). The breakpoint 79.3 appears to be only a minor local R^2-maximum in the one-dimensional plot. However, together with breakpoint 89.2 it leads to a relatively high local maximum of the R^2 and the absolute EC-parameter. Thus, a *simultaneous* examination of possible breakpoints proves to be very useful for our purposes. Otherwise, there might be cases where the one-dimensional search process orignially proposed by us in BELKE/GÖCKE (1997) is insufficient to capture a single break that merely is a part of a combination of several breaks.

According to these rather new results, two additional estimations are of interest. First, the EC-estimation which is based solely on the combination (79.3 / 89.2). Parts of the results are stated in Tab. 3. Second, the ECM with 3 modelled structural breaks in the cointegrating regression (as stated in Tab. 1 and Tab. 2), augmented by an additional fourth break located at 79.3. Our concern is to test whether shifts in (79.3 / 89.2) *together* with the two other shifts in 73.4 and 82.3 lead to better results or whether the shift in 79.3 is already implicitly included by the breaks in 73.4 and 82.3. The corresponding results are shown in Tab. 4 and 5.

Variable	Coeff.	T-Statistic	
Constant	7.794970	27.60936	R^2: 0.964545
ORD2	-0.012889	-1.953841	DW: 1.187331
ORD3	-0.017349	-3.195772	Akaike IC: -9.404939
ORD4	0.025520	5.747994	Schwarz IC: -9.071631
ORD5	0.019156	2.870252	
LWTR(2)	-0.087006	-1.839541	Assignment of the
LPIOE	-0.016011	-4.708065	structural break dummies:
LBIP91(-4)	0.377364	8.001014	ORD2 = 1 for 73.4–92.2, else 0
TREND	-8.71E-05	-0.225086	ORD3 = 1 for 82.3–92.2, else 0
D1	0.015068	3.428983	ORD4 = 1 for 89.2–92.2, else 0
D2	0.008080	2.486883	ORD5 = 1 for 79.3–92.2, else 0
D3	0.007250	2.522847	

Tab. 4: Cointegrating regression with four simultaneously identified breaks
(OLS, dependent variable: LBSI; Sample: 1970.1-1992.3, 90 included observ.)

Variable	Coeff.	T-Stat.	
Constant	-0.001280	-2.612	R^2: 0.970037 ; DW: 2.1126
EC(-1)	C(1)=-0.1623	-4.637	AIC: -12.0119; SchC: -11.8135
W4BSI(-1)	1.157743	14.236	Jarque-Bera Test: 1.5713
W4BSI(-2)	-0.294779	-3.898	Breusch-Godfrey Test (lag 8):
W4WTR	-0.015263	-1.407	F-stat.: 2.090
W4BIP91	0.109941	6.740	ARCH Test (lag 8):
W4PIOE	-0.001734	-1.900	F-stat.: 0.847412

Tab. 5: ECM with simultaneously identified structural breaks
(OLS, dependent variable: W4BSI; Sample: 1971.1-1992.3, 87 included observ.)

Even the estimation results of the former BELKE/GÖCKE (1997) cointegration regression (Tab. 1) are principally reproduced. The signs of the coefficients of the formerly identified structural breaks remain the same. As expected, the coefficient of ORD5 (79.3) is estimated to be positive. Obviously, the recovery in terms of employment after the first oil price shock was not interrupted by the second oil price shock. By this, a well known prior by many economists, i.e. that the first oil price shock had by far more serious negative employment impacts than the second, is corroborated. The results of this note also indicate that the tightening of the labour market in the early eighties represented by ORD3 (82.3) has to be ascribed to the restrictive fiscal and monetary policies in Western Europe only, and not additionally to the second oil price shock.

Seen on the whole, the usual criteria indicate a correct specification of the ECM. The error-correction term (EC) is again statistically highly significant according to the relevant critical values tabulated by BANERJEE/DOLADO/MESTRE (1992) for a sample size of 100 and three exogenous regressors. The empirical t-value of -4.637 (old: -4.317) is distinctly lower than even the 1%-critical t-value of -4.49. The null hypothesis of no cointegration has thus to be rejected even at the 1%-level (previously: 5%-level). The fit clearly improves compared to the ECM with three structural breaks.

However, one has to keep in mind that R^2-maxima and C(1)-values are – strictly seen – not explicit tests for breaks but descriptive statistics. One possible way towards a deeper analysis of the relationships detected here would be to derive explicit test statistics using the R^2-differences of the different specifications with one or two breakpoint resulting from the application of our search procedure. However, this is clearly beyond the scope of this brief note.

4. Conclusion

In order to differentiate between unit root-persistence and structural break-hysteresis we have estimated two types of cointegration models for West German employment. The standard model has been compared to a model including structural breaks in the long-run relation between employment and its determinants. To identify structural breaks two different algorithms have been applied: First, an algorithm based on the individual search for only one structural break, independent of additional breaks. Second, an algorithm based on a simultaneous process searching for two breaks in the cointegrating regression. The estimations based on both algorithms have shown that persistence is probably attributed to structural breaks in the long-run relation and not to a degenerating adjustment process. Thus, a unit root in the standard model possibly reveals a misspecification in the form of an ex-ante exclusion of the possibility of structural breaks in the equilibrium relation due to serious economic shocks. The second algorithm proved to be superior since it allows to detect breaks which can only be identified in combination with other structural shifts.

The differentiation between unit root-persistence and structural break-hysteresis might have serious implications for the adequate design of labour market policies. In the case of unit root-persistence there is actually no real equilibrium relation between employment and real wages or the domestic product. Therefore, in the unit root case economic disturbances or the use of policy measures like modest wage increases or demand pull policies will have persistent effects due to the underlying indifference equilibrium situation. In contrast, in the case of structural breaks, the entire equilibrium relation has shifted. Hence, after a negative shock causing a negative shift in the relation between employment and wages, modest wage negotiations or an increasing national product will not lead back to high employment as long as this "positive shock" is not big enough to induce another (positive) shift in the equilibrium relation. Thus, a permanent increase in unemployment which is due to structural break-hysteresis tends to be more resistant against economic policy measures.

In order to identify economic reasons for such breaks it would be worth to test this relationship for some other countries as well. However, since this paper is mainly on methodology and therefore uses the same limited sample as its predecessor [BELKE/GÖCKE (1997)], one should be very careful in drawing far-reaching policy conclusions. Moreover, macroeconomic labor market relations are not necessarily of much significance if one considers the huge amount of structural analysis based on structural or panel data. Finally, the data shortages in macroeconomic time series make it rather difficult to obtain robust outcomes from time series studies. Therefore, one has unfortunately to dispense with more complex setting of time series relations than used in this paper.

References

Amable, B., Henry, J., Lordon, F., Topol, R. (1992), Hysteresis: What It Is and What It Is Not, in: OFCE Working Paper / Document de travail no. 9216, Observatoire Francais des Conjonctures Economiques, Paris.

Banerjee, A., Dolado, J. J., Mestre, R. (1992), On Some Simple Tests for Cointegration: The Cost of Simplicity, Working Paper, Institute of Economics, Aarhus University, mimeo.

Banerjee, A., Dolado, J., Galbraith, J. W., Hendry, D. F. (1993), Co-Integration, Error Correction, and the Econometric Analysis of Non-Stationary Data, Oxford.

Banerjee, A., Lumsdaine, R. L., Stock, J. H. (1992), Recursive and Sequential Tests of the Unit-Root and Trend-Break Hypotheses: Theory and International Evidence, in: Journal of Business & Economic Statistics, Vol. 10, pp. 271-287.

Belke, A. (1996), Testing for Unit Roots in West German and U.S. Unemployment Rates: Do 'Great Crashes' Cause Trend Breaks?, in: Konjunkturpolitik – Applied Economics Quarterly, Vol. 42, pp. 327-360.

Belke, A., Göcke, M. (1997), Cointegration and Structural Breaks in German Employment – An Error-Correction Interpretation, in: Jahrbücher für Nationalökonomie und Statistik, Vol. 216, pp. 129-152.

Engle, R. F., Granger, C. W. J. (1987), Co-Integration and Error Correction: Representation, Estimation, and Testing, in: Econometrica, Vol. 55, pp. 251-276.

Göcke, M. (2002), Various Concepts of Hysteresis Applied in Economics, in: Journal of Economic Surveys, Vol. 16/2, pp. 167-188.

Hamilton, J. D. (1994), Time Series Analysis, Princeton.

Hansen, G., Kim, J.-R. (1995), The Stability of German Money Demand – Tests of the Cointegration Relation, in: Weltwirtschaftliches Archiv, Vol. 131, pp. 286-301.

Hendry, D. F. (1993), The Roles of Economic Theory and Econometrics in Time Series Economics, Paper prepared for the 1993 Meeting of the European Econometric Society.

Johansen, S. (1991), Estimation and Hypothesis Testing of Cointegrating Vectors in Gaussian Vector Autoregressive Models, in: Econometrica, Vol. 59, pp. 1551-1580.

Kremers, J. J., Ericsson, N. R., Dolado L. J. (1992), The Power of Cointegration Tests, in: Oxford Bulletin of Economics and Statistics, Vol. 54, pp. 325-348.

Perron, P. (1989), The Great Crash, the Oil Price Shock, and the Unit Root Hypothesis, in: Econometrica, Vol. 57, pp. 1361-1401.

Schröer, G., Stahlecker, P. (1995), Ist die gesamtwirtschaftliche Cobb-Douglas-Produktionsfunktion eine Kointegrationsbeziehung? Empirische Analyse vor und nach der Wiedervereinigung, Beiträge aus dem Institut für Statistik und Ökonometrie der Universität Hamburg, 1/1995, later published in: Jahrbücher für Nationalökonomie und Statistik, Bd. 215, S. 513-525.

ANNEX

A.1 EViews-batch-program for the one-dimensional localisation of a structural break in the cointegrating regression

```
 SMPL 1960.1 1993.4
 GENR ORD2 = 1
 FOR !1=0 TO 94
 SMPL 1970.1 1970.1+!1
 GENR ORD2 = 0
 SMPL 70.1 92.2
 NLS LBSI = C(31)+C(32)*ORD2+C(33)*LWTR(2)+C(34)*LPIOE
+C(35)*LBIP91(-4)+C(36)*TREND+C(37)*D1+C(38)*D2+C(39)*D3
 GENR EC = RESID
 SMPL 71.1 92.3
 NLS W4BSI = C(1)*EC(-1)+C(2)*W4BSI(-1)+C(3)*W4BSI(-2)+C(4)*W4WTR
+C(5)*W4BIP91+C(6)*W4PIOE
 SMPL 70.1+!1 70.1+!1
 GENR R2 = @R2
 GENR DW = @DW
 GENR C1 = C(1)
 NEXT
```

A.2 Extended batch-program for the simultaneous two-dimensional localisation of two structural breaks in the cointegrating regression

```
 !an = 70.1
 !en = 92.2
 !n=90
  smpl !an !en
  GENR ORD1 = 1
  GENR ORD2 = 1
  GENR ORD3 = 1
  matrix(!n-2,!n-2) R_2COINT
  matrix(!n-2,!n-2) ORD_1
  matrix(!n-2,!n-2) ORD_2
  matrix(!n-2,!n-2) ORD_3
  matrix(!n-2,!n-2) R_2EC
  matrix(!n-2,!n-2) C_EC
  EQUATION eq_coint.LS LBSI ORD1 LWTR(2) LPIOE LBIP91(-4) TREND D1 D2
D3
  R_2COINT = @r2
  FOR !i=1 TO !n-2
    FOR !j=1 TO !i
    smpl !an !en
    GENR ORD1 = 1
    GENR ORD2 = 1
    GENR ORD3 = 1
    SMPL !an !an+!i
    GENR ORD2 = 0
    SMPL !an !an+!j
    GENR ORD3 = 0
     IF !i<>!j THEN
      SMPL !an !en
      EQUATION eq_coint.LS LBSI ORD1 ORD2 ORD3 LWTR(2) LPIOE LBIP91(-
4) TREND D1 D2 D3
      GENR EC = RESID
      R_2COINT(!i,!j) = @r2
      ORD_1(!i,!j) = c(1)
      ORD_2(!i,!j) = c(2)
      ORD_3(!i,!j) = c(3)
     ENDIF
     IF !i=!j THEN
      SMPL !an !en
      EQUATION eq_coint.LS LBSI ORD1 ORD2 LWTR(2) LPIOE LBIP91(-4)
TREND D1 D2 D3
      GENR EC = RESID
      R_2COINT(!i,!j) = @r2
      ORD_1(!i,!j) = c(1)
      ORD_2(!i,!j) = c(2)
      ORD_3(!i,!j) = 0
     ENDIF
    SMPL  !an+4 !en+1
    EQUATION eq_ec.LS W4BSI=c(10)+C(1)*EC(-1)+C(2)*W4BSI(-1)+
C(3)*W4BSI(-2)+C(4)*W4WTR+C(5)*W4BIP91+C(6)*W4PIOE
     R_2EC(!i,!j) = @r2
     C_EC(!i,!j) = c(1)
   NEXT
  NEXT
```

Impact of Exchange Rate Volatility on Labour Markets – A Case for Transatlantic Monetary Policy Coordination?

Ansgar Belke, Wim Kösters, Martin Leschke, Thorsten Polleit

Summary: In this paper, we analyse the effects of exchange rate volatility on labour market performance, both theoretically and empirically. We consider a simple Dixit/Pindyck-style model to show that there is a negative relationship between exchange rate variability and job creation. The underlying idea is that uncertainty of future earnings raises the "option value of waiting" to create a job. We also find that a higher reservation wage, a better bargaining position of workers and higher costs of job creation strengthen the adverse impact of uncertainty on employment. Thus, the link between exchange rate variability and employment should be stronger in most European countries than in the US. Our regression analysis confirms this conclusion. However, these results do not support the concept of transatlantic monetary policy coordination: it can be shown that a commitment by central banks to rule-based rather than discretionary monetary policy significantly contributes to solid economic performance. Implementing a coordinated approach leads to smaller marginal gains.

Key words: Exchange rate uncertainty, exchange rate variability, empirical analysis, employment, international policy coordination

1. Introduction

In the past four years, the euro/dollar exchange rate, much as the DM/dollar rate before, has undergone large and ex ante unpredictable movements, which are at times difficult to understand and which are often perceived to be politically costly. MUNDELL (2000, 2000 a), for example, argued that movements of the euro/dollar rate comparable to those of the DM/dollar rate since 1971 would break Euroland apart. There are different reasons why politicians and economists are concerned with exchange rate variability. Firstly, it is often argued that exchange rate variability discourages trade. However, a substantial amount of empirical literature on this issue fails to confirm that exchange rate variability has any significant impact on the volume of trade. Furthermore, there is no compelling reason why the volume of trade should be a politically important variable in itself. Instead other variables such as (un)employment appear to be much more important from a normative point of view. The purpose of this section is to show, both theoretically and empirically, that exchange rate variability may indeed have an important effect on labour markets. If this is the case, some analysts typically conclude international monetary policy coordination could be used as a possible instrument to reduce excessive exchange rate volatility. This is especially so in light of the fact that the unemployment rate is a highly relevant political variable.

Many analysts support the view that exchange rate variability is mostly not connected with variability in the fundamentals and thus undesirable. However, it is usually accepted that concrete action to reduce exchange rate variability, at least among the G-3, is either impossible or *politically unacceptable* (and, hence, labour market deregulation in the Eurozone is the only way to eradicate negative impacts of euro volatility on labour markets). In contrast, the Nobel-Prize winner of 1999, ROBERT MUNDELL (2000, 2000 a), for example, argues that this should not be the case. The huge size of private foreign exchange markets would not imply that policy cannot influence exchange rates, all that is required is for intervention not to be sterilised by automatically matching a sale of foreign exchange with a purchase of government assets.[1] In other words, monetary policy should be geared to the exchange rate if it wants to influence it. Consequently MUNDELL argues that given the large degree of inflation convergence achieved, the long-term thrust of monetary policy is actually very similar throughout the G-3, so that it should be possible to agree on a common line that makes it possible to contemplate joint action to reduce excessive exchange rate variability.

This quite typical and revealing argument can be developed more fully as follows. If the results of this section can be confirmed by future research, and if similar results can be found for other key currencies, e.g., dollar/yen, euro/yen, they would in principle warrant a new look at the costs from the system of globally floating exchange rates. In particular, one should concentrate on the implications for the debate on the design of EU/US monetary relations and especially on the role one believes the exchange rate should play in monetary policy, i.e., the *desirability* of influencing the exchange rate. By this, topics of current interest, such as formulating "general orientations for exchange rate policy" beyond the ECB strategy's first pillar and "reasons for managing the exchange rate of the euro against the US dollar", are addressed directly.

Do the US, Euroland and Japan constitute closed economies for which the exchange rate should be irrelevant? MUNDELL (2000) suggests that it would be a great mistake to believe that the closed nature of the three big blocs of the G-3 lessens the importance of exchange rates, or that the dollar/euro rate can be treated with "benign neglect". To gain more insight in the potential exposure of the US

---

1 Moreover, intervention should take place in both the spot and the forward markets in order to avoid outward interest arbitrage and a higher interest rate than justified by the liquidity tightening alone. Lastly, interventions should be concerted with monetary partners for credibility reasons.

and of Euroland to exchange rate volatility, BELKE/GROS (2002) looked at the share of trade in national income. These raw data suggest that Euroland may be substantially more open than the United States. This seems to imply that the European Central Bank may need to give the exchange rate a larger role in determining its policy for Euroland, especially in its first pillar ("all relevant variables"), at least compared to the US Federal Reserve Board. In principle, therefore, Euroland is open enough for the exchange rate to matter for monetary policy.

However, in our view (1) further work is needed to corroborate the first preliminary results of this section so that they can be used as a basis for concrete policy recommendations; and (2) there is no clear case for policy coordination even if a significant impact of exchange rate volatility on a core macro variable such as the unemployment rate can be found in the data. We elaborate on the main reasons for this in part 5 of this paper.

The concept of closer international coordination of (macro) economic policies, especially monetary policy, tends to be popular among politicians. Mostly it is taken for granted that a greater international integration of finance, goods, and factor markets *per se* requires more international policy cooperation and synchronisation, at least within the G-3. It is expected that in doing this, important benefits for the participating countries will result: since the resolution of economic problems like unemployment, inflation and insufficient growth is expected to be enhanced, an increase in wealth is anticipated. It is argued that because of the high and still growing international integration of markets, the economic policy of a country will not only influence the domestic economy but to a significant extent also the economic conditions abroad. Recessions and inflations can therefore be exported and imported just like goods and services. The economic policy of a foreign country could affect the goals of the domestic economy in a negative way (negative spillovers) and by this, limit the room for its economic actions. As such, government targets could then no longer be reached by national economic policy alone so that international coordination would become highly desirable.[1] This can only be attained through international coordination.

How can exchange rate variability have a significant impact on labour markets, given the weak empirical link between exchange rate variability and the volume of trade mentioned above? Our answer to this question is that an increase in exchange rate variability may well have an immediate (short-run) impact on job creation decisions of firms and therefore be reflected in the employment data, whereas there need not be a short-run impact on the volume of trade. A decision of a firm whether or not to invest (and to create jobs) in export-oriented activities incurs sunk costs, such as creating a new production line or building up a distribution system in foreign markets. Therefore, an increase in exchange rate volatility may well deter firms from creating employment, but firms who are already active

---

[1] For a closer description of this traditional view and its critique see e.g. KÖSTERS (1989).

in foreign trade will not cut their exports just because of an increase in exchange rate volatility. Another reason why exchange rate variability might not have an immediate impact on the volume of trade comes from the "pricing to market" idea, i.e., firms keep local prices fixed even in the face of large exchange rate changes. This implies that foreign sales should react little to exchange rates. Firms keep producing but their domestic currency earnings become variable whereas their domestic costs remain stable. Exchange rate variability can thus certainly influence the variability of profits, even if trade changes only marginally. Therefore, firms might react to an increase in exchange rate (and hence profit) variability in the first instance by reducing investment and employment in trade-related activities. This might depress future trade volumes but firms will not necessarily export less in the short run just because exchange rate variability has increased. The long-run response, on the other hand, is more difficult to isolate in empirical work because there are other long-run trends that influence trade volumes (e.g., reduction in transport costs, shifts in tastes, etc.) and because variability changes so much over time.

In discussing the arguments in favour of international coordination of economic policy, we will first take a look at the question of whether international monetary policy coordination is necessary, i.e., whether there is a manifest interest in it in view of the negative impacts of exchange rate volatility on the labour market (sections 2 and 3). We then investigate briefly the international economic interdependencies and thus the possible spillovers, i.e., the effects that the economic development and the economic policy of one country have on the rest of the world (section 4). After that, we examine the justification for an international policy coordination (section 5). Let us now turn to the first of our questions dealing with a necessary but not sufficient condition for coordination.

2. Exchange rate uncertainty and employment – a simple model

In the following, we present a simple model of job creation and exchange rate uncertainty to illustrate the basic idea underlying the "option value of waiting" according to DIXIT (1989). The model does not pretend to be close to reality. It is designed to convey the basic idea in a simple way. Moreover, our intention is to present an approach that allows us to ask whether even a temporary, short-run increase in uncertainty can have a strong impact on employment, and how this impact depends on labour market parameters.

Consider a set-up in which there are three periods and in which a single firm active in an export-oriented industry decides on its job creation policy. During the first two periods (called zero and one), the firm can create a job, hire a worker and produce output that is sold in a foreign market during the subsequent periods. If the job is created during period zero, the worker is hired for two periods (zero and one) to produce output to be sold in periods one and two. If the job is created in period one, the worker is hired only for period one and output is sold in period two.

To create a job, the firm pays a start-up cost c, which reflects the cost of hiring, training and the provision of job-specific capital. After a job is created, a worker is hired and is paid a wage w above the worker's fallback (or reservation) wage $\underline{w}$ during every period the worker is employed. The fallback wage measures (besides disutility of work) all opportunity income that the worker has to give up by accepting the job. In particular, it includes unemployment benefits, but it might also be positively related to a collective wage set by a trade union or to a minimum wage, both of which should raise the worker's fallback position. In general, we would argue that the fallback wage should be higher in countries that are characterised by generous unemployment benefit systems, by strong trade unions or by minimum wage legislation.

In every period in which the worker is employed, he produces output to be sold in the following period in a foreign market at domestic price p, which has a certain component p* (the foreign price) plus a stochastic component e (the exchange rate). We assume that the foreign price is fixed ("pricing to market"), and that the exchange rate follows a random walk. In period one, the exchange rate e_1 is uniformly distributed between $-\sigma_1$ and $+\sigma_1$. The exchange rate in period two, e_2, is uniformly distributed between $e_1-\sigma_2$ and $e_1+\sigma_2$. An increase in σ_i means an increase in uncertainty, or an increase in the mean preserving spread in period i = 1,2 (σ_i is proportional to the standard deviation of e_i). Uncertainty can be temporary (e.g., if $\sigma_1 > 0$ and $\sigma_2 = 0$) or persistent (if also $\sigma_2 > 0$). As will become apparent soon, however, the variability of the exchange rate during the second period has no influence on the result.

The wage rate w for the job is determined by the (generalised) Nash bargaining solution that maximises a weighted product of the worker's and the firm's expected net return from the job. We assume that both the firm and the worker are risk-neutral. This assumption implies that risk-sharing issues are of no importance for our analysis. Thus we may assume realistically (but without loss of generality) that the worker and the firm negotiate a fixed wage rate w (which is independent of realisations of the exchange rate) when the worker is hired, so that the firm bears all the exchange rate risk. A wage contract which shifts some exchange rate risk to the worker would leave the (unconditional) expected net returns unaffected, and has therefore no effect on the job creation decision. Of course, if the firm was risk-averse, the assumption that the firm bears all exchange rate risk would make a postponement of job creation in the presence of uncertainty even more likely.

Consider first the wage bargaining problem for a job created in period zero, in which case the worker is hired for two periods. After the job is created (and the job creation cost is sunk), the (unconditional) expected net return of this job is equal to $E_0(S_0) = 2p^*-2\underline{w} = 2\pi$, where $\pi = p^*-\underline{w}$ denotes the expected return of a filled job per period (we abstract from discounting). Denoting the bargaining power of the worker by $0<\beta<1$, the firm's net return from the job created in period zero is[1]

$$E_0(\Pi_0) = (1-\beta)E_0(S_0) - c = 2(1-\beta)\pi - c\,. \qquad (1)$$

In order to make the problem non-trivial, the expected return from job creation in period zero must be positive, i.e., we assume that $2(1-\beta)\pi - c > 0$.

Implicit in our model is the assumption that the firm and the worker sign a binding employment contract for two periods (zero and one). Hence they cannot sign a contract that allows for the possibility of job termination in the first period whenever the exchange rate turns out to be unfavourable. In period one (after realisation of the exchange rate) the conditional expected surplus from job continuation is $E_1(S_1) = \pi+e_1$ which may be negative if the exchange rate falls in period one below $-\pi < 0$. In such circumstances, both the worker and the firm would benefit from termination. If a contract allowing for termination in period one could be signed, the unconditional expected surplus in period zero would be larger (consequently both the worker and the firm would prefer to sign such a contract).[2] However, bearing in mind the interpretation of a rather short period length (a month, to be compatible with our empirical analysis), the assumption of a binding contract for two periods seems to be more appropriate. Of course, once a binding contract for two periods is signed, the worker always prefers continuation (since the contract wage exceeds the fallback wage), and the firm would incur losses if the exchange rate turns out to be unfavourable. It turns out that in this case, uncertainty does not delay job creation, but job destruction becomes more likely if uncertainty increases. Hence, the negative relationship between exchange rate variability and employment is robust to this variation.

If the firm waits until period one, it keeps the option of whether or not to create a job. It will create a job only if the exchange rate realised during period one (and so expected for period two) is above a certain threshold level, or barrier, denoted by b. Given that an employment relationship in period one yields a return only during period two, this barrier to make the creation of the job just worthwhile is given by the condition that the (conditional) expected net return to the firm is zero:

$$(1-\beta)(p^* + b - \underline{w}) - c = 0 \quad \text{or} \quad b = c/(1-\beta) + \underline{w} - p^* = c/(1-\beta) - \pi\,. \qquad (2)$$

---

1 Formally, the wage bargain leads to a wage rate maximising the Nash product $(2w-2\underline{w})^{\beta}(2p^*-2w)^{1-\beta}$ whose solution is $w = (1-\beta)\underline{w}+\beta p^*$, and hence the expected net return for the firm is $2p^*-2w-c = (1-\beta)(2p^*-2\underline{w})-c$.

2 Of course, such a flexible contract implies that some exchange rate risk is shared between the worker and the firm. However, the reason why they both benefit is not the risk-sharing aspect, but the fact that the flexible contract excludes continuation of unprofitable work relationships.

Whenever $e_1 \geq b$, the firm creates a job in period 1, and the conditional expected net return to the firm is $E_1(\Pi_1) = (1-\beta)(\pi+e_1)-c \geq 0$. Whenever $e_1 < b$, the firm does not create a job in period one, and its return is zero. Hence, whenever both events occur with positive probabilities (i.e., whenever $\sigma_1 > b > -\sigma_1$)[1], the unconditional expected return of waiting in period zero is given by:

$$E_0(\Pi_1) = [(\sigma_1 + b)/(2\sigma_1)]0 + [(\sigma_1 - b)/(2\sigma_1)][(1-\beta)(\pi + (\sigma_1+b)/2) - c], \qquad (3)$$

where the first element is the probability that it will not be worthwhile to create a job (in this case the return is zero). The second term represents the product of the probability that it will be worthwhile to create the job (because the exchange rate is above the barrier) and the average expected value of the net return to the firm under this outcome. Given condition (2) this can be rewritten as:

$$E_0(\Pi_1) = (1-\beta)\,(\sigma_1-b)^2 / (4\sigma_1)\,. \qquad (4)$$

This is the key result since it implies that an increase in uncertainty increases the value of the waiting strategy, since equation (4) is an increasing function of σ_1.[2] As σ_1 increases it becomes more likely that it is worthwhile to wait until more information is available about the expected return during period two. At that point the firm can avoid the losses that arise if the exchange rate is unfavourable by not creating a job. This option not to create the job becomes more valuable with more uncertainty. The intuitive explanation is that waiting implies that the firm foregoes the expected return during period one, but it keeps the option not to create the job which is valuable if the exchange rate turns out to be unfavourable. The higher the variance the higher the potential losses the firm can avoid and the higher the potential for a very favourable realisation of the exchange rate, with consequently very high profits.

It is now clear from (1) and (4) that a firm prefers to wait if and only if

$$(1-\beta)(\sigma_1-b)^2 / (4\sigma_1) > 2(1-\beta)\pi - c\,. \qquad (5)$$

As the left hand side is increasing in σ_1, the firm delays job creation if exchange rate uncertainty is large enough. The critical value at which (5) is satisfied with equality can be solved as [3]

---

[1] We do not a priori restrict the sign of the barrier b. Hence one of these conditions is automatically satisfied, whereas the other is satisfied only if uncertainty is large enough.

[2] Formally, this results from the fact that equation (4) is only valid whenever σ_1 exceeds b (otherwise the exchange rate could never exceed the barrier and the firm never creates a job in period 1) and whenever $-\sigma_1$ is lower than b (otherwise the exchange rate could never fall below the barrier and the firm always creates a job in period one).

[3] The other (smaller) solution to this equation is less than $|b|$ and is therefore not feasible.

$$\sigma_1^* = 3\pi - c/(1-\beta) + 2\sqrt{\pi(2\pi - c/(1-\beta))} \ . \qquad (6)$$

Whenever $\sigma_1 > \sigma_1^*$, firms decide to postpone job creation in period zero. Since $\sigma 1^*$ is increasing in π (and thereby decreasing in the fallback wage $\underline{w}$), decreasing in the cost of job creation c and decreasing in the worker's bargaining power β, we conclude that a strong position of workers in the wage bargain (reflected in a high fallback wage or in the bargaining power parameter) and higher costs of hiring raise the option value of waiting and make a postponement of job creation more likely. Thus, the adverse impact of exchange rate uncertainty on job creation and employment should be stronger if the labour market is characterised by generous unemployment benefit systems, powerful trade unions, minimum wage restrictions or large hiring costs. That such features of the labour market are detrimental to employment is of course not surprising. The adverse impact of these features on employment has been confirmed empirically in various studies [see, e.g., NICKELL (1997)]. What our simple model shows is that these features also reinforce the negative employment effects of exchange rate uncertainty.

Another important implication of the model is that only the current, short-term uncertainty σ_1 has an impact on the decision to wait. Future uncertainty, represented here by σ_2, does not enter in the decision under risk neutrality. If one takes a fixed period, e.g., one month, the likelihood that job creation will be postponed to the end of that period depends only on the uncertainty during that period and not on future uncertainty. This implies that even short spikes in uncertainty as, e.g., grasped by a contemporaneous uncertainty proxy in empirical investigations of the real option effect detected above, can have a strong impact on employment.

Our crude model has abstracted from risk aversion. However, we would argue that the basic conclusion that even a temporary increase in uncertainty can make a postponement of job creation optimal is robust because a prolonged period of high uncertainty means that expected returns beyond the next period would be discounted more heavily. Moreover, the additional impact of risk aversion on job creation should be stronger under the realistic assumption that firms bear all the exchange rate risk.

In sum, we retain two conclusions from the model. First, even a temporary spike in exchange rate variability can induce firms to postpone the creation of jobs (of course and for exactly this reason, the level of the exchange rate at the same time loses explanatory power). Second, the relationship between exchange rate variability and (un)employment should be particularly strong if the labour market is characterised by rigidities that improve the bargaining position of workers. A stronger fallback position of workers raises the contract wage, lowers the net returns to firms and induces firms to delay job creation in the face of uncertainty.

Our argument rests on the assumption that workers cannot be fired immediately if the exchange rate turns out to be unfavourable. Hence, sunk wage payments are associated with the decision to hire a worker. These sunk costs and, consequently, the impact of uncertainty on job creation become more important if there are high firing costs. However, as we argued in BELKE/KAAS (2002), even if there are no firing costs and if workers can be laid off at any point in time, exchange rate uncertainty should have a direct impact on job destruction. Under the scenario of a labour market in which the firm and the worker can sign a contract only for one period and keep the option to terminate the work relationship whenever it becomes unprofitable, we show that the probability of job destruction is increasing in uncertainty. Hence, there is also a negative impact of exchange rate uncertainty on employment in this case. Moreover, this amount is more pronounced if the worker's fallback wage is higher. Therefore, the basic conclusions of the model presented here remain valid.

The literature provides other mechanisms through which uncertainty may have an adverse impact on employment. First, in unionised labour markets in which contract wages are set in advance, uncertainty in labour demand (coming from uncertainty in productivity or in the exchange rate) may cause rational unions to set a higher wage than would otherwise be the case. Uncertainty results in a ′risk premium` in the wage, and thus in higher unemployment [ANDERSEN/SORENSEN (1988); SORENSEN (1992)]. Another channel by which uncertainty might affect employment is via its impact on investment. Our theoretical arguments are equally valid for firms deciding on a certain investment project, and, by the same reasoning, high uncertainty might induce firms to postpone investment projects [see BELKE/GROS (2001)]. Unemployment can be expected to rise if investment falls because investment is an important component of demand. Moreover, technological complementarities between labour and capital imply that a capital slowdown entails a fall in employment [see e.g., ROWTHORN (1999)].

3. How to measure exchange rate variability?

We now proceed to the practical issue of how one should measure exchange rate variability. We used a very simple measure: for each year of our sample 1973 to 2001, we calculated a standard deviation on the basis of 12 monthly observations of the first difference of the exchange rate. What kind of exchange rate did we take as the basis for our calculations? We used both the nominal effective rate of the US and the euro area (reconstituted for the past) and the bilateral euro/dollar rate. In order to attain percentage changes, we directly used the first difference of the raw numbers for the effective exchange rates as they are indices, with a base around 100. In the case of the bilateral euro/dollar rate we used the first difference of the natural logarithm. The historical series of the external exchange rate of Euroland was taken directly from the official sources, which calculate the average of bilateral exchange rates of the original 11 euro countries, with weights given by the non-euro trading partners.

We use monthly exchange rates to calculate volatility instead of daily (or other higher frequency) volatility because the required data were easier to obtain on a consistent basis for the entire sample period. Another reason to prefer this measure over more short-term alternatives (e.g., daily variability) was that we are convinced that while the latter might be important for financial investors it is less relevant for decisions on whether to export or to invest, which have a longer time horizon. The drawback of this decision was that we had to use annual data in order to have a meaningful measure of variability. We thus had only about 28 observations for each country, but this turned out to be sufficient.

In principle one could have used option prices to extract implicit forward-looking volatilities, but options prices are generally available only for the US dollar and sometimes against the DM, and even then only for limited periods. Hence it would not have been possible to construct a measure of euro volatility on a consistent basis using option prices. We used actual exchange rate changes instead of only unanticipated ones, but at the monthly horizon the anticipated change is usually close to zero. Hence actual and unanticipated changes should give the same results.

An advantage of using monthly data is that price indices are also available on a monthly basis so that one can use real exchange rates. We have preferred to use nominal rates in this first test since over a short-term horizon nominal and real exchange rates are usually highly correlated. The average variability (standard deviations) of the nominal effective exchange rate of the euro area was 1.13% for the post-1973 period, while that of the US was much higher at 1.96%. Lastly, the average volatility of the nominal dollar/euro exchange rate amounts to 2.35%.

4. Empirical analysis

In this section, we present and comment on the results of the first tests on the importance of two measures of exchange rate variability (effective and bilateral), and two measures of labour market performance (changes in unemployment and employment growth) on both sides of the Atlantic. We start with the following statement: exchange rate variability enters all equations with the expected sign, and is statistically significant in nearly all cases.

Methodology

In cases of doubt we always preferred taking differences since the disadvantages of differencing when it is not needed appear to us much less severe than those of failing to difference when it is appropriate. In the first case, the worst outcome would be that the disturbances are a moving average, but the estimators would still be consistent, whereas in the second case the usual properties of the OLS test statistics would be invalidated. All macroeconomic series were taken from the

Ameco data set of the EC Commission. All exchange rate data were taken from the IMF (see data annex).

As a first step, we present the results of some simple tests. We explain the first difference of the unemployment rate and the first difference of the index of employment by their own past and lags of our measure of exchange rate variability. The results that are summarized below in the first row of tables 1a and 1b are thus standard causality tests on the annual data used throughout this section.

Tables 1a and 1b summarize the regression results from bivariate VARs on annual data (1973-2001, sometimes shorter periods had to be used subject to data availability).[1] The hypothesis tested is, as usual, that exchange rate variability does not have an influence on the two variables investigated here.[2]

All results presented here are implicitly based on a comparison of two regression equations (notations chosen for consistency reasons, for a similar procedure see BELKE/GROS (2001, pp. 238 ff.), and with an application to export shocks BELKE/GROS (1999):

$$DUE_t = \alpha_0 + \sum_{i=1}^{N} \alpha_i \cdot DUE_{t-i} + u_t, \quad \text{and} \tag{8}$$

$$DUE_t = \alpha_0 + \sum_{i=1}^{N} \alpha_i \cdot DUE_{t-i} + \sum_{i=0}^{N} \beta_i \cdot EXV_{t-i} + u_t, \tag{9}$$

where DUE_t stands for the change in the unemployment rate (between period t and t-1), EXV_{t-i} specifies the level of intra-European exchange rate variability (between period t-i and period t-i-1), u_t represents the usual i.i.d. error term and N is the maximum number of considered lags (according to BELKE/GROS (2001), two lags). Exchange rate variability (measured by an indicator as explained above in section 3) can then be said to "cause" unemployment if at least one ß, i.e., one of the coefficients on the past and contemporaneous (change in) exchange rate variability, is significantly different from zero. In other words, these tests measure the impact of the stationary level of exchange rate variability on changes in national

---

1 The individual regression results are available on request.

2 We thus use VARs in first differences of the respective real variables. Since we classify all real variables as integrated of order one, we feel justified to deviate from the usual specification of an Augmented Dickey-Fuller test (including a drift term) only by neglecting the (insignificant) lagged endogenous level variable. The significance of the coefficient estimates of the lags of the changes in the real variables and of the indicator of exchange rate variability can then be judged on the basis of the usual standard normal respectively the asymptotic values of the student-t-distribution [BELKE/GROS (2001) and HALDRUP (1990), pp. 31 f.].

unemployment rates once the autonomous movements in unemployment have been taken into account by including lagged unemployment rates among the explanatory variables. Thus, a significant effect (of whatever sign) implies that one can reject the hypothesis that exchange rate variability does not influence unemployment at the usual confidence levels. In order to be allowed to use the standard t-distribution for the purpose of model selection, one has to use changes of the unemployment rate as the level of this variable (as opposed to our measure of exchange rate variability) is clearly non-stationary. Substituting the change in employment (deMPMAN) in the above setting describes our proceedings in the case of employment and investment instead of unemployment.

	Euroland		*US*	
	Unemployment	**Employment**	**Unemployment**	**Employment**
Basic, best specification	0.61** 0.82*** (-2)	-0.63* -1.21*** (-2)	0.50**	-0.28
Robustness: additional variables				
First differential of exchange rate	0.57** 0.81*** (-2)	-0.56* -0.51* -1.22***	0.46**	-0.34
Spread (long - short term)	1.06***	-1.55***	0.31**	-0.55**
Real short-term interest rate	1.01***	-1.52***	0.33*	-0.29
Change in real short-term interest rate	1.00***	-1.50***	0.36**	-0.46*

Tab. 1: Regression results based on the variability of the nominal effective exchange rate

Note: Point estimates for the impact of exchange rate volatility are displayed together with their significance levels (***: 1 %; **: 5 %; *: 10 %). Numbers in brackets refer to the lags of the implemented volatility variable.

Table 1 shows the results using the level of effective nominal exchange rate variability, and Table 2 the ones for the variability in the bilateral euro/dollar rate.

For each of the two variables mentioned, we first used as explanatory variables only their own past and lags of exchange rate variability. The results reported in the first row imply that exchange rate variability, whether measured by the standard deviation of the nominal effective rate or by that of the bilateral euro/dollar rate, has a significant impact.

	Euroland		*US*	
	Unemployment	**Employment**	**Unemployment**	**Employment**
Basic, best specification	0.41**	-0.57* (-1)	0.41**	-0.69** (-1)
Robustness: additional variables:				
First differential of exchange rate	0.40**	-0.54* (-1) -0.73** (-2)	0.45**	-0.59** (-1)
Spread (long - short term)	0.45***	-1.01** (-1)	0.34**	-0.94*** (-1)
Real short-term interest rate	0.38**	-1.18* (-1)	0.37**	-0.69** (-1)
Change in real short-term interest rate	0.55***	-1.48** (-1)	0.47***	-0.83** (-1)

Tab. 2: Regression results based on the variability of the nominal bilateral euro/dollar exchange rate

Note: Point estimates for the impact of exchange rate volatility are displayed together with their significance levels (***: 1 %; **: 5 %; *: 10 %). Numbers in brackets refer to the lags of the implemented volatility variable.

As exchange rate variability could be either caused by or stand for some other macroeconomic variables, we also performed a series of robustness tests by adding

- the level of the exchange rate,

- the spread between long- and short-term interest rates, and,
- the (first difference of) real short-term interest rates.

Only the coefficient estimate, its significance level and the lag order of exchange rate variability are displayed in the summary tables. The numbers in parentheses correspond to the lag order of exchange rate variability. For example, if the impact effect is estimated to be lagged by two years, this might indicate inflexibilities in the respective national labour market. The expected sign of the (change in) the exchange rate variability is positive for (changes in) the unemployment rate and negative for (changes in) employment.

The specification of the underlying equations is based on the usual diagnostics combined with the Schwarz Bayesian Information Criterion (SCH). The latter is chosen as our primary model selection criterion since it asymptotically leads to the correct model choice if the true model is among those under investigation. The regression that reveals the lowest SCH-value and at the same time fulfils the usual diagnostic residual criteria is chosen. As already stated above, the sample chosen is from 1973 to 2001 in order to exclude the Bretton Woods period of fixed exchange rates, which would have introduced structural breaks in the relationships. The procedure is exactly the same for each country. We never intervene to exercise a discretionary judgment. As usual, we add country specific dummies from time to time in order to account for possible breaks in the VAR relations. These dummies are added only if they improve the SCH statistics even if a penalty for the extra dummy is taken into account and do not lead to a rejection of the normality assumption of the residuals. At the same time, they should contribute to fulfil the criteria on the residuals, especially those on normality. However, none of our results is due to the implementation of these dummies. Most of the dummies were also economically meaningful (relating to the two oil crises, or the onset of EMU for Euroland) and most disappeared when policy variables were introduced in the robustness tests below.

Summary of results

The results have to be read from tables 1 and 2 in a particular way. In these tables, point estimates for the impact of exchange rate volatility are displayed together with their significance levels. For Euroland, the point estimate obtained from the first specification implies that a decrease of one percentage point in the variability (standard deviation) of the nominal effective exchange rate of the euro is associated during the same year with a decrease in the Euroland unemployment rate of nearly two thirds of a percentage point; and this is followed two years later by another reduction in the unemployment rate of 0.82 percentage points. We will comment only briefly on the impact coefficients because the longer-run effects depend on the dynamic behaviour of the variables [BELKE/GROS (2001)].

The first upper right entry in Table 1 comes from a standard causality type regression, and we have reproduced the results in detail below in Table 1a in order to give a concrete example. This entry refers to the impact of the variability of nominal effective exchange rates on Euroland labour markets. The dependent variable in this case is represented by the change in the unemployment rate (DUREU). The depicted specification of the regression equation leads to the "best" result in terms of the (lowest realization of the) Schwarz criterion.

Dependent Variable: DUREU
Method: Least Squares
Sample: 1973 2001
Included observations: 29

Variable	Coefficient	Std. Error	t-Statistic	Prob.
C	-1.547368	0.450076	-3.438017	0.0022
DUREU(-1)	0.738169	0.129756	5.688894	0.0000
EXVNEEREU	0.614833	0.255707	2.404448	0.0246
EXVNEEREU(-2)	0.821263	0.269925	3.042559	0.0058
D83	-1.362151	0.520793	-2.615531	0.0155
D92	1.194570	0.453450	2.634402	0.0148
R-squared	0.677388	Mean dependent var		0.189655
Adjusted R-squared	0.607255	S.D. dependent var		0.703230
S.E. of regression	0.440709	Akaike info criterion		1.381129
Sum squared resid	4.467169	Schwarz criterion		1.664018
Log likelihood	-14.02637	F-statistic		9.658632
Durbin-Watson stat	2.018440	Prob(F-statistic)		0.000045

Tab. 1a: Example regression for Euroland: unemployment rate on the variability of nominal effective exchange rates

A similar story emerges when one carries out the same test on the rate of employment growth defined as the first difference in the index of employment, i.e., roughly speaking the percentage change in the number of employed persons. Exchange rate variability had a significant impact on the European labour market from this angle as well. The regression result for the impact of the variability of nominal effective exchange rates for Euroland on the dependent variable employment (DEMPEU) is displayed in Table 1b (again we chose the "best" fit in terms of lowest realization of the Schwarz criterion). Reverse causation does not appear plausible as mirrored by additional pairwise Granger-causality tests applied to exchange rate variability and the labour market variables used in the regressions. In addition, we rate the possibility that exchange rate variability at our high frequency was caused by slow-moving variables such as labour market rigidities or moderate unemployment. Lastly, there is evidence that exchange rates mainly react to financial rather than to real fundamentals like labour market variables

[CANZONERI ET AL. (1996)]. If exchange rate volatility is largely noise [ROSE (1996); FLOOD/ROSE (1995)], it does not make sense to treat this variable as endogenous and to regress it on labour market variables. Let us now turn to some robustness tests of the empirical results gained so far.

Dependent Variable: DEMPEU
Method: Least Squares
Sample: 1973 2001
Included observations: 29

Variable	Coefficient	Std. Error	t-Statistic	Prob.
C	2.912109	0.733383	3.970791	0.0006
DEMPEU(-1)	0.617423	0.120250	5.134506	0.0000
EXVNEEREU	-0.635770	0.343156	-1.852712	0.0774
EXVNEEREU(-1)	-0.548227	0.337184	-1.625899	0.1182
EXVNEEREU(-2)	-1.212938	0.325619	-3.725026	0.0012
D91	7.938697	0.637798	12.44705	0.0000
D92	-6.862967	1.183268	-5.800010	0.0000

R-squared	0.924131	Mean dependent var	0.757825
Adjusted R-squared	0.903439	S.D. dependent var	1.849384
S.E. of regression	0.574681	Akaike info criterion	1.936503
Sum squared resid	7.265691	Schwarz criterion	2.266540
Log likelihood	-21.07930	F-statistic	44.66221
Durbin-Watson stat	1.727141	Prob(F-statistic)	0.000000

Tab. 1b: Example regression for Euroland: employment growth on the variability of nominal effective exchange rates

Robustness: The Impact of Potential Shock Absorbers

The purpose of the following section is to report the results of some tests for the robustness of the relationships found so far. We try to take into account the three most plausible ways in which exchange rate variability could stand for some other variable. For each hypothesis, we then implement the same procedure based on the SCH criterion explained above.

The three hypotheses we consider are:

i) Exchange rate variability is just a sign of a misalignment (i.e., a wrong level of the exchange rate).

ii) Exchange rate variability just reflects the stress caused by a tight monetary policy, the tightness of monetary policy being measured by the spread, the difference between long- and short-term interest rates.

iii) Exchange rate variability just reflects the stress caused by a tight monetary policy, but tight monetary policy is defined as high real short-term interest rates.

Re (i): A first possible reason for the significant negative (positive) correlation of exchange rate variability with (un-) employment might be that this volatility just stands for misalignments of the real exchange rate. The basic argument is simple: the dollar (or the euro, or its main component, the DM) was very strong when it was also variable. This argument could also be turned on its head because one suspects that the dollar was variable when it was very weak. But it needs to be addressed because it represents a popular explanation for the results we obtain.

In order to take this hypothesis into account, we added the first difference (the level is not stationary) of the (nominal) effective exchange rate (NEER) in the regressions displayed in the second rows of Tables 1a and 1b. Note again that point estimates for the impact of exchange rate volatility are displayed together with their significance levels. The results suggest that this hypothesis does not hold a lot of explanatory power as the addition of the level of the exchange rate does in no case change the magnitude or significance level of the coefficient of exchange rate variability. Except for the case of the US (employment), the latter remains highly significant.

Re (ii): Transatlantic exchange rate variability could also just be the result of tight monetary policy pursued on either side. The hypothesis is that a restrictive monetary policy leads to employment losses in the short term, and this is exclusively assigned to exchange rate variability in tables 1 and 2. However, this problem of identification can be reduced by explicitly adding a variable that indicates the tightness of the national monetary policy to the equation. We use the spread (long-minus short-term interest rates) as a first indicator. This control variable actually improves the performance of the equation overall, and has the additional advantage of eliminating the two lagged effects that appear for Euroland in some cases.

Re (iii): Adding only the real short-term interest rate to the equation also does not change the results in the sense that the coefficient on exchange rate variability remains significant. We used both the level and the first difference of this control variable because it was not clear whether it is stationary or not. However, as the last two rows of tables 1a and 1b show, the results are virtually identical whether one uses the level or the first difference (at least if one uses nominal effective exchange rates).

For Euroland we thus find that in all equations exchange rate variability is significant and enters with the expected sign. For the US there are, however, more entries in the unemployment column. It is interesting to note that, by contrast, for Euroland the impact on employment seems to be stronger. Taking the strong evidence in favour of eurosclerosis in some larger Eurozone countries, such as Germany, into account, this strong result is in line with the labour market model developed in chapter 2.[1]

5. Some remarks on the necessity of international economic policy coordination

Our main policy conclusion is that reducing exchange rate variability in the two dominant G-3 economies might deliver substantial *benefits*. The data from the past suggest that exchange rate variability had a statistically significant negative impact on unemployment and employment in Euroland. For the US, the evidence points only to an impact on unemployment. This weaker result is on the one hand probably due to more flexibility in the labour markets and, hence, to a minor importance of hiring and firing costs in the US. However, volatility in the bilateral rate *and* in the nominal effective rates seems to matter. On the other hand, the potential exposure of the US to exchange rate variability compared with Euroland is significantly weaker. If one looks at the share of trade in national income, it becomes obvious that while Euroland as a whole is less open than its constituent members, it is substantially more open than the US.

Hence, some commentators, such as ROBERT MUNDELL (2000), argue – as pointed out before – that it would be a great mistake to believe that the closed nature of the three big blocs of the G-3 would make exchange rates less important, or that the dollar/euro rate can be treated with "benign neglect". In addition, total bilateral trade between Euroland and the US is the most important bilateral trade relationship in the world, indicating the relative importance of the US dollar/euro exchange rate. He argues further that given the large degree of inflation convergence achieved, the long-term thrust of monetary policy is actually very similar throughout the G-3. Therefore, it should be possible to agree on a common line that makes it possible to contemplate joint action to reduce excessive exchange rate variability.

We would argue that volatility matters because employment decisions (as investment decisions) have some degree of irreversibility. Job creation is discouraged by higher exchange rate variability, and the effect is potentially more pronounced when labour markets are "rigid". The estimated effect of volatility on (un)employment might appear to be economically small. In fact, a decrease of one percentage point in the standard deviation of Euroland's nominal effective exchange rate (which amounts to abandoning all volatility) reduces unemployment by only half a

1 We enacted our regression analysis for measures of real exchange rate variability (see Data annex) as well. These measures are highly correlated with our measures of nominal exchange rate variability and led to nearly the same results.

percentage point. However, we should point out that this is only the impact effect in the first year, whereas there are also substantial lag effects in some regressions.

A common argument against reducing exchange rate variability is the position that volatility must have a valve somewhere else. In other words, could the gains from suppressing exchange rate variability that are suggested by our results be lost if the volatility reappears elsewhere, for example in higher interest rate variability? We would argue that recent research suggests this is true. Seen on the whole, the existing literature is sceptical about the "squeeze the balloon" theory, i.e., a trade-off between exchange rate volatility and the volatility of other variables. ROSE (1996), for example, shows that official action can reduce exchange rate variability, even holding constant the variability of fundamentals such as interest rates and money. Coordination between the Fed and the ECB could thus, at least theoretically, keep the dollar/euro volatility under control. This view is supported by results of FLOOD/ROSE (1995) who show that there is no clear trade-off between exchange rate volatility and macroeconomic stability. Furthermore, JEANNE/ROSE (1999) develop a model of a foreign exchange market with an endogenous number of noise traders and multiple equilibria of high and low exchange rate volatility. In their model, monetary policy can be used to lower exchange rate volatility without affecting macroeconomic fundamentals. In the same vein, CANZONERI ET AL. (1996) show that exchange rates do not generally move in the direction one would expect if they were to offset shocks. Hence, we would argue that the "squeeze the balloon" theory argument is probably not the decisive one to reject transatlantic monetary policy coordination. Instead, we claim there are other more important reasons, discussed below, that strongly and more significantly run against the latter.

The main focus of this section is to give models of the exchange rate volatility/labour market channel a stronger theoretical background and to illustrate the main findings by first simple regressions. However, much further work is needed to corroborate our first preliminary empirical results so that they can be used as a basis for concrete policy recommendations. In particular, one should concentrate on the implications for the debate on the design of EU/US monetary relations and especially on the role one believes the exchange rate should play in monetary policy, i.e., the desirability of influencing the exchange rate. We realize that our results are preliminary, not least because the questions posed in this section have not been posed in this way in the literature so far. We have a limited number of observations owing to the annual data we use, which is a further reason to be cautious.

Monetary policy coordination?

Many readers might sympathise with the point of view that exchange rate variability is usually not connected with variability in the fundamentals and thus undesirable. However, and unfortunately for some, concrete action to reduce exchange rate variability at least among the G-3 seemed to be either impossible or politically unacceptable until the events of 11 September 2001 [MUNDELL (2000; 2000 a)]. The same is valid with respect to labour market deregulation in the Eurozone. However, both measures would (according to our model and at least theoretically) be complementary and get rid of the negative impacts of euro/dollar volatility on labour markets.

In the introduction to this section, we emphasised that demands for a closer international coordination of (macro) economic policies, especially of monetary policy, are popular with politicians. Hence, we might ask whether the empirical results presented in this section justify a claim that gearing monetary policy to the dollar/euro exchange rate via coordination will lead to substantial benefits?

In discussing the arguments in favour of an international coordination of economic policy, we will first take a look at the international economic interdependencies and thus on possible spillovers, i.e., on the effects the economic development and the economic policy of one country have on the rest of the world. After that, the justification for an international policy coordination is examined.

Over the years, international linkages have grown in importance. Since the early 1950s, the volume of world trade has grown faster than the GDP of the industrialised countries. Their degree of openness has thus increased distinctly. The international flows of capital have grown even faster than world trade. This resulted in highly integrated international financial markets. Since portfolios can be restructured quickly, exchange rates became more volatile. All this had the effect that international linkages and the international transmission of economic developments and economic policy became much more important than in the past. This has been enforced in recent years by some new developments making economic interdependencies, especially between Europe and the US, even stronger. Since ICT goods and services are characterised by a high value-to-weight ratio, an advanced degree of vertical specialisation, and a highly internationalised production, their emergence adds a new dimension to the international linkages that is not fully reflected in the trade figures. This makes international transmission more important than in the past [BEGG ET AL. (2002)]. Therefore, potential for the international transmission of business cycles is high.

In contrast to this, all empirical studies show that international spillovers are of only a modest magnitude. In addition, there seems to be an asymmetry between the US and the rest of the OECD: whereas the economic goals of the US are hardly affected by economic policy measures in the rest of the OECD, the economic policy of the US has a significant impact on other highly industrialised countries [BRYANT ET AL. (1988); KÖSTERS (1989)]. Although international linkages and international transmission are certainly undeniable facts, they do not show up in empirical estimates of spillovers. A reason could be that the interdependencies have been accelerating so that an estimation with past data will lead to an underestimation of their present importance. But on the other hand, it could be that the low values of spillovers have to be taken seriously and the international co-movement of central economic indicators has to be explained differently, namely by common shocks. In case they would have hit most of the highly industrialised countries simultaneously, one would not have to rely on international linkages and spillovers.

This and the low estimated values for the spillovers suggest more cautious expectations with respect to possible effects of international coordination on welfare. But there are reasons for even more caution since the demand for more international coordination cannot be justified economically by the existence of significant spillovers alone. This is only one necessary condition to which a further one has to be added: the foreign economic policy has to exert interdependent effects on domestic goods and the home country does not have enough instruments to reach all its goals. So international coordination cannot be justified if

- there are no spillovers;
- the domestic goals are affected by foreign policy in the same way as by domestic measures (in that case all spillovers from abroad could be neutralised by combinations of domestic instruments);
- a country can reach all its goals by itself (i.e., it has as many independent instruments as goals, see e.g. KÖSTERS (1989)).

Those who demand more international policy coordination first of all have to prove that none of these cases is relevant. In addition, they have to show that policy coordination is in the interest of the countries that are envisaged to participate. This point can be discussed within a game theory approach that HAMADA (1985) has introduced into the debate [for an overview see KÖSTERS (1990)]. It is used to solve the strategic decision problem that can arise in a flexible exchange rate system if an internationally uncoordinated policy to fight inflation unintentionally leads to a recession. This is the case if every country by means of a restrictive monetary policy tries to create an appreciation of its currency, and by that an increase of unemployment to bring the inflation rate down. Although an appreciation of all currencies is of course not possible, this would lead to an unintended recession. HAMADA and others [e.g., COOPER (1985)] show that a cooperative solution and even a Stackelberg solution (where one country takes the lead and the others follow) are in terms of welfare superior to a non-cooperative outcome like a Cournot-Nash-solution.

All empirical studies done on the basis of this theoretical approach show very low effects on welfare from the international coordination of economic policy. Even these results have to be interpreted cautiously since they are only valid under restricted assumptions: e.g., international coordination is costless, the true macroeconomic model is known to all, there are no incentives for cheating, policy makers always act in the interest of their voters etc. Since it cannot be assumed that they all hold, the empirical results could be insignificant [for an overview see KÖSTERS (1989)].

More recently, new aspects relevant to the international policy coordination issue have been brought forward by models of the new open economy macroeconomics [CORSETTI/PESENTI (2001); BETTS/DEVEREUX (2000); OBSTFELD/ROGOFF (2001)]. Among others, the models analyse the impact of exchange rate uncertainty on the volume of trade and, through this channel, also on the labour market performance, risk premia in setting export prices and the impact of deeper financial market integration. Contrary to intuition and to the approaches discussed, those new models show that a deeper integration of international financial markets will lower the welfare gains from policy coordination. If international portfolio diversification creates interdependencies between the consumption growth rates of different countries, it is in the interest of all countries to take into consideration the economic situation abroad when formulating their policies. It would be to their own detriment if they did not do this.

Another important result is the superiority of monetary rules to which central banks are firmly committed over discretionary monetary policy. On the basis of this argument and the many others we have put forward in this respect in our past reports, we favour an international coordination of monetary policies on the basis of rules. The US, Japan and the EMU should choose a monetary strategy to guarantee price level stability. The concrete form of that strategy does not have to be the same, but it is important that it produces the expectation of stable prices. Smaller countries could then set an exchange rate goal vis-à-vis these stability oriented countries and could by this import price stability. If their strategy is credible, a lot of benefits will result: fixed exchange rates, low actual and expected inflation. Bilateral exchange rates would only then have to adjust to real shocks but no longer to monetary ones. They thus would be stabilised [see MELTZER (1996)].

In our recent work [BELKE/GROS (2002 a)], we find a high degree of correlation between domestic monetary policy volatility, interest rate volatility, and exchange rate volatility. However, the results seem to indicate that this correlation cannot be interpreted as a causal relationship, again emphasising our confidence that both volatilities are driven by international financial markets.

Hence, the question of what is driving the volatilities of exchange rates and interest rates (e.g., monetary policy) cannot be answered within this section. However, our model is valid independent of what exactly drives the random walk in exchange rates: domestic monetary policies or international common monetary shocks. We might be able to draw further policy conclusions based on an additional report that could try to identify the causing variable. The most important but by now largely unresolved research question is how much volatility is entailed in alternative monetary policy regimes.

We base our policy conclusions on the present state of analysis as we see it. However, the academic understanding of international economic interdependencies in trade as well as in financial markets and especially their dynamics is far from perfect. The New Open Macroeconomics is a rapidly growing area of research, so new theoretical and empirical results will improve our knowledge. The case study presented at the beginning of this section was made along these lines and produced some new arguments that could deliver some support for the international coordination case. At present, one should, however, be cautious not to draw simple and premature conclusions like that. Instead, one has to examine these and other new theoretical arguments and empirical evidence very carefully before basing policy advice on them. Therefore, we will first engage ourselves in further research and watch the work of others in this area, and then will try a fair and deliberate assessment of what could responsibly be recommended for policy action.

References

Aizenman, J., Marion, N. P. (1999): Volatility and Investment: Interpreting Evidence from Developing Countries, in: Economica, Vol. 66, pp. 157-179.

Andersen, T. M., Sorensen, J. R. (1988), Exchange Rate Variability and Wage Formation in Open Economies, in: Economics Letters, Vol. 28, pp. 263-268.

Begg, D., Canova, F., De Grauwe, P., Fatas, A., Lane, P. R. (2002), Surviving the Slowdown, Monitoring the European Central Bank, No. 4, London.

Belke, A., Goecke, M. (1998), A Simple Model of Hysteresis in Employment under Exchange Rate Uncertainty, in: Scottish Journal of Political Economy, Vol. 46, pp. 260-286.

Belke, A., Gros, D. (1999), Estimating the Costs and Benefits of EMU: The Impact of External Shocks on Labor Markets, in: Weltwirtschaftliches Archiv, Vol. 135, pp. 1-48.

Belke, A., Gros, D. (2001), Real Impacts of Intra-European Exchange Rate Variability: A Case for EMU?, in: Open Economies Review, Vol. 12, pp. 231-264.

Belke, A., Gros, D. (2002), Designing EU-US Monetary Relations: Exchange Rate Variability and Labour Markets, in: The World Economy, Vol. 25, No. 6, pp. 789-813.

Belke, A., Gros, D. (2002 a): Monetary Integration in the Southern Cone, in: The North American Journal of Economics and Finance, Vol. 13, No. 3, pp. 323-349.

Belke, A., Kaas, L. (2002), The Impact of Exchange Rate Volatility on Labor Markets: Europe versus United States, Paper presented at the 17th Annual Congress of the European Economic Association (EEA), August 22-24, 2002, Venice.

Betts, C., Devereux, M. (2000), International Monetary Policy Coordination and Competitive Depreciations: A Re-Evaluation, in: Journal of Money, Credit and Banking, Vol. 32, pp. 722-746.

Bryant, R. C., Henderson, D. W., Holtham, G., Hooper, P., Symansky S. A. (eds.) (1988), Empirical Macroeconomics for Interdependent Economies, Washington D.C. 1988.

Canzoneri, M. B., Vallés, J., Viñals, J. (1996), Do Exchange Rates Move to Address National Imbalances?, CEPR Discussion Paper No. 1498, London.

Cooper, R. N. (1985), Economic Interdependence and Coordination of Economic Policies, in: Jones, R. W., Kenen, P. B. (eds.), Handbook of International Economics, Vol. 2, Amsterdam, pp. 1195-1234.

Corsetti, G, Pesenti, P. (2001), International Dimensions of Optimal Monetary Policy, Federal Reserve Bank of New York, Staff Report No. 124, New York.

Dixit, A. (1989), Entry and Exit Decisions under Uncertainty, in: Journal of Political Economy, Vol. 97, pp. 620-638.

Flood, R. P., Rose, A. K. (1995): Fixing Exchange Rates – A Virtual Quest for Fundamentals", in: Journal of Monetary Economics, Vol. 36, pp. 3-37.

Kösters, W. (1989), Transmission und Koordination nationaler Wirtschaftspolitiken bei weltwirtschaftlicher Verflechtung, in: Kredit und Kapital, Vol. 22, 1989.

Kösters, W. (1990), Wohlfahrtsgewinne durch international koordinierte Wirtschaftspolitik?, in: E. Kantzenbach (Hrsg.), Koordination der Wirtschaftspolitik, Schriften des Vereins für Socialpolitik, N.F. Bd. 198, Berlin.

Haldrup, N. (1990), Testing for Unit Roots with a Maintained Trend When the True Data Generating Process Is a Random Walk with Drift, Institute of Economics Memo 1990-22, University of Aarhus.

Hamada, K. (1985), The Political Economy of International Monetary Interdependence, Cambridge.

Jeanne, O., Rose, A. K. (1999), Noise Trading and Exchange Rate Regimes, NBER Working Paper No. 7104, Cambridge, MA.

Meltzer, A. H. (1996): On Making Monetary Policy More Effective. Domestically and Internationally, Bank of Japan, Monetary and Economic Studies, Vol. 14, pp. 1 ff.

Mundell, R. (2000), Threat to Prosperity, in: The Wall Street Journal, Thursday, March 30.

Mundell, R. (2000 a): A Reconsideration of the Twentieth Century, in: American Economic Review, Vol. 80, pp. 327-340.

Nickell, S. (1997), Unemployment and Labor Market Rigidities: Europe versus North America, in: Journal of Economic Perspectives, Vol. 11, pp. 55-74.

Obstfeld, M., Rogoff, K. (2001), Global Implications of Self-Oriented National Monetary Rules, in: Quarterly Journal of Economics, Vol. 117, pp. 503-535.

Pindyck, R.S. (1991): Irreversibility, Uncertainty, and Investment, in: Journal of Economic Literature, Vol. 29, pp. 1110-1148.

Ramey, G., Ramey, V. A. (1995), Cross-Country Evidence on the Link Between Volatility and Growth, in: American Economic Review, Vol. 85, pp. 1138-1151.

Rose, A. K. (1996), After the Deluge: Do Fixed Exchange Rates Allow Inter-Temporal Volatility Trade-Offs?, in: International Journal of Finance and Economics, Vol. 1, pp. 47-54.

Rowthorn, R. (1999), Unemployment, Wage Bargaining and Capital-Labour Substitution, in: Cambridge Journal of Economics, Vol. 23, pp. 413-425.

Sorensen, J. R. (1992), Uncertainty and Monetary Policy in a Wage Bargaining Model, in: Scandinavian Journal of Economics, Vol. 94, pp. 443-455.

Data annex

5.1.1 Annual data

5.1.2 Euroland data

UREU: EU-11 unemployment rate by Eurostat, Eurostat Statistics CD ed. 2001. Labor markets euro-zone (EU-11: BE,DE,ES,FR,IE,IT,LU,NL,AT,PT,FI)

EMPEU: Total employment EU-11 in thousands (AMECO file, EU Commission)

DEMPEU = LOG(EMPEU)-LOG(EMPEU(-1))

INTLEU: Nominal long-term interest rate EU-11 (AMECO)

INTSREU: Real short-term interest rate (deflator GDP) EU-11 (AMECO)

DINTSREU = INTSREU - INTSREU(-1)

INTSEU: Nominal short-term interest rate EU-11 (AMECO)

SPREADEU: EU-11 yield curve (AMECO)

5.1.3 United States data

URUS: US-Unemployment rate EUROSTAT definition (AMECO)

EMPUS: Total employment EU-11 in thousands (AMECO

DEMPUS = LOG(EMPUS)-LOG(EMPUS(-1))

INTLUS: Nominal long-term interest rate US (AMECO)

INTSRUS: Real short-term interest rate (deflator GDP) US (AMECO)

DINTSRUS = INTSRUS - INTSRUS(-1) (no logs because of non-positive numbers)

INTSUS: Nominal short-term interest rate US (AMECO)

SPREADUS: US-yield curve (AMECO)

5.1.4 Exchange rate variability data (Euroland and United States)

EXVNEEREU: Exchange rate variability from NEEREU

EXVREEREUULC: Exchange rate variability from REEREUULC

EXVNERDOLLECU: Exchange rate variability from NERDOLLECU

EXVNEERUS: Exchange rate variability from NEERUS

EXVREERUSULC: Exchange rate variability from REERUSULC

5.1.5 Monthly data

Exchange rates (source: International Monetary Fund, IFS)

NEEREU	EURO AREA	IFS	163..NEUZF...	NEER FROM ULC
REEREUULC	EURO AREA	IFS	163..REUZF...	REER BASED ON RNULC
NERDOLLECU	UNITED STATES	IFS	111..EB.ZF...	US $/ECU RATE: PERIOD AV.
NEERUS	UNITED STATES	IFS	111..NEUZF...	NEER FROM ULC
REERUSULC	UNITED STATES	IFS	111..REUZF...	REER BASED ON RNULC

IV. Wachstum und Demographie

Demographie und Ökonomie

Einfluss der Bevölkerungsstruktur auf die Konsumnachfrage

Martin Distelkamp, Bernd Meyer, Marc Ingo Wolter

Zusammenfassung: Auf Grundlage von Daten der Einkommens- und Verbrauchsstichprobe des Statistischen Bundesamtes und der Volkswirtschaftlichen Gesamtrechnung wird ein Ansatz entwickelt, der die Schätzung des demografischen Einflusses auf Niveau und Struktur der Konsumnachfrage ermöglicht. Nach Implementation dieses Ansatzes in das sektoral disaggregierte makroökonomische Modell INFORGE werden Simulationsrechnungen zur Konsumentwicklung bei alternativen demographischen Entwicklungen durchgeführt. Es zeigt sich, dass die Alterung der Bevölkerung die gesamtwirtschaftliche Konsumquote leicht anhebt und auch positive Einkommenseffekte hat. Die Struktur des Konsums wird aber weitaus stärker vom demografischen Wandel beeinflusst. Dies hat dann auch erhebliche Konsequenzen für die Produktionsstruktur der Volkswirtschaft.

Schlüsselworte: Demographie, Konsum, Konsumstruktur, disaggregiertes makroökonomisches Modell, INFORGE

1. Fragestellung

Das STATISTISCHE BUNDESAMT prognostiziert für die Bundesrepublik Deutschland in seiner 10. Koordinierten Bevölkerungsvorausschätzung nach einem geringen Anstieg der Bevölkerung von derzeit rund 82,5 Millionen auf 83 Millionen Einwohner im Jahr 2013 bis zum Jahr 2050 ein Absinken der Bevölkerung auf das Niveau des Jahres 1963 (75 Millionen Einwohner). Gleichzeitig ergeben sich starke Verschiebungen im Altersaufbau der Bevölkerung. Der Altenquotient – das Verhältnis zwischen Personen im Rentenalter (ab 60 Jahren) und Personen im Erwerbsalter (20 bis 59 Jahre) – steigt von derzeit 44 bis auf 78 im Jahr 2050. Das heißt, dass heute auf 100 Personen im erwerbsfähigen Alter 44 Rentner kommen, während im Jahre 2050 100 erwerbsfähigen Personen 78 Rentner gegenüberstehen werden. Bemerkenswert ist, dass die Bevölkerungsdynamik bezogen auf die Gesamtzahl erst jenseits von 2015 spürbar wird, während der Strukturwandel der Bevölkerung bereits voll im Gang ist und sich noch weiter verschärft.

Die Auswirkungen des demographischen Wandels auf die Sozialversicherungssysteme und den Arbeitsmarkt sind Gegenstand einer Vielzahl wissenschaftlicher

Arbeiten und politischer Diskurse geworden. Die Auswirkungen einer veränderten Altersstruktur auf die Nachfragestruktur und Nachfragehöhe der privaten Haushalte ist bisher noch kaum untersucht worden. Hier besteht noch erheblicher Forschungsbedarf [DEUTSCHER BUNDESTAG (2002), S. 78].

Für die theoretische Analyse der Konsumnachfrage auf einer disaggregierten Ebene (Konsumverwendungszwecke) sei beispielhaft auf die grundlegenden Arbeiten von HOUTHAKKER/TAYLOR (1966), von DEATON/MUELLBAUER (1980), von ALMON (1996) und von DOWD/MONACO/JANOSKA (1998) hingewiesen. KROEBER-RIEL fasst die Erkenntnisse empirischer Arbeiten zu diesem Thema wie folgt zusammen:

„Alles in allem zeigt sich, dass das Konsumprofil eines Haushalts wesentlich vom Lebenszyklus abhängt. Dadurch wird es möglich, von den zu erwartenden Änderungen des Familienzyklus – die vor allem aus demographischen Trends abgeleitet werden können – auf entsprechende zukünftige Nachfragebewegungen zu schließen!“ [KROEBER-RIEL (1990), S. 465].

Es herrscht somit inzwischen allgemeiner Konsens, dass sozioökonomische Faktoren und hier insbesondere das Alter entscheidenden Einfluss auf das Konsumverhalten nehmen und dass lediglich bei einer kurzfristigen Analyse diese Kriterien aufgrund der relativen Trägheit der Veränderungen der sozioökonomischen Merkmale außer Acht gelassen werden dürfen.

Die neoklassische Theorie, die beim beliebten AIDS-(Almost Ideal Demand System) Ansatz von DEATON/MUELLBAUER unterstellt wird, fordert die Ableitung der Konsumstruktur aus einem Nutzenmaximierungskalkül der Individuen. Kritisch zu hinterfragen ist die Übertragbarkeit mikroökonomischer Ansätze auf makroökonomische Fragestellungen. HILDENBRAND (1998, S. 217) kommt zu dem Schluss, dass es nicht das Verhalten des Individuums als kleinste Einheit ist, das die Aggregate beeinflusst, sondern der demographische Wandel schlechthin. Außerdem erscheint die Annahme der Existenz eines repräsentativen Individuums fraglich. Gibt es ein solches nicht, kann auch keine gesamtwirtschaftliche Nutzenfunktion ermittelt werden. STOKER (1993) betont den Einfluss der Heterogenität auf gesamtwirtschaftliche Entwicklungen. Eine ähnliche Ansicht vertritt auch VOSSKAMP (1996). Die tatsächlich beobachtbare Heterogenität beim Einkommen und Verhalten von Individuen oder auch Haushalten stellt damit den AIDS Ansatz grundsätzlich in Frage. Das von ALMON (1996) entwickelte PADS (Perhaps Adequate Demand System) vermeidet diese Probleme, indem es plausible Eigenschaften ad hoc postuliert.

Letztlich sind beide Ansätze mit technischen Problemen behaftet, da für die Bestimmung von sämtlichen Kreuzpreiselastizitäten bei tief disaggregierten Modellen in der Regel nicht ausreichend Freiheitsgrade auf Grund zu kurzer Beobachtungszeiträume vorliegen. Nur durch das Hinzufügen von nicht prüfbaren Annahmen (Symmetrieannahme, Schachtelung von Konsumgütern nach hierarchischen Strukturen) können die Voraussetzungen für eine empirische Ermittlung der disaggregierten Nachfragen ermöglicht werden. Kritisch anzumerken ist auch, dass die empirische Fundierung dieser Ansätze aufgrund des in den USA und Großbritannien wesentlich umfangreicheren Datenmaterials über den Konsum, nicht ohne weiteres auf Deutschland übertragbar ist. Für Deutschland kommt FACHINGER (2001) aufgrund einer empirischen Analyse der Daten der EVS zu dem Ergebnis, dass sowohl Perioden-, Kohorten- und Alterseffekte die Konsumstruktur beeinflussen.

Unsere Schätzung des demografischen Einflusses auf Niveau und Struktur der Konsumnachfrage beruht auf einer Kombination der Daten der Einkommens- und Verbrauchsstichprobe (EVS) für das Jahr 1998, die geordnet nach dem Alter des Haushaltsvorstandes Angaben über den Konsum nach Verwendungszwecken sowie das Verfügbare Einkommen enthält, und Zeitreihendaten des Konsums nach Verwendungszwecken in den Volkswirtschaftlichen Gesamtrechnungen.

Unter der Vorgabe einer konstanten Einkommensstruktur für die nach Altersgruppen geordneten Haushalte und der nach Verwendungszwecken und Altersgruppen geordneten nominalen Konsumquoten des Jahre 1998 (Hypothese einer Einkommenselastizität von 1 sowie einer Preiselastizität von –1) berechnen wir eine hypothetische Zeitreihe des Konsums nach Verwendungszwecken. Für den Zeitraum 1991 bis 2001 können wir die Abweichungen zwischen dem tatsächlichen Konsum nach Verwendungszwecken und dem jeweiligen hypothetischen Wert berechnen. Die Abweichungen sind dann auf divergierende Einkommens- und Preiselastizitäten sowie die mangelnde Strukturkonstanz der Einkommen zurückzuführen. Mittels einer ökonometrischen Schätzung messen wir diese Abweichungen für die einzelnen Konsumverwendungszwecke.

Im Abschnitt 2 stellen wir diesen Ansatz vor. Um im weiteren Verlauf des Papiers Simulationsrechnungen durchführen zu können, implementieren wir diese Konsummodellierung in das sektoral disaggregierte makroökonomische Modell INFORGE. Im Abschnitt 3 wird zunächst das Modell kurz vorgestellt. Im Abschnitt 4 führen wir dann die Simulationsrechnungen durch. Es zeigt sich, dass die Alterung der Bevölkerung die gesamtwirtschaftliche Konsumquote leicht anhebt und auch positive Einkommenseffekte hat. Die Struktur des Konsums wird aber weitaus stärker vom demografischen Wandel beeinflusst. Dies hat dann auch erhebliche Konsequenzen für die Produktionsstruktur der Volkswirtschaft. Empfehlungen zum Ausbau der Statistik im Abschnitt 5 schließen das Papier ab.

2. Modellierung des demografischen Einflusses auf den Konsum nach Verwendungszwecken

2.1 Zur Datenlage

Die Anzahl der Haushalte wird vom STATISTISCHEN BUNDESAMT im Rahmen des Mikrozensus erhoben und in Fachserie 1 Reihe 3 veröffentlicht. Dort werden sechs Altersklassen des Haushaltsvorstandes unterschieden: unter 25 Jahre; 25 bis 35 Jahre; 35 bis 45 Jahre; 45 bis 55 Jahre; 55 bis 65 Jahre; 65 und mehr Jahre.

Die historischen Daten zur Bevölkerungsentwicklung nach Altersgruppen sind Ergebnis der amtlichen Bevölkerungsfortschreibung des STATISTISCHEN BUNDESAMTES. Für den Prognosezeitraum wurde die Bevölkerungsentwicklung nach Altersgruppen gemäß der „mittleren Variante" der 10. koordinierten Bevölkerungsvorausschätzung des STATISCHEN BUNDESAMTES fortgeschrieben. Dieser Modellrechnung liegen die Annahmen „konstante Geburtenhäufigkeit von durchschnittlich 1,4 Kindern pro Frau", „Erhöhung der Lebenserwartung bei Geburt bis zum Jahr 2050 für Jungen auf 81,1 Jahre und für Mädchen auf 86,6 Jahre" und „jährlicher positiver Wanderungssaldo von rund 200 000 Personen" zugrunde [STATISTISCHES BUNDESAMT (2003)].

Daten zum Sparen und zu den Konsumausgaben nach Haushaltsgruppen stammen aus der Einkommens- und Verbrauchsstichprobe (EVS) des STATISTISCHEN BUNDESAMTES für das Jahr 1998. Bezüglich der Verwendung dieser Daten sind einige einschränkende Hinweise notwendig:

- In den EVS sind weder Haushalte ausländischer Mitbürger, noch Haushalte mit einem Haushaltsnettoeinkommen von mehr als 35.000 DM pro Monat repräsentiert.
- Die EVS 1998 unterscheidet 58 Konsumverwendungszwecke zuzüglich einer tiefen Untergliederung im Bereich Nahrungsmittel, Getränke und Tabakwaren, welche jedoch nicht vollständig deckungsgleich mit der Gliederung der Verwendungszwecke in den Volkswirtschaftlichen Gesamtrechnungen sind.
- Die EVS enthält lediglich Angaben für die Ausgaben je Haushalt und Monat in DM. Diese Daten sind in Angaben je Haushaltsgruppe und Jahr in € umzurechnen.
- Die EVS unterscheidet sieben Altersgruppen der Haushaltsvorstände. Die beiden Altersgruppen „65 bis 70 Jahre" und „mehr als 70 Jahre" sind somit zusammenzufassen, um eine Kompatibilität mit den Haushaltsdaten aus dem Mikrozensus zu gewährleisten.

2.2 Der Schätzansatz

Ausgehend vom vorliegenden Datenmaterial kann unter Verwendung der Einkommensverbrauchsstichprobe (EVS) für Haushaltsgruppen getrennt nach dem Alter des Haushaltsvorstandes und nach Verwendungszwecken eine Konsumquotenmatrix *EVSQ* ermittelt werden. Dazu werden die Ausgaben der Haushaltsgruppen nach Verwendungszwecken durch die in der EVS angegebenen Einkommen der Haushalte bestehend aus Konsumausgaben und Sparen dividiert. Die entstehende Matrix $EVSQ_{kj}$ wird über die gesamte Simulationsperiode konstant gehalten.

Mittels der Matrix $EVSQ_{kj}$ und dem Verfügbaren Einkommen der Haushaltsgruppen YH_j kann ein Vektor $cpvd_k$ ermittelt werden:

$$cpvd_k[t] = \sum_j \overline{EVSQ_{kj}} * YH_j[t] \quad \forall j \in \{1,...,6\}, k \in \{1,...,43\} \tag{1}$$

Das Verfügbare Einkommen der Haushaltsgruppen $YH_j[t]$ ergibt sich unter der Annahme konstanter Verhältnisse der jeweiligen Durchschnittseinkommen zum Durchschnittseinkommen insgesamt qYH_j. HH_j beschreibt die Anzahl der Haushalte in einer Haushaltsgruppen *j* und *HH* ist die Summe aller Haushalte: *YVANH* ist das Verfügbare Einkommen der Haushalte insgesamt gemäß der Volkswirtschaftlichen Gesamtrechnungen des STATISTISCHEN BUNDESAMTES

$$YH_j[t] = \overline{qYH_j} * YVANH[t] * \frac{HH_j[t]}{HH[t]} \tag{2}$$

Die Anzahl der Personen in der Altersgruppe *j* $bevag_j$ beeinflusst die Anzahl der Haushalte mit dem Haushaltsvorstand in der Altersgruppe $j = \{1,...,6\}$ HH_j. Natürlich herrschen hier keine konstanten Relationen, sondern die gesellschaftliche Entwicklung bestimmt das Verhalten bei der Bildung von Haushalten in sicherlich komplexer Weise. Wir approximieren dieses Verhalten durch die Eigenschaften einer einfachen Funktion, in der die Anzahl der Haushalte einer Altersgruppe j von der Anzahl der Personen dieser Altersgruppe und einem Zeittrend bestimmt ist:

$$HH_j[t] = f\{bevag_j[t], ZEIT\} \tag{3}$$

Die $cpvd_k$ zugeordnete reale Größe $cpvdr_k$ erhalten wir, indem wir $cpvd_k$ durch den zugehörigen Preisindex $pcpv_k$ dividieren

Werden die Gleichungen (1) und (2) eingesetzt, entsteht dann:

$$cpvdr_k[t] = \left(\sum_j \overline{EVSQ_{kj}} * \overline{qYH_j} * YVANH[t] * \frac{HH_j[t]}{HH[t]} \right) * 1 / pcpv_k[t] \tag{4}$$

Wird ferner mit *1= (PCPV/PCPV)* erweitert, wobei *PCPV* der Preisindex des Privaten Verbrauchs insgesamt ist, ergibt sich:

$$cpvdr_k[t] = \left(\sum_j \overline{EVSQ_{kj}} * \overline{qYH_j} * \frac{HH_j[t]}{HH[t]} \right) * \frac{YVANH[t]}{PCPV[t]} * \left(\frac{pcpv_k[t]}{PCPV[t]} \right)^{-1} \tag{5}$$

Der hypothetische Konsum des Verwendungszwecks i hängt somit von den als konstant unterstellten Konsumquoten $ESVQ_{kj}$ der verschiedenen Altersgruppen, der als konstant angenommene Verteilung der Einkommen qYH_j auf die Altersgruppen, der Entwicklung der Anzahl der Haushalte HH_j relativ zur Gesamtzahl der Haushalte und mit einer Elastizität von 1 von dem gesamtwirtschaftlichen realen Verfügbaren Einkommen *YVANH/PCPV* und mit einer Elastizität von –1 von dem Preis des Konsumverwendungszwecks $pcpv_k$ relativ zum gesamtwirtschaftlichen Konsumpreisindex *PCPV* ab.

Die Relation zwischen der tatsächlichen und der hypothetischen Konsumnachfrage mit dem Verwendungszweck k nennen wir $qcpvd_k$.

$$qcpvd_k[t] = \frac{cpvr_k[t]}{cpvd_k[t] / pcpv_k[t]} = \frac{cpvr_k[t]}{cpvdr_k[t]} \tag{6}$$

Diese Abweichung des tatsächlichen Konsumvektors $cpvr_k$ vom hypothetischen Vektor $cpvdr_k$ entsteht dadurch, dass die tatsächliche Einkommenselastizität vom Wert 1 und die tatsächliche Preiselastizität vom Wert –1 abweicht. Ferner mag die Konstanz der Einkommensverteilung nicht gegeben sein. Da wir die Abweichungen für den Zeitraum 1991 bis 2001 beobachten können, ist es möglich, sie durch das reale Einkommen, den Relativpreis und einen Zeittrend zu erklären:

$$qcpvd_k[t] = const * YVANHR[t]^b * RP_k[t]^g * e^{aZEIT} \tag{7}$$

Durch Logarithmierung entsteht:

$$\ln(qcpvd_k[t]) = const + b * \ln(YVANHR[t]) + g * \ln(RP_k[t]) + a * ZEIT \tag{8}$$

Die Parameter der Gleichung (7) können mit (8) ökonometrisch geschätzt werden. Lösen wir (6) nach $cpvr_k$ auf, so folgt:

$$cpvr_k[t] = qcpvd_k[t] * cpvdr_k[t] \tag{9}$$

Setzen wir (5) und (7) in (9) ein, so folgt:

$$cpvr_k[t] = const * e^{aZEIT} * \left(\sum_j \overline{EVSQ_{kj}} * \overline{qYH_j} * \frac{HH_j[t]}{HH[t]} \right) * \left(\frac{YVANH[t]}{PCPV[t]} \right)^{b+1} * \left(\frac{pcpv_k[t]}{PCPV[t]} \right)^{g-1} \quad (10)$$

Bei der Schätzung sind Vorgaben für die Parameter zu beachten. Grundsätzlich sollte der Einfluss des Einkommens auf den Verbrauch positiv sein. Eine Steigerung der Relativpreise sollte zu einer Reduktion der Nachfrage führen. Allerdings unterstellen wir auf Grund der Konstruktion der Größe $qcpvd_i$ schon eine Einkommenselastizität von $\beta = 1$ und eine Preiselastizität von $\alpha = -1$. Die Parameter b und g sind als Korrektive dieser unterstellten Elastizitäten anzusehen und können daher die Werte $b \geq -1$ bzw. $1 \geq g$ annehmen. Ist $b = -1$ und $g = 1$, dann kann unter Zuhilfenahme der Gleichung (10) eine Einflussnahme beider Größen auf den Konsumverwendungszweck k ausgeschlossen werden, da sich die Elastizitäten für beide Einflüsse zu jeweils 0 addieren. Die Entwicklung des Konsumverwendungszwecks wird dann ausschließlich durch die demografische Veränderung und das Haushaltsbildungsverhalten bestimmt.

2.3 Ergebnisse der Kalibrierung

In Tab. 1 werden die t-Werte der Koeffizienten und das Bestimmtheitsmaß (R^2) für die Regressionen der Abweichungen der Konsumnachfrage $qcpvd_k$ wiedergegeben. Wegen der Kürze des Beobachtungszeitraumes (11 Beobachtungszeitpunkte) wurde eine Kalibrierung mit dem OLS-Verfahren gewählt.

Tab. 2 zeigt die berechneten Koeffizienten und die sich ergebenden Elastizitäten b und g (siehe oben). In den Fällen, in denen die Koeffizienten nicht signifikant waren, wurden sie auf den Wert Null gesetzt und der Kalibrierungsansatz entsprechend modifiziert.

Die höchsten Einkommenselastizitäten ergeben sich im Bereich Freizeit (30, 32) und Heimtextilien (16). Die niedrigsten in den Bereichen Bildung (35) und Kraftstoffe (26). Die höchste Preiselastizität ergibt sich im Bereich der Nachrichtenübermittlung (28). Durchweg niedrige Preiselastizitäten sind im Nahrungsmittelbereich (1, 2, 3) sowie bei Schuhen (6) festzustellen. Hervorzuheben sind die Ergebnisse für die Verwendungszwecke Haushaltsgeräte (17) und Persönliche Gebrauchsgegenstände (39). Hier ergeben sich positive Preiselastizitäten. Dieses Ergebnis steht im Gegensatz zur vorangehenden theoretischen Überlegung. Bei den Haushaltsgeräten, bei denen es sich vor allem um elektronische Geräte im Küchenbereich handelt, interpretieren wir die positive Preiselastizität als Ergebnis einer sehr starken Etablierung von Marken, so dass sich bei steigenden Einkommen ein Trend zu vermeintlich höherwertigen und damit auch teureren Produkten fortsetzt. Es werden also nicht mehr Geräte aber dafür vermeintlich bessere erworben.

Ähnlich ist die Argumentation für den Verwendungszweck Persönliche Gebrauchsgegenstände. In diesem Verwendungszweck überwiegt der Anteil von Schmuck, Uhren und Edelmetallen. Wir interpretieren die positive Preiselastizität als Ausdruck eines Verhaltens, das die Wertschätzung dieser Güter in direktem Zusammenhang zum Preis sieht und steigende Einkommen zum Kauf von „höherwertigen" Produkten führen.

k	Konsumverwendungszweck	t-Werte			R^2
		YVANHR	RP	ZEIT	
1	Nahrungsmittel		4,5	-2,5	98,8
2	Alkoholfreie Getränke	2,1	3,1		86,6
3	Alkoholische Getränke	155,6	7,2		91,4
4	Tabakwaren	4,0			85,6
5	Bekleidung	2,4		-10,3	98,7
6	Schuhe	-4,5	3,9		95,5
15	Möbel, Innenausstattung, Teppiche u.ä.	-2,7			86,3
16	Heimtextilien			-21,3	99,2
17	Haushaltsgeräte		39,3		99,4
20	Waren u.Dienstleistungen f. d. Haushaltsführung	-10,7			54,5
21	Medizinische Erzeug., Geräte u. Ausrüstungen	4,7	5,9		96,3
24	Kauf von Fahrzeugen				
25	Dienstleistungen für den Betrieb von Privatfahrzeugen	155,1			82,7
26	Kraftstoffe	-4,0	7,2		87,2
27	Verkehrsdienstleistungen				
28	Nachrichtenübermittlung		-1,7	3,9	94,8
29	Audiovisuelle, fotografische u. Informationsverarbeitungsgeräte u. Zubehör einschl. Rep.		7,5		96,3
30	Andere größere langlebige Gebrauchsgüter für Freizeit und Kultur	6,7	1,3		94,3
31	Gartenerzeugnisse u. Verbrauchsgüter für Gartenpflege, Haustiere	-11,0	3,6		92,4
32	Freizeit und Kulturdienstleistungen	8,9	3,4		98,1
33	Zeitungen, Bücher und Schreibwaren	48,9	5,6		80,2
34	Pauschalreisen				
35	Bildungswesen	-2,0	2,3		77,8
36	Verpflegungsdienstleistungen		1,9	-17,9	97,0
37	Beherbergungsdienstleistungen				
38	Körperpflege	3,6			54,6
39	Persönliche Gebrauchsgegenstände		3,9		97,0
43	Sonstige Dienstleistungen				

Tab. 1: t-Werte und R^2 für die Regressionen der Abweichungen der Konsumnachfrage $qcpvd_k$

k	Konsumverwendungszweck	Koeffizienten der Schätzung b	g	Autonomes Wachstum in Prozent pro Jahr	Implizite Elastizitäten des Einkommens	Relativpreises
1	Nahrungsmittel		0,84	-0,32	1,00	-0,16
2	Alkoholfreie Getränke	0,37	0,93		1,37	-0,07
3	Alkoholische Getränke	0,22	0,92		1,22	-0,08
4	Tabakwaren	0,66			1,66	-1,00
5	Bekleidung	0,55		-2,90	1,55	-1,00
6	Schuhe	-0,56	0,98		0,44	-0,02
15	Möbel, Innenausstattung, Teppiche u.ä.	-0,56			0,44	-1,00
16	Heimtextilien			-2,56	1,00	-1,00
17	Haushaltsgeräte		1,30		1,00	0,30
20	Waren u.Dienstleistungen f. d. Haushaltsführung	-0,01			0,99	-1,00
21	Medizinische Erzeug., Geräte u. Ausrüstungen	0,59	0,88		1,59	-0,12
24	Kauf von Fahrzeugen				1,00	-1,00
25	Dienstleistungen für den Betrieb von Privatfahrzeugen	0,22			1,22	-1,00
26	Kraftstoffe	-0,78	0,67		0,22	-0,33
27	Verkehrsdienstleistungen				1,00	-1,00
28	Nachrichtenübermittlung		-0,25	2,80	1,00	-1,25
29	Audiovisuelle, fotografische u. Informationsverarbeitungsgeräte u. Zubehör einschl. Rep.		0,67		1,00	-0,33
30	Andere größere langlebige Gebrauchsgüter für Freizeit und Kultur	0,89	0,69		1,89	-0,31
31	Gartenerzeugnisse u. Verbrauchsgüter für Gartenpflege, Haustiere	-0,03	0,81		0,97	-0,19
32	Freizeit und Kulturdienstleistungen	1,11	0,46		2,11	-0,54
33	Zeitungen, Bücher und Schreibwaren	0,13	0,82		1,13	-0,18
34	Pauschalreisen				1,00	-1,00
35	Bildungswesen	-0,84	0,39		0,16	-0,61
36	Verpflegungsdienstleistungen		0,84	-1,80	1,00	-0,16
37	Beherbergungsdienstleistungen				1,00	-1,00
38	Körperpflege	0,53			1,53	-1,00
39	Persönliche Gebrauchsgegenstände		1,29	-0,73	1,00	0,29
43	Sonstige Dienstleistungen				1,00	-1,00

Tab. 2: Geschätzte Koeffizienten und die sich ergebenden Elastizitäten in Bezug auf Einkommen und relative Preise

3. Makroökonomisches Modell INFORGE

3.1 INFORGE

INFORGE (INterindustrie FORecasting GErmany) ist ein sektoral tief gegliedertes Prognose- und Simulationsmodell, das seit 1996 regelmäßig aktualisiert worden ist. Die aktuelle Modellversion hat den Datenstand September 2003. Die neueste vollständige Beschreibung des Modells findet sich in DISTELKAMP/HOHMANN/ LUTZ/MEYER/WOLTER (2003 b). INFORGE ist bei zahlreichen Fragestellungen zur Anwendung gekommen [u.a.: LICHTBLAU/MEYER/EWERHART (1996); ELIXMANN/KEUTER/MEYER (1997); DISTELKAMP ET AL. (2000); MEYER/AHLERT (2000); AHLERT (2001); LUTZ ET AL. (2002)]. Im Zusammenhang mit der demographischen Entwicklung wurde INFORGE ebenfalls bereits eingesetzt [WOLTER/ AHLERT (1999); LUTZ/WOLTER (2001); WOLTER (2002)]. Eine Evaluation des Modells INFORGE in seiner ökologisch erweiterten Version wurde bei einem Modellvergleich von einer unabhängigen Expertengruppe vorgenommen. Danach wurde das Modell als geeignet für Prognose- und Simulationsrechungen eingestuft [FROHN/LEUCHTMANN/KRÄUSSL (1998)].

Die besondere Leistungsfähigkeit des Modells INFORGE beruht auf der INFORUM-Philosophie [ALMON (1991)]. Sie ist durch die Konstruktionsprinzipien Bottom-up und Vollständige Integration gekennzeichnet. Das Konstruktionsprinzip *Bottom-up* besagt, dass jeder der 59 Sektoren der Volkswirtschaft sehr detailliert modelliert ist und die gesamtwirtschaftlichen Variablen durch explizite Aggregation im Modellzusammenhang gebildet werden. Das Konstruktionsprinzip *Vollständige Integration* beinhaltet eine komplexe und simultane Modellierung, welche die interindustrielle Verflechtung ebenso beschreibt wie die Entstehung und die Verteilung der Einkommen, die Umverteilungstätigkeit des Staates sowie die Einkommensverwendung der Privaten Haushalte für die verschiedenen Güter und Dienstleistungen. Der disaggregierte Aufbau des Modells INFORGE ist in das vollständig endogenisierte Kontensystem der Volkswirtschaftlichen Gesamtrechnungen eingebettet. Damit ist insbesondere auch die Umverteilung der Einkommen durch den Staat endogen abgebildet.

Das Modell weist einen sehr hohen Endogenisierungsgrad auf. Exogen vorgegeben sind im Wesentlichen Steuersätze, das Arbeitsangebot und die Weltmarktvariablen. Die Struktur des Modells INFORGE ist hochgradig interdependent. Neben den üblichen Kreislaufinterdependenzen sind die Mengen-Preisinterdependenzen und die Lohn-Preisinterdependenz abgebildet. Hervorzuheben ist, dass das gesamte System simultan gelöst wird. Die Weltmarktvariablen stammen aus dem internationalen GINFORS-Systems [MEYER/LUTZ/WOLTER (2003; 2004)], das auf der Philosophie des globalen COMPASS Modells beruht [MEYER/UNO (1999); VANWYNSBERGHE/HOHMANN (2002); MEYER/LUTZ (2002, a, b, c)], aber im Bereich der Daten, der Modell-Technik und teilweise der Modellierung angepasst worden ist.

INFORGE ist ein ökonometrisches Input-Output-Modell, das als evolutorisches Modell bezeichnet werden kann. In den Verhaltensgleichungen werden Entscheidungsroutinen modelliert, die nicht explizit aus Optimierungsverhalten der Agenten abgeleitet sind, sondern beschränkte Rationalität zum Hintergrund haben. Die Herstellungspreise sind das Ergebnis einer Aufschlagskalkulation der Unternehmen. Die Zeit ist im Modell historisch und unumkehrbar. Die Kapitalstockfortschreibung generiert Pfadabhängigkeit.

Dem Input-Output-Ansatz wird gemeinhin eine nachfrageorientierte Modellierung zugesprochen. Dies trifft auf INFORGE allerdings nicht zu. Es ist zwar richtig, dass die Nachfrage in INFORGE die Produktion bestimmt, aber alle Güter- und Faktornachfragevariablen hängen unter anderem von relativen Preisen ab, wobei die Preise wiederum durch die Stückkosten der Unternehmen in Form einer Preissetzungshypothese bestimmt sind. Der Unterschied zu den allgemeinen Gleichgewichtsmodellen, in denen ein Konkurrenzmarkt modelliert wird, liegt in diesem Punkte in der unterstellten Marktform, nicht in der Betonung der einen oder der anderen Marktseite. Man kann es auch so formulieren: Die Unternehmen wählen aufgrund ihrer Kostensituation und der Preise konkurrierender Importe ihren Absatzpreis. Die Nachfrager reagieren darauf mit ihrer Entscheidung, die dann die

Höhe der Produktion bestimmt. Angebots- und Nachfrageelemente sind also im gleichen Maße vorhanden.

Neben der in 59 Produktions- bzw. Wirtschaftsbereiche tief gegliederten Ebene der Input-Output-Rechnung enthält das Modell zur Berechnung der gesamtwirtschaftlichen Variablen das Kontensystem der Volkswirtschaftlichen Gesamtrechnungen der Bundesrepublik Deutschland mit seinen institutionellen Transaktoren Staat, Private Haushalte und private Organisationen ohne Erwerbszweck, Finanzielle Kapitalgesellschaften, Nichtfinanzielle Kapitalgesellschaften sowie übrige Welt und den funktionellen Transaktoren Produktion, Primäre Einkommensverteilung, Sekundäre Einkommensverteilung, Einkommensverwendung, Vermögensänderung und Sachvermögensbildung. Dieses System enthält die gesamte Einkommensumverteilung einschließlich Sozialversicherung und Besteuerung zwischen Staat, Privaten Haushalten und Unternehmen und ermöglicht so die Berechnung der Verfügbaren Einkommen, die wiederum wichtige Determinanten der Endnachfrage sind. Außerdem werden die Finanzierungssalden der institutionellen Transaktoren bestimmt. Damit ist insbesondere auch die staatliche Budgetrestriktion im Modell enthalten. Endogen eingebunden in dieses System ist somit die gesamte Fiskalpolitik.

Die Parameter der Modellgleichungen wurden mit dem OLS-Verfahren über den Zeitraum 1991 bis 2001 ökonometrisch geschätzt. Bei der Auswahl alternativer Schätzansätze wurden zunächst a priori-Informationen über Vorzeichen und Größenordnungen der zu schätzenden Koeffizienten genutzt. Mit anderen Worten: ökonomisch unsinnige Schätzergebnisse wurden verworfen. Die verbleibenden Schätzungen wurden auf Signifikanz der geschätzten Parameter mit dem t-Test geprüft. War auf dieser Basis eine Diskriminierung konkurrierender Ansätze nicht möglich, wurde das Bestimmtheitsmaß der Schätzung hinzugezogen. Angesichts der Größe des Modells erscheint die OLS-Methode als die angemessene, weil einfachste Schätzmethode. Die Spezifikation des Modells ist mit der Einzelgleichungsschätzung allerdings nicht abgeschlossen. Erst bei der Lösung des nichtlinearen hochgradig interdependenten und dynamischen Modells durch den Gauß-Seidel Algorithmus werden Schwächen des Systemzusammenhanges aufgedeckt. Das Lösungsverfahren muss konvergieren und das Modell muss in der Lage sein, in einer historischen Simulation die beobachtbare Entwicklung der Volkswirtschaft zufrieden stellend zu erklären. Solange dies nicht der Fall ist, wird in einem iterativen Prozess die Phase der Spezifikation erneut durchlaufen.

Anzumerken bleibt, dass das Modell INFORGE in seiner Struktur sowie in den Schätzansätzen als konsolidiert angesehen werden kann, d.h. nach der Erstellung einer neuen Datenbank mit einer zusätzlichen Jahresscheibe[1], werden die beste-

---

[1] Ein Überblick über die in einer Jahresscheibe enthaltenen Daten kann der Veröffentlichung DISTELKAMP/HOHMANN/LUTZ/MEYER/WOLTER (2003), S. 87 ff. entnommen werden.

henden Regressionsansätze in einem ersten Schritt nur hinsichtlich ihres Regressionszeitraums verändert. Bei der detaillierten Durchsicht der Regressionen werden nur solche Ansätze angepasst, die den Anforderungen nicht mehr genügen. Der Anteil substantiell veränderter Regressionsansätze an allen ist gering. Zugleich stellt diese Art des Vorgehens auch einen Test dar: Die Güte eines Schätzansatzes lässt sich daran beurteilen, ob seine Erklärungsfähigkeit erhalten bleibt.

3.2 INFORGE und Demografie

Die demographischer Veränderungen wirken im aktuellen INFORGE Modell vor allem auf drei Bereiche: (1) Sozialversicherungen, (2) Arbeitsmarkt und (3) Wohnungsmarkt.

Geldleistungen der Sozialversicherungen

Die Ausgaben des Sozialversicherungssystems werden durch das Kontensystem der Volkswirtschaftlichen Gesamtrechnungen, das Teil von INFORGE ist, erfasst. Im funktionalen Konto der Sekundären Einkommensverteilung werden beim Staat die Monetären Sozialleistungen als Ausgaben gebucht. Diese setzen sich aus den Geldleistungen der Sozialversicherungen und weiteren Geldleistungen zusammen, die u.a. auf Pensionszahlungen des Staates zurückzuführen sind [STATISTISCHES BUNDESAMT (2003), S. 52].

Die Geldleistungen der Sozialversicherungen können nach sechs Sozialversicherungszweigen (Arbeitslosenversicherung, Krankenversicherung, Pflegeversicherung, Zusammengefasste Rentenversicherung und Unfallversicherung) unterteilt werden. Der wichtigste demografische Einfluss ist auf die Rentenversicherung gegeben. Um ihn zu erfassen, wird die Eckrente, die eine Rente nach 45 Jahren Arbeit bei Erhalt des Durchschnittslohnes repräsentiert, fortgeschrieben. Die Geldleistungen der Rentenversicherung ergeben sich dann als Funktion der Personen über 65 Jahren laut Bevölkerungsvorausberechnung des STATISTISCHEN BUNDESAMTES multipliziert mit der Eckrente.

Die Ausgaben des Sozialversicherungssystems bestimmen zusammen mit der Bruttolohn- und -gehaltssumme die Entwicklung der Sozialversicherungsquoten. Demzufolge führt eine relativ zunehmende Anzahl von Älteren zu einer Erhöhung der Sozialversicherungsquote und damit zu steigenden Lohnkosten, die wiederum Preis- und Arbeitsmarkteffekte induzieren.

Arbeitsmarkt

Der gesamtwirtschaftliche Arbeitsmarkt, der auf Seiten der Arbeitsmarktnachfrage aus einer disaggregierten Betrachtung von Lohnkosten und Beschäftigungsfunktionen für jeweils 59 Sektoren hervorgeht, besteht aus der Anzahl der Beschäftigten, den Selbständigen und den Erwerbslosen. Diese drei Größen ergeben zusammen die Anzahl der Erwerbspersonen. Addiert man die Stille Reserve, also die

Anzahl der Personen, die bei einer verbesserten wirtschaftlichen Lage wieder dem Arbeitsmarkt zur Verfügung stehen würden [DEUTSCHER BUNDESTAG (2002), S. 58], hinzu, erhält man das Erwerbspersonenpotential. In INFORGE ist das gesamtwirtschaftliche Erwerbspersonenpotential eine Funktion der erwerbsfähigen Bevölkerung, also der Personen, die 15 bis 65 Jahre alt sind.

Nimmt die Anzahl der erwerbsfähigen Bevölkerung ab, schrumpfen das Erwerbspersonenpotential und die Stille Reserve, die vom Erwerbspersonenpotential und der Anzahl der Erwerbspersonen abhängt. Zieht man von dem Rest die sich aus der Disaggregation der Wirtschaftsbereiche ergebende Anzahl der Erwerbstätigen ab, erhält man die Anzahl der Erwerbslosen. Damit sorgt ceteris paribus eine schrumpfende erwerbsfähige Bevölkerung zu einer zurückgehenden Erwerbslosigkeit, die dann eine Reduktion der Ausgaben der Arbeitslosenversicherung induziert.

Wohnungsmarkt

Auf dem Wohnungsmarkt sind insbesondere die Ausgaben der Privaten Haushalte für eigengenutzte bzw. gemietete Wohnungen von der demographischen Entwicklung abhängig. Beide Verwendungszwecke sind wegen ihres Anteils (17% der Konsumnachfrage in konstanten Preisen des Jahre 2001) für die gesamtwirtschaftliche Entwicklung von Bedeutung. Die Entwicklung im Bereich der Wohnungsnachfrage hängt grundsätzlich nicht nur an der Entwicklung der Bevölkerung sondern an der Entwicklung der Anzahl der Haushalte. Damit ist das Haushaltsbildungsverhalten von entscheidender Bedeutung. Vor allem der nach wie vor ungebrochene Trend hin zu kleineren Haushalten ist grundsätzlich in der Lage den Effekt einer schrumpfenden Bevölkerung zu kompensieren.

Daher wird in INFORGE das Haushaltsbildungsverhalten durch eine Vorausschätzung der durchschnittlichen Personenzahl pro Haushalt trendabhängig fortgeschrieben. Die sich im Zusammenhang mit der Bevölkerungsfortschreibung ergebende Anzahl der Haushalte ist dann ein wesentlicher Einflussfaktor für die Entwicklung der tatsächlichen und unterstellten Mietzahlungen.

3.3 Anpassung der Konsummodellierung

Die Herstellungspreise der Konsumgüter $pcpu_i$ sind von den Stückkosten uc_i der Branche und den Preisen der konkurrierenden Importe pim_i abhängig:

$$pcpu_i[t] = f\{(uc_i[t], pim_i[t]\} \tag{11}$$

Die Anschaffungspreise der Konsumgüter pcp_i werden durch die Herstellungspreise $pcpu_i$ und die Quote der auf ihnen liegenden Nettogütersteuern erklärt ($qmwtcp_i$ ~ Mehrwertsteuerquoten, $sgutcpn_i$ - $subcpn_i$ ~ Nettogütersteuern bestehend aus Gütersteuern und Subventionen):

$$pcp_i[t] = \qquad (12)$$

$$f\{(1+qmwtcp_i[t])*pcpu_i[t],(1+qmwtcp_i[t])*(sgutcpn_i[t] - subcpn_i[t])/cpr_i[t]\}$$

Die Preise der 43 Konsumverwendungszwecke $pcpv_k$ werden durch die Anschaffungspreise pcp der in ihnen enthaltenen Konsumgüter n bestimmt:

$$pcpv_k[t] = f\{pcp_1[t], pcp_2[t], ..., pcp_n[t]\} \qquad (13)$$

Die 43 Verwendungszwecke $cpvr_k$ werden durch den jeweiligen Relativpreis, bestehend aus dem Preisindex des Verwendungszwecks $pcpv_k$ und dem Preisindex der Lebenshaltung $PCPV$, das Verfügbare Einkommen in konstanten Preisen und weitere Größen (z. B. Zinsen) erklärt.

$$cpvr_k[t] = f\{pcpv_k[t]/PCPV[t], YVANH/PCBIPH, ...\} \qquad (14)$$

An dieser Stelle wird die bisherige Modellierung durch die in Abschnitt 2 beschriebene ergänzt:

$$cpvr_k[t] = qcpvd_k[t] * \left(\sum_j \overline{EVSQ_{kj}} * \overline{qYH_j} * \frac{HH_j[t]}{HH[t]} \right) * \frac{YVANH[t]}{PCPV[t]} * \left(\frac{pcpv_k[t]}{PCPV[t]} \right)^{-1} \qquad (15)$$

Diese zweite Bestimmung ersetzt grundsätzlich die alte Modellierung von $cpvr_k$ außer in den Fällen, in denen keine Ermittlung möglich ist. Dieses sind all jene, welche in Tab. 1 nicht mit ihrer entsprechenden Nummer VZ aufgeführt sind. Für diese bleibt die „alte" Erklärung erhalten.

Anschließend werden die Ausgaben der Verwendungszwecke in jeweiligen Preisen definitorisch bestimmt:

$$cpvn_k[t] = cpvr_k[t] * pcpv_k[t] \qquad (16)$$

Die Konsumnachfrage nach Gütergruppen in jeweiligen Preisen berechnet sich über die Bridge-Matrix CPX des Jahres 2001, die in den Zeilen die Anteile einer Gütergruppe i an den verschiedenen Konsumverwendungszwecken k enthält:

$$cpn_i[t] = \sum_k (CPX_{ik}[2001] * cpvn_k[t]) \qquad (17)$$

Die in ihnen enthaltenen Handels- und Transportdienstleistungen $htcpn_i$ sowie die Mehrwertsteuern $mwtcpn_i$, die sonstigen Gütersteuern $sgutcpn_i$ sowie die Subventionen $subcpn_i$ werden über feste Quoten berechnet, die aber in Modellsimulationen veränderbar sind [DISTELKAMP/HOHMANN/LUTZ/MEYER/WOLTER (2003), S.

87 ff.]. Diese Aufspaltung der Nettogütersteuern verbessert die Möglichkeit von Mehrwertsteuersimulationen erheblich.

$$htcpn_i[t] = qhtcp_i[2001] * cpn_i[t] \quad (18)$$

$$sgutcpn_i[t] = qsgutcp_i[2001] * cpn_i[t] \quad (19)$$

$$mwtcpn_i[t] = qmwtcp_i[2001] * cpn_i[t] \quad (20)$$

$$subcpn_i[t] = qsubcp_i[2001] * cpn_i[t] \quad (21)$$

Zieht man die Handels- und Transportdienstleistungen und die übrigen Übergangsgrößen von den Konsumausgaben zu Anschaffungspreisen cpn_i ab, so erhält man die Konsumausgaben zu Herstellungspreisen $cpun_i$:

$$cpun_i[t] = cpn_i[t] - htcpn_i[t] - sgutcpn_i[t] - mwtcpn_i[t] + subcpn_i[t] \quad (22)$$

Die Division der nominalen Größen cpn_i bzw. $cpun_i$ durch die zugehörigen Preise pcp_i bzw. $pcpu_i$ führt zu den realen Größen cpr_i bzw. $cpur_i$ in den beiden Preiskonzepten.

$$cpr_i[t] = 100 * cpn_i[t]/pcp_i[t] \quad (23)$$

$$cpur_i[t] = 100 * cpun_i[t]/pcpu_i[t] \quad (24)$$

Die zugehörigen gesamtwirtschaftlichen Größen lassen sich jeweils durch Addition bzw. die Preisindizes durch Division der nominalen durch die realen Größen mit Preisbasis 1995 bestimmen. Die Summe der Handels- und Transportleistungen über alle Gütergruppen ist Null. Im Weiteren wird die Summenermittlung nicht weiter ausgeführt. Im Modell werden aber für alle sektoralen Größen durch Aggregation die gesamtwirtschaftlichen Größen bestimmt.

4. Ergebnisse der Szenarien im Vergleich

4.1 Szenarien

Die im Folgenden dargestellten Ergebnisse sind die prozentualen bzw. absoluten Abweichungen zwischen den beiden Szenarien, die sich auf unterschiedliche demographische Strukturen beziehen, wobei nur der Einfluss auf die Konsumnachfrage untersucht wird. Alle übrigen Einflüsse der Entwicklung der Bevölkerung auf die sozialen Sicherungssysteme, den Arbeitsmarkt und den Wohnungsmarkt (vgl. oben) werden nicht betrachtet.

Im Ausgangszenario (*BAU* Business as Usual) wird die Bevölkerungsentwicklung der Höhe und der Struktur nach der 10. Koordinierten Bevölkerungsvorausberechnung des Statistischen Bundesamtes bis zum Jahr 2015 entnommen. Damit kommt es zu der erwarteten Alterung der Bevölkerung. Das zweite Szenario übernimmt lediglich die Entwicklung der Bevölkerungszahl insgesamt. Die Struktur der Altersgruppen bleibt über die 14 Simulationsjahre hinweg konstant, daher wird dieses Szenario ferner mit *CS* (constant structure) bezeichnet. Die Folge der konstanten Altersstruktur ist eine „Verjüngung" der Bevölkerung, da das Durchschnittsalter des Jahres 2001 bis zum Jahr 2015 erhalten bleibt. Eine Alterung der Bevölkerung wie im BAU-Szenario findet nicht statt.

Die Veränderung der Ergebnisse aller Variablen in INFORGE sind ausschließlich auf die unterschiedliche Struktur der Bevölkerung zurückzuführen, wobei nur die Wirkungen via der Verwendungszwecke betrachtet wird die in Tab. 1 aufgeführt sind. Alle anderen exogenen Variablen und endogenen Modellzusammenhänge werden nicht verändert.

4.2 Ergebnisse

4.2.1 Gesamtwirtschaftliche Effekte

Demographische Struktur

Abb. 2 zeigt die Auswirkungen des Szenarios CS auf den Altersaufbau nach Altersklassen.

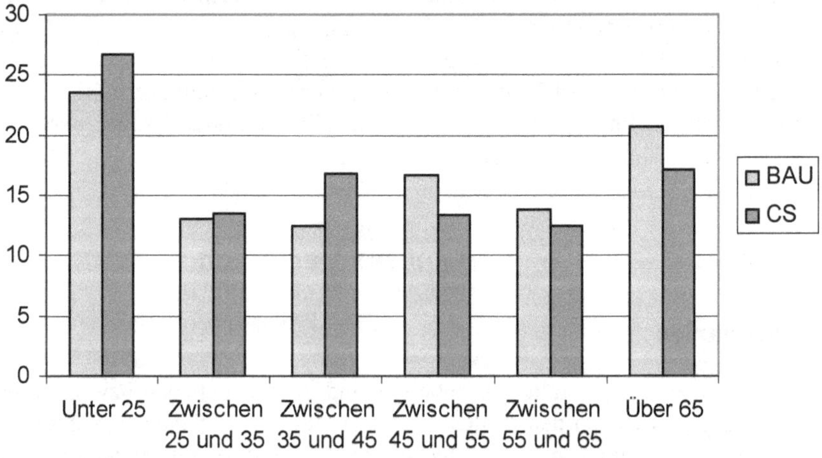

Abb. 2: Altersaufbau der Bevölkerung nach Altersklassen im Jahr 2015

Verglichen mit dem BAU-Szenario profitieren vor allem die jüngeren Altersklassen (bis 45 Jahren) von der konstanten Struktur, während in den folgenden Altersklassen teilweise deutlich geringere Anteile erreicht werden. Bei einer konstanten Struktur der Altersklassen wäre die deutsche Bevölkerung im Durchschnitt jünger als im BAU-Szenario.

Bruttoinlandsprodukt und seine Komponenten

Die Auswirkungen auf die ökonomische Entwicklung insgesamt zeigen sich an der Entwicklung der Komponenten des Bruttoinlandsproduktes. Wie zu erwarten, sind die Rückgänge beim Konsum der Privaten Haushalte am stärksten. Immerhin sorgt die Veränderung der Struktur der Bevölkerung für einen Rückgang von ca. 1% der Konsumausgaben. Damit führt eine „Verjüngung" der Bevölkerung zu einem Rückgang des Konsums. Eine Folge des Rückgangs der Inlandsnachfrage ist die ebenfalls schrumpfende Importnachfrage. Letztlich ist der Gesamteffekt auf das Bruttoinlandsprodukt mit ca. –0,5% gering.

	BAU	CS	Abweichungen	
in Preisen von 1995	**Mrd. €**	**Mrd. €**	**Mrd. €**	**%**
Bruttoinlandsprodukt	2530	2516	-14,0	-0,55
Konsumausgaben der Privaten Haushalte	1362	1346	-15,7	-1,16
Konsumausgaben der Priv. Org. o. E.	59	59	-0,2	-0,34
Konsumausgaben des Staates	489	487	-1,4	-0,29
Investitionen	455	454	-0,7	-0,16
Exporte	1282	1282	-0,5	-0,04
Importe	1117	1112	-4,6	-0,41

Tab. 3: Komponenten des Bruttoinlandsproduktes in konstanten Preisen im Jahr 2015

Verfügbares Einkommen und Sparen der Haushalte

Als nächstes wird die finanzielle Lage der Haushalte betrachtet. Die allgemein zurückgehende Wirtschaftsleistung führt via gesunkener Lohneinkommen zu einem Rückgang des Verfügbaren Einkommens der Haushalte.

	BAU	CS	Abweichungen	
in jeweiligen Preisen	**Mrd. €**	**Mrd. €**	**Mrd. €**	**%**
Verfügbares Einkommen	1861,72	1848,64	-13,08	-0,70
Sparen	107,37	115,32	7,95	7,41
Finanzierungssaldo	119,78	127,80	8,02	6,69
Anteil Sparen am Verfügbaren Einkommen (in %)	5,77	6,24		

Tab. 4: Verfügbares Einkommen, Sparen und Finanzierungssaldo der Privaten Haushalte und der Privaten Org. o.E. im Jahre 2015

Insgesamt geht allerdings die Konsumnachfrage stärker zurück als das Verfügbare Einkommen, so dass die im Durchschnitt jüngere Bevölkerung des CS-Szenarios mehr spart. Dieses Ergebnis wird durch die jüngste Einkommensverbrauchsstichprobe gestützt. In den Altersklassen 25-55 werden im Durchschnitt die höchsten Sparquoten erreicht. Im BAU Szenario sind im Jahre 2015 42,01 Prozent der Bevölkerung zwischen 25 und 55. Im CS-Szenario ist der Anteil mit 43,74 deutlich höher.

4.2.2 Veränderungen der Konsumstruktur

Die Veränderungen in der Konsumstruktur sind im Gegensatz zur gesamtwirtschaftlichen Veränderung des Konsums der Privaten Haushalte mit ca. 1% weitaus größer. Es ist vor allem die Konsumstruktur die von der Veränderung der Altersstruktur betroffen ist.

Tab. 5 zeigt die Veränderungen bei den Verwendungszwecken der Konsumausgaben der Privaten Haushalte, die von der neuen Modellierung des Konsums betroffen sind.

k	Konsumverwendungszweck	2005	2010	2015
1	Nahrungsmittel	-0,52	-1,33	-2,11
2	Alkoholfreie Getränke	-0,14	-0,55	-0,86
3	Alkoholische Getränke	-0,39	-1,70	-2,87
4	Tabakwaren	1,64	2,73	4,16
5	Bekleidung	0,02	-0,71	-1,31
6	Schuhe	0,36	0,64	0,96
15	Möbel, Innenausstattung, Teppiche u.ä.	0,60	-0,10	-0,99
16	Heimtextilien	-0,80	-2,40	-3,80
17	Haushaltsgeräte	-0,74	-1,81	-2,85
20	Waren u.Dienstleistungen f. d. Haushaltsführung	-2,05	-3,80	-5,21
21	Medizinische Erzeug., Geräte u. Ausrüstungen	-2,20	-4,78	-7,10
24	Kauf von Fahrzeugen	1,08	0,96	0,69
25	Dienstleistungen für den Betrieb von Privatfahrzeugen	0,74	0,37	0,19
26	Kraftstoffe	1,54	2,08	2,69
27	Verkehrsdienstleistungen	0,32	0,10	0,09
28	Nachrichtenübermittlung	0,31	0,10	0,03
29	Audiovisuelle, fotografische u. Informationsverarbeitungsgeräte u. Zubehör einschl. Rep.	1,28	1,88	2,72
30	Andere größere langlebige Gebrauchsgüter für Freizeit und Kultur	1,56	2,06	1,69
31	Gartenerzeugnisse u. Verbrauchsgüter für Gartenpflege, Haustiere	-0,01	-0,48	-1,09
32	Freizeit und Kulturdienstleistungen	-0,20	-1,26	-2,31
33	Zeitungen, Bücher und Schreibwaren	-0,60	-1,54	-2,38
34	Pauschalreisen	-1,25	-3,39	-5,39
35	Bildungswesen	1,28	1,79	3,02
36	Verpflegungsdienstleistungen	0,43	-0,10	-0,55
37	Beherbergungsdienstleistungen	-0,67	-2,20	-3,71
38	Körperpflege	-0,42	-1,40	-2,28
39	Persönliche Gebrauchsgegenstände	-0,34	-1,61	-2,86
43	Sonstige Dienstleistungen	-0,39	-0,79	-1,50

Tab. 5: Konsumausgaben der Privaten Haushalte nach Verwendungszwecken in Preisen von 1995. Abweichungen vom BAU-Szenario in v.H.

Betrachtet man die Veränderungen im Einzelnen, sind vor allem in den Bereichen 20, 21 und 34 deutliche Rückgänge bei den Verwendungszecken festzustellen. Je jünger die Bevölkerungsstruktur ist, desto weniger wird für medizinische Erzeugnisse (21) ausgegeben. Der Rückgang ist in diesem Fall mit knapp 7% besonders stark rückläufig, da vor allem Personen älter als 65 als Konsumenten auftreten. Ihr Anteil ist im CS-Szenario um ca. 4 Prozentpunkte bzw. 17% geringer als im BAU-Szenario. Aber auch die Nachfrage nach Waren und Dienstleistungen für die Haushaltsführung (20) und nach Pauschalreisen (34) leidet unter der Verjüngung der Bevölkerungsstruktur erheblich (–5,2% bzw. –5,4%)

Eine Verjüngung der Bevölkerung kommt vor allem dem Bereich der Mobilität (24-27), dem Erwerb von Gebrauchsgütern (29,30) und dem Bildungswesen (35) zu Gute.

Diese Ergebnisse weisen eine große Ähnlichkeit mit denjenigen von DOWD/MONACO/JANOSKA (1998), die ebenfalls eine Analyse der Auswirkungen von Verschiebungen in der Alterstruktur ohne Variation der absoluten Bevölkerungszahl auf den privaten Konsum für die Vereinigten Staaten durchgeführt haben, auf.

5. Schlussfolgerungen: Empfehlungen zur Ergänzung der Statistik

Die vorgestellte Untersuchung zeigt ausgehend von den gegebenen Datenmaterialien eine Modellierung der Auswirkungen demografischer Veränderungen auf den Konsum der Privaten Haushalte. Dabei sind die hier vorgestellten Effekte ausschließlich auf Veränderungen der Alterstruktur der Bevölkerung zurückzuführen. Während die gesamtwirtschaftliche Veränderung mit 1% eher klein ist, kommen dahingegen deutliche Strukturveränderungen zu Tage, so dass es vor allem die Konsumstruktur ist, die durch die Alterstruktur beeinflusst wird.

Für weitergehende Untersuchungen benötigen wir eine Verbesserung der Datenbasis, damit die wichtige Dimension „Demografischer Wandel“ mit den anderen sozioökonomischen Dimensionen „Soziale Stellung“ und „Haushaltsgröße“ kombiniert werden kann.

Das Statistische Bundesamt bietet bereits jetzt eine mit den Volkswirtschaftlichen Gesamtrechnungen abgestimmte zweidimensionale Zeitreihe der Einkommensverteilung und Anzahl der Haushalte nach Haushaltsgruppen und Einkommensarten an, die hinsichtlich der sozialen Stellung Selbständigenhaushalte, Arbeiterhaushalte, Angestelltenhaushalte, Beamtenhaushalte, Arbeitslosenhaushalte, Rentnerhaushalte, Pensionärhaushalte und Sozialhilfehaushalte und hinsichtlich der Haushaltsgröße die Einpersonenhaushalte weiblich, Einpersonenhaushalte männlich, Zweipersonenhaushalte, Dreipersonenhaushalte, Vierpersonenhaushalte und Haushalte mit fünf und mehr Personen unterscheidet. Es liegen somit die Primäreinkommen, die gesamte Einkommensumverteilung und die Verfügbaren Einkommen für 8 * 7 = 56 sozioökonomische Haushaltstypen als Zeitreihe von 1991 bis 2002 vor. In dieser Gliederung würde nun noch der Private Konsum nach

Verwendungszecken in der hier bereits diskutierten Gliederung benötigt werden [STATISTISCHES BUNDESAMT (2003)].

Dieser Datensatz müsste dann noch mit der demografischen Dimension verknüpft werden. Es müsste also die Verteilung der männlichen und weiblichen Personen nach Jahrgängen auf die sozioökonomischen Haushaltstypen als Zeitreihe dargestellt werden. Damit würde die entscheidende empirische Basis für die Analyse der Haushaltsbildung – das heißt für die Erfassung der Determinanten der Anzahl der verschiedenen Haushaltstypen – gegeben sein. Ferner ließen sich für alle Haushaltstypen Zeitreihen von Durchschnittsaltern berechnen.

Dieser Datensatz würde in Verbindung mit den Einkommensarten und den Konsumausgaben nach Verwendungszwecken und sozioökonomischen Haushaltstypen in idealer Weise eine empirische Analyse der Demografie und der anderen sozioökonomischen Einflussgrößen auf den Konsum ermöglichen. Darüber hinaus ließe sich in Modellrechnungen über die dann nach sozioökonomischen Merkmalen sehr detailliert vorliegende Einkommensverteilung und – umverteilung eine Verbindung zwischen Haushaltseinkommen und Sozialversicherung herstellen, die wir bei der Analyse der anstehenden strukturellen Veränderungen unbedingt benötigen. Es wäre dann möglich, Bevölkerungsmodelle mit ökonomischen Modellen wie dem hier beschriebenen Modell INFORGE sinnvoll zu koppeln [FROHN (2003); STAHMER (2003); MEYER (2003)].

Literatur

Ahlert, G. (2001), The Economic Effects of the Soccer World Cup 2006 in Germany with Regard to Different Financing, in: Economic Systems Research, Vol. 13, No. 1.

Almon, C. (1991), The INFORUM Approach to Interindustry Modeling – Economic Systems Research 3, pp. 1-7.

Almon, C. (1996), A Perhaps Adequate Demand System, in: Proceedings of the fourth INFORUM World Conference, pp. 1-26.

Bach, S., Kohlhaas, M., Meyer, B., Praetorius, B., Welsch, H. (2002), The effects of environmental fiscal reform in Germany: a simulation study, in: Energy Policy, Vol. 30, Iss. 9, July 2002, pp. 803-811.

Coenen, R., Grunwald, A. (2003), Nachhaltigkeitsprobleme in Deutschland – Analysen und Lösungsstrategien, edition sigma, Berlin.

Deaton, A., Muellbauer, J. (1980), An almost Ideal Demand System, in: American Economic Review, Vol. 70, No. 3, pp. 312-326.

Deutscher Bundestag (2002), Schlussbericht der Enquete-Kommission „Demographischer Wandel – Herausforderungen unserer älter werdenden Gesellschaft an den Einzelnen und die Politik“, Bundestags-Drucksache 14/8800, Berlin.

Dickmann, N. (2004), Ein demographisches Porträt der osteuropäischen Beitrittsländer, in: iw-trends, 1/2004, Köln.

Distelkamp, M., Elixmann, D., Lutz, C., Meyer, B., Schimmel, S. (2000), Beschäftigungswirkungen der Liberalisierung im Telekommunikationssektor in der Bundesrepublik Deutschland, Diskussionsbeitrag Nr. 202 des Wissenschaftlichen Instituts für Kommunikationsdienste, Bad Honnef.

Distelkamp, M., Hohmann, F., Lutz, C., Meyer, B., Wolter, M. I. (2003 b), Das IAB/INFORGE-Modell, in: Beiträge zur Arbeitsmarkt- und Berufsforschung des Instituts für Arbeitsmarkt und Berufsforschung der Bundesanstalt für Arbeit, BeitrAB 275.

Distelkamp, M., Hohmann, F., Lutz, C., Meyer, B., Wolter, M. I. (2003 a), PANTA RHEI V – Modelldarstellung und Prognose der CO2-Emissionen, GWS Discussion Paper 2003/1, Osnabrück.

Dowd, T. A.; Monaco, R. M., Janoska, J. J. (1998), Effects of Future Demographic Changes on the US Economy: Evidence from a Long-term Simulation Model, in: Economic Systems Research, Vol. 10, No. 3, pp. 239-262.

Elixmann, D., Keuter, A., Meyer, B. (1997), Sectoral Employment Effects of the Evolution of the German Telekommunication Market, 1996 – 2005, in: Communication Strategies, No. 28, 4. Quartal, pp. 105-127.

Europäischer Rat (2001), Schlussfolgerungen des Vorsitzes, 15. und 16. Juni 2001, Göteborg.

Fachinger, U. (2001), Einkommensverwendungsentscheidungen von Haushalten, Berlin.

Frohn, J. (2003), Sozialer Wandel – Dokumentation und Analyse, in: Statistisches Bundesamt (Hrsg.), Sozialer Wandel – Daten, Analysen, Gesamtrechnungen, Forum der Bundesstatistik, Bd. 41, Wiesbaden.

Frohn, J., Leuchtmann, U., Kräussl, R. (1998), Fünf makroökonometrische Modelle zur Erfassung der Wirkungen umweltpolitischer Maßnahmen – ein vergleichende Betrachtung, Bd. 7 der Schriftenreihe Beiträge zu den Umweltökonomischen Gesamtrechnungen, Wiesbaden.

Hildenbrand, W (1998), Zur Relevanz mikroökonomischer Verhaltenshypothesen für die Modellierung der zeitlichen Entwicklung von Aggregaten, in: Duwendag, D. (Hrsg.), Finanzmärkte im Spannungsfeld von Globalisierung, Regulierung und Geldpolitik, Schriften des Vereins für Socialpolitik 261, Ducker & Humblot, Berlin, S. 195-218.

Houthakker, H. S., Taylor, L. D. (1966), Consumer Demand in the United States, 1929–1970, Cambridge, Mass.

Kopp, M. (1989), Der Einfluss demographischer Veränderungen auf Niveau und Struktur des privaten Verbrauchs in der Bundesrepublik Deutschland bis zum Jahr 2000, Münster.

Kroeber-Riel, W. (1990), Konsumentenverhalten, 4. Aufl., München.

Lichtblau, K., Meyer, B., Ewerhart, G. (1996), Komplementäres Beziehungsgeflecht zwischen Industrie und Dienstleistungen, in: iw-trends 4/96, S. 1-24.

Lutz, C., Meyer, B., Schleich, J., Nathani, C. (2004), Endogenous Technological Change and Emissions: The Case of the German Steel Industry, erscheint in Energy Policy.

Lutz, C., Meyer, B., Schnur, P., Zika, G. (2002), Projektionen des Arbeitskräftebedarfs bis 2015, in: Mitteilungen aus Arbeitsmarkt- und Berufsforschung, 35. Jg., H. 3.

Lutz, C., Wolter, M. I. (2001), The Economic Impact of Demographic Change in Germany, Paper presented at the Demographic-Macroeconomic Modelling Workshop, 11-13 October, Rostock, GWS Discussion Paper 2001/04.

Meyer, B. (2003), Ökonomische, ökologische und soziale Interdependenzen- Modellierung und Empirie, in: Statistisches Bundesamt (Hrsg.), Sozialer Wandel – Daten, Analysen, Gesamtrechnungen, Forum der Bundesstatistik, Bd. 41. Wiesbaden.

Meyer, B., Ahlert, G. (2000), Die ökonomischen Perspektiven des Sports – Eine empirische Analyse für die Bundesrepublik Deutschland, Bd. 100 der Schriftenreihe des Bundesinstituts für Sportwissenschaft, Schorndorf.

Meyer, B., Lutz, C. (2002 a), IO, macro-finance, and trade model specification, in: Uno, K. (ed.), Economy-Energy-Environment Simulation: Beyond the Kyoto Protocol. Dordrecht, Boston, London, pp. 55-68.

Meyer, B., Lutz, C. (2002 b), Endogenized trade shares in a global model, in: Uno, K. (ed.), Economy-Energy-Environment Simulation: Beyond the Kyoto Protocol, Dordrecht, Boston, London, pp. 69-80.

Meyer, B., Lutz, C. (2002 c), Carbon tax and labour compensation – a simulation for G7, in: Uno, K. (ed.), Economy-Energy-Environment Simulation: Beyond the Kyoto Protocol, Dordrecht, Boston, London, pp. 185-190.

Meyer, B., Lutz, C., Wolter, M. I. (2003), Global Multisector/Multicountry 3^E Modelling : From COMPASS to GINFORS, Paper presented at the 2003 Berlin Conference on the Human Dimensions of Global Environmental Change, Berlin, December, 5.-6., 2003.

Meyer, B., Lutz, C., Wolter, M. I. (2004), Economic Growth of the EU and Asia – A First Forecast with the Global Econometric Model GINFORS, Paper prepared for 1st KEIO-UNU-JFIR Panel Meeting, Economic Development and Human Security, How to Improve Governance at the Inter-Governmental, Governmental and Private – Sector Levels in Japan and Asia, February 13-14, 2004, Tokyo.

Meyer, B., Uno, K. (1999), COMPASS – Ein globales Energie-Wirtschaftsmodell, in: ifo-Studien, 45, S. 703-719.

Rürup, B, Klopffleisch, R. (1999), Bevölkerungsalterung und Wirtschaftswachstum: Hypothesen und empirische Befunde, in: Grünheid, E., Höhn, C. (Hrsg.), Demographische Alterung und Wirtschaftswachstum – Seminar des Bundesinstituts für Bevölkerungsforschung 1998 in Bingen, Opladen, S. 40-52.

Spangenberg, J. (Hrsg.) (2003), Arbeit, Umwelt, Gerechtigkeit – Strategien für ein zukunftsfähiges Deutschland, ökom Verlag, München.

Stahmer, C. (2003), Aufbau eines sozioökonomischen Berichtssystems für eine nachhaltige Gesellschaft, in: Statistisches Bundesamt (Hrsg.), Sozialer Wandel – Daten, Analysen, Gesamtrechnungen, Forum der Bundesstatistik, Bd. 41, Wiesbaden.

Statistisches Bundesamt (2003), Volkswirtschaftliche Gesamtrechnungen – Konten und Standardtabellen 2002, Fachserie 18/ Reihe 1.3, Wiesbaden.

Statistisches Bundesamt (Hrsg.) (2003), Bevölkerung Deutschlands bis 2050 – 10. koordinierte Bevölkerungsvorausberechnung, Wiesbaden.

Stoker, T. M. (1993), Empirical Approaches to the Problem of Aggregation over Individuals, in: The Journal of Economic Literature, Vol. 31, pp. 1827-1874.

Vanwynsberghe, D., Hohmann, F. (2002), Object-oriented database and modelling system, in: Uno, K. (ed.), Economy-Energy-Environment Simulation: Beyond the Kyoto Protocol, Dordrecht, Boston, London, pp. 33-54.

Voßkamp, R. (1996), Innovationen, Heterogenität und Struktur in Mikro-Makro-Modellen – Von der Kritik an den bekannten Ansätzen hin zu einem neuen Modell, Berlin.

Wolter, M. I. (2002), Altersvorsorgesysteme und wirtschaftliche Entwicklung Europäische Hochschulschriften, Reihe V, Bd. 2928, Frankfurt a. M.

Wolter, M. I. (2002), Demographic Change and its Effect on Consumption Expenditures in Germany, in: Shengchu, P. (ed.), INFORUM Model: Modelling & Applications, Peking, pp. 282-302.

Wolter, M. I., Ahlert, G. (1999), Der Einfluß der Bevölkerungsentwicklung auf das Erwerbspersonenpotential im ökonometrischen Modell INFORGE – Beiträge des Instituts für Empirische Wirtschaftsforschung der Universität Osnabrück, Beitrag Nr. 66.

Savings, Investment and Growth: New Approaches for Macroeconomic Modelling

Paul J.J. Welfens

Summary: We prove that profit maximization behavior and the neoclassical growth model can be consistent. Moreover, we present a new medium term Keynes-Solow macro model. The short-term Keynesian macroeconomic model shows that a rise in the savings rate will reduce output, while higher savings imply for the neoclassical growth model a rise in the long run per capita income. The Keynes-Solow model sheds new light on the role of the savings rate. The Keynes-Solow model presented links both the short run and the long run, thus suggesting a new way of consistent macroeconomic modelling and of analyzing the efficiency of fiscal and monetary policy – and the role of supply-side policy. The model also is applied to some key issues of the New Economy, whose characteristics affect the effectiveness of fiscal policy and other policy instruments. The model presented suggests that government policy should focus not only on short term effects but more on medium term aspects. The medium term effect of monetary policy is larger than in the short run. Supply-side policy will raise medium term output whenever the golden rule is fulfilled and under certain other conditions, too. Our conclusions go well beyond the monetarist debate and put the focus on the consumption function, the output elasticity of capital and the depreciation rate – as well as the role of foreign direct investment.

Key words: Macroeconomics, Growth, Fiscal Policy, Monetary Policy, Supply-side Policy

1. Introduction

In macroeconomics, there are two contrasting views to the role of the savings rate. In a short-term Keynesian perspective, a rise in the savings rate s reduces the equilibrium income. However, the long run neoclassical growth model suggests that a rise in the savings rate raises equilibrium real income. Short term macroeconomic analysis is rarely linked to long term dynamics, and this can be misleading for policymakers. Moreover, it leaves policymakers, who would like to know under which conditions a rise in the savings ratio shows up in a contractionary or an expansionary impact, confused. The following analysis – for a non-inflationary world - is straightforward and first recalls the simple long run neoclassical growth model [SOLOW (1956)] and the short run Keynesian macro model before we merge both approaches within a new medium-term model. We present the multipliers for monetary policy, fiscal policy and supply side policy (rise in the savings rate s). Section 2 presents the model, and the final section gives some policy conclusions. Several conclusions reached are in marked contrast to the standard Keynesian model and also go beyond the monetarist debate.

2. A Medium-term Keynes-Solow Model

For the case of a production function is $Y=K^{ß}L^{1-ß}$, capital depreciation is δK (depreciation is proportionate to the capital stock K, 0<ß<1), savings S=sY and gross investment I=S the standard neoclassical growth model (assuming that the population L is constant) shows that long steady state equilibrium capital intensity k# and output Y#, respectively, is given by the expression

$$k\# = [s/\delta]^{1/1-ß} \quad (1a)$$

$$Y\# = L[s/\delta]^{ß/1-ß} \quad (1b)$$

Here δ is the depreciation rate of capital, s is the savings rate. As the steady state value Y# is obtained from the differential equation for the change in the capital intensity k:=K/L, namely

$$dk/dt = s(Y/L) - \delta k = sk^{ß} - \delta k \quad (1')$$

long run output Y# is obtained by taking t→∞ or by setting dk/dt=0. Rational forward-looking individuals with infinite time horizons would thus expect Y to converge towards Y# in the long run. The simple neoclassical growth model has the well-known implication that the higher the savings rate, the higher equilibrium output. Hence in a long run perspective, a rise in the savings rate will lead to higher equilibrium output.

2.1 Capital Accumulation Dynamics and Profit Maximization

It is unclear how the neoclassical SOLOW growth model can be reconciled with profit maximization which suggests that dk/dt should depend on the difference between the net marginal product of capital $Y_K - \delta$ and the exogenous real interest rate r (note that we are considering an economy without inflation here). We briefly suggest a way to resolve the problem. One may interprete equation (1') as the change in the supply of new capital per capita; this typically is represented by the supply of savings in capital markets. The change in the demand for new capital per capita can be written – as proposed here – as:

$$dk^{D}/dt = b(Y_K - \delta - r)k \quad (1''a)$$

The equation - with b representing a positive parameter - says that net investment per capita is proportionate to

- the difference between the net marginal product of capital and the real interest rate
- the capital intensity k

Note that dk^D/dt will finally fall as the net marginal product of capital $Y_K-\delta$ is approaching the exogenous real interest rate; however, this effect is mitigated by the rise of k over time until finally $Y_K-\delta=r$ so that net investment demand per capita becomes zero.

The adjustment parameter b is exogenous at first glance. However, if the investment goods market is to be in equilibrium all the time, that is $dk/dt=dk^D/dt$, we must have $b[r+\delta]=\delta$ and $s=b\beta$. This follows from rewriting equation (1"a) as

$$dk^D/dt = b(\beta k^{\beta-1} - r - \delta)k = b\beta k^{\beta} - [br + b\delta]k \,. \qquad (1\text{"b})$$

Clearly the path for $k^D\#$ will coincide with the k# in equation (1') only if

$$b\beta = s\,; \quad \text{and} \qquad (1\text{"d})$$

$$b[r + \delta] = \delta \qquad (1\text{"e})$$

These two equations imply $[s/\beta]\,[r+\delta]=\delta$ and therefore:

$$r = \delta[(\beta/s) - 1] \qquad (1\text{"f})$$

By implication the real interest rate is positive only if $\beta>s$. If (1"f) is fulfilled the supply of net investment per capita and the demand for net investment per capita coincide at any point of time. Note that the condition for the case of the golden rule (condition which maximizes per capita consumption) is fulfilled if $\delta=r$ and in the long run $r=Y_K$ if $\beta/s=2$, that is $s=\beta/2$. As ß is put for OECD countries typically at around 0.33 the optimal savings rate – maximizing long run per capita consumption – thus would be 16.5%. Note that for the case of a real money demand function $m=hY-h'r$ (m is real money balances M/P where M and P stand for the nominal money stock and the price level, respectively; r is the real interest rate relevant in the present set-up with zero inflation) the implication is that the central bank must set long run [M/P] per capita such that we have $[m/L]\#=hk\#^{\beta}-h'k\#^{\beta-1}$ since $r=\beta Y/K=\beta k^{\beta-1}$.

The general solution to (1"b) is – with e' denoting the Euler number - given by the solution of the Bernoullian differential equation $dk^D/dt=b\beta k^{\beta}-b[r+\delta]k$; the solution for this is

$$k^D(t) = \{C_0 e^{-(1-ß)b(r+\delta)t} + ß/[r + \delta]\}^{1/1-ß} \qquad (1''g)$$

where C_0 is determined by initial conditions. The adjustment speed is the higher the higher b as well as the real interest rate and the lower ß. The adjustment speed for $k^D(t)$ is identical with that for k(t) if $(1-ß)\delta=(1-ß)b(r+\delta)$ which requires $(r+\delta)=\delta/b$ and this condition indeed is equal to equation (1"e). If adjustment speeds on the supply side and the demand side in the capital market are not coinciding we could have a picture as shown in the subsequent graph where during an initial time period the supply of net investment per capita is higher than the demand for investment per capita such that we will have unemployment while in a second period (after point F) we will have inflation as demand exceeds supply; in principle one also could have a first period of inflation followed by a second transition period of unemployment.

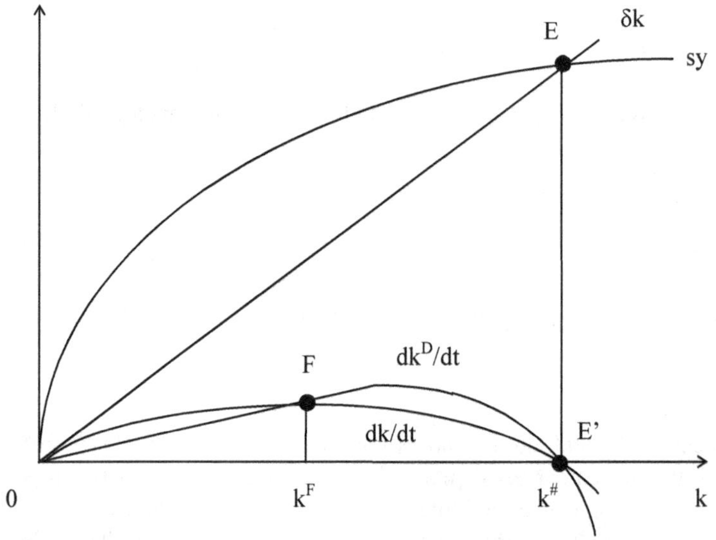

Fig. 1: Transitory Equilibrium (point F) and Steady-state Equilibrium ("time" 0F = unemployment, "time" FE' = inflation)

We thus may argue that the Solow growth model could indeed be consistent with profit maximization. Subsequently we will use the net investment function suggested in (1"a) in a medium term KEYNES-SOLOW model; the above specification is the only formulation which is consistent with the long run steady state value of the SOLOW model.

2.2 Chosing a Consistent Investment Function and a New Consumption Function

An investment function – for net investment – consistent with (1"a) thus is $I'=b(Y_K-r-\delta)K$ which will be used subsequently as the function describing investment demand. Whenever net investment is given by this equation we know that investment demand dynamics are potentially consistent with the SOLOW growth model. A possible modification of the case of unemployment (with the unemployment rate $u > 0$) or inflation ($\pi > 0$) could be formulated as $I' = b(Y_K - r - \delta)Ke'^{-\sigma' u - \sigma'' \pi}$ where e' denotes the Euler number and σ' is a the semi-elasticity (in absolute terms) of net investment with respect to the unemployment rate (σ" is the semi elasticity with respect to the inflation rate). Subsequently we will use the net investment function $I' = b(Y_K - \delta - r)K$.

Next we turn to a standard Keynesian model of a closed economy which implies that output is determined by aggregate demand consisting of consumption C, gross investment I and real government expenditures G. We denote reinvestment as I^R, net investment as $I'(r, Y_K, K)$, and we also consider a standard consumption function $C = cY^d$ (Y^d is aggregate demand). Hence output Y is given by

$$Y = cY^d + I^R + I'(r, Y_K, K) + G \tag{2}$$

It is assumed that net investment $I' = b(Y_K - \delta - r)K$ so that total investment $I =: I^R + b(Y_K - \delta - r)K$ which implies for the goods market equilibrium

$$Y = cY^d + I^R + b(Y_K - \delta - r)K + G \tag{3}$$

The capacity effect of investment is neglected in the standard Keynesian setup and thus the marginal product of capital is constant in the short run. Output Y is driven by aggregate demand and thus is given (with $s =: 1-c$ and $I^R = \delta K$) by the equation

$$Y^d = Y = [\delta K + G + b(Y_K - \delta - r)K]/s \tag{4}$$

$$dY/ds = -[\delta K + G + b(Y_K - \delta - r)K]/s^2 < 0 \tag{5}$$

The conclusion is that the savings rate negatively affects the short term equilibrium real income: A rise in the savings rate ($s' > s$) implies that at any real income the desired savings $S = s'Y$ is higher than before; however, the condition $I = S$ then implies a fall of equilibrium Y. This is in some contrast to the statement that savings from an individual perspective is useful and desirable as it is the basis for the accumulation of wealth. Note that the negative multiplier in (5) strongly differs – according to (1b) – from the neoclassical long run multiplier which is given by $dY\#/ds = \text{ß}/(1-\text{ß})L[1/\delta]^{\text{ß}/1-\text{ß}}[s]^{-1/1-\text{ß}} > 0$.

A straightforward hypothesis which combines the short run and the long run is to assume that output in the medium term is determined by weighted impacts from the demand side and the supply side (here the supply side is set equal to Y#):

$$Y = [1 - a'(t)]Y^d + a'(t)Y\# \tag{6}$$

The closer the economy is to full capacity utilization the higher a' is. In a situation of extreme capacity underutilization such as the Great Depression 1930-34 – with US output showing a cumulative fall of 27% (Germany 16%, France 11%) – a' is close to zero so that aggregate demand indeed determines output.

The idea of taking into account both impacts from the demand side and the supply side will be considered subsequently in a formal model whose approach is slightly different than the above equation, but the spirit is the same. Indeed, one may consider a medium term model which means taking into account that a rise in K will reduce the marginal product of capital (in contrast to the standard Keynesian analysis) and where we use the following modified consumption function, which is a simplified version of the permanent income hypothesis: The consumption function chosen emphasizes that consumption C is influenced not only by the present income but also by the long run expected income (here Y#); with a consumption function

$$C = ca''Y + ca'[1/(1+r)]Y\# \qquad (7)$$

we get the following equilibrium condition for the goods market in the medium term Keynes-Solow model:

$$Y = c\{a''Y + a'[1/(1+r)]L[s/\delta]^{\beta/1-\beta}\} + \delta K + b(\beta Y/K - \delta - r)K + G\ ; \qquad (6')$$
$$\text{with } a'' =: (1 - a')$$

The consumption function suggested (for simplicity with a' independent of time) here states that C = cY+ca'[Y#–Y], and hence consumption will be higher than implied by the standard consumption function C = cY whenever there is a positive expected difference between long run output Y# and present output Y. Approaching the steady state, we indeed will see that consumption C is converging towards $C_t = cY_t$. Expected future income – read steady state income Y# – is discounted by 1/(1+r); as an alternative, one might want to multiply it by a different discount factor which would also reflect the subjective probability that the economy will converge towards the hypothetical Y#. A more complex approach could take into account both demand and supply-side dynamics over many periods, but the approach presented here catches the basic idea of taking into account both present and future income.

In the above equation we have taken into account that the marginal product is equal to ßY/K. Assuming r to be exogenous we have medium term equilibrium output – based on our medium term approach – given by:

$$Y = \{ca'[1/(1+r)]L[s/\delta]^{\beta/(1-\beta)} + \delta K(1-b) - brK + G\}/[s + ca' - b\beta] \qquad (6'')$$

Note that the above equation determines Y through medium term aggregate demand where consumers are forward looking economic agents.

2.3 Multiplier Analysis

We now can take a look at the simple multiplier for the goods market (and later we turn to the broader picture with goods market, money market and the foreign exchange market). From (6") we get – while assuming that s+ca' > bß:

$$dY/dG = 1/[s + ca' - bß] > 0 \quad (7')$$

In the medium term model fiscal policy is (ignoring at first the impact of ca') more effective than in the short run standard model since a rise of G raises output which translates not only into higher consumption but also into higher net investment since a rise of Y also implies a rise of the average product of capital. If by coincidence equation (1"d) is fulfilled so that bß=s the multiplier would be 1/(ca'); note that an economy which is close to the steady state value of output $Y^{\#}$ may be expected to have a' close to unity so that the fiscal multiplier is relatively small. If s+ca' approaches bß the multiplier will approach infinity. Whether such a case is of any practical relevance is an empirical question; note that one can dismiss the idea to artificially reduce the capital stock as a means to eliminate an excess supply in the capital market – followed by an expansionary fiscal policy whose multiplier thus is raised as the condition s = bß is fulfilled: An artificial reduction of the capital stock would, of course, reduce expected long run income.

Moreover, one should emphasize that approaching $Y^{\#}$ the equilibrium condition for the goods market will become $Y=cY^{\#}+\delta K^{\#}+G$ so that with Y approaching $Y^{\#}$ government consumption G is endogeneous. By implication it is clear that a fiscal multiplier – and therefore fiscal policy - makes no sense if the economy is close to $Y^{\#}$ (the long run case). The following multiplier analysis thus is confined to a medium term policy perspective.

The medium term fiscal multiplier from (7') could be smaller or larger than the traditional short-run fiscal multiplier 1/s. If the transitory consumption demand effect as captured by ca' exceeds bß, we will have a smaller fiscal multiplier than the short-run Keynesian model suggests. The higher ß and b are, the higher is the fiscal multiplier. Thus fiscal policy becomes more effective if there is a change in technology which leads to a rise of ß and if the responsiveness of investors with respect to differences between the net marginal product of capital and the real interest rate has increased. The reason is straightforward since for a given interest rate a rise of G which translates into a rise of Y will have the higher an impact of the marginal (and average) product of capital and net investment the larger ß and b, respectively. The increasing role of information and communication technology (ICT) might have raised ß since increasing output is facilitated – at least in those sectors where supply is based on software and digital inputs. From this perspective

ICT might have raised the effectiveness of fiscal policy. However, to the extent that expansion of ICT has translated into a rise of a' there is an offsetting effect, and only empirical analysis can tell whether the fiscal multiplier has increased or fallen in the digital economy.

In a period in which there is a high gap between present and long term income, a'' will be relatively high so that the fiscal multiplier is relatively low. From this perspective, emphasis on expansionary fiscal policy in a deep recession – such as the case during the Great Depression – is indeed useful, namely to the extent that deep recession is translated by economic actors as falling weight of future long run income. With massive underutilization of capacity, one could also argue that b – the reaction parameter in the net investment function – will be close to zero which also reinforces the statement that expansionary fiscal policy in a deep recession should be quite useful to raise real income. The fiscal multiplier effect should also be high if the time horizon of people is shortening, as is typically the case in periods of high business uncertainty or in war periods. If the output elasticity of capital is increased (ß goes up) – e.g., in the context of the unfolding of the New Economy –, the fiscal multiplier is reduced. It is also reduced if investors' responsiveness to a difference between the marginal product of capital and the real interest rate increases (e.g., the parameter b could be raised through reduced information costs about such differences). Again consider the impact of the new economy and information and communication technology which has raised market transparency with respect to investment opportunities in non-ICT fields while the ICT field itself – given its enormous technological dynamics – is rather opaque for outside investors.

As regards the multiplier for L it is obvious that a higher L raises the long run expected equilibrium real income – hence permanent income is raised - and therefore the multiplier is positive provided that s > ca'+bß. In an economy with a relative small capital stock or with a very small responsiveness (sufficiently small b) of net investment with respect to the marginal product of capital, we have a positive multiplier.

$$dY/dL = \{ca'[1/(1+r)][s/\delta]^{\beta/(1-\beta)}\}/[s + ca' - b\beta] > 0 \qquad (9)$$

$$dY/ds = \{-\{ca'[1/(1+r)]L[s/\delta]^{\beta/(1-\beta)} + (\delta - br)K + G\} \qquad (10)$$

$$+ [(s+ca'-b\beta)ca'[1/(1+r)]L[\beta/(1-\beta)]s^{(2\beta-1)/(1-\beta)}]/\delta^{\beta/(1-\beta)}\}/(s+ca'-b\beta)^2$$

A sufficient condition for dY/ds in equation (10) to be negative is given by: $s+ca' < b\beta$ and $\delta > br$

A sufficient condition for dY/ds to be positive is given by: $s+ca' > b\beta$ and $ca'[1/(1+r)]L[s/\delta]^{\beta/(1-\beta)}+G < (br-\delta)K$ where there has to be $br > \delta$.

These conditions – suggesting under the assumption that br > δ – that a rise of the savings rate raises output if the savings rate is and the impact (a') of the long run real income on consumption are relatively high - point to interesting empirical issues. Thus a society with a positive gap between Y# and Y (and hence a high parameter a') is likely to benefit from government measures which stimulate the savings rate: medium term income will rise. To the extent than one interpretes ß as a distribution parameter one may conclude that in a country with a critically high ß – as might be observed in developing countries or in some transition economies – a rise of the savings rate might reduce medium term equilibrium output.

The real interest rate can, of course, be endogenized (assuming a zero inflation rate) by taking into account the money market equilibrium condition:

$$M/P = hY - h'r \tag{11}$$

$$r = [hY - M/P]/h' \tag{12}$$

If we endogenize the interest rate we get from inserting (12) into (6')

$$\begin{aligned} Y = {} & c\{a''Y + a'[1/(1 + [hY - M/P]/h')]L[s/\delta]^{ß/1-ß}\} \\ & + \delta K + b(ßY/K - [hY - M/P]/h')K] + G \end{aligned} \tag{13}$$

Using Cramer's rule we can calculate the multipliers for monetary and fiscal policy from differentiating (6') and (11) and the respective equation written in matrix notation:.

$$\begin{pmatrix} h & -h' \\ (s+ca'-b\beta) & bK - \dfrac{ca'L}{(1+r)^2}\left(\dfrac{s}{\delta}\right)^{\beta/(1-\beta)} \end{pmatrix} \begin{pmatrix} \mathrm{dY} \\ \mathrm{dr} \end{pmatrix} = \begin{pmatrix} 0 & 1 & 0 \\ 1 & 0 & \left(\dfrac{\mathrm{dY}}{\mathrm{ds}}\right)' \end{pmatrix} \begin{pmatrix} \mathrm{dG} \\ \mathrm{d(M/P)} \\ \mathrm{ds} \end{pmatrix} \tag{7'}$$

Where $\left(\dfrac{dY}{ds}\right)'$ denotes $(s+ca'-b\beta)\dfrac{dY}{ds}$ with the $\dfrac{dY}{ds}$ from equation (10)

And therefore

$$\begin{aligned} \left(\frac{dY}{ds}\right)' = {} & \{-\{ca'[1/(1+r)]L[s/\delta]^{ß/(1-ß)} + (\delta - br)K + G\} \\ & + [(s+ca'-bß)ca'[1/(1+r)]L[ß/(1-ß)]s^{(2ß-1)/(1-ß)}]/\, \delta^{\,ß/(1-ß)}\}/(s+ca'-bß) \end{aligned}$$

$$\det(A) = \det\begin{pmatrix} h & -h' \\ (s+ca'-b\beta) & bK - \frac{ca'L}{(1+r)^2}\left(\frac{s}{\delta}\right)^{\beta/(1-\beta)} \end{pmatrix} =$$

$$=\{([s+ca'-b\beta]h'+hbK)[1+r]^2\delta^{\beta/(1-\beta)} - ca'Lhs^{\beta/(1-\beta)}\} / [1+r]^2\delta^{\beta/(1-\beta)}$$

which implies:

$$\frac{1}{\det(A)} = \frac{(1+r)^2\delta^{\beta/(1-\beta)}}{((s+ca'-b\beta)h'+hbK)(1+r)^2\delta^{\beta/(1-\beta)} - ca'Lhs^{\beta/(1-\beta)}}$$

And therefore the Multipliers are:

$$\frac{dY}{dG} = \frac{h'(1+r)^2\delta^{\beta/(1-\beta)}}{((s+ca'-b\beta)h'+hbK)(1+r)^2\delta^{\beta/(1-\beta)} - ca'Lhs^{\beta/(1-\beta)}}$$

$$(s+ca'-b\beta)h'+hbK < 0 \Rightarrow \frac{dY}{dG} < 0$$

In a poor country – with very low s and low K – the condition for dY/dG is likely to be met so that fiscal policy in ineffective with respect to output. The condition stated implies that for dY/dG < 0; (s+ca'–bß) needs to be negative, but this is not sufficient as in equation (7). As well (s+ca'–bß) > 0 does not imply dY/dG > 0 but still is a necessary condition. Empirically, it will be interesting to study whether bß exceeds s+ca'. The multiplier dY/dG shows an ambiguous impact of the size of the country considered since a rise of L reduces any positive multiplier result; the same holds for K as long as s+ca'–bß is positive. The more strongly investors react to any difference between the net marginal product and r (parameter b) the lower is the fiscal multiplier.

The medium term fiscal multiplier is the larger (assuming that it is positive) the larger the interest elasticity of money and h', respectively, is. Comparing the above fiscal multiplier to the familiar short run Keynesian multiplier dY/dG = 1/(s+h[–b]/[–h']) – suggesting that the higher h' the larger the multiplier – we have a similar result. However, here we also see the impact of the effect of changes in aggregate demand on the average product of capital and investment, respectively; and we see the impact of reinvestment and of the technology parameter ß. The lower the depreciation rate the lower is the fiscal multiplier.

Compared to our simple fiscal multiplier we can see – as an impact from the money market –that a rise of a', namely the weight consumers attach to long run income has an ambiguous impact on the multiplier; the impact of ca' is positive if $h(1+r)^2\delta^{ß/1-ß}$ falls short of $Lhs^{ß/1-ß}$; a low real interest rate and a low income elasticity of the demand for money as well as a low capital depreciation rate make it more likely that the impact of ca' is positive. The impact of the savings rate is not as strong as the simple multiplier for the goods market suggests: the money demand effect is reducing the denominator. The higher the level of the real interest rate the smaller is the fiscal multiplier (assuming dY/dG > 0) which points to a strategic advantage of countries with low real interest rates – this could e.g. reflect credibility of monetary policy or of fiscal policy. The US which is known to have the lower real interest rates among OECD countries – except for the special case of Switzerland – thus should have an advantage while the Euro zone has a disadvantage once that the conflicts about the non-fulfillment of the Stability and Growth Pact contribute to higher real interest rates. This points to an interesting paradox, namely that ministers of finance eager to loosen the stability pact in order to get a larger room for manoeuvre in fiscal policy matters ultimately will reduce the effectiveness of fiscal policy. The higher the depreciation rate the smaller is the fiscal multiplier provided that it is positive. This is an important message for developing countries eager to catch up with advanced industrialized countries: (i) in such countries repair management in firms often is relatively poor which implies a relatively high depreciation rate; (ii) choice of technology often is biased by government in favour of importing advanced capital equipment from OECD countries which, however, is not only likely to be inconsistent with international relative factor price differentials but also could force the country to pursue a modernization policy which tries to be in line with that in advanced countries; there is pressure to always introduce latest foreign technologies fast so that the effective depreciation rate could be high.

$$\frac{dY}{dM/P} = \frac{bK\,(1+r)^2\,\delta^{\beta/(1-\beta)} - ca'Lhs^{\beta/(1-\beta)}}{\left((s+ca'-b\beta)h'+hbK\right)(1+r)^2\,\delta^{\beta/(1-\beta)} - ca'Lhs^{\beta/(1-\beta)}}$$

$$\frac{dY}{ds} = \frac{h'(1+r)^2\,\delta^{\beta/(1-\beta)}}{\left((s+ca'-b\beta)h'+hbK\right)(1+r)^2\,\delta^{\beta/(1-\beta)} - ca'Lhs^{\beta/(1-\beta)}}\left(\frac{\mathrm{dY}}{\mathrm{ds}}\right)'$$

Obviously the multiplier for monetary policy is zero if bK $(1+r)^2\delta^{ß/1-ß}$ is equal to $ca'Lhs^{ß/1-ß}$. The multiplier for monetary policy will be infinte in absolute terms if $((s+ca'-bß)h'+hbK)(1+r)^2\delta^{ß/1-ß}$ is approaching $ca'Lhs^{ß/1-ß}$. Note that for the special case that the depreciation rate is zero the multiplier is unity. Dividing the numerator and the denominator by $bK(1+r)^2\delta^{ß/1-ß}$ we can see that the multiplier is greater unity – provided that it is positive – if the condition holds that {[s+ca'–bß)h']/bK+h} is smaller than unity.

Comparing the above monetary policy multiplier to the familiar Keynesian short-run multiplier {dY/d(M/P) = [h'/b]/[s+(b/h')h]} we can see that there is no liquidity trap if s+ca' is equal to bß.

Monetary policy is the more effective, the higher b – assuming that the multiplier is positive.

A supply-side policy, defined as a rise of s, can hav a positive or a negative impact where the sign for the multiplier dY/ds depends on a complex set of parameter conditions. The multiplier is zero if the interest elasticity of the demand for money is zero. The multiplier is the higher the higher the depreciation rate is and the higher the size of the capital stock is the lower the multiplier (assuming (dY/ds)' to be positive).

As regards the impact of real money balances one might want to consider a refined model in which real output is affected by real money balances so that $Y = (M/P)^{ß'}K^{ß}L^{1-ß-ß'}$; in addition one might want to modify the savings function by assuming S = sY[Y/(M/P+K)] so that savings per capita fall – assuming a given per capita income – as the ratio income to wealth increases.

Finally, one should note that from (6") we get the slope of the medium term goods market equilibrium schedule ISM as $dr/dY = [s+(ca'-bß)]/[-ca'L(s/\delta)^{ß/1-ß}-b]$ which can be larger or smaller than the short-run schedule of the familiar IS curve with slope dr/dY = s/(–b). If we assume that (i) ca' = bß or (ii) ca' < bß while the numerator remains positive the slope of the ISM curve is definitively smaller in absolute terms than the standard IS curve. To put it different: An expansionary monetary policy will raise output in the medium term more strongly than in the short run (see appendix). However, we have a certain paradox of monetary policy since in the long run monetary policy is endogenous as we have emphasized. Any medium term monetary policy which reduces in a non-inflationary world the interest rate temporarily below the steady state equilibrium interest rate – the natural interest rate to use WICKSELL's term – must adopt in the long run a contractionary monetary policy which brings up the interest rate to the natural level. We thus may conclude that expansionary monetary policy will have an effect on medium term output only if individuals discount future monetary policy strongly, or if the initial interest rate was above the natural rate.

Open Economy: Mundell Fleming Solow Model

For the case of an open economy we have to distinguish the case of fixed exchange rates versus the case of flexible exchange rates. The subsequent model is a hybrid MUNDELL-FLEMING-SOLOW model (MFS) where – denoting real net capital imports as Q and q=eP*/P (e is the nominal exchange rate, P the price level, * denotes foreign variables) - we have added the following balance of payments equilibrium condition to equations (6') and (12):

$$Q(r,r^*, q^*) = q^*J(q^*, Y, Y\#) - X(Y^*, Y^*\#,q^*) \qquad (14)$$

In the context of an open economy we also have to modify the investment function I, which now includes – following the model of FROOT/STEIN (1991) who emphasize the role of imperfect capital markets – the real exchange rate variable, since a real depreciation of the currency of country I (home country) will stimulate the inflow of foreign direct investments: $I = \delta K+b(ßY/K-\delta-r)+Hq^*$, where the parameter H is positive. Therefore net capital imports depend not only on the ratio of the domestic real interest rate r to the foreign interest rate variable, but also on the real exchange rate eP*/P. As consumption depends on both Y and Y# it is natural to state the hypothesis that imports also depend on both Y and Y#; and that real exports positively depend on both Y* and Y*#. Compared to traditional modelling, the impacts of q* and of Y# and Y*# are new in our statement of the balance of payments equilibrium condition; one may note that in principle one additionally might want to consider the impact of q*#/q* on capital inflows as well as trade, but for the sake of simplicity we will ignore this here. In a small open economy we can thus state the following equation system with e, Y and r as endogenous variables (case of flexible exchange rates). We can calculate the multipliers for three exogenous variables, namely for expansionary monetary policy (dM) or fiscal policy (dG) or a change of current foreign output (Y*) or a change of long run foreign output (dY*#) or a change of long run domestic output (dL) as well as the impact of a rise in the savings ratio (ds). In reality, a rise in the savings ratio could be linked to special incentives of government aimed at raising the savings rate and the investment ratio so that ds > 0 can be interpreted as supply side policy. The medium term goods market equilibrium condition in an open economy with foreign direct investment reads:

$$\begin{aligned} Y = {} & c\{a''Y + a'[1/(1+r)]L[s/\delta]^{ß/1-ß}\} + \delta K + b(ßY - rK) \\ & + Hq^* + G + X(Y^*, Y^*\#, q^*) - q^*J(q^*, Y, Y\#) \end{aligned} \tag{15}$$

Differentiating (15), (12) and (14) gives the following system of equations in matrix notation:

$$\begin{pmatrix} s + ca' - b\beta + q^* J_Y - X_Y & bK - \dfrac{ca'L}{(1+r)^2}\left(\dfrac{s}{\delta}\right)^{\beta/(1-\beta)} & -H + J + q^* J_{q^*} - X_{q^*} \\ h & -h' & 0 \\ q^* J_Y - X_Y & -Q_r & -Q_{q^*} + J + q^* J_{q^*} - X_{q^*} \end{pmatrix} \begin{pmatrix} dY \\ dr \\ dq^* \end{pmatrix} =$$

$$= \begin{pmatrix} 1 & 0 & -Ya'' - \dfrac{a'L(s-\beta)}{(1+r)(1-\beta)\delta^{\beta/(1-\beta)}} s^{(2\beta-1)/(1-\beta)} & 0 & X_{Y^*\#} & \dfrac{a'}{1+r}\left(\dfrac{s}{\delta}\right)^{ß/1-ß} \\ 0 & \dfrac{1}{P} & 0 & 0 & 0 & 0 \\ 0 & 0 & 0 & X_{Y^*} & 0 & 0 \end{pmatrix} \begin{pmatrix} dG \\ dM \\ ds \\ dY^* \\ dY^*\# \\ dL \end{pmatrix}$$

This implies:

$$\det(B)=\det\begin{pmatrix} s+ca'-b\beta+q^*J_Y-X_Y & bK-\dfrac{ca'L}{(1+r)^2}\left(\dfrac{s}{\delta}\right)^{\beta/(1-\beta)} & -H+J+q^*J_{q^*}-X_{q^*} \\ h & -h' & 0 \\ q^*J_Y-X_Y & -Q_r & -Q_{q^*}+J+q^*J_{q^*}-X_{q^*} \end{pmatrix}$$

$= (-H - X_{q^*} + J + q^*J_{q^*})(-Q_{q^*}h + h'(q^*J_Y - X_Y))$

$+ (-Q_{q^*} - X_{q^*} + J + q^*J_{q^*})[-h'(s + ca' - b\beta - X_Y + q^*J_Y)$

$- h(bK - ca'L[s/\delta]^{\beta/1-\beta}/(1 + r)^2)]$

Furthermore we will define: $U = 1/\det(B)$

The multipliers for a change in G, M, e (read q* as P and P* are assumed to be constant) and s are as follows:

$dY/dG = -Uh'(-Q_{q^*} + J + q^*J_{q^*} - X_{q^*})$

$dY/dM =$

$$U/P\left\{\left(bK-\frac{ca'L}{(1+r)^2}\left(\frac{s}{\delta}\right)^{\beta/(1-\beta)}\right)\left(-Q_{q^*}+J+q^*J_{q^*}-X_{q^*}\right)+Q_r\left(-H+J+q^*J_{q^*}-X_{q^*}\right)\right\}$$

$$dY/ds = Uh'\left(Ya''+\frac{a'L(s-\beta)}{(1+r)(1-\beta)\delta^{\beta/(1-\beta)}}s^{(2\beta-1)/(1-\beta)}\right)(-Q_{q^*}+J+q^*J_{q^*}-X_{q^*})$$

$dr/dG = -Uh(-Q_{q^*} + J + q^*J_{q^*} - X_{q^*})$

$$dr/dM = U/P\left\{\left(s+ca'-b\beta+q^*J_Y-X_Y\right)\left(-Q_{q^*}+J+q^*J_{q^*}-X_{q^*}\right)\right.$$
$$\left.-\left(q^*J_Y-X_Y\right)\left(-H+J+q^*J_{q^*}-X_{q^*}\right)\right\}$$

$$dr/ds = Uh\,(-Q_{q^*}+J+q^*J_{q^*}-X_{q^*})\left(Ya''+\frac{a'L(s-\beta)}{(1+r)(1-\beta)\delta^{\beta/(1-\beta)}}s^{(2\beta-1)/(1-\beta)}\right)$$

$dY/dY^* = -Uh'X_{Y^*}(-H - X_{q^*} + J + q^*J_{q^*})$

$dY/dY^*\# = -Uh'X_{Y^*\#}(-Q_{q^*} + J + q^*J_{q^*} - X_{q^*})$

$$dY/dL = -U\frac{a'}{1+r}\left(\frac{s}{\delta}\right)^{ß/1-ß} h'(-Q_{q*} - X_{q*} + J + q^*J_{q*})$$

$$dr/dY^* = Uh\, X_{Y*}(-H - X_{q*} + J + q^*J_{q*})$$

$$dr/dY^*\# = -UhX_{Y*\#}(-Q_{q*} + J + q^*J_{q*} - X_{q*})$$

$$dr/dL = -U\frac{a'}{1+r}\left(\frac{s}{\delta}\right)^{ß/1-ß} h(-Q_{q*} - X_{q*} + J + q^*J_{q*})$$

$$dq^*/dY^* = U\, X_{Y*}[-h'(s + ca' - bß - X_Y + q^*J_Y) - h(bK - ca'L[s/\delta]^{ß/1-ß}/(1+r)^2)]$$

$$dq^*/dY^*\# = U\, X_{Y*\#}(-hQ_r + h'(q^*J_Y - X_Y))$$

$$dq^*/dL = U\frac{a'}{1+r}\left(\frac{s}{\delta}\right)^{ß/1-ß} [-hQ_r + h'(q^*J_Y - X_Y)]$$

One can see that U is negative if the following conditions are met:

I. $s + ca' > bß$

II. $q^*J_Y > X_Y$

III. $(1+r)^2bK > ca'L(s/\delta)^{ß/(1-ß)}$

IV. $J > Q_{q*}+X_{q*}-q^*J_{q*}$

As well as:

V. $J > H+X_{q*}-q^*J_{q*}$

VI. $Q_{q*}h > h'(q^*J_Y-X_Y)$

Or alternatively

V'. $J < H+X_{q*}-q^*J_{q*}$ which is equivalent to $H > Q_{q*}$

VI'. $Q_{q*}h < h'(q^*J_Y-X_Y)$

If one set of conditions is met, then we can draw the following conclusions about the multipliers:

$dY/ds > 0$ if $s < ß$

$dY/dG > 0$

$dY/dM > 0$ if V. is met

dY/dY^* depends on the sign of X_{Y*} and if V. or V'. is met

$dY/dY^*\# < 0$

$dY/dL < 0$

Note that if s=ß/2 – which implies fulfilment of the golden rule – the multiplier for dY/ds indeed is positive. The medium term model suggests that fiscal policy can be effective. Monetary policy – under certain conditions – also is effective; namely if imports are relatively high in comparison to the impact of the real exchange rate on foreign direct investment inflows and the net exports of goods and services, respectively. An important aspect concerns supply-side policy: If the savings rate is smaller than ß a rise of s will raise medium term output. The impact of a rise of Y* and Y*#, respectively, can differ in the respective sign which suggest that international policy coordination is more complex than the standard macro model suggests. Governments with emphasis on long run output – hence governments with a more long run time horizon – thus could favour different policy options than short-run oriented political actors. The assignment debate thus is affected. An explicit two country model could offer more refined results. The multipliers for the exchange rate also are interesting.

$dr/dG > 0$

$dr/dM < 0$ if V'. is met

$dr/ds < 0$

dr/dY^* depends on the sign of X_{Y^*} and if V. or V'. is met

$dr/dY^{*\#} < 0$

$dr/dL < 0$

A rise of government consumption raises the interest rate which is in line with the standard model. Expansionary monetary policy will reduce the interest rate under certain conditions while a rise of the savings rate will reduce the interest rate. The impact of Y* and Y*# on the interest rate might differ in sign. A rise of long run employment will reduce the medium term interest rate.

3. Conclusions and Possible Extensions

The results show a more differentiated picture than the familiar debate on Keynesianism versus monetarism. The analysis suggested here is a useful medium term analysis bridging in a consistent way short run standard macroeconomic analysis and long term growth analysis. Many refinements and modifications are possible, and there is a broad set of empirical issues which emerges in the model suggested. The relative size of s, ß, δ and b are of particular importance. Changes of the technological regime – such as the switch to the New Digital Economy – could alter ß, δ and b.

The model presented suggests that policymakers should not only consider monetary and fiscal policy but also policies stimulating the savings ratio (and the investment ratio) as well. The more consumption is influenced by long run expected steady state income, the more attractive supply-side policies are. Countries with a stable political system should be able to exploit the impact of policy measures designed to raise long run output. However, in countries with political instability or with politicians without much reputation government will naturally have a bias in the field of supply-side policy; instead of raising the savings rate, government will be inclined to follow the logic of the short-run Keynesian model and try to raise short run output by reducing the savings ratio. With only temporary increases in output and a growing stock of public debt, there is a considerable risk that the debt-GDP ratio will increase and hence the anticipated future tax rate τ'. Indeed in a two-period approach, it must hold that real government consumption as well as real interest rate payment on the stock of public debt (B) and discounted future government expenditures $G^{\#}$ be equal to current tax revenue and discounted future tax revenue:

$$G + rB + G\#/(1 + r) = \tau Y + \tau' Y\#/(1 + r). \qquad (16)$$

In a more elaborate MFS model, taking into account that the current tax rate and the future tax rate will negatively affect present consumption and investment, one could endogenize τ' while assuming, for example, that G=G#. Risk-averse taxpayers will calculate τ' not simply from (16), rather with G=G# they will calculate it as:

$$\tau' = (1+r)\{\tau Y - [G + rB + G\#/(1+r)]/Y\# + \Omega^T \qquad (17)$$

The variable Ω^T indicates the credibility of government tax policies, or alternatively, its history in political cheating. If past governments have always kept their promises in the field of taxation and borrowing, Ω^T is zero. The more often taxes or deficit-GDP ratios were raised in violation of election promises (or international treaties such as the Stability and Growth Pact in the Euro zone) the higher Ω^T will be. Thus, Ω^T can be considered within a broader approach an endogenous variable which could be explained in the framework of a New Political Economy approach. At the bottom line, a loss in government reputation will therefore reduce present consumption and investment. Moreover, it might reduce net foreign direct investment inflows and hence net capital inflows.

The new approach presented can be extended in various ways (WELFENS, 2005) and allows to combine short run macroeconomic analysis with many of the standard results of modern growth theory – as e.g. summarized in JONES (1998). The model presented also raises many new issues for the debate about the efficiency of fiscal policy and monetary policy.

4. Appendix: Comparing the Short Run Keynesian Model and the Medium Term Approach

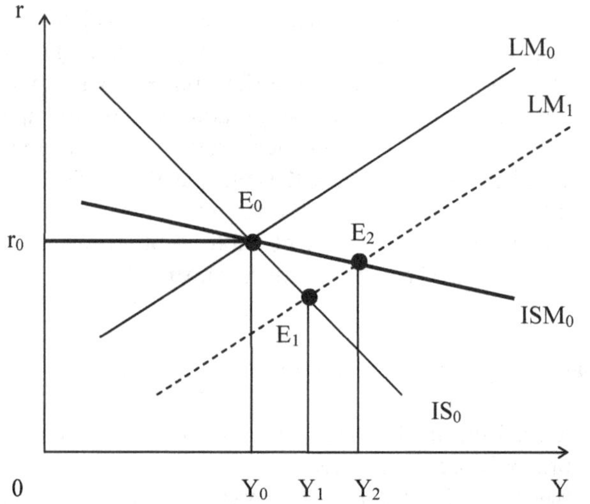

Fig. 2: Standard IS-LM Model versus Keynes-Solow Model

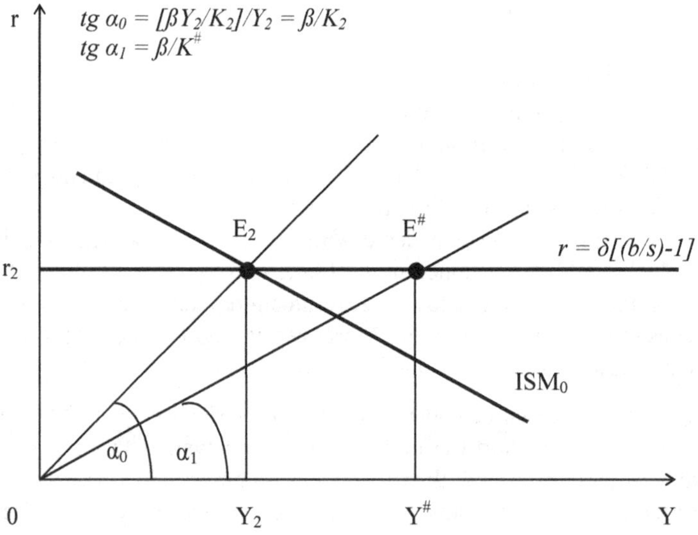

Fig. 3: Medium Term and Long Run Equilibrium
[As regards the money market: note that – with m =: M/P – in the long run the condition must hold: $(m/L)^{\#} = hk^{\#ß} – h'ßk^{\#ß-1}$]

References

Froot, K. A.; Stein, J. C. (1991), Exchange Rates and Foreign Direct Investment: An Imperfect Capital Markets Approach, Quarterly Journal of Economics, November, pp. 1191-1217.

Jones, C. I. (1998), Introduction to Economic Growth, New York: Norton.

Solow, R. M. (1956), A Contribution to the Theory of Economic Growth, *Quarterly Journal of Economics*, Vol. 70, pp. 65-94.

Welfens, P. J. J. (2005), Innovations in Macroeconomics, Heidelberg and New York: Springer, forthcoming.

V. Wirtschafts- und Finanzpolitik

Integrierte Steuer-Transfer-Systeme

Lösung des Anreizproblems in der sozialen Grundsicherung?

Thomas Apolte, Ansgar Kortenjann

Zusammenfassung: In diesem Beitrag werden integrierte Steuer-Transfer-Systeme auf ihre Fähigkeit untersucht, das Anreizproblem in der sozialen Grundsicherung zu mildern und dabei zugleich praktikabel und finanzierbar zu sein. Nach einer Darstellung der konzeptionellen Grundlagen und ihrer Problematik werden verschiedene Modelle für die Bundesrepublik Deutschland diskutiert. Im Anschluss an einen kurzen Überblick über die Probleme der Kostenschätzung werden die zu erwartenden Verschiebungen in den finanziellen, administrativen und gesetzgeberischen Zuständigkeiten dargelegt. Auf dieser Grundlage wird eine abschließende Einschätzung versucht.

Schlüsselworte: negative Einkommensteuer, Steuersysteme, soziale Grundsicherung, Transfersysteme

1. Einleitung

Die Integration des Steuersystems mit dem System der sozialen Grundsicherung erfreute sich unter Ökonomen stets einer gewissen Beliebtheit. Dies liegt einerseits an der damit verbundenen administrativen Vereinfachung des Transfersystems, vor allem wohl aber an der höheren Anreizkompatibilität einer negativen Einkommensteuer. Neben die Überzeugungskraft des formalen Grundmodells einer Integration von Steuer- und Transfersystem sind aber schnell Bedenken getreten, die sich insbesondere auf die Finanzierbarkeit, aber auch auf verschiedene Aspekte der Praktikabilität beziehen. In diesem Beitrag wird zunächst ein Überblick über die Grundkonzeption und ihre Problematik präsentiert. Im Anschluss daran werden verschiedene, in der Bundesrepublik Deutschland diskutierte Modelle kurz umrissen und im Folgenden ein kurzer Einblick in die Problematik der Kostenabschätzung gewährt. Schließlich werden die Auswirkungen einer negativen Einkommensteuer für die finanziellen, administrativen und legislativen Kompetenzen in der Bundesrepublik diskutiert, um auf dieser Basis zu einer abschließenden Bewertung zu gelangen.

2. Integrierte Steuer-Transfer-Systeme

2.1 Grundkonzeption einer negativen Einkommensteuer

Für das konzeptionelle Verständnis und die konkrete Ausgestaltung einer negativen Einkommensteuer sind drei Basisvariablen von maßgeblicher Bedeutung:

- Das garantierte Mindesteinkommen ist der maximale Transferbetrag, den Personen ohne eigenes Einkommen erhalten können. Es kann mit dem aus der positiven Einkommensbesteuerung bekannten Freibetrag identisch sein, aber auch dem Sozialhilfesatz oder einer anders definierten Armutslinie entsprechen und muss daher nicht zwangsläufig über dem Existenzminimum liegen.
- Der (negative) Steuersatz gibt an, um wie viel Prozent die negativen Steuern bei zusätzlichem Erwerbseinkommen reduziert werden. Der durchschnittliche negative Steuersatz legt fest, in welchem Umfang die so genannte Einkommenslücke zwischen tatsächlichem und kritischem Einkommen durch Transferzahlungen aufgefüllt wird.
- Das kritische Einkommen (auch: Transfergrenze, *break-even level/point of income*) ist derjenige (Umverteilungsnull-)Punkt, an welchem Transfers und Steuerbelastung gleich hoch sind.

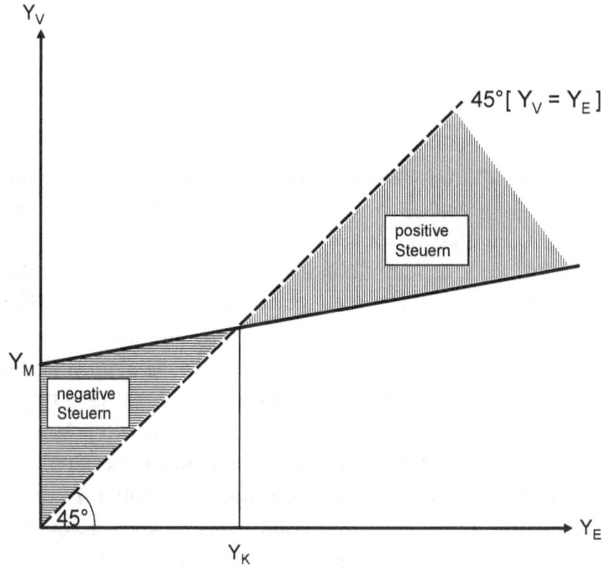

Abb. 1: Integriertes Steuer-Transfer-System

Die Erweiterung des Einkommensteuersystems in den „negativen“ Bereich hinein ist exemplarisch in Abbildung 1 dargestellt. Bei einem Erwerbseinkommen unterhalb des kritischen Einkommens Y_K ist das verfügbare Einkommen Y_V größer als das Erwerbseinkommen Y_E, weil der Staat einen Transfer gewährt. Schon im Rahmen dieser vereinfachten Abbildung lassen sich einige Aussagen zum Zusammenhang der drei Basisvariablen machen:

- Je höher das kritische Einkommen festgesetzt wird, desto größer werden die Kosten einer solchen negativen Einkommensteuer sein.
- Gleiches gilt für die Höhe des Mindesteinkommens Y_M. Ist die Steigung des verfügbaren Einkommens zu gering, so bestehen geringe bis gar keine Anreize zur Aufnahme bzw. Ausweitung einer Erwerbstätigkeit.
- Ist die Steigung des Steuersatzes hingegen steiler, das heißt der Transferentzug gering, so verschiebt sich das kritische Einkommen nach oben und führt somit zu hohen Kosten.

Die drei Basisvariablen stehen in einem „deterministischen Dreiecksverhältnis" [KAUSEMANN (1983), S. 134], da sich nach Festlegen zweier Variablen die dritte von selbst ergibt. Das verfügbare Einkommen (Y_V) einer erwerbsfähigen Person setzt sich zusammen aus dem (staatlich garantierten) Mindesteinkommen (Y_M), welches um einen bestimmten Prozentsatz (t) des Erwerbseinkommens (Y_E) verringert wird, und dem Erwerbseinkommen selbst (Y_E) [VAN ALMSICK (1981), S. 53 ff.]:

$$Y_V = Y_M + (1-t) \cdot Y_E \,. \tag{1}$$

Das kritische Einkommen (Y_K) zeichnet sich dadurch aus, dass verfügbares Einkommen und Erwerbseinkommen übereinstimmen:

$$Y_K = Y_V = Y_E \,. \tag{2}$$

Dies ist genau dann der Fall, wenn das Mindesteinkommen abzüglich des um einen bestimmten Prozentsatz verminderten Erwerbseinkommens null beträgt: $Y_M - t \cdot Y_E = 0$. Hieraus folgt, dass das kritische Einkommen dem Verhältnis von Mindesteinkommen und negativem Steuersatz gleich ist:

$$Y_K = \frac{Y_M}{t} \,. \tag{3}$$

Das Konzept einer negativen Einkommensteuer wird in Deutschland häufig auch synonym mit dem Begriff „Bürgergeld" oder „Bürgersteuer" beschrieben [vgl. z. B. MITSCHKE (1985)]. Im angelsächsischen Sprachraum hat sich hingegen eine systematische Trennung der Begriffe – *negative income tax* auf der einen und *credit income tax* auf der anderen Seite – etabliert. Diese Begriffstrennung wird der Tatsache gerecht, dass üblicherweise zwei (Grund-)Varianten einer negativen

Einkommensteuer zu unterscheiden sind: *poverty-gap type* und *social-dividend type*.[1] Die Unterschiede dieser beiden Typen ergeben sich dabei aus der Gewichtung und Ausgestaltung der Basisvariablen. Wenngleich an dieser Stelle betont werden muss, dass beide Konzeptionen zwar vom Ansatzpunkt her verschieden, im – zunächst auch hier – betrachteten Fall linearer Steuertarife allerdings formal identisch und analytisch kongruent sind [METZE (1982), S. 792 f.; KAUSEMANN (1983), S. 140], sollen diese beiden alternativen Interpretationen der Grundkonzeption einer negativen Einkommensteuer zunächst dargestellt werden, um auf Grundlage dessen im weiteren Verlauf die mit der Einführung eines solchen Modells verbundenen Ziele besser einordnen zu können.

Poverty-gap type

Die Ausgestaltung einer negativen Einkommensteuer gemäß dem *poverty-gap type* geht auf eine Arbeit von MILTON FRIEDMAN (1962) zurück. Dabei wird zunächst das kritische Einkommen Y_K festgelegt, bei welchem die negative in eine positive Besteuerung umschlägt. Demnach werden an Personen oberhalb dieser Freibetragsgrenze keine Transfers gezahlt, während bei denjenigen, deren Erwerbseinkommen unterhalb von Y_K liegt, die Einkommenslücke durch staatliche Transfers zu einem Teil geschlossen wird. Der Transfer selbst wird durch die Steigung des negativen Steuersatzes bestimmt. Der – negative wie positive – Steuerbetrag T ergibt sich dabei aus der mit dem Steuersatz t multiplizierten Differenz von Erwerbseinkommen Y_E und kritischem Einkommen Y_K: $T = t \cdot (Y_E - Y_K)$.

Dieser in Abbildung 2 dargestellte Ansatz wird auch als *negative income tax* betitelt und zeichnet sich dadurch aus, dass nur ein Teil der Einkommenslücke durch staatliche Transfers geschlossen wird, damit weiterhin Anreize zur Erwerbsarbeit bei den Transferempfängern bestehen. Das kritische Einkommen entspricht dabei der Armutsgrenze Y_A. Bei einem Steuersatz t von unter 100% ergibt sich dementsprechend ein (staatlich garantiertes) Mindesteinkommen Y_M, welches unterhalb der Armutsgrenze liegt. Wichtigster Kritikpunkt einer derartig ausgestalteten negativen Einkommensteuer ist die Tatsache, dass das in Höhe der Armutsgrenze gesehene soziale Existenzminimum innerhalb dieses Modells nicht gesichert wird. Eine Armutslücke ist nämlich dabei die zwangsläufige Konsequenz, wenn ein Steuersatz für Zusatzverdienste unterhalb von 100% bei unverändertem steuerfreien Existenzminimum eingeführt werden soll. Das garantierte Mindesteinkommen muss demnach unter dem Steuerfreibetrag liegen. An dieser Stelle setzt der *social-dividend type* an.

---

1 Im Deutschen auch bezeichnet als Freibetragsregelung und Steuerkreditregelung [GERN (1999), S. 71 ff.].

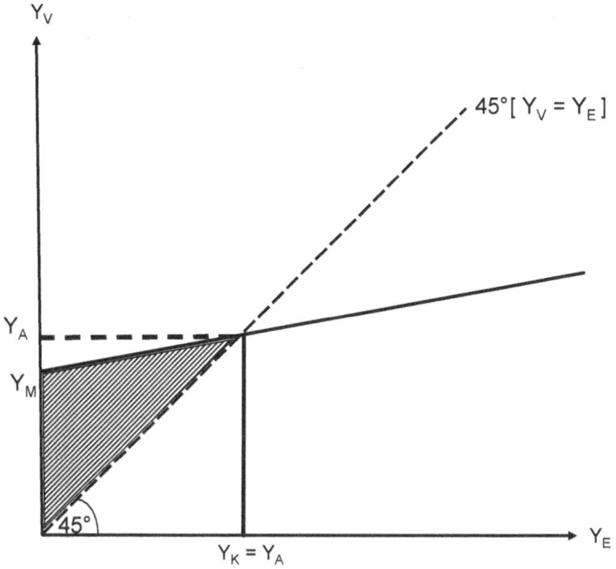

Abb. 2: Poverty-gap type

Social-divided type

Die Ausgestaltung einer negativen Einkommensteuer nach dem *social-dividend type* geht auf RHYS-WILLIAMS (1953) zurück. Diesem Konzept nach sollen alle Bürger eine Steuergutschrift in einer bestimmten Höhe erhalten. Jegliches Erwerbseinkommen wird gemäß einem Steuersatz besteuert. Liegt nun die zu zahlende Steuerzahlung unterhalb dieser Steuergutschrift, so sind Transfers in Höhe dieser Differenz zu zahlen. Im umgekehrten Fall – die Steuerschuld überschreitet die Steuergutschrift – sind (positive) Steuern zu zahlen. Der Steuerbetrag lässt sich folglich durch folgende Funktion ausdrücken:

$$T = t \cdot Y_E - Y_M . \quad (4)$$

Ausgangspunkt dieses auch als *credit income tax* bezeichneten Modells ist im Gegensatz zum *poverty-gap type* nicht das kritische Einkommen, sondern das garantierte Mindesteinkommen, welches extern festgelegt und jedem unabhängig von seinem tatsächlichen Einkommen in Form eines allgemeinen Steuerabzugs als Grundsicherung gewährt wird. Dieses auch als Steuerkredit bezeichnete Mindesteinkommen wird nun mit einer auf das gesamte Einkommen bezogenen Steuerschuld einer positiven Einkommensteuer verrechnet. Wird dieses Y_M, wie in Abbildung 3 angenommen, in Höhe der Armutsgrenze Y_A festgelegt, so muss das kritische Einkommen Y_K bei einem gegebenen Steuersatz darüber liegen. Dies führt wiederum dazu, dass auch diejenigen Personen, welche gemessen an ihrem Einkommen nicht bedürftig sind, in den Genuss von Transfers kämen. Wenngleich dadurch jegliche Bedürftigkeitsprüfung wegfiele, so steht die mit diesem Konzept zwangsläufig einhergehende Höhe der fiskalischen Kosten im Zentrum der Kritik.

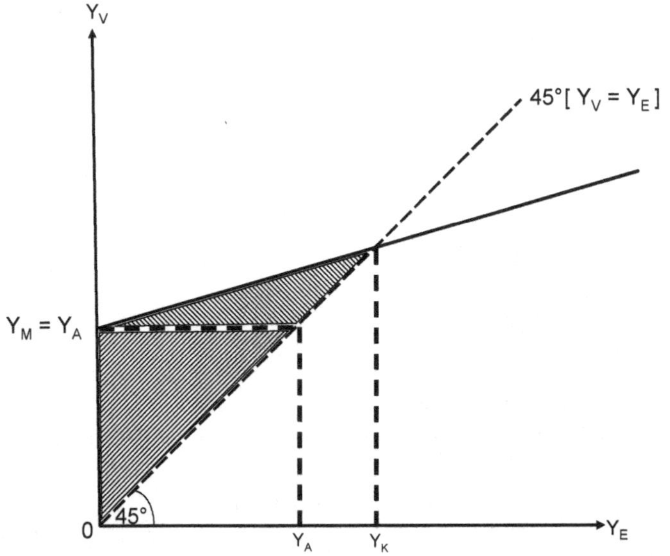

Abb. 3: Social-divided type

2.2 Elemente einer negativen Einkommensteuer

Die Integration von Transfersystem und Steuersystem mittels einer negativen Einkommensteuer erfordert eine Reihe unterschiedlicher Entscheidungen, welche ihrerseits auf den jeweils damit verbundenen konkreten Zielvorstellungen basieren. So sind zunächst einmal die Basisvariablen hinreichend zu präzisieren und zu bestimmen. Ein weiteres zu lösendes Problem ist in der bereits angesprochenen Tatsache zu sehen, dass das momentane Transfer- und Steuersystem in Deutschland auf unterschiedlichen Bemessungsgrundlagen beruht. Ein integriertes, in sich geschlossenes Steuer-Transfer-System verlangt eine diesbezügliche Harmonisierung der Bemessungsgrundlagen. Auch sind Tarifart und -verlauf einer Steuer festzulegen, die sich über den gesamten Einkommensbereich erstreckt. Darüber hinaus ist zu klären, in welchem Umfang die Integration sozialer Transferleistungen in das Steuersystem erfolgen und bei wem demnach die Verwaltungskompetenz für ein integriertes Steuer-Transfer-System liegen soll.

Bestimmung der Basisvariablen

Die konkrete Bestimmung des Mindesteinkommens (Y_M) hängt davon ab, ob eine etwaige Einkommenslücke durch Negativsteuern voll oder nur teilweise geschlossen werden soll. Im ersteren Fall läge die Sicherung eines so definierten Existenzminimums einzig in staatlicher Hand, während im letzteren Fall ein gewisses Maß an Eigenverantwortung erforderlich wäre.

Bei der Festlegung des negativen Steuersatzes (t) sind die erwarteten Auswirkungen auf das Arbeitsangebotsverhalten der erwerbsfähigen Personen von großer Bedeutung. Die zu beobachtenden Fehlanreize einer zu hohen Transferentzugsrate auf das Arbeitsangebotsverhalten sprächen zunächst für einen möglichst niedrigen Steuersatz. Dem stünden möglicherweise aber – insbesondere fiskalpolitisch begründete – Bedenken einer zu großen staatlichen Belastung mit Transferausgaben entgegen, was für einen eher hohen negativen Steuersatz spräche.

Bei der Festsetzung und Ausgestaltung des kritischen Einkommens (Y_K) steht vornehmlich die Problematik des Übergangs vom negativen in den positiven Steuerbereich im Vordergrund. Ziel sollte dabei ein möglichst nahtloser Übergang sein, um gravierende Sprünge in der Entwicklung des verfügbaren Einkommens (*notch problem*) möglichst gering zu halten.

Harmonisierung der Bemessungsgrundlage

Das Konzept der negativen Einkommensteuer verlangt die Integration der üblichen positiven Einkommensteuer mit einem bestimmten, jeweils zu definierenden Umfang an Transferleistungen. Bei der Darstellung der Grundkonzeption einer negativen Einkommensteuer wurde zunächst von der Annahme ausgegangen, dass Einkommensteuer und Transfers auf der gleichen Bemessungsgrundlage beruhen. Diese Annahme ist zunächst insofern richtig, als dass sowohl das Steuersystem als auch das Transfersystem an das Einkommen als Bezugsgröße anknüpfen. Allerdings wird dieser Einkommensbegriff in beiden Systemen, und teilweise auch innerhalb eines Systems, unterschiedlich definiert und abgegrenzt. In der Folge gibt es nicht unerhebliche Abweichungen bezüglich der Bemessungsgrundlage als Kriterium für Steuerschuld oder Transferanspruch. Ein geschlossenes integriertes Steuer-Transfer-System erfordert daher eine Harmonisierung dieser Bemessungsgrundlagen. In der Literatur wird diesbezüglich meist auf die Notwendigkeit einer Einheitlichkeit der Bemessungsgrundlage in sachlicher, personeller und zeitlicher Hinsicht hingewiesen [GERN (1999), S. 77 ff.; KAUSEMANN (1983), S. 153 ff.; METZE (1982), S. 797 f.].

Die großen Differenzen bei der sachlichen Abgrenzung des Einkommens zwischen Steuersystem und Transfersystem sind vor allem darauf zurückzuführen, dass das Einkommen nach der Leistungsfähigkeit definiert und behandelt wird, während Transferleistungen nach einem umfassenderen Einkommensbegriff gewährt werden. Bei der genauen inhaltlichen Bestimmung des Begriffes der steuerlichen Leistungsfähigkeit hat man sich im Wesentlichen an der Entstehungsseite des (Leistungs-)Einkommens orientiert [NEUMARK (1970)],[1] „d. h. auf Einkommen,

[1] Zudem sei an dieser Stelle bemerkt, dass es natürlich auch möglich ist, Einkommen bei der Festlegung einer Bemessungsgrundlage von der Verwendungsseite her zu definie-

die durch die Abgabe von Leistungen im Produktionsprozess erzielt werden" [GERN (1999), S. 78 f.]. Für die Beurteilung der Leistungsfähigkeit im Rahmen der Einkommensteuer ist demnach allein die Höhe des Erwerbseinkommens maßgebend. Hingegen wird im Rahmen des Transfersystems das Bedürftigkeitsprinzip verwendet, wonach die Höhe des verfügbaren Einkommens im Vordergrund steht, welches sowohl Erwerbseinkommen als auch Sozialeinkommen umfasst. Zudem gilt im Bereich der Sozialhilfe das Prinzip der staatlichen Nachrangigkeit. Dieses besagt, dass zunächst die eigenen wirtschaftlichen Möglichkeiten vollends ausgeschöpft sein müssen, bevor staatliche Transfers gewährt werden. Diese Differenzen führen insgesamt betrachtet bei der Konzeption und Ausgestaltung eines integrierten Steuer-Transfer-Systems zu praktischen Schwierigkeiten, so dass es Aufgabe und Ziel sein müsste, eine einheitliche Bemessungsgrundlage zu finden. Dabei geht es insbesondere um die Frage, ob alles, was die Gesellschaft beim Steuerzahler steuermindernd berücksichtigt, auch denen zu Gute kommen soll, die negative Steuern erhalten [KRAUSE-JUNK (1997), S. 552]. Da eine Harmonisierung jedoch weit reichende Konsequenzen für die prinzipiellen Grundlagen des gegenwärtig bestehenden Einkommensteuer- und Transfersystems hätte, muss die Realisierungsmöglichkeit einer in sachlicher Hinsicht einheitlichen Bemessungsgrundlage zumindest als problematisch angesehen werden.

Ein weiteres Problem bei der Einführung einer negativen Einkommensteuer wirft die Bemessungsgrundlage in personeller Hinsicht auf. Dabei geht es um die Definition der Wirtschaftseinheit und die damit zusammenhängende Frage, wessen Einkommen als Bemessungsgrundlage dienen soll. Die in diesem Zusammenhang möglichen (Extrem-)Positionen sind die Individual- und die Haushaltsveranlagung. Bei ersterer ist das Individuum die personelle Bezugseinheit bei der Bemessung von Steuern und Transfers, bei letzterer der jeweilig relevante Haushalt. Das gegenwärtige Steuer- und Transfersystem ist von gegensätzlichen Veranlagungen gekennzeichnet. Während bei der Gewährung von Sozialtransfers die Bedürftigkeit des Haushalts bzw. der Familie die maßgebliche Bezugseinheit bildet, ist das Einkommensteuerrecht im Großen und Ganzen vom Prinzip der Individualveranlagung geprägt. Diese Aussage – Individualveranlagung im Steuer- und Haushaltsveranlagung im Transferbereich – trifft allerdings in der hier zunächst beanstandeten Ausschließlichkeit in der Wirklichkeit nicht zu. Vielmehr herrschen teilweise Mischformen vor. So beinhaltet beispielsweise das Einkommensteuerrecht durch die Gewährung von Kinderfreibeträgen oder die Möglichkeit des Ehegatten-Splittings Elemente der Haushaltsveranlagung. Aus diesem Grund scheint eine weitere Angleichung bei der personellen Abgrenzung der Bemessungsgrundlage im Rahmen eines integrierten Steuer-Transfer-Systems insgesamt betrachtet als möglich.

---

ren. Diesen Standpunkt befürworten insbesondere Vertreter einer Konsumsteuer [z. B. ROSE (1991)].

Nach den aufgeführten Problemen bei der Abgrenzung der Bemessungsgrundlage in sachlicher und personeller Hinsicht ist darüber hinaus die Frage zu klären, welcher (Einkommens-)Zeitraum bei der Bemessung von Steuern und Transfers gewählt werden soll. Rein theoretisch betrachtet würde sich diesbezüglich eine sehr langfristige Perspektive empfehlen, denn letztendlich ist das während der gesamten Lebenszeit erzielte Totaleinkommen für die Bestimmung der wirtschaftlichen Leistungsfähigkeit maßgeblich [KAUSEMANN (1983), S. 233], doch scheidet eine solche Regelung aus technischen Gründen aus. In der Praxis erfolgt die Ermittlung der Bemessungsgrundlage daher auch in der Regel im jährlichen Rhythmus. Probleme tauchen dabei vorwiegend bei einmaligen oder schwankenden Einkünften auf, da fluktuierende Einkommen, je nachdem ob man sich im positiven oder negativen Bereich der Steuer befindet, die Steuerlast tendenziell erhöhen oder aber auch vermindern können. Allerdings gibt es diverse steuertechnische Instrumente und Möglichkeiten, den daraus resultierenden Verletzungen der horizontalen Steuergerechtigkeit entgegenzuwirken [KAUSEMANN (1983), S. 243 ff.]. Ferner muss der Zahlungsrhythmus festgelegt werden, was insbesondere im Bereich der Transfers von Relevanz ist, da dort Zahlungen möglichst zeitnah mit dem Entstehen des Bedarfs gewährt werden sollten. Es empfiehlt sich daher ein monatlicher Rhythmus, wobei etwaige Über- bzw. Unterzahlungen im jährlichen Rhythmus verrechnet werden könnten. Insgesamt betrachtet ließe sich bei der zeitlichen Abgrenzung der Bemessungsgrundlage an den Regelungen des bestehenden Steuer- und Transfersystems anknüpfen.

Bestimmung der Tarifart

Wie bereits erwähnt, muss in einem integrierten Steuer-Transfer-System der Verlauf des relevanten Steuersatzes im negativen und positiven Bereich nicht zwangsläufig identisch sein. Im Bereich der negativen Steuern, also dort wo Transferzahlungen anfallen, ist generell sowohl ein regressiver, ein progressiver oder ein linearer Verlauf möglich. Dabei muss jedoch beachtet werden, dass der negative Einkommensteuerbereich auf Grund fiskalischer Kriterien möglichst gering gehalten und somit ein relativ hoher durchschnittlicher Anrechnungssatz festgelegt werden sollte. Ein vor diesem Hintergrund progressiver Steuertarif wäre aus Leistungsfähigkeitserwägungen kaum zu rechtfertigen [GERN (1999), S. 84]. Demgegenüber stünde ein regressiver Steuertarifverlauf vermutlich allgemeinen Gerechtigkeitsvorstellungen entgegen, da in Folge dessen sehr geringe Einkünfte besonders hoch besteuert werden müssten.

Aus diesen Gründen basieren fast alle Vorschläge und Ausarbeitungen zur Einführung einer negativen Einkommensteuer auf einem linearen Steuertarif im negativen Bereich. Dabei ist die Höhe des Steuersatzes dafür maßgeblich verantwortlich, in welcher Höhe das kritische Einkommen bzw. das Mindesteinkommen liegt. Die an diesem Punkt häufig sozialpolitisch begründete Erfordernis eines hohen Mindesteinkommens steht der allgemeinen Notwendigkeit einer Begrenzung damit einhergehender fiskalischer Kosten entgegen. Eine Lösung dieses Konfliktes ließe sich durch eine so genannte graduelle Integration finden [TOBIN/PECHMAN/MIESZ-

KOWSKI (1967)]. Dabei existieren zwei Steuertarife nebeneinander, wobei der für den Steuerpflichtigen jeweils günstigere Steuertarif die zu entrichtende Steuerschuld bestimmt. Konkret wird bei diesem Verfahren zunächst die Steuerschuld nach dem (positiven) Einkommensteuertarif mit unverändertem Grundfreibetrag ermittelt. Gleichzeitig wird das Einkommen – diesmal allerdings ohne den Grundfreibetrag – einer negativen Einkommensteuer unterworfen, wobei der negative Steuersatz als größer angenommen wird als der positive. Von der resultierenden Steuerschuld wird dann der eigentliche Negativsteuerbetrag abgezogen. Indem für jeden Steuerpflichtigen die individuelle Steuerschuld nach beiden Tarifen ermittelt wird, kann somit auf eine vollständige Integration beider Tarife verzichtet werden. Eine solche graduelle Integration von gegenwärtigem Steuer- und Transfersystem wäre demnach zwar insgesamt betrachtet praktikabler, würde jedoch mit Blick auf „die konzeptionelle Klarheit und administrative Einfachheit“ [GERN (1999), S. 87] zwangsläufig auf die Vorzüge einer vollständigen Integration verzichten.

Umfang der Integration von Sozialleistungen

Welche Sozialleistungen in ein geschlossenes Steuer-Transfer-System integriert werden sollen, ist die zentrale Frage dieses Problemkomplexes. Dabei ist eine große Anzahl von alternativen Regelungen möglich, was sich auch in den zahlreichen ausgearbeiteten Plänen einer negativen Einkommensteuer zeigt. Wenngleich der Umfang der Integration letztendlich von der jeweiligen Zielsetzung abhängt, so lassen sich doch mit Bezug auf KAUSEMANN und GERN drei verschiedene Integrationsstufen spezifizieren [KAUSEMANN (1983), S. 147 f.; GERN (1999), S. 76].

Wird das Ziel einer steuerfinanzierten Grund- und Einkommenssicherung durch die Zahlung eines allgemeinen Grundbetrages verfolgt, so sind sämtliche Instrumente der sozialen (Grund-)Sicherung, inklusive der Sozialversicherungsleistungen, einem Negativsteuersystem zuzuordnen. Diese Lösung käme einem totalen Integrations-Modell nach dem *social-dividend type* sehr nahe. Allerdings ergibt sich an dieser Stelle das Problem, dass eine Steuer ihrer Definition nach dem Non-Affektationsprinzip unterliegt und daher dem Kriterium der Gegenleistungsfreiheit genügen muss. Damit werden allerdings solche Instrumente der sozialen Sicherung eigentlich ausgeschlossen, „die auf dem Versicherungsprinzip bzw. dem versicherungstheoretischen Äquivalenzprinzip basieren und lediglich zu einem intertemporalen, lebenszyklusbezogenen Einkommensausgleich beitragen“ [HÜTHER (1990), S. 16]. Konkret bedeutet dies, dass insbesondere der gesetzlichen Arbeitslosen- und Rentenversicherung eine Integration in das Steuersystem verwehrt bliebe. Nähme man hingegen die Leistungen der Sozialversicherung in ein Negativsteuersystem auf, so würde dies die völlige Abkehr vom Versicherungsprinzip im Rahmen der staatlichen Sozialfürsorge bedeuten.

Vor diesem Hintergrund ergibt sich eine zweite Integrationsstufe, die sämtliche einkommensbezogene Sozialtransfers einbezieht, allerdings mit Ausnahme der Sozialversicherungsleistungen. Auf die konkrete Eingrenzung dieser Transfers bezogen, gibt es einen relativ großen Ermessensspielraum, da die einzelnen Transferleistungen ihrerseits häufig viele unterschiedliche Ziele verfolgen. Je nach Integrationsumfang würde somit das traditionelle staatliche Unterstützungssystem (insbesondere das System der sozialen Grundsicherung) entweder vollständig ersetzt oder aber lediglich partiell ergänzt.

Die unterste Stufe zeichnet sich dadurch aus, dass nur bestimmte Sozialtransfers in das Einkommensteuersystem integriert werden, also z. B. das Kindergeld oder diverse Steuerfreibeträge.

Abschließend ist noch zu bemerken, dass der Integrationsumfang sozialer Transfers letztlich auch von politischen Entscheidungen darüber abhängt, welche Zahlungen generell als Transfers gelten sollen und welche als reine Versicherungsleistungen zu gelten haben. Vor diesem Hintergrund wäre an die Chance zu denken, in diesem Zusammenhang die Sozialversicherungen von Transferleistungen zu befreien.

Verwaltungskompetenz

Sollen steuerfinanzierte Sozialtransfers in das bestehende Einkommensteuersystem integriert werden, so treten zwangsläufig Probleme bei der administrativen Zuständigkeit für ein solches integriertes System auf. Es steht diesbezüglich die Frage nach dem Umfang einer Integration der am Vollzug der Sozial- und Steuergesetze beteiligten Verwaltungen zur Diskussion.[1] In diesem Zusammenhang bieten sich grundsätzlich zwei Möglichkeiten an: Zum einen könnten an die Stelle der vielen, mit den einzelnen Sozialtransferaufgaben befassten Behörden einige wenige Verwaltungseinheiten treten (partielle Integration). Zum anderen bestünde die Möglichkeit, die Verwaltung der Einkommensteuer und der Sozialleistungen an einer einzigen Stelle zu einer Art „Steuertransferamt" zusammenzufassen (vollständige Integration). Eine wie auch immer konkret ausgestaltete Verwaltungsintegration verfolgt dabei mehrere Ziele: So sollen durch eine Zusammenführung von Kompetenzen unnötige Doppelzuständigkeiten vermieden und Informationsdefizite abgebaut werden. Mit einer solchen Rationalisierungsmaßnahme gehen darüber hinaus Einsparungen im Personal- und Sachaufwand einher. Des Weiteren soll das bislang intransparente Verwaltungssystem für den Bürger durchschaubarer werden und diesem viele Behördengänge ersparen. Wenngleich diese Ziele auf eine breite Zustimmung treffen dürften, so werden damit auch einige Probleme aufgeworfen. Insbesondere sei in diesem Zusammenhang auf den bestehenden (verfassungs-)rechtlichen Rahmen verwiesen, wonach die diesbezüglichen Gesetzgebungs- und Verwaltungskompetenzen verschiedenen föderalen Ebenen zugeordnet sind. Gerade vor diesem Hintergrund ist eine vollständige Verwaltungsintegration hinsichtlich einer konkreten Umsetzung eher als kritisch einzuschätzen.

---

[1] Mit dieser Frage beschäftigt sich ausführlich das Gutachten der Expertenkommission „Alternative Steuer-Transfer-Systeme" [vgl. BUNDESMINISTERIUM FÜR FINANZEN (1996), S. 77 ff.].

2.3 Modelle einer negativen Einkommensteuer für die Bundesrepublik Deutschland

Der Grundgedanke einer negativen Einkommensteuer wurde zunächst vorwiegend im angelsächsischen Raum in konkrete Modelle umgesetzt [BEVERIDGE (1943); RHYS-WILLIAMS (1943; 1953); FRIEDMAN (1962); LAMPMAN (1965); TOBIN/ PECHMAN/MIESZKOWSKI (1967)]. In den 70er Jahren schaffte es die Idee eines integrierten Steuer-Transfer-Systems auch nach Deutschland. Fortan wurden auf wissenschaftlicher und politischer Ebene diverse Modelle vorgeschlagen und diskutiert. Zu den wichtigsten ausgearbeiteten Modellen zählen jene von MOLITOR, dem KRONBERGER KREIS und MITSCHKE. Ferner sind auch noch die Ansätze von SCHARPF, VAUBEL und SPERMANN zu nennen. Auf weitere Vorschläge, welche vorwiegend in der Diskussion um ein staatlich garantiertes Mindesteinkommen zwecks Armutsbekämpfung entstanden, wird im Folgenden nicht explizit eingegangen, da diese Modelle entweder unzureichend ausgearbeitet sind oder aber sich stark an bereits existierenden Modellen orientieren. Zu nennen wären in diesem Zusammenhang etwa die Ansätze von GRÖZINGER, GREVEN oder GERHARD/WEBER.[1] Im Folgenden soll ein kurzer Abriss die verschiedenen Modelle skizzieren. Da diese vorwiegend vor der Einführung des Euro entstanden, liegen die Ergebnisse größtenteils in DM vor. Aus Gründen der Übersichtlichkeit wurden die Daten jedoch in EUR umgerechnet.

Der Beginn der „deutschen Phase“ [SESSELMEIER ET AL. (1996), S. 33] einer negativen Einkommensteuer lässt sich auf den Anfang der 70er Jahre datieren:

1973 legte MOLITOR in Grundzügen und 1976 in ausgearbeiteter Form das Modell einer Negativsteuer für die Bundesrepublik Deutschland vor, welches im Großen und Ganzen auf dem so genannten *poverty-gap type* basiert [MOLITOR (1973; 1976)]. Der Ansatz orientiert sich an dem damaligen Grundfreibetrag von 2045 EUR, unterhalb dessen negative Steuern gezahlt werden. Dieser Betrag entspricht dem damaligen durchschnittlichen Nettolohn in etwa zu 23%. Der negative Steuersatz selbst ist dabei degressiv ausgestaltet. Neben dieser gestaffelten Transferentzugsrate ist die personelle Bemessungsgrundlage eine Besonderheit in diesem Modell, da sich jene ausschließlich auf erwachsene Personen bezieht. Für Familien mit Kindern gelten Sonderregelungen. Die Höhe des Mindesteinkommens entscheidet zudem darüber, inwiefern Sozialhilfe und Wohngeld weiterhin gewährt werden.

MOLITOR unterscheidet zwei Konzeptvarianten. Diese beinhalten dabei jeweils folgende Komponenten:

---

[1] Einen kritischen Überblick dieser Modelle bietet HÜTHER (1990), S. 114 ff.

Variante 1

- Mindesteinkommen: 1023 EUR, d. h. ca. 12% des Nettolohns.
- Negativer Steuersatz fällt mit steigendem Einkommen von zunächst 80% über 60% und 40% bis auf schließlich 20% kurz unterhalb der Freibetragsgrenze. Oberhalb dieser Grenze beträgt der positive Steuersatz zunächst auch 20%.
- Transfergrenze und Steuerfreibetrag fallen bei einem kritischen Einkommen von 2045 EUR zusammen.

Variante 2

- Mindesteinkommen: 613,50 EUR, d. h. ca. 7% des Nettolohns.
- Negativer Steuersatz bei einem Einkommen von bis zu 511,30 EUR bei 0%, danach degressive Staffelung wie in Variante 1.
- Kritisches Einkommen bei 2045 EUR.

Beide Varianten sehen vor, dass Sozialversicherungsleistungen bestehen bleiben, doch werden diese dem Erwerbseinkommen zugerechnet und unterliegen abhängig von der Höhe des erzielten Einkommens dem positiven oder negativen Steuersatz. Auf eine Bedürftigkeitsprüfung kann in diesem Modellansatz weitgehend verzichtet werden.

Ein Vorteil des Ansatzes von MOLITOR ist insgesamt betrachtet darin zu sehen, dass der Übergang vom negativen zum positiven Steuerbereich nahtlos stattfinden kann, weil Steuerfreibeträge und Transfergrenzen übereinstimmen. Bezüglich der Auswirkungen auf den Arbeitsmarkt lassen sich keine genauen Prognosen abgeben. Es kann jedoch erwartet werden, dass positive Anreizwirkungen von diesem Modell ausgehen, da in beiden Konzeptvarianten die Armutslücke nur partiell geschlossen wird. Angaben über die fiskalischen Kosten eines solchen Konzeptes werden hingegen nicht gemacht.

Der „Entwurf einer Neuordnung von direkten Steuern und Sozialleistungen" des KRONBERGER KREISES [ENGELS ET AL. (1986)] ist der am weitesten ausgearbeitete und meist diskutierte Vorschlag zur Einführung einer negativen Einkommensteuer in der Bundesrepublik Deutschland.

Bereits 1973 beschäftigten sich ENGELS/MITSCHKE/STARKLOFF mit der konzeptionellen Gestaltung eines einheitlichen Steuer-Transfer-Systems [ENGELS/MITSCHKE/STARKLOFF (1973)]. Im Rahmen dieser Arbeit taucht auch erstmals der Begriff „Bürgergeld" auf. In Anlehnung daran legt MITSCHKE ein detailliertes Modell zur Integration sämtlicher Steuern und Transfers in ein geschlossenes System vor [MITSCHKE (1985)]. Diesem Vorschlag hat sich der KRONBERGER KREIS weitgehend angeschlossen und im darauf folgenden Jahr seinen Entwurf unter dem Titel „Bürgersteuer" [ENGELS ET AL. (1986)] vorgelegt.

Dieser Vorschlag fordert eine grundlegende Steuerreform mittels zweier Kernelemente. Zum einen soll die herkömmliche Einkommensteuer durch eine persönliche, periodische Konsumsteuer ersetzt werden. Konkret wird diese Konsumsteuer mit einem konstanten Grenzsteuersatz von 30% erhoben. Jedem Bürger steht dabei ein Grundfreibetrag in Höhe der Transfergrenze zu. Zum anderen ist die Einführung eines Bürgergeldes in Form einer Negativsteuer vorgesehen. Demnach sollen alle steuerfinanzierten Sozialleistungen und redistributiven Leistungen der Sozialversicherungen sowie zahlreiche Objektförderungen durch einen – nach spezifischen Sozial- und Bedürftigkeitsmerkmalen differenzierten – Universaltransfer (Bürgergeld) ersetzt werden. Aus eigenem Einkommen bestrittener Konsum wird dabei mit einem konstanten Anrechnungssatz von 50% auf das Bürgergeld angerechnet. Vor dem Hintergrund, dass sämtliche Sozialtransfers durch einen einheitlichen Universaltransfer ersetzt werden sollen, wird – auf der Grundlage des Basisjahres 1982 – von einem durchschnittlichen Bürgergeld in Höhe von 3579 EUR, also ca. 30% des durchschnittlichen Nettolohns, ausgegangen. Das kritische Einkommen liegt demnach bei 7158 EUR, was ca. 60% des durchschnittlichen Nettolohns entspricht. Bedingt durch die Betragsidentität von Transfer- und Besteuerungsgrenze bei eben diesen 7158 EUR ist der nahtlose Übergang vom Transfer- in den Steuerbereich gewährleistet. Die beitragsfinanzierten Leistungen der Sozialversicherungen bleiben hingegen in diesem Ansatz erhalten, werden aber gemäß des versicherungstechnischen Äquivalenzprinzips auf ihre Kernfunktion beschränkt. Die Verwaltung soll dabei einer einzigen Behörde, nämlich den Finanzämtern, obliegen. Zudem erwähnenswert ist die Tatsache, dass das Modell des KRONBERGER KREISES mit dem Anspruch auf Haushaltsneutralität im Falle einer Einführung entwickelt wurde.

Im Gegensatz zu den Veröffentlichungen der 70er und 80er Jahre, welche noch unter dem Primat eines totalen Integrationsmodells standen, hat MITSCHKE in den 90er Jahren seinen Ansatz zu Gunsten eines dualen Integrationsmodells revidiert [MITSCHKE (1995), S. 81 ff.]. Dabei wird, insbesondere aus Gründen der politischen Konsensfähigkeit, lediglich eine tarifäre Koordination von steuerfinanzierten Sozialleistungen und bestehendem Einkommensteuersystem verfolgt. Diesem „unbequemeren, aber gegenüber der heutigen Verfahrensvielfalt immer noch vereinfachten Weg“ [MITSCHKE (1995), S. 81] zufolge werden zwar Sozialleistungen zu einem Bürgergeld zusammengefasst, die unterschiedlichen Bemessungsgrundlagen bleiben indes bestehen.

Generell ist bei der Konzeption von Negativsteuermodellen neueren Datums ein Trendwechsel zu beobachtenden: Während Modellvorschläge in den 70er und 80er Jahren vorwiegend sozialpolitische (insbesondere Armutsbekämpfung) und steuersystematische Aspekte verfolgten, stehen bei den Ansätzen der 90er Jahren vornehmlich arbeitsmarkt- und beschäftigungspolitische Gesichtspunkte im Vordergrund:

SCHARPF weist in diesem Zusammenhang darauf hin, dass es im Hinblick auf die Zieleffizienz einer negativen Einkommensteuer sinnvoller erscheint, sich auf ein

Ziel zu konzentrieren. Da er die Massenarbeitslosigkeit als das zentrale Problem ansieht, hat er den Vorschlag von Einkommensbeihilfen für niedrige Erwerbseinkommen in die Diskussion eingebracht. Bei dem Modell von SCHARPF handelt es sich jedoch streng genommen nicht um das System einer negativen Einkommensteuer, sondern eher um eine gezielte Lohnsubventionierung. Gleichwohl hat SCHARPF mit seinen Ausarbeitungen den Fokus auf die beschäftigungspolitischen Aspekte des Instruments negative Einkommensteuer gerichtet und die weitere Diskussion belebt [SCHARPF (1994), S. 111 ff.].

So ist die Beseitigung der Armutsfalle für Bezieher von Sozialhilfe das Ziel eines Negativsteuer-Vorschlags von VAUBEL (1996). Das Bürgergeld umfasst bei diesem Ansatz nur wenige Sozialleistungen, indem lediglich die Hilfe zum Lebensunterhalt im Rahmen der Sozialhilfe einschließlich der Wohnkostenerstattung einbezogen wird. Allerdings wird das – durch dieses Bürgergeld garantierte – Existenzminimum auf zweifache Weise differenziert. Für nichterwerbsfähige Personen (Alter, Krankheit etc.) gilt ein dem momentanen Sozialhilfeniveau entsprechender Transfersatz. Für erwerbsfähige Personen soll hingegen das Bürgergeld gekürzt werden. Flankiert wird diese Maßnahme durch eine verminderte Transferentzugsrate. Der Anrechnungssatz für Erwerbseinkommen auf das Bürgergeld wird von Vaubel bei etwa 60% festgesetzt. Insgesamt sollen potenziellen Bürgergeldempfängern mit dieser Maßnahme Anreize zur Arbeitsaufnahme vermittelt werden. Indessen bleibt dieses Modell Auskünfte darüber schuldig, auf welche Art und Weise ein solches Bürgergeld verwaltet werden soll und ob beziehungsweise wie eine Verbindung zum Einkommensteuerbereich besteht.

SPERMANN hat die Konzeption einer zielgruppenorientierten negativen Einkommensteuer entwickelt, welche sich vornehmlich an arbeitsfähige Langzeitarbeitslose wendet [JERGER/SPERMANN (1999); SPERMANN (2001), S. 125 ff.]. Die Ansprüche auf Sozial- und Arbeitslosenhilfe durch Transfers dieser Gruppe sollen durch eine zeitlich befristete negative Einkommensteuer, welche als eine Kombination von Einkommen und Transfers konstruiert ist, ersetzt werden. Mit Hilfe dieses Instruments erhofft sich SPERMANN, die Armutslücke zu beseitigen und Leistungsanreize zur Arbeitsaufnahme in das bestehende System einzuführen. Es muss jedoch bemerkt werden, dass dieser Ansatz die Problematik der Armutsfalle für lediglich eine bestimmte Gruppe zu lösen vermag. Die von SPERMANN vorgeschlagene negative Einkommensteuer dient demnach weder als eine allgemeine Grundsicherung noch ist eine Integration mit dem bestehenden Einkommensteuersystem vorgesehen. Konsequenterweise spricht der Autor deshalb auch von einem Einstiegsgeld und nicht von einem Bürgergeld.

In eine ähnliche Richtung geht der Vorschlag des IFO INSTITUTS (2002) zur Einführung einer „Aktivierenden Sozialhilfe" [SINN ET AL. (2002)]. Demnach werden Sozialhilfeansprüche für arbeitsfähige Erwerbspersonen deutlich abgesenkt, so dass das daraus resultierende Mindestniveau nur noch dann attraktiv ist, wenn man über anderweitige Einkommen verfügt. Flankiert wird diese Maßnahme durch die Gewährung eines Zuschusses zu niedrigen Löhnen. Die zu diesem Zwecke neu zu schaffende Lohnsteuergutschrift ließe sich auch im Sinne einer negativen Einkommensteuer interpretieren, da dieser Ansatz, zusätzlich zu den genannten Maßnahmen die Abschaffung der Arbeitslosenhilfe sowie von Arbeitsbeschaffungs- und Strukturanpassungsmaßnahmen bisherigen Typs verlangt und eine Überführung in das neu konzipierte Sozialhilfesystem vorsieht. Jedoch ist keine Integration mit dem bestehenden Einkommensteuersystem vorgesehen. Die konkrete Ausgestaltung der Lohnsteuergutschrift und der Anrechnungssatz auf zusätzliches Erwerbseinkommen hängen dabei von der jeweiligen Haushaltsgröße und der Höhe des Erwerbseinkommens ab [SINN ET AL. (2002), S. 30 ff.]. Insgesamt wird darauf geachtet, dass der Anrechnungssatz der Steuergutschrift fortwährend unter 100% liegt und – im Vergleich zum Status quo – somit ein Anreiz zur Erwerbsarbeit besteht.

In Tabelle 1 sind die hier skizzierten Modelle in ihren Grundzügen noch einmal zusammengefasst und nach entsprechenden Kriterien geordnet. Dabei wird deutlich, dass der Grundgedanke einer negativen Einkommensteuer, Steuerpflicht und Transferansprüche in einem geschlossenen System zu integrieren, auf sehr unterschiedliche Art und Weise interpretiert und in konkrete Modellvorschläge umgesetzt werden kann. Auf Grund dessen ist diese Darstellungsform hinsichtlich der Aussagekraft und des Differenzierungsgrades begrenzt. Gleichwohl lassen sich zusammenfassend einige Schlüsse ziehen:

- Die genaue Ausgestaltung einer negativen Einkommensteuer hängt maßgeblich von der jeweiligen Zielsetzung ab.
- Die dabei möglichen Ziele „Vereinfachung des Steuer- und Transfersystems“, „Verstärkung von Arbeitsanreizen“ und „Bekämpfung von Armut“ werden in den einzelnen Modellen unterschiedlich gewichtet. Dabei ist zu beobachten, dass insbesondere in den 90er Jahren eine Verschiebung zu Gunsten arbeitsmarkt- und beschäftigungspolitischer Ziele stattgefunden hat.
- Die Gewichtung der Ziele ist vor dem Hintergrund zu sehen, dass die Vorschläge zu unterschiedlichen Zeitpunkten entwickelt wurden.
- Die Modelle variieren teilweise erheblich hinsichtlich ihrer Reichweite. Das betrifft insbesondere den Integrationsumfang von Steuern und Transferleistungen und die geplanten administrativen Zuständigkeiten. Einzig das Sozialversicherungssystem bleibt in den hier vorgestellten Modellen weitgehend erhalten, allerdings werden die Sozialversicherungen in vielen Fällen auf ihre Kernfunktion beschränkt und gänzlich von Transfer- und Umverteilungsleistungen befreit.

		Molitor	Mitschke/ Kronberger Kreis	Mitschke	Vaubel	Spermann	ifo
Entstehungsjahr		1973/**1976**	**1985**/1986	1995	1996	1994/1999/**2001**	2002
Ansatzpunkt		Soziale Sicherung, Steuern	Soziale Sicherung, Steuern „Konzept aus einem Guss“	Soziale Sicherung, Arbeitsmarkt und Beschäftigung	Arbeitsmarkt und Beschäftigung Einkommenssicherung	Arbeitsmarkt und Beschäftigung „Einstiegesgeld“	Arbeitsmarkt und Beschäftigung „aktivierende Sozialhilfe“
Basisvariablen	***Mindesteinkommen/ Jahr****	a) 11,9 % b) 7,1 %	31,8 % (*Basisjahr 1982*)	31,4 % (*Basisjahr 1992*)	für erwerbsfähige Personen ca. 25,7 % (Basisjahr 1994)	-	-
	Steuersatz Transferentzug	a) 80%-60%-40%-20% b) 0%-60%-40%-20%	50%	50%	57%	50% (bis zu einer Höhe von 6.135,50 EUR)	variiert, aber unter 100%
	Kritisches Einkommen/Jahr*	a) 23,7 % b) 23,7 %	61,6 %	62,8 %	zwischen 35 % und 45 %	-	-
Integrationsumfang		Einbezug sämtlicher Transferleistungen in Negativsteuer Sozialversicherungsleistungen bleiben bestehen Nahtloser Übergang vom negativen ins positive Steuersystem	Alle steuerfinanzierten Sozialleistungen, redistributive Leistungen der Sozialversicherung, Objektförderungen Sozialversicherungen bleiben erhalten Konzept umfasst zudem eine umfangreiche Steuerreform („Konsumbesteuerung“)	Beschränkung auf tarifäre Koordination von steuerfinanzierten Sozialleistungen und bestehendem Einkommensteuersystem	Hilfe zum Lebensunterhalt im Rahmen der Sozialhilfe und Wohnungsgeld werden zu einem Bürgergeld integriert Bürgergeld wird für erwerbsfähige Personen auf physisches Existenzminimum gekürzt	Konzeption bezieht sich ausschließlich auf erwerbsfähige Langzeitarbeitslose Einstiegsgeld ersetzt Arbeitslosenhilfe und (ergänzende) Sozialhilfe	Sozialhilfeansprüche einschl. Wohngeld werden für erwerbsfähige Personen reduziert Gewährung von Lohnsteuergutschriften
Verwaltung		Entlastung/Einsparung, da Bedürftigkeitsprüfung entfällt	Entlastung/Einsparung; Integration zu einer Behörde	partielle Integration	keine Angaben	Keine Integration, aber Arbeitsämter übernehmen Auszahlung	Entlastung/Einsparung; Möglichkeit partieller Integration
Arbeitsanreizwirkungen		gegeben	gegeben	gegeben	hoher Anreiz	für Zielgruppe hoher Anreiz	hoher Anreiz
Fiskalische Auswirkungen		keine Angaben	haushaltsneutral	keine exakten Angaben	keine Angaben	abhängig vom Erfolg der Maßnahme, ansonsten Status quo	per saldo positiv

* in % des durchschnittlichen Nettolohns

Tab. 1: Modelle einer negativen Einkommensteuer im Überblick

- Nicht alle Modelle sind hinreichend spezifiziert und somit weiteren empirischen Untersuchungen zugänglich. Das betrifft sowohl die fiskalischen Kosten einer Einführung als auch die Prognose etwaiger Auswirkungen auf Arbeitsmarkt und Beschäftigung.

2.4 Kostenschätzungen zur Einführung einer negativen Einkommensteuer

Die Höhe der mit der Einführung einer negativen Einkommensteuer verbundenen Kosten differiert sehr stark nach Maßgabe der konkreten Modelle eines integrierten Steuer-Transfer-Systems. An dieser Stelle können daher keine auch nur annähernd zuverlässigen Angaben gemacht werden. Selbst für ein genau definiertes Modell dürften die finanziellen Unwägbarkeiten allerdings erheblich sein. Für unterschiedliche Modelle liegen von verschiedener Seite grobe Einschätzungen vor, von denen einige in Tabelle 2 zusammengefasst sind.

	Basisjahr	**Kosten**
DIW[1] (1996)	1996	*35 Mrd. EUR–137 Mrd. EUR*
BECKER (1995)	1988	*8,5 Mrd. EUR–32,7 Mrd. EUR*
BECKER (1998)	1993	*78 Mrd. EUR*
GERN (1999)	1996	*-18,3 Mrd. EUR–154,3 Mrd. EUR*

Tab. 2: Gesamtkosten im Überblick

Die Spannweite der jeweiligen Schätzungen ist in der Regel auch innerhalb eines Modells erheblich. Das liegt vor allem daran, dass prinzipielle Änderungen von Anreizstrukturen und mögliche Mitnahmeeffekte innerhalb von Modellen nur schwer zu prognostizieren sind. Einige tendenzielle Aussagen zu den fiskalischen Auswirkungen der Einführung einer negativen Einkommensteuer lassen sich aber auch unabhängig von der Zuverlässigkeit solcher Schätzungen treffen:

- Die fiskalischen Kosten hängen maßgeblich davon ab, wie eine negative Einkommensteuer im Einzelnen konzipiert ist.
- Die Kosten lassen sich insgesamt geringer halten, wenn die Einführung einer negativen Einkommensteuer in einem System mit Bedürftigkeitsprüfung stattfindet.
- Die Höhe eines Bürgergeldes und dessen fiskalische Kosten sind davon abhängig, wie der zur Existenzsicherung notwendige Mindestbetrag definiert ist

[1] Vgl. MEINHARDT ET AL. (1996).

(Existenzminimum auf Höhe der gegenwärtigen Sozialhilfe oder physisches Existenzminimum).

- Konzepte, die primär sozialpolitische Ziele und somit das Leitbild eines ausgeprägten Sozialstaats verfolgen, sind erwartungsgemäß wesentlich teurer als Konzepte, welche vornehmlich von dem Leitbild der „Leistungsgesellschaft" geprägt sind.

Insgesamt betrachtet muss bei der Einführung einer negativen Einkommensteuer mit – teilweise erheblichen – Kosten gerechnet werden. Diese Kosten können sich verringern, wenn durch eine negative Einkommensteuer nachhaltige positive Beschäftigungseffekte ausgelöst werden. In welchem Umfang Kosten entstehen, hängt sehr stark von der jeweiligen Konzeption ab, so dass sich keine allgemein gültigen Aussagen darüber treffen lassen, welche Version im Hinblick auf die Kosten realisierbarer wäre und welche nicht.

3. Auswirkungen einer negativen Einkommensteuer auf die finanziellen, administrativen und gesetzgeberischen Zuständigkeiten

Die möglichen administrativen und fiskalischen Auswirkungen einer negativen Einkommensteuer auf das Verhältnis von Bund, Ländern und Gemeinden ist ein weiterer wichtiger Themenkomplex. Gleichwohl ist bereits an dieser Stelle zu erwähnen, dass sich hierzu keine genauen Prognosen abgeben lassen. Diese Tatsache beruht im Wesentlichen auf zwei Faktoren:

- Zum einen hängt es – auch in diesem Fall – stark davon ab, wie das jeweilige Modell einer negativen Einkommensteuer konzeptionell ausgestaltet ist, um mögliche Auswirkungen auf die Zuständigkeit und die Verteilung der finanziellen Lasten zwischen den Ebenen des föderalen Systems der Bundesrepublik Deutschland analysieren zu können.

- Zum anderen ist mit diesem Themenkomplex auch der rechtliche, insbesondere der verfassungsrechtliche Bereich angesprochen.

Um dennoch einige Trends aufzeigen zu können, muss in einem ersten Schritt zunächst eine Einigung darüber erzielt werden, welche bislang gewährten Sozialtransfers für eine Integration zu einer negativen Einkommensteuer grundsätzlich in Frage kommen. Sodann kann analysiert werden, welche Gebietskörperschaft momentan die jeweilige Gesetzgebungs-, Ertrags- und Verwaltungskompetenz besitzt und welche Änderungen sich infolge der Integration bestimmter Transfers in das Einkommensteuersystem ergeben würden. Darüber hinaus ist in diesem Zusammenhang vor allem die Frage zu diskutieren, ob die Administration bei den bisherigen Trägern verbleiben soll oder aber die Notwendigkeit besteht, eine neue Behörde zu bilden.

Die Integration mehrerer Sozialtransfers zu einer negativen Einkommensteuer hat vor allem zum Ziel, die mit der Vielzahl unkoordinierter Einzelmaßnahmen einhergehenden Inkonsistenzen, Ineffizienzen und Intransparenzen des momentanen Steuer-Transfer-Systems zu beheben. Betrachtet man diesbezüglich die vorliegenden Modellvorschläge zur Einführung einer negativen Einkommensteuer, gibt es im Großen und Ganzen einen Konsens darüber, dass insbesondere diejenigen direkten monetären Transfermaßnahmen integriert werden sollten, welche zum gegenwärtigen Zeitpunkt als eigenständige, (rein) distributive Transferleistungen bestehen. Distributive Elemente der Sozialversicherung können hingegen nur dann einbezogen werden, wenn diese von den rein intertemporalen Versicherungstransfers, welche aus einem durch Beitragszahlungen erworbenen Anspruch resultieren, getrennt werden [KAUSEMANN (1983), S. 378]. Demgemäß wird in den vorliegenden Plänen zur Einführung einer negativen Einkommensteuer auch keine Beseitigung der Sozialversicherungsleistungen oder sonstiger sozialer Dienstleistungsprogramme an speziell Bedürftige angestrebt. Zudem sind bei der Beurteilung einzelner Sozialtransfers hinsichtlich ihrer Zweckmäßigkeit für eine Integration zu einer negativen Einkommensteuer weitere Faktoren zu berücksichtigen:

- Die mit der bisherigen Vielzahl von Einzahlmaßnahmen gewährleistete Vielfalt unterschiedlicher Zielvorstellungen wäre nicht mehr ohne weiteres garantiert;
- pauschalisierende und verallgemeinernde Regelungen, die mit einer negativen Einkommensteuer zwangläufig einhergehen, wirken sich zu Ungunsten der Gestaltungsmöglichkeiten einzelfallbezogener Maßnahmen aus;
- es ist mit – teilweise unerwünschten – Verteilungseffekten zu rechnen;
- es muss eine Lösung der Finanzierungsfragen gefunden werden [BUNDESMINISTERIUM FÜR FINANZEN (1996), S. 17].

Werden diese Problempunkte berücksichtigt, so könnte eine – zunächst einmal „kleine" – Variante einer negativen Einkommensteuer folgende Sozialleistungen umfassen:

- Hilfe zum Lebensunterhalt (HLU) im Rahmen der Sozialhilfe;
- Arbeitslosenhilfe;
- Kindergeld;
- Wohngeld;
- BAföG.

		Gesetzliche Grundlage	Gesetzgebungs-kompetenz	Verwaltungskompetenz	Finanzierung/ Ertragskompetenz	Anzahl der Betroffnen**	Finanzielles Volumen**
Sozialhilfe* (Hilfe zum Lebensunterhalt)		BSHG	Bundesministerium für Gesundheit und soziale Sicherung	Gemeinden	Örtliche Träger: in der Regel kreisfreie Städte und Landkreise	2,7 Mio. (nur HLU)	8,3 Mrd. EUR (nur HLU)
Arbeitslosenhilfe*		AFG	Bundesministerium für Wirtschaft und Arbeit	Bund	Bund	1,4 Mio.	13,1 Mrd. EUR
Kindergeld	***Kindergeld***	§§ 62–78 EStG/ Bundeskindergeldgesetz	Bundesministerium für Finanzen (Kindergeld nach EStG 1996)	Finanzkassen der Bundesagentur für Arbeit	Bund 42,5 % Länder 42,5 % Gemeinden 15 %	k. A.	31,6 Mrd. EUR (Familienlastenausgleich)
	Kinderfreibetrag	§ 32, 6 EStG		Finanzverwaltung der Länder	Bund 42,5 % Länder 42,5 % Gemeinden 15 %		
	BEA-Freibetrag	§ 32, 6 EStG		Finanzverwaltung der Länder	Bund 42,5 % Länder 42,5 % Gemeinden 15 %		
Wohngeld		WoGG	Bundesministerium für Verkehr, Bau- und Wohnungswesen	Länder [Ausnahme: Darlehen (Bund)]	Bund 50 % Länder 50 %	2,8 Mio.	3,5 Mrd. EUR
BAföG		BAföG	Bundesministerium für Bildung und Forschung	Länder	Bund 65 % Länder 35 %	560000	2,4 Mrd. EUR
Einkommensteuer		EStG	Bundesministerium für Finanzen	Finanzverwaltung der Länder	Bund 42,5% Länder 42,5% Gemeinden 15%	27,6 Mio. (1995)	180,6 Mrd. EUR

*** seit dem 1. Januar 2005 Zusammenlegung von Sozialhilfe und Arbeitslosenhilfe zu Arbeitslosengeld II**
**** Angaben für das Jahr 2000**

Tab. 3: Ausgewählte Sozialtransfers und Einkommensteuer im Überblick

Das Erziehungsgeld, diverse bedürftigkeits- und personenbezogene Objektsubventionen (sozialer Wohnungsbau, Landwirtschaft, ÖPNV, Jugendhilfe etc.), vermögensbildende Förderungsmaßnahmen sowie sonstige Steuervergünstigungen werden, auch im Hinblick auf die in der Literatur vorgeschlagenen Modelle, im Weiteren nicht berücksichtigt, wenngleich sie grundsätzlich für eine Integration in Frage kämen. Darüber hinaus erscheint es sinnvoll, die (positive) Einkommensteuer in die Analyse mit einzubeziehen, denn schließlich soll eine negative Einkommensteuer mit der positiven Einkommensteuer zu einem einheitlichen Steuer-Transfer-System integriert werden.

Werden diese Leistungen zu einer negativen Einkommensteuer integriert, so würden bei Bund, Ländern und Gemeinden erhebliche Verschiebungen sowohl in der finanziellen Belastung als auch bei den Verwaltungszuständigkeiten eintreten. Bei der Gesamtbetrachtung der betroffenen Transfers (Tabelle 3) wird deutlich, dass die finanzielle und administrative Verantwortung jeweils bei unterschiedlichen Körperschaften liegt. Darüber hinaus ist die Vielfalt der mit der jeweiligen Administration betrauten Behörden und anderen Stellen noch größer für den Fall, dass Länder und Kommunen die konkret zuständigen Behörden selbst bestimmen und festlegen können [KALTENBORN (2003), S. 65 ff.]. Auf die Vielzahl der einzelnen institutionellen Regelungen (Bemessungsgrundlagen, einbezogener Personenkreis, relevanten Zeitraum etc.) wird an dieser Stelle noch nicht einmal eingegangen.

Steuer	**Gesetzgebungskompetenz**	**Ertragskompetenz**	**Verwaltungskompetenz**	**Mrd. €**
Einkommensteuer				**180,6**
Lohnsteuer	Bund	Bund/Länder mit Gemeindeanteil	Länder im Auftrag des Bundes	(135,7)
Kapitalertragsteuer	Bund	Bund/Länder	Länder im Auftrag des Bundes	(13,5)
veranlagte Einkommensteuer	Bund	Bund/Länder mit Gemeindeanteil	Länder im Auftrag des Bundes	(12,2)
Solidaritätszuschlag	Bund	Bund	Länder	(11,8)
Zinsabschlagsteuer	Bund	Bund/Länder	Länder im Auftrag des Bundes	(7,3)

Quelle: SVR JAHRESGUTACHTEN 2003/04, Tab. 38.

Tab. 4: Verteilung der Einnahmen aus der Einkommensteuer im Jahr 2000

Die durch eine negative Einkommensteuer zu ersetzenden steuerfinanzierten Sozialtransfers würden nicht mehr nach den gegenwärtigen Finanzierungsregelungen aufgebracht werden können. Vielmehr würden sich die finanziellen Kosten nach einer Integration in das bestehende Steuersystem gemäß dem geltenden Einkommensteuerschlüssel auf Bund, Länder und Gemeinden verteilen. Dadurch bedingt würden sich jedoch für die einzelnen föderalen Ebenen erhebliche Verschiebungen in der Finanzbelastung ergeben, welche darüber hinaus ausgeglichen werden müssten. Betroffen sind in diesem Zusammenhang die Finanzbeziehungen zwischen Bund und Ländern beziehungsweise zwischen Ländern und Gemeinden.

Letztlich sind hiermit Bereiche des Finanzausgleichsystems angesprochen, auf welche an dieser Stelle nicht ausführlich eingegangen werden kann. Gleichwohl sind die gegenwärtigen Regelungen in Tabelle 4 am Beispiel der Einkommensteuer für das Jahr 2000 exemplarisch dargestellt.

Aus den Tabellen 3 und 4 wird ebenfalls deutlich, dass im Falle einer Integration mehrerer Sozialtransfers in das Steuersystem eine Verschiebung von Verwaltungszuständigkeiten auftreten würde. Mit der Einführung einer negativen Einkommensteuer ginge nämlich die Verwaltung insgesamt gemäß Art. 108,2 GG auf die für die Einkommensteuer zuständigen Landesfinanzverwaltungen über. Das wiederum bedeutet, dass Sozialtransfers, welche bislang unter die administrativen Zuständigkeiten von Bundes- und Kommunalbehörden fielen, nunmehr auf die Landesbehörden übergehen würden. Das trifft insbesondere auf die Arbeitslosenhilfe vollständig und auf das Kindergeld und das BAföG teilweise zu. Insgesamt stellt sich bei dieser Form der Aufgabenverteilung die Frage, ob die Festsetzung, Auszahlung beziehungsweise Erhebung von negativer und positiver Einkommensteuer durch eine Organisation, also durch ein zu einem so genannten „Steuertransferamt" [BUNDESMINISTERIUM FÜR FINANZEN (1996), S. 80 ff.] gewandelten Finanzamt, abgewickelt werden soll oder eine Aufteilung der spezifischen Aufgaben zwischen bestehenden Sozial- und Finanzämtern erfolgen soll. Die Notwendigkeit der Bildung einer zentralen Verwaltung, welche die mit der Integration von Einkommensteuer und Sozialleistungen verbundene Konzentration der Aufgabenwahrnehmung zu bewältigen vermag, hängt dabei letztendlich vom jeweiligen Umfang der Integration ab [KAUSEMANN (1983), S. 361 f.]. Wird nur eine Teilintegration angestrebt, so kann die Administration bereits bestehenden Trägern zugeordnet werden. Bei einem größeren Integrationsumfang ist hingegen die Einrichtung einer eigenständigen Behörde eine nahe liegende und sinnvolle Konsequenz.

Zudem ist mit Verschiebungen bei der Politikvorbereitung im Sinne der Erarbeitung von Gesetzesentwürfen im Gesetzgebungsverfahren zu rechnen. Die Verteilung dieser Zuständigkeiten für die Politikfelder der hier analysierten Sozialtransfers auf verschiedene Bundesministerien, welche in Tabelle 3 unter der Rubrik Gesetzgebungskompetenz aufgeführt sind, würde sich im Zuge der Einführung einer negativen Einkommensteuer zu einem Großteil auf das Bundesministerium für Finanzen verlagern.

Insgesamt betrachtet sind die Auswirkungen der Einführung einer negativen Einkommensteuer auf die finanziellen und administrativen Zuständigkeiten zwischen Bund, Ländern und Gemeinden nur schwer abzuschätzen. Gleichwohl lässt sich sagen, dass es zu einer erheblichen Aufgabenverschiebung innerhalb des föderalen Systems kommen würde, welche sich

- auf den Finanzausgleich,
- auf die Verteilung politischer und administrativer Zuständigkeiten und
- auf die Gewichtung im politischen Entscheidungsprozess

erstrecken würde. Die politische Diskussion um die administrative und vor allem finanzielle Zuständigkeit der Zusammenlegung von Arbeitslosen- und Sozialhilfe mag in diesem Zusammenhang einen Vorgeschmack davon vermitteln, mit welchen Auswirkungen im Falle einer – sowohl qualitativ als auch quantitativ noch umfangreicheren – Einführung der negativen Einkommensteuer zu rechnen wäre.

Für die Realisierung derartig erforderlicher Reformschritte bedeutet indessen die praktische Ausgestaltung des Föderalismus in der Bundesrepublik Deutschland, insbesondere die Entscheidungsmechanismen bei Gesetzesvorhaben, ein großes Hindernis. Nach den gegenwärtig geltenden Regelungen würde die Einführung einer negativen Einkommensteuer und darüber hinaus deren Integration in das (Einkommen-)Steuersystem dazu führen, dass jedwede Modifikationen von Steuersätzen und Bemessungsgrundlagen nur mittels der Zustimmung von Bundestag und Bundesrat möglich wäre, eben weil es sich nunmehr um den Bereich der Gemeinschaftssteuern handeln würde. Die damit einhergehenden Kompetenz- und Entscheidungsverflechtungen könnten überdies zu dem Problem führen, dass eine Ebene über Ausgaben und Aufgaben entscheiden kann, welche eine unbeteiligte andere Ebene letztlich zu tragen hat. Die Steuergesetzgebung betreffend haben in diesem Zusammenhang insbesondere die Länder eine schlechte Ausgangsposition, da diese lediglich über die konkurrierende Gesetzgebung gemäß Art. 72 GG die Möglichkeit haben, im Bundesrat an der Steuergesetzgebung mitzuwirken. Ansonsten verfügen die Länder über keine eigenen Gesetzgebungskompetenzen in diesem Bereich. Aus diesem Grund sind die wesentlichen Änderungen, welche der Gesetzgeber zur Realisierung der Einführung eines integrierten Steuer-Transfer-Systems zu treffen hätte, im Rahmen der gegenwärtigen Rechtslage mit Sicherheit nicht schwerpunktmäßig bei den landesgesetzgeberischen Maßnahmen zu sehen. Gleichwohl wären die Länder bei der Einführung einer negativen Einkommensteuer, insbesondere im Hinblick auf die administrative Zuständigkeit (das trifft speziell auf die Finanzverwaltungen der Länder zu), in einem nicht unerheblichen Ausmaß betroffen. Diesbezüglich ist die Forderung nach einer begrenzten Steuerautonomie für die Bundesländer, wie sie auch der Sachverständigenrat zur Begutachtung der gesamtwirtschaftlichen Entwicklung in seinem Gutachten von 2003 empfohlen hat, zu erwähnen [SVR (2003), S. 305]. Mit anderen Worten kann gesagt werden, dass eine Reform des Föderalismus zu Gunsten klarerer Strukturen bei politischen Entscheidungsprozessen sowie finanziellen und fiskalischen Zuständigkeiten die Einführung einer negativen Einkommensteuer erleichtern würde. Änderungen der bestehenden Strukturen und Zuständigkeiten sind erfahrungsgemäß meist mit umfangreichen und langwierigen Verhandlungen zwischen den betroffenen Institutionen verbunden. Auch die Finanzbeziehungen zwischen Bund, Ländern und Gemeinden bilden da keine Ausnahme.

4. Zusammenfassende Bewertung

Zusammenfassend bleibt festzuhalten, dass der anfängliche Glanz des Modells einer negativen Einkommensteuer, welcher auf den ersten Blick sofort in den Vordergrund rückt, bei einer näheren Betrachtung, insbesondere hinsichtlich der Umsetzungsmöglichkeiten und der Praktikabilität, schnell verblassen kann. Die negative Einkommensteuer ist kein Patentrezept für all diejenigen sozial- und wirtschaftspolitischen Probleme, die das gegenwärtige Steuer- und Transfersystem mit sich bringt. Gleichwohl scheint eine politische Umsetzung von Reformvorhaben, welche sich an der hier vorgestellten Grundkonzeption der negativen Einkommensteuer orientieren, nicht grundsätzlich unmöglich. Dazu müsste aber zunächst einmal Klarheit darüber gefunden werden, für welches Modell einer negativen Einkommensteuer man sich entscheidet und welche Steuern und Transfers folglich einbezogen werden sollen. Auch bezüglich der fiskalischen Auswirkungen lässt sich eine seriöse Abschätzung der Kosten nur vor dem Hintergrund eines hinreichend genau spezifizierten Modells entwickeln. Auch die rechtlichen und administrativen Konsequenzen wären zu prüfen. Erst nach einem solchen mehrstufigen Verfahren können hinsichtlich einer politischen Handlungsempfehlung Aussagen darüber getroffen werden, ob die Chancen oder die Risiken einer negativen Einkommensteuer überwiegen.

Mit dieser Feststellung ist freilich noch nichts darüber ausgesagt, inwiefern die umfangreichen Reformen auf allen Ebenen, die mit der Einführung eines integrierten Steuer-Transfer-Systems verbunden wären, in Deutschland überhaupt denkbar sind. Technisch und rechtlich wären sie es zwar grundsätzlich. Führt man sich indes das kürzliche Scheitern der vergleichsweise oberflächlichen Reformansätze der so genannten Föderalismuskommission vor Augen, so besteht zu Optimismus kein Anlass. Im Gegenteil: Es sieht so aus, als dass Reformen, die nur in einem größeren Paket sinnvoll zusammenwirken können, nahezu unmöglich sind. Von daher ist es vor dem Hintergrund der derzeitigen polit-ökonomischen Konstellation auf absehbare Zeit womöglich angezeigt, in kleineren Schritten reformpolitisch voran zu kommen. Weil es sich bei der Integration des Steuer- und Transfersystems aber um eine Reform handelt, die ihre erwünschten Wirkungen nur im Zusammenhang mit umfassenden Änderungen auf allen föderalen Ebenen entfalten kann, und weil eine solche Reform mit nicht unerheblichen fiskalischen Risiken für alle Gebietskörperschaften verbunden ist, müssen die Chancen für ihre Verwirklichung auf absehbare Zeit als gering eingeschätzt werden.

Literatur

Almsick, J. van (1981), Die negative Einkommensteuer – Finanztheoretische Struktur, Arbeitsangebotswirkungen u. sozialpolitische Konzeption, Berlin.

Becker, I. (1995), Das Bürgergeld als alternatives Grundsicherungssystem – Darstellung und kritische Würdigung einiger empirischer Kostenschätzungen, in: Finanzarchiv, N.F., 52. Jg., H. 3, S. 306-338.

Becker, I. (1998), Vergleich und Bewertung alternativer Grundsicherungskonzepte, in: WSI-Mitteilungen, 51. Jg., H. 11, S. 747-757.

Beveridge, W. (1943), Der Beveridgeplan – Sozialversicherung und verwandte Leistungen, Zürich.

Bundesministerium für Finanzen (Hrsg.) (1996), Probleme einer Integration von Einkommensbesteuerung und steuerfinanzierten Sozialleistungen – Gutachten der Expertenkommission „Alternative Steuer-Transfer-Systeme", Schriftenreihe 59, Bonn.

Bundesministerium für Wirtschaft und Arbeit (Hrsg.) (2004), Erste Basisinformation zur Grundsicherung für Arbeitsuchende, Berlin.

Engels, W., Joachim, M., Starkloff, B. (1973), Staatsbürgersteuer, Wiesbaden.

Engels, W., Gutowski, A., Hamm, W. et al. (Kronberger Kreis) (1986), Bürgersteuer – Entwurf einer Neuordnung von direkten Steuern und Sozialleistungen, Bad Homburg.

Frankfurter Institut für wirtschaftspolitische Forschung (Hrsg.) (1986), Bürgersteuer – Entwurf einer Neuordnung von direkten Steuern und Sozialleistungen, Bad Homburg.

Friedman, M. (1962), Capitalism and Freedom, Chicago.

Gern, K.-J. (1999), Auswirkungen verschiedener Varianten einer negativen Einkommensteuer in Deutschland – Eine Simulationsstudie, Tübingen.

Hagen, Z., Spermann, A. (2004), Hartz-Gesetze – Methodische Ansätze zu einer Evaluierung, Baden-Baden.

Hüther, M. (1990), Integrierte Steuer-Transfer-Systeme für die Bundesrepublik Deutschland – Normative Konzeption und empirische Analyse, Berlin.

Jerger, J., Spermann, A. (1999), Ist ein Wohlfahrtsstaat ohne Armutsfalle möglich?, in: WiSt, 28. Jg., H. 7, S. 349-355.

Kaltenborn, B. (2003), Abgaben und Sozialtransfers in Deutschland, München u. a.

Kausemann, E.-P. (1983), Möglichkeiten einer Integration von Steuer- und Transfersystem, Frankfurt a. M.

Krause-Junk, G. (1997), Bürgergeld, in: Jahrbücher für Nationalökonomie und Statistik, Stuttgart, S. 550-560.

Lampman, R. J. (1965), Approaches to the Reduction of Poverty, in: American Economic Review, Papers and Proceedings, Vol. 55, pp. 521-529.

Meinhardt, V., Svindland, D., Teichmann, D., Wagner, G. G. (1996), Auswirkungen der Einführung eines Bürgergeldes – Neue Berechnungen des DIW, in: DIW-Wochenbericht, 63. Jg., H. 32, S. 533-543.

Metze, I. (1982), Negative Einkommensteuer, in: Albers, W. et al. (Hrsg.), Handwörterbuch d. Wirtschaftswissenschaften, Bd. 9, Stuttgart u.a., S. 788-799.

Mitschke, J. (1985), Steuer- und Transferordnung aus einem Guss – Entwurf einer Neugestaltung der direkten Steuern und Sozialtransfers in der Bundesrepublik Deutschland, Baden-Baden.

Mitschke, J. (1995), Steuer- und Sozialpolitik für mehr reguläre Beschäftigung, in: Wirtschaftsdienst, 75. Jg., H. 2, S. 75-84.

Molitor, B. (1973), Negative Einkommensteuer als sozialpolitisches Instrument, in: Jahrbuch für Sozialwissenschaft, 24. Jg., S. 38-54.

Molitor, B. (1976), Sozialpolitik auf dem Prüfstand, Hamburg.

Neumark, F. (1970), Grundsätze gerechter und ökonomisch rationaler Steuerpolitik, Tübingen.

Rhys-Williams, J. E. (1943), Something to look forward to, London.

Rhys-Williams, J. E. (1953), Taxation and Incentives, London.

Rose, M. (1991), Konsumorientierte Neuordnung des Steuersystems, Berlin.

Sachverständigenrat zur Begutachtung der gesamtwirtschaftlichen Entwicklung (SVR) (2003), Staatsfinanzen konsolidieren – Steuersystem reformieren, Jahresgutachten 2003/04, Berlin.

Scharpf, F. W. (1994), Für eine Subventionierung niedriger Erwerbseinkommen, in: Wirtschaftsdienst, 74. Jg., H. 3, S. 111-114.

Schneider, H., Lang, C., Rosenfeld, M., Kempe, W., Kolb, J. (2002), Anreizwirkungen der Sozialhilfe auf das Arbeitsangebot im Niedriglohnbereich, Baden-Baden.

Sesselmeier, W., Klopfleisch, R., Setzer, M (1996), Mehr Beschäftigung durch eine Negative Einkommensteuer, Frankfurt a. M.

Sinn, H.-W., Holzner, C., Meister, W., Ochel, W., Werding, M. (2002), Aktivierende Sozialhilfe – Ein Weg zu mehr Beschäftigung und Wachstum, in: ifo Schnelldienst, 55. Jg., H. 9 (Sonderausgabe).

Spermann, A. (1994), Das Bürgergeld – ein sozial- und beschäftigungspolitisches Wundermittel?, in: Sozialer Fortschritt, 43. Jg., H. 5, S. 105-111.

Spermann, A. (2001), Negative Einkommensteuer, Lohnsubventionen und Langzeitarbeitslosigkeit, Frankfurt a. M. u. a.

Tobin, J., Pechman, J. A., Mieszkowski, P. M. (1967), Is a negative income tax practical?, in: The Yale Law Journal, Vol. 77, No. 1, pp. 1-27.

Vaubel, R. (1996), Aktuelle Möglichkeiten der Einkommenssicherung über eine negative Einkommensteuer, in: Siebert, H. (Hrsg.), Sozialpolitik auf dem Prüfstand – Leitlinien für Reformen, Tübingen, S. 169-195.

Europäischer Emissionshandel

Gerd–Jan Krol

Zusammenfassung: Mit Beginn des Jahres 2005 wird mit dem Europäischen Emissionshandel ein Instrument in die europäische Umweltpolitik eingeführt, welches in der umweltökonomischen Diskussion als Königsweg einer ökologisch wirksamen und ökonomisch effizienten Umweltpolitik präferiert wird. Besonderheiten im Klimaschutz und die Bearbeitung in einem politischen Prozess, der auf europäischer, nationaler und sektoraler Ebene unterschiedliche Bedingungen in Rechnung zu stellen hat, lassen die Frage nach seiner Bewährung in der Praxis aufkommen. Auch wenn hierzu kein abschließendes Urteil erfolgen kann, sind mit der konkreten Umsetzung eine Reihe von Wirkungsbrüchen hinsichtlich ökologischer Wirksamkeit und ökonomischer Effizienz verbunden. Hier wird auf das Verfahren der Zuteilung von Emissionsberechtigungen, Unsicherheiten über Schadens- und Vermeidungskosten, das Teilmengenproblem, das Problem von Emissionsverlagerungen (leakages) und die Problematik der Vereinbarkeit mit bestehenden umweltpolitischen Regulierungen eingegangen.

Schlüsselwörter: Allokationsplan, Burden-Sharing, Effektivität ökologische, Effizienz, Emissionshandel, Emissionshandelsgesetz, Emissionshandelsrichtlinie, Klimaschutz, Kompatibilitätsprobleme, Leakage – Probleme, Ökosteuern, Ordnungsrecht, Selbstverpflichtungen, Treibhausgase, Teilmengenproblem

1. Einleitung

Über lange Zeit hinweg sind Märkte für Umweltnutzungs- bzw. Verschmutzungsrechte (Lizenz– bzw. Zertifikatlösung) in der praktischen Umweltpolitik vernachlässigt worden. Während sie in der öffentlichen Diskussion zunächst in Analogie zum mittelalterlichen Ablasshandel [vgl. hierzu GOODIN (1994), S. 573 ff.] diskreditiert wurden, hat die umweltökonomische Diskussion ihre besondere Leistungsfähigkeit herausgestellt. Zertifikatlösungen gelten unter dem Aspekt der Erreichung vorgegebener ökologischer Ziele als treffsicher, unter dem Aspekt der gesamtwirtschaftlichen Kosten der Zielerreichung als ökonomisch effizient und wie kein anderes umweltpolitisches Instrument geeignet, Anreize zur Hervorbringung neuen umweltrelevanten Wissens und zur Durchsetzung umwelttechnischen Fortschritts freizusetzen. Zertifikatlösungen vereinigen konzeptionell die Vorteile der Instrumente Umweltauflagen und -abgaben, ohne gleichzeitig deren jeweilige Nachteile zu übernehmen. Dennoch sind Zertifikatmodelle von der Umweltpolitik über lange Zeit hinweg nicht aufgegriffen worden. Die „Neue Politische Ökonomie" und die „Neue Institutionenökonomik" bieten hierfür tragfähige Erklärungsansätze [WECK-HANNEMANN (1994), S. 101 ff.; MICHAELOWA (1998), S. 453 ff.; BONUS/HÄDER (1998), S. ff.].

Mit dem Inkrafttreten des Kyoto-Protokolls und mit dem EU-Emissionshandelssystem (EHS) wird nun das Instrument handelbarer Emissionsrechte in die internationale Klimapolitik eingeführt. Kommt damit eine ökologisch wirksamere und ökonomisch effizientere Umweltpolitik zum Durchbruch? Die Kommission der Europäischen Gemeinschaften schätzt den Kostenvorteil eines EU-weiten Emissionshandels im Vergleich zur Auflagenpolitik in einer ersten Annäherung auf immerhin 2,4 Mrd. Euro p.a. Für Deutschland wird der Kostenvorteil des Emissionshandels im Vergleich zu anderen Instrumenten mit 250 bis 550 Mio. Euro angegeben [SCHAFHAUSEN (2004), S. 66].

Im Folgenden soll unter besonderer Berücksichtigung der politischen Umsetzung des EU-Emissionshandels eine Antwort auf die Frage versucht werden, wie die mit der praktischen Umsetzung eines theoretischen Konzeptes immer einhergehenden Wirkungsbrüche einzuschätzen und in Bezug auf ökologische und ökonomische Kriterien zu bewerten sind.

2. Das Europäische Emissionshandelssystem

Im Jahre 1997 hat sich die EU im Rahmen des Kyoto-Protokolls verpflichtet, bis 2012 die erfassten Treibhausgasemissionen[1] im Durchschnitt der Jahre 2008 – 2012 um 8 Prozent gegenüber 1990 zu reduzieren. Im Jahre 1998 wurde unter Aufrechterhaltung des Reduktionsziels von 8 Prozent für die EU insgesamt eine davon stark abweichende Lastenverteilung zwischen den Mitgliedsstaaten der EU vereinbart. Nach diesem Lastenverteilungsabkommen vom Juni 1998 erhielten einige Länder bis 2012 z.T. erhebliche Emissionszuwächse zugestanden, während anderen entsprechend stärkere Reduktionsverpflichtungen auferlegt wurden. Beispielsweise erhielt Portugal für die Periode 1990 bis 2012 einen Zuwachs von 27 Prozent, während Dänemark und Deutschland eine Reduktion von 21 Prozent zu erfüllen haben (vgl. Abb.1).

Der europäische Emissionshandel bezieht sich auf CO_2-emittierende Anlagen der Industrie und Energiewirtschaft. Erfasst werden Anlagen der Energieerzeugung, Raffinerien, Kokereien, Stahl-, Zement-, Glas-, Keramik-, Zellstoff- und Papierindustrie, wobei für die erfassten Anlagen Mindestgrößen gelten [ART. 1 i. V. m.

---

1 Die Treibhausgase beziehen sich dort auf CO_2, CH_4, N_2O, HFKW, FKW und SF_6. Ihr GWP (Global Warming Potential) lässt sich wie folgt in CO_2-Äquivalenten angeben: CH_4 entspricht 21, N_2O 310, CHF_3 11300, CF_4 6500 und SF_6 23900 CO_2-Äquivalenten.

Anhang I][1]. Prozessanlagen der chemischen Industrie sind zunächst nicht einbezogen. Auch bleiben der Haushalts- und Verkehrssektor außen vor. Die unter den Geltungsbereich fallenden Anlagen müssen eine Genehmigung (permit) beantragen und bekommen über nationale Allokationspläne für jedes Kalenderjahr Emissionsberechtigungen (allowances) zugeteilt, die sie dann nach Maßgabe der tatsächlichen Emissionen eines Jahres bei den zuständigen nationalen Überwachungsbehörden abgeben. Dabei wird die Emissionsmenge direkt gemessen oder berechnet. Die Mitgliedstaaten können weitere Anlagen in den Handel einbeziehen („Opt-in"). Das Herausnehmen von Anlagen aus dem Emissionshandel („Opt-out") ist nur in der Einführungsphase 2005 bis Ende 2007 möglich. Dann allerdings müssen diese Anlagen mittels anderer umweltpolitischer Instrumente mit vergleichbarer ökologischer Wirkung reguliert werden [ART. 27 (2) Richtlinie].

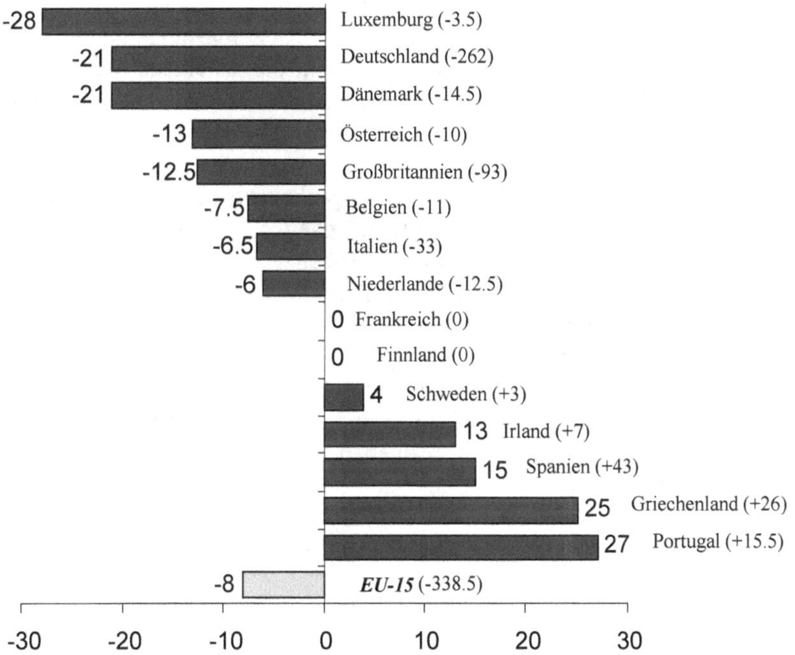

Quelle: Eigene Darstellung nach Pressemitteilung der EU vom 4.3.2002.

Abb. 1: Burden-Sharing der EU-15 nach Kyoto in Prozent, Basisjahr 1990, Zielzeitraum 2008/12 (in Klammern: Veränderung der Emissionen in Mio. Tonnen CO_2-Äquivalente)

1 Richtlinie 2003/87/EG des Parlaments und des Rates vom 31. Oktober 2003 über ein System für den Handel mit Treibhausgasemissionszertifikaten in der Gemeinschaft und zur Änderung der Richtlinie 96/61/EG des Rates. Amtsblatt der Europäischen Union vom 25.10. 2003. Im Text genannte Artikel beziehen sich auf diese Quelle.

Das EHS sieht nach einer ersten dreijährigen Periode 2005 – 2007 fünfjährige Perioden beginnend mit der Verpflichtungsperiode des Kyoto-Protokolls 2008 – 2012 vor. Die Zertifikate gelten jeweils für eine dieser Perioden [ART. 11], können zwischen den Perioden nicht übertragen werden und werden jährlich zugeteilt und abgerechnet [ART. 12], dies allerdings zu unterschiedlichen Zeitpunkten. Die Anlagebetreiber erhalten von den Mitgliedstaaten bis Ende Februar eines jeden Jahres einen Teil der für die jeweilige Handelsperiode vorgesehenen Zertifikate (jeweils ein Drittel für jedes Jahr der ersten Periode, jeweils ein Fünftel für jedes Jahr der zweiten Periode), die sie dann spätestens bis Ende April eines jeden Jahres nach Maßgabe ihrer Vorjahresemissionen bei den Behörden abgeben müssen [ART. 12, III].

Die Entscheidung über die Gesamtmenge an Zertifikaten und über die Zuteilung für die einzubeziehenden Anlagen wird nun den Mitgliedstaaten überlassen [ART. 11], wobei diese allerdings die im Anhang III der Richtlinie aufgeführten Kriterien zu beachten haben. Dazu gehören unter anderem die jeweiligen nationalen Verpflichtungen nach dem Kyoto-Protokoll, die Vereinbarkeit mit den Emissionsminderungspotenzialen der Anlagen, Vermeidung von Wettbewerbsverzerrungen und Berücksichtigung der internationalen Wettbewerbssituation, aber auch die Möglichkeit der Berücksichtigung in der Vergangenheit vorgenommener Emissionsminderungen („early actions"). Bis Ende der zweiten Periode 2012 ist grundsätzlich eine kostenlose Zuteilung der Emissionslizenzen an die Anlagebetreiber vorgesehen („grandfathering"). In der ersten Periode 2005 bis 2007 werden wenigstens 95 Prozent der benötigten Emissionsrechte, in der zweiten Periode 2008 bis 2012 wenigstens 90 Prozent der benötigten Emissionsrechte kostenlos zugeteilt [ART. 10]. Die Übertragung von Emissionsrechten von einem Jahr zum nächsten ist innerhalb der beiden Phasen prinzipiell möglich. Hingegen ist „borrowing", d. h. das Emittieren im Vorgriff auf zuzuteilende bzw. zu erwerbende Emissionsrechte grundsätzlich nicht erlaubt. Es kann aber durch die Zuteilung der Emissionsrechte für das laufende Jahr bis Ende Februar und die erst spätere Abrechnung für das vergangene Jahr bis zum 30. April in engem zeitlichen Rahmen zum Tragen kommen.

Die Betreiber der in den Emissionshandel einbezogenen Anlagen benötigen eine Genehmigung von den jeweiligen Mitgliedstaaten, deren Erteilung die Überwachung und Aufzeichnung der entsprechenden Emissionen nach bestimmten Standards voraussetzt [ART. 6, ART. 15 i.V.m. Anhang V]. Ein wirksames Kontrollsystem ist nämlich die Voraussetzung für die Wirksamkeit der vorgesehenen Sanktionen. Anlagenbetreiber, deren Emissionen den Wert der eingereichten Zertifikate übersteigen, müssen in der ersten Phase 40 Euro pro Tonne CO_2 und in der zweiten Phase 100 Euro pro Tonne CO_2 zahlen [ART. 16, (3) u. (4)]. Gleichzeitig müssen die fehlenden Zertifikate im nächsten Jahr nachgereicht werden. Hinzu kommt, dass nach ART. 16, (2) eine Veröffentlichung derjenigen Anlagebetreiber erfolgt, die gegen die Regeln des EHS verstoßen. Mit dieser Kombination von bei gegenwärtigen Zertifikatpreisen von etwa 7 Euro (Stand: Ende Januar 2005) empfindlicher Geldstrafe, Nachlieferungspflicht der Zertifikate und Anprangerung kann man von einem starken Anreiz zur Regelbefolgung ausgehen. Es ist nicht zu erwarten, dass die Strafzahlung zu einem Preisventil des Zertifikathandels wird [GRAICHEN/REQUATE (2003), S. 7]. Umso stärkere Anstrengungen sind hinsichtlich der Einflussnahme auf die Regeln selbst zu erwarten (s. u.).

Zentrales Element des EHS sind die *nationalen Allokationspläne* (NAP), die die teilnehmenden Mitgliedstaaten für die beiden Zuteilungsperioden jeweils für sich gesondert aufstellen. Nach ART. 9 der EU-Richtlinie muss aus dem nationalen Zuteilungsplan hervorgehen, wie viele Zertifikate die einzelnen Mitgliedstaaten für den jeweiligen Zeitraum zuzuteilen beabsichtigen und auf welche Weise sie die Zertifikate zuzuteilen gedenken. Aus Sicht der in das System einzubeziehenden Unternehmen konkretisiert der NAP zum einen wichtige Spielregeln für strategische Unternehmensentscheidungen bezüglich der langfristigen Handels- und Investitionsstrategie, zum anderen sind die Regelungen des NAP dafür maßgeblich, ob ein Unternehmen zu den Gewinnern oder zu den Verlierern des EHS zu zählen ist [SCHLEICH/BETZ/BRADKE/WALZ (2004), S. 101].

Anhang III der EU-Richtlinie definiert Kriterien, die bei der Aufstellung der NAP zu berücksichtigen sind. Dazu gehören die Vereinbarkeit der Gesamtmenge der Zertifikate mit der EU-Lastenverteilung und mit dem nationalen Klimaschutzprogramm, Vereinbarkeit mit anderen Instrumenten, Angaben über die Behandlung neuer Marktteilnehmer und gegebenenfalls Angaben über die Berücksichtigung von klimapolitischen Vorleistungen aus früheren Perioden („early actions"), der Behandlung energieeffizienter Technologien u.a. Diese Transaktionskosten erhöhenden Kriterien werden notwendig, weil man sich für Zuteilung nach dem Grandfatheringverfahren entschieden hat. Bei einer Erstausstattung mit Emissionsberechtigungen auf dem Wege einer Auktion hätte es der letztgenannten Kriterien nicht bedurft. Zentral ist, dass nicht mehr Zertifikate ausgegeben als voraussichtlich benötigt werden und dass die *Gesamtheit* der vorgesehenen Politiken und Maßnahmen zur CO_2-Minderung die Einhaltung der Ziele aus der Lastenverteilung gewährleistet. Angesichts der Unterschiedlichkeit der Emissionsziele und des Grades der Zielerreichung zwischen den einzelnen Mitgliedstaaten gewährt die Kommission diesen damit diskretionäre Freiräume bei der Entscheidung, wie sie ihre jeweiligen Ziele erreichen wollen.

Die Umsetzung der EU-Richtlinie in Deutschland erfolgte mit dem Treibhausgas - Emissionshandelsgesetz (TEHG) vom 8. Juli 2004, dem Zuteilungsgesetz 2007 (ZuG) vom 26. August 2004, der Zuteilungsverordnung und der Emissionshandelskostenverordnung, beide vom 1.9.2004. Darüber hinaus wurde beim Umweltbundesamt die Deutsche Emissionshandelsstelle (DEHSt) geschaffen, die die Anträge auf Zuteilung von Emissionsberechtigungen entgegennimmt, prüft und ausführt sowie das (elektronische) Register über die Besitzverhältnisse der Zertifikate führt. Dieses Register enthält in Form von Anlagekonten die Emissionsberechtigungen genehmigungsbedürftiger Anlagen. Dem Anlagekonto werden die jeweils zum 28. Februar eines Jahres zugeteilten oder durch Zukauf über den

Markt erworbenen Emissionsrechte gutgeschrieben. Andererseits werden die nach Maßgabe der tatsächlichen Emissionen eines Jahres zum 30. April des Folgejahres zurückzugebenden bzw. im Gefolge von zusätzlichen Emissionsminderungen verkauften Emissionsrechte abgebucht. Die Rückgabe der Zertifikate geschieht auf der Grundlage eines jährlich zu erstellenden und von unabhängigen Sachverständigen zu prüfenden Emissionsberichtes.

Die Abwicklung des Handels erfolgt auf evolvierenden privaten Märkten. Transaktionen können direkt zwischen Unternehmen oder unter Beteiligung eines Maklers, einer Bank oder gar über sich organisierende Börsen stattfinden. Auch wenn es hinsichtlich von Marktgröße und Marktzugang Beschränkungen gibt (s.u.), kann davon ausgegangen werden, dass eine hinreichende Zahl von Marktteilnehmern und Markttransparenz die Herausbildung von Knappheitspreisen ermöglicht, eine zentrale Voraussetzungen für die Funktionsfähigkeit von Zertifikatmärkten [HANSJÜRGENS/GAGELMANN (2004), S. 235 f.].

3. Der nationale Allokationsplan (NAP)

Dreh- und Angelpunkt des EHS sind die nationalen Allokationspläne. In ihnen legen die Mitgliedstaaten - zwar nach gemeinsam zu beachtenden Kriterien, aber im einzelnen auf durchaus unterschiedliche Weise - die Gesamtmenge an zuzuteilenden CO_2-Emissionsrechten fest und regeln, wie die Zuteilung im Einzelnen konkret erfolgen soll. Sie definieren die ökologische Zieldimension und damit die Härte der nationalen Anpassungslasten. Mit der Festlegung der Erstverteilung des national verfügbaren Volumens an Emissionsrechten bestimmen sie auch die einzelwirtschaftlichen Anpassungskosten der einbezogenen Unternehmen. Problematisch ist dabei, dass der (EU-weite) Geltungsbereich des Emissionshandelssystems und der Geltungsbereich der diesem Handel zugrunde liegenden (nationalen) Mengenfixierungen auseinanderfallen und so Anreize wirksam werden können, die jeweils eigene Industrie vor harten Minderungspflichten zu bewahren [RAT VON SACHVERSTÄNDIGEN FÜR UMWELTFRAGEN (2002); BÖHRINGER/LANGE (2004), S. 1 f.]. Zwar sind national unterschiedliche Erstausstattungsverfahren für die Effizienz des EHS – wenn man einmal von deren Transaktionskosten absieht – unerheblich, aber sie haben unterschiedliche verteilungspolitische Wirkungen [BODE/BUTZENGEIGER (2003), S. 287]. So nimmt es nicht Wunder, dass hinter den Kulissen heftig um die Bestimmungen des NAP gerungen wurde und der vorgelegte Plan durch eine Vielzahl von Ausnahme- und Spezialregelungen gekennzeichnet ist.

Der NAP Deutschlands basiert auf einem Makroplan und einem Mikroplan. Der Makroplan legt die maximal zulässigen CO2-Emissionen für die in den Emissionshandel einbezogenen Sektoren Energiewirtschaft und Industrie fest. Er enthält aber auch für die übrigen Sektoren Verkehr, Haushalte sowie Gewerbe, Handel und Dienstleistungen Emissionsobergrenzen für CO2 (und die übrigen Treibhausgase des Kyoto-Protokolls). Das Gesamtemissionsziel orientiert sich an den durch internationale Vereinbarungen festgeschriebenen Begrenzungen der Emissionsmenge an Treibhausgasen. Diese sektoralen Minderungsziele wurden nun noch geringfügig modifiziert, da die am Emissionshandel teilnehmenden Anlagen zwar zu den Sektoren Energie und Industrie gehören, aber nicht sämtliche Anlagen dieser Sektoren dem EHS unterworfen sind. So wird für die vom Emissionshandel erfassten Anlagen in der Periode 2005 – 2007 von einem Emissionsbudget von 498 Mio. t CO_2 p.a. (inklusive 3 Mio. t p. a. Reserve für Neuanlagen) ausgegangen, von denen der überwiegende Anteil, nämlich 79 Prozent [UMWELTBUNDESAMT (2004), S. 5 ff.], auf die Energiewirtschaft entfällt. Dieses CO_2-Emissionsbudget ist nun auf die einzelnen Anlagen zu verteilen.

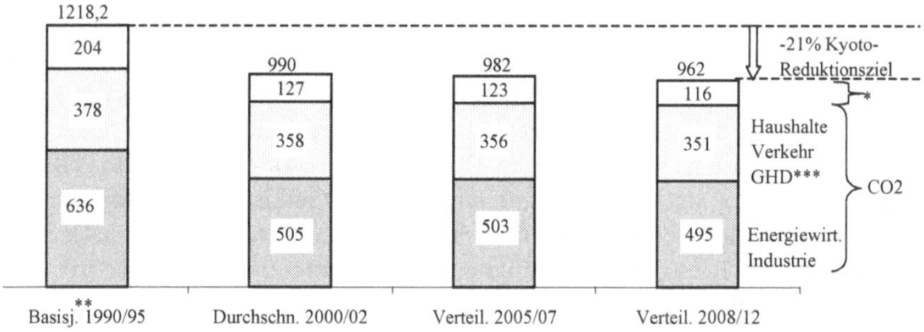

*andere Treibhausgase als CO_2-Äquivalent;

**Basisjahr 1990 für CO_2, CH4, N2O; 1995 für PFC, HFC und SF6 2

***Gewerbe, Handel, Dienstleistungen

Quelle: In Anlehnung an RWE (2004).

Abb. 2: Treibhausgasemissionsbudgets (in Millionen Tonnen CO_2)

Die konkrete Zuteilung der Emissionsrechte auf die einzelnen in den Emissionshandel einbezogenen Anlagen wird im Mikroplan mittels eines „bottom–up"–Verfahrens geregelt. Grundsätzlich erfolgt die Zuteilung auf der Grundlage von Anträgen der Betreiber.

Diese können für *vor 2003 in Betrieb genommene Anlagen* von den historischen Emissionen einer Basisperiode aus 2000 bis 2003 ausgehen (§7 ZuG 2007). Diese historischen Emissionsberechtigungen werden mit einem so genannten Erfüllungsfaktor korrigiert, der unter Einbeziehung von besonderen Zuteilungsregeln für bestimmte Fälle den Minderungsbeitrag des EHS-Sektors gegenüber der jeweiligen Basisperiode festlegt. Dieser Erfüllungsfaktor wurde durch Division der Zielmengen durch die empirisch erhobenen Mengen der Basisperiode ermittelt. Er wurde bei „normalen Anlagen" für die erste Periode mit 0,9709 ermittelt, was einer durchschnittlichen Minderungsverpflichtung von 2,91 Prozent gegenüber der

Basisperiode entspricht. Bezogen auf die für die einzelnen Anlagen *beantragten* Emissionsberechtigungen ergeben sich jedoch unterschiedliche und für die Mehrzahl höhere Minderungsverpflichtungen (s.u.).

Für *in den Jahren 2003 und 2004 in Betrieb gesetzte Anlagen* werden Emissionsberechtigungen auf der Grundlage von angemeldeten Emissionen zugeteilt (§ 8 ZuG 2007). Dabei kommt eine Vielzahl gesonderter Vorschriften zur Anwendung, für Neuanlagen, für Anlagestillegungen, für Härtefälle, für Auslastungskorrekturen, für in der Vergangenheit schon durchgeführte Emissionsminderungen („early action"), für nur mittels Produktionseinschränkungen verminderbarer prozessbedingter Emissionen, für die Stillegung von Kernkraftwerken und für Anlagen mit Kraft-Wärme-Kopplung (§§ 7 bis 15 ZuG 2007).

In der Realität kommt es also – wie nach der Rationalität des politischen Entscheidungsprozesses nicht anders zu erwarten – zu einer administrativ aufwendigen, transaktionskostenintensiven, variantenreichen Erstausstattung mit Emissionsrechten. Es scheint den Betreibern der betroffenen Anlagen zunächst gelungen zu sein, ihre spezifischen Interessen in die Erstausstattung einzubringen. Die beim Umweltbundesamt angesiedelte Deutsche Emissionshandelsstelle (DEHSt) berichtet, dass den Anträgen auf Zuteilung bei 1849 teilnehmenden Anlagen insgesamt 58 verschiedene Regelkombinationen [UMWELTBUNDESAMT (2004), S. 14] zugrunde liegen. Diese vom Umweltbundesamt gepriesene Flexibilität hat allerdings nichts mit der Fähigkeit ökonomischer Instrumente zu tun, ein vorgegebenes Reduktionsziel kostengünstig durch flexible Anpassung nach Maßgabe der jeweiligen Grenzvermeidungskosten zu erreichen. Vielmehr sind die mit der Erstausstattung verbundenen unterschiedlichen Reduktionsverpflichtungen Ergebnis der von den Unternehmen gewählten und von den Behörden anerkannten Zuteilungsregeln. Wie Abb. 3 zeigt, streuen die Minderungsverpflichtungen zwischen 0 und 7,5 Prozent [UMWELTBUNDESAMT (2004), S. 16]. Nach der tatsächlichen Erstausstattung mit Emissionsberechtigungen erhält also deutlich mehr als die Hälfte aller teilnehmenden Anlagen Kürzungen, die über die im Erfüllungsfaktor zum Ausdruck kommenden Minderungsverpflichtungen von 2,91 Prozent hinausgehen, ohne dass sich hierfür ein systematischer Bezug zu entsprechend geringeren Grenzvermeidungskosten herstellen ließe. Dazu hat vor allem die starke Nutzung der kurz vor Verabschiedung in das Zuteilungsgesetz aufgenommenen „Optionsregel" (§ 7 Abs. 12 i.V. mit §11 ZuG 2007) beigetragen. Danach konnten bestehende Anlagen ihre Emissionsberechtigungen so beantragen, als wenn es sich um eine Neuanlage handelte. Hierfür erfolgt die Zuteilung nach Maßgabe belegter Prognosen über die Produktionsentwicklung und einer Emissionseinschätzung nach einem Benchmarkverfahren. Danach werden die Emissionen einer Anlage gleicher Produktionsart bei bester verfügbarer Technik zugrunde gelegt (statt die historischen Emissionen einer Basisperiode). Insgesamt ergab sich im Antragsverfahren eine Überschreitung des in der ersten Phase 2005–2007 zur Verfügung stehenden Maximalbudgets von 495 Mio. t CO_2 p.a. (ohne Reserve für Newcomer) um 14 Mio. t p.a. Diese Überschreitung ist in Form von Kürzungen einzubehalten, wenn die im Makroplan festgelegten sektoralen Emissionsbudgets eingehalten werden sollen. Entsprechend wurden die Zuteilungen von Emissionsrechten gekürzt, aber nicht linear, sondern nach Anlagegruppen unterschiedlich. Das bedeutet in der Spitze beispielsweise für eine Anlage, die 500 000 t CO_2 emittiert, statt einer ursprünglich im Umfang von 2,91 Prozent vorgesehen Minderung um 14 550 t nun eine Minderung von 7,5 Prozent, d.h. um 37 500 t. Die zusätzlichen 22 950 t muss das Unternehmen nun zusätzlich vermeiden, was entsprechende Investitionen oder den Zukauf einer entsprechenden Menge an Zertifikaten voraussetzt. Bei einem Preis von etwa 7 Euro (Anfang Februar 2005) ergäben sich dann Mehrkosten von 160 650 Euro p.a. für diese Anlage.

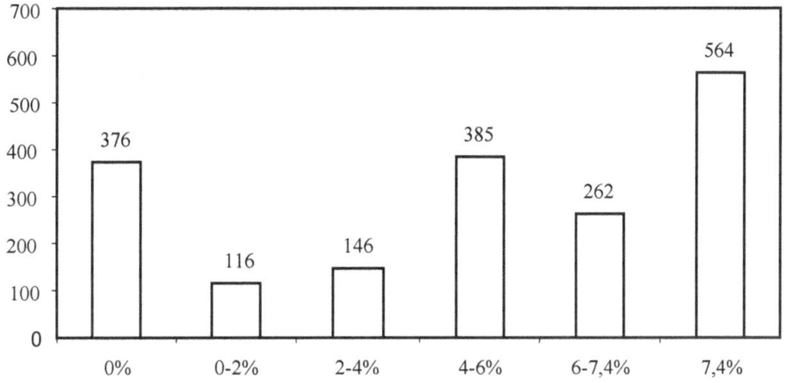

Abb. 3: Kürzungen der Zuteilung nach Anzahl der Anlagen

4. Einschätzung des Europäischen Emissionshandelssystems

Eine verlässliche und umfassende Einschätzung des Europäischen Emissionshandelssystems kann weder hier, noch gegenwärtig überhaupt geleistet werden. Dafür ist das Instrument zu neu, seine ökologische und ökonomische Wirkung unter der gegenwärtigen (und insgesamt noch nicht gefestigten) Institutionalisierung zu unsicher und Aussagen darüber unvermeidlich mit Werturteilen behaftet. Aus guten Grunde gilt deshalb auch die erste Periode 2005–2007 als Erprobungsphase. Gleichwohl lassen sich unter Bezugnahme auf das Lizenzmodell als Referenzpunkt Probleme benennen, die für eine Einschätzung der ökologischen Wirksamkeit und der ökonomischen Wirkungen maßgeblich sind. Dazu gehören das Teilmengenproblem, Leakage–Effekte und die Frage der Kompatibilität des EHS zu schon angewendeten Instrumenten der Umweltpolitik.

Ausgangspunkt ist dabei, dass in der Klimapolitik das einzig Sichere „Unsicherheit“ ist [MC KIBBIN/WILCOXEN (2002), S. 18]: Unsicherheit über die Wirkungen anthropogen verursachter Treibhausgaskonzentrationen in der Atmosphäre und damit auch Unsicherheit über die Wirkungen von bestimmten Emissionsminderungen auf das Klima und Unsicherheit über Schadenseintritt und Schadenshöhe infolge von Klimaveränderungen. Mögliche Wirkungen lassen sich gegenwärtig allenfalls analytisch mit Hilfe komplexer Modelle eingrenzen [HILLEBRAND U.A. (2002), S. 6 f.]. Deren Ergebnisse sind von den Modellannahmen geprägt. So nennt eine jüngste Veröffentlichung des DIW eine mögliche globale Schadenssumme von bis zu 214 Bill. US-Dollar bei einer Temperatursteigerung von 1 Grad Celsius über einen Zeitraum von 50 Jahren und vermerkt dazu in der Fußnote: „Die Höhe der Schäden hängt von den getroffenen Annahmen über die künftigen Entwicklungen ab, die mit hohen Unsicherheiten behaftet sind. So können diese Schäden bei optimistischer Betrachtung weitaus geringer sein, bei pessimistischer Sichtweise aber durchaus auch doppelt so hoch sein" [DIW (2004 a), S. 617]. Während die Kosten der Minderung von Treibhausgasemissionen unmittelbar spürbar und grundsätzlich zu beziffern sind, lässt sich diesem gegenwärtig keine verlässliche Nutzengröße im Sinne vermiedener Schäden gegenüber stellen. Ein solcher Nutzen fällt allenfalls mit großer und Generationen überschreitender zeitlicher Verzögerung an. Die ökologische Wirksamkeit gegenwärtiger Klimapolitik ist nicht an beobachtbaren Klimawirkungen festzumachen.

4.1 Das Teilmengenproblem

Aber auch, wenn die ökologische Wirksamkeit der Klimapolitik an der Minderung der Treibhausgasemissionen (statt an deren Beitrag zum Klimaschutz) gemessen wird, bleiben Unsicherheiten, die aus dem gegenwärtig institutionell noch ungelösten Trittbrettfahrerproblem eines globalen Umweltgutes resultieren: Während sich die EU laut Kyoto-Protokoll verpflichtete, die CO_2–Emissionen bis zur Periode 2008-2012 gegenüber 1990 um 8 Prozent, das sind 338,5 Mio. t zu reduzieren (davon nach der innereuropäischen Lastenverteilung allein 262 Mio. t Minderungsverpflichtung für Deutschland, von denen bis 2002 schon 153 Mio. t realisiert wurden), stiegen die CO_2 –Emissionen zwischen 1990 und 2002 allein in China um ein Mehrfaches, nämlich 1790 Mio. t, in den USA um 763 Mio. t und in Indien um 420 Mio. t [DIW (2004), S. 526]. China und Indien mit hohen absoluten Zuwächsen, aber mit 2,4 bzw. 1 t noch geringen CO_2-Emissionen pro Kopf unterliegen gegenwärtig keinerlei Emissionsbeschränkungen, die USA als weltweit größter energiebedingter Emittent von CO_2 mit 19,8 t pro Kopf und einem Anteil von 23 Prozent am weltweiten CO_2-Emissionsvolumen fühlen sich als Annex–B Land des Kyoto–Protokolls nicht an die dort übernommene Reduktionsverpflichtung gebunden. Im Kontext weltweiter Klimagasemissionen erscheint der von EHS erfasste Bereich geradezu marginal:

Nur Annex–B Länder[1] haben sich zur Reduktion der Treibhausgase verpflichtet. Ohne die USA, die den zugesagten Reduktionsverpflichtungen nicht nachkommen wollen, sind damit zunächst auf der Basis des Jahres 2003 berechnet etwas weniger als 30 Prozent der energiebedingten CO_2-Emissionen erfasst. Die in das EHS einbezogenen EU-Länder erfassen nur einen Teil der Annex-B Länder. Die EU-15 emittierten knapp 13 Prozent der weltweiten energiebedingten CO_2-Emissionen.[2] Und innerhalb der EU-Länder beschränkt sich das EHS nur auf einen Teil der emittierenden Anlagen aus den Sektoren Energiewirtschaft und Industrie und erfasst hier nicht alle Treibhausgase, sondern zunächst nur CO_2.

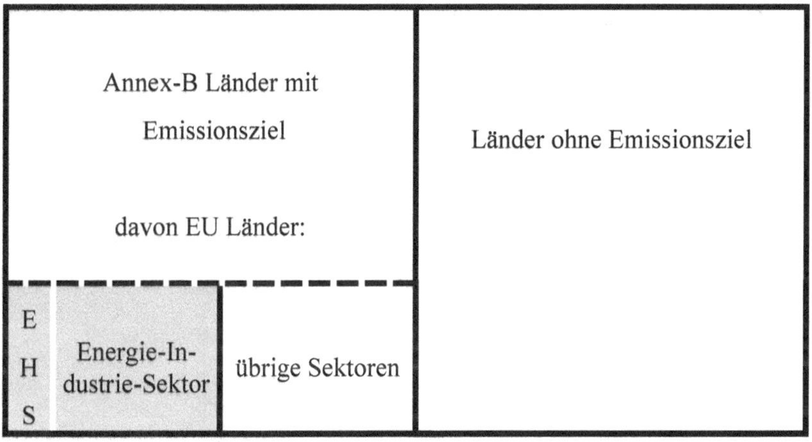

Abb. 4: Teilmenge der vom EHS erfassten Emissionen

Im Ergebnis bedeutet dies nicht nur eine im globalen Maßstab eingeschränkte ökologische Relevanz, sondern auch eine erhebliche Beeinträchtigung der Flexibilität und eine starke Einengung der nutzbaren gesamtwirtschaftlichen Kostensenkungspotentiale bei der Realisierung der Reduktionsziele. Kostengünstigere Reduktionsmöglichkeiten in anderen Sektoren und Ländern, die ja gerade in einem Zertifikatsystem zum Zuge kommen können, bleiben damit ungenutzt. Der im Grünbuch der EU-Kommission gegebene Hinweis, im nicht einbezogenenen Verkehrssektor ließen sich Emissionen anders als im Energie- und Industriesektor nicht zu geringen Kosten vermeiden [EUROPÄISCHE KOMMISSION (2000), S. 11 ff.], vermag nicht ganz zu überzeugen, da der Kommission die Vermeidungskostenverläufe nicht bekannt sein dürften. Es liegt ja in der Logik des Instrumentes, dass diese erst durch den Handel aufgedeckt werden. Die Beschränkungen im Anwendungsbereich des EHS sind für Deutschland besonders relevant, weil hier die Kosten der Emissionsreduktion relativ zu anderen Ländern vergleichsweise

1 Im Wesentlichen OECD-Länder und Transformationsländer.

2 Berechnet nach DIW (2004), Tabelle 5, S. 526.

hoch sein dürften. Dafür sprechen einmal die im Rahmen des Burden–Sharing übernommenen, höheren Reduktionsverpflichtungen, zum anderen die in der Vergangenheit schon relativ weitgehend genutzten Reduktionspotentiale.

Im Modell lässt sich diese Konstellation für Deutschland so veranschaulichen, dass die Grenzvermeidungskostenkurve einen vergleichsweise steilen - und im Verhältnis zu anderen Ländern mit geringeren Reduktionen oder gar unbeschränkten Emissionszuwächsen erheblich steileren – Verlauf aufweist. Dies ist von Bedeutung für die Wohlfahrtswirkungen emissionsreduzierender Maßnahmen. Abb. 5 zeigt zunächst, dass bei diesen Grenzvermeidungskostenverläufen ein anspruchsvolles Reduktionsziel (beispielsweise E_z statt E_{opt}) zu Wohlfahrtverlusten (hier in Höhe des Dreiecks ABC) führen würde (bei gegebenem GSK-Verlauf).

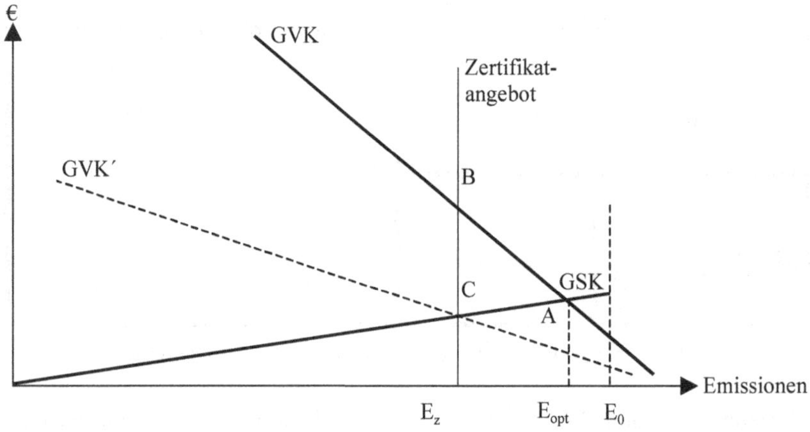

Abb. 5: Wohlfahrtswirkungen bei unterschiedlichen Kostenverläufen

Die weltweiten Wohlfahrtsgewinne einer auf Teilmengen beschränkten Emissionsreduktion sind vergleichsweise gering und bei sukzessiver Verschärfung der Standards schnell ausgeschöpft. Bei einer auf Deutschland oder Europa begrenzten Wohlfahrtsanalyse muss wohl noch ein erheblich flacherer Verlauf der Grenzschadenskostenkurve unterstellt werden. D.h. den Vermeidungskosten ist ein noch geringerer Nutzen im Sinne vermiedener Schäden gegenüberzustellen.

Festzuhalten bleibt hier, dass sich die ökologischen Wirkungen der im EHS mit erheblichen Kosten angestrebten CO_2-Minderungen zum Klimaschutz gegenwärtig nicht ermitteln lassen. Selbst wenn der Zusammenhang zwischen anthropogen verursachten Treibhausgasemissionen und Klimaschäden gesichert wäre, bliebe die ökologische Wirksamkeit des EHS aufgrund des marginalen Anteils an den weltweit für notwendig erachteten Treibhausgasreduktionen gering.

4.2 Leakage-Probleme

Für die ökologische Effektivität sind aber nicht nur die – gemessen an den weltweit emittierten Treibhausgasen – geringen Emissionsreduktionen im Rahmen des EHS relevant. Auch aus der Funktionsweise des EHS selbst können sich Rückwirkungen auf die angestrebten Reduktionsziele ergeben.

Da es sich bei CO_2 aber um einen globalen Schadstoff handelt, ist für die ökologische Wirksamkeit nicht nur Voraussetzung, dass die Reduktionsziele auf die Emittenten der Region verteilt und diese nur im Umfang zugeteilter oder erworbener Zertifikate emittieren, sondern es darf auch nicht zu Produktions- und Standortverlagerungen kommen, bei denen die an einer Stelle eingesparten Emissionen durch Zuwächse an anderer Stelle kompensiert oder gar überkompensiert werden.

Wird nur ein Teil der Emittenten in das Emissionshandelssystem einbezogen, kann die Erreichung des vorgegebenen Emissionsminderungszieles mit diesem Instrument nicht mehr sichergestellt werden. Die Beschränkung des EHS auf die Sektoren Energiewirtschaft und Industrie und innerhalb dieses Sektors auf bestimmte Anlagen lässt etwa die Hälfte aller CO_2-Emissionen in Deutschland und in der EU [DER RAT VON SACHVERSTÄNDIGEN FÜR UMWELTFRAGEN (2002), Zi. 478] außen vor. Nach Einschätzung der Kommission werden im Jahre 2010 im Anwendungsbereich des EHS 46 Prozent der CO_2–Emissionen erfasst [SCHAFHAUSEN (2004), S. 68.]. Will man also die im Kyoto–Protokoll zugesagten Minderungsziele in der EU und in den teilnehmenden Nationalstaaten erreichen, dürfen die CO_2-Emissionen der nicht einbezogenen Sektoren nicht zunehmen. Steigen sie in diesen Bereichen, wie es in der Realität vor allem im Verkehrssektor der Fall ist, müssten die Minderungsziele im EHS-Bereich entsprechend verschärft (oder im Rahmen der Kyoto-Mechanismen zugekauft) werden. Dies könnte angesichts der hier schon genutzten Reduktionspotenziale und deshalb vergleichsweise hoher Grenzvermeidungskosten zu einem erheblichen Anstieg der Kostenbelastung mit entsprechenden Ausweichreaktionen führen. Und aus diesem Grunde dürfte eine auf Teilmengen bezogene Standardverschärfung schwer fallen. Dabei ist zu berücksichtigen, dass zwischen 1990 und 2002 die energiebedingten CO_2-Emissionen der in das EHS-System einbezogenen Sektoren bereits zum Teil erheblich zurückgeführt wurden - in der Industrie und Baugewerbe in der EU-15 um 10,6 Prozent, in Deutschland gar um 32,7 Prozent – während sie im nicht einbezogenen Verkehrssektor in Deutschland um 8,6 in der EU-15 um 20,7 Prozent gestiegen sind [DIW (2004), Tabelle 5, S. 533].

Damit sind sogenannte „Leakage–Effekte" angesprochen. Sie beziehen sich auf Emissionserhöhungen in einem Land ohne Klimaschutzrestriktionen aufgrund von Klimaschutzrestriktionen in einem anderen Land [HILLEBRAND (2002), S. 208]. Leakage–Effekte lassen sich auf direkte Produktions- und Standortverlagerungen oder auf Preiseffekte bei fossilen Energieträgern zurückführen. Dieses Problem von Ausweichreaktionen stellt sich im Rahmen des EHS auf mehreren Ebenen:

(1) innerhalb der Länder durch Ausweichreaktionen zwischen den in das EHS einbezogenen und den übrigen Anlagen/Sektoren, beispielsweise Einkauf von Heizöl für Heizung und nachträgliche Umwidmung für Stützfeuerung. [STRÖBELE (2004), S. 195 ff.].

(2) zwischen in das EHS einbezogenen EU–Ländern und Ländern mit (andersartiger) Reduktionsverpflichtung nach dem Kyoto-Protokoll und

(3) zwischen Ländern mit CO_2-Emissionsregulierungen nach dem EHS oder nach dem Kyoto-Protokoll und den übrigen Ländern ohne entsprechende Minderungsziele.

Leakage–Effekte lassen die Empfehlung, auf den geringen Anteil der vom EHS erfassten Emissionen an den weltweiten Emissionen des betreffenden Schadstoffes mit entsprechend anspruchsvolleren Reduktionszielen zu reagieren, kontraproduktiv erscheinen. Je stärker nämlich die in einem Raum vorgegebenen Emissionsreduktionen ausfallen, um so höher sind dort die Preise für CO_2-Emissionen, umso höher die Kosten energieintensiver Produktion und damit der Anreiz zu Wachstum und Beschäftigung reduzierenden Produktionsverlagerungen mit anschließendem Import der betroffenen Produkte oder gar zu Standortverlagerungen, ohne dass dem auf der anderen Seite insgesamt eine Reduktion der globalen Emissionen und damit ein ökologischer Effekt gegenüberzustellen wäre. Wahrscheinlich werden Minderemissionen im regulierten Land sogar zu einem stärkeren Emissionswachstum im nichtregulierten Raum führen, da dort aufgrund geringerer ökologischer Standards vermutlich mit höheren spezifischen Emissionen produziert wird. Eine (andauernde) Vorreiterrolle mit harten Reduktionsverpflichtungen in einem relativ kleinen Land wird bei globalen Umweltgütern dann nur mit höheren Kostenbelastungen und Produktions- und Beschäftigungseinbußen einhergehen, auch wenn die Reduktionsziele im Land selbst effizient angestrebt werden. Es entstehen Kosten, ohne dass ökologisch etwas gewonnen wäre. Für die ökologische Wirksamkeit eines globalen Umweltgutes ist nämlich der Saldo aus der Emissionsreduktion in regulierten und dem Emissionszuwachs in nichtregulierten Sektoren/Räumen entscheidend.

Aber auch, wenn es nicht zu Produktions- und Standortverlagerungen käme, wären Leakage-Effekte aufgrund von Preiseffekten wahrscheinlich. Emissionsbeschränkungen führen im Regulierungsbereich zu sinkender Nachfrage nach fossilen Energieträgern. Sie bewirkt sinkende Preise dieser Energieträger auf dem Weltmarkt, die in den nichtregulierten Ländern steigende Energienachfrage und Produktion mit der Folge steigender Emissionen induzieren.

Obwohl nicht direkt der Leakage–Problematik zuzurechnen, sei an dieser Stelle darauf hingewiesen, dass für die ökologische Wirksamkeit des EHS auch die Umsetzung der länderspezifischen Emissionsziele in den nationalen Allokationsplänen, die Kontrolle ihrer Einhaltung, sowie den Sanktionen im Falle von Verstößen bedeutsam sind. Während die vorgesehenen Sanktionen vom Kontrollsystem erfasste Regelverstöße verhindern dürften [GRAICHEN/HARDERS (2002), S. 79], weist die Aufstellung der nationalen Allokationspläne gegenüber dem theoretischen Lizenzmodell die Besonderheit auf, dass die Mengenfixierung nicht zentral für den Geltungsbereich des EHS erfolgt, sondern dezentral durch die Mitgliedstaaten. Es ist fraglich, ob die den Mitgliedstaaten für die Erstellung der Allokationspläne vorgegebenen Kriterien den Anreiz, die jeweils eigene Industrie vor zu starken Belastungen zu schützen, hinreichend beschränken können. Die Aufstellung der Allokationspläne in den Teilnehmerländern erfolgt nämlich nicht einheitlich[1] und ist insbesondere hinsichtlich der Verbindungen zu anderen Politikbereichen wie dem Ausstieg aus der Kernenergie und den allein dadurch vermutlich zusätzlich entstehenden CO_2-Emissionen eine äußerst komplexe Aufgabe, die mit vielen Unsicherheiten verbunden ist.[2]

4.3 Vereinbarkeit mit anderen Instrumenten

Die Einführung des EHS findet nicht in einem bisher unregulierten Raum statt, wie bei Wirkungsanalysen des Zertifikathandels i.d.R. unterstellt. Vielmehr trifft das EHS auf etablierte Instrumente der Umweltschutzpolitik. Dies gilt für den Energiesektor in besonderem Maße. Es ist deshalb zu prüfen, ob die erhofften Wirkungen des EHS, nämlich einen ökologisch wirksamen, ökonomisch kostengünstigen und umwelttechnischen Fortschritt fördernden Klimaschutz zu bewirken, durch bestehende Instrumente ggf. konterkariert werden. Mit Blick auf die Bundesrepublik Deutschland ist hier vor allem die Kompatibilität zu bestehenden ordnungsrechtlichen Regulierungen (Auflagen), zur Ökosteuer und zu den von der Industrie eingegangenen Selbstverpflichtungen von Bedeutung.

4.3.1 Emissionshandel und Ordnungsrecht

Die EU-Richtlinie über die integrierte Vermeidung und Verminderung der Umweltverschmutzung (IVU-Richtlinie) unterwirft industrielle Produktionsanlagen einem Genehmigungsverfahren, welches den Einsatz der bestverfügbaren Vermeidungstechnologie und das Gebot effizienter Energieverwendung vorsieht. Auch das deutsche Immissionsschutzrecht verpflichtet nach §5 Abs.1 Nr.2 BimSchG die Betreiber genehmigungsbedürftiger Anlagen, die bestverfügbaren Techniken zur Vermeidung von Emissionen anzuwenden [WACKERBAUER (2003), S. 23]. Das hierin zum Ausdruck gebrachte Schutz- und Vorsorgeprinzip erlaubt es nicht, dass Anlagenbetreiber sich durch Erwerb von Emissionsrechten vom „Stand der Technik“ und dem Gebot effizienter Energieverwendung befreien [RAHMEYER (2004),

---

1 Die Einräumung von diskretionären Handlungsspielräumen bei der Festlegung von Reduktionsverpflichtungen ist angesichts unterschiedlicher Bedingungen in den Mitgliedstaaten sinnvoll, kann aber auch missbraucht werden. Zur Diskussion dieser Problematik siehe DÖRING/EWRINGMANN (2004), S. 27 ff.

2 Ein Überblick über die hier zu lösenden Probleme findet sich bei STRÖBELE (2004), S. 195 ff.

S. 14]. Diese Vorgaben sind auf einzelne Anlagen bezogen, ohne eine bestimmte Emissionsmenge festzuschreiben. Das EHS schreibt unabhängig von der einzelnen Anlage ein insgesamt festgelegtes Emissionsvolumen vor, dass sich durch Anpassung der anlagenspezifischen Emissionen nach Maßgabe der jeweiligen Grenzvermeidungskosten einstellen soll. Genau diese Anpassung lässt die anlagebezogene Umsetzung des Schutz- und Vorsorgeprinzips nach der IVU–Richtlinie und dem deutschen Anlagegenehmigungsrecht nicht ohne weiteres zu. Die den einzelnen Anlagen administrativ vorgegebenen Effizienzstandards reduzieren das Kostensenkungspotential eines Emissionshandelssystems, weil sie die Suche nach kostengünstigen Emissionsminderungspotenzialen behindern. Auf der Ebene des Zertifikatmarktes ergibt sich eine Verringerung des Marktvolumens an Zertifikaten, was angesichts der nahezu unveränderten Kosten der Aufrechterhaltung des Zertifikatsystems die Attraktivität des Handels weiter verringern würde [RAT VON SACHVERSTÄNDIGEN FÜR UMWELTFRAGEN (2004), Tz. 67]. Die Widersprüchlichkeit einer unveränderten Anwendung des ordnungsrechtlichen Ansatzes nach dem „Stand der Technik" könnte gar einen „Selbstzerstörungsmechanismus" für das Emissionshandelsystem in Gang setzen [WACKERBAUER (2003), S. 24]. Eine über den bisherigen „Stand der Technik" hinausgehende, durch Innovation ermöglichte Emissionsreduzierung würde ein Unternehmen in die Lage versetzen, nun nicht mehr benötigte Zertifikate zu verkaufen. Da diese Zertifikate freisetzende Innovation aber gleichzeitig den „Stand der Technik" fortschreibt und damit grundsätzlich strengere Auflagen für die übrigen Anlagen impliziert, denen man auch bei hohen Vermeidungskosten (mit Ausnahme bei Vorliegen wirtschaftlicher Unvertretbarkeit) nicht durch Zukauf von Zertifikaten entgehen kann, wird dem Zertifikatangebot der Innovatoren keine entsprechende Nachfrage gegenüberstehen. Sinkende Zertifikatpreise vermindern den Anreiz zu umwelttechnischen Innovationen, auch das endogene Zertifikatangebot ginge zurück und der Zertifikatemarkt würde zusammenbrechen.

Das EHS berücksichtigt diese Widersprüchlichkeit in der Weise, dass die unter das EHS fallenden Anlagen von den mengenmäßigen Emissionsbeschränkungen ausgenommen sind, es sei denn, diese sind zur Vermeidung erheblicher lokaler Umweltverschmutzung notwendig [ART. 26 Richtlinie]. Hingegen will der Rat von Sachverständigen für Umweltfragen die Freistellung von diesen ordnungsrechtlichen Vorgaben an die Erreichung der Emissionsziele durch den Emissionshandel gebunden sehen [RAT VON SACHVERSTÄNDIGEN FÜR UMWELTFRAGEN (2002), Tz. 487, Tz. 67].

4.3.2 Emissionshandel und Ökosteuer

Wirkungskonflikte können sich auch dadurch ergeben, dass das EHS auf Bereiche trifft, in denen bereits die Ökosteuer zur Anwendung kommt. Hierdurch können sich unter Verteilungsaspekten unerwünschte Doppelbelastungen und unter Allokationsaspekten Verzerrungen ergeben, die sowohl die ökonomische Effizienz wie auch über Ausweichreaktionen die ökologische Effektivität des Emissionshandels beeinträchtigen können. Theoretisch können Emissionslizenzen und Ökosteuern gleichermaßen eine effiziente Emissionsreduzierung bewirken. Dies gilt allerdings nur, wenn die Grenzvermeidungskosten bekannt sind und der Standardsetzung zugrunde gelegt werden.

Bei Unsicherheit über die Grenzvermeidungskostenverläufe lässt sich die in der neoklassischen Welt ergebende allokative Äquivalenz von Steuer und Lizenzlösung nicht aufrecht erhalten. Unterschätzt der Standardsetzer die Höhe der Grenzvermeidungskosten, so ist die Lizenzlösung im Vergleich zu einer Ökosteuer mit höheren Wohlfahrtsverlusten verbunden. Abb. 6 zeigt zunächst die allokative Äquivalenz von Steuer- und Zertifikatlösung in der optimalen Emissionsmenge E_z unter der Annahme von Grenzvermeidungskosten entsprechend GVK' und Grenzschadenskosten entsprechend GSK.

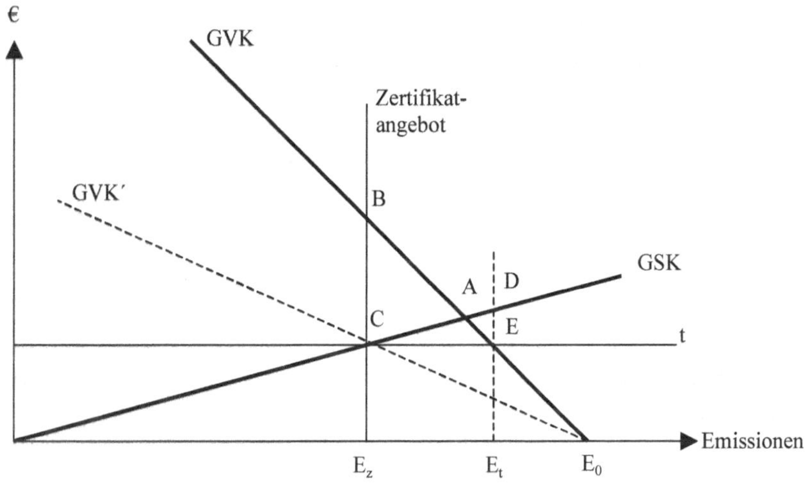

Abb. 6: Wohlfahrtswirkungen von Steuern und Zertifikaten bei Unsicherheit

Folgen die tatsächlichen Grenzvermeidungskosten GVK (statt GVK'), sind die sich ergebenden Wohlfahrtsverluste beim vorgegebenen Steuersatz t kleiner als bei Aufrechterhaltung der gegebenen Zertifikatmenge E_z. Die Anpassung der Emittenten an den gegebenen Steuersatz t führt zur Emissionsmenge E_t mit einem Wohlfahrtsverlust in Höhe des Dreiecks AED, da hier die GSK die GVK um DE übersteigen. Die mit E_z fixierte Zertifikatmenge ist mit einem größeren Wohlfahrtsverlust in Höhe des Dreiecks ABC verbunden. Hier übersteigen die Grenzvermeidungskosten die Grenzschadenskosten um BC. Bei Unsicherheit über die Vermeidungskosten werden bei der Steuerlösung zu wenig, bei der Zertifikatelösung zu viele Emissionen vermieden. McKibbin und Willcoxen schlagen deshalb eine Kombination von Steuer- und Zertifikatlösung vor [Mc Kibbin/Wilcoxen (2002)].

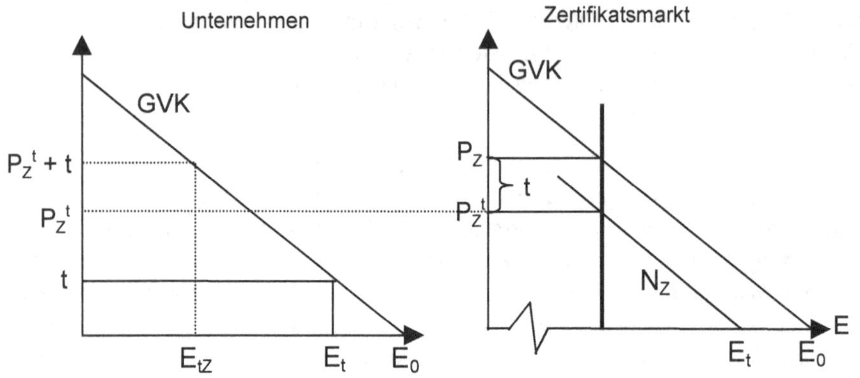

Abb. 7: Kompatibilität von Ökosteuern und Zertifikaten

Nun stehen aber nicht Steuer-/Abgabenlösung oder Lizenzlösung zur Wahl, sondern es geht um die Frage der Kompatibilität des EHS mit bestehenden Ökosteuern. Grundsätzlich ist die Besteuerung einer Emission mit einem Lizenzsystem vereinbar. Der Preis für die Emissionslizenzen würde um die Höhe des Steuersatzes geringer ausfallen. Abb. 7 zeigt dies. Ohne gleichzeitige Ökosteuer würden die horizontal aufaddierten Grenzvermeidungskosten die Nachfragekurve nach Zertifikaten auf dem Zertifikatsmarkt darstellen. Unterliegen die Unternehmen einer Ökosteuer mit dem Steuersatz t, passen sie sich an diesen – ausgehend vom unkorrigierten Marktgleichgewicht E_0 – mit einer Emissionsminderung auf E_t an. Die Nachfrage auf dem Zertifikatsmarkt nimmt um die durch die Ökosteuer schon vermiedenen Emissionen ab. Die Nachfragekurve nach Zertifikaten N_Z unterscheidet sich nun von den horizontal aufaddierten Grenzvermeidungskostenkurven und ist demgegenüber nach links verschoben. Bei dem gegebenen Angebot an Emissionsrechten Az ergibt sich ein um den Steuersatz geringerer Zertifikatpreis P_Z^t, an den die Unternehmen sich mit einer weiteren Emissionsminderung auf E_{tz} anpassen. Sie entspricht genau der Menge, die sich auch ohne Ökosteuer ergeben hätte. Es werden solange weitere Emissionseinheiten vermieden, wie die dadurch entstehenden Kosten geringer sind als die Summe aus Steuersatz t und Zertifikatpreis P_Z^t pro Emissionseinheit. Die Effizienz der Emissionsreduzierung wird also anders als bei ordnungsrechtlichen Regulierungen nicht dadurch beeinträchtigt, dass die Emissionen schon einer Ökosteuer unterworfen sind. Dies gilt allerdings nur, wenn alle Emittenten gleichermaßen der Ökosteuer unterworfen sind. Werden nicht alle oder nicht alle gleich von der Ökosteuer erfasst, ergeben sich Verzerrungen und Effizienz wird verfehlt.

Ist beispielsweise ein Unternehmen von der Ökosteuer freigestellt, aber in den Zertifikathandel einbezogen, passt es sich an den Zertifikatpreis P_Z^t mit einer geringeren Emissionsreduzierung an, als das Unternehmen, welches zusätzlich der Ökosteuer unterworfen ist. Die Grenzvermeidungskosten der letzten jeweils vermiedenen Emissionseinheit unterscheiden sich zwischen beiden Unternehmen. Damit wird das gesamtwirtschaftliche Kostenminimum verfehlt.

Angesichts der Doppelbelastungen kann es zu Ausweichreaktionen der stärker belasteten Bereiche des EHS in vom Emissionshandel nicht erfassten Sektoren und Räume mit entsprechenden Leakage – Effekten kommen. Es ist also sowohl aus Gründen der ökologischen Wirksamkeit wie auch aus Effizienzgründen geboten, eine Abstimmung beider Instrumente vorzunehmen. Der RSU empfiehlt angesichts des moderaten Minderungsziels von 25 Mio. t CO_2 bis 2010 gegenüber 1998, zu dem sich die deutsche Wirtschaft als Ausgleich für Ausnahmen bei der Ökosteuer verpflichtet hat, dass auf die Ökosteuer bei den am Emissionshandel teilnehmenden Unternehmen nicht verzichtet werden sollte, schließt aber eine Befreiung bei zukünftig anspruchsvolleren Minderungszielen des Emissionshandelssystems nicht aus [RAT VON SACHVERSTÄNDIGEN FÜR UMWELTFRAGEN (2004), Tz. 69].

4.3.3 Emissionshandel und Selbstverpflichtungserklärungen (SVE)

Ein großer Teil der in das EHS einbezogenen Anlagen war bereits in der Vergangenheit über die SVE der deutschen Wirtschaft in den Klimaschutz einbezogen und hat einen großen Teil der bisherigen Minderungsleistungen erbracht – jenseits der im Gefolge des Zusammenbruchs der ehemaligen DDR als „wall–fall–profits“ entstandenen Emissionsminderungen [STRÖBELE (2004), S. 200]. Die SVE der Deutschen Wirtschaft zum Klimaschutz von 1995 und 1996, die 2000 in eine formelle Vereinbarung zwischen Bundesregierung und deutscher Wirtschaft, vertreten durch den Bundesverband der deutschen Industrie (BDI), einmündete, sah vor, die spezifischen CO_2–Emissionen bis zum Jahre 2005 um 28 Prozent gegenüber dem Basisjahr 1990 und die spezifischen Emissionen der sechs Treibhausgase des Kyoto-Protokolls – in CO_2–Äquivalenten umgerechnet – bis zum Jahre 2012 um 35 Prozent gegenüber dem gleichen Basisjahr zu reduzieren. Dafür hat die Bundesregierung zugesagt, für den Fall der Realisierung dieser Zusage auf weitere ordnungsrechtliche Maßnahmen im Klimaschutz zu verzichten und sich dafür einzusetzen, dass der deutschen Wirtschaft bei der Fortentwicklung der Umweltpolitik keine Wettbewerbsnachteile im internationalen Vergleich entstehen. Die Umsetzung von EU–Recht bleibt davon unberührt [WACKERBAUER (2003), S. 25].

Problematisch erscheint hinsichtlich der Vereinbarkeit von SVE und EHS, dass in SVE die Ziele als spezifische Emissionsminderungen (Emissionen pro Produkteinheit) formuliert sind, dass ihnen keine rechtliche Verbindlichkeit zukommt, deren Nichterfüllung deshalb nicht unmittelbar sanktioniert werden kann, dass SVE keine Preissignale liefern, die Hinweise auf die durchschnittlichen Vermeidungskosten der Unternehmen geben könnten und dass sie anders als Zertifikate die Restemissionen kostenfrei zuteilen, mit entsprechenden Anreizwirkungen hinsichtlich der Vermeidung weiterer Emissionsminderungen. Da Selbstverpflichtungen auf spezifischen Emissionszielen beruhen, müssen sie auf absolute Reduktionsziele umgerechnet und dazu in Beziehung gesetzt werden. Dies ist unter Beachtung bestimmter Details wie beispielsweise unterschiedlicher Emittentenstruktur grundsätzlich möglich [BODE/BUTZENGEIGER (2003), S.301 f.]. Allerdings ist es unwahrscheinlich, dass die von Deutschland übernommenen absoluten Reduktionsziele durch die SVE eingelöst werden können. Schon bei einer Wachstumsrate der Industrieproduktion von 2 Prozent p.a. würde die Realisierung der spezifischen Emissionsziele der SVE die absoluten Emissionen unverändert lassen. Legt man die durchschnittliche Wachstumsrate der Industrieproduktion von 1990 bis 1999 mit 0,7 Prozent p.a. zugrunde, würde die Realisierung der spezifischen Emissionsreduktionen von 35 Prozent bis 2012 eine Minderung der absoluten Emissionen in dieser Zeit um 23,2 Prozent bedeuten. Damit würde das zum Weltklimagipfel in Berlin 1995 verkündete Ziel, die CO_2-Emissionen schon bis zum Jahre 2005 um 25 Prozent gegenüber 1990 zu reduzieren, deutlich verfehlt [RAT VON SACHVERSTÄNDIGEN FÜR UMWELTFRAGEN (2002), Tz. 448]. Man wird also nicht auf die Festlegung von absoluten Emissionszielen und das Herunterbrechen auf einzelne Unternehmen bzw. Anlagen, wie im EHS, verzichten können. Dies gilt in besonderem Maße für den Fall einer nachhaltigen wirtschaftlichen Belebung, bei der die absoluten Emissionsziele trotz Einhaltung der spezifischer Emissionsziele schnell verfehlt würden.

Andererseits eröffnet das EHS für Unternehmen mit Reduktionsverpflichtungen aus SVE eine zusätzliche Handlungsoption, weil sie nun ihre eingegangenen Verpflichtungen nicht mehr nur durch Emissionsminderung, sondern auch durch Zukauf von Zertifikaten erbringen können [GRAICHEN/HARDERS (2002), S.80]. Die im Rahmen von SVE von den Unternehmen ex ante einzubringenden Emissionsminderungsversprechen können ex post nach Maßgabe eines Vergleichs von tatsächlich anfallenden Vermeidungskosten und Zertifikatpreis durch Zertifikaterwerb korrigiert werden. Allerdings wird es im Zertifikathandel auch Gewinner geben, die nun Zertifikate verkaufen können. Diese werden vermutlich ihr Interesse an den SVE verlieren mit der Folge, dass die betroffenen Verbände diesbezüglich zunehmend heterogenen Mitgliederinteressen gegenüber stehen und auf lange Sicht die Selbstverpflichtungen aufgeben [EICKHOFF (2004), S. 284]. Eine erste Annäherung von EHS und SVE könnte in der Weise erfolgen, dass die SVE mit spezifischen Emissionszielen auch Prognosen über die absolute Entwicklung der Emissionen enthalten, die als Orientierungsgröße für die Zahl auszugebenden Emissionsrechte beim Emissionshandel genutzt werden [BODE (2002), S.283 ff.]. Für denkbar gehalten wird auch ein Pool-Modell, bei dem der Pool der nachweispflichtige Teilnehmer des EHS ist, der für die Realisierung der absoluten Minderungsziele verantwortlich zeichnet, während die im Pool zusammengeschlossenen Unternehmen eine abgestimmte Emissionsminderung betreiben [DÖRING/EWRINGMANN (2003), S. 20]. Andere Vorschläge wie der der britischen UK Emissions Trading Group (ETG) wollen Emissionshandel und freiwillige Vereinbarungen in der Weise kombinieren, dass sie einen Sektor mit absoluten und einen mit spezifischen Reduktionszielen vorsehen, zwischen denen ein kontrollierter Handel mit Emissionsberechtigungen stattfinden kann, solange die absoluten Reduktionsziele im erstgenannten Sektor nicht gefährdet sind [WACKERBAUER (2003), S. 26]. Ein ähnlicher sektoral differenzierender Vorschlag liegt von der niederländischen CO_2

Trading Group vor, allerdings ist hier keine Beschränkung des Handels mit Emissionsberechtigungen im Fällen von Überangebot vorgesehen. Vielmehr soll die Regierung dann entweder die relativen Emissionsziele verschärfen oder überschüssige Emissionsrechte aufkaufen [WACKERBAUER (2003) S. 26]. Grundsätzlich bestehen also Möglichkeiten, freiwillige Selbstverpflichtungen und Zertifikathandel einander anzunähern und zu kombinieren.

5. Resümee

In der Umweltökonomik gelten handelbare Emissionsrechte als Königsweg der Umweltpolitik, weil sie eine kostengünstige Realisierung vorgegebener Ziele erlauben und mehr als jedes andere Instrument Anreize zur Hervorbringung umwelttechnischer Innovationen freisetzen. Mit der Umsetzung des theoretischen Konzeptes in der europäischen Klimaschutzpolitik sind nun eine Reihe von Problemen verbunden, die die positive Einschätzung des Instrumentes hinsichtlich ökologischer Wirksamkeit und Kosteneffizienz stark beeinträchtigen. Dazu gehört zunächst - unbeschadet der Unsicherheiten über den Eintritt der Klimawirkungen von Treibhausgasreduktionen - der relativ geringe Anteil vom EHS erfasster Treibhausgase an dem für das Ziel letztlich entscheidenden weltweiten Emissionsvolumen. Die Beschränkung innerhalb des EHS auf Großanlagen/-unternehmen der Industrie und der Energiewirtschaft und die für die erste Phase feststehende vergleichsweise großzügige Ausstattung mit Emissionsrechten verstärken Bedenken hinsichtlich der ökologischen Wirksamkeit. Gleichzeitig bleibt mit der Nichteinbeziehung des überwiegenden Teils der Emissionsquellen dieser Gase das Kostensenkungspotential auf Grenzvermeidungskostenunterschiede innerhalb des EHS beschränkt und lässt die übrigen Bereiche unbeschadet möglicherweise geringerer Vermeidungskosten außen vor. Allerdings können hier Verbindungen mit den flexiblen Instrumenten des gerade in Kraft getretenen Kyoto-Protokolls eine breitere Nutzung bestehender Kostensenkungspotentiale ermöglichen. Des weiteren sind mit der durch den politischen Prozess gesteuerten spezifischen Ausgestaltung des EHS nicht unerhebliche Transaktionskosten verbunden, beispielsweise die Bearbeitung der mit der Grundsatzentscheidung über die kostenlose Zuteilung der Emissionsberechtigungen verbundenen Anschlussfragen wie Festlegung der Anfangsausstattung und Berücksichtigung vielfältiger Sonderprobleme (Behandlung von Kraft – Wärme –Kopplung, „early actions“, „Newcomer“ und Stillegungen), die bei einer Auktionierung so nicht entstanden wären. Hinzu kommen noch nicht umfassend gelöste Abstimmungsprobleme mit anderen Instrumenten im Regelungsbereich und mit anderen Politikbereichen. Durch die Bearbeitung handelbarer Emissionsrechte im politischen Prozess hat das Instrument viel von seiner theoretischen Attraktivität eingebüßt.

Es bleibt aber die erstmalige Vorgabe einer in absoluten Größen fixierten Obergrenze für CO_2– Emissionen der einbezogenen Quellen, die im Rahmen vorgegebener Begrenzungen flexibler und damit kostengünstiger als bisher realisiert werden kann. Die damit verbundenen Reduktionsverpflichtungen sind hinreichend schwach, um angesichts verbleibender Unsicherheiten über den Nutzen des Klimaschutzes die Kosten zu rechtfertigen. Dabei können nach Maßgabe verlässlicheren Wissens im Bedarfsfall sowohl die Zielgröße verschärft, wie auch das Kostenreduktionspotenzial durch Ausdehnung des Anwendungsbereichs bzw. durch eine engere Verknüpfung mit den flexiblen Mechanismen des Kyoto–Protokolls ausgedehnt werden. Die erste Handelsperiode 2005-2007 kann deshalb als Testperiode unter Wettbewerbsbedingungen gelten, deren Erfahrungen zur Effektivierung des Instrumentes genutzt werden können.

Literatur:

Bode, S. (2002), Emissionshandel und Selbstverpflichtung: Zur Kompatibilität eines Emissionsrechtehandels mit der Selbstverpflichtungserklärung der Industrie, in: Energiewirtschaftliche Tagesfragen, 52. Jg., H. 5, S. 283–299.

Bode, S., Butzengeiger, S. (2003), Zur kostenlosen Allokation von Emissionsrechten in Deutschland, in: Zeitschrift für Umweltpolitik und Umweltrecht, H. 3, S. 287–308.

Bonus, H., Häder, M. (1998), Zertifikate und Neue Institutionenökonomik, in: Zeitschrift für Angewandte Umweltforschung ZAU, Sonderheft 9, S. 32-44.

Böhringer, Ch., Lange, A. (2004), Mission Impossible!?, On the Harmonization of National Allocation Plans under the Emission Trading Directive, ZEW, Discussion Paper No. 04-15, Mannheim.

DIW (2004), Nach wie vor keine sichtbaren Erfolge der weltweiten Klimapolitik, Wochenbericht, 71.Jg., Nr.37, S. 523-536.

DIW (2004 a), Die ökonomischen Kosten des Klimawandels, Wochenbericht, 71. Jg., Nr. 42, S. 616-622.

Döring, Th., Ewringmann, D. (2003), Marktgerechtes Emissionshandelssystem: Zur Bewertung ausgewählter Gestaltungsoptionen eines europäischen CO_2-Emissionshandelssystems aus ökonomischer Sicht, Finanzwirtschaftliches Forschungsinstitut an der Universität Köln, Köln.

Döring, Th., Ewringmann, D. (2004), Europäischer CO_2-Emissionshandel, nationale Gestaltungsspielräume bei der Vergabe von Emissionsberechtigungen und EU-Beihilfekontrolle, in: Zeitschrift für Umweltpolitik und Umweltrecht, Heft 1/2004, S. 27-46.

Eickhoff, N. (2004), Selbstverpflichtungen im Bereich des Umweltschutzes. In: ORDO Jahrbuch für die Ordnung von Wirtschaft und Gesellschaft, Bd. 55, S. 269-286.

Europäische Kommission (2000), Grünbuch zum Handel mit Treibhausgasemissionen in der EU.

Goodin, R. E. (1994), Selling environmental indulgences, in: Kyklos, Vol. 47, Fasc. 4, pp. 573-596.

Graichen, P., Harders, E. (2002), Die Ausgestaltung des internationalen Emissionshandels nach dem Kyoto-Protokoll und seine nationale Umsetzungsvoraussetzungen, in: Zeitschrift für Umweltrecht, 13. Jg. Heft 2, S. 73-80.

Graichen, P., Requate, T. (2003), Der steinige Weg von der Theorie in die Praxis des Emissionshandels: Die EU-Richtlinie zum CO_2–Emissionshandel und ihre nationale Umsetzung, Diskussionspapier der Universität Kiel Nr. 8.

Hansjürgens, B., Gagelmann, F. (2004), Zur Ausgestaltung des Handelssystems im europäischen CO_2–Handel, in: Energiewirtschaftliche Tagesfragen, 54. Jg., Heft 4, S. 234-238.

Hillebrand, B. u. a. (2002), Zertifikathandel für CO_2-Emissionen auf dem Prüfstand, in: Pfaffenberger, W., Ströbele, W. (Hrsg.), Umwelt- und Ressourcenökonomik, Bd. 17, Münster.

Mc Kibbin, W. J., Wilcoxen, P. J. (2002), The Role of Economics in Climate Change Policy, in: Journal of Economic Perspectives, Vol. 16, No 2, S. 107-129.

Michaelowa, A. (1998), Übertragung des Demokratiemodells der NPÖ auf die Klimapolitik, in: Zeitschrift für Umweltpolitik und Umweltrecht, 21. Jg., S. 453-491.

Rahmeyer, F. (2004), Europäische Klimapolitik mit handelbaren Emissionslizenzen, Volkswirtschaftliche Diskussionsreihe der Universität Augsburg Nr. 257.

Rat von Sachverständigen für Umweltfragen (2002), Umweltgutachten 2002, Stuttgart.

Schafhausen, F. (2004), Politische Umsetzung von Kioto in der EU und in Deutschland, in: Lucht, M., Spangardt, G. (Hrsg.), Emissionshandel – Ökonomische Prinzipien, rechtliche Regelungen und technische Lösungen für den Klimaschutz, Berlin u.a., S. 51-86.

Schleich, J., Betz, R., Bradke, H., Walz, R. (2004), Allokationsplan, in: Lucht, M., Spangardt, G. (Hrsg.), Emissionshandel – Ökonomische Prinzipien, rechtliche Regelungen und technische Lösungen für den Klimaschutz, Berlin u.a., S. 101-116.

Ströbele, W. (2004), Emissionshandel für CO_2-Zertifikate in der EU, in: Milbradt, G. (Hrsg.), Ordnungspolitische Beiträge zur Finanz- und Wirtschaftspolitik, Festschrift für H. Grossekettler zum 65. Geburtstag, Berlin, S. 185-202.

Wackerbauer, J. (2003), Emissionshandel mit Treibhausgasen in der Europäischen Union. Ifo Schnelldienst, 56. Jg. Nr. 8, S. 22-30.

Umweltbundesamt (2004), Internetdokument: www.umweltbundesamt.de/emissionshandel/anlagebetreiber/zuteilung.

Weck-Hannemann, H. (1994), Die Politische Ökonomie der Umweltpolitik, in: Bartel, R., Hackel, F. (Hrsg.), Einführung in die Umweltpolitik, München, S. 101-118.

Ist Software anders?

Markus Langenfurth

Zusammenfassung: Der Beitrag untersucht die Frage, ob sich aus den Besonderheiten des Gutes Software Anhaltpunkte dafür ableiten lassen, dass das Open Source-Modell in einer marktwirtschaftlichen Ordnung eine funktionsfähige Alternative zur traditionellen (proprietären) Softwareproduktion darstellt. Hierzu erfolgt zunächst eine Darstellung der wesentlichen Eigenschaften von Software aus Bereitstellungs- und Wettbewerbssicht. Im Anschluss daran wird die grundlegende Funktionsweise des Open Source-Modells untersucht und an den Marktfunktionen gespiegelt, um herauszuarbeiten, welche Konsequenzen das Fehlen von Marktprozessen für diese Form der Softwareproduktion hat. Aus diesen Überlegungen können dann zentrale wirtschaftspolitische Implikationen abgeleitet werden.

Schlüsselworte: Open Source-Software, Marktfunktionen, Wettbewerb

1. Einleitung

Nachdem sich die Verheißungen des Internet-Booms und die damit verbundenen Vorstellungen einer New Economy nicht erfüllt haben, richten sich die Erwartungen nun auf ein neues Schlagwort aus der IT-Welt: Open Source-Software. Wieder soll eine neue und nach anderen Regeln funktionierende Ökonomie entstehen, diesmal auf der Basis einer Software, deren wichtigste Eigenschaft die vermeintlich kostenlose Verfügbarkeit ist. Der Tausch „Leistung gegen Geld" soll dabei abgelöst werden durch die Partizipation an einer Entwickler-Community auf Gegenseitigkeit. Die dominierende Open Source Lizenz GPL zielt darauf ab, eine Aneignung von Eigentumsrechten an Software zu unterbinden und über diesen Hebel die Durchsetzung von Lizenzgebühren zu verhindern.

Mit der Befürwortung einer Softwareentwicklung, die auf Preise und damit auf Marktprozesse verzichtet, ist häufig eine grundsätzliche Skepsis gegenüber marktlichen Steuerungsmechanismen verbunden. Diese Skepsis reicht von Ansichten über angebliche Marktversagenstatbestände bei der Softwareproduktion bis hin zu fundamentaler Opposition aus außerökonomischen Gründen („Software will frei sein"). Gleichwohl gibt es Geschäftsmodelle, die auf Open Source-Software aufbauen. Diese Geschäftsmodelle müssen jedoch alle Investitionen in die Softwareentwicklung über komplementäre Dienste und Produkte finanzieren.

Der mittelständisch geprägte deutsche IT-Markt, der drittgrößte der Welt, setzt im Jahr über 42 Milliarden Euro um (davon 20 Mrd. in der Softwareentwicklung) und erwirtschaftet mit 280.000 Beschäftigten zwei Prozent der deutschen Wertschöpfung. Es lohnt sich also, Open Source-Software als ein alternatives Wirtschaftsmodell für diesen Sektor aus ordnungspolitischer Sicht kritisch zu hinterfragen. Im Folgenden wird daher die Frage untersucht, ob das Open Source-Modell eine tragfähige und volkswirtschaftlich effiziente Alternative zur kommerziellen Softwareproduktion darstellt.

2. Ohne Preis heißt nicht kostenlos - Merkmale der Softwareproduktion

2.1 Kostenstruktur der Softwareentwicklung

Software ist ein geistiges Werk. Damit fallen fast die gesamten Herstellungskosten als versunkene Kosten für die Entwicklung und das Testen der Software vor dem Vertriebsstart an (hohe First Copy Costs) [OECD (2002), S. 105; zu den Merkmalen von Software: BALZERT (1996)]. Die Vervielfältigungskosten sind demgegenüber sehr gering (Instant Scalability). Bezieht man die gesamten Produktionskosten auf die abgesetzten Lizenzen, so zeigen sich in der Softwareindustrie degressive Durchschnittkostenverläufe [OECD (2002), S. 105; GRÖHN (1999), S. 5]. Dies gilt auch für viele andere Branchen mit hohen Entwicklungskosten. Beispiele hierfür sind etwa die Arzneimittelproduktion oder die Musik- und Filmbranche. Der Effekt sinkender Durchschnittskosten kommt allerdings nur dann voll zum Tragen, wenn die Präferenzen der Nutzer weitgehend homogen sind. Andernfalls kann es bei einer Ausdehnung der angestrebten Nutzergruppe dazu kommen, dass die Berücksichtigung immer heterogenerer Ansprüche die Entwicklungskosten so stark ansteigen lassen, dass eine weitere Marktabdeckung durch einen Anbieter unrentabel wird.

Von den sinkenden Durchschnittkosten sind zunehmende Skalenerträge deutlich zu unterscheiden. Steigende Skalenerträge liegen dann vor, wenn durch eine proportionale Erhöhung der Inputmenge der Output überproportional steigt. Für die Softwareentwicklung würde dies bedeuten, dass man mit der doppelten Anzahl an Entwicklern mehr als doppelt so viel Software schreiben kann. Bis zu einer gewissen Entwickleranzahl mag dies zutreffen. Darüber hinaus liegen jedoch aufgrund des erhöhten Koordinationsaufwands eher abnehmende Skalenerträge vor. Dies zeigt sich beispielsweise daran, dass es häufig kleine Unternehmen mit schlanken Strukturen sind, die Software schneller für einen neuen Einsatzbereich auf den Markt bringen können als große etablierte Anbieter.

Einmal geschriebene Programmelemente können in anderen Programmen eingesetzt werden. Daher spielen auch Verbundvorteile eine wichtige Rolle. Grundsätzlich ist es dabei möglich, dass über definierte Schnittstellen auch andere Produzenten an Verbundvorteilen partizipieren können. Dadurch können einzelne Teile oder Komponenten einer Software auch anderen Softwareproduzenten zur Verfügung gestellt werden [GRÖHN (1999), S. 5].

2.2 Bereitstellungsmenge, Nutzerzahl und Bepreisung von Software

Software gehört zur Kategorie der Club-Kollektivgüter: Zum einen mindert sich der Wert von bestehender Software nicht, wenn sich der Nutzerkreis ausdehnt, sondern kann aufgrund von Netzwerkeffekten sogar noch zunehmen (Ex-post-Nichtrivalität), zum anderen ist es ohne nennenswerte Kosten möglich, Nutzer vom Zugang auszuschließen (Exkludierbarkeit). Beide Eigenschaften sind für die Frage, wie Software in einer marktwirtschaftlichen Ordnung bereitgestellt werden soll, von großer Bedeutung.

Aus Bereitstellungssicht kommt aufgrund der Exkludierbarkeit von Software neben der Club-Lösung (genossenschaftlicher Zusammenschluss aller Nutzer) eine Bereitstellung über private Anbieter in Betracht. Da die Club-Lösung insbesondere bei Massensoftware an organisatorische Grenzen stößt (Transaktionskostenproblem), hat sich die private Bereitstellung durch Softwareunternehmen auf breiter Front durchgesetzt. Nicht selten kommt es dabei aufgrund der speziellen Produktionsbedingungen (hohe First-Copy-Costs, lizenzbezogene Kostendegressionseffekte) zu dominierenden Marktpositionen, die dann spezielle wettbewerbspolitische Fragen nach der Funktionsfähigkeit der jeweiligen Märkte aufwerfen.

Als Clubkollektivgut muss bei der Bereitstellung zwischen der Bereitstellungsmenge (Funktionsumfang der Software) und der Nutzerzahl unterschieden werden. Hierzu muss zunächst der Begriff der Bereitstellungsmenge auf Softwaremärkten genauer gefasst und von der installierten Basis unterschieden werden. Die aus volkswirtschaftlicher Sicht relevante Softwaremenge ist nicht mit der Anzahl verkaufter Lizenzen zu verwechseln, sondern besteht im jeweiligen Funktionsumfang der verfügbaren Software. In analoger Weise besteht das Mengenmaß einer Nachrichtensendung aus der Summe der Meldungen (Informationsgehalt) und ist unabhängig von der Zuschauerzahl. Die Ausdehnung der so gefassten Softwaremenge ist mit positiven Grenzkosten verbunden, so wie auch die Verlängerung der Nachrichtensendezeit nicht kostenlos möglich ist. Da jeder Nachfrager (Softwarenutzer bzw. Fernsehzuschauer) jede produzierte Mengeneinheit eines reinen Club-Kollektivgutes ohne Wertverlust für die übrigen Nachfrager in Anspruch nehmen kann, ergibt sich die Gesamtnachfrage für eine Mengeneinheit (Softwarefunktion bzw. Nachrichtenmeldung) aus der Zusammenfassung (Vertikalaggregation) der Zahlungsbereitschaften aller potenziellen Nutzer dieser Mengeneinheit.

In Bezug auf die Bereitstellungsmenge liegen keine abnehmenden Grenzkostenverläufe vor. Ökonomisch ist die Bereitstellung von Software daher in erster Linie eine Frage der Nachfrageorganisation. Da kein Exklusionsproblem vorliegt, kann

Software (wie andere Clubkollektivgüter auch) von Unternehmen angeboten werden, die durch ihre Marktforschungsaktivitäten die Clublösung (Nachfragebündelung) auf eigenes Risiko emulieren. Der Lizenzpreis erfüllt dann die Funktion des impliziten Clubbeitrags, der bei hinreichender Bestreitbarkeit der Märkte in der Nähe der durchschnittlichen Produktionskosten liegt.

Die mangelnde Rivalität in Bezug auf den bestehenden Softwarebestand (Ex-post-Nichtrivalität) darf auch nicht dahingehend missverstanden werden, dass Software an sich kein knappes Gut wäre. In Bezug auf die jeweils nächste Softwaregeneration (Updates oder Neuentwicklungen) herrscht sehr wohl Rivalität, da mit begrenzten Entwicklungsressourcen einer Volkswirtschaft nicht alle Nutzeransprüche gleichermaßen berücksichtigt werden können. Dieses Knappheitsproblem besteht auch bei Open Source-Software unverändert fort. Bei der Diskriminierung der Nutzerwünsche ist daher ein preislicher Koordinationsmechanismus, der die Nachfragedringlichkeit mit den Produktionsmöglichkeiten abgleicht, unverzichtbar.

2.3 Die Bedeutung von Netzwerkeffekten

Netzwerkeffekte liegen dann vor, wenn der Wert eines Produktes nicht nur von den Produkteigenschaften abhängt, sondern mit der Anzahl der Nutzer steigt.[1] Die auf dem Softwaremarkt auftretenden Netzwerkexternalitäten sind ein Sonderfall externer Effekte, sie zeichnen sich durch die gemeinsame Verwendung eines gleichen Gutes aus. Treten durch die Verwendung der gleichen Software bei den anderen Nutzern dieser Software Nutzenveränderungen auf, ohne dass diese über den Marktpreis berücksichtigt werden, so liegen Netzwerkexternalitäten vor [WEIZSÄCKER, KNIEPS (1989), S. 458; KATZ, SHAPIRO (1994), S. 93-115].

Ist der Nutzen eines Netzwerkes positiv von der Teilnehmerzahl in einem Netz abhängig, so ergibt sich die ökonomische Relevanz von Netzwerkexternalitäten aus dem Erreichen einer *kritischen Masse* an Netzteilnehmern [KLODT ET AL. (1995), S. 40; BLANKART, KNIEPS (1992), S. 79]. Erst bei einer genügenden Anzahl von Teilnehmern lohnt sich ein Netzaufbau oder der Wechsel in ein alternatives Netz. Ergibt sich diese kritische Teilnehmeranzahl nicht, so kann es sein, dass sich ein Netz nicht herausbildet oder es zum Verharren im bestehenden Netz kommt. Das Nichterreichen der kritischen Masse kann als Markteintrittsbarriere für alternative Anbieter wirken, die ein technologisch zum etablierten Anbieter identisches Netz aufbauen oder sich auf den Verbleib in einem technologisch

---

[1] Bei Netzwerkeffekten handelt es sich um einen Spezialfall technologischer externer Effekte. Externe Effekte liegen dann vor, wenn jemand von Konsum- oder Produktionshandlungen durch Haushalte oder Unternehmen betroffen ist, ohne dafür zu bezahlen bzw. entschädigt zu werden [Fritsch, Wein und Ewers (2003), S. 92 ff.; Grossekettler (1995), S. 510]. „Extern" bedeutet somit „außerhalb des Preissystems als dem Hauptkoordinationsmechanismus einer Marktwirtschaft stehend" [Grossekettler (1995), S. 510].

veralteten Netz beziehen. Aus theoretischer Sicht besteht die Möglichkeit, nicht aber die zwingende Notwendigkeit, dass sich alle Nutzer am Ende einer Lock-in Situation gegenüber sehen, in der alle eine Software nutzen, die einer alternativen Lösung unterlegen ist.

Lock-in Effekte sollen dazu führen, dass sich technologisch überlegene Produkte nur deshalb nicht am Markt durchsetzen, weil sie über eine zu kleine installierte Basis verfügen. Das Festhalten an einer vermeintlich unterlegenen Technologie wird dann als Marktversagen und Grund für Staatseingriffe interpretiert. In der Realität zeigt sich jedoch, dass sich kaum belegbare Beispiele für solche Fehlentscheidungen von Märkten und das Durchsetzen einer unterlegenen Technologie finden.

Als Beispiel dafür wie „Märkte Fehler machen können" wird häufig das Beispiel des englischen QWERTY-Tastaturlayouts zitiert. Tatsächlich hat sich dieses Layout jedoch in verschiedenen empirischen Studien als gleichwertig zu anderen Tastaturanordnungen herausgestellt. Der einzige Test, der zu einem anderen Ergebnis kommt, wurde selbst vom Erfinder eines konkurrierenden Layouts durchgeführt. Ein weiteres Beispiel ist die Durchsetzung der VHS- gegenüber der Beta-Videokassette. Allerdings gab es auch in diesem Fall technologische Gründe (längere Bandlaufzeiten) die für die VHS-Kassette sprachen [LIEBOWITZ, MARGOLIS (1990)].

Die neuere ökonomische Forschung weist darauf hin, dass Netzwerkeffekte häufig überschätzt werden. [LIEBOWITZ, MARGOLIS (1995); LIEBOWITZ (2002)] So fallen Lern- und Umstellungskosten fast bei allen Produktwechseln an. Entscheiden sich Käufer aus Markentreue immer wieder für die Produkte eines bestimmten Anbieters, so wird dies auch häufig mit Widererkennungseffekten und einer geringen Eingewöhnungszeit begründet. Scheuen Anwender diese Wechselkosten, so bedeutet dies, dass sie den Nutzen des neuen Produktes oder der Software geringer einschätzen als die Lernkosten. Solche schwachen Netzwerkeffekte sind damit keine Softwarebesonderheit und ebenfalls kein Grund, dass sich eine tatsächlich überlegene Technologie nicht durchsetzen kann.[1]

Netzwerkeffekte der Softwarenutzung resultieren in erster Linie aus der Möglichkeit, Daten miteinander austauschen zu können (Interoperabilität). Bei bestehenden Netzwerkbrücken, die einen plattformübergreifenden Datenaustausch ermöglichen, entfällt die Bindung an ein bestehendes Netzwerk. Beispielsweise lassen sich Multimediadateien (Bilder, Musik oder Filme) oder Internetseiten plattformunabhängig lesen. Der E-Mailaustausch ist ebenfalls unabhängig vom verwendeten Betriebssystem möglich.

---

1 Vgl. zur Unterscheidung von „starken" und „schwachen" Netzwerkeffekte SCHMIDT, SCHNITZER (2002), S. 15-19.

Netzinseln können auch die Relevanz von Netzeffekten reduzieren. So wird ein Großteil der verwendeten Dateien nicht mit beliebig vielen Nutzern, sondern häufig mit einer klar abgrenzbaren Gruppe etwa innerhalb eines Unternehmens ausgetauscht. Wechselt diese Anwendergruppe komplett zu einer bestimmten Software, so ist die Austauschbarkeit von Dateien innerhalb dieser Gruppe wieder gewährleistet.

In der Realität zeigt sich, dass Netzwerkeffekte häufig zu schwach sind, um eine überlegene Technik dauerhaft zu unterdrücken. Bietet ein neues Produkt klare Vorteile gegenüber einem etablierten, so wollen Konsumenten dieses Produkt nicht nur selbst, sie erwarten auch, dass andere Nutzer zu diesem Produkt wechseln.

2.4 Wettbewerb auf dem Softwaremarkt

2.4.1 Bestreitbarkeit des Softwaremarktes

Der Softwaremarkt ist durch eine überdurchschnittliche technologische Dynamik gekennzeichnet. Hardwareinnovationen wie neue Prozessorgenerationen, größere Internetbandbreiten oder auch neue mobile Zugangstechnologien führen immer wieder zu neuen Softwareprodukten. Dabei sind es häufig besonders die innovativen neuen Anbieter, die mit ihren Lösungen in den Markt eintreten. Die Softwareentwicklung ist dadurch gekennzeichnet, dass neue technische Entwicklungen wie Browser, Suchmaschinen oder Media-Software gerade von Anbietern kommen, die vorher noch nicht in diesem Markt vertreten waren (z. B. Google, iTunes). Aufgrund der vergleichsweise geringen Markterschließungskosten ist es auf dem Softwaremarkt wesentlich einfacher als neuer Produzent in den Markt einzutreten als beispielsweise in klassischen Gütermärkten. Das Abzählen der aktuellen Anbieter zeichnet daher kein vollständiges Bild von der Wettbewerbsintensität auf Softwaremärkten.

Die Eintrittsbarrieren für neue Anbieter sind auf dem Softwaremarkt gering. Zwar fallen hohe Entwicklungskosten vor dem Markteintritt an, daneben sind jedoch im Vergleich zur Produktion physischer Güter nur geringe zusätzliche Investitionen erforderlich, um in den Markt eintreten zu können. Schnelle Innovationszyklen und technischer Fortschritt begünstigen ebenfalls die Markteintrittschancen für neue Anbieter und bedrohen die Dominanz etablierter Unternehmen [SCHMIDT, SCHNITZER (2003), S. 7].

Die Höhe der Markteintrittsbarrieren variiert allerdings mit der Bedeutung der angebots- und nachfrageseitigen Netzwerkeffekte. Je stärker der Nutzen einer Plattform oder Technologie auch von diesen Netzwerkeffekten abhängt, desto größer muss der Zusatznutzen einer alternativen Plattform sein und desto schwieriger ist der Markteintritt.

Die vergleichsweise geringen Hürden für den Markteintritt fördern hohe Innovationsraten. Zahlreiche neue Softwaretechnologien sind in der Vergangenheit von kleinen innovativen Unternehmen in den Markt gebracht worden. Diese konnten dann aufgrund der Überlegenheit ihrer Technologie oder der innovativen Anwendung sehr schnell große Marktanteile erreichen und etablierte Anbieter ablösen. Sofern ein innovatives Produkt vorliegt sind keine weiteren Investitionen zum Markteintritt notwendig. Es ist daher nicht von der Größe eines Unternehmens abhängig, in den Softwaremarkt erfolgreich mit einem neuen Produkt einzutreten. Entwickeln die im Markt vertretenen Anbieter ihre Technologie nicht weiter, so können neue Marktteilnehmer durchgängig die Marktposition der etablierten Anbieter bedrohen [HOCH ET AL. (1999); SCHMIDT, SCHNITZER (2003), S. 7].

Markteintritte sind dabei auch in kleinen Teilmärkten oder mit Zusatzkomponenten zu bestehenden Softwarepaketen möglich. Da etablierte Anbieter mit ihren Angeboten zur Abdeckung einer möglichst breiten Nutzerzahl selten auf spezielle Bedürfnisse eingehen können, verbleiben Marktteile, die von alternativen Anbietern besetzt und ausgebaut werden können. Marktführer sehen sich also einer ständigen Bedrohung ihrer eigenen Marktposition ausgesetzt. Ihre Position ist eher zerbrechlich als stabil.

2.4.2 Betriebssystemmärkte: ein wettbewerbspolitischer Sonderfall?

Da sich Software nicht verbraucht, gibt es auch für einen Anbieter auf einem gesättigten Markt die Notwendigkeit, sein Produkt beständig weiterzuentwickeln, um auf dem Markt bestehen zu können [GRÖHN (1999), S. 3]. Es kommt nur dann zu einem Neukauf und Austausch der Software, wenn die neue Version spürbare Verbesserungen enthält. Jede Betriebssystemversion konkurriert so mit ihrer eigenen Vorgängerversion und setzt damit auch den etablierten Anbieter unter Innovationsdruck. Will ein Unternehmen neue Versionen einer Software verkaufen, so besteht Wettbewerb damit auch darin, besser als die Vorgängerversion zu werden [SCHMIDT, SCHNITZER (2003), S. 8].

Anbieter von Betriebssystemen sind zudem darauf angewiesen, dass eine Vielzahl von Anwendungsprogrammen verfügbar ist, die reibungslos mit dem Betriebssystem zusammenarbeiten. Würde der Betriebssystemanbeiter die Eintrittsmöglichkeiten in den Anwendungsmarkt bewusst behindern, so verringerte dies auch den Wert der eigenen Plattform.

Etablierte Anbieter und neue Anbieter konkurrieren somit gleichzeitig um die Anwender der nächsten Generation. Betrachtet man nicht das Betriebssystem als Ganzes, sondern einzelne Erweiterungen (Module) davon, so muss im Falle von marktbeherrschenden Plattformanbietern sichergestellt sein, dass einzelne Komponenten durch Alternativprodukte ausgetauscht werden können. Hierfür bietet das bestehende Wettbewerbsrecht jedoch bereits die notwendigen Instrumente, wie die wettbewerbspolitische Praxis zeigt. Für den Dateimanager, Browser, Mediaplayer oder die Dienstprogramme eines Betriebssystems gibt es eine Vielzahl an Angeboten alternativer Anbieter. Ebenfalls möglich ist die Installation mehrerer Betriebssysteme auf einem Computer in verschiedenen Festplattenpartitionen. Das Vorhandensein eines Betriebssystems verhindert somit nicht die parallele Installation eines weiteren Betriebssystems. Diese Punkte zeigen, dass es für alternative Anbieter durchaus Markteintrittsmöglichkeiten gibt und ein Plattformwechsel grundsätzlich möglich ist. Kommt es dennoch zu Erscheinungen des Missbrauchs einer marktbeherrschenden Stellung, so kann diesen mit den üblichen wettbewerbspolitischen Instrumenten begegnet werden. Es liegen daher keine zwingenden Gründe dafür vor, Softwaremärkte wettbewerbspolitisch anders zu behandeln als andere Industrien.

3. Ökonomische Bewertung des Open Source-Entwicklungsmodells

3.1 Grundlagen der Open Source-Entwicklung

Die ursprüngliche Idee einer sog. „freien" Software stammt aus den 80er Jahren.[1] Die Bezeichnung „freie" Software betont die freiheitlichen Prinzipien im Umgang mit Software „Free software is a matter of freedom: people should be free to use software in all the ways that are socially useful." [www.gnu.org/philosophy] Begrenzungen in der Benutzung der Software seien falsch und das letztendliche Ziel besteht darin, dass „all published software should be free software" [STALLMANN (2001)].

Bestimmende Merkmale von Open Source-Software[2] sind im Unterschied zu kommerzieller Software die an die Lizenzbedingungen gekoppelten weitgehenden Verfügungsrechte des Nutzers über die Software und die freiwillige, nicht auf Arbeitsverträgen beruhende Selbstorganisation der Entwicklungszusammenarbeit. Mit Open Source-Software sind folgende Rechte für den Nutzer der Software verbunden [www.gnu.org]:

- Das Recht, das Programm für jeden Zweck zu benutzen.

---

1 Eine knappe Übersicht der Literatur zu den Economics of Open Source bietet SCHIFF (2002).

2 Der Begriff Open Source-Software ist erst im Jahre 1998 entstanden. Die Namensgebung Open Source-Software erfolgte vor allem, um „freie" Software breiteren, auch kommerziellen Nutzungsinteressen zu öffnen. Am Begriff Open Source-Software wird insbesondere kritisiert, dass er allein auf die technische Ausgestaltung von Software abstellt und den ursprünglichen Freiheitsgedanken vernachlässigt. Auch wenn der Begriff Open Source-Software umstritten ist und einen anderen Schwerpunkt setzt als „freie" Software, hat er sich im allgemeinen Sprachgebrauch etabliert.

- Das Recht, zu verstehen, wie das Programm funktioniert und wie man es für seine Ansprüche anpassen kann.
- Das Recht, Kopien an andere Nutzer weiterzuverbreiten.
- Das Recht, das Programm zu verbessern und die Verbesserungen der Öffentlichkeit zur Verfügung zu stellen.

Aus programmiertechnischer Sicht ist die Offenheit des Quellcodes Grundlage für die Entwicklung von Open Source-Software. Nur bei Quelloffenheit und der Erlaubnis, den Quellcode auch verändern zu dürfen, ist es jedem Anwender möglich, einen eigenen Beitrag zur Weiterentwicklung der Software zu leisten. Wer den Quellcode kennt, kann neue Versionen des Programms entwickeln oder Fehler beheben sowie Verbesserungen vornehmen [MORNER (2003), S. 318]. Im Gegensatz hierzu steht die gesetzlich geschützte kommerzielle Software, deren Quellcode vom Hersteller nicht grundsätzlich für jeden Benutzer freigegeben wird bzw. nur in Form des maschinenlesbaren Binärcodes [BERLECON RESEARCH (2002), S.11]. Kommerzielle Software wird in lizenzierter Form vertrieben, wodurch für den Kunden bestimmte Nutzungsbedingungen festgeschrieben werden, die in der Regel eine Mehrfachverwendung oder Weitergabe der Software ausschließen. Da der Quellcode nicht zugänglich ist, bestehen auch nicht die technischen Voraussetzungen, die Software zu verändern.

Demgegenüber ist es dem Nutzer von Open Source-Software erlaubt, den Quellcode einzusehen, ihn zu ändern und Kopien der geänderten oder ursprünglichen Version an andere Nutzer weiterzugeben. Die GPL (General Public Licence) als derzeit dominierende Open Source-Software-Lizenz macht aus diesem Recht eine Auflage: Jede veröffentlichte Software, die GPL-lizensierte Bestandteile verwendet, muss ebenfalls wieder frei zugänglich sein. Die Gegenleistung für die Nutzung fremder Ideen außerhalb des rein privaten Gebrauchs besteht also darin, die darauf aufbauenden eigenen Leistungen allen Interessierten unentgeltlich zur Verfügung zu stellen. Allerdings kann auch derjenige, der selbst keine Entwicklungsbeiträge einbringt, ungehindert auf Open Source-Software zugreifen.[1]

3.2 Kein Bazar: Die Open Source-Softwareentwicklung

In einem der bekanntesten Beiträge über die Open Source-Entwicklungsprinzipien wird die Arbeit an einem Open Source-Projekt mit einem „Bazar" verglichen: „*The Linux community seems to resemble a great babbling bazaar of differing agendas and approaches... out of which a coherent and stable system could seemingly emerge only by a succession of miracles*" [RAYMOND (1998)]. Dieser

---

1 Open Source-Software ist von lediglich Linux-kompatibler Software zu unterscheiden, die ohne Offenlegung des Quellcodes vertrieben wird und nur die Open Source-Plattform Linux nutzt. Die Lizenzmodelle und Eigentumsrechte bei dieser Form von Software unterscheiden sich nicht von denen klassischer Softwareangebote.

Vergleich übersieht jedoch, dass das wesentliche Merkmal eines Bazars fehlt: Das Aufeinandertreffen von Anbietern und Nachfragern und die sich daraus ableitende Preisbildung für das gehandelte Gut.

Ein Bazar ist der Prototyp eines Marktes.[1] Das scheinbar chaotische Handeln auf einem Markt ist Ausdruck eines dezentralen Koordinationsmechanimus, der die Nachfragerwünsche und Anbietermöglichkeiten zusammenbringt. Der Bazar dient dem Informationsaustausch und der Preisbildung. Preise zeigen dabei die relativen Knappheiten an und sind eine wichtige Information darüber, wie die Nachfrager den Wert eines Gutes einschätzen und welche Güter am stärksten nachgefragt werden. Jeder Händler verfolgt auf einem Bazar seine Eigeninteressen, indem er seinen Gewinn maximiert. Dies ist ihm dann am besten möglich, wenn er diejenigen Güter anbietet, die von den Kunden besonders dringlich gewünscht werden. Der Händler, der die Kundenwünsche am besten erfüllt, hat die größten Gewinnaussichten. Damit profitiert der Nachfrager indirekt von den Eigeninteressen des Anbieters.[2]

Märkte stellen als ökonomische Organisationsform keinen Selbstzweck dar, sondern sie erfüllen wichtige Koordinierungsaufgaben in einer auf arbeitsteilige Produktion ausgerichteten Volkswirtschaft. Dies gilt insbesondere für die Abstimmung des Angebots auf die Bedürfnisse der Nachfrager (Konsumentensouveränität), die Lenkung der Produktionsfaktoren in die günstigste Verwendung (Faktorallokation) und die Anreize zu Innovationen (technischer Fortschritt). Hierbei dienen Preissignale als dezentrales Navigationssystem für marktliche Austauschprozesse. Sie zeigen Knappheiten an, machen Alternativen deutlich und erlauben es, Risiken zu kalkulieren.

Bei der freien Open Source-Softwareentwicklung treffen keine Anbieter und Nachfrager aufeinander. Der Open Source-Bazar besteht nur aus Anbietern bzw. Entwicklern, die ihre Software primär nach eigenen Vorstellungen entwickeln, wenn sie nicht von Dritten für konkrete Projekte bezahlt werden. Ausgehend von den Eigeninteressen der Entwickler (etwa Freude an der technischen Herausforderung oder Reputationsaufbau) gibt es keine zwingende Rückkoppelung zu den Interessen der Nutzer einer Software. Die Software, die bei Verfolgung der Entwicklerinteressen entsteht, muss nicht die Software sein, die die Kunden wünschen. Zwar können diese ihre Wünsche und Anregungen auflisten, es fehlt aber

---

1 Zur konstituierenden Rolle der Preisbildung für einen Markt siehe BORCHERT, GROSSEKETTLER (1985), S. 13 ff.

2 Vgl. SMITH (1776), Book 1, Chapter 2, der diesen Mechanismus bereits vor über 200 Jahren aufgezeigt hat (damals allerdings noch nicht für das Beispiel Software): „*It is not from the benevolence of the butcher, the brewer, or the baker that we expect our dinner, but from their regard to their own interest. We address ourselves, not to their humanity but to their self-love, and never talk to them of our own necessities but of their advantages*“.

das Instrument, die Einträge auf dieser Wunschliste in eine ökonomisch belastbare Reihenfolge zu bringen. Durch den fehlenden Preismechanismus liefert das Open Source-Modell keine Informationen darüber, welchen Wert eine Software für die Nutzer hat und was es die Anbieter kostet, bestimmte Verbesserungen an bestehenden Programmen durchzuführen oder neue Softwaregenerationen zu entwerfen. Der Vorteil eines Preissystems besteht insbesondere darin, dass unterschiedliche Güter mit einem einheitlichen Maßstab bewertet und Alternativen damit vergleichbar gemacht werden können.[1] Im Open Source-Modell ist ein Dringlichkeitsvergleich für alternative Bedarfe nicht möglich. Dieses Bewertungsdefizit überträgt sich auf die vorgelagerten Faktormärkte, auf denen im freien Open Source-Modell nicht nur keine Einkommen, sondern wiederum keine Knappheitssignale hervorgebracht werden können. Keinen Preis zu haben, bedeutet daher für ein Gut volkswirtschaftlich weitaus mehr, als in den Augen der Nachfrager gratis zu sein.

3.3 Tragfähigkeit von Open Source-Geschäftsmodellen

Für die weiteren Überlegungen ist eine Unterscheidung zwischen Standard- und Individualsoftware sinnvoll. Bei Individualsoftware ist eine direkte Kommerzialisierung von Open Source-Programmen möglich, weil diese Software gezielt auf die Bedürfnisse eines Kunden zugeschnitten wird, ohne dass das Ergebnis von anderen Nutzern verwertbar wäre. Die Bezahlung der Entwicklungsleistungen kommt damit dem Entgelt für eine Einmallizenz gleich. Diese Form der Softwareproduktion unterscheidet sich ökonomisch nicht von herkömmlicher kommerzieller Software, weil Nutzer und Zahler zusammenfallen und damit auch keine Trittbrettfahrerprobleme auftreten. Allerdings können hierbei auch die vermeintlichen Vorteile des Open Source-Modells (Beitrag und Teilhabe) nicht voll zur Geltung kommen.

Standardsoftware umfasst solche Programme, die sich an eine Vielzahl von unabhängigen Nutzern richten. Der Standardsoftwaremarkt ist im Vergleich zum Individualsoftwaremarkt nicht nur umsatzstärker, sondern auch wirtschaftspolitisch interessanter, weil hier mit dem Open Source-Modell tatsächlich ökonomisches Neuland betreten werden soll. Anders als bei Individualsoftware sind der Bepreisung von Open Source-Standardsoftware enge Grenzen gesetzt. Zwar können selbst für GPL-lizenzierte Programme formal Preise verlangt werden, die freie Verfügbarkeit dieser Software macht jedoch die faktische Durchsetzung von Preisen schwierig. Für Software, die legal kopiert, weitergegeben oder aus dem Internet heruntergeladen werden darf, ist die Zahlungsbereitschaft de facto sehr begrenzt. Es bleiben ökonomisch nur drei Möglichkeiten, um unter diesen Bedingungen die Bereitstellung der Software zu ermöglichen:

---

[1] Auch wenn vielfach behauptet wird, dass man „Äpfel nicht mit Birnen vergleichen kann“: Der Preismechanismus ermöglicht genau einen solchen Vergleich.

(1) Die an der Entwicklung beteiligten Programmierer leisten ihre Beiträge unentgeltlich (Freiwilligkeitsprinzip).

(2) Die mit dem Einsatz bezahlter Entwickler entstehenden Kosten zur Weiterentwicklung von Open Source-Software müssen über den Verkauf von Zusatzleistungen verdient werden (Komplementärstrategie).

(3) Entwickler werden indirekt durch staatliche Subventionen oder direkt als staatliche Bedienstete, z. B. an öffentlichen Hochschulen, über Zwangsabgaben finanziert.

Die dritte Alternative läuft auf eine Verstaatlichung der Softwareproduktion hinaus. Da diese Zielsetzung offensichtlich ordnungspolitisch verfehlt wäre und auch von Befürwortern des Open Source-Modells nicht vertreten wird, soll diese Option hier auch nicht weiter verfolgt werden. Es verbleiben damit das Freiwilligkeitsprinzip und die Komplementärstrategie und mit ihnen die Fragen, wie allokationseffizient und wie tragfähig diese Alternativen zur kommerziellen Produktion von Standardsoftware einzuschätzen sind.

Das Freiwilligkeitsprinzip korrespondiert häufig mit der Befürwortung einer Softwareproduktion, die aus prinzipiellen Gründen auf die Bepreisung und den Schutz geistigen Eigentums verzichtet. Hiermit verbunden ist in der Regel eine ausgeprägte Skepsis gegenüber marktlichen Produktions- und Zuteilungsverfahren. Die Entwicklung und Bereitstellung von Software im Open Source-Modell erfolgt daher im Kern bewusst marktfrei und soll so eine Herstellungsmethode bieten, die nicht den in einer Marktwirtschaft üblichen Bedingungen unterworfen ist.

Damit bietet sich die zweite Alternative als einzige Basis für kommerzielle Softwareentwicklung an. Allen kommerziellen Open Source-Software-Geschäftsmodellen ist gemeinsam, dass sie auf den prinzipiell marktfreien Open Source-Kern aufbauen und diesen als Basis für Zusatzleistungen nutzen. Alle derartigen Geschäftsmodelle versuchen, über ihr Open Source-Engagement die Nachfrage nach einem eigenen komplementären Produkt zu erhöhen. Aus betriebswirtschaftlicher Sicht lohnen sich Investitionen für Unternehmen in Open Source-Projekte nur dann, wenn sich durch diese Investitionen Gewinne mit anderen Diensten oder Produkten erwirtschaften lassen. Diese indirekten Geschäftsmodelle laufen auf eine Quersubventionierung der Open Source-Softwareproduktion aus dem Erlösaufkommen der anderen Wertschöpfungsstufen hinaus. Zur volkswirtschaftlichen Bewertung dieser Strategie sind je nach Bestreitbarkeit der Komplementärmärkte zwei Fälle zu unterscheiden. Entweder die Quersubventionierung gelingt (Fall 1) oder nicht (Fall 2). Zunächst seien die ökonomischen Reaktionen für den Fall erfolgreicher Quersubventionierung am Beispiel eines Servicemarktes als Komplementärsegment durchdacht.

Da auf dem Softwaremarkt keine adäquate Bepreisung erfolgen kann, wird versucht, die gleichwohl anfallenden Kosten durch den Verkauf von Serviceleistungen zu Überkostenpreisen zu decken. Ausgehend von einem ursprünglichen Marktgleichgewicht (bei kommerzieller Organisation beider Märkte) bleibt die nunmehr notwendige Preiserhöhung auf dem Servicemarkt nicht ohne Anpassungsreaktionen, da die dortigen Nachfrager in der Regel nicht bereit sind, die bisherige Menge zu einem Preis zu kaufen, der deutlich über dem alten Marktpreis liegt. Entsprechend sinkt die Nachfrage auf dem Komplementärmarkt. Da außerdem auch die Nettopreise für die Güter im Komplementärsektor sinken, schrumpft die dortige Wertschöpfung. Insgesamt erhält man damit Wohlfahrtsverluste wie sie aus der Steuerwirkungsanalyse bekannt sind. Hier wie dort beruht der negative Wohlfahrtseffekt darauf, dass die relevanten Preise für Nachfrager und Anbieter auseinander fallen. Die Quersubventionierung wirkt wie ein Keil, der Kaufpreis und Absatzpreis auseinander treibt und damit über Mengenreaktionen die gesamtwirtschaftliche Wohlfahrt reduziert.

Überleitend zu Fall 2 stellt sich die Frage, warum eine Quersubventionierung überhaupt gelingen kann, da die Komplementärmärkte grundsätzlich auch anderen Anbietern offen stehen. Da Open Source-Software jedermann auch ohne Finanzierungsbeitrag zugänglich ist, könnten Serviceanbieter am Markt auftreten, die ihre Leistungen zu Kostenpreisen anbieten und damit diejenigen Anbieter verdrängen, die Finanzierungsbeiträge für Open Source-Software über ihre Absatzpreise hereinholen müssen. Der Quersubventionierungsstrategie wird so der Boden entzogen. Dies führt dann zu einem Wertschöpfungsausfall unmittelbar bei der Softwareentwicklung. Der deutsche Facheinzelhandel macht analoge Erfahrungen, wenn sich Kunden unentgeltlich beraten lassen und später die Produkte doch bei den Discountern kaufen. Die Kernleistung Beratung kann dann nicht über den komplementären Produktverkauf finanziert werden, so dass die Beratungsleistungen auf einem volkswirtschaftlich zu niedrigen Niveau liegen.

3.4 Ressourcenlenkung: Ex-post versus Ex-ante Rivalität

Wird die Open Source-Entwicklung als Freizeitbeschäftigung angesehen, ist die individuelle Zeiteinteilung jedem Entwickler freigestellt und unterliegt auch keinen anderen ökonomischen Bewertungskriterien als denen des Entwicklers selbst. Als Alternative zum kommerziellen Modell muss sie sich aber hinsichtlich der Ressourcenlenkung an diesem messen lassen. Nur so kann beurteilt werden, ob sie geeignet ist, die gewünschten Produkte mit dem geringst möglichen Aufwand hervorzubringen bzw. mit den verfügbaren Ressourcen das bestmögliche Ergebnis zu erzielen.

Die bei der Softwareproduktion zu beachtenden Knappheiten beziehen sich nicht auf den Zuteilungsmechanismus für die fertigen Produkte. Aufgrund der Nichtrivalität im Konsum kann es hierbei keine Knappheiten geben. Knappheiten treten aber bei der Produktion von neuer Software auf, weil die dafür zur Verfügung stehende Entwicklungskapazität begrenzt ist. Auch wenn Open Source-Software unentgeltlich abgegeben wird, ist die Entwicklung der Software aus volkswirtschaftlicher Sicht keineswegs kostenlos. Entwickler sehen sich Opportunitätskosten gegenüber, da sie die ihnen zur Verfügung stehende Zeit nur einmal verwenden können. Ohne Preissignal bleibt unklar, ob ihr Entwicklungseinsatz in einem Projekt A nicht in einem anderen Projekt B einen höheren Nutzen stiften könnte.

Die vordergründige Betrachtung von Software als einem Gut ohne Rivalität unter den Nutzern gilt nur für bereits bestehende Software, also aus einer (ökonomisch weniger interessanten) Ex-post Perspektive. Wenn es aber darum geht, für die Produktion neuer Software knappe Ressourcen einzusetzen, herrscht sehr wohl Wettbewerb unter den potentiellen zukünftigen Nutzern, wenn sie vor die Wahl gestellt werden, auf die neue Software A zu verzichten, damit eine alternative Software B programmiert werden kann oder umgekehrt (Ex-ante Rivalität). Diesen Konflikt können Märkte über den Preismechanismus lösen, andere Koordinationsverfahren versagen hier, weil sie A und B mangels Bepreisung nicht bewerten und damit auch nicht vergleichen können. Aus volkswirtschaftlicher Sicht führt das Fehlen von Informationen über die tatsächlichen, d.h. mit Zahlungsbereitschaften untermauerten, Nachfragerwünsche daher zu einer Fehllenkung von Ressourcen.

Der Hinweis auf vorhandene "gute" Open Source-Software berücksichtigt die entscheidenden Opportunitätskosten nicht – die bestehenden Open Source-Produkte haben andere Produkte nicht entstehen lassen, von denen ohne Bepreisung keiner wissen kann, ob sie nicht nützlicher wären. In der Unsichtbarkeit der verhinderten Alternativen liegt ordnungspolitisch das gravierendste Defizit des fehlenden Preismechanismus im Open Source-Modell.

Gibt es auf einem Markt Knappheiten, so muss ein Rationierungsverfahren gefunden werden, das regelt, wie der Wettbewerb um knappe Güter ausgetragen wird. Knappheiten können dabei auf dem Endkundenmarkt aber auch beim Einsatz von Produktionsfaktoren vorliegen. Es sind verschiedene Verhaltensweisen und Regelungen denkbar, mit denen Nachfrager die Verteilung knapper Güter organisieren und die eigene Versorgung mit diesen Gütern beeinflussen: Anstehen in Warteschlangen, die Ausübung oder Androhung von Gewalt, Bestechung oder Betrug können in diesem Sinne ebenso Wettbewerbsverfahren sein wie der Preis- und Qualitätswettbewerb im Markt. Die Funktionsweisen dieser Verfahren sind dabei jedoch höchst unterschiedlich. Demnach besteht auch nicht die Wahl, ob man in einer Gesellschaft ohne oder mit Wettbewerb leben kann, da es in einer Welt der Knappheit keine wettbewerbslosen Gesellschaften geben kann. Wählbar sind jedoch die Wettbewerbsverfahren, d.h. die Regeln, nach denen der Wettbewerb ausgetragen wird [VANBERG (1997), S. 707 ff.]. Das Open Source-Modell erscheint vor diesem Hintergrund keine geeignete Lösung für Knappheitsfragen zu sein.

3.5 Das Innovationspotenzial von Open Source-Software

Hinsichtlich der Innovationsstärke muss sich Open Source-Software mit dem kommerziellen Modell messen lassen. Dabei lagen die Stärken von Open Source-Software bisher vorwiegend in der Kopie bereits bestehender Software. Schon der Start von Open Source-Software hatte die Kopie einer Software, nämlich des Unix-Betriebssystems, zum Ziel.[1]

Für ein Unternehmen stellen Innovationen einen kritischen Erfolgsfaktor dar, denn nur wenn sie erfolgreichere Innovationen hervorbringen als ihre Konkurrenten, werden sie sich auf dem Markt durchsetzen und Erträge erwirtschaften, die die Kosten decken. Firmen werden dann in die Entwicklung von Software investieren, wenn sie die geistigen Eigentumsrechte an der entstanden Software schützen können und wenn sie als Kompensation für mögliche Verluste im Falle eines Scheiterns mehr als die durchschnittlichen Kosten für das Produkt erzielen können [SCHMIDT, SCHNITZER (2003), S. 8].

Ein Unternehmer hat daher nur dann einen Anreiz zur Durchführung von Innovationen, wenn er dadurch Vorsprungs– bzw. Pioniergewinne erzielen kann. Je länger die Anpassungsreaktionen seiner Konkurrenten, desto höher ist dieser Pioniergewinn des Innovators und damit auch der Anreiz zur Innovation. Sind seine Konkurrenten jedoch in der Lage, die Innovation ohne jede Zeitverzögerung zu imitieren bzw. muss ein Softwareentwickler sie im Fall von quelloffener Software sofort zur Verfügung stellen, kann er keine Pioniergewinne realisieren. Eine sehr hohe Reaktionsgeschwindigkeit der Konkurrenten bei der Einführung neuer Produkte bzw. Produktionsverfahren würde gesamtwirtschaftlich dazu führen, dass die Innovationsanreize gemindert werden oder gänzlich zum Erliegen kommen [FRITSCH, WEIN, EVERS (2003), S. 77].

Eine uneingeschränkte Wissensdiffusion sorgt demnach nicht automatisch für ein besonderes Innovationspotenzial, sondern kann genau den entgegen gesetzten Effekt haben. Dies gilt insbesondere für kleine Unternehmen, die mit hoch spezialisierten Produkten am Markt auftreten. Die sofortige Wissensfreigabe bei Innovationen würde dazu führen, dass keine Investitionen in die Wissensproduktion mehr getätigt werden. Es bleibt unbestimmt, warum für den Softwarebereich ein Zugang zum Softwarecode und damit dem Bauplan einer Software Innovationen fördern sollen, während für andere Sektoren der Schutz von Unternehmensinnovationen und –geheimnissen unumstritten ist. Ähnlich wie bei der Frage nach dem idealen Patentschutz kann man über die optimale Dauer von Pionierpositionen

---

[1] *„Clearly, much innovation in commercial software has occurred over those 25 years. Just as clearly, much (but certainly not all) of the focus of GPL software over the past two decades has been on creating „free" versions of proprietary software"* [EVANS, REDDY (2002), S. 49].

streiten. Volkswirtschaftlich unstrittig ist aber, dass sie länger sein müssen als es bei GPL-lizenzierter Software möglich ist.[1]

4. Wirtschaftspolitische Implikationen

4.1 Der Softwaremarkt: wettbewerbspolitscher Handlungsbedarf?

Als wettbewerbspolitisches Instrument muss die staatliche Förderung des Open Source-Modells vor dem Hintergrund der aufgezeigten ordnungspolitischen Defizite als problematisch eingestuft werden. Für die Bekämpfung des Missbrauchs von marktbeherrschenden Positionen auf einigen Teilmärkten des IT-Sektors verfügt die Wettbewerbspolitik über entsprechende Instrumente. Die gezielte Förderung einer alternativen Technologie oder gar eines marktfernen Produktionsmodells gehört aus guten Gründen nicht dazu. In seiner Rolle als Softwarebeschaffer sollte sich der Staat statt dessen – wie in den Haushaltsgrundsätzen vorgesehen – allein von Wirtschaftlichkeitsüberlegungen leiten lassen. Für eine strategische Begünstigung fehlt einer Produktionsmethode, die im Kern auf Preissteuerung und Marktprozesse verzichtet, die wirtschaftspolitische Legitimierung innerhalb einer marktwirtschaftlichen Ordnung.

Die Ausführungen zu den Netzwerkeffekten und zur Bestreitbarkeit haben gezeigt, dass die Marktposition etablierter Anbieter sehr wohl angreifbar ist und dass diese Anbieter einer ständigen Bedrohung durch aktuelle und potentielle Wettbewerber ausgesetzt sind. Netzwerkeffekte sind darüber hinaus nicht so ausgeprägt, dass sie einen besonderen Regulierungseingriff rechtfertigen. Sofern man bedeutendere Netzwerkeffekte hauptsächlich im Desktop-Betriebssystem vermutet, so ist zu fragen, ob eine sektorspezifische Regulierung gerechtfertigt ist, die nur für einen kleinen Teil des Gesamtmarktes (weniger als zehn Prozent) relevant ist.

Die Regulierung eines volkswirtschaftlichen Sektors stellt keinen Selbstzweck dar, sondern hat zum Ziel, bestehende Ineffizienzen bei der Bereitstellung von Gütern zu beseitigen. Ausschließliches Ziel eines staatlichen Markteingriffs muss es sein, ein drohendes oder bestehendes Marktversagen zu verhindern. Die dauerhafte und systematische Überwachung eines einzelnen Sektors durch eine Regulierungsbehörde stellt dabei einen stärkeren Markteingriff dar als die fallweise Überprüfung durch die regulären Wettbewerbsbehörden. Für den Softwaremarkt sind keine Defizite erkennbar, die einen so schwerwiegenden Eingriff rechtfertigen würden.

---

[1] Hierzu SCHMIDT, SCHNITZER, S. 13: „*Like in all other industries, the profit motive provides a very powerful incentive to innovate that is not present in the open source world*".

Die Dynamik des Softwaremarktes erschwert es einer Regulierungsbehörde auch, Entscheidungen zu treffen, denn sie verfügt selten über die Möglichkeiten, alle relevanten Informationen zeitnah auszuwerten. Dabei steht sie vor der besonderen Herausforderung, mit ihren Entscheidungen die Dynamik des Marktes nicht zu bremsen. Nicht zuletzt: Eine Regulierungsbehörde bedeutet immer einen hohen administrativen Aufwand, der nur selten rückführbar ist.

4.2 Die Wertschöpfungseffekte von Open Source-Software

Open Source-Software bietet keine neuen, sondern nur einen Teil der bereits auf dem kommerziellen Softwaremarkt gegebenen Geschäftsmöglichkeiten. Der marktfreie Koordinationsmechanismus in der Open Source-Entwicklung von Standardsoftware liefert im Vergleich zum kommerziellen Softwaremarkt keinen Wertschöpfungsbeitrag, denn er kann nicht kostenadäquat bepreist werden. Ist die Software unentgeltlich verfügbar, so entstehen mit ihrer Entwicklung anders als auf dem kommerziellen Softwaremarkt auch keine Erlöse, Einkommen, Arbeitsplätze und Steuern.

Geschäftsmodelle, die auf Open Source-Software aufbauen und komplementäre Dienste und Produkte anbieten, unterscheiden sich in diesem komplementären Teil grundsätzlich nicht von kommerziellen Angeboten. Allerdings führt die Quersubventionierung des marktfreien Kerns von Open Source-Software dazu, dass die dort realisierte Wertschöpfung niedriger ausfällt als bei kommerzieller Softwareproduktion. Insgesamt ist damit die Wertschöpfung des Open Source-Modells geringer. Dass Open Source-Software zu einem Mehrangebot an Serviceleistungen führt, ist empirisch nicht erwiesen und theoretisch nicht zwingend. Zudem ist es nicht die Zielsetzung marktwirtschaftlicher Produktionsbedingungen, den Arbeitsinput zu maximieren. Eine Software ist genau wie andere Güter nicht deshalb volkswirtschaftlich vorteilhaft, weil sie serviceintensiver ist. Es ist nicht ersichtlich, warum Open Source-Software ein größeres Beschäftigungsfeld im Servicebereich bieten sollte als proprietäre Software. Dies könnte nur der Fall sein, wenn sie eines höheren Wartungs- und Pflegeaufwands bedarf.

Zuweilen wird Open Source-Software als europäische Alternative in von amerikanischen Unternehmen dominierten Märkten aufgefasst. Niedrigere Wertschöpfungs- und Beschäftigungsnettoeffekte werden dann mit dem Hinweis in Kauf genommen, dass die positiven Effekte in Europa auftreten, während der Einkommensausfall im kommerziellen Softwaresektor in Form geringerer europäischer Softwareimporte auf die amerikanische Volkswirtschaft abgewälzt werden kann. Diese protektionistische Argumentation ist weltwirtschaftlich ineffizient und eine potenzielle Quelle für zukünftige Handelsstreitigkeiten. Ferner wird dabei aus deutscher Perspektive übersehen, dass die deutsche IT-Wirtschaft keine Nettoimportindustrie ist, sondern eine ausgeglichene Leistungsbilanz erwirtschaftet.

Sofern davon ausgegangen wird, dass Open Source-Software aufgrund der Unterlegenheit der bisherigen Technologie insgesamt sinnvoll wäre, müsste allerdings bereits vor der Marktdurchsetzung der neuen Technologie deren Überlegenheit bekannt sein. Dieser Nachweis ist allerdings schwierig zu erbringen, denn weder staatliche noch private Institutionen können im Voraus entscheiden, welche Lösung die technisch überlegene ist. Es kann bezweifelt werden, dass gerade staatliche Instanzen in der Lage sind, die richtige Technologieentscheidung für andere zu treffen. [1]

Das Open Source-Modell hat im Bereich der Individualsoftware und überall dort, wo sich Entwicklungsinvestitionen trotz der Offenheit des Quellcodes schützen lassen, eine Chance, sich am Markt zu etablieren. Wo und in welchem Ausmaß dies geschieht, sollte der Wettbewerb entscheiden. Open Source als generelle Alternative zum kommerziellen Softwaremarkt etablieren zu wollen, wäre hingegen ein industriepolitisches Experiment mit ordnungspolitisch fragwürdigem Ausgang.

4.3 Fazit: Kein staatlicher Handlungsbedarf auf dem Softwaremarkt

Software ist sicherlich kein Gutes wie jedes andere. Aus den Besonderheiten des Softwaremarktes wird aber allzu schnell auf Wettbewerbsprobleme geschlossen, nur weil sich Wettbewerb im Softwaremarkt anders darstellt als auf traditionellen Gütermärkten. Die Forderung nach einer Förderung von Open Source-Software ist dann schnell bei der Hand. Als wirtschaftspolitische Option steht dieser Eingriff aber auf ordnungspolitisch tönernen Füßen. Zum einen ist die Diagnose von Marktversagen auf dem Softwaremarkt theoretisch und empirisch sehr fraglich, zum anderen bedeutete diese Maßnahme, einem vermeintlichen Marktversagen dadurch zu begegnen, dass man nicht das Versagen selbst bekämpft, sondern den Markt an sich. Im Kern des Open Source-Entwicklungsmodells sind wichtige marktliche Koordinationsmechanismen durch fehlende Preissignal außer Kraft gesetzt – mit entsprechenden Folgen für Effizienz und Wertschöpfung in der Softwareindustrie. Open Source als Programm der Wirtschaftsförderung muss sich an der Erfüllung der Marktfunktionen messen lassen. Hierbei weist dieses Entwicklungsmodell z. T. erhebliche Defizite auf. Der Staat sollte daher in Bezug auf Open Source-Software eine neutrale Position einnehmen und Open Source-Produkte im Rahmen seiner Beschaffungspolitik nicht anders behandeln als kommerzielle Angebote.

---

1 *"...governments do not have good track records at picking technology winners and loosers"* [EVANS, REDDY (2002), S. 71]. Oder bildlicher gesprochen *„Staatliche wie private Institutionen sind im gleichen Maße Wanderer, die im Nebel der zukünftigen Entwicklung ihren Weg suchen müssen"* [GRÖHN (1999), S. 54].

Literatur

Balzert, H. (1996): Lehrbuch der Software-Technik: Software-Entwicklung, Heidelberg.

Berlecon Research (2002): Free/Libre Open Source Software: Survey and Study, Basics of Open Source Software Markets and Business Models, FLOSS Final Report – Part 3, Berlin, Juli 2002.

Blankart, C. B., Knieps, G. (1992): Netzökonomik, in: Jahrbuch für Neue Politische Ökonomie, Band 11, S. 72-87, Tübingen.

Borchert, M., Grossekettler, H. (1985): Preis- und Wettbewerbstheorie – Marktprozesse als analytisches Problem und ordnungspolitische Gestaltungsaufgabe, Stuttgart u.a.O.

Evans, D., Reddy, B. (2002): Government Preferences for Promoting Open Source Software: A Solution in Search of a Problem, National Economic Research Associates, Cambridge, Mass., April 2002.

Fritsch, M., Wein, T., Ewers, H.-J. (2003): Marktversagen und Wirtschaftspolitik, 5., überarbeitete und ergänzte Auflage.

Grassmuck, V. (2002): Freie Software zwischen Privat- und Gemeineigentum; Bundeszentrale für Politische Bildung, Bonn.

Gröhn, A. (1999): Netzwerkeffekte und Wettbewerbspolitik - eine ökonomische Analyse des Softwaremarktes, Tübingen.

Grossekettler, H. (1991): Die Versorgung mit Kollektivgütern als ordnungspolitisches Problem, in: Ordo, Jahrbuch für die Ordnung von Wirtschaft und Gesellschaft, Band 42, S. 69-89, Stuttgart.

Grossekettler, H. (1995): Öffentliche Finanzen, in: D. Bender u.a. (Hrsg.), Vahlens Kompendium der Wirtschaftstheorie und Wirtschaftspolitik, Bd. 1, 6. Auflage, S. 483-627, München.

Hoch, D. J. et al. (1999): Secrets of Software Success: Management Insights from 100 Software Firms around the World. Boston, Massachusetts, 1999.

Katz, M. L., Shapiro, C. (1994): Systems competition and network effects, in: The journal of economic perspectives. 8. Jahrgang, Heft 2, S. 93-115.

Klodt, H., Laaser, C.-F., Lorz, J. O., Maurer, R. (1995): Wettbewerb und Regulierung in der Telekommunikation, Kieler Studien 272, Tübingen.

Lerner, J., Tirole, J. (2000): The simple economics of open source, NBER working paper series, Nr. 7600.

Lerner, J., Tirole, J. (2002): The scope of open source licencing, NBER working paper series, Nr. 9362.

Liebowitz, S. J., Margolis, S. E. (1990): The fable of the keys, in: Journal of Law and Economics, Nr. 33, S. 1-26.

Liebowitz, S. J., Margolis, S. E. (1995): Are network externalities a new source of market failure? In: Research in Law and Technology, Nr. 17, S. 1-22.

Liebowitz, S. J. (2002): Re-Thinking the Network Economy, The True Forces That Drive the Digital Marketplace.

Mendys-Kamphorst, E. (2002): Open vs. closed: some consequences of the open source movement for software markets, CPB discussion paper.

Morner, M. (2003): Open Source Software, in: Das Wirtschaftsstudium: wisu, Bd. 32 (2003), H. 3, S. 318-321.

OECD (2002): Information Technology Outlook, ICTs and the Information Economy.

Rahmen-Zurek, K. (2002): Internet economics and the organization of open source software-development In: Competition, environment and trade in the globalized economy / Dieckheuer, Gustav (2002), S. 101-132

Raymond, E. S. (1998): The Cathedral and the Bazaar. Elektronische Ausgabe unter: www.openresources.com/documents/cathedral-bazaar/.

Röller, L.-H. (2002): Der Charme der freien Software, in: Frankfurter Allgemeine Zeitung, 18.09.2002, Nr. 217, S. 15.

Schiff, A. (2002): The economics of open source software: A survey of the early literature, The Review of Network Economics Volume 1, Issue 1, S. 66-74.

Schmidt, K., Schnitzer, M. (2003): Public subsidies for open source? : Some economic policy issues of the software market, Centre for Economic Policy Research, Discussion paper series.

Smith, A. (1776): Veröffentlichung 2000: An inquiry into the nature and causes of the wealth of nations, Einführung von R. Reich Anmerkungen, Zusammenfassung und Index von E. Cannan, New York, Modern Library, 2000.

Stallman, R. (2001): Free Software: Freedom and Cooperation, Abschrift der Rede an der New York University am 29. Mai 2001 http://www.gnu.org/events/rms-nyu-2001-transcript.txt

Vanberg (1997): Die normativen Grundlagen von Ordnungspolitik. In: ORDO, Bd. 48. S. 707-726.

Weizsäcker, C. C. von, Knieps, G. (1989): Telekommunikation, in: Oberender, P. (Hrsg.) Marktökonomie: Marktstruktur und Wettbewerb in ausgewählten Branchen der Bundesrepublik Deutschland, München.

Innovative Cluster – Zauberformel für eine neue Regionalpolitik?

Bodo Risch

Zusammenfassung: Die Idee, Regionen über die Förderung von "Clustern" zu unterstützen, erlebt derzeit eine Renaissance, auch in Nordrhein-Westfalen. Je tiefer man jedoch in regionale Wirtschaftsstrukturen einsteigt, desto fragwürdiger wird allerdings oft der Ansatz, auf diese Weise "Stärken stärken" zu können. Aber selbst wenn Branchencluster identifiziert worden sind, ist nicht ausgeschlossen, dass damit die Monostrukturen von Morgen mit den Mitteln der Steuerzahler geschaffen werden. Die Clusterdiskussion ist deshalb eher ein Ergebnis leerer öffenltlicher Kassen, die eine Konzentration der Mittel erzwingen, als einer neuen Weisheit von Politik und Verwaltungen, wohin der Strukturwandel in Zukunft tendiert.

Schlüsselworte: Regionalpolitik, Innovation, Wirtschaftspolitik, Unternehmen

1. Innovative Cluster – Zauberformel für eine neue Regionalpolitik?

Eine Neuausrichtung der Regionalpolitik auf innovative Cluster ist derzeit sehr in Mode, wie etwa die Umorientierung der regionalen Wirtschaftsförderung in NRW, der bundesweite Wettbewerb BioRegio und die zahlreichen Konferenzen zu dem Thema zeigen (DIW Juni 2004). Ein google-Suche zu „innovative cluster" ergibt 439.000 Treffer. Die Saat von Management-Guru MICHAEL E. PORTER ist aufgegangen.

Hochentwickelte Volkswirtschaften sind mehr denn je auf wissensbasierte Poduktzyklusgüter angewiesen - Innovationen sind daher entscheidend für wettbewerbsfähige Arbeitsplätze und die zukünftige Einkommensentwicklung. Unternehmen investieren tendenziell weniger in neue Produkte und Prozesse, wenn und soweit ein Teil der Innovationserträge ihnen nicht zufließen, sondern in Form von spill-over-Effekten anderen Unternehmen zugute kommen. Wegen solcher externen Effekte liegt der einzelwirtschaftliche Nutzen unter dem gesamtwirtschaftlichen. Damit Innovationen in dem Umfang stattfinden wie gesamtwirtschaftlich wünschenswert, ist staatliche Förderung sinnvoll und nützlich. Soweit das theoretische Argument – wie aber soll die sichtbare Hand des Staates aussehen, und was hat sie bislang geleistet?

2. Stärken in Clustern stärken – Beispiel Nord-Westfalen

Nicht zuletzt aus der Not knapper Kassen möchte die Landesregierung NRW die Regionalförderung konzentrieren auf identifizierbare regionale Handlungsfelder unter der allgemeinen Überschrift „Stärken stärken". Aber mit einer solchen „explicit top-down variant" [FROMMHOLD-EISEBITH/EISEBITH (2004)] einer Clusterpolitik sind in der praktischen Umsetzung zahlreichen Fragen verbunden, die für Politik im Einzelnen schwer zu beantworten sind. Insbesondere ist fraglich, inwieweit nicht die Förderung von – am besten innovativen - Clustern die Wiederauferstehung der Industriepolitik der siebziger Jahre in einem attraktiveren Gewand ist.

Zur praktischen Anschauung sei als Beispiel die IHK-Region Nord Westfalen (Regierungsbezirk Münster) angeführt: Zu den Stärken des Münsterlandes und der Emscher-Lippe-Region zählen sicherlich generell die ganz überwiegend mittelständische Wirtschaftsstruktur (von den rund 107.000 Mitgliedsfirmen der IHK haben nur 0,1 Prozent (oder 104 Betriebe) mehr als 500 Beschäftigte) sowie der Umstand, dass zumindest im Münsterland eine relativ junge Industrie- und Verbrauchsgüterstruktur vorherrscht, die frei von Montanaltlasten ist.

Nimmt man die Lagegunst hinzu, dann erklärt dies insgesamt den weit überdurchschnittlichen Zuwachs bei den sozialversicherungspflichtig Beschäftigten: In den gut zwei Jahrzehnten bis Ende 2002 nahm die Beschäftigung im Münsterland um 25,8 Prozent zu, im gesamten IHK-Bezirk immer noch um 8,3 Prozent (zum Vergleich: NRW plus 3,9 Prozent). Andere Indikatoren wie Umsätze und Unternehmensbesatz weisen ähnliche Entwicklungen auf. Wie eine Untersuchung der Universität Osnabrück im Auftrag der IHK Nord Westfalen herausgefunden hat, sind etwa 40 des Beschäftigungswachstums im Münsterland auf dessen Standtortqualitäten, also auf regionale und damit auch regional beeinflussbare Stellgrößen, zurückzuführen [UNI OSNABRÜCK/GWS (1999)]. Allerdings ist auch festzustellen, dass seit 2001 die Dynamik in der Region, insbesondere im Münsterland, spürbar nachgelassen hat.

Die Frage nach den „Stärken" Nord Westfalens, nach innovativen und relevanten Clustern ist zunächst eine Frage nach den Kriterien.

Die Diagnose, was „stark" ist, ist schwierig und im Zweifelsfall beliebig. Die hierbei zu stellenden Fragen werden auch von der Landespolitik nicht wirklich überzeugend beantwortet: Wachstum (Gewinne?, Marktanteile?, Beschäftigte?), Anteile an der Bruttowertschöpfung, F+E- Ausgaben, absoluter Beschäftigungsstand beziehungsweise dessen Veränderung in einer Branche (wie abgegrenzt? 4- oder 6-stellige WZ-2003-Ziffern?). Hinzu kommt noch, dass die meisten dieser Daten auf Kreisebene nicht vorhanden sind, aus denen wiederum die Angaben für Nord-Westfalen „herauf aggregiert" werden.

Die 16 Kompetenzfelder der Landesregierung, die vom Wissenschaftszentrum NRW und dem Institut Arbeit und Technik identifiziert wurden, stellen eine schwer durchschaubare Mischung aus politisch unabweisbaren Favoriten (Bergbau), erklärten Lieblingsprojekten (Medien/IT) und „ewigen Wahrheiten" (unternehmensbezogene Dienstleistungen) dar. In der Rückschau sind nur sechs (!) der angeblichen Stärken bei der Beschäftigung von 1998 – 2002 nicht rückläufig gewesen [REHFELD U.A. (2004)]. D.h. zumindest in der jüngeren Vergangenheit war die Strategie des „picking winners" alles andere als erfolgreich.

Wenn man allein die Beschäftigten nimmt, die als eine der wenigen Daten auf regionaler Ebene über alle Branchen erhoben werden, dann waren 2002 in Nord-Westfalen das Gesundheitswesen und die „unternehmensnahen Dienstleistungen" mit 13,2 bzw. 9,9 Prozent am „stärksten", gefolgt vom Einzelhandel (8,7 bzw. 66.000 Arbeitnehmer) und dem Baugewerbe (7,1 bzw. 53.000 Beschäftigte) – soweit man Branchen betrachtet, die nach allgemeinem Verständnis als halbwegs homogen gelten.

Betrachtet man nur das verarbeitende Gewerbe, ist der Maschinenbau im Jahr 2003 die wichtigste (und sicher auch eine „starke") Branche gewesen (16,9 Prozent der Beschäftigten), gefolgt von der Chemischen Industrie, dem Ernährungsgewerbe, der Metallindustrie sowie dem Bereich Textil und Bekleidung. Die chemische Industrie, die bei den Beschäftigten auf dem zweiten Platz folgt, liegt auch bei den Umsatzanteilen an zweiter Stelle (hinter der Mineralölverarbeitung!), der Maschinenbau erst an vierter. Trotz ihrer großen Bedeutung für die Region bleibt festzuhalten, dass die Industrie weit hinter den Beschäftigten liegt, die im Handel (Einzelhandel, Handel mit Kfz sowie Großhandel) tätig sind (120.000) sowie im Gesundheitsbereich (100.000).

Aber selbst wenn man das starke Wachstum einzelner Sparten aus dem Bereich „unternehmensnahe Dienstleistungen" wie Softwareentwicklung, Ingenieurleistungen, Rechtsberatung, Wirtschaftsprüfung u.s.w. heranzöge, wäre auch das nicht sehr aussagefähig. Denn die bereits erwähnte Untersuchung der Uni Osnabrück/ gws hat ergeben, dass es gerade die Verknüpfungen dieser Dienstleistungsbereiche zu einer starken industriellen Basis sind, die insgesamt das überdurchschnittliche Jobwachstum ermöglicht haben. Die relative Wachstums-„Stärke" im Dienstleistungssektor wäre demnach darauf zurückzuführen, dass die Industrie im Münsterland weniger stark abgebaut wurde, als es sonst in NRW oder im Bundesgebiet der Fall gewesen ist.

3. Wo könnten zukünftige Branchenschwerpunkte liegen?

Wo liegen nach allgemeinem Ratschluss die Zukunftsbranchen, die zu Clustern verdichtet möglicherweise (oder hoffentlich) unsere zukünftigen Stärken ausmachen? Bekanntlich sind Prognosen schwierig, „besonders, wenn sie die Zukunft betreffen“. Als Orientierung scheint es sinnvoll, zwischen Volumenmärkten und Zukunftsmärkten zu unterscheiden.

Volumenmärkte repräsentieren Branchen, die schon heute von erheblichem Beschäftigungsgewicht auf regionaler Ebene sind und deren Gewicht in Zukunft nach plausiblen Überlegungen weiter – überdurchschnittlich – steigen wird. Es handelt sich um Marktsegmente, die eher von der Nachfrage getrieben werden, also hoch einkommenselastisch sind, und zudem stark von Prozess- und Produktinnovationen profitieren. Zukunftsmärkte sind für die derzeitige Beschäftigungssituation in der Regel marginal, haben aber aufgrund der unterstellten Wachstumsperspektive ein hohes Beschäftigungspotential. Entsprechende Produkte stehen auf einer frühen Stufe im Produktzyklus („Schumpeter-Güter“) und sind in der Regel sehr forschungs- und entwicklungsintensiv. Meist wird ihnen außerdem zugeschrieben, auf der Inputseite von strategischer Bedeutung für andere Branchen zu sein (z. B. Nanotechnologie).

Als weiteres Abgrenzungskriterium kommt ggf. hinzu, dass einzelne Branchen, die sich in idealer Weise entweder auf Wachstums- oder Zukunftsmärkte orientieren, in Clustern auftreten und damit die unterstellten Netzwerkvorteile in der dynamischen Arbeitsteilung zusätzlich nutzen. Häufig zitierte Beispiele aus Geschichte und Gegenwart sind die Schneidwarenindustrie in Solingen, die Medienwirtschaft in Köln und die Chipherstellung in Dresden. In den USA ist es das Silicon Valley als „Mutter aller Cluster“ (Halbleiter, Software), in der Schweiz das Jura d´Arc (Uhren) und in Italien die Emiglia-Romana (Bekleidung) [HOSPERS (2004)].

Das Problem hier: wenn es gut läuft, ist es ein Segen für die Region, da es schnelle Wachstumsgewinne in einem circulus virtuosus verspricht. Nur weiß man erst im Nachhinein, ob die Prognosen über das Cluster richtig waren – für das Münsterland hätte man in den sechziger Jahren mit ziemlicher Sicherheit auf die Textilindustrie getippt, was sich aber angesichts der internationalen Wettbewerbssituation im Nachhinein als Flop herausgestellt hätte. Ferner zieht sich die Politik, wenn sie aktiv Cluster fördert, selbst ihr zukünftiges Erpressungspotential heran, sollte der Markt einmal drehen (Ruhrgebiet, Wallonien).

4. Gibt es dennoch erkennbare Schwerpunkte in Nord-Westfalen?

Auf der Basis der WZ-2003-Zweisteller rechnen zu den Hoffnungsträgern sicher die Bereiche, die sich international überdurchschnittlich gut geschlagen haben, innovativ sind und/oder die Automatisierung/Flexibilisierung/Kommunikation unterstützen. Hinzu treten außerdem mehr und mehr Bereiche, die in besonderem Maße die Nachfrageentwicklung auf sich ziehen, die aus der Alterung der Bevölkerung oder aus geänderten Erwerbsbiographien entstehen. Im wesentlichen dürfte es sich hierbei um Volumenmärkte handeln, also Bereiche, deren Anteile in der Statistik bereits heute zumindest eine Stelle vor dem Komma haben.

Dabei ist allerdings ein statistische Konzentration von Branchen noch nicht als Cluster zu werten, da hier eine regionale Häufung thematisch verbundener Unternehmen in Verbindung mit anderen Organisationen wie Universitäten, Forschungseinrichtungen etc. einhergehen müsste, also mit spezifischen Komplementaritäten in einem Netzwerk (zu den definitorischen Schwierigkeiten FROMHOLD-EISEBITH/EISEBITH (2004) und FORSMAN/SOLITANDER (2003)).

Auf das Beispiel Nord-Westfalens (Regierungsbezirk Münster) bezogen liegen „volumenrelevante“ Stärken neben dem IT-Bereich u.a. im Maschinenbau, aber auch in der chemischen Industrie sowie in Teilen des Textilgewerbes, soweit es sich um technische Textilien handelt. Bemerkenswert positiv ist die Entwicklung im Ernährungsgewerbe gewesen, das die höchsten Beschäftigungsgewinne aller Top-Branchen erzielte. Hier spielten Innovationen in der Prozesstechnik eine bedeutende Rolle (apetito, Coppenrath & Wiese, Suwelack) sowie bei den Produkten (Convenience Food bei Maggi, Tiernahrung bei Stockmeyer). Gerade der letzte Bereich, von Kantinenverpflegung bis hin zu „Essen auf Rädern“ und hightech-Fertigprodukten aus dem Tiefkühlfach, dürften sich früher ungeahnte Wachstumspotentiale auftun – einmal wegen der steigenden Erwerbstätigkeit von Frauen, zum anderen wegen der allgemeinen Demographie, der Bequemlichkeit und der weiter sinkenden Haushaltsgröße.

Ein spezifischer Schwerpunkt des Münsterlandes ist zudem die vertikale Verknüpfung des Zementbereiches, die von der Produktion in Beckum über die Aufbereitung im Maschinenbau bis hin zur Verpackung (Herstellung von Säcken, Abfüllanlagen) geht. Im Zusammenhang damit hat sich auch eine hoch spezialisierte Druckindustrie entwickelt. Dies ist einer der wenigen Bereiche, in dem sich ein nord-westfälisches Cluster unzweifelhaft gebildet hat. In weiterem Sinne könnte man hierzu auch die Bauchemie rechnen, die in der Emscher-Lippe-Region von einer gewissen Bedeutung ist.

Auf der anderen Seite dürften Zukunftsmärkte in solchen Bereiche liegen, die sich dynamisch entwickeln, ohne schon jetzt merklichen Einfluss auf die Gesamtentwicklung zu haben. Auch im Münsterland gibt es mit dem ominösen „IT-Nano-Bio-Log“-Bereich einen solchen Hoffnungsträger, wie er zuletzt in der Dresdner Bank-Studie „Zukunftsbranchen – Schrittmacher des Strukturwandels“ aufgelistet worden ist.

Allerdings: Der Bereich Biotechnologie hat einen Anteil an der deutschen Bruttowertschöpfung, der unter 0,01 (!) Prozent liegt. Ist es da gerechtfertigt, von einer „Stärke“ zu sprechen? Und liegt nicht möglicherweise die Zukunft der Region im Bereich Film/Entertainment/Sport? Oder im Gesundheitsbereich, der in Münster mit weitem Abstand der größte Arbeitgeber ist, dessen Einkommenselastizität über Eins liegen dürfte und der zusätzlich von der Demographie begünstigt wird?

Fasst man zusammen, was über die Struktur Nord-Westfalens bekannt ist und für die Zukunft als wahrscheinliche Entwicklungsperspektive gelten kann, dann sind folgende Schwerpunkte unter den angeführten Vorbehalten erkennbar:

- Innovative Nahrungs- und Genussmittel im Convenience-Bereich
- Chemische Industrie (Lacke, Bautenanstriche, Vorprodukte), mit Schwerpunkten im Kreis Recklinghausen und in Münster
- Energietechnologien (konventionell/solar in der Emscher-Lippe-Region)
- Bausektor in starker vertikaler Produktionsverflechtung bei Vorprodukten (vom Zement bis zur Verpackung), aber auch im Ausbaubereich (Fenster/Türen)
- Technische Textilien (Zeltkonstruktionen, Geotextilien)
- Gesundheit/Life Science
- Nanotechnologie im Umfeld der Westfälischen Wilhelms-Universität
- Wissensvermittlung/Humankapital (eine Universität, diverse Fachhochschulen)

Innovative Cluster im Sinne Porters sind eine Teilmenge dieser Branchenballungen – zu nennen wären hier vor allem der Bereich Convenience Food, Nanotechnologie und die Bauproduktion.

5. Worauf es wirklich ankommt

Die Definition von „Stärken“, Clustern oder Kompetenzfeldern wird auf regionaler Ebene allein schon aus statistischen Gründen unbefriedigend bleiben. Und je stärker man in die statistischen Details einsteigt, desto mehr geht die Branchensicht über auf einzelne Unternehmensentwicklungen, die stark von Innovationskraft, Produktsortiment und individuellem Unternehmerverhalten geprägt sind.

Hinzu kommt in hochentwickelten Volkswirtschaften, dass die Zukunft prinzipiell offen und gestaltbar ist, niemand einen Masterplan für das hat, was auch in Zukunft noch als regionale Kompetenz gelten kann. Bezeichnend ist die Erkenntnis des Instituts für Weltwirtschaft, dass bei jeder Chipgeneration die Marktführerschaft der Unternehmen gewechselt hat. Das heißt selbst innerhalb einer eng umrissenen Branche ist es nicht möglich, die „Stärken“ eines Unternehmens über zwei Jahre hinaus in die Zukunft fortzuschreiben. Zudem zeigen die Konjunkturumfragen der IHK, dass es selbst in schrumpfenden Branchen immer auch Unternehmen gibt, die gegen den Trend wachsen, sich also auf disaggregierter Ebene ein differenzierteres Bild zeigt, als es die Analyse gesamtwirtschaftlicher Daten nahelegt.

Da die Marktwirtschaft ein Entdeckungsverfahren ist (F.A. VON HAYEK), liegt die Stärke der NRW-Wirtschaft vor allem darin, dass sie über alle Branchen breit aufgestellt ist, viele wagemutige Unternehmer hat, neue Techniken wie IT in ihre Geschäftsprozesse integriert und auch international gut vertreten ist. Eine solche umfassende „Stärkedefinition", die auch für das Münsterland und die Emscher-Lippe-Region gilt, verbietet es aber, für eine zukunftsfähige Strategie selektiv „Champion-Branchen" oder regionale Cluster herauszupicken, die dann noch mit Steuergeldern besonders gefördert werden. Der fehlgeschlagene Versuch der französischen Regierung, eine nationale Mikroelektronisindustrie aufzubauen, spricht Bände [HOSPERS (2004), weitere Beispiele in HOSPERS/BEUGELSDIJK (2002)].

In gewisser Weise bedeutet dies – trotz unterstellter guter Absichten - die Sozialisierung von Zukunftsrisiken zu Lasten der steuerpflichtigen Allgemeinheit. Es gibt kein Patenrezept für Investitionslenkung in hochentwickelten Volkswirtschaften, weder im Münsterland oder in der Emscher-Lippe-Region noch in Nordrhein-Westfalen oder darüber hinaus. Es ist einfach eine „Anmaßung von Wissen" glauben machen zu wollen, dass man mit einem Kompetenzfeldansatz herausfinden kann, wohin die Nachfrage der Zukunft fällt und wie wir den Wohlstand verdienen können, den wir uns alle erhoffen. Diese Schlussfolgerung gilt auch für die Identifizierung von aussichtsreichen Clustern, wie das ratlos-ergebnisoffene Fazit der IAT-Untersuchung für NRW deutlich macht – nennenswert mehr als mutmaßende Beschreibungen des Vorhandenen ist aus ihr jedenfalls nicht heraus zu lesen.

Neben der Anmaßung von Wissen gibt es mindestens zwei weitere Gründe, warum eine Fokussierung auf Hightech-Cluster hohe Risiken birgt: Einmal unterstützen die meisten westlichen Regierungen dieselben Wirtschaftszweige, was belegt, wie knapp Phantasie wirklich ist. In den USA etwa verfügen 48 von 50 Bundesstaaten über ein Programm zur Förderung der Biotechnologie [FELDMAN (2004)]. Die Risiken von Investitionen in Zukunft werden nicht geringer, wenn sich alle auf dieselben Trampelpfade begeben. Wenn überall in Europa „Silicon Somewheres" aus dem Boden schießen, dann liegen die Gefahren von Über- und Fehlinvestitionen auf der Hand. Die Geschichte zeigt, dass nicht „Mehr desselben" die Grundlage von Erfolg ist, sondern die Konkurrenzfähigkeit einzelner Länder gestärkt wurde, gerade weil sie sich von Rivalen abgehoben haben. Nicht „Leistung", wie immer definiert, wird am Markt honoriert, sondern Knappheit.

Die zweite Gefahr liegt in der Neigung verantwortlicher Politiker, alles besser und ganz anders machen zu wollen als ihre Vorgänger. Die ökonomische Vernunft bleibt auf der Strecke, wenn in der High-tech-Begeisterung nicht bedacht wird, ob die Rahmenbedingungen wirklich stimmig sind und wie lange die Einbettung neuer Cluster in ihre Umgebung tatsächlich dauern [HOSPERS (2004)].

Im Übrigen sei vor dem Trugschluss gewarnt, dass es sehr wohl Beispiele aus der Vergangenheit gebe, die mit tatkräftiger Geburtshilfe des Staates auf einen guten Weg gebracht wurden. Einmal kann das ein Zeichen von Glück und Gunst der

Stunde sein, zum anderen folgt aus dem Umstand, dass eine Entwicklung mit öffentlichen Geldern angestoßen wurde, keineswegs, dass es nicht ähnlich erfolgreich auch ohne staatlichen Eingriff gegangen wäre. Wenn der Staat nur hinreichend viel fördert, ist die Wahrscheinlichkeit recht groß, dass er irgendwann auch einmal einen Treffer landet.

Wenn man eine Region voran bringen will, dann wird dies über eine Verbesserung der viel beschworenen „Rahmenbedingungen" erfolgen müssen, will man die Risiken einer Vorauswahl vermeiden, die fast immer gescheitert ist. (Von der visionären Rolle des japanischen MITI spricht inzwischen auch niemand mehr, und auch der Bundesregierung war bis zuletzt kein Glück beschieden mit verschiedenen Versuchen, Branchenentwicklungen top-down zu steuern [SPIEGEL, Flügellahmer Götterbote, 24.5.2004]. Das heißt nicht, dass sich die einschlägigen Organisationen nicht um Wissensvermittlung, Kontakte und Schaffung von offensichtlichen Komplementaritäten bemühen sollten – aber dies ist allenfalls eine behutsam begleitende Politik, die „bottom-up" ausgerichtet ist und die darauf verzichtet, „Kathedralen in der Wüste" zu errichten, und seien es auch nur kleine.

Die Innovationskraft liegt in der Breite der unternehmerischen Experimente, weniger in einzelnen Spitzenleistungen – die damalige Sowjetunion konnte den ersten Menschen ins All schießen, hatte aber ansonsten eine vollkommen sklerotische Volkswirtschaft, die zu keinem Zeitpunkt auf den Weltmärkten konkurrenzfähig war. Für eine zukunftsorientierte Strategie, die solche Sackgassen vermeidet, gehören daher eine Stärkung des Ausbildungssystems, Erweiterung des Humankapitals, Deregulierung sowie steuerliche Regeln, die den Erfolg riskanter Entscheidungen angemessen honorieren, um nur einige der bekannten Forderungen zu nennen.

Als Fazit bei den immer wieder gewagten Wetten auf die Zukunft bleibt die pädagogisch wertvolle Anschauung: „Cluster sind überwiegend „Unikate" und Unikate kann man nicht oder kaum kopieren. Gleichwohl ist es hilfreich, sich „best practice" oder (vielleicht sogar interessanter) „worst practice" vor Augen zu führen – dabei geht es nicht darum, ein allgemein gebräuchliches Rezept herauszufiltern, sondern der Wert liegt in den Aha-Effekten und in der Inspiration für die eigenen Experimente." [SOLTWEDEL, (2004)]. Der Rest ist Unternehmergeist und Risikobereitschaft, wie sie anscheinend nur drei Prozent der Bevölkerung aufbringen, die als „Entrepreneure" tätig sein wollen und können.

Literatur

Dresdner Bank (2000), Zukunftsbranchen – Schrittmacher des Strukturwandels, Frankfurt a. M.

Feldman, M. (2004), Jurisdictional Advantage: Why Regions and Regional Policy are still relevant, Conference Paper, DIW Berlin, June 4–5, Internetdokument.

Forsman, M., Solitander, N. (2003), Network Knowledge versus Cluster Knowledge – the Gordian Knot of Knowledge Transfer Concepts, Swedish School of Economics and Business Administration, Helsinki, Internetdokument.

Fritsch, M. , Stephan, A., Werwatz, A. (2004), Regionalisierte Innovationspolitik sinnvoll, in: DIW Wochenbericht, 71. Jg., Nr. 27, S. 383-386.

Fromhold-Eisebith, M., Eisebith, G. (2004), How to Institutionalize Innovative Clusters? Comparing Explicit Top-Down and Implicit Bottom-Up Approaches, Conference Paper, DIW Berlin, June 4–5, Internetdokument.

Hospers, G.-A. (2004), Auf der Suche nach neuen Kombinationen von Trends und Tradition, in: Wirtschaftsdienst, H. 7, S. 450-453.

Hospers, G.-A., Sjoerd Beugelsdijk (2002), Regional Cluster Policies: Learning by Comparing?, in: Kyklos, Vol. 55, pp. 381-402.

Meyer, B., Ewerhart, G., Siebe T. (1999), Prognose der Entwicklung der Beschäftigungsstruktur im IHK-Bezirk Münster, Osnabrück.

O.V. (2004), Flügellahmer Götterbote, aus: SpiegelOnline 24. 5, Internetdokument.

Rehfeld, D., Westrick D. G., Muth, J., Öz, F. (2004), Endbericht „Strategische Handlungsfelder in Nordrhein-Westfalen (ohne Ruhrgebiet)“, Institut Arbeit und Technik, Gelsenkirchen.

Soltwedel, R. (2004), Weg vom Trend – mehr Wachstum für die Region, Diskussionsbeitrag auf der Veranstaltung „Wirtschaft@Münster² am 12. Februar (mimeo).

Die Analyse wirtschaftspolitischer Reformvorhaben unter Berücksichtigung von Transaktions- und Systemänderungskosten

Frank Straube

Zusammenfassung: Moderne Volkswirtschaften sind sich ständig wandelnden Rahmenbedingungen und einem beständigen Reformdruck ausgesetzt. Es wird oftmals behauptet und den Verantwortungsträgern vorgeworfen, dass Reformvorhaben zu spät oder gar nicht eingeleitet werden. Zumeist ist dieser Vorwurf mit der Unterstellung der Inkompetenz der jeweiligen Entscheidungsträger verbunden. Der vorliegende Beitrag wendet sich gegen diese Pauschalisierung. Er geht von der These aus, dass die Änderung wirtschafts- und sozialpolitischer Systeme neben den als positiv beschriebenen Auswirkungen auch negative Begleiterscheinungen hat. Diese werden mit dem Begriff der Transaktionskosten beschrieben, der bereits theoretisch gut untersucht worden ist. Auf die Fragestellung bezogen werden diese Kosten als Systemänderungskosten bezeichnet. Ergänzt wird die Betrachtung durch die Einbeziehung so genannter Risikokosten. Der Autor kommt zum Schluss, dass die beobachteten Schwierigkeiten von Reformprozessen zumindest zum Teil unvermeidlich sind. Unter bestimmten Voraussetzungen kann es günstiger sein, bedeutende Reformprozesse zu einem Paket zusammenzufassen und als Großvorhaben anzugehen, anstatt eine Folge kleiner Reformschritte einzuplanen.

Schlüsselworte: Wirtschaftspolitik, Transaktionskosten, Reform, Kosten-/Nutzenanalyse

1. Einführung

Mit dem Übergang ins 21. Jahrhundert zeichnet sich ein Wandel der Hintergrundthematik im volkswirtschaftlichen Gedankengebäude ab. Das 20. Jahrhundert war von der Polarisierung der Welt in marktwirtschaftliche und planwirtschaftliche Ansätze geprägt. Diese Polarisierung spiegelt sich in der Entwicklung der volkswirtschaftlichen Theorie wider: die meisten fundamentalen Debatten (z. B. Keynesianismus vs. neoklassisches Modell) ranken sich um die Funktionsfähigkeit des Marktmechanismus und seine Grenzen.

In den ersten Jahren des neuen Jahrhunderts ist diese Auseinandersetzung, zumindest in der wirtschaftspolitischen Tagesdiskussion, etwas in den Hintergrund getreten. Die Sinnhaftigkeit und relative Effizienz der Preislenkung wird kaum noch in Frage gestellt, auch wenn die Einführung marktwirtschaftlicher Strukturen in den früher sozialistischen Ländern keineswegs reibungslos verlaufen ist. Stattdessen ist, besonders ausgeprägt in Deutschland, eine allgemeine Reformdiskussion entbrannt. Ausgehend von Problemfeldern wie Arbeitslosigkeit, Finanzierbarkeit des Sozialsystems oder der Volatilität der Kapitalmärkte werden eine Vielzahl von Reformvorschlägen entwickelt, der Öffentlichkeit vorgestellt und diskutiert [z. B. BERTELSMANN STIFTUNG (2001), S. 16 f.].

Der praktische Fortschritt bei der Umsetzung der Reformideen ist dagegen gering. In treuer Regelmäßigkeit wirft die jeweilige Opposition der Regierung Versagen bei der Umsetzung der Reformvorhaben vor, unabhängig von der jeweiligen Parteien- und Machtkonstellation.

Dieser Beitrag vertritt den Standpunkt, dass die Schwäche der Politik bei der Umsetzung von Reformvorhaben nicht notwendigerweise auf das Versagen der handelnden Parteien zurückzuführen ist, sondern dass die Änderung ökonomischer Rahmenbedingungen einen Ressourcenverzehr begründet, der eine natürliche Hemmschwelle gegenüber Reformen darstellt. Dabei soll auf den schon seit längerem in die volkswirtschaftliche Theorie eingeführten Begriff der Transaktionskosten zurückgegriffen werden. Bei der Anwendung des Transaktionskostenbegriffes auf die Veränderung wirtschafts- und sozialpolitischer Grundregeln und Institutionen ist es allerdings zu kurz gegriffen, von "Transaktionen" zu sprechen. Der Transaktionskostenbegriff wird daher zum Begriff der "Systemänderungskosten" verallgemeinert.

Transaktions- bzw. Systemänderungskosten setzen der Umsetzbarkeit von Reformideen Grenzen. Dies hat erhebliche Auswirkungen auf die Reformprozesse und deren zeitlichem Verlauf.

Historisch zurückblickend, kann man feststellen, dass große Reformvorhaben seltene Ereignisse sind, die nach ihrer Umsetzung allerdings lange Bestand hatten. Paradebeispiel für eine nachhaltige Reform sind im Falle Deutschlands die Sozialreformen der Bismarckzeit, die die umlagefinanzierte Einführung der Arbeitslosen-, Renten- und Krankenversicherung zum Gegenstand hatten, wobei die Beiträge zwischen Arbeitnehmern und Arbeitgebern geteilt wurden. Dieses System hat sich über mehr als hundert Jahre gehalten, obwohl es an Einwänden oder Reformversuchen nicht gefehlt hat [z. B. VOM BRUCH (1985), BERTHOLD/FEHN (1997), S. 165].

Der in diesem Beitrag vorgestellte Ansatz soll die Beharrungstendenzen bei Änderungsversuchen wirtschafts- und sozialpolitischer Systeme erläutern und Hinweise geben, wie eine Reformdiskussion versachlicht werden kann.

2. Grenzen mikro- und makroökonomischer Referenzmodelle

Der Transaktionskostenbegriff wird in aller Regel im mikroökonomischen Kontext verwendet. Der Versuch, ihn auf gesamtwirtschaftliche Zusammenhänge zu übertragen, trifft auf eine ganze Reihe konzeptioneller Schwierigkeiten.

Kosten sind zunächst einmal ein rein betriebswirtschaftlicher Begriff. Sie sind bewerteter Aufwand zur Erstellung von Gütern und damit Vorleistungen im Produktionsprozess [SCHWEITZER/KÜPPER (2003), S. 12]. Ein ganzer Zweig der Betriebswirtschaftslehre befasst sich mit der sachgerechten Erhebung und Zuordnung von Kosten; die Ermittlung der Kosten dient in der Praxis dazu, den Produktionsprozess effizient, d.h. ressourcenminimierend zu gestalten.

Auch für wirtschaftspolitische Reformvorhaben ist unmittelbar einleuchtend, dass diese einem gewissen Effizienzgebot unterliegen. Ein großer Teil der wirtschaftspolitischen Diskussion befasst sich mit dem anzustrebenden Weg zum Ziel, während über die zu lösenden Probleme in vielen Fällen Einigkeit besteht[1].

Dem an sich naheliegenden Versuch, den Kostenbegriff zur optimalen Gestaltung wirtschaftspolitischer Maßnahmen heranzuziehen, stehen eine Reihe von Hindernissen gegenüber:

- Die üblichen volkswirtschaftlichen Konzepte sind auf die Betrachtung von Märkten fokussiert; sie befassen sich damit überwiegend mit dem Preisprozess und der Verteilung von Gütern. Die Erstellung von Gütern und der damit verbundene Effizienzgedanke ist in der Regel nicht Gegenstand der Betrachtung [KASPER/STREIT (1999), S. 126 f.].
- Seit dem Vordringen keynesianischen Gedankenguts bilden kreislauftheoretische Überlegungen die Grundlage der meisten makroökonomischen Konzepte. In der Kreislauftheorie und der darauf fußenden volkswirtschaftlichen Gesamtrechnung ist jedoch der Effizienzgedanke ausgeklammert; besonders ressourcenverzehrende Produktionsverfahren (wozu auch eine umständliche Art der Erstellung öffentlicher Güter und die Auswirkungen ineffizienter Gesetze gehören) erhöhen ceteris paribus das Volkseinkommen, auch wenn sie keinen erkennbaren mikroökonomischen Nutzen stiften.

Vielleicht noch entscheidender ist, dass in der Volkswirtschaftslehre die komparativ-statische Methode zum Standardverfahren geworden ist. Als Beispiel kann das an sich sehr leistungsfähige IS-/LM-Modell herhalten, dessen Verständnis für

---

1 Als Beispiel mögen die Folgen der demographischen Entwicklung oder die Beseitigung der Arbeitslosigkeit genannt werden. Diese weitgehende Einigkeit über die Ziele ist erst für die Zeit nach 1990 charakteristisch; vor dem Zusammenbruch der sozialistischen Volkswirtschaften hat die ideologische Auseinandersetzung den Zielkonsens überlagert.

Generationen von Studenten zur Voraussetzung ihres Studienerfolges geworden ist[1]. Damit wird ein Zustand A mit dem Zustand B verglichen; der Weg von A nach B wird als (transaktionskostenfreier) Gedankenschritt angesehen, den das Streben des ökonomischen Systems nach Gleichgewicht wie von Zauberhand auslöst.[2]

Die wirtschaftspolitische Tagesdiskussion spiegelt diese Modelle wider; in aller Regel wird der Zustand nach Umsetzung einer Maßnahme mit dem aktuellen Zustand verglichen; ist dieser auch nur marginal besser, wird er angestrebt; die Nachteile, die sich aus dem Übergang zu diesem Zustand ergeben, werden als Angelegenheit der öffentlichen Verwaltung oft aus der Betrachtung ausgeklammert.

Als weitere Ursache für diese Vernachlässigung von Prozessgesichtspunkten erweist sich die Dominanz des neoklassichen Modells, das der Marktallokation die klare Hauptrolle zuweist und dem Staat und anderen Institutionen lediglich eine ordnende Rolle im Hintergrund zuweist. Jahrzehntelang wurde diese Einseitigkeit, vor allem in Europa, dadurch unterstützt, dass in der akademischen Welt das neoklassiche Modell als Gegenmodell zu planwirtschaftlicher Ideologie gepflegt wurde, während paradoxerweise die westeuropäischen Institutionen wie die EU zu gewaltigen Verwaltungs- und Allokationsapparaten entwickelt wurden.

Dies bedeutet nicht, dass der Staatssektor aus dem Fokus der Nationalökonomie verschwunden wäre. Die Entwicklung der "Neuen politischen Ökonomie" um 1980 sowie der Institutionenökonomik seit 1990 sind unübersehbar. Doch sind diese in vielerlei Hinsicht in sich abgeschlossene Forschungsgebiete geworden, die sich mit kreislauftheoretischen Konzepten und quantitativen Effizienzbetrachtungen nur schwer verbinden lassen.

Um dennoch den Transaktionskostenbegriff auf wirtschaftspolitische Maßnahmen anwenden zu können, soll dieser kurz charakterisiert und dann zum Begriff der Systemänderungskosten verallgemeinert werden.

---

1 Die Lehrbücher des mit dieser Schrift zu Ehrenden stellt hier keine Ausnahme dar [DIECKHEUER (2001), S. 455 ff. ders. (2003), S. 29 ff.]. In den Modellen wird vom reibungslosen Funktionieren aller Anpassungen ausgegangen. Der Autor weist jedoch selbst auf eine große Zahl von ökonomischen und wirtschaftspolitischen Interdependenzen hin [ebenda, S. 145].

2 Dies gilt gleichermaßen für die so genannte "dynamische" Theorie, bei denen Investitions- oder technologische Prozesse ein gleitendes Gleichgewicht auf einem Wachstumspfad erzeugen.

3. Transaktionskosten

Der Transaktionskostengedanke entsteht aus der Erkenntnis, dass die Modellierung der ökonomischen Realität nicht ausschließlich durch den Schnittpunkt von Angebots- und Nachfragekurven vorgenommen werden kann. Bereits in biblischer Zeit musste der Hirte eine mühsame Reise zum nächsten Marktort vornehmen, wenn er eine Ziege kaufen oder verkaufen wollte, und am Prinzip, dass Tausch auch Mühe und Risiko bedeutet, hat sich bis zur Zeit der Internet-Portale nichts Grundsätzliches geändert.

Es ist unbestritten, dass Transaktionskosten einen Einfluss auf die ökonomische Realität haben. Erste Überlegungen stellte R. COASE an, der sich mit der Frage beschäftigte, wann der Preismechanismus an seine Grenzen stoße und wann unternehmensinterne Organisationsprozesse günstiger wären [COASE (1952), S. 334]. WILLIAMSON erweitert den Gedanken um psychologische und spieltheoretische Aspekte ("opportunistisches Verhalten") [WILLIAMSON (1975), S. 21 ff.].

Transaktionskosten können prohibitiv sein. Ein Beispiel ist der Handel mit älteren Gebrauchtmöbeln, die an sich noch erheblichen Nutzen stiften könnten und dennoch meist auf dem Sperrmüll landen.

Umgekehrt hat der Wegfall bzw. die Reduktion von Transaktionskosten durch technischen Fortschritt zu drastischen Veränderungen von Märkten geführt. Als Beispiele sollen das Vordringen von Internet-Auktionen oder die technologische Revolution im Finanzdienstleistungsgewerbe angeführt werden.

Transaktionskosten können definiert werden als "Kosten, die entstehen, wenn man einen Kaufvertrag abschließen will" [GÖBEL (2002), S. 129]. Hierzu zählen vor allem die Aufwendungen für die Informationsbeschaffung über mögliche Vertragspartner, die Sicherung der Qualität der zu handelnden Ware sowie die Sicherung der Werthaltigkeit der Gegenleistung (z. B. Schutz gegen Falschgeld oder Uneinbringbarkeit von Forderungen) [SAUTER (1985), S. 405 ff.]. Gelegentlich werden hiervon die Kosten der Marktbenutzung abgegrenzt, was dann sinnvoll ist, wenn die Transaktion über eigens dafür eingerichtete Institutionen (Börsen, Messen) abgewickelt wird. Ein Zweig der sog. Institutionenökonomik betont, dass es sich hierbei auch um die Definition, Übertragung und Durchsetzung von Verfügungsrechten handelt [GÖBEL (2002), S. 131; KASPER/STREIT (1999), S. 128f.].

Hieraus ergeben sich interessante Analyseobjekte, z. B. die Untersuchung der Kosten, die durch Informationsasymmetrie entstehen, aber auch die Frage der vertikalen Integration, bei der es darum geht, in welchem Maße die mehrstufige Produktion von Gütern durch den Marktmechanismus alloziert werden sollte (Zulieferung versus Eigenproduktion von Komponenten) [SCHOPPE (1995), S. 163]. Diese sehr umfassend analysierten Fragen spielen jedoch im Rahmen der vorliegenden Betrachtung keine Rolle.

Im gegebenen Zusammenhang ist nur wichtig, dass es sich um abgrenzbare Aufwendungen handelt, die Teil des Wertschöpfungsprozesses in einer Volkswirtschaft sind [ARROW (1969), S. 60]. In der Institutionenökonomik werden zumeist zwei Alternativen (z. B. vertikal integrierte Unternehmen vs. über den Markt koordinierte Produktion) gegenüber gestellt und die Frage aufgeworfen, bei welcher Variante geringere Transaktionskosten auftreten [WILLIAMSON (1971), S. 112 ff.]. Diese Betrachtung soll auf die Anwendung wirtschafts- und sozialpolitischer Reformvorhaben übertragen werden.

Trotz der unbestrittenen Allgegenwart von Transaktionskosten (Schätzungen gehen von bis zu 60 Prozent des Volkseinkommens aus [RICHTER/FUROBOTN (2003), S. 53][1]) waren sie in der makroökonomischen Theorie nie besonders beliebt. Viele makroökonomische Lehrbücher und Darstellungen der Wirtschaftspolitik kommen vollständig ohne den Begriff aus. Der Grund dürfte in der weitgehenden Inkompatibilität mit den gängigen gleichgewichtsheoretischen Ansätzen liegen [SCHOPPE (1995), S. 135]. Außerdem ist gerade die Allgegenwart von Transaktionskosten ein konzeptionelles Hindernis, da eine wirtschaftsstatistische Trennung von der "reinen" ökonomischen Leistung kaum befriedigend denkbar ist; in diesem Falle müsste man das gesamte Finanzdienstleistungsgewerbe und die komplette Informationstechnologie der Transaktionsökonomik zuordnen. Ähnlich geartete Versuche, zwischen "originärer" und "sekundärer" Ökonomie zu unterscheiden, hat es bereits seit dem 18. Jahrhundert im Hinblick auf die Landwirtschaft und den Bergbau gegeben, eine damals als "Physiokraten" bezeichnete sehr einflussreiche Schule der Nationalökonomie, die jedoch auf die Produktionssituation der damaligen Zeit zugeschnitten war und heute keine Bedeutung mehr besitzt [HOFFMANN (1986), S. 120 f.].

Eine Definition der Transaktionskosten kann nie völlig wertfrei sein. Wenn Arrow diese als "costs of running the economic system" definiert [ARROW (1969), S. 48], so ist damit immer die negative Abweichung von der Idealvorstellung einer Welt ohne Informations- und Verwaltungskosten verbunden. Aber gibt es diese Welt überhaupt? Im mikroökonomischen Kontext ist sie durch den Schnittpunkt von Angebots- und Nachfragekurve definiert. Makroökonomisch gesehen stellt sie eine Art Schlaraffenland dar, in der Verträge ohne Verhandlung zustande kommen, Unternehmen neue Produkte entwickeln, ohne ein Projekt aufsetzen zu müssen, und ein neues Steuersystem eingeführt werden kann, ohne dass sich ein Heer von Finanzbeamten und Steuerberatern mit den neuen Bestimmungen auseinandersetzen müsste. Konsequent zu Ende gedacht, kommt eine transaktionskostenfreie Welt der Utopie früherer Jahrzehnte nahe, in der eine Armee von Maschinen und Computern die ökonomischen Bedürfnisse der Menschen zum Nulltarif zur Verfügung stellt. Wir wissen inzwischen, dass weder die Automatisierung der Produktion noch die Computerisierung der Verwaltung uns auch nur in die Nähe

---

1 Zur Methodik dieser Schätzungen s. VOIGHT (2002), S. 86 ff.

dieser Welt gebracht haben; es besteht Grund zur Annahme, dass es diese Welt nie geben wird [VOIGHT (2002), S. 252 unter Verweis auf DEMSETZ (1969)]. Damit fällt sie aber auch als Referenzsituation aus, und die Schätzungen über den Anteil der Transaktionskosten am Volkseinkommen erweisen sich als virtuelles Konstrukt mit geringem Erklärungswert.

Hieraus könnte man den Schluss ziehen, der Transaktionskostenansatz sei ungeeignet, etwas über die reale makroökonomische Welt und die Analyse wirtschaftspolitischer Reformvorhaben auszusagen.

Das trifft jedoch dann nicht zu, wenn man den Begriff der Effizienz im wirtschaftspolitischen Kontext definiert. Allerdings besitzt die Nationalökonomie traditionell eine erhebliche Zurückhaltung, Effizienz makroökonomisch zu definieren. Dies liegt vor allem an zwei Gründen:

- Wie bereits erwähnt, nimmt die kreislauftheoretische Betrachtung keine Bewertung der volkswirtschaftlichen Produktion vor. KEYNES hat das Beispiel aufgezeigt, dass das Vergraben und spätere Ausgraben von Flaschen durchaus das Volkseinkommen erhöht und über die Anhebung der Beschäftigung in irgendeiner Form nützlich ist. Jedoch erkennen auch ökonomische Laien, dass es vielleicht besser wäre, die Arbeitsleistung etwa für den Wohnungsbau zur Verfügung zu stellen [KEYNES (1936/1973), S. 129].[1]
- Es wurde früh erkannt, dass Wohlfahrtsökonomik in aller Regel nicht neutral bezüglich der Verteilung des Volkseinkommens definiert werden konnte. Dies führte zur Fokussierung wertneutraler Konzepte wie das der Pareto-Effizienz, die aber in der Praxis nur selten Relevanz erlangen. Dies hat den Ausbau der Wohlfahrtsökonomik nach deren Entwicklung (v.a. durch PIGOU) weitgehend verhindert [PRICE (1977), S. 58 f.].

Während eine makroökonomische Auslegung des Transaktionskostenansatzes damit ausscheidet, lassen sich im Einzelfall und in der wirtschaftspolitischen Praxis recht häufig effiziente von ineffizienten Vorgehensweisen abgrenzen. Gegen eine mikroökonomisch begründete, damit notwendigerweise partialanalytische und auf einem Nutzen- oder Effizienzkonzept beruhende Analyse wirtschaftspolitischer Reformvorhaben lassen sich keine grundsätzlichen Einwände feststellen. Alles, was erforderlich ist, um unterschiedliche Reformansätze miteinander zu vergleichen, ist eine Konkretisierung des Effizienzbegriffs [BLANKERT (1998), S. 405 ff.].

---

[1] Allerdings bringt KEYNES auch einen geldtheoretischen Aspekt ein, indem er die Flaschen vorher mit Banknoten füllen lässt.

4. Systemänderungskosten

Aus Sicht des Transaktionskostenansatzes zieht ein wirtschaftspolitisches Reformvorhaben neben der komparativ-statischen Verbesserung auch negative Begleiteffekte und den Ressourcenverzehr der Umsetzung mit sich.

Beispiele hierfür sind leicht zu finden. Eine Änderung des Steuersystems führt in aller Regel zu erheblichem Mehraufwand bei Steuerzahlern und der Finanzverwaltung. Die Einführung neuer Säulen der Alterssicherung erhöht, gerade in Verbindung mit langfristig gestaffelten Übergangsregelungen, die Komplexität erheblich. Der Übergang zur Parallelität von EU-, nationalen und lokalen Bestimmungen hat ebenfalls zu verstärkter Komplexität geführt. Dies schlägt sich u.a. in erheblichem Aus- und Weiterbildungsbedarf im Unternehmensbereich, besonders deutlich bei Wirtschaftsprüfern und Steuerberatern, nieder. Aktuelle Beispiele im Bereich der Unternehmen sind die Internationalisierung der Rechnungslegung, der aktuelle Trend der Verstärkung von regulatorischen Maßnahmen, der Corporate Governance und des Risikomanagements.

Diese Systemänderungskosten zu quantifizieren, ist eine durchaus lösbare Aufgabe, sofern es nicht auf allzu große Genauigkeit ankommt. Der Zeitaufwand von Staatsbediensteten, Unternehmensberatern, Wirtschaftsprüfern und Mitarbeitern von Unternehmen lässt sich mit Stundensätzen bewerten. Auch die Kosten für die Kommunikation und letztendlich die Werbung für die Maßnahmen sind pragmatisch bezifferbar [DEUTSCHES INSTITUT FÜR ALTERSVORSORGE (2004), S. 9].

Neben diese direkten und leicht quantifizierbare Aufwände treten noch weitere Auswirkungen von Reformvorhaben, deren Erfassung weitaus problematischer ist, da durchaus umstritten ist, in welcher Weise sie volkswirtschaftlichen Ressourcenverzehr darstellen [RÜRUP/HANSMEYER (1984), S. 110 ff.; BRÜMMERHOFF (2001), S. 194 ff.].

Das erste Problemfeld sind die Kosten des demokratischen Prozesses. Es ist unbestreitbar, dass das Ringen um den demokratischen Konsens bzw. der Mehrheitsentscheidung mit Aufwand verbunden ist. Große Reformvorhaben dominieren die politische Tagesordnung, so dass diesen ein erheblicher Teil des "politischen Aufwands" zugerechnet werden kann. Dessen ungeachtet ist eine gewisse Scheu erkennbar, diesen Aufwand zu thematisieren oder gar zu quantifizieren bzw. zuzuordnen. Dahinter steht einerseits die Überlegung, die Demokratie als gewollten und gegebenen Zustand anzusehen, der keinesfalls, auch nicht durch schnöde Kostenüberlegungen, anzuzweifeln ist [BOARDMAN/GREENBERG ET AL. (2001), S. 39], andererseits aber auch das Bestreben der Ökonomen, eine weitestmögliche Trennung von ökonomischer Ratio und politischer Realität vorzunehmen, um ihr Gedankengebäude wertfrei zu gestalten.

Besonders schwierig wird es bei der Analyse von Verteilungseffekten. Nahezu alle wirtschafts-, steuer- und sozialpolitischen Reformvorhaben haben Auswirkungen auf die Einkommensverteilung. Dabei stellt sich die Frage der ökonomischen Bewertung, die nach allgemeiner Überzeugung nicht ethisch wertfrei gestaltet werden kann und für die keine Metrik existiert [SCHMIDT (1989), S. 149; BLANKERT (1998), S. 419]. Selbst im Fall einer pareto-optimalen Maßnahme werden die Verteilungseffekte über die Wirtschaftssubjekte inhomogen sein, und selbst bei homogenen Verteilungseffekten könnten diese bei den Wirtschaftssubjekten unterschiedlich bewertet werden (abnehmender Grenznutzen des Geldes). Die Möglichkeit, Verteilungseffekte in die kostenbezogene Analyse einzubeziehen, muss damit als äußerst pessimistisch eingeschätzt werden.

Für die weiteren Kapitel soll nun vorausgesetzt werden, dass eine Methode existiert, mit der die verwaltungstechnischen und evtl. die politischen Aufwände einer Reformmaßnahme abgeschätzt werden können.

5. Systemänderung als Investitionskalkül

Wirtschaftspolitische Reformmaßnahmen haben ihre betriebswirtschaftliche Entsprechung in der Betrachtung von Investitionen. Eine Investition stellt einen Ressourcenverzehr dar, der in der Folge zu zusätzlichem Einnahmen bzw. Nutzen führt.

Eine Reformmaßnahme wird dann durchgeführt, wenn sich die verantwortliche Gebietskörperschaft hiervon einen Vorteil verspricht. Im einfachsten und sicher auch häufigen Fall liegt dieser Vorteil in der Erhöhung der Wohlfahrt, repräsentiert durch das Volkseinkommen. Wegen der bereits angesprochenen Problematik von Verteilungseffekten und allgemeiner Interdependenz ist dieser monetäre Vorteil sicher nicht leicht zu bestimmen. In der Praxis sind diese Schwierigkeiten jedoch nicht unüberwindlich, was man daran ablesen kann, dass die Auswirkungen von Reformvorhaben regelmäßig in die quantitative staatliche Planung einfließen (inwieweit diese Ansätze realistisch sind, sei dahingestellt).

Drei Beispiele für die Anwendung des Investitionsgedankens auf die Reformthematik seien genannt:

- Eine Reformmaßnahme ist als sinnvoll zu bezeichnen, wenn der monetär ausgedrückte Vorteil des Zustands nach Umsetzung höher liegt als die dadurch entstehenden Systemänderungskosten[1].
- Stehen mehrere Alternativen einer Reformmaßnahme zur Auswahl, kann die geeignete durch Maximierung der genannten Differenz aus monetärem Vorteil und Systemänderungskosten bestimmt werden [STIGLITZ (1999), S. 278].

---

1 Ein Beispiel für eine derartige Argumentation findet sich bei BERTHOLD/FEHN (1997), S. 183: "The evidence is getting clearer that the marginal costs of the welfare state are larger than its marginal benefits".

- Ein weiteres Anwendungsgebiet besteht in der Bestimmung des optimalen Reformrhythmus. Häufig besteht gegenüber der Vornahme laufender kleinerer Korrekturen die Alternative, in großen Zeitabständen umfassende Reformen umzusetzen. Ein Beispiel stellt die Steuergesetzgebung dar, die zum Ausgleich verschiedenster Änderungen der Rahmenbedingungen, aber auch zur Kompensation der eingebauten Progressionskomponente bei Inflation ständig angepasst werden muss. In Deutschland wechseln sich "normale" Steuerreformen und "große" Reformen [LANG U.A. (2004), S. 57] ab, was manche Zeitgenossen nicht daran hindert, die "wirklich radikale Reform" zu fordern [SINN (2003), S. 469].

Sind kollektiver Nutzen und Systemänderungskosten hinreichend quantifiziert, so kann ein Reformvorhaben als Analogon zu einem Investitionsvorhaben angesehen werden.

Ein dominierender Aspekt der betriebswirtschaftlichen Investitionsrechnung, aber auch der finanzwissenschaftlichen Kosten-Nutzen-Analyse ist die Vergleichbarkeit von Zahlungsströmen im Zeitablauf. Dies setzt die Festlegung eines Diskontierungszinssatzes voraus.

Bereits im betriebswirtschaftlichen Partialzusammenhang ist die Bestimmung des korrekten Zinssatzes ein nicht zu unterschätzendes Problem. Unter der Annahme vollkommener Finanzmärkte lassen sich aus Opportunitätskostenüberlegungen Zinssätze aus Finanzmarktzinsen entsprechender Laufzeit herleiten. In der Praxis müssen wegen des teilweise beschränkten Zugangs von Unternehmen zum Finanzmarkt oft Anpassungen vorgenommen werden, die die intertemporale Präferenz des Investors, Steuern und gegebenenfalls Risikoadjustierungen berücksichtigen.

Wirtschafts- und sozialpolitische Reformen können weit in die Zukunft wirken; ihre Auswirkungen zeigen sich oft noch Jahrzehnte später. Die klassischen Sichten auf den Zins, nämlich ihn als intertemporale Präferenz von Wirtschaftssubjekten oder als Opportunitätskosten des Kapitals zu betrachten, überzeugen hier nicht [BLANKERT (1998), S. 417]. Vielmehr hat man es vielmehr mit dem Problem zu tun, Präferenzen zwischen Generationen zu bewerten, was als "Generational Accounting" ein eigenständiges Forschungsgebiet begründet hat [STIGLITZ (1999), S. 285]. Hier bietet sich ein Anknüpfungspunkt für eine tief greifende Debatte; so könnte man in einer wachsenden Wirtschaft und unter der Annahme sinkenden Grenznutzens monetärer Werte zum Schluss kommen, zukünftigen Nutzen gegenüber dem heutigen geringer anzusetzen und damit einen höheren Diskontierungssatz zu verwenden. Doch sind diese Debatten reichlich theoretisch; einfacher hält man die Sachlage, wenn man sich auf den Inflationsausgleich beschränkt und alle Generationen gleich bewertet [STIGLITZ (1999), S. 284 f.].[1]

6. Einbeziehung von Risikokosten

Es ist allgemein anerkannt, dass Investitionsrechnungen um eine Risikokomponente erweitert werden müssen, sofern bezüglich der Amortisation Risiken bestehen.

Wirtschaftspolitische Reformen können ihr Ziel verfehlen und im Extremfall scheitern. Diese mögliche Zielverfehlung ist ins Kalkül zu ziehen. Allerdings liegen die Verhältnisse in der Praxis oft komplizierter, da die Bewertung über den Erfolg politischer Maßnahmen meist hochgradig umstritten ist und die verantwortliche Seite bestrebt (und auch verpflichtet) ist, durch Nachbesserungen und Korrekturen zumindest einen Teilerfolg sicher zu stellen.

Zur Beurteilung der Auswirkung von Reformrisiken muss eine Aussage über die Risikohaltung einer Volkswirtschaft oder einer Gebietskörperschaft getroffen werden. Nahe liegend ist, für eine Volkswirtschaft als Ganzes Risikoaversion zu unterstellen. Dies bedeutet, dass bei zwei Maßnahmen mit gleichem Ergebnis und gleichen Systemänderungskosten diejenige vorzuziehen ist, die das geringere Risiko aufweist. Hieraus lässt sich auch der Schluss ziehen, dass eine Maßnahme, deren kollektiver Nutzen gleich den Systemänderungskosten ist, grundsätzlich keinen Sinn macht, da kein Nettonutzen entsteht und das mit der Maßnahme verbundene Risiko die Gesamtbilanz zwingend ins Negative zieht.

Ist jedoch ein Nettonutzen erkennbar, müssen die Risiken bewertet werden. Hier liegt in aller Regel ein Informationsdefizit vor, verschärft durch die Tatsache, dass die Risiken durch die Verfechter der Reform (ggf. verteilungspolitisch motiviert) heruntergespielt werden, während die Opponenten die Risiken ausgiebig thematisieren. Hinzu kommt eine Informationsasymmetrie: die Risiken wirtschaftspolitischer Änderungen sind oft nur unzureichend erforscht, während die Auswirkungen eines Reformstaus beobachtbar und damit weitgehend bekannt sind.

Oft muss man sich bezüglich der Erfassung aller Risikoquellen mit wenigen Szenarien begnügen, denen Stellvertretungscharakter zukommt und die mit den entsprechenden Wahrscheinlichkeiten gewichtet werden.

Die Theorie kennt mehrere Möglichkeiten, das Risiko zu berücksichtigen:

---

[1] Dort wird auch darauf hingewiesen, dass dieser Frage im Hinblick auf langfristige Umweltschäden große Bedeutung zukommt. Zum sog. "Generational accounting" vgl. BRÜMMERHOFF (2001), S. 620 f.

- Im betriebswirtschaftlichen Kontext wird häufig ein risikoadjustierter, höherer Diskontsatz verwendet. Dieser führt zu einer Mindergewichtung zukünftigen Nutzens gegenüber den früher anfallenden Systemänderungskosten.
- Ferner kann ein Zuschlag auf die Systemänderungskosten erhoben werden, der die Kosten gescheiterter Reformen, gewichtet mit ihrer Eintrittswahrscheinlichkeit, enthält ("Risikoprämie") [STIGLITZ (1999), S. 289 ff.].

Auch wenn beide Methoden zum gleichen Ergebnis führen, so ist doch der Zuschlag auf die Systemänderungskosten transparenter. Ein höherer Diskontzins lässt sich vor allem mit Konzepten der Intergenerationenallokation rechtfertigen, die in der hier vorliegenden Fragestellung nichts zu suchen haben.

Zum Schluss sei ausdrücklich betont, dass der Ansatz von Risikokosten nicht Ausdruck eines grundlegenden Pessimismus oder einer Innovationsfeindlichkeit sein soll; vielmehr stellt es eine Aufforderung dar, sich mit den Risiken von Veränderungen ex ante explizit zu beschäftigen. Sieht man Innovation als grundsätzlich sinnvoll an, könnte man durch Postulierung einer allgemeinen Risikofreudigkeit auch negative Risikokosten ansetzen ("Entdeckungsprämie").

7. Der optimale Reformrhythmus

Die vorangegangenen Ausführungen interpretierten einen wirtschaftspolitischen Reformprozess als kollektive und diskretionäre Investionsentscheidung einer ökonomischen Handlungseinheit (z. B. einer Nation oder einer internationalen Organisation wie der EU). Dieser Gedanke soll an einem algebraischen Beispiel erläutert werden:

Ausgangssituation sei ein in die Jahre gekommenes wie auch immer geartetes Regelwerk für ein wirtschafts- oder sozialpolitisches Gebiet. Von Jahr zu Jahr baut sich Reformdruck auf, der sich in linear ansteigenden Ineffizienzen (hierzu können auch Verteilungsaspekte zählen) äußert:

$$I_t = \alpha \ t \tag{1}$$

Die Summe der Ineffizienzen über n Jahre ergibt sich damit als

$$\sum_{t=1}^{n} I_t = \alpha \ t(t+1)/2 \tag{2}$$

Die Systemänderungskosten einer Reform seien aus einem fixen Block (z. B. Gesetzgebungsvorhaben und die damit verbundene öffentliche Diskussion) und einem variablen Teil für die Größe des Reformvorhabens zusammengesetzt[1]. Die Größe des Reformvorhabens hänge linear von der seit der letzten Reform vergangenen Zeit ab:

$$K = C + \beta t \qquad (3)$$

Im einfachsten Fall werden sowohl Diskontierung als auch Risikoaspekte vernachlässigt. Der positive Effekt ergibt sich damit aus dem Nutzen (den vermiedenen Ineffizienzen) abzüglich der Systemänderungskosten:

$$-\sum I_t + K = -\alpha\,(t^2 - t)/2 + C + \beta t \qquad (4)$$

Um die optimale Häufigkeit eines derartigen Reformvorhabens zu bestimmen, ist der jährliche Gesamteffekt zu maximieren:

$$(-\sum I + K)/t \quad = \quad -\alpha\,(t-1)/2 + C/t + \beta \quad \rightarrow \quad \text{max!} \qquad (5)$$

Differentiation nach t ergibt:

$$t = \sqrt{2C/\alpha} \qquad (6)$$

Unter den gegebenen Annahmen lassen sich aus diesem einfachen Modell eine Reihe von Schlussfolgerungen ableiten:

- Der optimale Zeitraum, nach dem eine Reform anzustreben ist, hängt ausschließlich vom Verhältnis der fixen Reformkosten zum jährlichen Anstieg der Ineffizienzen bei Nichtreform ab.
- Die variablen Kosten der Reform (also der Teil, der mit der Zahl der seit der letzten Reform verstrichenen Jahre korreliert ist) sind für die Bestimmung des optimalen Reformrhythmus unerheblich.
- Der Reformturnus wird bei einer angenommenen Verdoppelung der fixen Reformkosten nur unterproportional verlängert.

Selbstverständlich hängen diese Schlussfolgerungen von der Relevanz der Annahmen ab. So ist vor allem die Unterstellung, das das durch Unterlassen einer Reform entstehende Unbill linear mit der Zeit zunimmt, vermutlich übertrieben. Empirische Studien könnten hier andere Verläufe mit unterschiedlichen Konsequenzen zeigen.

---

[1] Vgl. die Unterteilung von Transaktionskosten in "setup costs" und "variable costs" bei SCHOPPE (1995), S. 161, unter Bezug auf WILLIAMSON.

Wie in den vorigen Kapiteln angesprochen, ist in der Regel noch eine Diskontierung vorzunehmen. Die Herleitung wird dann komplexer; auf eine mathematische Darstellung soll an dieser Stelle verzichtet werden. Im Ergebnis führt dies zu einer Hinauszögerung des optimalen Reformzeitpunktes, da die zukünftigen Ineffizienzen der nicht vorgenommenen Reform gegenüber den aktuellen Reformkosten geringer bewertet werden. Je stärker die Gegenwart gegenüber der Zukunft bewertet wird, desto konservativer ergibt sich die Politik.

Die Berücksichtigung des Risikos von Reformvorhaben führt zu ganz ähnlichen Ergebnissen. Das Risiko von Reformvorhaben kann durch einen Zuschlag auf die Fixkostenkomponente C dargestellt werden und verlangsamt ceteris paribus den Reformrhythmus.

Zum Schluss der Betrachtung sei darauf hingewiesen, dass es Funktionsverläufe der Reformstau-Ineffizienzen und Reformkosten geben kann, die dazu führen, dass sich kein Optimum herausbildet, z. B. für den Fall, dass der Aufwand für die Reformdurchführung schneller steigt als der Reformdruck. In diesem Falle lautet die Empfehlung, auf eine derartige Reform einfach zu verzichten.

8. Zusammenfassung und Ausblick

Die Beobachtung zeigt, dass eingerichtete wirtschafts- und sozialpolitische Systeme erhebliche Beharrungstendenzen aufweisen und sich Reformversuchen zunächst einmal widersetzen. Dies lässt sich durch das Konstrukt von Systemänderungskosten erklären. Erst wenn der zusätzliche Nutzen einer Änderung die direkten und indirekten Kosten der Transformation übersteigt, führt der politische Prozess zu einer Umsetzung.

Für die politische Realität führt dies dazu, dass es nicht ausreicht, zu prüfen, ob eine wie auch immer reformierte Situation gesamtwirtschaftlich besser ist als der jetzige Zustand (komparativ-statische Analyse), sondern es ist auch der negative Nutzen des Umsetzungsprozesses, also die Summe der unerwünschten Begleiteffekte, einzurechnen.

Ob die "Kosten" der Debatte selbst einbezogen werden sollen, hängt von dem individuellen oder allgemeinen Demokratieverständnis ab; man kann der Meinung sein dass sie den Preis für die allgemein anerkannten ethischen Vorteile der demokratischen Staatsform darstellen und sich jenseits der ökonomischen Analyse bewegen. Eine Berücksichtigung von Verteilungseffekten ist der monetären kollektiven Nutzenabschätzung ebenfalls kaum zugänglich.

Im Hinblick auf die Gestaltung fundamentaler Zeitfragen, wie der Steuer-, Renten- oder Arbeitsmarktdiskussion, kann es sinnvoll sein, sich die Frage zu stellen, ob einzelne große Reformvorhaben effizienter sind als die Summe vieler kleiner. Ansätze dazu ergeben sich aus der Vermutung einer Fixkostenkomponente bei Systemänderungen, was für eine Zusammenfassung von Vorhaben spricht. Relativiert wird diese Aussage durch den Ansatz von Risikokosten, wenn man davon ausgeht, dass sich kleinere Reformschritte im Falle des Scheiterns leichter wieder korrigieren lassen als große Systemänderungen. Welcher Effekt im Vordergrund steht, hängt vom Einzelfall ab.

Kosten-/Nutzen-Analysen sind bereits bei kleineren öffentlichen Entscheidungen methodisch anspruchsvoll. Für die Änderung von wirtschafts- und sozialpolitischen Grundregeln gilt dies in verstärktem Maße. Dennoch ist die Einbeziehung aller Kosten-, Nutzen- und Risikoaspekte eine lohnende Angelegenheit. Hier liegt die Kernaufgabe der wirtschaftspolitischen Beratung durch die Wissenschaft und die Ministerialbürokratie. Im politischen Alltag wird sich die Reduzierung auf populistische Einzelargumente nie vermeiden lassen; jedoch besteht Hoffnung, dass das Vorliegen einer Analyse, die Systemänderungskosten und Risikokomponenten einbezieht, versachlichende Auswirkungen auf den Verlauf der Reformdebatte besitzt.

Neben dem Willen zu solch einer Analyse ist natürlich auch das methodische Rüstzeug erforderlich. Hier bietet sich ein weites Forschungsfeld, denn von einer anerkannten Vorgehensweise kann auf diesem Gebiet keine Rede sein. Für die weitere Forschung bieten sich hierzu mehrere Wege an:

- Die historisch-analytische Betrachtung von erfolgreichen und gescheiterten Reformvorhaben
- Ansätze zur Quantifizierung von Systemänderungskosten
- Ansätze zur Quantifizierung von Risikokosten

Diese Ansätze können dann auf zukünftige Reformvorhaben zur Anwendung kommen, indem diese zur meist verfügbaren komparativ-statischen Betrachtung hinzugefügt werden. Hieraus kann dann entschieden werden, ob sich der aktuelle Reformschritt lohnt, ob abgewartet werden soll, bis der Reformdruck weiter anwächst, oder ob das Vorhaben angesichts hoher Transaktions- und Risikokosten gar ganz eingestellt werden sollte.

Das geflügelte Wort, dass die Reformbereitschaft zunimmt, wenn es einer Gesellschaft schlecht geht [LANG (2004), S. 20], kann ebenfalls in diesem Zusammenhang interpretiert werden: in dieser Situation liegt der erwartete kollektive Nutzenzuwachs eindeutig über der Einschätzung der Systemänderungskosten.

Zusammenfassend lässt sich feststellen, dass das Transaktionskostenkonzept, obwohl eine für Quantifizierungen hinreichende allgemein anerkannte Definition und Abgrenzung nach wie vor fehlt, geeignet ist, die Struktur der ökonomischen Realität aus dieser Perspektive zu beleuchten [WILLIAMSON (1986), S. 101;

SCHOPPE (1995), S. 137]. Dabei ist auf Objektivität der Politikberatung zu achten.[1] Die Anwendungen des Transaktionskostenansatzes sind weit reichend; so erklärt North gar allgemein- und wirtschaftshistorische Zusammenhänge mit der Reduktion von Transaktionskosten [NORTH (1997), S. 151 ff.].

Mit der Verbesserung der methodischen Grundlagen, der Messtechniken von Systemänderungskosten und zunehmender Erfahrung bei der Anwendung des vorgestellten Ansatzes dürfte es möglich sein, Reformvorhaben interessenübergreifend, strategisch und langfristiger zu steuern.

Literatur

Arrow, K. J. (1969), The Organization of Economic Activity: Issues Pertinent to the Choice of Market versus Non-Market Allocation; in: The Analysis and Evaluation of Public Expenditures: The PPB System, Joint Economic Committee, 91st Congress, 1st Session, Vol. 1, pp. 47-64, Washington DC.

Bertelsmann Stiftung (Hrsg.) (2001), Internationaler Reform-Report 2001, Gütersloh.

Berthold, N., Fehn, R. (1997), Reforming the Welfare State: The German Case, in: Giersch, H. (ed.), Reforming the Welfare State, Berlin u.a.

Blankert, C. (1998), Öffentliche Finanzen in der Demokratie, München.

Boardman, A., Greenberg, D., Vining, A., Weimer, D. (2001), Cost-Benefit Analysis, Concepts and Practice, 2nd ed., Upper Saddle River.

Brümmerhoff, D. (2001), Finanzwissenschaft, 8. Aufl., München.

Coase, R. (1937/1952), The Nature of the Firm, in: Economica, Vol. 4, pp. 386-405; reprinted in: Boulding, Kenneth, u.a. (1952) (American Economic Association), Readings in Price Theory, pp. 331-351.

Demsetz, H. (1969), Information and Efficiency: Another Viewpoint, in: Journal of Law and Economics, Vol. 12, pp. 1-22.

Deutsches Institut für Altersvorsorge (Hrsg.) (2004), Akzeptanzprobleme bei Rentenreformen, Köln.

Dieckheuer, G. (2001), Internationale Wirtschaftsbeziehungen, 5. Aufl., München u.a.

Dieckheuer, G. (2003), Makroökonomik – Theorie und Politik, 5. Aufl., Berlin u.a.

Göbel, E. (2002), Neue Institutionenökonomik: Konzeption und betriebswirtschaftliche Anwendungen, Stuttgart.

---

[1] BLANKERT (1998), S. 422 f., führt eine ganze Reihe von Methoden auf, derartige Analysen bewusst zu beeinflussen

Hoffmann, J. (1986), Die großen Wirtschaftsdenker, Hermes Handlexikon, Düsseldorf.

Kasper, W., Streit, E. (1999), Institutional Economics; Cheltenham, Northampton.

Keynes, J. M. (1936), The General Theory of Money, Interest and Prices; zitiert nach: Royal Economic Society (1973), The collected writings of John Maynard Keynes, Vol. VII, London, Basingstoke.

Lang, J. u.a. (2004), Die große Steuerreform: Auswirkungen und Reaktionen der Kredit- und Wohnungswirtschaft, Institut für Städtebau, Wohnungswirtschaft und Bausparwesen e.V.

North, D. C. (1997), Transaction costs through time; in: Menard, C., Transaction cost economics; recent developments, Cheltenham / Brookfield.

Price, C. M. (1977), Welfare economics in theory and practice, London, Basingstoke.

Richter, R., Furobotn, E. (2003), Neue Institutionenökonomik, 3. Aufl., Tübingen.

Rose, M., Wenzel, H. D., Wiegand, W., Optimale Finanzpolitik, Stuttgart – New York.

Rürup, B., Hansmeyer, H. (1984), Staatswirtschaftliche Planungsinstrumente, Düsseldorf.

Sauter, F. (1985), Transaktionskostentheorie der Organisation, München.

Schmidt, M. (1989), Vom wirtschaftlichen Wert der Sozialpolitik – Die Perspektive der vergleichenden Politikforschung; in: Vobruba (Hrsg.), Der wirtschaftliche Wert der Sozialpolitik, Berlin.

Schoppe, S. u.a. (1995), Moderne Theorie der Unternehmung, München, Wien, Oldenburg.

Schweitzer, M., Küpper, H. U. (2003), Systeme der Kosten- und Erlösrechnung, 8. Aufl., München.

Sinn, H.-W. (2003), Ist Deutschland noch zu retten?, München.

Stiglitz, J. E. (1999), Economics of the Public Sector, 3rd ed., New York.

Voight, S. (2002), Institutionenökonomik, München.

Vom Bruch, R. (1985), Weder Kommunismus noch Kapitalismus: Bürgerliche Sozialreform in Deutschland vom Vormärz bis zu Ära Adenauer, München.

Williamson, O. E. (1971), The Vertical Integration of Production: Market Failure Considerations, in: American Economic Review, LXI, pp. 112-123.

Williamson, O. E. (1975), Markets and Hierarchies; Analysis and Antitrust Implications, New York.

Williamson, O. E. (1986), Economic Organization: Firms, Markets and Policy Control, Brighton.

VI. Ordnung und Wettbewerb

Do Economists Matter?

Eine politökonomische Analyse des Einflusses wettbewerbspolitischer Leitbilder auf die europäische Fusionskontrolle

Norbert Eickhof, Kathrin Isele

Zusammenfassung: Im Rahmen der jüngsten Reform der europäischen Fusionskontrolle wurde das traditionelle Marktbeherrschungskriterium durch ein neues Eingreifkriterium abgelöst. Das führt zu der Frage, ob und gegebenenfalls inwieweit diese Reform von bestimmten wettbewerbspolitischen Leitbildern beeinflusst worden ist. Zur Beantwortung dieser Frage wird im vorliegenden Beitrag ein politökonomischer Ansatz gewählt, der von rational und eigennützig handelnden Akteuren ausgeht und diese der Angebots- und Nachfrageseite von politischen Märkten zuordnet. Danach ist es für Wettbewerbsökonomen attraktiv, wettbewerbspolitische Leitbilder anzubieten, während Politiker ein Interesse daran haben, derartige Leitbilder nachzufragen und sodann in wettbewerbspolitische Maßnahmen vor allem zu Gunsten von relativ kleinen Produzentengruppen umzusetzen. Im Einzelnen wird gezeigt, dass sowohl in Deutschland als auch in den USA und in der EU eine Reihe wettbewerbspolitischer Leitbilder entscheidende Impulse für die jeweilige Fusionskontrolle gegeben haben. Im Hinblick auf die jüngste Reform der europäischen Fusionskontrolle ist festzustellen, dass Letztere nach wie vor auf einem relativ differenzierten Struktur-Verhaltens-Ergebnis-Ansatz basiert, obgleich die Rezeption zahlreicher Aspekte der Chicago School und eine deutliche „Amerikanisierung" nicht zu übersehen sind. Anders als bei der US-amerikanischen Antitrustpolitik zeigt sich bei der Novellierung der europäischen Fusionskontrollverordnung allerdings kein dominierender Einfluss von unternehmerischer Seite.

Schlüsselworte: Antitrustpolitik, Chicago School, Effizienzgewinne, europäische Fusionskontrollverordnung, Fusionskontrolle, GWB, Hoppmann, Interessengruppen, Kantzenbach, Marktbeherrschung, Medianwähler, Ordoliberalismus, Stimmenmaximierung, Wettbewerbspolitik, wettbewerbspolitische Leitbilder, Workability-Konzepte

1. Einleitung

Do Economists matter? Diese von GEORGE STIGLER (1982, S. 57) gestellte Frage hätte JOHN MAYNARD KEYNES eindeutig bejaht: „Die Ideen der Ökonomen und

Staatsphilosophen, seien sie im Recht, seien sie im Unrecht, sind einflussreicher, als gemeinhin angenommen wird. In der Tat, die Welt ist durch nicht viel anderes beherrscht. Praktiker, die sich ganz frei von intellektuellen Einflüssen glauben, sind gewöhnlich die Sklaven irgendeines verblichenen Ökonomen"[1].

Die Stichhaltigkeit dieser Position soll im vorliegenden Beitrag anhand eines Politikbereichs überprüft werden, der selten im Mittelpunkt der öffentlichen Diskussion steht: der Wettbewerbspolitik. Konkret wollen wir uns den von Ökonomen entwickelten wettbewerbspolitischen Leitbildern zuwenden und untersuchen, inwieweit diese die praktische Wettbewerbspolitik beeinflussen. Dabei wollen wir uns auf den Teilbereich der Fusionskontrolle konzentrieren, der wegen der im Mai 2004 in Kraft getretenen Reform der europäischen Fusionskontrollverordnung (FKVO) besonderes Interesse hervorruft.

Um zu theoretisch fundierten Ergebnissen zu kommen, soll die Analyse des Einflusses der wettbewerbspolitischen Leitbilder auf die FKVO im Rahmen einer politökonomischen Analyse erfolgen. Damit wird die Annahme zugrunde gelegt, dass sich alle beteiligten Akteure – sowohl die Wissenschaftler als Anbieter der Leitbilder als auch die Politiker als deren Nachfrager – rational und eigennützig verhalten. Zunächst soll die Angebotsseite betrachtet werden: Nach der Definition der Ziele der Wissenschaftler werden bedeutende, von deutschen und US-amerikanischen Ökonomen entwickelte Leitbilder dargestellt, wobei der Schwerpunkt auf Empfehlungen bezüglich der Ausgestaltung der Fusionskontrolle liegt (Kapitel 2). Danach soll die Nachfrageseite untersucht werden: Es wird analysiert, welche Ziele eigennützig und rational handelnde Politiker in der Wettbewerbspolitik verfolgen und welche Rolle dabei vor allem die von wettbewerbspolitischen Entscheidungen betroffenen Interessengruppen spielen (Kapitel 3). Anschließend soll anhand der FKVO unter besonderer Berücksichtigung ihrer jüngsten Reform überprüft werden, ob von einer sich wandelnden Rezeption wettbewerbspolitischer Leitbilder auszugehen ist (Kapitel 4). In einem Fazit sollen die wichtigsten Ergebnisse zusammengefasst werden (Kapitel 5).

2. Angebot an wettbewerbspolitischen Leitbildern

2.1 Ziele der Wissenschaftler

Warum entwickeln Wissenschaftler wettbewerbspolitische Leitbilder? Von welchen Zielen lassen sie sich hierbei leiten?

Es ist zweckmäßig, nicht nur bei Haushalten und Unternehmen sowie bei Politikern, Bürokraten und Verbandsmitgliedern, sondern auch bei Wissenschaftlern zu unterstellen, dass sie sich rational und eigeninteressiert verhalten und bestrebt

---

[1] Zitiert nach RÖPKE (2004), S. 19.

sind, ihren Nutzen zu maximieren. Das gelingt ihnen, wenn sie ein möglichst hohes akademisches Prestige sowie ein sicheres, angemessenes Einkommen erreichen. Da eine viel beachtete Publikationstätigkeit sowohl das akademische Renommee steigert als auch die Chancen auf die Berufung auf besser ausgestattete, höher dotierte Stellen verbessert, lässt sich die These aufstellen, dass Wissenschaftler in erster Linie das Ziel einer Maximierung entsprechender Veröffentlichungen verfolgen. Bietet die Diskussion und (Weiter-) Entwicklung wettbewerbspolitischer Leitbilder gute Chancen für Interesse hervorrufende Publikationen, ergeben sich starke Anreize, vorherrschende wettbewerbspolitische Paradigmen in Frage zu stellen und neue zu formulieren.

In der Regel geht es bei den Veröffentlichungen um das Streben nach Erkenntnisfortschritt, gelegentlich aber auch um eine Möglichkeit der Einkommensverbesserung. Ein höheres Einkommen kann nicht nur durch besser dotierte Stellen erreicht werden, sondern auch durch die Anfertigung von Gutachten, falls das Forschungsgebiet, wie im Falle der Wettbewerbspolitik, einen gewissen Praxisbezug aufweist. Es existiert ein Markt für Gutachten, die vor allem im Auftrag einzelner Beteiligter an wettbewerbsrechtlichen Verfahren vergeben werden. Hierbei besteht eine besonders große Nachfrage nach Prozessgutachten, die wettbewerbsrechtliche Bedenken entkräften sollen [KOVACIC (1992), S. 296].[1] Wissenschaftler sind hierbei der Restriktion unterworfen, ihre Glaubwürdigkeit nicht durch unsachgemäße Stellungnahmen zu gefährden. Es ist jedoch nicht nur für einzelne Verfahrensbeteiligte, sondern auch für bestimmte Interessengruppen reizvoll, Wissenschaftler zu veranlassen, bei der Entwicklung von wettbewerbspolitischen Leitbildern ihren Interessen entgegenzukommen. Die entsprechenden Leitbilder können dann als Grundlage dazu dienen, Politikern bei der Gestaltung wettbewerbsrechtlicher Vorschriften die Richtung zu weisen. So wurden beispielsweise in den sechziger Jahren in den USA Forscher, die an einem den Workability-Konzepten entgegenzusetzenden Leitbild arbeiteten, von Großunternehmen finanziell unterstützt [KOVACIC (1990), S. 1430 ff.].

Vielfältige Motive führten also Wissenschaftler dazu, ständig eine Vielzahl wettbewerbspolitischer Theorien zu entwerfen und anzuwenden. Auch wenn ein Großteil der wettbewerbsökonomischen Publikationen sich nicht direkt mit der (Weiter-)Entwicklung wettbewerbspolitischer Leitbilder beschäftigt, sondern Einzelfragen behandelt, so stellen die wettbewerbspolitischen Leitbilder doch generell den theoretischen Hintergrund hierfür dar. Was sind jedoch die wichtigsten wettbewerbspolitischen Leitbilder, und welche Aussagen zur Fusionskontrolle enthal-

---

1 Viele Unternehmen nutzen aber auch kartellrechtliche Verfahren, um ihren Wettbewerbern Nachteile zu verschaffen. Zu entsprechenden Untersuchungen für die USA vgl. BAUMOL/ORDOVER (1985), HAZLETT (1986) und SHUGHART (1990).

ten sie?[1] Werfen wir zunächst einen Blick auf Deutschland und danach auf die USA.

2.2 Bedeutende wettbewerbspolitische Leitbilder

2.2.1 Ordoliberalismus

Der in den dreißiger und vierziger Jahren entwickelte Ordoliberalismus stellt eine Antwort auf die bitteren Erfahrungen dar, die Deutschland im späten 19. und frühen 20. Jahrhundert mit vermachteten Märkten gemacht hat. Die Begründer des Ordoliberalismus, insbesondere WALTER EUCKEN und FRANZ BÖHM, betonen die Wechselwirkungen von Wirtschaftsordnung und politischer Ordnung, die Interdependenz der Ordnungen [EUCKEN (1990), S. 304 ff.]. In diesem Zusammenhang kann wirtschaftliche Macht den demokratischen Staat bedrohen, wenn private Wirtschaftsmacht auf den Staat übergreift und zu politischer Macht wird [EUCKEN (2001), S. 17]. Folglich betrachten es die Ordoliberalen als vornehmliche Aufgabe der Wirtschaftspolitik, der Entstehung und dem Missbrauch wirtschaftlicher Macht entgegenzuwirken.

Vor diesem Hintergrund wenden sich die Vertreter des Ordoliberalismus der Aufgabe zu, Anforderungen an eine Ordnung zu formulieren, die einerseits den Individuen möglichst große Freiheitsspielräume sichert (liberales Element) und die andererseits aber auch gewährleistet, dass der Wettbewerbsprozess wohlgeordnet abläuft (Ordnungselement) [EUCKEN (1990), S. 245 f.]. Denn, in die richtigen Bahnen gelenkt, gelte: „Wettbewerb ist das großartigste und genialste Entmachtungsinstrument der Geschichte“ [BÖHM (1960), S. 22]. Die entsprechenden Anforderungen werden als Prinzipien der Wirtschaftspolitik formuliert und in zwei Gruppen unterteilt: die konstituierenden Prinzipien, welche der Herstellung der Wettbewerbsordnung dienen, und die regulierenden Prinzipien, die den Erhalt der Wettbewerbsordnung sichern.[2] Obwohl der Marktform der vollständigen Konkurrenz eine zentrale Rolle zugewiesen wird, da in ihr die konstituierenden Prinzipien „ihren gemeinsamen Mittelpunkt finden“ [EUCKEN (1990), S. 255],[3] werden zu-

---

1 Auf eine Kritik dieser Leitbilder unter marktstrukturellen Aspekten soll allerdings im Folgenden verzichtet werden [vgl. dazu z. B. EICKHOF (1992), S. 174 ff.].

2 Die konstituierenden Prinzipien umfassen das Primat der Währungspolitik, offene Märkte, Privateigentum, Vertragsfreiheit, Haftung und Konstanz der Wirtschaftspolitik. Die regulierenden Prinzipien erfordern Eingriffe bei Monopolen, anomalen Angebotsstrukturen, im Bereich der Einkommenspolitik sowie bei der Wirtschaftsrechnung [EUCKEN (1990), S. 253 ff.].

3 Die Marktform der vollständigen Konkurrenz wird folgendermaßen erläutert: „Ein Landwirt beachtet bei der Aufstellung seiner Wirtschaftspläne nicht die Reaktion, die seine Verkäufe an Weizen auf dem Weizenmarkt ausüben – weil sein Angebot relativ zu klein ist. Seinen Plänen legt er also Preise für Weizen oder Schweine oder Gemüse

nächst wenig konkrete Maßnahmen zu ihrer Herstellung vorgeschlagen. Vielmehr fordern die Ordoliberalen vorerst nur die Achtung der konstituierenden Prinzipien und die Bekämpfung von Monopolen durch ein unabhängiges Monopolamt, betrachten es aber als schwierig, die Größe der Unternehmen durch unmittelbare Eingriffe zu begrenzen oder die Konzernbildung zu verbieten [EUCKEN (1990), S. 290]. Stattdessen betonen sie die Bedeutung einer Wirtschaftspolitik, welche die Kräfte der Konkurrenz durch Anwendung der konstituierenden Prinzipien zur Entfaltung bringt. Ferner schlagen sie eine Patentgesetzgebung vor, die nicht der Stützung von Monopolen dient, und ein Aktienrecht, das die Vergrößerung eines Unternehmens über das technisch notwendige Maß hinaus verhindert [EUCKEN (2001), S. 35].

Konkrete marktstrukturelle Maßnahmen werden erst 1947 von EUCKEN in einem für die französische Militärverwaltung erstellten Gutachten gefordert. Darin verlangt er, dass „das Eindringen internationaler Konzerne vom Osten und vom Westen zum Stehen kommt und rückgängig gemacht wird [und] ... vermeidbare wirtschaftliche Machtgebilde ... zu verhindern, zu zerstören oder zu schwächen [sind].“ [EUCKEN (2001), S. 85]. Später wird er noch deutlicher: „Nicht gegen die Missbräuche vorhandener Macht sollte sich die Wirtschaftspolitik wenden, sondern gegen die Entstehung der Machtkörper überhaupt. Sonst besitzt sie keine Chance, mit dem Problem fertig zu werden.“ [EUCKEN (2001), S. 17]. Auch BÖHM spricht von der Notwendigkeit einer präventiven Konzentrationskontrolle zur Verhinderung der Entstehung wirtschaftlicher Macht [BÖHM (1950), S. 32 ff.]. Abschließend kann festgehalten werden, dass die Begründer des Ordoliberalismus mit der Marktform der vollständigen Konkurrenz über klare Marktstrukturnormen verfügen und die Notwendigkeit einer Fusionskontrolle betonen.

2.2.2 Workability-Konzepte

Der Begründer der Workability-Konzepte war JOHN MAURICE CLARK. Seine wettbewerbspolitischen Vorstellungen lassen sich in zwei Phasen unterteilen. In der ersten Phase, die in den späten dreißiger Jahren beginnt, betrachtet er das Modell der vollkommenen Konkurrenz noch als wettbewerbspolitisches Ideal. Allerdings geht er davon aus, „dass es ‚vollkommenen Wettbewerb‘ nicht gibt und nicht geben kann, wahrscheinlich auch niemals gegeben hat.“ [CLARK (1975 a), S. 143]. Hinzu kommt die Beobachtung, dass jeder Versuch, die Realität möglichst an die Bedingungen der vollkommenen Konkurrenz anzupassen, „zu unerwünschten Ergebnissen geführt hat.“ [CLARK (1975 a), S. 143]. Daraus ergibt sich schließlich die so genannte Gegengiftthese, nach der immer dann, wenn ein Markt bestimmte Unvollkommenheiten aufweist, die Wettbewerbsergebnisse dadurch verbessert werden können, dass zusätzliche Unvollkommenheiten toleriert oder

---

zugrunde, die er als gegebene Größen – als Daten – ansieht, und zwar sind es Preise, die sich auf dem Markt bilden.“ [EUCKEN (1990), S. 248].

geschaffen werden [CLARK (1975 a), S. 144]. In diesem Sinne wäre eine Fusionskontrolle im Einzelfall nicht zu restriktiv auszugestalten.

In einer zweiten Phase, die in den fünfziger Jahren einsetzt, distanziert sich CLARK von seinen früheren Vorstellungen und weist das Modell der vollkommenen Konkurrenz als Wettbewerbsideal zurück [CLARK (1961)]. Das Vorhandensein von Unvollkommenheiten sieht er nicht mehr als notwendiges Übel, sondern als Bestandteil eines innovatorischen Wettbewerbs an.[1] Dabei greift er auf das an der Harvard School entwickelte Struktur-Verhaltens-Ergebnis-Paradigma (SVE-Paradigma) zurück und versucht, im Hinblick auf bestimmte Ziele die erforderlichen Marktstruktur- und Marktverhaltenskriterien zu formulieren.[2] Das Ziel der dynamischen Effizienz wird nun wichtiger als jenes der statischen Effizienz. Innovatorischen Wettbewerb bezeichnet CLARK als Effective Competition [CLARK (1961), S. IX]. Diese kann durch eine Kombination von auslösenden Aktionen seitens einzelner Unternehmen und Reaktionen von Seiten anderer Firmen gekennzeichnet werden. Innovationsanreize bestehen sowohl für den Initiator als auch für den Imitator [CLARK (1975 b), S. 271]. Entscheidend für die tatsächliche Innovationsstärke ist die Zeit, die der so genannte Neutralisierungsprozess benötigt, d. h. die Zeitspanne, in der der Imitator dem Initiator folgt und dessen temporären Monopolgewinn zerstört.[3] Innovationsmonopole implizieren zwar überhöhte Preise und damit Einbußen an statischer Effizienz, ermöglichen aber auch neue und bessere Produkte sowie Produktionsverfahren und damit eine Steigerung der dynamischen Effizienz. Die Sicht des Wettbewerbs als eines dynamischen Prozesses und die Betonung der Notwendigkeit von temporären Monopolgewinnen als Innovationsanreiz führen zur Forderung, monopolistische Marktstrukturen – zeitlich begrenzt – zu tolerieren [CLARK (1961), S. IX]. Soll der wirtschaftliche Fortschritt gefördert werden, müsse man auch mit Monopolen und der damit einhergehenden wirtschaftlichen Macht leben. Nicht nur CLARKS Gegengiftthese, sondern auch sein Konzept einer Effective Competition liefert somit Ansatzpunkte für eine nicht zu restriktiv ausgestaltete Fusionskontrolle. Allerdings resultiert weder aus seiner ersten noch aus seiner zweiten Phase ein ausformuliertes wettbewerbspolitisches Leitbild.

Die auf CLARKS Wettbewerbsverständnis der zweiten Phase aufbauenden Workability-Konzepte eint der Rückgriff auf das SVE-Paradigma. Im Unterschied zu der sich ebenfalls in der Tradition der Harvard School entwickelnden empirischen

---

1 „Eine Welt, in der das Verhalten vollkommen standardisiert ist, wäre reizlos, tot und letztlich für uns alle untragbar." [CLARK (1975 b), S. 270].

2 Das SVE-Paradigma geht auf den an der Harvard University lehrenden MASON zurück [MASON (1939)].

3 Die Neutralisation sollte genügend Zeit in Anspruch nehmen, um dem Initiator einen angemessenen Anreiz zu bieten und das investierte Kapital plus einer Risikoprämie zurückzahlen zu können, aber auch nicht mehr [CLARK (1975 b), S. 273].

Industrieökonomik[1] sind diese Konzepte normativ. Allerdings kommt jeder Workability-Vertreter zu anderen Struktur-Verhaltens-Ergebnis-Normen.[2] Der Versuch, generell gültige Kriterien eines funktionsfähigen Wettbewerbs auf der Basis des SVE-Paradigmas aufzustellen, muss daher als gescheitert betrachtet werden. „There are as many definitions of ‚effective' or ‚workable' competition as there are effective or working economists." [MASON (1957), S. 381].

Obwohl die Workability-Literatur zu keinem geschlossenen wettbewerbspolitischen Leitbild gelangt ist und deshalb wenig eindeutige, für die theoretische Wettbewerbspolitik verwertbare Ergebnisse aufweist, hat sie dennoch eine durch zahlreiche industrieökonomische Studien belegte Struktur-Verhaltens-Ergebnis-These entwickelt, die große Bedeutung in der praktischen Wettbewerbspolitik erlangt hat. Dabei handelt es sich um die so genannte Concentration Doctrine, d. h. um den positiven Zusammenhang zwischen Marktkonzentration und Gewinnen. Als theoretischer Bestandteil vieler Workability-Konzepte wurde dieser Zusammenhang erstmals in den siebziger Jahren empirisch bestätigt und gilt heute als weitgehend akzeptiert [SCHERER/ROSS (1990)]. Von den Workability-Vertretern wird er damit erklärt, dass große Marktanteile zu Marktmacht führen, was wiederum überhöhte Preise und Gewinne zur Folge habe.

2.2.3 Kantzenbachs Leitbild der optimalen Wettbewerbsintensität

Das von ERHARD KANTZENBACH entwickelte Leitbild eines funktionsfähigen Wettbewerbs lässt sich als deutsche Variante der Workability-Konzepte einordnen. Zunächst definiert KANTZENBACH die Ziele, die grundsätzlich von Wettbewerbsprozessen erfüllt werden. Hierzu gehören: 1. die Steuerung der funktionellen Einkommensverteilung nach der Marktleistung, 2. die Zusammensetzung und Verteilung des laufenden Angebots an Waren und Dienstleistungen nach den Käuferpräferenzen, 3. die Lenkung der Produktionsfaktoren in ihre produktivsten Einsatzmöglichkeiten, 4. die laufende flexible Anpassung der Produktion und der Produktionskapazität an die sich ständig ändernde Nachfragestruktur und Produktionstechnik sowie 5. die beschleunigte Durchsetzung des technischen Fortschritts bei Produkten und Produktionsmethoden [KANTZENBACH (1967), S. 16 f.]. Diese Ziele bezeichnet KANTZENBACH als Wettbewerbsfunktionen und unterteilt sie in statische (1. - 3.) und dynamische (4., 5.) Funktionen, wobei er letzteren die größere Bedeutung beimisst. Allerdings vermutet er, dass eine hohe dynamische Funktionsfähigkeit gleichzeitig auch zu einer beschränkten statischen Funktionserfüllung führt [KANTZENBACH (1967), S. 133].

---

[1] Diese versucht auf der Basis von empirischen Studien, positive Aussagen über den Zusammenhang von Struktur, Verhalten und Ergebnis auf bestimmten Märkten zu treffen [SCHERER/ROSS (1990)].

[2] Zu einer Übersicht über die SVE-Normen der einzelnen Autoren vgl. SOSNICK (1970), S. 157 f.

KANTZENBACH geht davon aus, dass die dynamischen Funktionen am besten erfüllt werden, wenn die Wettbewerbsintensität – definiert als „Geschwindigkeit, mit der die Vorsprungsgewinne, die der technische Fortschritt den Unternehmern einbringt, von der Konkurrenz wieder weggefressen werden" [NIEHANS (1954), S. 156] – maximal ist. Den weitaus wirksamsten Anreiz zu entsprechenden Imitationen der Konkurrenten stelle deren Existenzgefährdung dar. Diese werde umso größer, je stärker das aktive Unternehmen den Absatz der passiven Unternehmen beeinträchtigen kann bzw. je ausgeprägter die oligopolistische Interdependenz auf dem Markt ist. Letztere hängt nach KANTZENBACH von zwei Faktoren ab, und zwar von der Beweglichkeit der Nachfrage zwischen den Konkurrenten und deren Fähigkeit, fluktuierende Nachfrage zu befriedigen. Diese Fähigkeit wird aus seiner Sicht durch die Höhe der jeweiligen Reservekapazität begrenzt, welche das Produkt der Kapazitätsauslastung und des Marktanteils des Unternehmens ist. Der Marktanteil hängt wiederum, eine geringe Streuung der Unternehmensgröße vorausgesetzt, von der Anbieterzahl ab. Dabei geht KANTZENBACH von einer negativen Beziehung zwischen Anbieterzahl und Wettbewerbsintensität aus [KANTZENBACH (1967), S. 41 ff.]. Somit sieht er im Polypol eine geringe Wettbewerbsintensität, die er auch damit begründet, dass die Unternehmen nun nur geringe Gewinne machen und kaum über Möglichkeiten der Selbstfinanzierung von Investitionen verfügen. Im engen Oligopol liegt seiner Meinung nach dagegen die maximale potenzielle Wettbewerbsintensität vor, die jedoch aufgrund der hohen Wahrscheinlichkeit von Wettbewerbsbeschränkungen im Allgemeinen nicht effektiv werde. Somit steige zwar die potenzielle Wettbewerbsintensität mit abnehmender Anbieterzahl an, die effektive Wettbewerbsintensität und hiermit die dynamische Funktionsfähigkeit nähmen jedoch nach Überschreiten eines gewissen Punktes aufgrund zunehmender Anreize zur Kollusion wieder ab. Dieser Punkt der optimalen Wettbewerbsintensität befindet sich nach KANTZENBACH im weiten Oligopol mit beschränkter Produkthomogenität und Markttransparenz.

KANTZENBACH schlägt nun vor, die auf den Märkten herrschende Marktstruktur mit wettbewerbspolitischen Instrumenten gezielt in Richtung eines weiten (unvollkommenen) Oligopols zu verändern, und fordert hierzu auch eine strikte Fusionskontrolle [KANTZENBACH (1967), S. 137 ff.]. Im Falle eines engen Oligopols begrüßt er zum einen die Vergrößerung der Anbieterzahl durch die Teilung von Unternehmen. Dieses Ansinnen richtet sich auf solche Konzerne, die, „ohne wesentliche technologische oder organisatorische, gesamtwirtschaftliche Ersparnisse zu ermöglichen, lediglich zur Vergrößerung der Marktmacht geschaffen wurden" [KANTZENBACH (1967), S. 138]. Allerdings hat KANTZENBACH gewisse Vorbehalte gegenüber einer generellen Dekonzentration aller Konzerne im Bereich enger Oligopole, da dies eine Umstrukturierung der Wirtschaft in einem solchen Ausmaß verlangen würde, das die reibungslose Aufrechterhaltung der Produktion in Frage stellen würde. Wie bereits angedeutet, fordert er zum anderen eine strikte Kontrolle des externen Unternehmenswachstums. Lediglich dann, wenn die antragstellenden Unternehmen nachweisen können, dass ihr Zusammenschluss die Funktionsfähigkeit des Wettbewerbs nicht wesentlich beeinträchtigt oder aber zu überwiegenden gesamtwirtschaftlichen Ersparnissen führt, sollte er genehmigt werden [KANTZENBACH (1967), S. 139].[1] Auf Polypolmärkten hält KANTZENBACH demgegenüber eine Konzentration für wünschenswert und fordert die Förderung von Unternehmenszusammenschlüssen. KANTZENBACH hat somit konkrete Marktstrukturnormen entwickelt und spricht sich klar für eine Fusionskontrolle aus.

2.2.4 Hoppmanns Leitbild der Wettbewerbsfreiheit

Als Gegenentwurf zu den Workability-Konzepten, insbesondere zu KANTZENBACHS Leitbild der optimalen Wettbewerbsintensität, entwickelte ERICH HOPPMANN ein Leitbild der Wettbewerbsfreiheit. Marktprozesse betrachtet er als komplexe Phänomene, die sich nicht auf einfache Gesetze reduzieren lassen. Die Wettbewerbstheorie könne lediglich Muster des Wettbewerbsprozesses beschreiben und Faktoren identifizieren, die diesen Prozess positiv oder negativ beeinflussen. Wettbewerbspolitik basiere dagegen auf der Überzeugung, dass vor dem Hintergrund genauer zu definierender Ziele erwünschte von unerwünschten Marktprozessen zu unterscheiden seien [HOPPMANN (1988), S. 237]. Zwei Zielkomplexe sieht HOPPMANN hierfür als geboten an: Wettbewerbsfreiheit und ökonomische Vorteilhaftigkeit [HOPPMANN (1988), S. 240 ff.]. Wettbewerbsfreiheit bezieht er auf die gesamten Aktionsspielräume aktueller und potenzieller Marktteilnehmer, und zwar bezüglich ihrer Handlungs- und Entschließungsfreiheit in den marktwirtschaftlichen Parallel- und Austauschprozessen.[2] Konkret finde die Freiheit eines Marktteilnehmers in der Freiheit der Wettbewerber und Marktpartner ihre Grenzen. Wettbewerbsfreiheit bestehe dann, wenn der Freiheitsbereich des einen Marktteilnehmers im Verhältnis zu dem eines anderen nicht unverhältnismäßig groß ist, ansonsten liege Marktmacht vor. Ökonomische Vorteilhaftigkeit resultiert demgegenüber aus der Überzeugung, dass Wettbewerb grundsätzlich geeignet ist, ökonomisch vorteilhafte Ergebnisse hervorzubringen, insbesondere da mit seiner Hilfe mehr und bessere Entdeckungen in einer Gesellschaft möglich sind als bei jeder anderen bekannten gesellschaftlichen Organisation. Diese Vorteilhaftigkeit bezieht sich allerdings nur auf individuelle ökonomische Vorteile und nicht auf überpersönliche ökonomische Zwecke [HOPPMANN (1988), S. 244 ff.].

---

1 Hingegen sieht er im Falle internen Unternehmenswachstums keine Notwendigkeit wettbewerbspolitischer Eingriffe, da sonst eine Reduktion der Funktionsfähigkeit des Wettbewerbs drohe.

2 Im Parallelprozess umfasst Wettbewerbsfreiheit „Freiheit zu Initiative, Freiheit zum Vorstoß in technisches, organisatorisches und ökonomisches Neuland, aber auch Freiheit zu Nachfolge und Imitation." Im Austauschprozess geht es dagegen um die Freiheit der jeweiligen Marktgegenseite, „aus mehreren Alternativen auswählen zu können, die ungünstigen Möglichkeiten abzulehnen und sich für die günstigen zu entscheiden." [HOPPMANN (1988), S. 241].

Bezüglich der beiden Zielkomplexe vertritt HOPPMANN die Non-Dilemma-These [HOPPMANN (1966), S. 291 f.]. Sie besagt, dass Wettbewerbsfreiheit Marktprozesse ermöglicht, die den Marktteilnehmern individuelle ökonomische Vorteile bringen: „Wettbewerbsfreiheit und ökonomische Vorteilhaftigkeit sind zwei Aspekte desselben wettbewerblichen Prozesses, sie sind zwei Seiten derselben Medaille." [HOPPMANN (1988), S. 247]. Die Aufgabe der Wettbewerbspolitik besteht nun darin, Marktprozesse herzustellen, die Wettbewerbsfreiheit und ökonomische Vorteilhaftigkeit für beide Marktseiten beinhalten. Bei der Frage, wie das Ziel der Wettbewerbsfreiheit zu erreichen ist, wendet sich HOPPMANN gegen den Ansatz, Wettbewerbsfreiheit als einen positiv definierten Freiheitsspielraum zu verstehen. Stattdessen spricht er sich dafür aus, indirekt vorzugehen und zu definieren, wann die Wettbewerbsfreiheit als unangemessen beeinträchtigt angesehen werden muss.[1]

In seinen früheren Arbeiten sieht HOPPMANN noch Ansatzpunkte für eine Fusionskontrolle, während er einige Jahre später alle diesbezüglichen Argumente systematisch verwirft. Zunächst betrachtet er marktmachtbegründende Fusionen als Beschränkungen der Entschließungsfreiheit. Um diese zu verhindern, schlägt er vor, im Rahmen eines Marktmachttests die Auswirkungen von Fusionen auf die Wettbewerbsfreiheit im Parallel- und Austauschprozess zu prognostizieren und marktmachtschaffende Fusionen zu untersagen [HOPPMANN (1988), S. 270]. Später revidiert HOPPMANN, unter dem Einfluss von V. HAYEK, die Forderung nach einer Fusionskontrolle als Anmaßung von Wissen. Als Ziel einer Fusionskontrolle lehnt er sowohl die Verhinderung von absoluter und relativer Unternehmensmacht als auch die von Wettbewerbsbeschränkungen ab, da sie jeweils eine positive Modellvorstellung von funktionsfähigem Wettbewerb erfordern. Das Wissen über den Zusammenhang zwischen Marktstruktur und Marktverhalten gehe jedoch über gewisse Mustervoraussagen nicht hinaus, da Wettbewerb ein offener Prozess sei und man die individuellen Manifestationen dieses Zusammenhangs nicht kenne. Auch das Ziel einer Verhinderung unerwünschter Unternehmenskonzentration betrachtet HOPPMANN als äußerst problematisch, da zur Beurteilung einzelner Fusionsfälle die Vorstellung eines erwünschten Konzentrationsgrades nötig wäre. Seine Überzeugung, dass es keinen optimalen Konzentrationsgrad gibt, begründet er damit, dass der Wettbewerbsprozess ein permanenter Prozess des Suchens und Findens neuer relevanter Informationen sei und damit einen ständigen Wandel externer Marktfaktoren beinhalte. Dies wiederum verlange Unternehmensent-

---

[1] HOPPMANN unterteilt die Wettbewerbsbeschränkungen in künstliche und natürliche. Die künstlichen Wettbewerbsbeschränkungen beruhen auf unternehmerischen oder staatlichen Praktiken und sind dadurch gekennzeichnet, dass sie „eventuell rückgängig gemacht oder verhindert werden können." [HOPPMANN (1988), S. 258]. Natürliche Wettbewerbsbeschränkungen entstehen aufgrund der Unmöglichkeit von Wettbewerb, wie im Falle natürlicher Monopole. Es handelt sich um Ausnahmebereiche, für die Ausnahmeregelungen geschaffen werden müssen [ebenda].

scheidungen, die sich in ständigen Veränderungen der Konzentrationsgrade manifestieren.[1] HOPPMANN spricht sich letztlich – anders als KANTZENBACH, aber auch als die Vertreter des Ordoliberalismus – gegen eine Fusionskontrolle aus.

2.2.5 Chicago School

In den fünfziger Jahren begann AARON DIRECTOR, einzelne Probleme der Antitrustpolitik preistheoretisch zu analysieren.[2] Er kam zu dem Schluss, Unternehmen seien generell nicht in der Lage, Monopolmacht durch unilaterale Handlungen zu begründen oder zu verstärken. Deshalb sollte sich die Antitrustpolitik damit begnügen, die Bildung von Kartellen und die Entstehung von Kartelle erleichternden engen Oligopolen zu verhindern [POSNER (1979), S. 928]. In den späten fünfziger und frühen sechziger Jahren zeigte STIGLER, dass sich jede Form der Kollusion preistheoretisch analysieren lässt. Zwar schloss er die Möglichkeit kollektiven Marktverhaltens nicht aus, betrachtete sie aber erst bei sehr hohen Konzentrationsgraden als wahrscheinlich [STIGLER (1968), S. 57 ff.]. Ende der sechziger Jahre bildete sich schließlich eine „orthodoxe" Chicago-Position heraus, welche die den Workability-Konzepten zugrunde liegende Vorstellung einer strengen Kausalbeziehung zwischen Marktstruktur, Marktverhalten und Marktergebnis verwarf und die Concentration Doctrine als „untheoretical, descriptive, ‚institutional', and even metaphorical" [POSNER (1979), S. 928] ablehnte.

Die Ursache für diese Position ist die Auffassung, aus oligopolistischer Interdependenz resultiere keineswegs zwingend bewusstes Parallelverhalten oder Kollusion mit überhöhten Gewinnen [POSNER (1976), S. 96; BORK (1993), S. 104]. Die von der Industrieökonomik im Rahmen vieler empirischer Studien bestätigte positive Korrelation zwischen Marktkonzentration und Gewinnen wird zwar anerkannt, jedoch anders interpretiert. Die Vertreter der Chicago-Position fragen, inwiefern überhöhte Gewinne auf einem Markt bestehen bleiben können, ohne Newcomer zu einem Markteintritt zu veranlassen [POSNER (1979), S. 945]. Die entsprechende Antwort lautet, dass Markteintritte dann nicht stattfinden, wenn aufgrund von Unteilbarkeiten nur wenige Unternehmen mit effizienten Betriebsgrößen produzieren können. Chicago-Ökonomen sind davon überzeugt, dass die Unternehmen einer Branche, die über einen längeren Zeitraum keine Markteintrittsschranken kennt, effiziente Betriebsgrößen aufweisen. Eine Politik der Dekonzentration würde die Unternehmen demgegenüber zwingen, im Bereich ineffizienter Betriebsgrößen zu produzieren, und ihnen die Anreize zu einem Wachstum mittels effizienter Marktleistungen nehmen [DEMSETZ (1976), S. 375].

---

1 Zur späteren Position vgl. HOPPMANN (1988), S. 474 ff.

2 DIRECTOR formulierte seine Ideen vor allem mündlich, zu einem Überblick vgl. daher POSNER (1979), S. 926 ff.

Den Optimismus, mit dem die Chicago School davon ausgeht, dass Konzentration keine Gefahr darstellt, schöpft sie aus der Überzeugung, dass auf den Märkten – zumindest langfristig – keine Eintrittsschranken bestehen und somit potenzielle Konkurrenz disziplinierend wirken kann. Hiervon gebe es lediglich zwei Ausnahmen: So können staatliche Markteintrittsschranken existieren, die jedoch grundsätzlich als nicht gerechtfertigt betrachtet werden und deshalb zu beseitigen sind [DEMSETZ (1976), S. 381 ff.; POSNER (1979), S. 947; BORK (1993), S. 310 ff.]. Hinzu kommt die Möglichkeit, dass Ressourcenmonopole bei Rohstoffen, Patenten oder bestimmtem Know-how Markteintrittsschranken darstellen [DEMSETZ (1976), S. 381 ff.].[1] Letztlich werden gemäß der orthodoxen Chicago-Position nur explizite Preis- und Mengenabsprachen sowie sehr große horizontale Zusammenschlüsse als problematisch betrachtet [STIGLER (1968), S. 267 ff.; DEMSETZ (1976), S. 383; POSNER (1979), S. 933; BORK (1993), S. 406], da lediglich in diesen Fällen Preiserhöhungen und Mengenbeschränkungen drohen.[2]

Die Kritik der Chicago School an der bis Mitte der siebziger Jahre herrschenden Antitrustpolitik bezieht sich auf deren unklare Ziele und mangelnde theoretische Fundierung. Was die Festlegung der Ziele angeht, wenden sich die Vertreter der Chicago-Position gegen ein „multiple goal antitrust law“ [BORK (1993), S. 81] und sprechen sich für das Ziel der Maximierung der Konsumentenwohlfahrt aus [BORK (1993), S. 51].[3] Allein dieses Ziel gewährleiste aufgrund klarer Kriterien eine hohe Prognostizierbarkeit der Antitrustentscheidungen. Die Antitrustpolitik müsse aber auch über eine Methodik verfügen, mit deren Hilfe unternehmerische Verhaltensweisen daraufhin analysiert werden können, ob sie zur optimalen Befriedigung der Konsumentenpräferenzen führen. Dazu greift man auf die Preistheorie zurück. „The proper lens for viewing antitrust problems is price theory“ [POSNER (1979), S. 932]. Die Modelle der Konkurrenz und des Monopols werden als ein hilfreiches Konstrukt zum Verständnis der elementaren Zusammenhänge wie auch der Tendenzen unternehmerischen Verhaltens betrachtet. Sie dienen jedoch keineswegs als normative Konzepte. Das Wettbewerbsmodell ist vielmehr als eine Art „Leitstern“ anzusehen. Der freie Wettbewerb bewirke eine ständige Anpassung der Wirtschaftssubjekte an ein sich in einer dynamischen Wirtschaft fortlaufend änderndes, niemals zu erreichendes Gleichgewicht [BORK (1993), S. 92 ff.].

---

1 Falls die effiziente Marktstruktur ein (natürliches) Monopol ist, sollte eine staatliche Regulierung durchgeführt werden.

2 Nicht die Mengenbeschränkungen bzw. Preiserhöhungen sind jedoch das Problem, da die freiwerdenden Ressourcen ja in anderen Bereichen eingesetzt werden können, sondern die Tatsache, dass ihr Grenzertrag dort geringer ist (sonst wären sie schon vor der Monopolbildung dort eingesetzt worden) [BORK (1993), S. 101; POSNER (1976), S. 10 f.].

3 Die Konsumentenwohlfahrt wird darüber hinaus mit der gesamtgesellschaftlichen Wohlfahrt gleichgesetzt [POSNER (1976), S. 11; BORK (1993), S. 111].

Mit dem Ziel, die Beziehung zwischen unternehmerischen Verhaltensweisen und der Konsumentenwohlfahrt zu analysieren, operationalisieren die Vertreter der Chicago School die Konsumentenwohlfahrt durch zwei Unterziele: die optimale Allokation der Produktionsfaktoren innerhalb der Volkswirtschaft (allokative Effizienz) und die optimale Koordination der Produktionsmittel innerhalb der einzelnen Unternehmen (produktive Effizienz). Ersteres wird maximiert, wenn die Grenzkosten aller Unternehmen gleich den Marktpreisen sind. Letzteres spiegelt sich in einer Produktion mit möglichst geringen Kosten wider. Grundsätzlich wird von einer Kausalbeziehung zwischen allokativer sowie produktiver Effizienz und Konsumentenwohlfahrt ausgegangen. Unternehmerisches Verhalten muss zunächst daraufhin untersucht werden, ob es mit einer gewissen Wahrscheinlichkeit Outputbeschränkungen bewirkt. Resultieren aus einer Maßnahme lediglich Mengenbeschränkungen und keine produktiven Effizienzgewinne, ist sie zu verbieten. Bringt eine Verhaltensweise indes keine Outputbeschränkungen mit sich, muss sie entweder durch die Aussicht auf produktive Effizienzsteigerungen oder ein neutrales Ziel motiviert sein. Treten allerdings gleichzeitig Mengenbeschränkungen und produktive Effizienzgewinne auf, liegt ein Trade-off vor. Dieser Fall kann gegeben sein, wenn einerseits durch zunehmende Konzentration Größenvorteile ausgeschöpft werden und dadurch die produktive Effizienz gesteigert wird und wenn andererseits die steigende Konzentration Outputbeschränkungen sowie Preiserhöhungen und damit allokative Ineffizienzen zur Folge hat. Die Aufgabe der Antitrustpolitik besteht nun darin, die allokative Effizienz zu steigern, ohne die produktive Effizienz so zu beeinträchtigen, dass hieraus ein Nettoverlust an Konsumentenwohlfahrt resultiert.[1]

Angesichts dieser Problematik stehen die Anhänger der Chicago-Position der Kontrolle horizontaler Zusammenschlüsse grundsätzlich sehr skeptisch gegenüber. Sie vertreten die Auffassung, dass in der überwiegenden Zahl der Fusionsvorhaben kein monopolistisches Verhalten, sondern lediglich produktive Effizienzsteigerungen zu erwarten sind, weshalb Zusammenschlüsse generell zu genehmigen seien [BORK (1993), S. 110; POSNER (1976), S. 96 f.]. Allerdings erkennen sie an, dass es auch Fälle gibt, in denen ein Trade-off zwischen allokativer und produktiver Effizienz auftreten kann. In diesen Fällen müsse eine Abwägung vorgenommen werden. Hierbei wird vor Versuchen gewarnt, die Veränderungen der allokativen und produktiven Effizienz direkt messen zu wollen. Eine direkte Messung der Effizienzveränderungen müsse scheitern. Sie würde erfordern, die Effizienzen sowohl in der aktuellen als auch in der zukünftigen Situation abzuschätzen, was voraussetzen würde, den Verlauf der Nachfrage- sowie der Kostenkurve zum heutigen und zu einem zukünftigen Zeitpunkt zu kennen [BORK (1993), S. 126; POSNER (1976), S. 112]. Die Trade-off-Analyse soll lediglich zur Systematisie-

---

1 Zur Analyse der sich im Monopolfall ergebenden Trade-offs zwischen allokativer und produktiver Effizienz ziehen die Chicago-Ökonomen gerne das von WILLIAMSON entwickelte Trade-off-Modell heran [WILLIAMSON (1968), S. 18 ff.].

rung der gegenläufigen Effekte, nicht jedoch zu deren Quantifizierung herangezogen werden.[1]

Die Vertreter der Chicago School schlagen vor, einen kritischen Konzentrationsgrad festzulegen, bei dem monopolistische Verhaltensweisen wahrscheinlich werden. Die Definition dieses kritischen Konzentrationsgrades müsse auf der Basis der Preistheorie erfolgen. Hierbei sei die Wahrscheinlichkeit von Markteintritten zu berücksichtigen. Da Outputbeschränkungen aufgrund nicht-kollusiven Verhaltens generell für unwahrscheinlich gehalten werden und darüber hinaus davon ausgegangen wird, dass geringfügige Preiserhöhungen durch gesteigerte produktive Effizienz kompensiert werden, wird für sehr hohe kritische Konzentrationsgrade plädiert. BORK spricht sich grundsätzlich dafür aus, Fusionen bis zur Erlangung eines Marktanteils von 60 oder 70 Prozent zu erlauben. Allerdings schränkt er diese Forderung aufgrund von „tactical concessions to current oligopoly phobia" [BORK (1993), S. 221] ein und fordert, horizontale Fusionen zu genehmigen, durch die Marktanteile erreicht werden, die noch andere Fusionen der gleichen Größenordnung erlauben und nach deren Vollzug sich mindestens drei wichtige Unternehmen auf dem Markt befinden.[2] POSNER ist etwas restriktiver und spricht sich dafür aus, Fusionen nur bis zur Erlangung eines gemeinsamen Marktanteils der vier größten Unternehmen von 60 % zu erlauben [POSNER (1976), S. 112]. Vertreter der Chicago School betrachten die Festlegung eines kritischen Konzentrationsgrades zwar nicht als Königsweg, aber doch als besten aller Lösungsansätze. „Probably some welfare losses are inevitable in any policy that can be framed with respect to horizontal mergers. But we may be reasonably confident that this rule, whatever its imperfections, is at least in the proper range of the spectrum" [BORK (1993), S. 224].

3. Nachfrage nach wettbewerbspolitischen Leitbildern

3.1 Unterschiedliche Rollen der Politiker

Nach der Darstellung des Angebots an wettbewerbspolitischen Leitbildern soll nun deren Nachfrage untersucht werden. Im Mittelpunkt steht dabei die Nachfrage der Politiker nach wettbewerbspolitischen Leitbildern sowie nach daraus abgeleiteten Empfehlungen für die Gestaltung und Anwendung wettbewerbsrechtlicher Vorschriften.

---

[1] WILLIAMSON vertritt eine abweichende Meinung. Er ist der Ansicht, dass eine Messung der Effekte zwar schwierig, aber grundsätzlich möglich sei und dass mit der Zeit die entsprechenden Messtechniken auch verbessert werden können [WILLIAMSON (1969), S. 113].

[2] Auf einem fragmentierten Markt würde dies bedeuten, dass die Erlangung eines Marktanteils von 40 % durch eine Fusion noch erlaubt wäre [BORK (1993), S. 222].

Derartige Vorschriften werden von den Politikern im Hinblick auf die Marktteilnehmer bzw. die Interessengruppen ihrer Jurisdiktion erlassen. Insofern kann von einem – dem Markt für Leitbilder nachgelagerten – Markt für wettbewerbspolitische Regelungen gesprochen werden, auf dem wiederum eine Angebots- und eine Nachfrageseite zu unterscheiden sind, wobei nun die Politiker als Anbieter und die Privaten als Nachfrager auftreten.

Das führt zu einer Reihe von Fragen: Welche Ziele verfolgen rational und eigeninteressiert handelnde Politiker? Welche Implikationen ergeben sich daraus für die Ausrichtung der Wettbewerbspolitik? Und welchen Einfluss üben dabei vor allem die Interessengruppen aus?

3.2 Politiker und Ausrichtung der Wettbewerbspolitik

Wie bereits angedeutet, verfolgen auch Politiker als rational und eigennützig handelnde Akteure das Ziel, ihre Nutzen zu maximieren. Im Einzelnen steigt ihr Nutzen mit ihrem Einkommen, ihrer Macht und/oder ihrem Prestige. Da die Politiker ihre Zielsetzung am besten verwirklichen können, wenn sie sich in der Regierungsverantwortung befinden, lässt sich die These aufstellen, dass sie bestrebt sind, ihre Wählerstimmen zu maximieren [DOWNS (1968), S. 34]. Was bedeutet dies für den Inhalt ihrer politischen Programme?

Hier stehen sich zwei politökonomische Theorien gegenüber: Auf der einen Seite prognostiziert die Demokratietheorie von DOWNS, dass – bei Normalverteilung der Wählerpräferenzen – die politischen Programme auf den so genannten Medianwähler zugeschnitten sind [DOWNS (1968), S. 114]. Auf der andern Seite impliziert die maßgeblich von OLSON (1992) und TULLOCK (1967) entwickelte Interessengruppentheorie, dass sich die Politiker vor allem an Partikularinteressen orientieren. Beide Theorien lassen sich in Einklang bringen, wenn man die für die Politiker in Form von Wählerstimmen anfallenden Nutzen und Kosten der beiden Optionen gezielt für einzelne Politikbereiche betrachtet.

Es zeigt sich, dass Politikbereiche existieren, in denen die Gewinne an Wählerstimmen durch die Berücksichtigung von Partikularinteressen geringer sind als die Kosten in Form verlorener Wählerstimmen durch Missachtung der Medianwählerpräferenzen. In Politikbereichen, die zentrale Parameter für die Wahlentscheidung der Bürger darstellen, ist es somit schwierig, Interessengruppenpolitik zu betreiben. Folglich ist in diesen Bereichen tendenziell von einer Orientierung am Medianwähler auszugehen. Anders verhält es sich demgegenüber in Politikbereichen, die für die Wahlentscheidung nachrangig sind und bezüglich derer die Wähler einen relativ schlechten Informationsstand haben. Hier ist es für Politiker attraktiv, Partikularinteressen entgegenzukommen, die zur eigenen Klientel gehören. Dies gilt insbesondere dann, wenn diese Interessen gut organisiert sind, wobei die Organisierbarkeit vor allem von der Gruppengröße und den Informationskosten abhängen. Grundsätzlich ist davon auszugehen, dass die Produzenteninteressen relativ gut, die Konsumenteninteressen jedoch relativ schlecht organisiert sind.

Die gut organisierten (Produzenten-)Gruppen können daher Rent-seeking betreiben, und zwar nicht nur auf Kosten der Konsumenten, sondern auch zu Lasten weniger gut organisierter Produzenten.

Damit stellt sich die Frage, ob es sich bei der Wettbewerbspolitik eher um einen zentralen Politikbereich handelt, bei dem Priorität und Informationsstand bei den Wählern so groß sind, dass die Medianwählerpräferenzen berücksichtigt werden, oder ob in diesem Bereich Anreize für Politiker bestehen, Partikularinteressen zu Lasten schlecht organisierter Gruppen zu bedienen. Man kann davon ausgehen, dass der Großteil der Wähler wettbewerbspolitischen Fragestellungen relativ indifferent gegenüber steht und ihnen bei der Wahlentscheidung keinen hohen Stellenwert einräumt.[1] Somit wird das Medianwählermodell aller Wahrscheinlichkeit nach für den Bereich der Wettbewerbspolitik keine zutreffenden Prognosen liefern. Stattdessen ist anzunehmen, dass es für die Politiker in diesem Bereich attraktiv ist, Interessengruppenpolitik zu betreiben.

Diese These wird durch eine Vielzahl empirischer Studien bestätigt, die vor allem für die US-amerikanische Antitrustpolitik durchgeführt wurden. Betrachtet man als wettbewerbspolitische Präferenz des Medianwählers die Maximierung der Konsumentenwohlfahrt, so zeigen Analysen von Behörden- wie auch von Gerichtsentscheidungen äußerst geringe bis gar keine positive(n) Effekte hinsichtlich dieser Zielsetzung.[2] In einer speziellen Untersuchung der Wohlfahrtswirkungen der Fusionskontrolle offenbaren sich sogar eher negative Effekte, da in einer Vielzahl von Entscheidungen effizienzsteigernde Fusionen verhindert wurden.[3] Ferner zeigt sich, dass die Entscheidungen, Fusionsvorhaben aufzugreifen, nicht von den zu erwartenden Folgen für die Konsumentenwohlfahrt bestimmt werden, sondern vor allem von der Ablehnung der Fusion durch das Management oder die Beschäftigten der beteiligten Unternehmen.[4] All dies spricht gegen die Medianwähler- und für die Interessengruppentheorie im Bereich der Wettbewerbspolitik.

---

1 „Die Allgemeinheit ist an wettbewerbspolitischen Fragen eher desinteressiert.“ [MÖSCHEL (2004), S. 179].

2 Die Effekte treten gegebenenfalls in Form verringerter Kollusion oder Konzentration auf. Zu geringen Wohlfahrtseffekten vgl. STIGLER (1966). Von einer völligen Zielverfehlung spricht POSNER (1970). Zu einem Überblick über die Analysen von Einzelfällen vgl. RUBIN (1995); KWOKA/WHITE (1989).

3 Es zeigt sich, dass die Ankündigung der Wettbewerbsbehörden, eine Untersuchung einzuleiten, jeweils positive Auswirkungen auf die Unternehmenswerte der Wettbewerber an den Aktienmärkten hatte, wohingegen die zusammenschlusswilligen Unternehmen generell Verluste hinnehmen mussten. Dies lässt sich so interpretieren, dass die aufgegriffenen Zusammenschlussvorhaben als effizienzsteigernd betrachtet wurden und somit deren Untersagung die Wettbewerber vor einem effizienteren Konkurrenten schützen würde [ECKBO/WEIR (1985)].

4 Für Großbritannien vgl. WEIR (1992).

Allerdings verdeutlichen diese Studien noch nicht, wessen Interessen – wenn schon nicht die der Konsumenten – im Einzelnen bedient werden. Antworten hierauf bieten Untersuchungen, die der Frage nachgehen, inwiefern Politiker in ihren unterschiedlichen Tätigkeitsbereichen bestehende Möglichkeiten wahrnehmen, die Wettbewerbspolitik im Interesse bestimmter Gruppen zu beeinflussen. Politiker als Mitglieder der Legislative können Gesetzestexte unmittelbar so gestalten, dass diese bestimmten Partikularinteressen entgegenkommen. Sowohl Studien zur Entstehung des Sherman Act als auch des Clayton Act bestätigen entsprechende Aktivitäten. Im Fall des Sherman Act haben sich konkret weniger die Konsumenten mit ihrem Interesse an sinkenden Preisen als vielmehr die sich in einem harten Überlebenskampf befindenden kleinen und mittleren Unternehmen (KMU) für die Verabschiedung des Gesetzes stark gemacht [DiLorenzo (1985)].[1]

Für Politiker als Mitglieder der Exekutive ist eine Einflussnahme aufgrund der Unabhängigkeit der wettbewerbsbehördlichen Entscheidungsträger ungleich schwieriger, aber nicht unmöglich. Es gibt Anzeichen dafür, dass über die Androhung von Budgetkürzungen Druck auf die Wettbewerbsbehörden ausgeübt wird.[2] Auch der positive Zusammenhang zwischen dem Anteil der Importe am US-amerikanischen BSP und den Ausgaben für die Antitrustbehörden zeugt von einer budgetmäßigen Einflussnahme, nun allerdings mit einem umgekehrten Vorzeichen für das Budget. Das Interesse insbesondere der KMU an verstärkten wettbewerbspolitischen Aktivitäten angesichts zunehmender ausländischer Konkurrenz wurde – in Kenntnis der mittelstandsfreundlichen Einstellung der Federal Trade Commission (FTC) – ebenfalls durch eine Ausweitung des FTC-Budgets unterstützt.[3]

Ferner zeigt sich, dass die Exekutive bei der Besetzung wichtiger Stellen in Verwaltung und bei Gerichten durch eine entsprechende Personalpolitik versucht, die Richtung späterer Entscheidungen zu beeinflussen.[4] Dies wurde besonders ab

---

1 Bei der Verabschiedung des Clayton Act ließen dagegen die großen Unternehmen ihren Einfluss spielen, denn er ermöglichte ihnen, sich der Konkurrenz kleiner expansionswilliger Wettbewerber und neuer Markteintritte zu erwehren, indem das Verbot bestimmter vertikaler Praktiken den kleinen Unternehmen die Möglichkeit zu effizienter Kooperation nahm [Ekelund/McDonald/Tollison (1995)].

2 Es zeigt sich, dass die Urteile der FTC systematisch solche Unternehmen begünstigen, welche in den Wahlkreisen der Mitglieder des für die Aufsicht der Budgetplanung der FTC zuständigen Ausschusses sitzen. Vgl. Posner (1969) und Faith/Leavens/Tollison (1982) sowie speziell zu Fusionskontrollverfahren Coate/Higgins/McChesney (1990).

3 Darauf deutet die Tatsache hin, dass vor allem die Ausgaben der FTC gestiegen sind, welche bekannt für ihren Hang zum Schutz kleiner und mittlerer Unternehmen ist [Shughart/Silverman/Tollison (1995)].

4 Für die USA zeigen Studien, dass ein Zusammenhang zwischen Parteizugehörigkeit des US-amerikanischen Präsidenten, der Mehrheit des Senats und der für die wettbewerbs-

Mitte der siebziger Jahre deutlich, als die gerade ins Amt gelangte Nixon-Administration eine beträchtliche Anzahl wichtiger Posten in den Wettbewerbsbehörden und beim Supreme Court mit ihr in wettbewerbspolitischen Fragen nahestehenden Kandidaten besetzte [KOVACIC (1991)]. Diese Personalpolitik kann u. a. als Reaktion auf die Interessen großer Unternehmen verstanden werden, welche bei der ihnen wohlgesonnenen Administration die schon lange eingeforderte Abkehr von einer strukturalistischen Antitrustpolitik auf der Grundlage der Concentration Doctrine endlich durchsetzen wollten.

Auch wenn sich die angeführten Studien nicht direkt auf die Fusionskontrolle beziehen, so stützen sie doch die These, dass sich die Politiker in Legislative und Exekutive im Bereich der Wettbewerbspolitik tendenziell nicht von den Präferenzen des Medianwählers bzw. Konsumenten leiten lassen, sondern Interessengruppenpolitik betreiben. Was den Einfluss bestimmter Interessengruppen auf die Politiker angeht, so zeigt sich, dass sowohl die KMU als auch die großen Unternehmen versuchen, ihre Positionen bei der Rechtsschöpfung und -anwendung durchzusetzen. Dabei zeugt die empirische Evidenz davon, dass KMU eher Interesse an einer eingriffsintensiven Wettbewerbspolitik haben, da sie sich hiervon Schutz vor Behinderung durch marktmächtige Unternehmen erhoffen, während sich die großen Unternehmen lieber für eine weitgehende Abstinenz wettbewerbspolitischer Eingriffe stark machen.[1]

3.3 Wettbewerbspolitische Leitbilder und US-amerikanische Antitrustpolitik

Es stellt sich nun die Frage, welche Bedeutung die von der Wissenschaft entwickelten wettbewerbspolitischen Leitbilder im Rahmen einer vor allem von Interessengruppen beeinflussten Wettbewerbspolitik haben. Werfen wir zunächst einen kurzen Blick auf die bisherigen Untersuchungen zu dieser Thematik, die sich wiederum schwerpunktmäßig auf die US-amerikanische Antitrustpolitik beziehen.

Zahlreiche Studien zeigen, dass die Antitrust-Doktrin und -Politik seit dem Sherman Act beträchtlich von Ökonomen beeinflusst worden ist, wenn auch teilweise mit starken Zeitverzögerungen zwischen theoretischer Erkenntnis und praktischer Umsetzung [ROWE (1984); KOVACIC (1992), S. 299 f.]. Dies bestätigen auch

---

politischen Entscheidungen zuständigen Verwaltungsbeamten und Richter besteht [KOVACIC (1992), S. 302].

[1] Die These, dass die großen Unternehmen einer Fusionskontrolle eher ablehnend gegenüber stehen, bestätigt der vehemente, letztlich von Erfolg gekrönte Einsatz des BUNDESVERBANDS DER DEUTSCHEN INDUSTRIE in den fünfziger Jahren gegen die Implementierung einer Fusionskontrolle im deutschen GWB. Eine Fusionskontrolle wurde schließlich erst 1973 im Rahmen der 2. GWB-Novelle eingeführt, worauf noch unter 4.1 kurz eingegangen wird.

Untersuchungen, die den Einfluss der Wettbewerbstheorie auf wettbewerbspolitische Entscheidungen anhand von Zitaten in den entsprechenden Begründungen belegen.[1] Nachdem jahrzehntelang vorher die Workability-Ansätze prägend waren, wird seit den siebziger Jahren ein zunehmender Einfluss der Chicago School auf die Entscheidungen sowohl der Behörden als auch der Gerichte deutlich.[2] Dieser ist vor allem das Ergebnis der Besetzung wichtiger Positionen in der FTC, im DEPARTMENT OF JUSTICE (DoJ) und beim SUPREME COURT mit Anhängern der Chicago School von Seiten der Politik.

Die These, dass die seitens der Politiker geförderte Zunahme des Einflusses der Chicago School vor allem auf die Initiative bestimmter Interessengruppen zurückgeht, wird durch die Tatsache erhärtet, dass seit den sechziger Jahren große Unternehmen massiv Forschungseinrichtungen und -projekte unterstützt haben, die sich der Widerlegung der Concentration Doctrine verschrieben hatten [KOVACIC (1990), S. 1430 ff.]. Der Paradigmenwechsel in der Antitrustpolitik seit Mitte der siebziger Jahre führte schließlich zu einer beträchtlichen Stärkung der ökonomische Analyse, und zwar generell zu Gunsten der Interessen großer Unternehmen, sowie zu einer deutlichen Abnahme der Anzahl der Fusionskontrollverfahren [ROWE (1984)].

Die genannten Studien beziehen sich überwiegend auf die Rechtsanwendung, nicht auf die Rechtsschöpfung. Dies liegt vor allem darin begründet, dass die US-amerikanische Wettbewerbspolitik auf seit teilweise über hundert Jahren praktisch unveränderten Gesetzestexten beruht und sich Paradigmenwechsel deshalb hauptsächlich in einer veränderten Auslegung dieser Texte niederschlagen. Bei der Rechtsanwendung eröffnen sich sowohl in wettbewerbsrechtlichen Verwaltungs- als auch Gerichtsverfahren wegen der Vielzahl der unbestimmten Rechtsbegriffe und unklaren Zielvorgaben umfangreiche Entscheidungsspielräume. Diese beziehen sich in der US-amerikanischen Antitrustpolitik vor allem auf die Möglichkeit der Berücksichtigung ökonomischer Argumente.[3] Das wiederum hat zur Folge, dass die Verfahrensbeteiligten zur Stützung ihrer Standpunkte in beachtlichem Umfang wettbewerbsökonomische Expertisen heranziehen.

---

1 Der Verweis auf ökonomische Expertise findet sich in einigen Fällen direkt in den Urteilsbegründungen, meist werden hier jedoch Arbeiten ökonomisch geschulter Juristen zitiert, so dass ein eher indirekter ökonomischer Einfluss besteht [KOVACIC (1992), S. 298 f.]. Oft wird den Entscheidungsträgern in Behörden und Gerichten auch von Ökonomen zugearbeitet, was allerdings nicht in die offizielle Begründung eingeht [ebenda, S. 300 f.].

2 Vgl. hierzu ausführlich EISNER (1991), S. 184 ff.

3 Diese können insbesondere dann, wenn die Möglichkeit der Berücksichtigung von Effizienzvorteilen besteht, bedeutend sein [KOVACIC (1992), S. 295; KOVACIC (1990), S. 1461 ff.].

Anders verhält es sich in der europäischen Wettbewerbspolitik. Von den unterschiedlichen Ursprüngen einmal abgesehen, schlagen sich Paradigmenwechsel auf der europäischen Ebene eher in Reformen der gesetzlichen Grundlagen nieder. Welche Einflüsse lassen sich nun seitens der wettbewerbspolitischen Leitbilder auf die europäische Fusionskontrolle feststellen? Vor der Beantwortung dieser Frage ist kurz auf die Grundlagen und die materiell-rechtlichen Regelungen der FKVO einzugehen.

4. Einfluss wettbewerbspolitischer Leitbilder auf die europäische Fusionskontrolle

4.1 Deutsche Grundlagen

Die Wurzeln des europäischen Rechts liegen grundsätzlich in unterschiedlichen nationalen Rechtsordnungen [KOOPMANS (1991), S. 493 ff.]. Daher ist es oft sehr schwierig, die Entstehungsgeschichte einzelner Rechtsnormen zu rekonstruieren. Im Fall des europäischen Wettbewerbsrechts und speziell der Fusionskontrolle wird jedoch dem deutschen Recht der entscheidende Einfluss zugeschrieben.

Das deutsche Wettbewerbsrecht bzw. die deutsche Wettbewerbspolitik erfuhr nach dem Zweiten Weltkrieg eine völlige Neuorientierung. Vor allem zwei Ausgangspunkte waren zunächst von Bedeutung: das US-amerikanische Antitrustrecht und der Ordoliberalismus [THORELLI (1959), S. 223]. 1945 erließen die westlichen Besatzungsmächte die Dekartellierungsgesetze, welche stark an amerikanisches Recht angelehnt waren. In den Deutschland-Verträgen legten sie sodann fest, dass diese Gesetze erst dann ihre Gültigkeit verlieren sollten, wenn ein eigenes deutsches Wettbewerbsrecht geschaffen sei [GERBER (1994), S. 63]. In den späten vierziger Jahren entstand eine intensive Zusammenarbeit zwischen den Besatzungsmächten und Vertretern des Ordoliberalismus. In den Augen der Alliierten hatten sich die Ordoliberalen als Gegner der NS-Diktatur für wichtige Ämter qualifiziert, was den Weg für einen zunehmenden Einfluss des oben dargestellten ordoliberalen Gedankenguts in Wissenschaft und Politik ebnete.[1]

1947 beauftragte LUDWIG ERHARD eine Gruppe von Wissenschaftlern und Beamten mit der Ausarbeitung eines Entwurfs für ein deutsches Wettbewerbsrecht. Dabei spielte das amerikanische Antitrustrecht praktisch keine Rolle mehr. 1949 wurde der stark ordoliberal geprägte Josten-Entwurf präsentiert. Dieser stieß wegen seiner Radikalität zwar auf heftige Kritik, gab jedoch die generelle Richtung für die folgenden Entwürfe vor [GÜNTHER (1975), S. 183 ff.]. Der Kampf um ein

---

1 So stellten ordoliberale Wissenschaftler die Hälfte der Mitglieder des 1947 gegründeten WISSENSCHAFTLICHEN BEIRATS bei der bizonalen Verwaltung für Wirtschaft [BILGER (1964), S. 211].

deutsches Wettbewerbsrecht dauerte schließlich fast ein Jahrzehnt und wurde erst 1957 mit der Verabschiedung des deutschen Gesetzes gegen Wettbewerbsbeschränkungen (GWB) beendet.

Die Ordoliberalen hatten sich mit zentralen Vorschlägen durchsetzen können, allerdings nicht mit ihrer Forderung nach einer Fusionskontrolle. Bis Letztere in das GWB Einzug halten konnte, vergingen nochmals viele Jahre. Erst im Rahmen der Zweiten GWB-Novelle von 1973 wurde eine Fusionskontrolle eingeführt, deren Eingreifkriterium die Entstehung oder Verstärkung einer marktbeherrschenden Stellung darstellte. Hiermit wurde zwar nachträglich dem ordoliberalen Leitbild entsprochen, allerdings waren die entscheidenden Impulse inzwischen von KANTZENBACHS Leitbild der optimalen Wettbewerbsintensität gekommen.[1] Weitgehend ohne Einfluss auf die Ausgestaltung der deutschen Fusionskontrolle blieben hingegen Hoppmanns uneinheitliche Vorstellungen.[2]

4.2 Materiell-rechtliche Regelungen der FKVO

Wenige Monate vor dem GWB wurde 1957 der EWG-Vertrag (EWGV) verabschiedet, dessen Art. 85 (Verbot wettbewerbsbeschränkender Vereinbarungen und Verhaltensweisen) und Art. 86 (Missbrauch einer marktbeherrschenden Stellung) lange Zeit die einzige materiell-rechtliche Grundlage für die europäische Wettbewerbspolitik darstellten.[3] Da der EWGV – in Übereinstimmung mit dem ursprünglichen GWB, aber im Unterschied zum 1951 verabschiedeten EGKS-Vertrag – keine Fusionskontrolle enthielt, waren der EUROPÄISCHEN KOMMISSION (im Folgenden: KOMMISSION) in dieser Hinsicht lange Zeit die Hände gebunden. Allerdings begann sie in den siebziger Jahren, Zusammenschlüsse als Verstärkung einer marktbeherrschenden Stellung auf der Grundlage des Art. 86 EWGV zu prüfen.[4] Diese Möglichkeit war jedoch nur unter bestimmten Bedingungen gegeben, weshalb der Ruf nach einer Fusionskontrolle immer lauter ertönte. Nach langen Verhandlungen wurde 1989, d. h. 16 Jahre nach Einführung der deutschen

---

1 Zu dem vom Bundeswirtschaftsministerium im Vorfeld der 2. GWB-Novelle erarbeiteten neuen Leitbild der Wettbewerbspolitik vgl. HOPPMANN (1988), S. 276 ff., insb. S. 281.

2 Bei den späteren GWB-Novellen kam es vielmehr zur Ausweitung und Verschärfung der deutschen Fusionskontrolle. Vgl. z. B. SCHMIDT (2001), S. 166 ff.

3 Im Rahmen der mit dem Vertrag von Amsterdam von 1997 verbundenen Umparagraphierung des EG-Vertrags (EGV) wurden aus den Art. 85 und 86 die Art. 81 und 82 EGV. Materiell-rechtliche Änderungen waren damit nicht verbunden.

4 Diesen Weg ging sie das erste Mal im Fall Continental Can; ihre Entscheidung wurde vom EuGH bestätigt.

Fusionskontrolle, die europäische Fusionskontrollverordnung (FKVO) verabschiedet.[1]

Obwohl schon 1997 ersten Änderungen unterzogen, geriet die FKVO wenige Jahre später erneut auf die Reformagenda.[2] 2001 wurde ein Grünbuch zu ihrer Reform [KOMMISSION (2001)] vorgelegt, in dem die Probleme der Zuständigkeitsverteilung zwischen KOMMISSION und Mitgliedstaaten im Vordergrund standen. Im Laufe des folgenden Jahres rückten allerdings materiell-rechtliche Fragen in den Mittelpunkt. Im Anschluss an eine breite öffentliche Diskussion legte die KOMMISSION Ende 2002 einen Entwurf für eine Neufassung der FKVO vor [KOMMISSION (2002)]. Am 20.1.2004 stimmte ihr der RAT DER EUROPÄISCHEN UNION in leicht revidierter Form zu. Die neue FKVO trat schließlich am 1.5.2004 in Kraft.[3] Neben Änderungen des Verweisungsregimes und des Verfahrensrechts umfasst sie eine Neudefinition des materiell-rechtlichen Prüfkriteriums. Begleitet wird sie von Leitlinien zur Bewertung horizontaler Zusammenschlüsse [KOMMISSION (2004 a)] und von so genannten Best-Practices-Leitlinien [KOMMISSION (2004 b)]. Da sich die wettbewerbspolitischen Leitbilder lediglich auf materiell-rechtliche Fragen beziehen, soll sich auch die folgende Darstellung der FKVO hierauf beschränken.

Ähnlich wie noch heute im Rahmen der deutschen Fusionskontrolle waren nach der ursprünglichen FKVO „Zusammenschlüsse, die eine beherrschende Stellung begründen oder verstärken, durch die wirksamer Wettbewerb im Gemeinsamen Markt oder in einem wesentlichen Teil desselben erheblich behindert würde, .. für unvereinbar mit dem Gemeinsamen Markt zu erklären“ (Art. 2 Abs. 3 FKVO a. F.). Eine marktbeherrschende Stellung betrachteten die KOMMISSION und der EUROPÄISCHE GERICHTSHOF (EUGH) als gegeben, wenn ein Unternehmen sich gegenüber seinen Wettbewerbern, Abnehmern und Verbrauchern in einem nennenswerten Ausmaß dauerhaft unabhängig verhalten kann.[4] Nach der neuen

---

1 Verordnung (EWG) Nr. 4064/89 vom 21.12.1989, ABl. Nr. L 395/1. Die FKVO wird ergänzt durch die Verordnung (EG) Nr. 447/98 vom 21.3.1998, ABl. Nr. L 61/1, die einzelne Verfahrensfragen regelt.

2 Für Reformdruck sorgte neben der zunehmenden Globalisierung und der EU-Osterweiterung auch, dass die KOMMISSION 2002 in drei Fällen, in denen sie Zusammenschlüsse untersagt hatte, Niederlagen vor dem EuG hinnehmen musste. Vgl. EuG, Urt. vom 6.6.2002 – Rs. T-342/99 – Airtours/FirstChoice; Urt. vom 22.10.2002 – Rs. T-310/01 – Schneider Electric/Legrand; Urt. vom 25.10.2002 – Rs. T-05/02 – Tetra Laval/Sidel.

3 Vgl. Verordnung (EG) Nr. 139/2004 vom 20.1.2004, ABl. Nr. L 24/1.

4 Konkretisiert wird dies als Spielraum, Preiserhöhungen vornehmen zu können, ohne Mengenreaktionen befürchten zu müssen. Vgl. Entscheidung „AérospatialeAlenia/de Havilland“, ABl. Nr. L 334/42 vom 5.12.1991. Der in der Fusionskontrolle verwendete Marktbeherrschungsbegriff leitet sich aus der Rechtsprechungspraxis des EuGH zu Art. 82 EGV ab. Zu den entsprechenden Entscheidungen vgl. EMMERICH (2001), S. 469 f.

FKVO sind demgegenüber Zusammenschlüsse zu untersagen, „durch die wirksamer Wettbewerb im Gemeinsamen Markt oder in einem wesentlichen Teil desselben erheblich behindert würde, insbesondere durch Begründung oder Verstärkung einer beherrschenden Stellung“ [Art. 2 Abs. 3 FKVO n. F.]. An die Stelle des traditionellen Marktbeherrschungskriteriums tritt damit ein neuer, als SIEC[1]-Test bezeichneter Prüfmaßstab. Dieser ist nicht mit dem in Ländern wie den USA, Kanada, Australien oder England verwendeten SLC[2]-Test identisch.[3] Allerdings ist noch nicht ganz klar, was sich genau hinter dem neuen Prüfmaßstab verbirgt.

Das Hauptmotiv für die Einführung des SIEC-Tests war der Wunsch, die Problematik des nicht-koordinierten Verhaltens von oligopolistischen Unternehmen ohne marktbeherrschende Stellung in den Griff zu bekommen.[4] In Erwägungsgrund Nr. 25 der FKVO wird deutlich gemacht, dass der SIEC-Test (nur) in diesem Fall über den Marktbeherrschungstest hinausgehen soll.[5] Allerdings finden sich weder in der FKVO noch in den Leitlinien konkrete Anweisungen, in welchen Fällen davon auszugehen ist, dass ein Oligopol zu einer erheblichen Behinderung wirksamen Wettbewerbs führt. Dem Kriterium der Marktbeherrschung kommt somit als einzigem Regelbeispiel für eine erhebliche Behinderung wirksamen Wettbewerbs weiterhin große Bedeutung zu. Ferner ist umstritten, inwiefern auf der Grundlage des SIEC-Kriteriums beim Vorliegen einer marktbeherrschenden Stellung eine erhebliche Behinderung wirksamen Wettbewerbs verneint werden kann. Aller Wahrscheinlichkeit nach wird das möglich, wenn einerseits die Auswirkungen der zusammenschlussbedingten Entstehung einer marktbeherrschenden Stellung für zu geringfügig befunden werden oder wenn andererseits die zusammenschlussbedingten Effizienzgewinne für ausreichend erachtet werden, um die aus der marktbeherrschenden Stellung für die Verbraucher entstehenden Nachteile zu kompensieren [BERG (2004), S. 563].

Wie wird nun bei der Prüfung einer marktbeherrschenden Stellung bzw. einer erheblichen Behinderung wirksamen Wettbewerbs im Einzelnen vorgegangen? Zunächst werden auf der Basis der sachlichen und räumlichen Marktabgrenzung

---

1 SIEC steht für *Significant Impediment of Effective Competition.*

2 SLC ist die Abkürzung von *Substantial Lessening of Competition.*

3 Für die Beibehaltung des Marktbeherrschungskriteriums hatten sich insbesondere Deutschland, Österreich, Italien und Luxemburg stark gemacht, während England und Irland die Einführung des SLC-Tests forderten [BÖGE (2004), S. 143].

4 Allerdings wurde insbesondere von deutscher Seite immer wieder darauf hingewiesen, dass es nicht nachgewiesen sei, dass der Marktbeherrschungstest nicht auch nicht-kollusives Verhalten in Oligopolen erfassen könne [BÖGE (2004), S. 143].

5 In einer gemeinsamen Erklärung von RAT und KOMMISSION wird zudem betont, dass die erhebliche Behinderung des wirksamen Wettbewerbs insbesondere im Sinne der in Erwägungsgrund Nr. 25 genannten Ziele ausgelegt werden soll [BÖGE (2004), S. 144].

die Konzentrationsgrade auf dem relevanten Markt bestimmt.[1] Früher geschah dies vor allem durch die Messung von Marktanteilen. Nachdem aber auch schon häufig der Herfindahl-Hirschman-Index (HHI) angewandt worden war, bekannte sich die KOMMISSION in den neuen Leitlinien „offiziell" zu dessen Verwendung [KOMMISSION (2004 a), Rdnr. 16]. Allerdings führen hohe Marktanteile bzw. HHI-Werte nicht automatisch zur Untersagung einer Fusion. Vielmehr können gem. Art. 2 Abs. 1 FKVO durch die Berücksichtigung zusätzlicher Kriterien fusionsrechtliche Bedenken wieder entkräftet werden. Insbesondere die Existenz starker Konkurrenten und Abnehmer oder eine hohe Wahrscheinlichkeit potenzieller Konkurrenz wirken in diesem Rahmen entlastend.

Die KOMMISSION hat bei der Prüfung einer marktbeherrschenden Stellung zudem gem. Art. 2 Abs. 1 Satz 2 lit. b) FKVO die Entwicklung des technischen und wirtschaftlichen Fortschritts[2] zu berücksichtigen, sofern diese dem Verbraucher dient und den Wettbewerb nicht behindert. In diesem Zusammenhang war der Stellenwert von Effizienzgewinnen lange Zeit sehr umstritten [WIRTZ (2002)]. Das Kriterium des wirtschaftlichen oder technischen Fortschritts spielte allerdings bislang in den Entscheidungen der KOMMISSION praktisch keine Rolle [IMMENGA (1997), Rdnr. 179]. Die aktuelle Reform hat nun an dieser Stelle gewisse Neuerungen gebracht. Obwohl die rechtliche Grundlage für die Berücksichtigung von Effizienzgewinnen bei der Beurteilung von Unternehmenszusammenschlüssen in Art. 2 Abs. 1 Satz 2 lit. b) FKVO durch die Reform nicht angetastet wurde, sind Zeichen gesetzt worden, dass im Gegensatz zur bislang vorherrschenden Meinung Effizienzgewinne durchaus als Ausnahmetatbestände zur Freistellung wettbewerbsgefährdender Zusammenschlüsse herangezogen werden können.

In Erwägungsgrund Nr. 29 der FKVO wird festgestellt, dass die Nachteile eines Zusammenschlusses für den Wettbewerb und damit der Schaden für die Verbraucher durch Effizienzvorteile ausgeglichen werden können, so dass durch den Zusammenschluss wirksamer Wettbewerb im Gemeinsamen Markt, insbesondere durch Begründung oder Verstärkung einer beherrschenden Stellung, nicht erheblich behindert wird. Zusätzlich macht die KOMMISSION in den Leitlinien zur Bewertung horizontaler Zusammenschlüsse ihre Haltung deutlich und konstatiert, dass Effizienzgewinne in manchen Fällen die negativen Auswirkungen von Zusammenschlüssen kompensieren können [KOMMISSION (2004 a), Rdnr. 76]. Aller-

---

[1] Bei der Marktabgrenzung folgt die KOMMISSION in Übereinstimmung mit der Praxis zu Art. 82 EGV dem Bedarfsmarktkonzept. Das zentrale Kriterium ist hierbei die Substituierbarkeit der Güter aus Nachfragersicht, die anhand der Eigenschaften, des Verwendungszwecks, der Preise und einer Reihe weiterer Aspekte beurteilt wird [KOMMISSION (1997)].

[2] Die KOMMISSION bestimmt den Begriff des technischen und wirtschaftlichen Fortschritts nach den zu Art. 85 Abs. 3 EGV (a. F.) entwickelten Grundsätzen. Er kann somit Rationalisierungsvorteile, Synergien, Produktivitätssteigerungen oder eine größere Auswahl für den Verbraucher umfassen.

dings werden in den Leitlinien hohe Anforderungen an eine solche Effizienzverteidigung formuliert: Die Effizienzgewinne müssen erheblich sein, sich rechtzeitig einstellen und den Verbrauchern zugute kommen [KOMMISSION (2004 a), Rdnr. 79]. Ferner haben sie fusionsspezifisch und überprüfbar zu sein [KOMMISSION (2004 a), Rdnr. 78 und 85 ff.]. Ob dies tatsächlich eine veränderte Einstellung der KOMMISSION zur Effizienzverteidigung beinhaltet, bleibt abzuwarten.

4.3 Einflüsse der wettbewerbspolitischen Leitbilder

Spiegelt die FKVO die Einflüsse bestimmter wettbewerbspolitischer Leitbilder wider? Die materiell-rechtlichen Prüfkriterien der FKVO zeigen, dass sie grundsätzlich auf einem Struktur-Verhaltens-Ergebnis-Ansatz und somit auf den Workability-Konzepten beruht. Hiervon zeugen nicht nur die Forderungen des Art. 2 Abs. 1 FKVO – sowohl alter als auch neuer Fassung –, „wirksamen Wettbewerb aufrechtzuerhalten und zu entwickeln, insbesondere im Hinblick auf die Struktur aller betroffenen Märkte“, sondern auch die Bedeutung, die dem Marktanteil und anderen Strukturkriterien bei der Beurteilung von Zusammenschlüssen unverändert eingeräumt wird. Allerdings zeigt die Vielzahl an Kriterien, die zur Relativierung hoher Marktanteile herangezogen werden können, dass die europäische Fusionskontrolle weder auf der Concentration Doctrine noch auf KANTZENBACHS Leitbild der optimalen Wettbewerbsintensität fußt, sondern auf einem sehr viel differenzierteren Struktur-Verhaltens-Ergebnis-Ansatz.

Bei ihren Bemühungen, dem aktuellen Forschungsstand Rechnung zu tragen, greifen KOMMISSION und EUGH allerdings zunehmend Gedankengut der Chicago School auf. So wird verstärkt preistheoretisch argumentiert. Bei der Analyse der Möglichkeiten unabhängigen Verhaltens erfolgt eine starke Fokussierung auf den Preisspielraum; und die Analyse potenziellen Wettbewerbs gewinnt an Bedeutung [KERBER (1994), S. 127 f.; KERBER (2000), S. 84]. Schon die 1997 von der KOMMISSION veröffentlichte Bekanntmachung zur Abgrenzung des relevanten Marktes offenbart eine konzeptionelle Neuorientierung der europäischen Fusionskontrolle an den US-amerikanischen Merger Guidelines. Mit dem in den Leitlinien zur Bewertung horizontaler Zusammenschlüsse festgeschriebenen Übergang zum HHI als Messinstrument für den Konzentrationsgrad eines Marktes erfolgt ein weiterer Schritt in diese Richtung. Die Einführung des SIEC-Tests stellt ebenfalls eine gewisse Annäherung an den SLC-Test der US-amerikanischen Fusionskontrolle dar.

Allerdings können diese Angleichungen nicht als Übergang zur Chicago-Position gedeutet werden, denn im Chicago-Leitbild finden sich keine derart konkreten Vorgaben für die Ausgestaltung der Fusionskontrolle. Lediglich dann, wenn der SIEC-Test als Einschränkung der Untersagungskompetenz der KOMMISSION (wegen der leicht gestärkten Effizienzverteidigung) und nicht als deren Erweiterung (wegen der Ausweitung auf nicht-koordiniertes Verhalten) zu betrachten ist, kann bezüglich der Reform der FKVO von einer Annäherung an das Leitbild der Chicago School gesprochen werden.

4.4 Positionen der Interessengruppen

Bereits früher wurde gezeigt, dass die Ausrichtung der Wettbewerbspolitik in erheblicher Weise von Interessengruppen auf Seiten der Produzenten abhängt. Lässt sich das auch für die jüngste Entwicklung der europäischen Fusionskontrolle nachweisen? Hier ist eine Analyse der Stellungnahmen der Interessengruppen zu den im Grünbuch zur Reform der FKVO formulierten Änderungsvorschlägen aufschlussreich. Die Reaktionen auf den dort gemachten Vorschlag, auch in der EU den SLC-Test einzuführen (der SIEC-Test stand damals noch nicht zur Diskussion), zeugen allerdings nicht von einem eindeutigen Interesse der großen Unternehmen an einer stärkeren „Amerikanisierung" der FKVO.

Für die Einführung des SLC-Tests sprachen aus unternehmerischer Sicht vor allem Erleichterungen bei der Anmeldung internationaler Zusammenschlussvorhaben. Ferner hätte eine Angleichung der materiell-rechtlichen Beurteilungsmaßstäbe eventuell auch transatlantische Divergenzen bei der Beurteilung von Zusammenschlussvorhaben vermieden [KOMMISSION (2001), Rdnr. 160; DRAUZ (2002 a), S. 444].[1] Allerdings haben sich viele Unternehmen aufgrund der zu erwartenden Rechtsunsicherheit und der Befürchtung, der breitere Ermessensspielraum beim SLC-Test ebne den Weg für eine stärker interventionistische Fusionskontrollpraxis, gegen den vorgeschlagenen Wechsel ausgesprochen [DRAUZ (2002 b), S. 51]. Da die Argumente für einen Wechsel des Prüfmaßstabs inzwischen nicht mehr stichhaltig sind – erleichtert der SIEC-Test doch weder die internationale Anmeldung noch eine Koordination der Wettbewerbsbehörden –, wiegen die Argumente gegen einen solchen Wechsel umso schwerer. Es ist deshalb davon auszugehen, dass der SIEC-Test von den Unternehmen grundsätzlich nicht begrüßt wird. Auf der anderen Seite kann die leichte Stärkung der Effizienzverteidigung mit der Unterstützung der Unternehmen rechnen. Diese sprachen sich schon in ihren Stellungnahmen zum Grünbuch für eine solche Modifikation aus [DRAUZ (2002b), S. 52 f.].

Alles in allem kann daher die These, die Interessen großer Unternehmer hätten sich angesichts der leichten Chicago-Orientierung bei der aktuellen Reform der FKVO besser durchgesetzt, nicht eindeutig bestätigt werden. Um die wahren Beweggründe für die Reform des materiell-rechtlichen Prüfmaßstabs zu erkennen, könnte es eventuell Erfolg versprechend sein, anstelle der Ziele der Unternehmen

---

[1] Allerdings ist es umstritten, ob mit einer Angleichung der materiellen Beurteilungsmaßstäbe tatsächlich die transatlantischen Divergenzen ausgeräumt würden, da die Tests nicht an einheitliche Kriterienkataloge gebunden sind, so dass für das Ergebnis die Handhabung in der Praxis entscheidender ist als die Wahl des Untersagungskriteriums [BUNDESKARTELLAMT (2001), S. 35 ff.].

jene der KOMMISSION genauer zu untersuchen. Vermutlich lässt sich bei ihr ein Interesse an einer – durch den SIEC-Test erleichterten – stärker ökonomischen Betrachtungsweise bei der Fusionskontrolle erkennen, insbesondere vor dem Hintergrund, dass dies weitere Auseinandersetzungen mit dem EUGH vermeiden würde.

5. Fazit

Do Economists matter? Diese von STIGLER gestellte Frage ist in Übereinstimmung mit KEYNES zumindest für den Bereich der Wettbewerbspolitik zu bejahen.

Im vorliegenden Beitrag wurde untersucht, inwieweit die jüngste Reform der europäischen Fusionskontrolle von bestimmten wettbewerbspolitischen Leitbildern beeinflusst worden ist. Darüber hinaus wurde aber auch analysiert, auf welche Faktoren diese Beeinflussung zurückzuführen ist. Dazu wurde ein politökonomischer Ansatz gewählt, der von rational und eigennützig handelnden Akteuren ausgeht und diese der Angebots- und Nachfrageseite von politischen Märkten zuordnet.

Für Wettbewerbsökonomen ist es danach attraktiv, wettbewerbspolitische Leitbilder anzubieten, während Politiker ein Interesse daran haben, derartige Leitbilder nachzufragen. Werden diese Leitbilder in wettbewerbspolitische Maßnahmen umgesetzt, treten die Politiker nunmehr als Anbieter auf, denen die Bürger als Nachfrager gegenüberstehen. Im Bereich der Wettbewerbspolitik ist es für die Politiker grundsätzlich zweckmäßig, weniger die Interessen der großen Gruppe der Wähler bzw. Konsumenten als vielmehr die von kleinen Produzentengruppen zu berücksichtigen.

Im Einzelnen wurde gezeigt, dass sowohl in Deutschland als auch in den USA eine Reihe bedeutender, teils aufeinander aufbauender, teils sich widersprechender wettbewerbspolitischer Leitbilder entwickelt worden ist. Geht das ursprüngliche GWB auf den Ordoliberalismus zurück, so kamen die entscheidenden Impulse für die später eingeführte deutsche Fusionskontrolle, an der sich wiederum später die erste europäische FKVO orientierte, von KANTZENBACHS Leitbild. Ferner wurde deutlich, dass die neue europäische FKVO nach wie vor auf einem relativ differenzierten Struktur-Verhaltens-Ergebnis-Ansatz beruht und nicht – wie die US-amerikanische Antitrustpolitik – als Wechsel zur Chicago-Position verstanden werden kann. Allerdings sind die Rezeption zahlreicher Aspekte der Chicago School und eine deutliche „Amerikanisierung" der neuen FKVO nicht zu übersehen. Darüber hinaus ist bei der Novelle der europäischen FKVO – anders als bei der US-amerikanischen Antitrustpolitik – kein dominierender Einfluss von Seiten der (großen) Unternehmen festzustellen.

Literatur

Baumol, W. J., Ordover, J. (1985), Use of Antitrust to Subvert Competition, in: Journal of Law and Economics, Vol. 28, pp. 247-265.

Berg, W. (2004), Die neue EG-Fusionskontrollverordnung – Praktische Auswirkungen der Reform, in: Betriebs-Berater, 59. Jg., S. 561-569.

Bilger, F. (1964), La Penseé Economique Libérale dans l' Allemagne Contemporaine, Paris.

Böge, U. (2004), Refom der Europäischen Fusionskontrolle, in: Wirtschaft und Wettbewerb, 54. Jg., S. 138-148.

Böhm, F. (1950), Wirtschaftsordnung und Wirtschaftsverfassung, Tübingen.

Böhm, F. (1960), Demokratie und ökonomische Macht, in: o. Hrsg., Kartelle und Monopole im modernen Recht, Karlsruhe.

Bork, R. H. (1993), The Antitrust Paradox: A Policy at War with Itself, 2. Aufl., New York u.a.

Bundeskartellamt (2001), Das Untersagungskriterium in der Fusionskontrolle – Marktbeherrschende Stellung versus Substantial Lessening of Competition, Diskussionspapier des Arbeitskreises Kartellrecht, o. O.

Clark, J. M. (1961), Competition as a Dynamic Process, Washington D.C.

Clark, J. M. (1975 a), Zum Begriff eines funktionsfähigen Wettbewerbs, übers. in: Herdzina, K. (Hrsg.), Wettbewerbstheorie, Köln, S. 141-160.

Clark, J. M. (1975 b), Wettbewerb und Ziele der Wirtschaftspolitik: Wettbewerb als dynamischer Prozess, übers. in: Herdzina, K. (Hrsg.), Wettbewerbstheorie, Köln, S. 269-273.

Coate, M. B., Higgins, R. S., McChesney, F. S. (1990), Bureaucracy and Politics in FTC Merger Challenges, in: Journal of Law and Economics, Vol. 33, pp. 463-482.

Demsetz, H. (1976), Economics as a Guide to Antitrust Regulation, in: The Journal of Law and Economics, Vol. 19, pp. 371-388.

DiLorenzo, T. J. (1985), The Origins of Antitrust: An Interest-Group Perspective, in: International Review of Law and Economics, Vol. 5, pp. 73-90.

Downs, A. (1968), Ökonomische Theorie der Demokratie, Tübingen.

Drauz, G. (2002 a), Reform der Fusionskontrollverordnung – Die Kernpunkte des Grünbuchs der Europäischen Kommission, in: Wirtschaft und Wettbewerb, 52. Jg., S. 444-449.

Drauz, G. (2002 b), Vorstellungen der EU-Kommission zur Reform der europäischen Fusionskontrolle, in: Schwarz, J. (Hrsg.), Instrumente zur Durchsetzung des europäischen Wettbewerbsrechts, Baden-Baden, S. 47-60.

Eckbo, B. E., Wier, P. (1985), Antimerger Policy under the Hart-Scott-Rodino Act: A Reexamination of the Market-Power Hypothesis, in: Journal of Law and Economics, Vol. 28, pp. 119-149.

Eickhof, N. (1992), Marktstruktur und Wettbewerbsprozess, in: Ordo, Bd. 43, S. 173-192.

Eisner, M. A. (1991), Antitrust and the Triumph of Economics, Chapel Hill.

Ekelund, R. B., McDonald, M. J., Tollison, R. D. (1995), Business Restraints and the Clayton Act of 1914: Public- or Private-Interest Legislation?, in: Shughart, W. F. II, McChesney, F. S. (eds.), The Causes and Consequences of Antitrust: The Public-Choice Perspective, Chicago, pp. 271-286.

Emmerich, V. (2001), Kartellrecht, 9. Aufl., München.

Eucken, W. (1990), Grundsätze der Wirtschaftspolitik, 6. durchges. Aufl., Tübingen.

Eucken, W. (2001), Wirtschaftsmacht und Wirtschaftsordnung: Londoner Vorträge zur Wirtschaftspolitik und zwei Beiträge zur Antimonopolpolitik, Münster.

Faith, R. L., Leavens, D. R., Tollison, R. D. (1982), Antitrust Pork Barrel, in: Journal of Law and Economics, Vol. 25, pp. 329-342.

Gerber, D. J. (1994), Constitutionalizing the Economy. German Neoliberalism, Competition Law and the "New" Europe, in: The American Journal of Comparative Law, Vol. 42, pp. 25-84.

Günther, E. (1975), Die geistigen Grundlagen des sogenannten Josten-Entwurfs, in: Sauermann, H., Mestmäcker, E.-J. (Hrsg.), Wirtschaftsordnung und Staatsverfassung, Tübingen.

Hazlett, T. W. (1986), Is Antitrust Anticompetitive?, in: Harvard Journal of Law and Public Policy, Vol. 9, pp. 277-336.

Hoppmann, E. (1966), Das Konzept der optimalen Wettbewerbsintensität. Rivalität oder Freiheit des Wettbewerbs: Zum Problem eines wettbewerbspolitisch adäquaten Ansatzes der Wettbewerbstheorie, in: Jahrbuch für Nationalökonomie und Statistik, Bd. 179, S. 286-323.

Hoppmann, E. (1988), Wirtschaftsordnung und Wettbewerb, Baden-Baden.

Immenga, U. (1997), Kommentierung zur Fusionskontrollverordnung (FKVO), in: Immenga, U., Mestmäcker, E.-J. (Hrsg.), EG-Wettbewerbsrecht, Kommentar, Bd. I, München, S. 748-755.

Kantzenbach, E. (1967), Die Funktionsfähigkeit des Wettbewerbs, 2. durchges. Auflage, Göttingen.

Kerber, W. (1994), Die Europäische Fusionskontrollpraxis und die Wettbewerbskonzeption der EG, Bayreuth.

Kerber, W. (2000), Europäische Fusionskontrolle: Entwicklungslinien und Perspektiven, in: Oberender, P. (Hrsg.), Die Europäische Fusionskontrolle, Berlin.

Kommission (1997), Bekanntmachung der Kommission über die Definition des relevanten Marktes i. S. d. Wettbewerbsrechts der Gemeinschaft, ABl. Nr. C 372.

Kommission (2001), Grünbuch über die Revision der Verordnung (EWG) Nr. 4064/89 des Rates vom 11.12.2001, KOM (2001), 745 endg.

Kommission (2002), Vorschlag für eine Verordnung des Rates über die Kontrolle von Unternehmenszusammenschlüssen vom 11.12.2002, KOM (2002), 711 endg., ABl. Nr. C 20.

Kommission (2004 a), Leitlinien zur Bewertung horizontaler Zusammenschlüsse gemäß der Ratsverordnung über die Kontrolle von Unternehmenszusammenschlüssen vom 30.1.2004, ABl. Nr. C 31/5.

Kommission (2004 b), Best Practices on the conduct of EC merger control proceedings, Internetdokument: http://www.europa.eu.int/comm/competition/mergers/legislation/regulation/best_practices.pdf.

Koopmans, T. (1991), The Birth of European Law at the Crossroads of Legal Traditions, in: The American Journal of Comparative Law, Vol. 39, pp. 493-507.

Kovacic, W. E. (1990), The Antitrust Paradox Revisited: Robert Bork and the Transformation of Modern Antitrust Policy, in: Wayne Law Review, Vol. 37, pp. 1413-1471.

Kovacic, W. E. (1991), The Reagan Judiciary and the Antitrust in the 1990s, in: Fordham Law Review, Vol. 60, pp. 49-124.

Kovacic, W. E. (1992), The Influence of Economics on Antitrust Law, in: Economic Inquiry, Vol. 30, pp. 294-306.

Kwoka, J. E, White, L. J. (1989), The Antitrust Revolution, New York.

Mason, E. S. (1939), Price and Production Policies of Large Scale Enterprise, in: The American Economic Review, Vol. 29, pp. 190-204.

Mason, E. S. (1957), Economic Concentration and the Monopoly Problem, Cambridge/Mass.

Möschel, W. (2004), Beratung in der Wettbewerbspolitik – eine Erfahrungsskizze, in: Priddat, B. P., Theurl, T. (Hrsg.), Risiken der Politikberatung, Baden-Baden, S. 176-183.

Niehans, J. (1954), Das ökonomische Problem des technischen Fortschritts, in: Schweizerische Zeitschrift für Volkswirtschaft und Statistik, 90. Jg., S. 145-156.

Olson, M. (1992), Die Logik des kollektiven Handelns – Kollektivgüter und die Theorie der Gruppen, 3. Aufl., Tübingen.

Posner, R. A. (1969), The Federal Trade Commission, in: University of Chicago Law Review, Vol. 37, pp. 48-89.

Posner, R. A. (1970), A Statistical Study of Antitrust Enforcement, in: Journal of Law and Economics, Vol. 13, pp. 365-419.

Posner, R. A. (1976), Antitrust Law: An Economic Perspective, Chicago.

Posner, R. A. (1979), The Chicago School of Antitrust Analysis, in: University of Pennsylvania Law Review, Vol. 127, pp. 925-948.

Röpke, J. (2004), Ostdeutschland in der Entwicklungsfalle – Oder: Die Münchhausen-Chance, in: Perspektive 21 – Brandenburgische Hefte für Wissenschaft und Politik, Heft 21/22, S. 19-40.

Rowe, F. M. (1984), The Decline of Antitrust and the Delusions of Models: The Faustian Pact of Law and Economics, in: Georgetown Law Journal, Vol. 84, pp. 1511-1570.

Rubin, P. (1995), What Do Economists Think About Antitrust? A Random Walk Down Pennsylvania Avenue, in: Shughart, W. F. II, McChesney, F. S. (eds.), The Causes and Consequences of Antitrust: The Public-Choice Perspective, Chicago, pp. 33-61.

Scherer, F. M., Ross, D. (1990): Industrial Market Structure and Economic Performance, 3. Aufl., Boston.

Schmidt, I. (2001), Wettbewerbspolitik und Kartellrecht, 7. Aufl., Stuttgart.

Shughart, W. F. II (1990), Antitrust Policy and Interest Group Politics, New York.

Shughart, W. F. II, Silverman, J. D., Tollison, R. D. (1995), Antitrust Enforcement and Foreign Competition, in: Shughart, W. F. II, McChesney, F. S. (eds.), The Causes and Consequences of Antitrust: The Public-Choice Perspective, Chicago, pp. 179-187.

Sosnick, S. H. (1970), Eine Kritik der Konzeptionen vom funktionsfähigen Wettbewerb, in: FIW (Hrsg.), Das Konzept der „Workable Competition“ in der angelsächsischen Literatur, Köln u.a., S. 153-195.

Stigler, G. J. (1966), The Economic Effects of the Antitrust Laws, in: Journal of Law and Economics, Vol. 9, pp. 225-258.

Stigler, G. J. (1968), The Organization of Industry, Homewood.

Stigler, G. J. (1982), Do Economists Matter?, in: Stigler, G. J. (ed.), The Economist as a Preacher and Other Essays, Chicago, pp. 57-67.

Thorelli, H. B. (1959), Antitrust in Europe. National Policies after 1945, in: The University of Chicago Law Review, Vol. 26, pp. 222-236.

Weir, C. (1992), Monopolies and Merger Commission, Merger Reports and the Public Interest: A Probit Analysis, in: Applied Economics, Vol. 24, pp. 27-34.

Williamson, O. (1968), Economies as an Antitrust Defense: The Welfare Trade-offs, in: The American Economic Review, Vol. 58, pp. 18-36.

Williamson, O. (1969), Allocative Efficiency and the Limits of Antitrust, in: The American Economic Review, Vol. 59, pp. 105-117.

Wirtz, M. (2002), Wohin mit den Effizienzen in der europäischen Fusionskontrolle?, in: Europäisches Wirtschafts- und Steuerrecht, o. Jg., S. 59-65.

Tullock, G. (1967), The Welfare Costs of Tariffs, Monopolies, and the Theft, in: Western Economic Journal, Vol. 5, pp. 224-232.

Volkswirtschaftliches Controlling mit Hilfe des Koordinationsmängel-Diagnosekonzepts

Heinz Grossekettler

Zusammenfassung: In diesem Aufsatz wird gezeigt, dass und wie man das Koordinationsmängel-Diagnosekonzept im Sinne eines volkswirtschaftlichen Controllings zur Überprüfung der Funktionsfähigkeit von Märkten sowie der Angemessenheit wirtschaftspolitischer Maßnahmen und Rahmenbedingungen einsetzen kann. Nach einem Überblick über das Konzept und seine Anwendungsmöglichkeiten wird am Beispiel der deutschen Stahlindustrie demonstriert, wie man auf der Basis des Konzepts klären kann, ob die seit 1988 vorgenommenen Deregulierungsmaßnahmen zu einer signifikant besseren Funktionsweise des Markträumungsprozesses geführt haben.

Schlüsselworte: KMD-Konzept, Controlling, Deregulierung, Microeconomics (D5), Industrial Organization (L1, L5, L6)

1. Problemstellung und Vorgehensweise

Vor kurzem hat KOOTHS (2004), Schüler des Jubilars und wie dieser besonders an der Verbindung von Theorie und Praxis interessiert, den Begriff „Controlling Dritten Grades" in die Literatur eingeführt (hinfort G3-Controlling). Dabei geht er von einem „Controlling Ersten Grades" aus (hinfort G1-Controlling), unter dem er den üblichen Controlling-Begriff versteht, also die Überwachung von Unternehmensentwicklungen auf Effizienz im Sinne der Unternehmensführung. Diesem Prozess ist in Marktwirtschaften das „Controlling Zweiten Grades" übergeordnet: die Überwachung der Unternehmen und ihrer Effizienzvorstellungen durch den Wettbewerb, der sich auf der Basis des in einer Volkswirtschaft jeweils geltenden Ordnungsrahmens ergibt (hinfort G2-Controlling). Diese Art von Controlling führt im Endergebnis zu einer Unternehmensselektion. Das G3-Controlling ist noch eine Stufe höher angesiedelt: Während die Unternehmensführungen mit Hilfe des G1-Controllings unternehmensinterne Selektionsprozesse für Handlungen kontrollieren und der Wettbewerb im Wege des G2-Controllings bei gegebener Rahmenordnung Unternehmen selektiert und damit im volkswirtschaftlichen Sinn auch für eine Kontrolle der Controller sorgt, überwacht das G3-Controlling faktische Marktprozesse auf Legitimität und auf Koordinationseffizienz. Oder anders ausgedrückt: Es prüft, ob die Kontrolle der Controller in einer auf Allokationseffizienz zielenden und legitimen Weise vorgenommen wird, d.h. ob der faktische Wettbewerb funktionsfähig und ordnungskonform ist.

Träger einer solchen Controllingaufgabe können verschiedene Instanzen sein, unter anderem das Bundeskartellamt und die Monopolkommission, aber auch Sachverständigenräte und Wissenschaftliche Beiräte oder ein „ordnungspolitischer Beauftragter", d.h. eine unabhängige ordnungspolitische Überwachungsinstanz, wie sie z. B. aus der Bundesbank entstehen könnte.[1] Als *Mittel* zur Erfüllung dieser Controllingaufgabe benötigt man ein System zur Aufdeckung von Koordinationsmängeln, d.h. von Entwicklungen, die gegen allgemein geteilte Werturteile und das Streben nach volkswirtschaftlicher Allokationseffizienz verstoßen. Außerdem sind Daten erforderlich, mit denen das System „gefüttert" werden kann und die von einem „Government-Informationssystem" bereitzustellen sind. Dessen Entwicklung ist eine wichtige Aufgabe der von KOOTHS angestrebten „Volkswirtschaftsinformatik".

Das Koordinationsmängel-Diagnosekonzept (KMD-Konzept) ist solch ein System zur Aufdeckung von Koordinationsmängeln und stellt somit einen Baustein des G3-Controllings dar. Es ermöglicht z. B. die Überwachung von Marktprozessen auf Koordinationseffizienz und ein Marktscreening auf versteckte Kartelle, aber auch die Effizienzkontrolle von ordnungspolitischen Rahmenbedingungen und von wirtschaftspolitischen Maßnahmen wie z. B. Privatisierungs- oder Deregulierungsmaßnahmen. Im Folgenden werden zunächst die Grundzüge dieses Konzepts beschrieben (Abschnitt 2). Anschließend wird ein Überblick über die Anwendungsmöglichkeiten gegeben (Abschnitt 3), und es wird am Beispiel der Stahlindustrie gezeigt, wie das Konzept zur Evaluierung einer Deregulierungsmaßnahme angewandt werden kann (Abschnitt 4). Der Aufsatz schließt mit einer Zusammenfassung und einem Ausblick auf laufende Forschungsvorhaben.

2. Kurzbeschreibung des KMD-Konzepts

2.1 Abgrenzung des Konzepts von traditionellen Gleichgewichts- und Ungleichgewichtsmodellen

Das KMD-Konzept ist ein empirisch anwendbares Konzept zur Überprüfung der (dynamisch verstandenen) Allokationseffizienz von Marktprozessen. Es unterscheidet sich in seinem Operationalisierungsgrad und seinen Prüfanforderungen sowohl vom Standardmodell der Volkswirtschaftslehre als auch von den so ge-

---

[1] ERHARD wollte diese Rolle dem Bundeswirtschaftsminister als Ordnungsminister und „Generalreferenten für wirtschaftspolitische Fragen im Kabinett" übertragen [LUDWIG-ERHARD-STIFTUNG (1986), S. 282 f.], ist damit aber am Widerstand ADENAUERS gescheitert. Vgl. hierzu auch KAHLENBERG (1999), S. 20 f..

nannten Ungleichgewichtstheorien. Eine genauere Beschreibung des Konzepts erfolgt im Unterabschnitt 3.2. Vorerst soll der Hinweis genügen,

- dass bei der Funktionsfähigkeitsprüfung nach dem KMD-Konzept fünf operational definierte – d.h. mit Messanweisungen verknüpfte – Marktprozesse auf Selbstregulierungsfähigkeit geprüft werden müssen,
- dass dies der Markträumungs-, der Renditennormalisierungs-, der Übermachterosions-, der Produktfortschritts- und der Verfahrensfortschrittsprozess sind und
- dass sich auf dieser Basis die nachfolgend geschilderten Unterschiede zum Standardmodell der Volkswirtschaftslehre und zur Gruppe der so genannten Ungleichgewichtsmodelle ergeben.

Vom *Standardmodell der Volkswirtschaftslehre* – dem *Arrow-Debreu*-Modell des Allgemeinen Gleichgewichts [GEANAKOPLOS (1998)] – unterscheidet sich das KMD-Konzept dadurch,

- dass es nicht kontrafaktisch unterstellt, dass alle Märkte wettbewerbsintensiv sind,
- dass es nicht ohne empirische Prüfung von der Prämisse ausgeht, dass Marktgleichgewichte so stabil sind, dass sich bei Störungen in kurzer Zeit neue Gleichgewichtswerte einstellen und dass alle beobachtbaren Marktdaten als Gleichgewichtswerte interpretiert werden können,
- dass es nicht unterstellt, dass sich Marktgleichgewichte irgendwie in einem nicht weiter erklärten Tâtonnementprozess herausbilden, der Auktionen ähnelt, sondern dass die Gleichgewichte von – in der Sprache der „New Austrians" – „findigen" Unternehmern im Wege von zeitaufwändigen Arbitrage- und Spekulationsprozessen herausgefunden werden müssen,[1] und
- dass es auch nicht unterstellt, dass institutionelle Arrangements und zur Unsicherheitsüberwindung erforderliche Transaktionskosten keine Rolle spielen, sondern im Gegenteil darauf ausgerichtet ist, transaktionskostengünstige und gleichgewichtsfördernde Arrangements finden zu helfen.[2]

---

1 Zur Definition von Arbitrage- und Spekulationsprozessen und Beispielen dafür aus dem internationalen Handel vgl. DIECKHEUER (2001), S. 240-246.

2 „Transaktionskosten" werden in der Literatur meist nur mit Hilfe von Beispielen erläutert. Man kann sie aber allgemein als Nebenkosten bezeichnen, die einen aktionsbedingten, bewerteten Faktorverzehr darstellen, der die Konsumreife eines Gutes weder in sachlicher noch in räumlicher oder zeitlicher Hinsicht beeinflusst, stattdessen aber der Überwindung von Informationsmängeln dient (z. B. durch die Einschaltung von Beratern). Ihnen stehen als Hauptkosten Transformationskosten eines produktions-, lagerhaltungs- oder transportbedingten Faktorverzehrs gegenüber, die zu sachlichen Veränderungen bei einem Gut führen oder seine räumliche oder zeitliche Verfügbarkeit verän-

Diese Unterschiede haben vor allem zur Folge, dass man bei einer Funktionsfähigkeitsprüfung nach dem Standardmodell ausschließlich auf Verzerrungen im Sinne der traditionellen Theorie des Marktversagens achten muss (also z. B. auf das Auftreten externer Effekte), denn nach dem Standardmodell kommen zwar „falsche“ Gleichgewichte vor, nicht aber instabile.[1]

Von der (in sich differenzierten) *Gruppe der Ungleichgewichtsmodelle*[2] unterscheidet sich das KMD-Konzept dadurch,

- dass auf Märkten *Prozesse* ablaufen (Markträumungsprozess) oder angestoßen werden (höhere Marktprozesse), welche für die Erfüllung bestimmter *Marktfunktionen* sorgen, und
- dass deren Funktionserfüllung in einer Weise erfolgt, die sich darin manifestiert, dass die Marktprozesse Regelkreisen gleichen, die normalerweise *in einem kybernetischen Sinn stabil* sind und Regelgrößen um ökonomisch erwünschte Sollwerte oszillieren lassen.

Dies hat für Funktionsfähigkeitsprüfungen zur Folge, dass man Marktprozesse auf kybernetische Stabilität überprüfen muss und nicht – wie etwa die meisten „New Austrians“ – einfach unterstellen darf, dass sie befriedigend funktionieren, wenn man den Unternehmen nur genügend Freiheit lässt.

Um schon im Namen hervorzuheben, dass es bei der Messung der Koordinationseffizienz mit Hilfe des KMD-Konzepts nicht um einen Vergleich mit einem fiktiven allgemeinen Gleichgewichts*zustand* geht, wird nicht von einem „*Allokations*mängel-Diagnosekonzept“ gesprochen, sondern von einem „*Koordinations*mängel-Diagnosekonzept“. In dieser Bezeichnung soll der prozessuale Charakter von Regelkreisen besser zum Ausdruck kommen, die nur im empirisch irrelevanten Fall der Abwesenheit aller exogenen Störungen zum Zustand der Allokationseffizienz (d.h. eines optimalen Koordiniert*seins*) führen würden, normalerweise aber auch unter Störungen ein Mindestmass an Koordiniert*werden* garantieren (d.h. die eine Entfernung vom Zustand der perfekten Koordination nicht unkontrolliert wachsen lassen). Um außerdem hervorzuheben, dass eine regelkreisartige Koordinierung nicht nur stabil oder instabil sein, sondern mehr oder weniger gut funktionieren kann, wird nicht von einem „Koordinations*versagen*“ gesprochen, das es zu

---

dern. Bestätigt ein Notar z. B. ein Grundstücksgeschäft, so fallen hierdurch Transaktionskosten an, nicht aber Transformationskosten zur Änderung der Konsumreife des Gutes: Das Gut wird in sachlicher, räumlicher oder zeitlicher Hinsicht nicht verändert, Zweifel über seine Qualität (z. B. die Freiheit von Lasten) werden aber beseitigt.

1 Zur traditionellen Theorie des Marktversagens vergleiche z. B. LEDYARD (1998).

2 Zu den Ungleichgewichtsmodellen zählen insb. die Modelle der New Austrians [HIGH (1990); KIRZNER (1992 u. 1997)] sowie die Vertreter der Theorie der Auswirkungen von Transaktionskosten [ULPH/ULPH (1975)], der „market microstructure“-Theorie [SPULBER (1999)] und der New Keynesians [GORDON (1990)].

diagnostizieren gelte, sondern von einem „Koordinations*mangel*“, der aufgespürt werden soll.[1]

Will man vor dem Hintergrund dieser Negativabgrenzungen das KMD-Konzept positiv beschreiben, muss man darlegen,

- welche Marktfunktionen regelkreisartig stabilisiert werden sollen und wie diese Zielvorgabe legitimiert werden kann und
- wie die kybernetische Stabilität der einschlägigen Regelkreise überprüft werden kann.

Dies soll nun geschehen.

2.2 Marktfunktionen und Marktprozesse

Das KMD-Konzept geht von zwei Basishypothesen aus:

- der *Legitimationshypothese*, dass Marktprozesse in marktwirtschaftlich organisierten Volkswirtschaften Aufgaben erfüllen, die ein benevolenter (gemeinwohlorientierter) Diktator in Zentralverwaltungswirtschaften über den Volkswirtschaftsplan zu erfüllen versuchen würde, und
- der *Stabilitätsvermutung*, nach der diese Aufgaben im *Normalfall* (aber nicht immer) zuverlässig erfüllt werden, so dass bei Marktuntersuchungen zwei Hypothesen gegeneinander getestet werden müssen: die Hypothese H_0: „Der Markt funktioniert“ gegen die Hypothese H_1: „Dieser Markt funktioniert ausnahmsweise nicht“.

Die *Marktfunktionen*, deren Erfüllung man von Marktwirtschaften erwartet und die in Abschnitt 2.1 schon erwähnt worden sind, werden in *Kasten 1* (S. 402) näher beschrieben.

Jeder dieser Funktionen ist ein empirisch getrennt beobachtbarer Prozess zugeordnet. Abgekürzt werden diese Prozesse als M-, R-, Ü-, P- und V-Prozess bezeichnet. Außer dem Ü-Prozess sind alle Prozesse aus der ökonomischen Periodenanalyse bekannt;[2] dass es in Ergänzung dieser Prozesse auch einen automatischen Abbau von Übermachtpositionen gibt, wird vor allem in der amerikanischen Literatur behauptet, z. B. von GALBRAITH (1956) und STIGLER (1968, S. 297). Der M-Prozess realisiert ein kurzfristiges, der R-Prozess dagegen ein langfristiges

---

1 Eine regelkreisartige (oder kybernetische) Stabilisierung unterscheidet sich von den Stabilitäts- und Gleichgewichtsbegriffen, die sonst in der Ökonomie vertreten werden. Einen Kurzüberblick über diese Begriffe findet man bei GANDOLFO (1997), S. 332-341, ausführliche Erläuterungen bei DEBREU (1996) und WALKER (2000).

2 Die ökonomische Periodenanalyse geht auf MARSHALL zurück und wird heute in unterschiedlichen Differenzierungen verwendet [HELM (1998); PANICO/PETRI (1998)].

Gleichgewicht; die von den Fortschrittsprozessen realisierten Gleichgewichte werden zuweilen als „sehr langfristig“ bezeichnet.[1]

Marktprozesse sollen dafür sorgen, dass es folgende systematische Tendenzen gibt:

(1) eine Tendenz zum Ausgleich von Angebots- und Nachfragemengen, die eine Verschwendung von Produktionsfaktoren verhindert, welche sich z.B. in der Form der Produktion unabsetzbarer Güter oder in kostspieligen Wartezeiten oder überflüssigen Suchaktivitäten äußern könnte (*Markträumungsfunktion*);

(2) eine Tendenz zum Abbau von Über- und Unterrenditen und damit korrespondierenden Überkapazitäten oder Kapazitätsengpässen dadurch, dass Sach- und Humankapital zum Ort der höchsten Ergiebigkeit wandert und dort für eine Normalisierung der Renditen sowie der Kapazitäten und damit auch für eine Tendenz zur leistungsgerechten Einkommensverteilung sorgt (*Renditenormalisierungsfunktion*);

(3) eine Tendenz zur Aushöhlung von Übermachtpositionen von Anbietern oder Nachfragern, d.h. dazu, dass niemand über die Fähigkeit verfügt, Marktprozesse - auch solche auf vor- und nachgelagerten Märkten - so zu beeinflussen, dass an die Stelle des normalen Ablaufs eine Entwicklung tritt, die ihm zu dauerhaften Monopol- und/oder politischen Verteilungskampfrenten verhilft (*Übermachterosionsfunktion*);

(4) eine Tendenz zum Abbau von Produktfortschrittsrückständen im Vergleich zu Märkten, auf denen weltweit als „Produkt- und Qualitätsführer“ anerkannte Best-Product-Unternehmen tätig sind, damit die heimischen Anbieter wettbewerbsfähig bleiben und die heimischen Nachfrager über ein möglichst großes Potential an Wahlmöglichkeiten verfügen (*Produktfortschrittsfunktion*);

(5) eine Tendenz zum Abbau von Verfahrensfortschrittsrückständen im Vergleich zu Märkten, auf denen weltweit als „Kostenführer“ anerkannte Best-Practice-Unternehmen tätig sind, damit die heimischen Anbieter wettbewerbsfähig bleiben und die heimischen Nachfrager von möglichst günstigen Preis-Leistungs-Verhältnissen profitieren können (*Verfahrensfortschrittsfunktion*).

Die unter (4) und (5) genannten Vorteile für die Nachfrager könnten kurzfristig auch erzielt werden, wenn qualitativ hochwertige und preisgünstige Güter aus dem Ausland importiert werden. Da dies langfristig aber eigene Exporte und damit eine wettbewerbsfähige eigene Industrie voraussetzt, liegt der Erhalt der Wettbewerbsfähigkeit der Unternehmen auch im wohlverstandenen Konsumenteninteresse.

Kasten 1: Aufgaben von Marktprozessen

Die Verschränkung der fünf Prozesse erfolgt im KMD-Konzept über eine Vermaschung von Regelkreisen, die – bildlich gesprochen – mit dem Zusammenspiel von Teilprozessen in einer Uhr mit Mehrfachanzeige (Stunden, Minuten, Sekunden, Wochentag und Datum) vergleichbar ist: Es gibt Teilprozesse für die einzelnen Anzeigen; diese sind aber untereinander verbunden und bilden ein Gesamtwerk.

---

[1] Allgemein unterscheidet man zwischen langsamen und schnellen Variablen. Die jeweils schnelleren Variablen (insb. des M-Prozesses) sind nach der dynamischen Theorie des Allgemeinen Gleichgewichts getrennt beobachtbar, wenn es keine Pfadabhängigkeiten gibt und die Konvergenz zu den Gleichgewichtswerten sehr schnell erfolgt [GANDOLFO (1997), S. 337-342].

Ob die Realisationen der Marktfunktionen – wie von der *Legitimationshypothese* behauptet – tatsächlich von marktwirtschaftlich orientierten Ökonomen als Gemeinwohlaufgaben betrachtet würden, deren Erfolg man in Marktwirtschaften normalerweise erwartet, könnte man mit Hilfe einer internationalen Umfrage feststellen. Solch eine Umfrage ist noch nicht durchgeführt worden. Es gibt aber Untersuchungen der ökonomischen, philosophischen und rechtswissenschaftlichen Literatur, die dafür sprechen, dass die Legitimationshypothese bei einer solchen Umfrage nicht falsifiziert würde [ALSMÖLLER (1982), insb. S. 189-197; ROTTHEGE (1982), insb. S. 156 f., 215, 248 u. 325].

Die *Stabilitätsvermutung* ist inzwischen in einer Vielzahl von Untersuchungen im Verarbeitenden Gewerbe Deutschlands getestet worden und hat sich dabei bewährt [DRECKER (1989); MUNSBERG (1994); NAGEL (1999); SCHENGBER (1996); SEBBEL-LESCHKE (1996); WALZ (2002)]. Dogmenhistorisch ist interessant, dass schon ADAM SMITH die Meinung vertreten hat, dass sich auf Märkten Selbstregulierungsprozesse abspielen, die mit der Vorstellung von Regelkreisen vergleichbar seien, wie sie sein Freund *James Watt* bei der Entwicklung des Fliehkraftreglers entwickelt hatte [MAYR (1971)].

Das KMD-Konzept betrachtet einen Marktprozess als im kybernetischen Sinn stabil, wenn exogen bedingte Gleichgewichtsstörungen (d.h. Abweichungen einer Regelgröße y von einem Sollwert wie z. B. y = 0) durch endogen evozierte Reaktionen Δy_e so kompensiert werden, dass die Regelgröße im Zeitablauf in tolerierbarer Weise um ihren Sollwert schwankt. Eine Grundvoraussetzung hierfür ist, dass jede Regelabweichung $y \neq 0$ Reaktionen („Sprungantworten“) Δy_e auslöst, die ceteris paribus zu einer möglichst schnellen Wiederannäherung an den Sollwert führen würden, sei es nun in asymptotischer Form, sei es in Form gedämpfter Schwingungen. Diese Grundvoraussetzung lässt sich am einfachsten in einer Weise beschreiben, die in *Kasten 2* (S. 404) am Beispiel des Kernprozesses der Markträumung dargestellt ist.

Bei jedem der KMD-Marktprozesse kann man einen Global- und einen Kernprozess unterscheiden. Der *Globalprozess der Markträumung* beschreibt das Zusammenspiel der Regelgröße Differenzmenge x^D (= Nachfragemenge x^N – Angebotsmenge x^A) mit der Stellgröße Δx_e^D. Letztere ist eine Sprungantwort, die immer dann evoziert wird, wenn $x^D \neq 0$ gilt. Im Rahmen der Globalbetrachtung des M-Prozesses wird nur verlangt, dass die (nach Operationalisierung der Regelgröße auch empirisch überprüfbare) Reaktion $\Delta x_e^D = f(x_D)$ stabilisierend wirkt;[1] es wird aber nicht näher präzisiert, welche Instrumente eingesetzt werden, um die Sprungantwort herbeizuführen. Beim M-Prozess können das alle Instrumente sein, die

[1] Genauer formuliert, gilt $\Delta x_e^D = x_{e,t}^D - x_{t-1}^D = a x_{t-1}^D + u_t$. Das ist im Prinzip ein AR(1)-Prozess. Man kann in der Realität allerdings nur unter günstigen Umständen erwarten, dass a konstant ist und u gleichzeitig den Erwartungswert E(u) = 0 hat. Deshalb ist a regressionsanalytisch nur unvollkommen ermittelbar.

das absatzpolitische Instrumentarium der Anbieter bilden. Sehr häufig werden es Maßnahmen sein, die das Preis-Leistungs-Verhältnis verändern, oft auch nur reine Preisänderungen. Da die Reaktion „evozierte Preisänderung" (Δp_e) als idealtypisch im Sinne von „sowohl erwünscht als auch besonders häufig" betrachtet werden kann, gibt es neben dem Global- auch einen *Kernprozess der Markträumung*, in dem x^D und Δp_e aufeinander reagieren. Δp_e ist allerdings nicht direkt beobachtbar, sondern muss durch Δp angenähert werden, das im Prinzip neben evozierten endogenen Preisänderungen auch exogene Preisänderungsbestandteile enthalten kann. Wenn nichts anderes gesagt wird, ist mit dem M-Prozess immer dieser Kernprozess aus x^D und $\Delta p_e \approx \Delta p$ gemeint. Analoges gilt für die anderen Prozesse. Wie dieser Kernprozess der Markträumung funktioniert, wird im Kasten 2 näher erläutert.

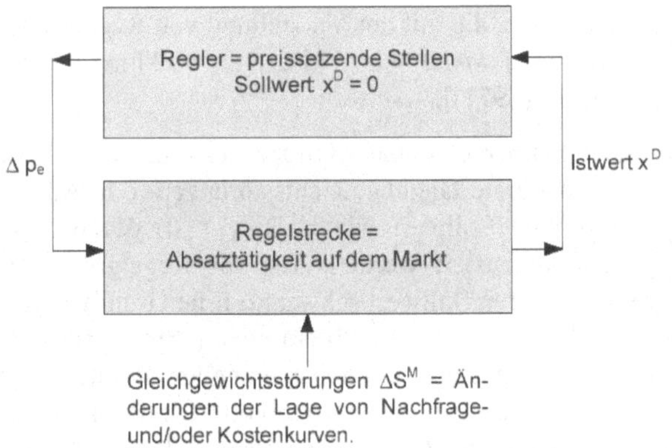

Übergangsfunktion für den Regler: $\Delta p_e = a^M x^D_{t-1}$, wobei normalerweise $a^M > 0$

Übergangsfunktion für die Regelstrecke: $x^D_t = b^M(p_{t-1} + \Delta p_e) + S^M_t$, wobei normalerweise $b^M < 0$

Stabilitätsbedingung bei Abbildung mit Hilfe von Differenzengleichungen Ordnung: $-2 < a^M b^M < 0$

Beobachtbarkeit: x^D und Δp ($\approx \Delta p_e$) sind beobachtbar, während das Parameterprodukt $a^M b^M$ nur in Ausnahmefällen beobachtbar ist; die Erfüllung der Stabilitätsbedingung muss daher über *Prozessmustertests* geprüft werden.

Operationalisierungshinweis:

x^D: Einschätzungsindikator aus Umfragen des ifo Instituts zur Beurteilung von Kapazitätsauslastungsgraden, Lagerbeständen und Lieferfristen. $x^D = 0$ bedeutet, dass die Urteile „normal" lauten.

Δp ($\approx \Delta p_e$): reale Veränderung des Erzeugerpreisindex (Deflationierung mit dem Erzeugerpreisindex im Verarbeitenden Gewerbe).

Kasten 2: Vereinfachte Regelkreisdarstellung des Kernprozesses der Markträumung

Wir sehen hier ein Regelkreisschema und Übergangsfunktionen für den Regler und die Regelstrecke.[1] Die Übergangsfunktion für den Regler entspricht der so genannten Preisanpassung nach WALRAS. Werden die Übergangsfunktionen als Differenzengleichungen erster Ordnung dargestellt, ergibt sich eine Stabilitätsbedingung, die man aus einer Anfangswertaufgabe ableiten kann.[2] Ihr Charakter ändert sich nicht, wenn mehrere Gleichgewichtsstörungen nacheinander abgebaut werden müssen und/oder wenn an die Stelle einer WALRAS-Anpassung eine MARSHALL-Anpassung tritt [KRÄMER (1991), S. 21-32].

In der Realität erfolgt die Ausregulierung von Gleichgewichtsstörungen nicht so mechanisch, wie das in Kasten 2 dargestellt ist, sondern über unternehmerische Suchprozesse, die aus einer Folge von Experimentier-, Selektions- und Imitationsprozessen bestehen [GROSSEKETTLER (1999), S. 109-112]. Man kann nun aber prüfen, ob das Entwicklungsmuster einer Regelgröße, das man in der Realität vorfindet, einem Prozessmuster entspricht, das man mit Hilfe eines Regelkreismodells gemäß Kasten 2 im Zuge einer Simulation erzeugen könnte. Oder anders ausgedrückt: Man kann prüfen, ob reale unternehmerische Suchprozesse Als-ob-Regelkreisen walrasianischer Art entsprechen und damit qualitativ zum gleichen Endergebnis führen, wie die Blackbox-Vorstellung von einem walrasianischen Tâtonnementprozess. Bei solch einer Prüfung kommt es auf einen Vergleich von Entwicklungs*mustern* an. Es geht also nicht etwa darum, die tatsächlichen Werte der Regel- und Stellgrößen zu reproduzieren oder gar zu prognostizieren; statt dessen geht es darum zu analysieren, ob das empirisch beobachtete Muster qualitativ einem Muster gleicht, wie man es im Wege der Simulation erzeugen kann, wenn man Übergangsfunktionen mit bestimmten Parameterwerten verwendet. Beim Kernprozess der Markträumung kommt es dabei auf die Parameterwerte a^M für die Preisanpassungsgeschwindigkeit und b^M für den Kehrwert der Steigung der Übernachfragefunktion an. Diese Parameter garantieren nur dann Stabilität im kybernetischen Sinn (d.h. Sprungantworten auf Störungen, die x^D immer wieder zur Null-Linie hinziehen), wenn die Stabilitätsbedingung $-2 < a^M b^M < 0$ eingehalten wird. Wegen seiner Bedeutung für die Prozessdynamik soll der Kern $a^M b^M$ der Stabilitätsbedingung als „Kerndynamik" bezeichnet werden. Erfüllt die Kerndynamik die Stabilitätsbedingung, ist sie ein „Stabilitätsgenerator", andernfalls ein „Instabilitätsgenerator". Was in der Realität der Fall ist, muss man aus dem Muster der Regelgröße unter Zuhilfenahme bestimmter Tests ermitteln (Abschnitt 2.3). Da die Stabilitätsbedingung streng genommen nur für einen Als-ob-Regelkreis mit einem Entwicklungsmuster gilt, das einem in der Realität beobachteten Muster qualitativ gleicht, müsste man sie eigentlich als „Als-ob-Stabilitätsbedingung" bezeichnen und entsprechend von einer „Als-ob-Kerndynamik" und „Als-ob-Sta-

---

[1] Die Buchstaben haben die üblichen Bedeutungen. Der Hochindex D kennzeichnet die Differenzmenge $x^D = x^N - x^A$, der Hochindex M bezeichnet den Markträumungsprozess und der Tiefindex e eine endogen evozierte Änderung.

[2] Zur schrittweisen Ableitung vgl. GROSSEKETTLER (1985, S. 319-331).

bilitätsgeneratoren“ bzw. „Als-ob-Instabilitätsgeneratoren“ sprechen. Dies wäre aber sehr umständlich. Deshalb wird der Als-ob-Zusatz im Folgenden nur in Zweifelsfällen verwendet.

Die Als-ob-Regelkreise kann man z. B. dazu benutzen zu testen, unter welchen Umständen man die tatsächliche Kerndynamik regressionsanalytisch schätzen kann. Hierzu gibt man a^M- und b^M-Werte vor, erzeugt mit Hilfe eines Zufallsgenerators Prozessmuster und prüft dann, ob die vorgegebenen a^M- und b^M-Werte über Regressionsanalysen wieder gewonnen werden können. Erste Versuche zeigen, dass dies nur der Fall ist, wenn die exogenen Gleichgewichtsstörungen im Verhältnis zu den endogenen Reaktionen nicht zu groß sind und nicht zu schnell aufeinander folgen und wenn sie zufällig verteilt sind. Außerdem kann man mit Hilfe von Regelkreisen in Simulationsversuchen ausprobieren, welche Prozessmuster sich für die Entwicklung der Regelgrößen ergeben, wenn man unterschiedliche Werte für a und/oder b vorgibt und mit einem Zufallsgenerator Gleichgewichtsstörungen erzeugt. Instabilitätsgeneratoren kann man darüber hinaus dazu benutzen, so genannte Funktionsstörungen in bestimmter Weise zu klassifizieren.

Unter einer „Funktionsstörung“ (oder auch einem „Funktionsdefekt“) soll ein Umstand verstanden werden, der dazu führt, dass ein Regelkreis die Fähigkeit verliert, exogene Gleichgewichtsstörungen auszuregulieren. Funktionsstörungen sind von Gleichgewichtsstörungen streng zu unterscheiden: Letztere gehören zum Alltag des Wirtschaftslebens und umfassen beim M-Prozess die Auswirkungen von allem, was Nachfrage- und/oder Kostenkurven verschiebt. Erstere liegen dagegen nur dann vor, wenn nach der Störung eines Gleichgewichts kein neues Gleichgewicht erreicht wird, d.h. wenn die Attraktionskraft der Null-Linie zerstört wird. Bei einer thermostatgesteuerten Klimaanlage könnte eine Beschädigung des Thermostaten zum Beispiel zum Verlust der Selbstregulierungsfähigkeit führen und wäre somit ein Beispiel für eine Funktionsstörung. Im Bereich der Marktprozesse tritt rein formal immer dann eine Funktionsstörung auf, wenn irgendwelche Umstände oder Maßnahmen dazu führen, dass eine Stabilitätsbedingung verletzt wird. Für den M-Prozess kann man formal folglich Funktionsdefekte unterscheiden, die aus $a \leq 0$, aus $b \geq 0$ oder aus sonstigen Werten für das Parameterprodukt $a^M b^M$ resultieren, welche die Stabilitätsbedingungen verletzen. Diese formalen Klassen von Instabilitäten kann man als idealisierte Genotypen aller in der Realität tatsächlich vorkommenden Funktionsdefekte auffassen und zur Klassifizierung solcher Defekte benutzen. Beobachtete Funktionsstörungen sind dann phänotypische Erscheinungsformen von Defekten, die zu einer bestimmten Instabilitätsklasse gehören. Solche Klassen von Funktionsstörungen und die daraus resultierenden pathologischen Entwicklungsmuster sind von HAMKER (1998) zu einem „Störungshandbuch“ zusammengefasst worden, das im Prinzip ähnlich wie Störungskarten in Kfz-Werkstätten oder computergestützte Diagnoseverfahren in Arztpraxen benutzt werden kann.

Die Stabilitätsbedingung $-2 < a^M b^M < 0$ würde zum Beispiel verletzt, wenn a^M den Wert 0 annähme, denn dann gälte $a^M b^M = 0$. Diese Funktionsstörung gehört in die

Instabilitätsklasse $a \leq 0$. Der Parameter a^M zeigt, wie Δp_e auf x^D-Werte reagiert. Hätte er den Wert 0, hätte auch Δp_e den Wert 0, d.h. auf eine Auslenkung von x^D aus seiner Gleichgewichtslage würde der Regelkreis nicht mit einer zweckmäßigen Sprungantwort reagieren. Diese Überlegung ist zunächst rein formaler Art. Wann müsste man nun aber davon ausgehen, dass ein *realer* M-Prozess mit Hilfe einer Als-ob-Differenzengleichung beschrieben werden müsste, für die $a^M = 0$ gilt?[1] Die Antwort lautet: z. B. dann, wenn vom Staat oder in einem Kartell ein Festpreis gesetzt wird. Beobachtet man also einen Markt, auf dem auf $x^D \neq 0$ keine Preisveränderung folgt und dessen Verlaufsmuster von x^D deshalb dem Muster eines instabilen Als-ob-Regelkreises gleicht, muss man fragen, ob es eine Erklärung für $\Delta p_e = 0$ und damit die Verletzung der Nullhypothese gibt, dass Marktprozesse normalerweise kybernetisch stabil seien (d.h. dass die Stabilitätsbedingung eingehalten wird). Findet man eine solche Erklärung und verweist diese auf einen Umstand, der zu einer dauerhaften Funktionsstörung führt, liegt ein *Koordinationsmangel* vor. Dieser zeichnet sich demnach durch drei Eigenschaften aus:

(1) Eine *Beobachtung* deutet auf eine Verletzung der Stabilitätsbedingung hin, d.h. das *Prozessmuster ist unbefriedigend.*

(2) Für eine solche Verletzung gibt es auch eine *ökonomische Erklärung* (z. B. den Verweis auf einen staatlichen Fixpreis), d.h. eine Funktionsstörung ist *plausibel.*

(3) Die Funktionsstörung ist so beschaffen, dass man ohne Korrektureingriffe von einer *dauerhaften* Verletzung der Stabilitätsbedingung ausgehen muss.

Hat man nur Beobachtungen, die für Instabilität sprechen, nicht aber eine ökonomische Erklärung dafür (*„keine Plausibilität der Funktionsstörung“*), oder erwartet man als Ökonom eigentlich eine Instabilität, beobachtet aber keine (es gibt *„kein unbefriedigendes Prozessmuster“,* z. B. weil ein Mindestpreis „nicht zieht“), liegt lediglich eine *„Funktionsschwäche“* oder *„Schwachstelle“* vor. Muss man davon ausgehen, dass die Funktionsstörung nicht dauerhaft, sondern nur vorübergehender Natur ist (Beispiel: Preise, die – wie von der Theorie temporärer Gleichwichte beschrieben – nur kurzfristig als fix anzusehen sind), liegt ein Phasenabschnitt vor, in dem man das Prozessmuster gut mit dem – der Medizin entlehnten – Begriff der „Irritation“ von Marktprozessen bezeichnen kann. Nach dem Wegfall der Irritationsursache wird die Stabilität des Marktprozesses und des zugehörigen Regelkreises dann wieder hergestellt (in der Medizin spricht man in solch einem Fall von einer restitutio ad integrum).
Bisher wurde nur die Funktionsweise des Markträumungsprozesses diskutiert. Genotypisch gesprochen, wurden hierbei die Übergangsfunktionen des (Als-ob-)

[1] Wenn im Folgenden einfach von „Differenzengleichungen“ gesprochen wird, sind stets solche erster Ordnung gemeint.

Regelkreises und dessen (Als-ob-)Stabilitätsbedingung beschrieben. Für die anderen Prozesse lassen sich analoge Übergangsfunktionen und Stabilitätsbedingungen konstruieren. Sie werden im *Kasten 3* (S. 409) aufgeführt, und zwar sowohl in der Ausprägung als Globalprozesse als auch in der Ausprägung als Kernprozesse.

Die Kernprozesse, die mit diesen Regelkreisen verknüpft sind, werden im Rahmen der Indikatorerläuterung näher beschrieben. Für sie alle gilt, dass der Sollwert jeweils den Wert Null hat. Das ist nicht nur anschaulich und erleichtert damit die Operationalisierung, sondern es ist auch Ausdruck der Tatsache, dass es in Gleichgewichtssituationen keine profitablen Arbitrage- und Spekulationsmöglichkeiten für findige Unternehmer mehr gibt, dass entsprechende Sonderprofite also den Wert Null hätten. In Ungleichgewichtssituationen können solche Unternehmer dagegen temporäre Sondergewinne erzielen,

- indem sie nach profitablen Möglichkeiten zur Steigerung der absetzbaren Menge suchen und über die damit verbundenen Preisvariationen eine Annäherung an den Gleichgewichtspreis herbeiführen oder
- indem sie über einen profitablen Import von Produktionsfaktoren in Bereiche mit Überrenditen oder den Export von Faktoren aus Bereichen mit Unterrenditen sorgen oder
- indem sie Wettbewerb für die Inhaber von Monopol- oder Monopson-Positionen organisieren und dadurch eine Zeit lang an deren Renten partizipieren oder
- indem sie durch eigene (spekulative) Erstinnovationen oder in Nachahmung erfolgreicher Benchmarkunternehmen Produktqualitäten in profitabler Weise erhöhen oder gar neue Produkte schaffen oder
- indem sie durch eigene (spekulative) Erstinnovationen oder über die Imitation von Benchmarkunternehmen Produktionskosten senken.

Wie im ökonomischen Standardmodell muss man allerdings berücksichtigen, dass die Ausnutzung solcher Arbitrage- und/oder Spekulationsmöglichkeiten nicht unbedingt zu einem gesamtwirtschaftlich „richtigen“ Gleichgewicht führen muss. $x^D = 0$ kann – z. B. aufgrund von externen Effekten – wohlfahrtsökonomisch ja auch mit „zu großen“ oder „zu kleinen“ Mengen von x^N und x^A verknüpft sein.

Solche Effekte würden auch beim R-Prozess und bei den Fortschrittsprozessen zu „falschen“ Niveaus (d.h. zu großen oder zu kleinen Kapazitäten oder Marktanteilen neuer Produkte oder Verfahren) führen, und beim Ü-Prozess könnten Machtaufschaukelungsprozesse im Wege von alternierenden Gegenmachtmaßnahmen schließlich in der (unerwünschten) Situation eines zweiseitigen Monopols mit $m^D = 0$ enden. Dies zeigt, dass man nicht nur die Frage nach Instabilitäten stellen darf, sondern dass neben Funktionsstörungen in Form von Stabilitätsdefekten auch Funktionsstörungen in Form von Niveaudefekten auftreten können, d.h. dass Marktprozesse ein „falsches“ Niveau der Regelgrößen stabilisieren können.

Prozess	Regelgröße	Sollwert	Stellgröße (GP = Globalprozess; KP = Kernprozess)	Übergangsfunktionen (Kernprozesse)	Stabilitätsbedingung
Markträumungsprozess (M-Prozess)	Differenzmenge $x^D = x^N - x^A$	$x^D = 0$	evozierte Variationen der Differenzmenge Δx^D_e (GP) bzw. des Preises Δp_e (KP)	$\Delta p_e = a^M x^D_{t-1}$ und $x^D_t = b^M (p_{t-1} + \Delta p_e) + S^M_t$	$-2 < a^M b^M < 0$
Renditenormalisierungsprozess (R-Prozess)	Differenzrendite $r^D = r^U - r^V$	$r^D = 0$	evozierte Variationen der Differenzrendite Δr^D_e (GP) bzw. der Kapazitätswachstumsrate Δw_e (KP)	$\Delta w_e = a^R r^D_{t-1}$ und $r^D_t = b^R K_t + S^R_t$	$-2 < a^R b^R < 0$
Übermachterosionsprozess (Ü-Prozess)	Machtdifferenz $m^D = m^A - m^N$	$m^D \leq \mid 0,1 \mid$	evozierte Variationen der Machtdifferenz Δm^D_e (GP u. KP)	$\Delta m^D_e = a^Ü m^D_{t-1}$ und $m^D_t = m^D_{t-1} + \Delta m^D_e + S^Ü_t$	$-2 < a^Ü < 0$
Produktfortschrittsprozess (P-Prozess)	Produktfortschrittsrückstände $q^{DP} = q^P_U - q^P_V$	$q^{DP} = 0$	evozierte Intensivierung von Such- und Imitationsprozessen Δq^{DP}_e (GP), insbesondere Steigerungen des FuE-Aufwands ΔA_e, d. h. von FuE-Ausgaben und FuE-Personal (KP)	$\Delta A_e = a^P q^{DP}_{t-1}$ und $q^{DP}_t = q^{DP}_{t-1} + b^P (A_{t-1} + \Delta A_e) + S^P_t$	$-1 < a^P < 0$
Verfahrensfortschrittsprozess (V-Prozess)	Verfahrensfortschrittsrückstände $q^{DV} = q^V_U - q^V_V$ bzw. $l^D = l^V_U - l^V_V$	$q^{DV} = 0$ bzw. $l^D = 0$	evozierte Intensivierung von Such- und Imitationsprozessen Δq^{DP}_e bzw. Δl^D_e (GP), insbesondere Erhöhung der Arbeitsproduktivität $\Delta \pi_e$ (KP)	$\Delta \pi_e = a^V l^D_{t-1}$ und $l^D_t = l^D_{t-1} + b^V (\pi_{t-1} + \Delta \pi_e) + S^V_t$	$-1 < a^V < 0$

Legende: x^N = Nachfragemenge, x^A = Angebotsmenge, r^U = Rendite auf dem Untersuchungsmarkt, r^V = Rendite auf einem Vergleichsmarkt mit Normalverzinsung, K = Produktionskapazität auf dem Untersuchungsmarkt, m^A = Maß der Anbietermacht, m^N = Maß der Nachfragemacht, q^P_U = Marktanteil neuer Produkte auf dem Untersuchungsmarkt, q^P_V = Marktanteil neuer Produkte auf einem führenden Vergleichsmarkt, q^V_U = Produktionsanteil neuer Verfahren auf dem Untersuchungsmarkt, q^V_V = Produktionsanteil neuer Verfahren auf einem führenden Vergleichsmakrt, l^V_U = Lohnkostenanteile auf dem Untersuchungsmarkt, l^V_V = Lohnkostenanteile auf dem Vergleichsmarkt, π = Arbeitsproduktivität auf dem Untersuchungsmarkt; Tiefindex e = evoziert; $a^{(\cdot)}$, $b^{(\cdot)}$ = Parameterwerte des Prozesses (•); GP = Globalprozess, KP = Kernprozess.

Kasten 3: Regel- und Stellgrößen sowie Übergangsfunktionen und Stabilitätsbedingungen

Unterscheidet man analog zum Vorgehen bei den Stabilitätsdefekten zwischen Beobachtungen, die auf *Niveaudefekte* hindeuten, und ökonomischen Erklärungen für solche Beobachtungen, ergibt sich Folgendes:

- Deuten Beobachtungen (z. B. Klagen aus der Bevölkerung oder Vermutungen in Umweltschutzberichten oder Subventionsberichten) auf eine Verzerrung von Gleichgewichtswerten hin (*„Verzerrungsindizien sind gegeben"*) und
- können die zuständigen Behörden die Verzerrungsvermutung nicht plausibel entkräften (d.h. für unvermeidbar oder tolerierbar erklären) oder müssen sie die Verzerrung gar als plausibel und zu tragbaren Kosten beseitigbar bezeichnen (die *„Verzerrung ist relevant"*) und
- ist die Verzerrung *dauerhafter Natur*,

liegt ein *Koordinationsmangel in Form einer Niveauverzerrung* vor. Solch eine Verzerrung kann durch all das hervorgerufen werden, was man in der Standardtheorie als „Marktversagen" bezeichnet (fehlende oder in der Entwicklung behinderte Kollektivgütermärkte, externe Effekte, verzerrende Transfers oder Machterscheinungen). Gibt es nur Beobachtungen, die auf Verzerrungen hindeuten, können diese von den zuständigen Behörden aber – wie etwa Klagen über schädliche Auswirkungen von Elektrosmog – als unerheblich zurückgewiesen werden, liegt lediglich eine „Funktionsschwäche" vor. Diese deutet auf eine Niveauverzerrung hin, ohne dass *„Verzerrungsrelevanz"* gegeben ist. Eine solche Schwäche würde sich auch ergeben, wenn Behörden in plausibler Weise die Existenz einer Verzerrung behaupteten, aber keine Schädigungen oder Begünstigungen von Wirtschaftssubjekten beobachtet werden können; hier mangelte es an empirischen *„Verzerrungsindizien"*. Fehlt es an der *Dauerhaftigkeit* einer Verzerrung, liegt eine „Irritation des Prozessniveaus" vor.

Man könnte denken, dass alle diese Niveaudefekte nur auf Märkten ohne Stabilitätsdefekte auftreten können, denn auf instabilen Märkten wird ja kein Gleichgewicht erreicht und kann damit auch kein „falsches" Gleichgewicht stabilisiert werden. In gewisser Weise kann man sich allerdings auch eine Kumulation von Stabilitäts- und Niveaudefekten vorstellen: etwa wenn in einer Industrie mit Hilfe staatlicher Subventionen ein Kapazitätsabbau verhindert wird (und deshalb dauerhafte Angebotsüberschüsse und Unterrenditen realisiert werden) und außerdem auch noch negative externe Effekte auftreten. Solche Situationen hat es z. B. in der europäischen Stahlindustrie gegeben.

Fasst man die vorstehenden Überlegungen zu Stabilitätsdefekten und Niveauverzerrungen zusammen, ergibt sich das im *Kasten 4* (S. 411) dargestellte Gesamttableau denkbarer Arten von Funktionsstörungen:

Sprechen empirische Indizien für Funktionsdefekte?	Lassen theoretische Überlegungen bzw. behördliche Erklärungen dauerhafte Funktionsdefekte bei einer Prüfung auf Stabilitätsdefekte plausibel erscheinen?		Lassen theoretische Überlegungen bzw. behördliche Erklärungen dauerhafte Funktionsdefekte bei einer Prüfung auf Niveaudefekte relevant erscheinen?	
	Nein	Ja	Nein	Ja
Nein	Dynamische Stabilität	Schwachstelle in der Prozessdynamik	Verzerrungsfreiheit	Schwachstelle beim Prozessniveau
Ja	Schwachstelle in der Prozessdynamik	Koordinationsmangel bei der Prozessdynamik	Schwachstelle beim Prozessniveau	Koordinationsmangel beim Prozessniveau
Sind Funktionsdefekte nicht dauerhafter Natur, liegt eine Irritation in Bezug auf die Prozessstabilität bzw. das Prozessniveau vor.				

Kasten 4: Arten von Funktionsdefekten

2.3 Operationalisierung des Konzepts

Wie eingangs schon angedeutet, ist das KMD-Konzept so operationalisiert, dass verschiedene Analysten unter Verwendung der Operationaldefinitionen für das Konzept unabhängig voneinander zum gleichen Ergebnis gelangen. Dies gilt jedenfalls für Prozesse im Bereich des Verarbeitenden Gewerbes und stellt einen wesentlichen Unterschied zu industrieökonomischen Untersuchungen dar, in denen jeweils individuelle Sets von Indikatoren verwendet werden, die so unterschiedlich sind, dass letztlich keine Analyse mit der anderen vergleichbar ist.[1]

Die Operationalisierung des KMD-Konzepts umfasst drei Teilaspekte:

- eine Mustergliederung für die Analyse der Funktionsfähigkeit eines Marktes mit Hilfe des Konzepts,
- ein Set von Idealindikatoren für die Regel- und Stellgrößen der einzelnen Kernprozesse sowie von geprüften Hilfsindikatoren, die eingesetzt werden können, falls die Idealindikatoren aus statistischen Gründen nicht zur Verfügung stehen, und

[1] Für Prozesse außerhalb des Verarbeitenden Gewerbes – also z. B. solche auf Dienstleistungs- und Arbeitsmärkten – müssen die bisher verwendeten KMD-Indikatoren modifiziert werden. Wie das im Einzelnen geschehen sollte, wird in laufenden Dissertationen geprüft.

- Standardtests für die Prüfung auf Stabilität sowie Kennziffern zur Beurteilung der Güte der Funktionserfüllung und zur Feststellung vermeidbarer Regelungsverluste.

Diese Aspekte sollen nun in geraffter Form besprochen werden. Nähere Informationen findet man im KMD-WebCenter (www.wiwi.uni-muenster.de/kmd).[1]

Mustergliederung

Die Mustergliederung erläutert, welche Schritte bei der Funktionsfähigkeitsanalyse zu durchlaufen sind. Sie beginnt mit einer Beschreibung des Untersuchungsmarktes, die das Ziel hat, wirtschaftskundliches Basiswissen für die nachfolgende Funktionsfähigkeitsanalyse i.e.S. zu liefern. Im Rahmen dieser Beschreibung wird der Untersuchungsmarkt abgegrenzt und in produktorientierter, nachfragerorientierter, anbieterorientierter und institutionenorientierter Hinsicht charakterisiert.

Anschließend erfolgt eine Prüfung auf Koordinationsmängel, Schwachstellen und Irritationsphasen. Diese ist prozessweise gegliedert und beginnt stets mit einer Diskussion der zur Ermittlung des jeweiligen Prozessmusters verfügbaren Indikatoren. Hieran schließen sich die graphische Darstellung des Prozessmusters, seine optische Inspektion und eine Analyse mit Hilfe von statistischen Tests an, die eventuelle Stabilitätsdefekte aufdecken sollen.

Es folgen Prüfungen auf Plausibilität und auf Niveauverzerrungen sowie eine zusammenfassende Beurteilung.

Werden im Rahmen der Prüfung der Prozesse Koordinationsmängel oder Hinweise auf Möglichkeiten zur Verbesserung der Koordinationseffizienz gefunden, sollte vor dem Abschluss der Analyse auch noch geprüft werden, mit Hilfe welcher Maßnahmen man Koordinationsmängel heilen könnte oder wie sich Verbesserungen erzielen ließen, die sich dann in so genannten GRV- und/oder RVA-Werten niederschlagen würden.

Der *GRV-Wert* bezeichnet den „Grad der Regelungsverluste". Dieser beruht auf einem Vergleich von Verlustflächenmaßen für den Untersuchungsmarkt und einen ausländischen Vergleichsmarkt. Verlustflächen sind Flächen, welche Regelgrößenpfade mit ihren jeweiligen Null-Achsen bilden. Sie sind Ausdruck von Nutzenverlusten, die sich z. B. daraus ergeben, dass Nachfrager Wartezeiten in Kauf nehmen müssen oder dass Anbieter ihre Kapazitäten zeitweilig nur schlecht ausnutzen können (M-Prozess), dass Faktoren zu lange in falschen Märkten gebunden werden (R-Prozess), dass Übermachtpositionen zu lange ausgenutzt werden können (Ü-Prozess) oder dass ausländische Produkt- und Qualitäts- oder Kostenvorsprünge zu lange nicht zu erfolgreichen Imitationshandlungen führen. Sind die

---

[1] Das KMD-WebCenter befindet sich noch im Aufbau. Informationen, die dort noch nicht vorhanden sind, können über die im Center unter „Kontakt" angegebenen Adressen beschafft werden.

Verlustflächen im Inland größer als im Ausland, zeigt dies, dass in der Realität bessere Regelungsresultate als im Inland erzielbar sind. Der GRV-Wert liegt dann im Intervall $0 < GRV \leq 1$.

RVA-Werte beschreiben Relationen von Verlusten im Zuge von Aufholprozessen. Solche Verluste treten ein, wenn im Ausland (oder auch nur einer anderen Region) Fortschrittsrückstände schneller wettgemacht werden können als im Inland, d.h. wenn auf eine nachahmenswerte Weise demonstriert wird, dass Rückständigkeit kein Schicksal ist und wie sie schnellstmöglichst beseitigt werden kann.

Indikatoren

Bei den Indikatoren kann man Ideal-, Standard- und Hilfsindikatoren unterscheiden. *Idealindikatoren*, wie sie gleich grob besprochen werden, sind Größen, von denen man sagen kann, dass sie per Konvention genau das messen, was sie messen sollen. Sie sind also ex definitione valide. Im Gegensatz zu den Naturwissenschaften, wo man für viele Bereiche weltweit anerkannte Messkonventionen gefunden hat („Länge ist das, was man mit Hilfe eines auf der Meterkonferenz in Paris genormten Maßstabs misst"; „Intelligenz der Art X ist das, was der Intelligenztest X misst"), gibt es in der Ökonomie zwar Bereiche mit international anerkannten Messkonventionen (VGR-Bereich, Geldmengenstatistik), aber auch weite Bereiche ohne solche Konventionen. Für das KMD-Konzept sind Idealindikatoren vorgeschlagen worden, welche die Nutzer des Konzepts als Konvention akzeptieren sollten, weil sie in vielen empirischen Untersuchungen zu genau den Entwicklungsmustern geführt haben, die man theoretisch erwartet. Dies zeigt, das sie keinen Unfug messen (Daten ordnen sich nicht per Zufall zu theoretisch erwarteten Mustern), und es spricht dafür, dass Vorschläge für eine Konvention wie z. B. „Übernachfrage ist das, was der KMD-Übernachfrageindikator misst" bei einer Abstimmung unter Experten vermutlich akzeptiert würden.

Standardindikatoren umfassen neben den Idealindikatoren auch solche Messgrößen, welche mit den Idealindikatoren ausweislich einer Vielzahl von empirischen Analysen hoch korreliert sind. Der Indikator „ifo-BUS" ist z. B. mit dem KMD-Idealindikator für Übernachfrage sehr hoch korreliert und kann deshalb als in einem hohen Maße valide angesehen und als Standardindikator verwendet werden. Oder anders gewendet: Hilfsindikatoren, die zu den Standardindikatoren gezählt werden sollen, müssen so hoch mit den Idealindikatoren korreliert sein, dass keine wesentliche Verzerrung auftritt, d.h. dass Validitätsmängel als vernachlässigbar betrachtet werden können.

(Sonstige) Hilfsindikatoren sind Messgrößen, die weniger gut als die Standardindikatoren mit den Idealindikatoren korreliert sind, d.h. die aufgrund fühlbarer systematischer Verzerrungen einen niedrigeren Validitätsgrad haben. Hierauf muss bei ihrer Verwendung Rücksicht genommen werden.

Nach dieser begrifflichen Vorbemerkung soll nun beschrieben werden, was die Idealindikatoren aussagen und wie die Grundstruktur ihrer Ermittlung aussieht:[1]

Beim *M-Prozess*

- wird zur Ermittlung der *Differenzmenge* x^D im Rahmen von Umfragen unter Unternehmen ermittelt, wie die momentanen Kapazitätsauslastungsgrade, Lagerbestände und Lieferfristen im Verhältnis zu ihren jeweiligen Planwerten eingeschätzt werden, d.h. ob sie zu groß, zu klein oder normal sind. Die Antworten werden vom ifo-Institut nach Branchen gegliedert veröffentlicht. Für das KMD-Konzept werden sie rechnerisch zum KMD-x^D-Indikator zusammengefasst. Läuft die umsatzgewichtete Antwort der Unternehmer darauf hinaus, dass die Werte für normal gehalten werden, hat x^D den Wert Null; anderenfalls zeigt der x^D-Indikator den saldierten Prozentsatz der Unternehmerantworten an, die für eine Über- bzw. Unternachfrage sprechen. Sehr gut korreliert mit dem KMD-Idealindikator für x^D ist in den meisten Branchen der (Teil-) Indikator „ifo-BUS" für die Reichweite der Auftragsbestände.
- Die *Stellgröße* Δx_e^D des Globalprozesses kann näherungsweise über die Δx^D-Werte ermittelt werden. Δx^D enthält neben der endogenen Reaktion Δx_e^D aber auch Δx^D-Veränderungen, die exogen bedingt sind. Die für den Kernprozess relevante *reale Preisentwicklung* wird über einen Index gemessen, der die Erzeugerpreise im Untersuchungsmarkt ins Verhältnis zu den Erzeugerpreisen im Verarbeitenden Gewerbe insgesamt setzt.

Beim *R-Prozess*

- wird die *Differenzrendite* r^D aus Daten für den Untersuchungsmarkt und den jeweils übergeordneten Wirtschaftszweig ermittelt (dem Hauptimport- bzw. Exportbereich für Produktionsfaktoren und Anzeiger eines „comparable income"). Basis für Renditezahlen sind Quotienten aus dem (um Rückstellungsveränderungen korrigierten) ordentlichen Betriebsergebnis und dem jahresdurchnittlichem betriebsnotwendigen Vermögen. Die Zahlen werden von der Bundesbank veröffentlicht (daher wird der Idealindikator auch als „Buba-Rendite" bezeichnet).
- Die globale *Stellgröße* Δr_e^D kann analog zu Δx_e^D durch Δr^D angenähert werden. Die für den Kernprozess relevante *Kapazitätswachstumsrate* kann aus Daten des DIW zur Entwicklung der Branchenproduktionspotentiale errechnet werden.

Beim *Ü-Prozess*

- werden die Werte der *Regelgröße Machtdifferenz* m^D aus Differenzen der Herfindahlindexwerte $H^{(\cdot)}$ für die Angebots- bzw. die Nachfrageseite ermit-

[1] Zu den Details der Ermittlung und zu einem Überblick über Anwendungsergebnisse vgl. MUNSBERG (1994), NAGEL (1999), SCHENGBER (1996) und SEBBEL-LESCHKE (1996).

telt. Da die Zahl der Nachfrager in den meisten Branchen sehr groß ist, stimmt m^D meist mit den H^A-Werten überein. Die vom Statistischen Bundesamt und der Monopolkommission veröffentlichten H-Werte werden erforderlichenfalls um Auf- und Abschläge insbesondere für den Einfluss von Markteintrittsschranken korrigiert.

- Die *Stellgrößenwerte* Δm_e^D können durch Δm^D-Werte angenähert werden. Allgemein verwendbare Maße für den Kernprozess der Übermachterosion fehlen vorläufig noch. Es geht hier um Möglichkeiten zur Veränderung von Machtstrukturen – etwa die Veränderung der Eintrittshemmnisse oder die Veränderung der Finanzierungskraft mächtiger Unternehmen – , die vielfältig sind und sich deshalb nur für jeweils konkrete Einzelfälle feststellen lassen.

Beim *P-Prozess*

- wird die *Regelgröße* q^{DP} aus Differenzen der Marktanteile $q_{(\bullet)}^D$ für neue Produkte auf dem Untersuchungs- bzw. einem Vergleichsmarkt ermittelt, der als Benchmark fungieren und zeigen soll, was in der Realität an Produktfortschritt erreichbar ist. Auf dem Marktanteil neuer Produkte wird abgehoben, weil sich dieser aus der *Zahl* der neuen Produkte (= Anzeiger für Fortschrittsversuche) und dem *Durchschnittserfolg* bei den Nachfragern (= durchschnittlicher Marktanteil der neuen Produkte) ergibt. „Neu" wird ein Produkt nach einer OECD-Konvention genannt, wenn es in den letzten drei bis fünf Jahren neu auf den Markt gekommen oder stark verändert worden ist. Der q^{DP}-Indikator steht für die meisten Länder allerdings noch nicht zur Verfügung. In Deutschland wird vom ifo-Institut aber ein sehr ähnlicher Indikator erhoben: der Umsatzanteil von Produkten, die sich in der Einführungs- und Wachstumsphase befinden. Leider fehlt es auch hier meist an einem Pendantwert für das Ausland. Deshalb muss i.d.R. auf international ausgewiesene Hilfsindikatoren wie den Anteil der unternehmensfinanzierten FuE-Ausgaben am Umsatz (FuEUAU) zurückgegriffen werden.
- Die Werte der globalen *Stellgröße* „evozierte Fortschrittsbeschleunigung" (Δq_e^{DP}) können über Δq^{DP} ermittelt werden. Für den *Kernprozess* relevante Indikatoren sind „Veränderungen beim FuE-Aufwand" (ΔA_e), also beim FuE-Personal und/oder bei den FuE-Ausgaben. Hier sind die Ursprungswerte für das FuE-Personal und die FuE-Ausgaben Hilfsindikatoren für die Regelgröße des Kernprozesses, ihre Veränderungswerte dagegen Indikatoren für die Stellgröße dieses Prozesses.

Beim *V-Prozess*

- könnte man im Prinzip analog zum P-Prozess auf den Verwendungsanteil neuer Verfahren abstellen. Da es hierzu jedoch keine brauchbare Statistik gibt, bietet es sich an, einen *Kernprozess* zu beschreiben, in dem der Lohnkostenanteil ($l = L/Y = L/A \div Y/A$) als *Regelgröße* auf die Arbeitsproduktivität als Stellgröße reagiert. Die Werte für den Lohnkostenanteil können –

anders als es die Kapital- oder Materialkosten normalerweise tun – jedenfalls dann deutliche internationale Unterschiede aufweisen, wenn die Kosten pro Arbeitsstunde (L/A) nicht durch Differenzen in den Arbeitsproduktivitäten (Y/A) ausgeglichen werden. Es sollten deshalb Anstrengungen beobachtbar sein, temporär höhere Lohnkostenanteile (l^D = Regelgröße) immer wieder durch eine Erhöhung der Arbeitsproduktivität ($\Delta\pi_e$ = Stellgröße) auszugleichen. Es wird im Moment gerade recherchiert, welche Probleme mit einem internationalen Vergleich der Lohnkostenanteile verbunden sind; als vorläufiger Hilfsindikator ist bisher die Produktivitätsentwicklung verwendet worden. Ein Vergleich der Entwicklung von Arbeitsproduktivitäten hat allerdings den Nachteil, dass Wertgrößen international vergleichbar gemacht werden müssen und dass folglich Wechselkurse ins Spiel kommen, die aus vielfältigen Gründen schwanken und die eigentliche Produktivitätsentwicklung verzerren können. Die Anteile der Lohnkosten am Produktionswert können dagegen als dimensionslose Quoten ermittelt werden.

- Die für den Kernprozess relevanten *Stellgrößenwerte* der „evozierten Produktivitätsentwicklung" ($\Delta\pi_e^{DV}$) können durch $\Delta\pi$-Werte angenähert werden, die – ebenso wie die Lohnkostenanteile und ihre für den Globalprozess wichtigen Veränderungswerte Δl_e^D – aus der Kostenstrukturstatistik ableitbar sind.

Standardtests und Kennziffern

Zum Verständnis der Standardtests und der Kennziffern ist es sinnvoll, zunächst einmal ein empirisch gewonnenes Zeitreihendiagramm zu betrachten, in dem sich das Wirken eines Regelkreises niederschlägt. Als Beispiel sei der M-Prozess auf dem Absatzmarkt der deutschen Automobilhersteller gewählt (WZ 34.1). Unter Verwendung des Standardindikators ifo-BUS für x^D und des Erzeugerpreisindex für p ergeben sich die in *Kasten 5* (S. 417) dargestellten Bilder.[1]

In der oberen Graphik wird der *Globalprozess* abgebildet, in dem x_{t-1}^D die Sprungantwort Δx^D erzeugt und $x_t^D = x_{t-1}^D + \Delta x^D$ gilt. Man erkennt deutlich die negative Korrelation („negative Rückkopplung") zwischen Δx^D und x_{t-1}^D.[2] In der Automobilindustrie kommt die negative Rückkopplung vor allem durch eine Veränderung

---

[1] Die zu den Grafiken gehörenden Daten und Regressionsanalysen findet man im KMD-WebCenter.

[2] Eine lineare Regression von Δx^D auf x_{t-1} führt zu dem Ergebnis, dass das Absolutglied nicht signifikant von 0 verschieden ist und dass die Steigung den Wert -0,09 hat und signifikant ist ($p = 0{,}03$, $R^2 = 0{,}05$). Der schlechte rechnerische Zusammenhang verträgt sich nicht ganz mit dem optischen Eindruck. Der Unterschied resultiert daraus, dass eine lineare Regression nicht geeignet ist, Reaktionen einzufangen, die mit wechselnden Verzögerungen und wechselnder Stärke erfolgen. Letzteres liegt daran, dass die Unternehmer als „Regler" nicht mechanisch reagieren, sondern gemäß ihrem jeweiligen Erwartungsumfeld.

von Preis-Leistungs-Verhältnissen über Leistungsvariationen zu Stande (z. B. Sonderausstattungen).

Globalprozess: $\Delta x^D = f(x^D_{t-1})$

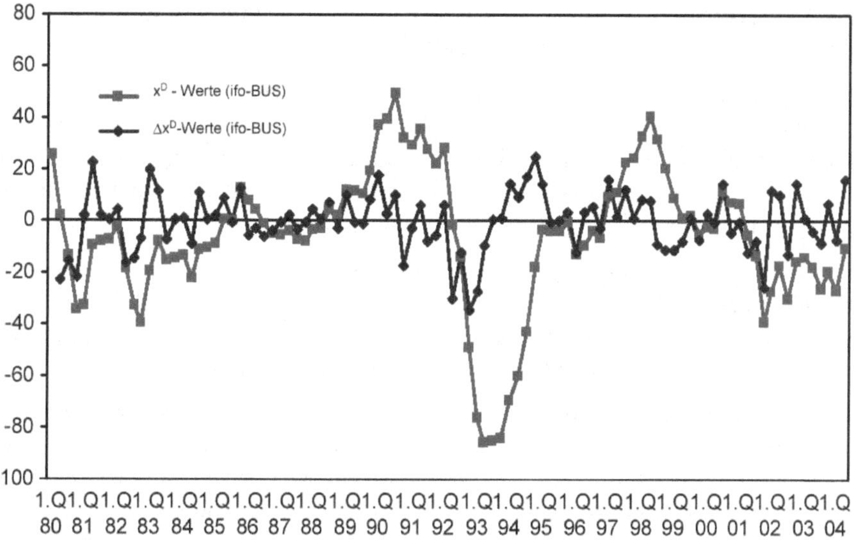

Kernprozess: $\Delta p = ax^D_{t-1}$

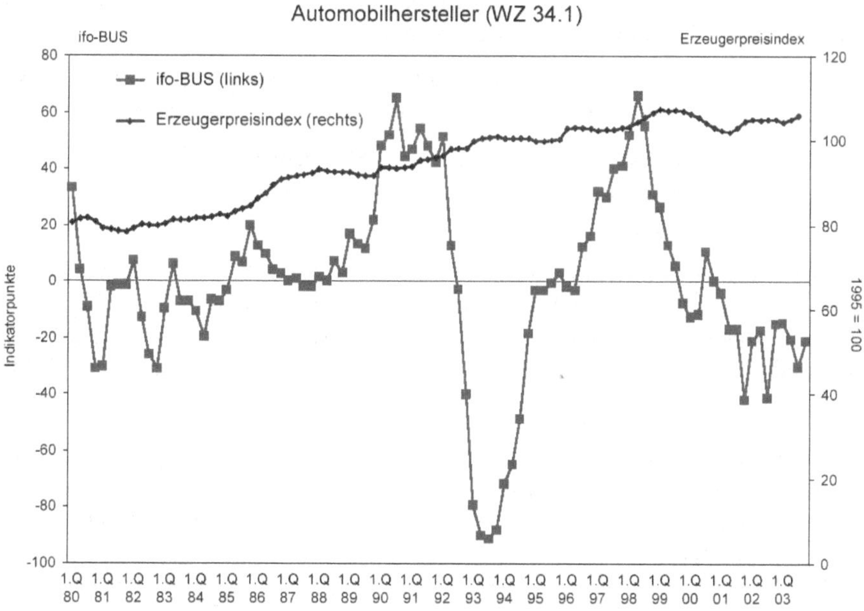

Kasten 5: Der Markträumungsprozess in der Automobilindustrie

In der unteren Graphik wird der *Kernprozess* abgebildet, in dem x^D_{t-1} die Sprungantwort Δp erzeugt, die anschließend über $b\,(p_{t-1} + \Delta p)$ in Δx^D übersetzt wird. Die positive Korrelation zwischen x^D_{t-1} und Δp ist in der Automobilindustrie weniger ausgeprägt als die negative Korrelation im Globalprozess, weil häufig nur die Leistung, nicht aber der Preis verändert wird.[1]

Eine optische Inspektion der Regelgrößenentwicklung ergibt unmittelbar, dass die Regelgröße x^D in einer Weise um ihren Sollwert Null schwankt, wie es für Regelkreise typisch ist: Man stelle sich vor, dass sich auf der Null-Achse ein kleiner Ring von Quartal zu Quartal nach rechts bewegt, an dem ein Gummiband mit einem Markierungsball für Beobachtungspunkte befestigt ist; wirken auf diesen

Ball äußere Störungen ein, die unterschiedlich große Auslenkungen (Regelabweichungen) aus der Gleichgewichtslage ($x^D = 0$) hervorrufen, so wird das Gummiband den Ball immer wieder in einer Weise zur Null-Achse herunterziehen, die dem im Kasten dargestellten Bild ähnelt („Attraktionseffekt").

Will man nun statistisch prüfen, ob die Null-Linie tatsächlich als Attraktor für Beobachtungspunkte wirkt, kann man einen *Abweichungstest* durchführen. Man fragt dabei, ob der Mittelwert der Regelabweichungen den Erwartungswert Null hat. Dieser Test kann durch verschiedene *Trendtests* für Teilphasen und durch *Reaktionstests* ergänzt werden, die eine Beurteilung des Zusammenspiels von Regel- und Stellgröße ermöglichen.[2]

Will man ein *Gesamturteil* über die mehr oder weniger gute Funktionsweise eines Regelkreisprozesses fällen, muss man bedenken,

- dass beim M-, R- und Ü-Prozess alle Abweichungen von der Null-Achse unerwünscht sind, weil sich darin temporäre Nutzenverluste spiegeln, und
- dass bei den Fortschrittsprozessen alle Abweichungen nach unten (Fortschrittsrückstände) unerwünscht, alle Abweichungen nach oben (Fortschrittsvorsprünge) dagegen erwünscht sind.

Hieraus folgt, dass beim M-, R- und Ü-Prozess die Fläche zwischen der Kurve und der Null-Achse so klein wie möglich sein sollte, während bei den Fortschrittsprozessen die Differenz zwischen den Flächen oberhalb und unterhalb der Null-Achse möglichst groß werden sollte. Vergleicht man diese Flächen auf einem

---

1 Eine lineare Regression von Δp auf x_{t-1} führt zu dem Ergebnis, dass das Absolutglied höchst signifikant von 0 verschieden ist und dass die Steigung den Wert +0,005 hat und gerade noch signifikant ist ($p = 0{,}05$, $R^2 = 0{,}04$). Die Signifikanz des Absolutgliedes folgt überwiegend daraus, dass p einen steigenden Trend aufweist. Eliminiert man diesen, bildet man aus $p^* = p - \hat{p}$ die Werte Δp^* und regressiert man Δp^* auf x_{t-1}, ist das Absolutglied nicht mehr signifikant von 0 verschieden und verbleibt die Steigung bei dem signifikanten Wert +0,005 ($p = 0{,}05$, $R^2 = 0{,}04$).

2 Zur Testsystematik vgl. LORENZ (2004).

Untersuchungsmarkt mit den entsprechenden Flächen auf einem Vergleichsmarkt (möglichst einem Benchmarkmarkt), kann man hieraus ermitteln, ob ein Prozess auf dem Untersuchungsmarkt insgesamt besser oder schlechter funktioniert als sein Pendant auf dem Vergleichsmarkt. Hieraus lässt sich ein *Grad der Regelungsverluste (GRV)* ermitteln, der zwischen den Werten –1 und +1 schwanken kann. Er zeigt ausweislich der Ergebnisse des Vergleichsmarkts, welche Regelungsresultate in der Realität erzielt werden können und wie gut der Untersuchungsmarkt abschneidet, wenn man seine Ergebnisse an denen des Vergleichsmarktes misst. Bei den Fortschrittsprozessen, bei denen Rückstände in Bezug auf den Marktanteil neuer Produkte bzw. Rückstände bei den Lohnquoten erfahrungsgemäss oft nur sehr langsam aufgeholt werden, kann man außerdem prüfen, ob ein Untersuchungsmarkt seine Rückstände zum Benchmarkmarkt schneller oder langsamer als ein Drittlandsmarkt aufholt (zum Vergleich sollte hier möglichst ein „schneller Aufholer" herangezogen werden). Dies spiegelt sich in den Steigungen der für die Aufholprozesse charakteristischen Trendgeraden im Untersuchungs- bzw. Drittlandmarkt und kann in einem Maß ausgedrückt werden, das *Relation der Verluste beim Aufholprozess (RVA)* heißt.

3. Überblick über die Anwendungsmöglichkeiten des Konzepts zu Controllingzwecken

Die Prüfung eines Marktes auf Funktionsfähigkeit und auf Möglichkeiten, die Funktionsweise ausweislich der GRV- und/oder der RVA-Werte weiter zu verbessern, ist keine rein akademische Übung, sondern kann insbesondere zu G3-Controllingzwecken genutzt werden: Es lässt sich damit überwachen, ob das Marktgeschehen den Zielen entspricht, die der Gesetzgeber mit dem gegebenen Rechtsrahmen verbindet, und es kann evaluiert werden, ob der Rechtsrahmen funktionsgerecht gestaltet ist. Außerdem sind die folgenden weiteren Einsatzmöglichkeiten zu Controllingzwecken denkbar: Einsatz

- zum Screening von Märkten auf versteckte Kartelle,
- zur Überprüfung wirtschaftspolitischer Maßnahmen durch Parallelgruppenuntersuchungen,
- zur Überprüfung der Wirkungen von Deregulierungs- oder Privatisierungsmaßnahmen (oder der jeweiligen Gegenbewegungen) durch Periodenvergleiche,
- zur Überprüfung von industrieökonomischen Hypothesen, die für das gegenwärtige oder geplante Recht von Bedeutung sind, und
- zur Anwendung im Rahmen des G1-Controllings.

Screening von Märkten auf versteckte Kartelle

Kartelle sind in der Regel verboten. Hieraus folgt aber nicht, dass es in der Realität keine heimlichen Kartelle gibt. Zur Aufdeckung solcher Kartelle haben die Kartellbehörden besondere Untersuchungsrechte. Deren Anwendung setzt jedoch voraus, dass es einen Anfangsverdacht gibt. Entsprechende Hinweise können sich aus Presseberichten, aus dem „Verrat" unzufriedener Angestellter, aus Klagen von Kartelloutsidern oder Mitgliedern der Marktgegenseite oder auch aus Hinweisen von Unternehmen ergeben, die Mitglieder in einem heimlichen Kartell sind, aber dessen Aufdeckung befürchten und deshalb eine Kronzeugenregelung in Anspruch nehmen. Letzteres war z. B. bei einem Chemie-Kartell der Fall, das erst kürzlich aufgedeckt wurde [O. V. (2005)].

Alle diese Aufgreifhinweise führen letztlich nur zu einer eher zufälligen Aufdeckung von Kartellen. Was fehlt ist ein Verfahren, mit dem man systematisch einen Anfangsverdacht erzeugen kann, wenn es irgendwo ein verstecktes Kartell gibt, und mit dessen Hilfe man die Branchen systematisch auf Anzeichen für versteckte Kartelle untersuchen kann.

Das KMD-Konzept ist ein solches Verfahren. Wenn Kartelle nämlich negative Wirkungen haben – und das ist eine Hypothese, die vom Gros aller Ökonomen geteilt wird, die freilich noch nicht gründlich getestet worden ist –, muss sich dies ja wenigstens in einem oder vielleicht auch in mehreren oder allen Marktprozessen niederschlagen. Tatsächlich legt es die Kartelltheorie nahe, dass kartellierte Märkte durch ein dauerhaftes Überangebot bei temporär fixen Nominalpreisen (M-Prozess) und gleichzeitig – trotz Überkapazitäten – normalen Renditen (R-Prozess) gekennzeichnet sind sowie durch geringe Fortschrittsraten im Vergleich zu nicht kartellierten Vergleichsmärkten (niedrige GRV- und RVA-Werte bei den Fortschrittsprozessen). Darüber hinaus weisen sie eine geringe zeitliche Variation in der Verteilung der Marktanteile auf. Solch ein Muster gleicht einem komplexen Krankheitssyndrom und kann als *Kartellmarker* im Rahmen eines *Kartellscreenings* verwendet werden, in dessen Verlauf alle Branchen – oder wenigstens alle typischerweise kartellanfälligen Branchen – routinemäßig auf Indizien für das Vorliegen von heimlichen Kartellen durchmustert werden. Liegen solche Indizien vor, begründet das einen Anfangsverdacht, auf dessen Basis die besonderen Untersuchungsrechte der Kartellbehörden angewandt werden können.

Überprüfung wirtschaftspolischer Maßnahmen mit Hilfe von Parallelgruppenuntersuchungen

Es gibt Maßnahmen – wie etwa die Einführung von Mindestpreisen auf einem Teil der EU-Agrarmärkte oder die Zulässigkeit der Preisbindung der zweiten Hand in einem Teil der US-amerikanischen Bundesstaaten –, bei denen man die Entwicklung einer Versuchsgruppe von Märkten (= Märkte, auf denen die fraglichen Maßnahmen ergriffen werden) mit einer Kontrollgruppe von Märkten ohne solche Maßnahmen vergleichen kann. SCHULTE-DE GROOT (1992) hat z. B. Tierproduktmärkte mit und ohne Mindestpreisfixierung im Wege einer Parallelgruppenanalyse auf der Basis des KMD-Konzepts miteinander verglichen. Es zeigte sich, dass die Preispolitik der EU nicht nur das Wirken des M-Prozesses verschlechtert (was nicht überraschend war), sondern auch das aller anderen Prozesse.

Überprüfung von Deregulierungs- und Privatisierungsmaßnahmen (und der jeweiligen Gegenbewegungen) durch Periodenvergleiche

Unter (materieller) Privatisierung versteht man eine Verminderung des Staatseinflusses auf die Verwendung von volkswirtschaftlichem Produktivvermögen dadurch, dass bisher staatliches Produktivvermögen auf privatrechtlicher Basis verkauft wird, häufig in Verbindung mit einem Übergang von der Selbstherstellung von Gütern zum Kaufen dieser Güter. Als Deregulierung bezeichnet man dagegen eine Verminderung des staatlichen Einflusses auf die Verwendung von Produktivvermögen, die dadurch erreicht wird, dass der Staat seinen öffentlich-rechtlichen Regelungsrahmen lockert, z. B. dadurch, dass ein Sonderwirtschaftsrecht aufgehoben und der entsprechende Wirtschaftsbereich in das allgemeine Wirtschaftsrecht entlassen wird.

Sowohl Privatisierungs- als auch Deregulierungsmaßnahmen sind in neuerer Zeit in vielen Ländern der Welt vor allem auf den Märkten für Strom, Gas und Wasser sowie den Märkten für schienengebundenen Verkehr ergriffen worden. Die Maßnahmen waren vielfach von Protesten und Horrorszenarien in den Medien begleitet; außerdem hat sich gezeigt, dass bei ihrer Planung handfeste ökonomische Kunstfehler begangen werden können. Verwiesen sei in diesem Zusammenhang auf Stichworte wie „Elektrizitätskrise in Kalifornien“ oder „Folgen der Privatisierung von British Rail“.[1] Wie gut oder schlecht sich Märkte nach dem Ergreifen von Privatisierungs- oder Deregulierungsmaßnahmen entwickeln, lässt sich mit Hilfe des KMD-Konzepts über einen Vergleich der GRV-Werte in Perioden vor und nach der Privatisierung/Deregulierung überprüfen. Dies wird im Abschnitt 4 am Beispiel der deutschen Stahlindustrie näher erläutert.

Überprüfung industrieökonomischer Hypothesen

Im Rahmen industrieökonomischer Untersuchungen ist eine Vielzahl von Märkten analysiert worden. Die Verfasser der Studien haben dabei aber zum Teil unterschiedliche Hypothesen über das Wirken von Strukturvariablen und/oder Verhaltensvariablen auf die Marktergebnisse verwendet und außerdem keine standardisierten Indikatoren benutzt. Wenn Autor A das Wort „Gewinn“ benutzt, verbirgt sich darunter oft etwas anderes als das, was Autor B darunter versteht.

Gleichwohl gibt es Hypothesen, die weitgehend als bewährt betrachtet werden. Hierzu gehören die oben angeführte Hypothese über das Wirken der Kartellbildung und die Hypothese, dass Konzentrationsgrade, die einen bestimmten Schwellenwert übersteigen, die Marktergebnisse in dem Sinn verschlechtern, dass ein

---

[1] Vgl. hierzu z. B. KNIEPS/BRUNEKREEFT (2000), KUHLMANN (2004), KUMKAR (2002), LEE (2004), O. V. (2000, 2001 u. 2003) und WEARE (2003).

monopolistisches Verhalten Platz greift: höhere Preise, geringere Kapazitätsauslastungsgrade, kein beschleunigtes Kapazitätswachstum trotz Überrendite, Erlahmen von Fortschrittsanstrengungen.

Diese beiden Hypothesen sind die Basis für wettbewerbsrechtliche Kartellverbote und bestimmte Fusionsverbote. Gleichwohl sind sie noch nicht so getestet worden, dass unterschiedliche Forscher eindeutig zu einem gleichen Ergebnis gelangen. So kann es z. B. sein, dass zwei Forscher von Rang den gleichen Fusionsfall in Bezug auf seine volkswirtschaftlichen Auswirkungen gegensätzlich beurteilen.[1] Dies wirft ein schlechtes Licht auf die Belastbarkeit der wissenschaftlichen Basis des Wettbewerbsrechts.

Eine andere These, deren Anhängerschaft zwar nicht so groß wie die der o.g. beiden Hypothesen ist, die aber eine erhebliche wettwerbspolitische Bedeutung hat, ist die These, dass es einen Widerspruch zwischen einer guten Erfüllung der statischen Funktion des Wettbewerbs (also der Funktionsqualität des M-, R- und Ü-Prozesses) und einer guten Erfüllung der dynamischen Funktionen (P- und V-Prozess) geben kann und gibt. KIRCHNER (2005) hat in einem Kommentar zur EuG-Entscheidung im Fall Microsoft z. B. genau dies behauptet: Eine Verbesserung der statischen Funktionen über vom Gericht verfügte Auflagen mit dem Ziel eines Zwangstechnologiezugangs für Wettbewerber und einer Produktentbündelung (d.h. des Verzichts auf eine Produktkopplung) sei – so seine These – mit hohen ordnungspolitischen Kosten in Form einer Preisgabe von Dynamik verbunden. Das lässt sich durchaus plausibel begründen. Aber sollte eine These mit einer derart weitreichenden Bedeutung für die zukünftige Gestaltung des Wettbewerbsrechts nicht erst einmal ernsthaft getestet werden?

Das KMD-Konzept ist zur objektiv nachvollziehbaren Überprüfung von industrieökonomischen Thesen wie den vorstehenden geeignet. Hierzu muss freilich eine Anzahl von Marktstudien auf der Basis dieses Konzepts vorliegen, welche die heute realisierte Zahl weit übersteigt. Ist das erst einmal der Fall, können *Meta-Studien* ausgeführt werden, in denen geprüft wird,

- ob die GRVs auf kartellierten Märkten und auf Märkten mit höheren Konzentrationsgraden überzufällig häufig in das Intervall $0 < \text{GRV} \leq 1$ fallen und damit „komparative Regelungsverluste" anzeigen,
- ob sich deutliche Veränderungen bei den Kartellierungs- bzw. Konzentrationsgraden in den GRVs der M-, R-, P-und V-Prozesse widerspiegeln und
- ob Maßnahmen, die zu einer Verbesserung der GRVs des M-, R- und Ü-Prozesses führen, systematisch von Verschlechterungen der GRVs des P- und V-Prozesses begleitet sind.

---

[1] So etwas ist öfter vorgekommen. Ein jüngeres Beispiel ist die konträre Beurteilung des Fusionsfalls „Eon/Ruhrgas" durch WEIZSÄCKER (2002) einerseits und MÖSCHEL (2002) andererseits, die immerhin beide Vorsitzender der Monopolkommission waren.

Kann man sich darüber einigen, wie die Vorstellungen von „Wettbewerbsmärkten“, „engen“ bzw. „weiten Oligopolen“ und „Monopolen“ oder wenigstens „marktbeherrschenden Unternehmen“ operational zu definieren sind, kann man außerdem testen, ob es ausweislich der durchschnittlichen GRVs zwischen Gruppen von Märkten mit den jeweiligen Marktformen systematische Unterschiede gibt und ob man so etwas wie eine „optimale Marktform“ auch in der Realität feststellen kann (was ja zum Teil postuliert wird, aber immer noch stark umstritten ist).

Anwendung im Rahmen des G1-Controlling

Das KMD-Konzept kann jedoch nicht nur im volks-, sondern auch im betriebswirtschaftlichen Bereich sinnvoll angewendet werden. Das wird deutlich, wenn man sich vor Augen hält, dass Unternehmen auf ihren Märkten ja gleichsam in die KMD-Marktprozesse „eingestöpselt“ sind: Sie sind

- dem M-Prozess ausgesetzt und müssen sich – z. B. im Rahmen ihrer Lagerhaltungsentscheidungen – an Marktbewegungen zur Ausregulierung von $x^D \neq 0$ anpassen,
- dem R-Prozess ausgesetzt und müssen sich – z. B. bei ihrer Investitionsplanung – an Marktbewegungen zur Ausregulierung von $r^D \neq 0$ anpassen,
- dem Ü-Prozess ausgesetzt und müssen sich – z. B. mit ihren Eintritts- oder Austrittsentscheidungen in Märkte oder in Beschaffungs- oder Absatzgenossenschaften – an Marktbewegungen zur Ausregulierung von $m^D \neq 0$ anpassen,
- dem P-Prozess ausgesetzt und müssen sich – z. B. im Rahmen ihrer eigenen FuE-Politik – an Marktbewegungen zur Ausregulierung von $q^{DP} \neq 0$ anpassen und
- dem V-Prozess ausgesetzt und müssen sich – z. B. über eigene Maßnahmen zur Erhöhung der Arbeitsproduktivität – an Marktbewegungen zur Ausregulierung von $l^D \neq 0$ anpassen.

Das alles lässt ein G1-Controlling zur Überwachung einer angemessenen Anpassung an Marktbewegungen sinnvoll erscheinen, einer besonderen Art der „Führung vom Markt her“. Wie das im Einzelnen geschehen könnte, muss allerdings noch geprüft werden.

4. Wirkungskontrolle bei einer Deregulierungsmaßnahme: das Beispiel der deutschen Stahlindustrie

Die deutsche Stahlindustrie war bis 2002 Teil der Europäischen Gemeinschaft für Kohle und Stahl (EGKS). Diese wurde 1952 gegründet und bildete das Fundament für die politische Annäherung und Zusammenarbeit zwischen den früheren Feinden im Europa der Nachkriegszeit sowie für die weitere wirtschaftliche Integration der Mitgliedsstaaten. Erstmals gaben die Mitgliedsstaaten gewisse Kompetenzen an ein supranationales Exekutivorgan ab: die Hohe Behörde (später: die EU-Kommission). Der Gründungsvertrag, welcher für den Zeitraum von 50 Jahren angelegt war, stellte das Ergebnis eines längeren Verhandlungsprozesses dar, in welchem sich die unterschiedlichen nationalen Ziele und wirtschaftspolitischen Vorstellungen der Mitgliedsstaaten spiegelten. Somit kann es nicht verwundern, dass sich der EGKS-Vertrag als eine Mischung aus interventionistischen und marktwirtschaftlichen Elementen darstellte. Einerseits enthielt er ein striktes nationales Subventions- sowie ein Diskriminierungs- und Kartellverbot, andererseits die Möglichkeit einer Vorgabe von Mindestpreisen und der Einführung eines Produktionsquotensystems im Falle einer „manifesten Krise".

Die Geschichte der EGKS im Stahlsektor lässt sich vereinfachend in drei Phasen einteilen. Die erste Phase („Hochlastphase" = Phase vor Regulierung) dauerte von 1952 bis 1974 und war durch die Etablierung des Binnenmarktes und aufgrund der Stahlknappheit durch eine hohe Auslastung der Stahlkapazitäten und den Aufbau neuer Kapazitäten gekennzeichnet. Die Vorausschätzungsprogramme der Kommission prognostizierten eine Phase lang anhaltenden Wachstums und verleiteten die Unternehmen zum Teil zum Aufbau neuer Kapazitäten sogar bis Ende der 70er Jahre. Insgesamt kamen überwiegend die marktwirtschaftlichen Elemente des Vertrags zum Tragen. Aber auch schon in dieser Phase griff die Kommission zu außenhandelspolitischen Maßnahmen.

Die zweite Phase („Krisenphase" = Regulierungsphase) setzte mit einem 1975 eintretenden längerfristigen Nachfragerückgang ein. Dieser dauerte bis 1988, wurde anfänglich aber nicht als krisenhaft erkannt. Die Auslastung der Stahlwerke verringerte sich deutlich und die Ertragslage verschlechterte sich. Während insbesondere die interventionistischen Mitgliedsstaaten entgegen den Vertragsbestimmungen versuchten, durch massive Subventionszahlungen die zumeist im staatlichen Besitz befindlichen nationalen Stahlwerke vor dem Zerfall zu retten, griff die Kommission zunächst zu indirekten Maßnahmen wie der Vorgabe von Orientierungspreisen und freiwilligen Produktionsquoten. Der europaweiten Koordination dieser Politik der freiwilligen Angebotsbeschränkung diente der europäische Stahlverband Eurofer.

Nach einem erneuten Nachfrageeinbruch zu Beginn der 80er Jahre rief die Kommission eine „manifeste Krise" aus und intervenierte mit der Einführung verbindlicher Produktions- und Lieferquoten. Obwohl das Quotensystem anfänglich nur für einen kurzen Zeitraum und nur für bestimmte Produkte gedacht war, blieb es auf Grund der Eigendynamik solcher Systeme bis 1988 in Geltung. Es entwickelte sich eine Interventionsspirale, die schließlich zu einem supranationalen Gemeinschaftskartell führte, das durch außenhandelspolitische Maßnahmen flankiert wurde. Die Umsetzung des Quotensystems wurde in Zusammenarbeit mit Eurofer durchgeführt, wobei ein Quotenhandel erlaubt wurde. Im nicht-quotierten Bereich gab es verschiedene Begleit-Kartelle, die interessanterweise immer wieder auseinanderbrachen.

Das Quotensystem und der Subventionswettlauf führten zu starken Wettbewerbsverzerrungen, die zur Folge hatten, dass insbesondere die an sich recht wettbewerbsfähige deutsche Stahlindustrie Marktanteile einbüßte. Begründet wurden die Regulierungsmaßnahmen – jedenfalls offiziell – auf dreifache Weise [CONRAD (1997), S. 25-35)][1]:

- damit, dass es in der Stahlindustrie bei einem nachhaltigen Nachfragerückgang zu einer ruinösen Konkurrenz käme,
- damit, dass diese Branche einem natürlichen Monopol ähnelte, und
- damit, dass sich ein Kapazitätsabbau in dieser Branche als ein Kollektivgut darstellte, dessen Realisierung an falschen Anreizen scheitere.

Von *„ruinöser Konkurrenz“* spricht man [ähnlich WILLEKE (1975) S. 157 f.], wenn es in einer Branche bei einem nachhaltigen Nachfragerückgang zu einem Preiskampf kommt, der die Preise unter die Durchschnittskosten aller Anbieter drückt (notwendige Bedingung), und wenn Selbstausbeutungen in Klein- oder Quersubventionen in Großunternehmen dazu führen, dass nicht die kostenungünstigsten Anlagen zuerst stillgelegt werden, sondern an sich wettbewerbsfähige, d.h. wenn es zu erzwungenen Marktaustritten in einer volkswirtschaftlich falschen Reihenfolge kommt und dadurch im Vergleich zu normalen Kapazitätsbereinigungen ein volkswirtschaftlicher Schaden entsteht (hinreichende Bedingung).[2] Auf Grund der hohen Anteile von Sunk-Cost an den Fixkosten der Stahlindustrie war die notwendige Bedingung in dieser Industrie zumindest bis zum Aufkommen der Ministahlwerke in den 70er Jahren erfüllt. Eine falsche Reihenfolge der Kapazitätsstilllegungen ergab sich ebenfalls, allerdings nur auf Grund von nationalstaatlichen Subventionierungen, also nicht wegen einer privatwirtschaftlichen Destabilisierungstendenz. Ruinös wurde die Konkurrenz letztlich also nur auf Grund von Staatseingriffen, durch die unrentable Kapazitäten – angeblich im nationalen Interesse – am Leben erhalten wurden.

Wenn in der Stahlindustrie ein *„natürliches Monopol“* vorgelegen hätte, hätte ein Unternehmen den Markt ex definitione kostengünstiger versorgen können müssen als irgend eine Kombination von Unternehmen. Unter solchen Umständen wäre es

---

1 Das Buch von CONRAD ist eine gute Quelle für Daten zur Entwicklung der deutschen und europäischen Stahlindustrie.

2 Von „Selbstausbeutung“ wird gesprochen, wenn Kleinunternehmer wie etwa die Partikuliere in der Binnenschiffahrt mit hohen Sunk-Cost beim Sach- und Humankapital konfrontiert sind und deshalb auch bei sehr niedrigen Preisen nicht aus dem Markt ausscheiden, sondern ihr Einkommen durch Verzicht auf Freizeit aufzubessern versuchen. Dies kann zu einer invers verlaufenden Angebotskurve und zu Instabilitäten von Marktgleichgewichten führen.

spätestens in der Krisenphase zur Herausbildung eines tatsächlichen Monopols gekommen. Das war aber nicht der Fall. Also lag auch kein natürliches Monopol vor, das hätte reguliert werden müssen.

Die *Kollektivgutproblematik beim Kapazitätsabbau* spielt vor allem dann eine Rolle, wenn die Kapazitäten in einer Branche nur in großen Schritten variiert werden können und die Fixkosten einen hohen Anteil an Sunk-Cost aufweisen, d.h. keine anderweitige Verwendung für stillgelegte Kapazitäten besteht und die Opportunitätskosten ihres Weiterbetriebs deshalb den Wert Null haben. Diese beiden Voraussetzungen waren in der Stahlindustrie möglicherweise gegeben. Ohne nationalstaatliche (und an sich ja durch den EGKS-Vertrag verbotene) Subventionen hätte es aber gleichwohl zu einem Kapazitätsabbau in der volkswirtschaftlich richtigen Reihenfolge kommen können.

Insgesamt ergibt sich damit, dass die offiziellen Begründungen der Regulierungsmaßnahmen ökonomisch nicht wirklich überzeugen können: Im Falle einer rein privatwirtschaftlichen Entwicklung wäre es bei Beachtung des Kartellverbots vermutlich zu einem Kapazitätsabbau gekommen, wie er dem normalen Ablauf des R-Prozesses entspricht und wie man ihn in Amerika auch in der Realität beobachten konnte. Temporäre Irritationen wären auf Grund der Größe der Kapazitätsveränderungsschritte allerdings nicht auszuschließen gewesen.

Gegen Ende der 80er Jahre setzte in der Stahlindustrie eine Erholungsphase (= Phase nach Deregulierung) ein. Das Quotensystem wurde 1988 endgültig abgeschafft, und die nationalen Subventionszahlungen wurden deutlich gekürzt. Außerdem wurden in den Mitgliedsstaaten vormals staatliche Unternehmen privatisiert. Im Jahre 2002 lief dann der EGKS-Vertrag aus. Die Stahlindustrie wurde damit aus einem Bereich des Sonderwirtschaftsrechts in das allgemeine Recht des EG-Vertrages entlassen.

Was den Wandel im Verhalten der Kommission bewirkt hat, ist offen. Es mag die Erholung der Nachfrage sein, die der Feststellung einer „manifesten Krise" den Boden entzog, es mag auch die Erkenntnis gewesen sein, dass der Subventionswettlauf der Nationalstaaten schließlich für alle schädlich war, und diese Einsicht mag auch dadurch gefördert worden sein, dass mit der Amtsübernahme der deutschen Industriekommissare (*Narjes*, *Bangemann*) Personen verantwortlicht wurden, die etwas weniger interventionistisch eingestellt waren als ihre Vorgänger. Dass dereguliert wurde, ist jedenfalls ein Faktum, und damit stellt sich die Frage, wie die Deregulierungsmaßnahmen gewirkt haben.

Zur Beantwortung dieser Frage soll zunächst einmal *Kasten 6* (S. 428) betrachtet werden.[1]

---

[1] Die Daten zu den Kästen 6 und 7 findet man im KMD-WebCenter.

Im oberen Teil von Kasten 6 wird gezeigt, wie ein Indikatorproblem gelöst werden kann: Im Rahmen der nachfolgenden Überlegungen soll unter anderem ein Vergleich der Entwicklungen in Deutschland und in den USA angestellt werden, und zwar von Beginn der Stahlkrise und der sie begleitenden Regulierungsmaßnahmen (1976) bis zum aktuellen Rand (2002). Der KMD-Idealindikator für x^D liegt aber nur für die Jahre ab 1983 vor, und noch dazu ausschließlich für Deutschland. Sowohl für Deutschland als auch für die USA gibt es aber für den gesamten Untersuchungszeitraum einen Indikator, der im Überlappungsbereich mit dem KMD-Indikator ein recht ähnliches Entwicklungsmuster aufweist: die Differenz zwischen dem realisierten Auslastungsgrad der Rohstahlkapazität, wie er von EUROSTAT ausgewiesen wird, und der Normalauslastung in Höhe von 83 vH. Dieser Indikator für x^D wird hinfort kurz „AG Stahlkapazität" genannt. Der Korrelationskoeffizient zwischen den beiden Indikatoren hat im Überlappungsbereich den Wert 0,6150. Der Indikator AG Stahlkapazität ist also ein Hilfsindikator mit eingeschränkter Validität. Wie das Entwicklungsmuster zeigt, liegt dies hauptsächlich daran, das er das Ausmaß der Regelabweichungen untertreibt. Für Entwicklungsvergleiche dürfte dies jedoch hinnehmbar sein.

Im unteren Teil von Kasten 6 wird der Indikator AG Stahlkapazität herangezogen, um die Entwicklung von x^D in der deutschen Stahlindustrie in der Phase α vor Deregulierung und in der Phase β nach Deregulierung abzubilden. Man sieht unmittelbar, dass die Entwicklung in der Phase nach Deregulierung offensichtlich besser verlief als in der Phase davor: In der Phase α (vor Deregulierung) lautete der Mittelwert der Abweichungen vom Sollwert Null $M = -19{,}33$. Dieser Wert ist höchst signifikant von Null verschieden, denn die Wahrscheinlichkeit p, beim Verwerfen der Nullhypothese eine richtige Hypothese abzulehnen (d.h. einen Fehler erster Art zu begehen), beträgt nur $p = 0{,}0001$. In der Phase β (nach Deregulierung) lautete der Mittelwert der Abweichungen $M = -1{,}5984$. Dieser Wert ist nicht mehr signifikant vom Wert Null verschieden, denn die Wahrscheinlichkeit p, beim Verwerfen der Nullhypothese einen Fehler erster Art zu begehen, beträgt nunmehr $p = 0{,}3805$. Dass zwischen den Mittelwerten der beiden Perioden ein höchst signifikanter Unterschied besteht, zeigt auch ein Test auf Mittelwerthomogenität: Die Wahrscheinlichkeit dafür, beim Verwerfen der Nullhypothese einen Fehler erster Art zu begehen, ist nahezu 0, die Gültigkeit der Alternativhypothese, dass ein Unterschied besteht, ist also sehr wahrscheinlich.

Sowohl der Abweichungstest als auch der Test auf Mittelwertunterschiede zeigen somit, dass zwischen den Phasen vor und nach Deregulierung ein qualitativer Sprung in Bezug auf die Funktionsqualität erfolgt ist. Dieses Testergebnis spricht für einen Erfolg der Deregulierungsmaßnahmen. Gleichwohl ist es aber nicht über alle Zweifel erhaben, dass die Veränderung der Funktionsgüte eine Frucht der Deregulierung war. Es könnte ja auch sein, dass die Erholung der weltwirtschaftlichen Stahlnachfrage, die seit dem Ende der 80er und vor allem seit der Mitte der 90er Jahre zu beobachten war, für dieses Ergebnis verantwortlich war.

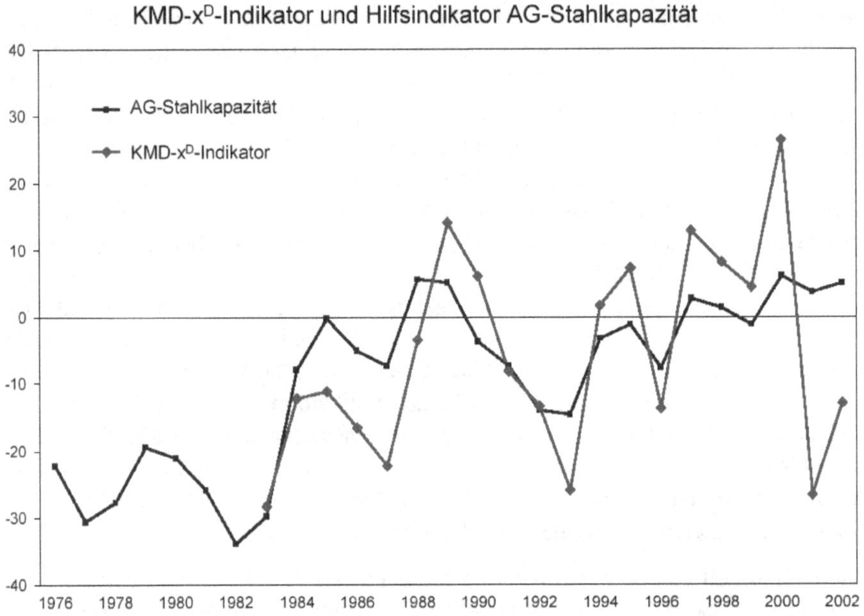

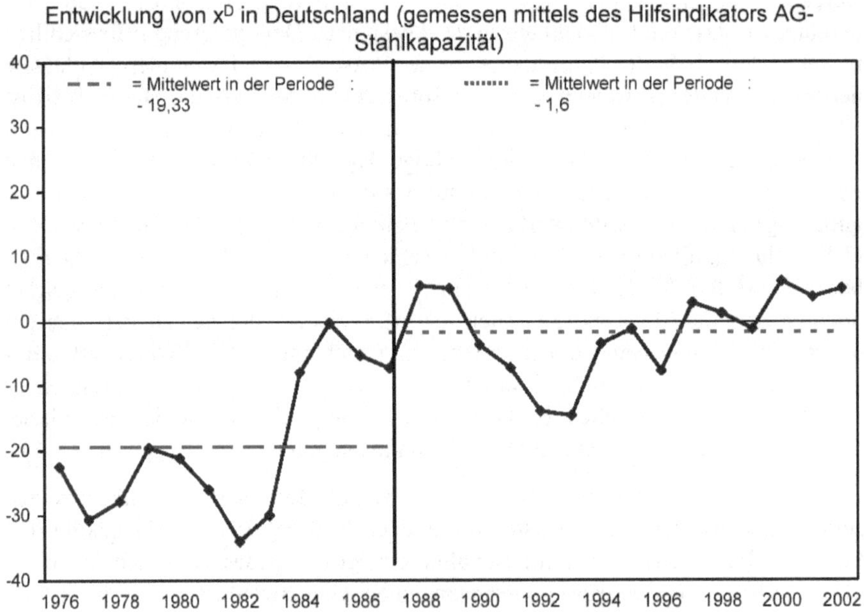

Kasten 6: Ein Hilfsindikator für x^D und seine Anwendung auf die x^D-Entwicklung in Deutschland

Um diese Frage zu klären, ist es sinnvoll, über die vorstehenden Tests hinaus Unterschiede in den Graden der Regelungsverluste für die Periode α bzw. die

Periode β festzustellen. Der GRV-Wert ist beim M-Prozess so definiert, dass Verlustflächen im In- und Ausland – gemessen an den Mittelwerten der Absolutabweichungen – miteinander verglichen werden. Die Entwicklung der weltweiten Stahlnachfrage wird bei diesem Maß also gleichsam automatisch berücksichtigt. Als Vergleichsmarkt bieten sich die USA an, in denen es über den gesamten Zeitraum hinweg keine Regulierung gegeben hat, die mit derjenigen in Europa in Phase α vergleichbar gewesen wäre [CONRAD (1997), S. 191 f.). Die Entwicklung in den USA wird im *Kasten 7* dargestellt.

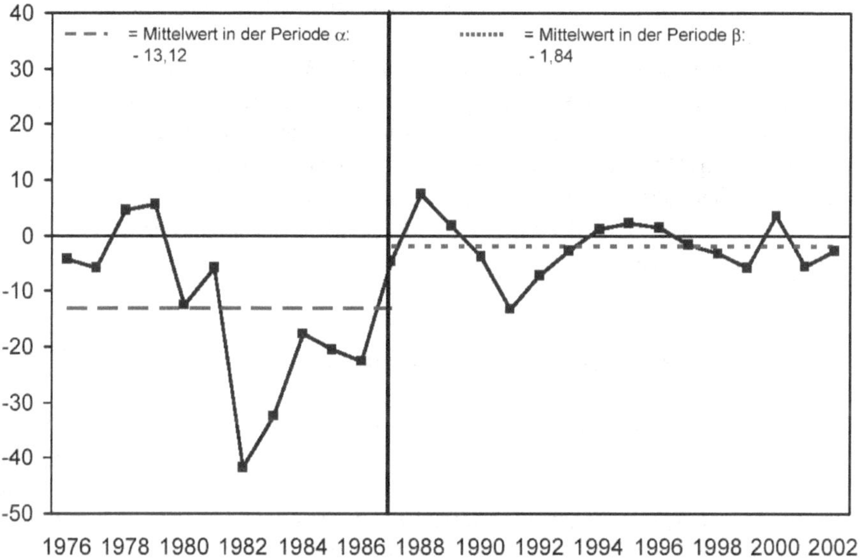

Kasten 7: x^D-Entwicklung in den USA (AG-Stahlkapazität)

Ermittelt man den GRV-Wert für die Periode α, ergibt sich aus den absoluten Mittelwerten $M_D^{abs} = 19{,}3273$ und $M_{USA}^{abs} = 14{,}8046$ eine Mittelwertdifferenz von $\Delta M^{abs} = 4{,}5227$. Diese Differenz ist nicht signifikant, denn die Wahrscheinlichkeit, bei der Zurückweisung der Hypothese, die Mittelwertunterschiede seien lediglich zufälliger Natur, einen Fehler 1. Art zu begehen, beträgt $p = 0{,}3631$. Für nicht signifikante Mittelwertunterschiede hat der GRV den Wert Null („Es gibt keine signifikanten Regelungsverluste"). Das ist Ausdruck der Tatsache, dass der deutsche (regulierte) Markt in der Periode α nicht signifikant schlechter funktioniert hat als der amerikanische (nicht regulierte). Dass die deutsche Regelfläche in dieser Periode rechnerisch größer als die amerikanische war, begründet allenfalls einen Anfangsverdacht dafür, dass der amerikanische Markt besser funktioniert hat.

Ermittelt man für die Periode β die absoluten Mittelwerte, so erhält man $M_D^{abs} = 5{,}5020$ und $M_{USA}^{abs} = 4{,}2028$ sowie eine Mittelwertdifferenz in Höhe von $\Delta M^{abs} = 1{,}2992$. Diese Differenz ist – wie in Periode α – nicht signifikant, denn die Wahrscheinlichkeit, bei der Zurückweisung der Hypothese $\Delta M^{abs} = 0$ einen Fehler erster Art zu begehen, beträgt p = 0,3428. Der zugehörige GRV-Wert lautet deshalb wiederum GRV = 0. In den USA hat sich bei den (vorzeichengerechten) Mittelwerten nämlich ein ähnlicher Sprung wie in Deutschland ergeben: Der Mittelwert für die Periode α betrug hier -13,12, für die Periode β dagegen -1,84. Auch hier ist der α-Wert hoch signifikant von Null verschieden $(p = 0{,}0091)$, der β-Wert dagegen nicht $(p = 0{,}1784)$. Der Unterschied zwischen den Mittelwerten ist ebenfalls hoch signifikant $(p = 0{,}0089)$.

Insgesamt ergibt sich damit, dass der deutsche Stahlmarkt weder in der Periode der Regulierung noch in der Periode danach signifikant schlechter als der nichtregulierte amerikanische Markt funktioniert hat. Die Regelflächen in den USA waren zwar in beiden Perioden kleiner als die in Deutschland, aber dieser Unterschied ist nicht signifikant. Die Deregulierung war damit allenfalls begrenzt erfolgreich; der qualitative Sprung, der sich in Deutschland in der x^D-Mittelwertdifferenz zwischen den Phasen α (mit Regulierung) und β (ohne Regulierung) gezeigt hat, ist nicht (nur) der Deregulierung, sondern vorrangig der Erholung der Weltnachfrage nach Stahl geschuldet.

5. Zusammenfassung und Ausblick

KOOTHS hat vor kurzem den Begriff des „Controlling Dritten Grades" in die Literatur eingeführt und dabei betont, dass man Instrumente brauche, mit denen kontrolliert werden kann, ob eine Volkswirtschaft auf einem Kurs bleibt, der dem Allgemeinwohlstreben entspricht. Hierzu gehört, dass man Märkte auf ihre Funktionsfähigkeit untersucht und dass man prüft, ob man hinsichtlich der Ausgestaltung von Rahmenbedingungen etwas vom Ausland lernen kann.

In diesem Aufsatz wurde gezeigt, dass das Koordinationsmängel-Diagnosekonzept ein Instrument ist, mit dem man ein Controlling Dritten Grades in Bezug auf das Funktionieren von Märkten durchführen kann. Im Unterschied zur herrschenden Theorie des allgemeinen Gleichgewichts lässt das Konzept neben der Ausbildung von „falschen" Gleichgewichten auch die Verfehlung von Gleichgewichten zu. Es stellt außerdem Messinstrumente zur Verfügung, mit denen man ermitteln kann, ob Ungleichgewichtsperioden auf einem inländischen Markt stärker ausgeprägt sind als auf einem ausländischen, d.h. ob die Selbstregulierungskapazität des Inlandsmarktes besser oder schlechter als die des Auslandsmarktes ist. Es wurde gezeigt, dass das Konzept im Prinzip zum Screening von Märkten auf versteckte Kartelle, zur Überprüfung wirtschaftspolitischer Maßnahmen durch Parallelgruppenuntersuchungen, zur Überprüfung von Deregulierungs- und Privatisierungsmaßnahmen durch Periodenvergleiche, zur Überprüfung umstrittener industrieökonomischer Hypothesen und – im Rahmen des betriebswirtschaftlichen Controllings – zur Führung von Unternehmen „vom Markt her" eingesetzt werden kann.

Genauer demonstriert wurde eine solche Einsatzmöglichkeit am Beispiel der Deregulierung in der europäischen und hier speziell deutschen Stahlindustrie. Ein Vergleich der Funktionsfähigkeit der Selbstregulierung in der deutschen Stahlindustrie mit der Selbstregulierungsfähigkeit in der amerikanischen Stahlindustrie zeigte, dass die amerikanische Industrie (die keiner Fremdregulierung unterlag) in der Phase der Regulierung der deutschen Industrie durch die Europäische Gemeinschaft für Kohle und Stahl (EGKS) ähnlich funktionierte wie die fremdregulierte deutsche Industrie (GRV = 0). Auf die Aufhebung der EGKS-Fremdregulierung folgte in Deutschland eine signifikante Verbesserung der Funktionsweise. Wie ein Vergleich mit den USA zeigte, funktionierte der deutsche Stahlmarkt aber auch nach der Deregulierung wieder nur in einer dem amerikanischen Markt vergleichbaren Weise (GRV = 0). Die in Deutschland zu beobachtende Verbesserung der Funktionserfüllung war also nicht der Deregulierung geschuldet, sondern der weltweiten Erhöhung der Stahlnachfrage.

Momentan wird im Zuge der Weiterentwicklung des KMD-Konzepts daran gearbeitet, die Einsatzmöglichkeiten dieses Konzepts beim Kartellscreening – beim Durchleuchten von Branchen auf versteckte Kartelle – zu verbessern und die Operationalisierungsvorschriften über die gewerbliche Produktion hinaus auf Dienstleistungs- und Arbeitsmärkte auszudehnen. Außerdem wird geprüft, in wieweit sich die KMD-Marktfunktionen im Kartellrecht spiegeln und wie ein Simulationsmodell für Regelkreisprozesse beschaffen sein muss, das auch die Vermaschung der jeweils 5 KMD-Prozesse auf vor- und nachgelagerten Märkten abbilden kann. Wenn das geschehen ist, soll die Anwendung des Konzepts an eines der großen Wirtschaftsforschungsinstitute abgetreten werden.

Literatur

Alsmöller, H. (1982), Wettbewerbspolitische Ziele und kooperationstheoretische Hypothesen im Wandel der Zeit. Eine dogmengeschichtliche Untersuchung von Einstellungen zu Verbundsystemen und Gründen für die Einstellungen, Tübingen.

Conrad, C. A. (1997), Europäische Staatpolitik zwischen politischen Zielen und ökonomischen Zwängen, Baden-Baden.

Debreu, G. (1996), General Equilibrium Theory, 3 Bde, Cheltenham/UK.

Dieckheuer, G. (2001), Internationale Wirtschaftsbeziehungen, 5. Aufl., München/Wien.

Drecker, J. (1998), Die Elektrotechnische Industrie in Deutschland. Eine Untersuchung auf der Basis des Konzepts zur Koordinationsmängeldiagnose, Bergisch Gladbach/Köln.

Galbraith, J. K. (1956), Der amerikanische Kapitalismus im Gleichgewicht der Wirtschaftskräfte, Stuttgart/Wien/Zürich.

Gandolfo, G. (1997), Economic Dynamics, 3. ed., Berlin/Heidelberg.

Geanakoplos, J. (1998), Arrow-Debreu model of general equilibrium, in: J. Eatwell, M. Milgate, and P. Newman (eds.), The New Palgrave. A Dictionary of Economics, Vol. 1, London/New York, S. 116-124.

Gordon, R. (1990), "What is New-Keynesian Economics?", in: Journal of Economic Literature, Vol. XXXVIII, S. 1115-1171.

Grossekettler, H. (1985), Wettbewerbstheorie, in: M. Borchert/H. Grossekettler, Preis- und Wettbewerbstheorie. Marktprozesse als analytisches Problem und ordnungspolitische Gestaltungsaufgabe, Stuttgart u.a.O., S. 113-335.

Hamker, J. (1998), Pathologie der Marktprozesse. Ein Störungshandbuch zur Koordinationsmängeldiagnose, Lohmar/Köln.

High, J. (1990), Maximizing, Action, and Market Adjustment. An Inquiry into the Theory of Economic Disequilibrium, München/Hamden/Wien.

Kahlenberg, F. P. (1999), (Hrsg.), Kabinettsprotokolle der Bundesregierung. Kabinettsausschuss für Wirtschaft, Band 1 (1951-1953), München.

Kirchner, C. (2005), Die Dynamik des Wettbewerbs. Der Fall Microsoft und die Instrumente des Zwangstechnologiezugangs sowie der Produktentbündelung/Folgen für die Innovationsanreize, in: FAZ, Nr. 6, vom 08.01.2005, S. 13.

Kirzner, I. M. (1992), The meaning of market process. Essays in the development of modern Austrian economics, London/New York.

Kirzner, I. M. (1997), Entrepreneurial Discovery and the Competitive Market Process: An Austrian Approach, in: Journal of Economic Literature, Vol. XXXV, S. 60-85.

Knieps, G. , Brunekreeft, G. (Hg. 2000), Zwischen Regulierung und Wettbewerb. Netzsektoren in Deutschland, Heidelberg.

Kooths, St. (2004), Controlling Dritten Grades. Wettbewerbspolitik und Volkswirtschaftsinformatik, in: F. Bensberg, J. vom Brocke, M. B. Schultz (Hg.), Trendberichte zum Controlling, Festschrift für Heinz Lothar Grob, Heidelberg, S. 33-49.

Krämer, T. (1992), Simulation und Funktionsfähigkeitsprüfung verbundener Marktprozesse. Eine Untersuchung auf der Basis des Koordinationsmängelkonzept, Frankfurt/M. u.a.O.

Kuhlmann, A. (2004), Die Elektrizitätskrise in Kalifornien – oder: Wie riskant ist die Liberalisierung von Netzsektoren?, in: LIST Forum für Wirtschafts- und Finanzpolitik, Band 30/1, S. 49-68.

Kumkar, L. (2002), Liberalisierungsversprechen und Regulierungsversagen – das kalifornische Strommarktdebakel, in: Zeitschrift für Wirtschaftspolitik, Jahrgang 51/2, S. 199-230.

Ledyard, J. O. (1998), Market failure, in: J. Eatwell, M. Milgate, and P. Newman (eds.), The New Palgrave. A Dictionary of Economics, Vol. 3, London/New York, S. 326-329.

Lee, W.-W. (2004), US lessons for energy industrie restructuring: based on natural gas and California electricity incidences, in: Energy Policy, Band 32, S. 237-259.

Lorenz, C. (2004), Quantitative Methoden im Koordinationsmängel-Diagnosekonzept. Statistische Tests und Messzahlen zur Beurteilung der Funktionsfähigkeit in KMD-Branchenanalysen, Beitrag Nr. 363 der Volkswirtschaftlichen Diskussionsbeiträge der Westfälischen Wilhelms-Universität Münster.

Ludwig-Erhard-Stiftung (1986), Die Korea-Krise als ordnungspolitische Herausforderung der deutschen Wirtschaftspolitik. Texte und Dokumente, Stuttgart/New York.

Mayr, O. (1971), Adam Smith and the Concept of the Feedback-System. Economic Thought and Technology in the 18th-century Britain, in: Technology and Culture, Vol. 12, S. 1-22.

Möschel, W. (2002), Gemeinwohl ade. Für eine Ministererlaubnis spricht nichts – sie verstieße gegen alle Maßstäbe, in: DIE ZEIT, Nr. 20 vom 08.05.2002, S. 26.

Munsberg, H. (1994), Der Verlauf von Markträumungsprozessen in den Branchen des Verarbeitenden Gewerbes der Bundesrepublik Deutschland, Frankfurt/M.

Nagel, F. (1999), Der Renditenormalisierungsprozess. Theoretische Grundlagen und empirische Feststellung von Differenzrenditen und Kapazitäten im Verarbeitenden Gewerbe. Eine Untersuchung zur Konkretisierung des Koordinationsmängel-Diagnosekonzepts, Lohmar/Köln.

o. V. (2000), Keine Spur von Wettbewerb auf Großbritanniens Schienen, in: FAZ, Nr. 290 vom 13.12.2000, S. 18.

o. V. (2001), Die Qualität darf nicht unter die Räder kommen, in: FAZ, Nr. 67 vom 20.03.2001, S. 19.

o. V. (2003), In England ist die Privatisierung gründlich missglückt, in: FAZ, Nr. 150 vom 02.07.2003, S. 19.

o. V. (2005), Artikel „Hohes Bußgeld gegen das Chemie-Kartell“, in: FAZ, Nr. 16 v. 20.01.2005, S. 11.

Rotthege, G. (1982), Die Beurteilung von Kartellen und Genossenschaften durch die Rechtswissenschaft. Eine rechtshistorische Analyse von Hypothesen über Kooperationswirkungen und deren Bewertung, Tübingen.

Schengber, R. A. (1996), Marktabgrenzung und Machtmessung. Eine Analyse von Methoden und Indikatoren für das Koordinationsmängel-Diagnosekonzept, Lohmar/Köln.

Schulte-de Groot, R. (1992), Vergleichende Marktanalyse im Agrarsektor. Eine Parallelgruppenuntersuchung der Tierproduktmärkte auf der Basis des Koordinationsmängelkonzepts, Frankfurt M./ u. a. O.

Sebbel-Leschke, B. (1996), Technischer Fortschritt. Eine Analyse zur Funktionsfähigkeitsprüfung des Produkt- und des Verfahrensfortschritts im Rahmen des Konzeptes zur Koordinationsmängeldiagnose, Bergisch Gladbach/Köln.

Spulber, D. F. (1999), Market micro-structure: intermediaries and the theory of the firm, Cambridge/UK.

Stigler, G. J. (1968), The Organization of Industry, Homewood/Ill.

Ulph, A.M., Ulph, B.T. (1975), Transaction Costs in General Equilibrium Theory. A Survey, in: Economica, Vol. 42, S. 335-372.

Walker, D.A. (2000), Equilibrium, 3 Bde., Cheltenham/UK und Northampton/MA.

Walz, J. (2002), Inflation und die Koordinationseffizienz von Marktprozessen. Eine Untersuchung der sektoralen Preisentwicklungen im Bergbau und im Verarbeitenden Gewerbe Westdeutschlands und Malaysias, Lohmar/Köln.

Weare, Chr. (2003), The California Electricity Crisis; Causes and Policy Options, San Francisco.

Weizsäcker, C. C. v. (2002), Wettbewerb ist nicht alles. Nur ein finanzstarker Großkonzern kann den Erdgasnachschub sichern, in: DIE ZEIT, Nr. 20, vom 08.05.2002, S. 26.

Willecke, R. (1975), „Ruinöse Konkurrenz“ als verkehrspolitisches Argument, in: ORDO, Band 28, S. 155-171.

VII. Ethik und Recht

Corporate Citizenship: Raison d'être korporativer Akteure aus Sicht der ökonomischen Ethik

Johanna Brinkmann, Ingo Pies *

Zusammenfassung: Die Übernahme von gesellschaftlicher Verantwortung durch Unternehmen wird in der Literatur überwiegend im Sinne eines „Domestizierungs"-Paradigmas entwickelt, welches die Verwirklichung moralischer Anliegen gegen das Gewinnstreben in Stellung bringt. Eine solche Perspektive ist wenig fruchtbar, da sie den Blick auf die tatsächlich relevanten Alternativen verstellt. Erforderlich ist ein theoretischer Ansatz, der sich in der Praxis dadurch bewährt, eine Komplementarität zwischen Gewinn und Moral herstellen zu helfen. Vor diesem Hintergrund wird die These entwickelt, dass Corporate Citizenship als Ordnungsverantwortung zu verstehen ist, deren Implementierung im Zuge kluger Investitionen in die (Fort-)Entwicklung von Institutionen erfolgt. Aus Sicht der ökonomischen Ethik ist die Fähigkeit korporativer Akteure, sich durch eben solche Investitionen selbst zu binden und auf diese Weise Verantwortung zu übernehmen, entscheidender Bestandteil ihrer raison d'être.

Schlüsselworte: Wirtschaftsethik, Corporate Citizenship, Selbstbindung

1. Problemstellung

Bereits 1937 stellte der spätere Nobelpreisträger RONALD COASE in seinem berühmten Aufsatz „The Nature of the Firm" die Frage, was die raison d'être von Unternehmen sei. In der ökonomischen Theorie hat sich seither eine Fülle von Ansätzen entwickelt, die sich mit eben dieser Fragestellung auseinandersetzen.[1] Aus wirtschaftsethischer Perspektive ist von besonderer Bedeutung, dass Unternehmen als korporative Akteure angesehen werden. Sie sind Objekt der Zuschreibung von Verantwortung für Handlungsfolgen. Als korporative Akteure sind Unternehmen in der Lage, den eigenen Optionsraum so zu gestalten, dass eine pro-

---

* Gustav Dieckheuer hat sich nicht nur um die Theorie internationaler Wirtschaftsbeziehungen verdient gemacht. Er hat sich auch praktisch für die Universität als Organisation engagiert. Damit steht das Thema „Corporate Citizenship" zu seinen zahlreichen Aktivitäten gleich in doppelter Beziehung. Wir widmen ihm diesen Beitrag.

[1] Für einen Überblick vgl. WALDKIRCH (2002).

duktive Zusammenarbeit gelingt und mithin wechselseitige Besserstellung ermöglicht wird. Unternehmen können sich festlegen, sie können verbindliche Entscheidungen treffen. Korporative Akteure verfügen im Vergleich zu natürlichen Personen sogar über eine *erhöhte Selbstbindungsfähigkeit*, denn sie sind grundsätzlich auf einen infiniten Zeitraum angelegt und verfügen über ein breites Instrumentarium, von der Organisationsverfassung bis hin zur Organisationskultur, mit dem sie ihren eigenen „Charakter" festlegen, verändern und kommunizieren können. Dies hat zur Folge, dass Unternehmen längerfristige Investitionen zu tätigen vermögen. Sie können ihre Ziele für Außenstehende transparent ausweisen und die hierbei eingesetzten Mittel bewusst auswählen. Insofern sind korporative Akteure besonders geeignet, Verantwortung zu übernehmen. Ihre Verantwortungsfähigkeit ist aus Sicht der ökonomischen Ethik sogar integraler Bestandteil ihrer raison d'être.[1]

Nun schliesst sich freilich die Frage an, wofür und in welcher Form Unternehmen Verantwortung übernehmen können. In der Literatur wurden auf diese Frage in den letzten Jahrzehnten ganz überwiegend Antworten formuliert, die Unternehmensverantwortung im Sinne eines *„Domestizierungs"-Paradigmas* [HOMANN (2004), S. 4] entwickeln, welches die Übernahme von Verantwortung *gegen* das Gewinnstreben in Stellung bringt.[2] Wir halten diese Perspektive – insbesondere angesichts globalisierter Wettbewerbsbedingungen – für systematisch verfehlt. Verantwortungsvolles unternehmerisches Handeln besteht, so die diesem Beitrag zugrunde liegende These, nicht in der Beschränkung des Gewinnstrebens, sondern in Investitionen in die (Fort-)Entwicklung von Institutionen, deren Fehlen oder unzureichende Implementierung sich in Konflikten zwischen Gewinn und Moral manifestiert.

Vor dem Hintergrund dieser These wird in Abschnitt 2 zunächst eine aktuelle Konzeption von Unternehmensverantwortung vorgestellt, anhand deren die blinden Flecken des Domestizierungsparadigmas verdeutlicht werden sollen. In Abgrenzung dazu wird Corporate Citizenship als unternehmerische Ordnungsverantwortung entwickelt (Abschnitt 2.2) und sodann das Potenzial dieser Konzeption anhand eines konkreten Beispiels illustriert (Abschnitt 3). Der Beitrag endet mit einem kurzen Resümee (Abschnitt 4).

---

1 Wir vertreten die These, dass die Verantwortungsfähigkeit korporativer Akteure weniger vom Kriterium der Handlungsfähigkeit als vielmehr von ihrer Selbstbindungsfähigkeit her zu bestimmen ist [PIES (2001), S. 186 f.]. WALDKIRCH merkt hierzu kritisch an, dass die Gründung von Organisationen oftmals erfolge, um eine *geringere* Selbstbindung zu ermöglichen, etwa im Hinblick auf die beschränkte Haftung korporativer Akteure [WALDKIRCH (2002), S. 173]. Dem ist zuzustimmen. Es ist aber kein Einwand gegen das eigentliche Argument. Dieses besagt, dass korporative Akteure per Selbstbindung ihren Charakter hoch selektiv selbst festlegen und verändern können, und zwar in einem Ausmaß, wie dies natürlichen Personen nicht möglich ist.

2 Vgl. statt vieler ULRICH (1997) und WOOD (1994).

Ziel der Ausführungen ist es zu veranschaulichen, dass eine konstruktive (Neu-) Bestimmung der Rolle der Privatwirtschaft nur jenseits des vermeintlichen Gegensatzes von Gewinnstreben und moralischen Anliegen erfolgen kann.

2. Von der sozialen Verantwortung der Wirtschaft zu unternehmerischer Ordnungsverantwortung

2.1 Corporate Social Responsibility versus Corporate Citizenship?

Die Konzeption von THOMAS LOEW ET AL.

In einer aktuellen Studie setzen sich LOEW ET AL. mit der internationalen Diskussion zur gesellschaftlichen Verantwortung von Unternehmen, der Corporate Social Responsibility (CSR), und ihrer Bedeutung für das Konzept der Nachhaltigkeit auseinander [LOEW ET AL. (2004), S. 50 ff.]. Von Interesse ist hier insbesondere die von den Autoren entwickelte Begriffssystematik von CSR und Corporate Citizenship (CC), da sich diese *grundsätzlich* von jener Konzeption unterscheidet, die wir zu favorisieren vorschlagen.

Nach Auffassung der Autoren liegt beiden Begriffen die Sichtweise zugrunde, dass Unternehmen als Teil der Gesellschaft verpflichtet seien, einen positiven Beitrag zu leisten. In der aktuellen (unternehmensethischen) Literatur stünden sich jedoch zwei Ausrichtungen gegenüber, die CC [LOGAN/TUFFREY (1999); WADDOCK (2003)] respektive CSR [WOOD/LOGDSON (2001); MUTZ/KORFMACHER (2003)] als elaborierteres Konzept favorisieren. LOEW ET AL. schließen sich der letzteren Sichtweise an und begründen dies sowohl begriffshistorisch als auch mit Blick auf eine normative Vorzugswürdigkeit von CSR. Im Anschluss an diese Überlegungen entwickeln die Autoren eine Definition von Corporate Citizenship:

(1) Der Begriff Corporate Citizenship, so LOEW ET AL., habe sich mit Blick auf regionale soziale Problemlagen im unmittelbaren Umfeld der Unternehmung entwickelt. Ein Bezug zu ökologischen oder internationalen Problemstellungen sei hingegen nicht erkennbar. Entsprechend fänden Corporate Citizenship-Aktivitäten allein im Rahmen herkömmlicher (Spenden, Sponsoring) und neuer (Corporate Volunteering) Formen philanthropischen Engagements statt [LOEW ET AL. (2004), S. 71].[1] Aufgrund dieser thematischen Verengung könne auch nicht ohne weiteres

---

1 Die Reduktion der Implementierung von Corporate Citizenship auf philanthropische Aktivitäten erfolgt vermutlich in Anlehnung an die Definition von LOGAN: „There is no absolute definition of what the term corporate citizenship means. (...) The historical use of the term, still very current in the USA, largely means the voluntary philanthropic contributions that businesses make over and above their mainstream activities." [LOGAN (2001), S. 5-6].

ein Bezug zwischen Corporate Citizenship und dem Begriff der Nachhaltigkeit hergestellt werden. Die Definition der Europäischen Union von CSR als Konzept, „welches den Unternehmen als Grundlage dient, auf freiwilliger Basis soziale Belange und Umweltbelange in ihre Unternehmenstätigkeit und in ihre Wechselbeziehungen mit den Stakeholdern zu integrieren" [EUROPÄISCHE KOMMISSION (2001), S. 5 ff.], sei hingegen ohne weiteres anschlussfähig an die Grundgedanken der Nachhaltigkeit. Die Überlegenheit des *Begriffs* CSR resultiert nach Auffassung der Autoren demnach aus seiner inhaltlichen Tiefe.

(2) Die (normative) Vorzugswürdigkeit der *Konzeption* CSR wird von den Autoren auf Basis der Position von WOOD/LOGSDON (2001) entwickelt. CSR „erkenne zwar den unternehmerischen Nutzen als akzeptabel an, räume aber den ethischen und legalen Bedürfnissen der Gesellschaft eindeutig Vorrang vor denen des Unternehmens ein. Corporate Citizenship dagegen sei spezifischer. Der Blick liege hauptsächlich auf der lokalen Gemeinschaft und das Eigeninteresse gelte nicht nur als erstrebenswert, sondern sogar als essenzieller Anreiz." [LOEW ET AL. (2004), S. 54]. Ein entscheidendes Merkmal von CSR sei folglich die Betonung des Vorrangs der Bedürfnisse der Gesellschaft (stakeholder) gegenüber denen des Unternehmens (shareholder). Der somit von den Autoren unterstellte Gegensatz zwischen Eigeninteresse und Gemeinwohl wird in Abb.1 grafisch rekonstruiert.

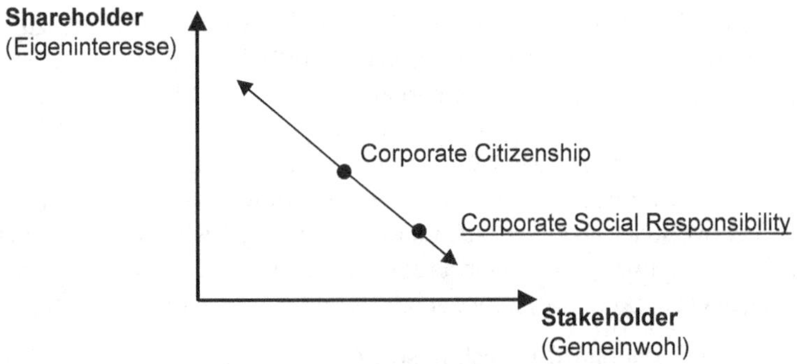

Abb.1: Verortung von CC und CSR bei LOEW ET AL.

(3) Auf Grundlage der dargestellten Überlegungen definieren LOEW ET AL. Corporate Citizenship als „das über die eigentliche Geschäftstätigkeit hinausgehende Engagement des Unternehmens zur Lösung sozialer Probleme im lokalen Umfeld des Unternehmens und seiner Standorte. Corporate Citizenship umfasst Spenden und Sponsoring (Corporate Giving), die Gründung von gemeinnützigen Unternehmensstiftungen (Corporate Foundations) und ein Engagement für soziale Zwecke unter direktem Einbezug der Mitarbeiter (Corporate Volunteering). Zu Corporate Citizenship zählen sowohl uneigennützige Aktivitäten sowie Aktivitäten mit einem wirtschaftlichen Eigennutz." [LOEW ET AL. (2004), S. 71 f., H.i.O.]. In Abgrenzung dazu sei CSR auf die Verbesserung der Geschäftsprozesse und der Beziehungen zu den Stakeholdern ausgerichtet. Die Autoren kommen zu dem Ergeb-

nis, dass sowohl der Begriff als auch die konzeptionelle Ausrichtung von CSR eine Fortentwicklung gegenüber CC darstellen.

Kritik an der Konzeption von THOMAS LOEW ET AL.

Zu der von LOEW ET AL. vertretenen Position möchten wir nun differenzierend Stellung beziehen. Wir wollen theoretische Argumente geltend machen, die zu einer völlig anderen Einschätzung des zu klärenden Sachverhalts führen.

(1) Unsere Kritik lässt sich anhand der grafischen Verortung von CC und CSR entwickeln (vgl. Abb. 1 und Abb. 2). Wir vertreten die Auffassung, dass die Autoren beide Konzepte in einem Trade-off von Eigeninteresse versus Gemeinwohl verorten und damit das Potenzial von CC verkennen. Die Autoren postulieren ein Primat des Gemeinwohls, weshalb sie ihre Konzeption von CSR gegenüber CC favorisieren. CC wird als ein Kompromiss zwischen Eigeninteresse und Gemeinwohl dargestellt, so dass CC grafisch durch einen Punkt nord-westlich auf der Trade-off-Geraden abgebildet wird. Wird diese Bewegung entlang der Trade-off-Geraden fortgesetzt, so gelangt man zu einer Position, die eine Übernahme gesellschaftlicher Verantwortung jenseits der Gewinnmaximierung gänzlich ablehnt.[1] Eine solche Position fokussiert einseitig auf die *Rechte* der Unternehmung, die im Zweifel zu Lasten der Interessen von Stakeholdern verwirklicht werden (sollen). In Abb. 2 wird dies mit dem Begriff der Corporate Ignorance (CI) belegt.

Spiegelbildlich betont CSR – tendenziell aber ebenso einseitig wie CI – die *Pflichten* der Unternehmung (gegenüber den Stakeholdern), denen im Zweifel zu Lasten der Gewinnmaximierung nachgekommen werden soll.[2] Diese Position ist auf der Trade-off-Geraden in Richtung der Interessen der Stakeholder anzusiedeln.

Unseres Erachtens hebt sich Corporate Citizenship nun von beiden Positionen *grundlegend* ab, da die Konzeption nicht im Trade-off von Rechten und Pflichten (Shareholder vs. Stakeholder; Eigeninteresse vs. Gemeinwohl) formuliert ist, sondern diese (vermeintlichen) Gegensätze im Zuge einer orthogonalen Positionierung[3] transzendiert (vgl. Abb. 2). Diese Pointe haben Loew et al. vollkommen

---

[1] In der Literatur wird diese Position pointiert vertreten von FRIEDMAN (1970) und auch von HENDERSON (2001).

[2] Für diese Position vgl. statt vieler WOOD (1994), inhaltlich auch ULRICH, der dies allerdings im Rahmen der Republikanischen Unternehmensethik ebenfalls mit dem Begriff Corporate Citizenship bezeichnet [ULRICH (2002)].

[3] Der Begriff „orthogonale Positionierung" bezeichnet eine Stellungnahme, die sich die eindimensional antagonistische Frontstellung eines Trade-off nicht zu Eigen macht, sondern diese Frontstellung überwindet, indem der Denkhorizont um eine neue Dimension erweitert wird. In Abb. 2 wird dies durch den grauen Pfeil symbolisiert. „Orthogonale Positionierung" meint also das perspektivische Aufbrechen einer kategorial bedingten Denkblockade. Der Begriff bringt den in der Philosophie altbekannten Sachverhalt zum Ausdruck, dass sich Dualismen oder Antinomien – wie z. B. der (vermeintliche)

übersehen. Deshalb ist ihre Argumentation blind für den qualitativen Unterschied zwischen CC und CSR: Beide Konzeptionen unternehmerischer Verantwortung sind nicht auf der gleichen Ebene anzusiedeln. Vielmehr verhält es sich so, dass CSR und CI direkt miteinander im Konflikt stehen und dass CC genau diesen Konflikt auflöst und damit nicht nur CI, sondern auch CSR überbietet.[1]

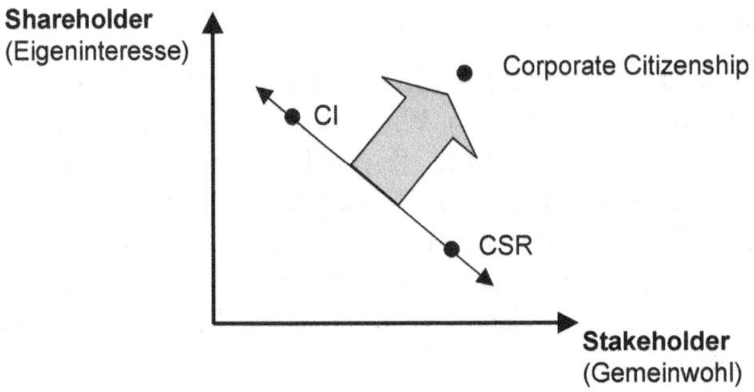

Abb. 2: Eigene Verortung von CC und CSR

(2) Loew et al. fokussieren bei der Umsetzung ihrer Konzeption von CC auf philanthropische Aktivitäten. Hier lautet unser Gegenargument: Genau diese Fokussierung auf philanthropische Aktivitäten ist extrem problematisch, wenn man die Bedürfnisse der Stakeholder ernst nimmt, die Loew et al. – wie wir meinen: zu Recht – betonen. Denn das Engagement für Bereiche jenseits des Kerngeschäfts kann schwerlich zur Lösung von Konflikten beitragen, die sich ja i.d.R. daran entzünden, welche Aktivitäten im Kerngeschäft ausgeübt werden. Deshalb kann nur das konsequente Engagement für jene Belange, die mit der Geschäftstätigkeit in direkter Verbindung stehen, *systematisch* dazu beitragen, bestehende Konflikte konstruktiv aufzulösen und künftige Konflikte zu vermeiden. Moralisches Engagement muss im Kerngeschäft angesiedelt sein. Gerade aus gesellschaftlicher Sicht ist folglich die ausschließliche Bindung monetärer und personeller Ressourcen im Zuge von Spenden und Freiwilligenarbeit der Mitarbeiter angesichts der relevanten Alternativen nicht prinzipiell wünschenswert.[2]

Gegensatz zwischen Freiheit und Determinismus oder der (vermeintliche) Gegensatz zwischen Eigeninteresse und Moral – am besten dadurch auflösen lassen, dass man auf die Voraussetzungen, den kategorialen Rahmen des vermeintlichen Entweder-Oder reflektiert und sich auf eine neue Fragestellung einlässt, die mehr in den Blick nimmt als nur dieses Entweder-Oder. Vgl. hierzu ausführlich PIES (2000), S. 34.

[1] Dieses Verständnis von Corporate Citizenship wird in der aktuellen Literatur u.a. vertreten durch BECKMANN ET AL. (2004); BRINKMANN (2004); BRINKMANN/PIES (2003); HABISCH (2003); MCINTOSH ET AL. (2003); SEITZ (2003) sowie ZADEK (2001).

[2] Entsprechend verlieren philanthropische Aktivitäten auch aus unternehmerischer Sicht zunehmend an Bedeutung gegenüber solchen Maßnahmen, welche bestehende und po-

(3) Die Vorzugswürdigkeit von CSR wird von den Autoren mit dem Vorrang der „legalen und ethischen" Bedürfnisse der Gesellschaft gegenüber denen des Unternehmens begründet. Hierbei bleibt freilich unberücksichtigt, dass unter Wettbewerbsbedingungen die einseitige Auflösung zugunsten gesellschaftlicher Bedürfnisse untrennbar mit dem Risiko eines Wettbewerbsnachteils verbunden ist, bis hin zum Marktaustritt moralischer *First-mover*. Dieses Resultat ist jedoch insbesondere dann unbefriedigend, wenn ethische Bedürfnisse verstärkt Berücksichtigung finden sollen. Die Gefahr der Ausbeutung der individuellen unternehmerischen Vorleistung durch die Mitbewerber markiert mithin einen (weiteren) blinden Fleck der Konzeption von THOMAS LOEW und seinen Koautoren.

Vor diesem Hintergrund wird nun Corporate Citizenship[1] als unternehmerische Ordnungsverantwortung entwickelt. Dabei soll deutlich werden, dass dieses Konzept den hier kritisierten Punkten systematisch Rechnung trägt und sich damit – in Theorie *und* Praxis! – als überlegene Position erweist.

2.2 Corporate Citizenship als Ordnungsverantwortung

Die Position von LOEW ET AL. haben wir stellvertretend für eine Fülle von Ansätzen dargestellt und kritisiert, die ein antagonistisches Verhältnis zwischen Gewinn und Moral unterstellen und sich dann auf die Seite der Moral schlagen. So kommt es zu den verbreiteten Appellen und Schuldzuweisungen. Wir halten diese Perspektive für wenig fruchtbar, da sie den Blick auf die tatsächlich relevanten Alternativen verstellt und damit theoretisch die Entwicklung solcher Fragestellungen behindert, die sich in der Praxis gerade dadurch als konstruktiv erweisen, dass sie eine Komplementarität zwischen Gewinn und Moral herstellen (helfen). Eine Konzeption von Unternehmensverantwortung, welche die genannten Defizite zu vermeiden sucht, zeichnet sich deshalb gerade dadurch aus, dass sie sich nicht *im*, sondern *zum* (vermeintlichen) Trade-off von Gewinn und Moral positioniert.[2]

Dieser Perspektivenwechsel wird durch die (Leit-) Unterscheidung zweier Ebenen ermöglicht: der Ebene der Rahmenordnung einerseits und der Ebene der Handlungen der (korporativen) Akteure innerhalb dieser Rahmenordnung andererseits. Konflikte zwischen Gewinnstreben und moralischen Anliegen werden demnach nicht auf eine defizitäre moralische Gesinnung der Unternehmen zurückgeführt, sondern vielmehr auf das Fehlen oder die mangelnde Implementierung von Institutionen auf der Ebene der Rahmenordnung. Dies ist jedoch nicht damit gleichzu-

---

tenzielle Konflikte zwischen Gewinn und Moral adressieren und sich damit als überlegene Investition erweisen. Vgl. Abschnitt 2.2.

1 Bei BECKMANN ET AL. (2004) wird dieser Begriff wie folgt definiert: „Corporate Citizenship bezeichnet die Übernahme von Ordnungsverantwortung für die Rahmenbedingungen des eigenen Handelns durch das strategische Management individueller und kollektiver Selbstbindungen".

2 Vgl. dazu weiterführend PIES/SARDISON (2005).

setzen, die Akteure auf der Handlungsebene von jeglicher Verantwortung freizusprechen. Diese sind vielmehr dazu aufgefordert, Ordnungsverantwortung[1] für jene Regeln zu übernehmen, welche ihre Handlungsanreize prägen. Im Falle eines Konflikts zwischen Gewinn und Moral geht es also nicht darum, sich zugunsten des einen oder des anderen zu entscheiden, sondern zu eruieren, unter welchen Bedingungen der Konflikt so transformiert wird, dass die Verfolgung des Eigeninteresses systematisch zur eigenen und zugleich allgemeinen Besserstellung führt. Auf diese Weise kann neben den ursprünglich konfligierenden (Handlungs-) Interessen in einer gegebenen Situation das (Regel-) Interesse an einer veränderten Situation identifiziert werden. Die Kosten der Übernahme von Ordnungsverantwortung sind dabei nicht als Verzicht auf Gewinnmaximierung zu bezeichnen. Dies wäre ein grundlegendes Missverständnis. Vielmehr stellt Ordnungsengagement eine *Investition* in Vermögenswerte dar, welche durch die unterschiedlichen Kapitalformen abgebildet werden (vgl. Abb. 3.). Solche Investitionen erfolgen im wohlverstandenen Eigeninteresse, denn der Erhalt und die Fortentwicklung dieser Vermögenswerte sind konstitutiv für den Unternehmenserfolg.[2]

Die Entscheidung zu Art und Umfang einer Investition ist dabei letztlich von der Ausrichtung des Unternehmens abhängig: Für multinational operierende Markenartikler ist ein gutes Image bei den Endverbrauchern von großer Bedeutung, während es für Unternehmen, die sich auf Zwischenprodukte spezialisiert haben, eine untergeordnete Rolle spielen kann. Dennoch kann auch für Unternehmen, die nicht schon aufgrund ihrer Kundenbeziehungen im Zentrum öffentlicher Aufmerksamkeit stehen, die Berücksichtigung moralischer Anliegen (etwa die Verwirklichung von Umwelt-, Sozial-, und Menschenrechtsstandards) durchaus als im eigenen Interesse liegend erscheinen, sofern beispielsweise positive Auswirkungen auf das Sach- oder Humankapital zu erwarten sind, etwa in Form von Motivationseffekten bei der Belegschaft. Entsprechend lassen sich auch philanthropische Aktivitäten rekonstruieren als eine Investition in Sozialkapital, die im wohlverstandenen Eigeninteresse erfolgen kann: Die soziale Akzeptanz des unternehmerischen Umfelds ist oftmals von großer Bedeutung für die erfolgreiche Ausübung der Geschäftstätigkeit.[3]

---

1 Ordnungsverantwortung ist unser Übersetzungsvorschlag für Corporate Citizenship [BRINKMANN/PIES (2003), S. 201].

2 Dies wird insbesondere in den wirtschaftsethischen Arbeiten von SUCHANEK betont [SUCHANEK (2001)].

3 In diesem Zusammenhang ist jedoch anzumerken, dass Unternehmen, deren Geschäftstätigkeit besonders kritisch verfolgt wird, keine erhöhte Akzeptanz aufgrund philanthropischen Engagements zu erwarten haben. Hier stände vielmehr zu befürchten, dass die unternehmerische Glaubwürdigkeit unter einer Diskrepanz von „guten Taten“ einerseits und umstrittenen Auswirkungen des Kerngeschäfts andererseits zu leiden hätte [BRINKMANN (2004), S. 58].

Sachkapital	Humankapital	Sozialkapital	Institutionelles Kapital
- Entwicklung neuer Produkte und Produktionsprozesse - Gesteigertes Innovationspotenzial - ...	- Erhöhte Produktivität und Motivation der Mitarbeiter - Erleichterte Rekrutierung der Mitarbeiter - ...	- Erhalt und Steigerung der Reputation - Vertrauen der Share- und Stakeholder - Schaffung einer produktiven Unternehmenskultur - ...	- Wettbewerbl. Rahmenordnung: (Fort-) Entwicklung formeller und informeller Regeln

Abb. 3: Corporate Citizenship als Investition in Vermögenswerte

In der Praxis sind die unterschiedlichen Kapitalformen eng miteinander verwoben, so dass eine investive Betätigung des Unternehmens positive Rückwirkungen auf mehrere Vermögenswerte zur Folge haben kann.

Zudem können Investitionen in das Sach-, Human-, Sozial- oder institutionelle Kapital individuell oder in Kooperation mit anderen Unternehmen getätigt werden: Das individuelle Vorgehen zeichnet sich durch geringere Transaktions- und Interaktionskosten aus, da auf die Koordination mehrerer (korporativer) Akteure verzichtet werden kann. Entsprechend wird auch eine rasche Umsetzung der Investition ermöglicht [GERECKE (1998), S. 12 ff.]. Unter Wettbewerbsbedingungen kann eine individuelle Investition jedoch immer nur in dem Umfang erfolgen, in dem den daraus resultierenden Kosten entsprechende Vorteile gegenüberstehen.

Wäre die Wettbewerbsposition durch das individuelle Engagement gefährdet, wird ein kooperatives Vorgehen mehrerer (konkurrierender) Unternehmen erforderlich: Im Zuge einer kollektiven Selbstbindung verständigen sich Unternehmen dabei auf Regeln, welche es ihnen ermöglichen, bestehende oder potentielle Konflikte zwischen Gewinn und Moral wettbewerbsneutral aufzulösen.[1] Dieses Vorgehen kann als gemeinsame Investition in institutionelles Kapital interpretiert werden. Der Erfolg dieser Strategie ist von mehreren Faktoren abhängig: Sie muss für die beteiligten Unternehmen vorteilhaft sein. Ihre Durchsetzung muss überzeugend gesichert werden. Dabei ist insbesondere die glaubhafte Durchsetzung der gemeinsamen Regeln angesichts der Tendenz zum Trittbrettfahrer-Verhalten eine zentrale Aufgabe, insbesondere in Ermangelung rechtlicher Sanktionen. Darüber

---

1 Individuelle und kollektive Investitionen können als Varianten unternehmerischer Selbstbindung modelliert werden, die der Überwindung des ein- bzw. zweiseitigen Gefangenendilemmas dienen, vgl. dazu PIES (2001) sowie PIES/SARDISON (2005).

hinaus muss dem Missbrauch der kollektiven Selbstbindung als Instrument einer Beschränkung erwünschten Wettbewerbs (im Sinne einer Kartellierung) vorgebeugt werden [SUCHANEK (2001), S. 116 ff.]. Hier ist Transparenz gefordert.

Im Folgenden soll anhand eines aktuellen Beispiels das Potenzial der Selbstbindungsfähigkeit korporativer Akteure verdeutlicht werden. Die dargestellte Initiative gilt als besonders innovativ, da sie im Rahmen einer Public-Private Partnership nicht nur konkurrierende Unternehmen, sondern auch eine Organisation der Entwicklungszusammenarbeit einbindet. Durch die Zusammenarbeit sollen die institutionellen Rahmenbedingungen in elf Importmärkten europäischer Handelshäuser nachhaltig verbessert werden.[1]

3. Illustration: Ordnungsverantwortung durch Kooperation

Seit Beginn der 1990er Jahre haben Nichtregierungsorganisationen in zahlreichen Kampagnen auf die zum Teil menschenunwürdigen Arbeitsbedingungen in den Zulieferbetrieben multinationaler Unternehmen, insbesondere der Textil- und Sportartikelbranche, aufmerksam gemacht. Zahlreiche Unternehmen reagierten darauf mit individuellen Verhaltenskodizes und entsprechenden Überwachungsmaßnahmen bei ihren Zulieferern. Die daraus resultierende Fülle von Kodizes führte zu unvereinbaren Anforderungen an die Betriebe. Darüber hinaus wurde rasch deutlich, dass die individuelle Überprüfung von teilweise mehreren tausend Zulieferbetrieben die Kapazitäten einzelner Unternehmen deutlich übersteigt. Einige große Handelshäuser des deutschen Einzelhandels reagierten auf diese missliche Situation mit der Verabschiedung eines gemeinsamen Regel- und Überwachungssystems.[2] Die Verbesserung der Produktionsprozesse in den Importmärkten wurde mit dieser Vereinbarung explizit vom Wettbewerb ausgenommen. Diese freiwillige Selbstverpflichtung wird seit 2002 gemeinsam mit der Gesellschaft für Technische Zusammenarbeit in elf Importmärkten implementiert und wird derzeit auf weitere europäische Unternehmen ausgedehnt. Besonders hervorzuheben ist, dass die Zulieferbetriebe bei der Umsetzung der Maßnahmen durch die Abnehmer unterstützt werden. Darüber hinaus wird das Thema Sozialstandards auf nationaler Ebene durch den Aufbau Runder Tische verankert, an denen Akteure aus Politik, Zivilgesellschaft und Privatwirtschaft partizipieren. Auf diese Weise soll gewährleistet werden, dass das Engagement für verbesserte Arbeitsbedingungen auch jenseits der betrieblichen Ebene unterstützt wird.

---

1 Die Ausführungen stützen sich auf die umfangreiche Untersuchung von BRINKMANN (2004), S. 45-56.

2 Es handelt sich hierbei um die „AVE-Erklärung betreffend Beschaffungs-Verhaltensregeln zur Gewährleistung von Sozialstandards“ bzw. das „AVE-Sektorenmodell“.

Die beteiligten Unternehmen profitieren unmittelbar von den Synergie- und Beschleunigungseffekten des gemeinsamen Vorgehens. Darüber hinaus steht dem Engagement mittel- bis langfristig eine Fülle weiterer Vorzüge gegenüber: eine deutlich gesteigerte Performance der Zuliefererbetriebe im Hinblick auf Lieferqualität und Pünktlichkeit; ein verbessertes Image, insbesondere auch in der Wahrnehmung kritischer gesellschaftlicher Anspruchsgruppen, sowie nicht zuletzt die Abwendung einer Regulierung durch die Europäische Union.

Die Initiative verdeutlicht, dass die Übernahme unternehmerischer Verantwortung keinesfalls mit einer Einschränkung des Gewinnstrebens gleichzusetzen ist. Das hier beschriebene Vorgehen zeichnet sich gerade dadurch aus, moralische Anliegen bei Beibehaltung des Gewinnstrebens zu verwirklichen zu suchen. Es hat damit Vorbildcharakter für die Umsetzung von Corporate Citizenship und zeigt, wie dieses Konzept ein gegenwärtig noch weitgehend unausgeschöpftes Potential wechselseitiger Besserstellung realisieren hilft. Wir wollen es als These formulieren: Die Zukunft unternehmerischer Verantwortungsübernahme liegt im Engagement für solche Ordnungsfragen, nicht zuletzt angesichts grenzüberschreitender Probleme.

4. Zusammenfassung

Die gesellschaftliche Verantwortung von Unternehmen findet ihren Ausdruck in klugen Investitionen in die Auflösung von Konflikten zwischen Gewinn und Moral. Die Fähigkeit korporativer Akteure, sich durch eben solche Investitionen selbst zu binden und auf diese Weise Verantwortung zu übernehmen, ist aus Sicht der ökonomischen Ethik entscheidender Bestandteil ihrer raison d'être.

Konzeptionen, welche die Übernahme von Verantwortung dadurch verwirklicht sehen, dass die Gewinnerzielungsabsicht moralischen Anliegen geopfert wird, negieren das Potenzial dieser Überlegung. Dies ist ein gravierendes Defizit – für Theorie *und* Praxis. Denn letztlich wird der Moral ein Bärendienst erwiesen, wenn gerade jene Unternehmen, die sie zu verwirklichen suchen, sich unter Wettbewerbsbedingungen nicht behaupten können, weil sie das Ziel der Gewinnmaximierung vernachlässigen.

Die hier vorgestellte Konzeption von Corporate Citizenship erweist sich demgegenüber als die trag- und zukunftsfähigere Konzeption, und zwar sowohl aus unternehmerischer als auch gerade aus gesellschaftlicher Perspektive. Beide Perspektiven *integrieren* zu können, macht den besonderen Anspruch dieser Konzeption aus. Der Kerngedanke dieser Konzeption von Corporate Citizenship wird in diesem Beitrag als Übernahme von Ordnungsverantwortung entwickelt.

Literatur

Beckmann, M., Brinkmann, J., Schuster, V. (2004), 10 Thesen zu Corporate Citizenship als Ordnungsverantwortung – Ein interaktionsökonomisches Forschungsprogramm, WZGE-Diskussionspapier Nr. 04-11, Lutherstadt Wittenberg, im Erscheinen.

Brinkmann, J., Pies, I. (2003), Der Global Compact als Beitrag zu Global Governance. Bestandsaufnahme und Entwicklungsperspektiven, in: Czada, R., Zintl, R. (Hrsg.), Politik und Markt – Politische Vierteljahresschrift, Sonderheft 34, Wiesbaden, S. 186-208.

Brinkmann, J. (2004), Corporate Citizenship und Public-Private Partnerships – Zum Potential der Kooperation zwischen Privatwirtschaft, Entwicklungszusammenarbeit und Zivilgesellschaft, WZGE-Studien, Bd.1, Lutherstadt Wittenberg.

Coase, R. H. (1937), The Nature of the Firm, in: Economica, Vol. 4, No. 16, S. 386-405.

Europäische Kommission (Hrsg.) (2001), Europäische Rahmenbedingungen für die soziale Verantwortung der Unternehmen, Brüssel.

Friedman, M. (1970), The Social Responsibility of Business is to Increase Its Profits, in: The New York Time Magazine vom 13.9.1970, S. 32-33; 122-126.

Gerecke, U. (1998), Ethik der Globalisierung, in: Lachmann, W., Farmer, K., Haupt, R. (Hrsg.), Globalisierung: Arbeitsteilung oder Wohlstandsteilung, Münster.

Habisch, A. (2003), Corporate Citizenship – Gesellschaftliches Engagement von Unternehmen in Deutschland, Berlin u.a.

Henderson, D. (2001), Misguided Virtue – False Notions of Corporate Social Responsibility, Wellington.

Homann, K. (2004), Gesellschaftliche Verantwortung der Unternehmen – Philosophische, gesellschaftstheoretische und ökonomische Überlegungen, WZGE-Diskussionspapier Nr. 04-6, Lutherstadt Wittenberg.

Loew, T., Ankele, K., Braun, S., Clausen, J. (2004), Bedeutung der internationalen CSR-Diskussion für Nachhaltigkeit und die sich daraus ergebenden Anforderungen an Unternehmen mit Fokus Berichterstattung, Münster u.a.

Logan, D., Tuffrey, M. (1999), Companies in communities – Valuing the contribution, Kent.

Logan, D. (2001), Corporate Citizenship: defining terms and scoping key issues, Internetdokument: http://www.corporate-citizenship.co.uk/publications/download1.doc

McIntosh, M., Thomas, R., Leipziger, D., Coleman, G. (2003), Living Corporate Citizenship – Strategic routes to socially responsible business, London.

Mutz, G., Korfmacher, S. (2003), Sozialwissenschaftliche Dimensionen von Corporate Citizenship in Deutschland, in: Backhaus-Maul, H., Brühl, H. (Hrsg.), Bürgergesellschaft und Wirtschaft – zur neuen Rolle von Unternehmen, Berlin, S. 45-62.

Pies, I. (2000), Ordnungspolitik in der Demokratie – Ein ökonomischer Ansatz diskursiver Politikberatung, Tübingen.

Pies, I. (2001), Können Unternehmen Verantwortung tragen? – Ein ökonomisches Gesprächsangebot an die philosophische Ethik, in: Wieland, J. (Hrsg.), Die moralische Verantwortung kollektiver Akteure, Heidelberg, S. 171-199.

Pies, I., Sardison, M. (2005), Wirtschaftsethik, WZGE-Diskussionspapier Nr. 05-2, Lutherstadt Wittenberg, im Erscheinen.

Seitz, B. (2002), Corporate Citizenship – Rechte und Pflichten der Unternehmung im Zeitalter der Globalität. Wiesbaden.

Suchanek, A. (2001), Ökonomische Ethik, Tübingen.

Ulrich, P. (2002), Republikanischer Liberalismus und Corporate Citizenship – Von der ökonomischen Gemeinwohlfiktion zur republikanisch-ethischen Selbstbindung wirtschaftlicher Akteure, in: Münkler, H. (Hrsg.), Gemeinwohl und Gemeinsinn – Zwischen Normativität und Faktizität, Bd. IV, Berlin, S. 273-291.

Waddock, S. (2003), Parallel Universes– Companies, Academics and the Progress of Corporate Citizenship, unveröffentlicht.

Waldkirch, R. (2002), Unternehmen und Gesellschaft – Zur Grundlegung einer Ökonomik von Organisationen, Wiesbaden.

Wood, D. (1994), Business and Society, 2. Aufl., New York.

Wood, D., Logsdon, J. (2001), Theorising business citizenship, in: Andrioff, J., McIntosh, M. (eds.), Perspectives on Corporate Citizenship, Sheffield, S. 66-82.

Zadek, S. (2001), The Civil Corporation – The new economy of corporate citizenship, London.

Die Berücksichtigung ethischer Elemente in Unternehmensratings

Andreas Pfingsten, Boris Staeck, Norbert Sträter

Zusammenfassung: Vor dem Hintergrund eines verstärkten Interesses an ethischen Aspekten in der Unternehmensführung und -bewertung wird der Frage nachgegangen, welche Gründe für die Berücksichtigung ethischer Elemente in Unternehmensratings sprechen. Dafür werden zunächst Unternehmensratings, inklusive einiger Problembereiche, näher beschrieben und darauf aufbauend ethisch relevante Beurteilungskriterien herausgearbeitet. In der Analyse werden die Möglichkeiten und Grenzen der Integration ethischer Elemente in Unternehmensratings aufgezeigt.

Schlüsselworte: Rating, Unternehmensrating, Ethik, Stakeholder, Corporate Social Responsibility

1. Einleitung

Das Thema „Rating" ist gegenwärtig aus der wirtschaftspolitischen Diskussion kaum wegzudenken. Der Ausschuss für Bankenaufsicht der Bank für Internationalen Zahlungsausgleich (BIZ), wegen des Sitzes der BIZ in Basel kurz „Baseler Ausschuss" genannt, hatte im Juni 1999 ein erstes Konsultationspapier vorgelegt, das Vorschläge zur Überarbeitung des sog. „Baseler Akkords" von 1988 [BASELER AUSSCHUSS FÜR BANKENAUFSICHT (1988)] machte. Dieser Akkord enthielt Vereinbarungen zur recht pauschalen Unterlegung der Bankrisiken mit Eigenkapital. Ein zentraler Vorschlag im Konsultationspapier hingegen besagte, zukünftig das erforderliche Mindesteigenkapital für Unternehmenskredite an einem Rating der Unternehmen zu orientieren. Mit der endgültigen Verabschiedung von „Basel II" im Juni 2004 [BASELER AUSSCHUSS FÜR BANKENAUFSICHT (2004)] ist dieser Vorschlag im Anwendungsbereich der Vereinbarung, d.h. für große, international tätige Banken, verbindlich geworden. Eine Brisanz der Regelung besteht darin, dass aller Voraussicht nach - über den Weg einer EU-Richtlinie - eine entsprechende Vorschrift als nationales Recht für alle deutschen Kreditinstitute gelten wird.

So wie dem Rating in letzter Zeit mehr Aufmerksamkeit entgegengebracht worden ist, so haben auch Überlegungen zu Begriffen wie z. B. „Unternehmensethik", „Nachhaltigkeit" und „Corporate Responsibility" Konjunktur. Vermehrte Burnout-Syndrome und Sinnkrisen bei Managern führen zu verstärkter Nachfrage nach spirituellen Leitbildern und einer werte-, nicht wie bisher nur wertorientierten Unternehmensführung [WIELENS (2004)]. Das Handeln nach ethischen Prinzipien ist eine wichtige, nicht zu vernachlässigende Größe geworden. Die Beachtung ethischer Prinzipien ist zwar kein Garant für Erfolg, allerdings kann das Missachten gravierende negative Auswirkungen auf den Unternehmenserfolg haben. Vor diesem Hintergrund soll im vorliegenden Beitrag der Frage nach Möglichkeiten und Grenzen der Berücksichtigung ethischer Elemente in Unternehmensratings nachgegangen werden.

Als Beitrag für Gustav Dieckheuer zum 65. Geburtstag scheint das Thema aus mehreren Gründen besonders geeignet zu sein. Erstens betrifft es eine Frage, die länderübergreifend und damit international von Bedeutung ist, und passt somit zu seinem Schwerpunktfach „Internationale Wirtschaftsbeziehungen". Zweitens werden theoretische mit praktischen Überlegungen verknüpft, was ihm immer am Herzen liegt. Und drittens – last, but certainly not least – hat er selbst zu ethik-verwandten Fragen wiederholt publiziert [z. B. DIECKHEUER (1983) oder DIECKHEUER/BOGUSLAW (2000)].

In der Folge werden wir zunächst Unternehmensratings, inklusive auftretender Problembereiche, näher beschreiben. Danach besprechen wir ethisch relevante Beurteilungskriterien und arbeiten sowohl Gründe für ihre Berücksichtigung als auch zusätzlich auftretende Schwierigkeiten heraus. Zusammenfassung und Ausblick runden die Arbeit ab.

2. Unternehmensratings

2.1 Zielsetzung und Bedeutung von Ratings

Das englische Wort „Rating" wird in Wörterbüchern allgemein u.a. mit Begriffen wie Einschätzung, Einstufung, Bewertung und dergleichen übersetzt. Rating bezeichnet dabei zum einen den *Prozess* der Bewertung, zum anderen aber auch das *Ergebnis* eines solchen Bewertungsprozesses [vgl. hier und im Folgenden PFINGSTEN (2001)].

Beginnen wir mit Rating als Begriff für das Ergebnis, d.h. ein Bewertungsobjekt *hat* ein Rating. Derartige Ratings schließen die Kennzeichnung von Filmen (z. B. „nur für Jugendliche ab 16 Jahren"), Qualitätsurteile (z. B. „gut" der Stiftung Warentest), aber auch Prüfungsnoten (z. B. „voll befriedigend" oder „2,7") ein. Sie haben mehrere gemeinsame Charakteristika. Zum einen besteht das Ziel meist darin, mehrere Merkmale der beurteilten Objekte mit ihren Ausprägungen in eine einzige Angabe, das Rating, zu verdichten. Des Weiteren können die betrachteten Merkmalsausprägungen in recht unterschiedlichen Skalen (z. B. metrisch, ordinal) [BACKHAUS ET. AL. (2003), S. 4 ff.] zu messen sein. Schließlich sind die Merkmalsausprägungen teils objektiv feststellbar, teils aber nur subjektiv bewertbar – ein Punkt, der uns bei der Integration ethischer Aspekte noch beschäftigen wird. Der Informationsverlust, der mit der Aggregation mehrerer Kriterien in ein einziges Urteil einhergeht, muss nolens volens in Kauf genommen werden. Typisch für Ratings ist hierbei im Übrigen auch, dass sie immer wieder anhand einer festgelegten und daher im Laufe der Zeit bekannten und vertrauten Skala vorgenommen werden.

Im Bank- und Finanzwesen werden Ratings vor allem im Zusammenhang mit Fremdfinanzierungen (Kredite, Obligationen, Anleihen etc.) verwendet. Dort hat ein Gläubiger (z. B. ein Kreditgeber) einem Schuldner Geld überlassen, das Letzterer zu festgelegten Konditionen zurückzuzahlen hat. Das Rating soll im Wesentlichen zum Ausdruck bringen, wie sicher diese Rückzahlungen sind bzw. welches Risiko in dem Kredit steckt.

Als Rating-Objekte in Frage kommen sowohl ein Schuldner, z. B. ein Unternehmen (Unternehmensratings), als auch ein spezieller Finanztitel (Finanzratings). Das Rating eines Finanztitels des Unternehmens kann dabei durchaus besser sein als das allgemeine Unternehmensrating. Typisch ist dies etwa für einzeln besicherte Forderungen und für mit Vermögensgegenständen unterlegte Wertpapiere (Asset Backed Securities). Bei den Unternehmensratings, auf die wir uns in der Folge konzentrieren, ist im Übrigen noch die Unterscheidung von kurz- und langfristigen Ratings gängig; denn die Sicherheit der vereinbarten Rückzahlungen eines aktuell unproblematischen Unternehmens kann langfristig deutlich geringer sein. Beispiele sind Unternehmen in einer im sich Abwärtstrend befindenden Branche oder auch Unternehmen, bei denen sich Mängel vermutlich erst längerfristig negativ auswirken werden – ein Ansatzpunkt für ethische Überlegungen.

Aus der Versicherungswirtschaft ist das Versicherungsprinzip bekannt, dass nämlich ein abgegrenztes Kollektiv von Versicherten mit seinen Prämien die bei diesem Kollektiv anfallenden Versicherungsleistungen (zuzüglich Verwaltungskosten, Gewinnaufschlägen und dergleichen) abdecken soll. Gleichzeitig sind differenzierte Prämien gängig, die z. B. in Abhängigkeit von vermuteten Schadenswahrscheinlichkeiten und -höhen festgelegt werden. Das Rating eines Kreditnehmers spielt bei der Übertragung beider versicherungswirtschaftlicher Grundüberlegungen auf das Kreditgeschäft eine zentrale Rolle. Vereinfacht lässt sich sagen, dass die einheitlichen Risikozuschläge für Kreditnehmer einer Ratingklasse die durchschnittlichen Ausfälle dieser Klasse decken sollen (erwartete Verluste [HARTMANN-WENDELS/PFINGSTEN/WEBER (2004), S. 505 ff.; STRÄTER/SUHR (2004), S. 357]), während die Risikozuschläge zwischen den Klassen differenziert werden. Dies ist wohl der wesentliche Grund, warum gerade eigenkapitalschwache mittelständische Unternehmen auf die wachsende Verbreitung von (zumeist bankinternen) Ratings häufig skeptisch reagieren.

2.2 Anreizwirkungen im Rating-Prozess

Wir kommen nun zu ein paar Überlegungen zum Prozess des Unternehmensratings, den wir allerdings nicht in seinem gesamten Ablauf darstellen wollen.

Ratings von Kreditnehmern werden hauptsächlich von zwei Arten von Institutionen erstellt: von Kreditinstituten und von Rating-Agenturen. Die zweite Gruppe wird vor allem mit ihren beiden derzeit führenden Repräsentanten identifiziert, den Unternehmen Moody's und Standard & Poor's. Zu beachten ist allerdings, dass gerade in den letzten Jahren weitere Agenturen hervorgetreten sind, vor allem Fitch IBCA.

Ein grundlegender Unterschied besteht im auslösenden Ereignis für die Erstellung eines Ratings. Beim bankintern erstellten Rating erfolgt eine Beurteilung üblicherweise bei Prüfung eines Kreditantrages im Rahmen der Kreditwürdigkeitsprüfung, turnusmäßig im Zuge der laufenden Kreditüberwachung und ggf. bei besonderen Ereignissen. Eine Rating-Agentur wird in der Regel nur dann tätig, wenn sie den Auftrag eines Unternehmens bekommt [MÜLLER (1996), S. 330 ff.].

Für die Erstellung eines Agentur-Ratings zahlt das zu beurteilende Unternehmen eine Gebühr. Das Unternehmen will diese Kosten später wieder einsparen, indem es mit dem erhofften guten Rating am Kapitalmarkt günstiger Geld aufnehmen kann als das dort ohne das Rating oder bei einer Bank möglich wäre. Da das Rating ohne Zustimmung des Unternehmens nicht publiziert wird, besteht ein gewisser Anreiz zu einem „Rate-shopping", d. h. der Vergabe von Aufträgen an mehrere Rating-Agenturen bei alleiniger Veröffentlichung des oder der besten Ratings.

Potenzielle Investoren setzen einem Rate-shopping jedoch gewisse Grenzen. Um die Möglichkeit wissend, werden u. U. Ratings, die nicht von den führenden Rating-Agenturen stammen, mit größerer Skepsis betrachtet und es wird ggf. sogar ein Zinsaufschlag im Vergleich zu einem entsprechenden Rating der Marktführer verlangt. Aus Wettbewerbssicht ist diese Förderung einer oligopolistischen Marktstruktur (zudem mit einer besonderen Marktmacht einiger Anbieter) nicht unproblematisch, was gerade auch bei den noch jungen „Ethik-Ratings" zutrifft [SCHÄFER/HAUSER-DITZ/PRELLER (2004), S. 11].

Wissend, dass Unternehmen günstige Ratings wünschen, ist bei vordergründiger Betrachtung zu befürchten, dass Rating-Agenturen neue Kunden mit der Zusage besonders milder Beurteilungen anlocken. Zumindest bei bereits etablierten Rating-Agenturen ist dies jedoch eher unwahrscheinlich. Investoren vertrauen vor allem den Rating-Urteilen derjenigen Rating-Agenturen, die in der Vergangenheit besonders treffsicher bewertet und diesbezüglich eine hohe Reputation aufgebaut haben. Deswegen werden sich gerade die „besseren" Unternehmen von den etablierten Rating-Agenturen beurteilen lassen wollen. Diese auch in die Zukunft reichende Einnahmequelle, die bei etablierten Rating-Agenturen besonders viel versprechend ist, würde durch systematisch zu weiche Ratings von den Rating-

Agenturen selbst wissentlich gefährdet, was prosperierende Häuser eher nicht tun werden [SMITH/WALTER (2001), S. 2 f.].

Interessant ist das Auftreten von Rating-Beratern. Sie werden von Unternehmen im Vorfeld eines (beabsichtigten) Rating-Prozesses beauftragt, um einerseits das zu erwartende Rating zu prognostizieren und andererseits Vorschläge zu entwickeln, wie es zu verbessern ist. Diese Berater waren oft vorher für Rating-Agenturen tätig. Ihr (erfolgreicher) Einsatz zeigt, dass ein Rating nicht frei von gewissen subjektiven Elementen ist. Bei der Verarbeitung ethisch motivierter Kriterien dürfte dies, wie wir unten noch sehen werden, von besonders großer Bedeutung sein.

Zu erkennen ist in jedem Fall, dass die Investoren, obwohl sie mittlerweile mit Gebühren für den Bezug von Ratings nur noch einen kleinen Teil des Umsatzes der Rating-Agenturen erbringen, die entscheidenden Anreizeffekte für ein sachgerechtes Rating ausstrahlen. Der Vorteil, den Investoren aus einem Rating ziehen, liegt im Wesentlichen darin, dass sie ohne nähere Beschäftigung mit dem Unternehmen eine Information über die Sicherheit erhalten, mit der es seinen Zahlungsverpflichtungen nachkommen wird; eine Information im Übrigen, mit der viele Alternativen konsistent verglichen werden können.

2.3 Datengrundlagen und Rating-Merkmale

Für die Erstellung eines Ratings werden Daten benötigt. Welche Daten herangezogen und wie sie verarbeitet werden, variiert zwischen den unterschiedlichen Rating-Systemen. Die Treffsicherheit eines Rating-Systems hängt von beidem ab. Insofern spiegeln sich in der Unterschiedlichkeit der Systeme Know How und Wettbewerb. Ungeachtet aller Unterschiede im Detail, ist bei typischen Unternehmensratings grundsätzlich von der Berücksichtigung folgender Merkmale auszugehen: Unternehmerpersönlichkeit und -integrität, sachliches und personelles Leistungsvermögen des Unternehmens, Vermögenslage und Sicherheitensituation, technologische und konjunkturelle Bedingungen sowie Wirkungskreis und Aktionsradius des Unternehmens [HARTMANN-WENDELS/PFINGSTEN/WEBER (2004), S. 528 ff.; LÜDICKE (2003), S. 63 ff.].

Unterschiede in der Auswahl der Merkmale, in ihrer Gewichtung untereinander und differierende subjektive Einschätzungen bei den nicht objektiv messbaren Merkmalsausprägungen können voneinander abweichende Ratings bewirken. Damit wird gleichzeitig eine divergierende Einschätzung des Risikos signalisiert.

Die Risiken eines Kreditgeschäftes liegen zum einen in der Qualität des finanzierten Vorhabens, zum anderen in der juristischen oder natürlichen Person des Kreditnehmers. Mit den genannten Angaben sollen beide Risiken, das leistungswirtschaftliche Risiko ebenso wie das Verhaltensrisiko, abgebildet werden. So geben etwa die Geschäftsfelder des Firmenkunden Hinweise darauf, inwieweit konjunkturelle Verschlechterungen die Fähigkeit zu vertragsgemäßen Kreditrückzahlungen gefährden. Mit eher persönlichen Daten des Unternehmers soll versucht werden, die Rückzahlungswilligkeit und die Bereitschaft zur Risikoerhöhung abzuschätzen. Die ggf. unbeobachtbare Wahl besonders riskanter Projekte durch den Kreditnehmer ist für den Kreditgeber dabei deswegen nachteilig, weil er zwar im Misserfolgsfall Verluste in Form ausfallender Rückzahlungen zu tragen hat, im Erfolgsfall aber – anders als der Kreditnehmer – nicht an den besonders hohen Überschüssen partizipiert.

2.4 Einige Problembereiche beim Rating

Kommen wir nun zu ein paar allgemeinen Problembereichen beim Rating. Gängige Schwächen bei Ratings sind [vgl. hier und im Folgenden GLEIßNER/FÜSER (2004), S. 13 ff.]:

- fehlende Transparenz,
- fehlende Vergleichbarkeit,
- Eigeninteresse und Abhängigkeit der Rating-Agenturen,
- subjektive Meinung der Rating-Analysten,
- mangelnde Aktualität.

Wie bereits erwähnt, ist das Rating-Ergebnis eine komprimierte, oft nur aus einem Symbol bestehende Bewertung der Unternehmensbonität. Werden Informationen innerhalb des Rating-Prozesses zu einer Größe verdichtet, sind damit Informationsverluste verbunden. Außenstehenden ist i. d. R. nur das Rating-Ergebnis bekannt. Eingeflossene Informationen, Gewichte und Aggregationsstufen innerhalb des Rating-Prozesses bleiben ihnen vorenthalten. Die bloße Veröffentlichung des Rating-Ergebnisses ermöglicht der Rating-Agentur allerdings erhebliche Spielräume und Manipulationsmöglichkeiten beim Rating-Urteil. Dies wird von den Marktteilnehmern sehr skeptisch beurteilt. Den Rating-Agenturen ist diese Kritik durchaus bewusst. Allerdings stellt die Erhöhung der Transparenz ein erhebliches Risiko für sie dar. Durch Offenlegung von Details über Rating-Prozess und -System läuft die Rating-Agentur Gefahr, ihr Geschäftsgeheimnis zu lüften. Aufgrund dieses Dilemmas bleibt Rating-Agenturen nur die Möglichkeit, über Seriosität und Glaubwürdigkeit langfristig eine Reputation aufzubauen und diese zu verteidigen.

Die fehlende Vergleichbarkeit von Ratings unterschiedlicher Rating-Agenturen ist zum einen die Konsequenz von fehlender Transparenz innerhalb der Rating-Prozesse einzelner Agenturen und zum anderen auf fehlende Vereinheitlichung zurückzuführen. In der Praxis existierten bislang keine einheitlichen qualitativen Mindestanforderungen bei Ratings. Auch wenn aus Sicht der Rating-Adressaten eine Vereinheitlichung wünschenswert war, so bestand aus Sicht der Rating-Agenturen kein Interesse an einem solchen Schritt. Gewisse Veränderungen haben sich durch Basel II ergeben. Für die Anerkennung einer Rating-Agentur für externe

Ratings muss diese einige qualitative Mindestanforderungen erfüllen [BASELER AUSSCHUSS FÜR BANKENAUFSICHT (2004), S. 23]. Zum anderen werden Ratings unterschiedlicher Agenturen dadurch vergleichbar gemacht, dass Rating-Urteile in Ausfallwahrscheinlichkeiten „übersetzt“ werden.

Weitere Vorbehalte gegenüber Rating-Urteilen bestehen aufgrund möglicher Eigeninteressen und Abhängigkeiten der Rating-Agenturen sowie subjektiver Meinungen der Analysten (vgl. Abschnitt 2.2). Rating-Adressaten erwarten von Rating-Agenturen eine objektive Aussage über die Unternehmensbonität. Der Auftraggeber einer Rating-Agentur, das Unternehmen, ist daran interessiert, eine möglichst positive Rating-Beurteilung zu erhalten. Das Rating-Urteil basiert neben objektiv nachprüfbaren Kriterien auf Einzelmeinungen der Analysten. Der subjektive Standpunkt eines Analysten kann das Rating-Ergebnis stark beeinflussen. Um am Markt bestehen zu können, ist eine zuverlässige Aussage über die Unternehmensbonität notwendig. Hierfür ist es wichtig, dass Rating-Agenturen zumindest intern klare Regeln der Bewertung besitzen und eine möglichst große Unabhängigkeit und Objektivität ihrer Analysten gewährleisten.

Für die Erstellung eines Ratings werden zwischen drei und sechs Monaten benötigt. Die ins Rating einfließenden Informationen und ermittelten Kennzahlen können bei der Ermittlung des Rating-Urteils bereits veraltet sein. Die mangelnde Aktualität wird noch verstärkt, wenn die im Rating verwendeten Informationen auf Dokumenten, wie z. B. Bilanzen oder Finanzflussrechnungen, aufbauen, die bereits Monate vor der Anfertigung des Ratings erstellt wurden. Aber selbst wenn die im Rating verwendeten Informationen den aktuellen Gegebenheiten entsprechen und dadurch ein zuverlässiges Rating-Urteil ermittelt wird, ist eine ständige Überprüfung des Rating-Urteils notwendig.

3. Ethisch relevante Beurteilungskriterien

3.1 Unterschiedliche Paradigmen und ihre Ausgestaltung

In den letzten Jahren sind große international tätige Unternehmen durch Fehlverhalten in den Fokus der Öffentlichkeit geraten und haben dadurch die Ethik-Debatte mit beeinflusst. Umweltkatastrophen (Exxon, Shell), widerrechtliche Entlassungen (Chiquita), Missbrauch von Marktmacht (Microsoft) oder Kinderarbeit (Nike) haben neben erheblichen Imageschäden und daraus folgenden Geschäftsausfällen Forderungen nach bestimmten ethischen Standards für Unternehmen laut werden lassen.

Durch diese Ethik-Debatte haben sich im Laufe der Zeit zahlreiche Ansätze in Wissenschaft und Praxis herausgebildet. Problematisch stellt sich hierbei dar, dass viele Begriffe, die zwar ähnlich, aber nicht gleich sind, im öffentlichen Diskurs synonym benutzt werden und zu einer unklaren Bedeutung von Ethik führen

[LÜBKE (2002), S. 21]. Aufgrund von Unwissenheit, Schwierigkeiten bei der Abgrenzung und Meinungsverschiedenheiten bezüglich des Aussagegehalts findet eine starke Vermengung dieser Begriffe und Ansätze statt. Im Folgenden sollen daher zunächst häufig benutzte Begriffe und die ihnen zugrunde liegenden Ansätze betrachtet und abgegrenzt werden [SCHÄFER/HAUSER-DITZ/PRELLER (2004), S. 4 ff.]:

- Wirtschaftsethik und Unternehmensethik,
- Sustainable Development,
- Corporate Social Responsibility (CSR).

Die Begriffe Wirtschaftsethik und Unternehmensethik werden im Sprachgebrauch regelmäßig synonym benutzt. Auch in der Literatur findet häufig keine einheitliche und eindeutige Abgrenzung dieser Begriffe statt. Das Wort Unternehmensethik ist eine Übersetzung des englischen Begriffs Business Ethics. Mit Business Ethics werden anglo-amerikanische Ethikvorstellungen in wirtschaftlichen Beziehungen verstanden. Der Begriff Wirtschaftsethik hingegen entspricht eher dem kontinentaleuropäischen Ethikverständnis. Während in Kontinentaleuropa, mit seinen philosophischen Traditionen, Ethik als ganzheitlicher Begriff gesehen wird, werden dem anglo-amerikanischen „ethical" weniger umfassende Definitionen zugrunde gelegt.

Das Wort Sustainable Development stammt ebenfalls aus dem englischen Sprachraum und wird ins Deutsche oft mit Nachhaltige Entwicklung übersetzt. Ursprünglich wurde der Begriff des Sustainable Development in der Forstwirtschaft benutzt. Der Nachhaltigkeitsansatz wurde jedoch auf weitere Bereiche ausgedehnt und wird daher inzwischen als ganzheitlicher Ansatz interpretiert. Neben ökologischen Aspekten werden häufig Ethik sowie soziale Komponenten in diesem Konzept berücksichtigt. Im wirtschaftlichen Kontext wird unter Nachhaltigkeit wirtschaftlicher Erfolg in Kombination mit den oben genannten Komponenten verstanden. Wie stark und ob sämtliche Komponenten berücksichtigt werden, unterscheidet sich von Fall zu Fall. Die diffuse Anwendung und Verwässerung des Nachhaltigkeitskonzepts in den letzten Jahren führte zu erheblicher Unsicherheit und Verwirrung. Der Versuch, einheitliche Rahmenbedingungen und eine klare Begriffseingrenzung zu finden, wurde durch die gegenseitige Blockade unterschiedlicher Interessenverbände verhindert. Aufgrund dieser enttäuschenden Entwicklung wurde vereinzelt die Meinung vertreten, dass der Nachhaltigkeitsansatz gescheitert sei, bevor er seine volle Wirkung entfalten konnte, und dass der Nachhaltigkeitsbegriff zu einer gern benutzten Worthülse verkommen sei [SCHÄFER/HAUSER-DITZ/PRELLER (2004), S. 5 ff.].

Der Nachhaltigkeitsansatz wurde in der angelsächsischen Welt verstärkt als Forderung nach Selbstverpflichtung von Unternehmen ausgelegt und folgte damit dem dort vertretenen Gedanken von Unternehmensethik (Business Ethics). Die Selbstverpflichtung von Unternehmen bzw. Wahrnehmung von sozialer Verantwortung führte zum Begriff der Corporate Social Responsibility (CSR). Die soziale Verantwortung von Unternehmen soll dabei sämtliche Bereiche der Unternehmertätigkeit umfassen. Dies lässt sich besonders gut im Rahmen des Stakeholder-Ansatzes einbinden.

Beim Stakeholder-Ansatz wird ein Unternehmen als Koalition von verschiedenen internen (z. B. Mitarbeiter) und externen (z. B. Kunden, Zulieferer, Anwohner, Eigentümer, Staat) Anspruchsgruppen gesehen. Der Stakeholder-Ansatz ermöglicht die Berücksichtigung sämtlicher unternehmensinterner und -externer Nachhaltigkeitswirkungen einer wertorientierten bzw. werteorientierten Unternehmensführung. Corporate Social Responsibility stellt einen noch weitergehenden ganzheitlichen Ansatz dar. Neben sozialen Leistungen gegenüber Stakeholdern werden auch ökologische Leistungen und Implikationen des Unternehmensverhaltens betrachtet. Im Rahmen der CSR wird darauf aufbauend das Handlungspotenzial betrachtet, mit dem Stakeholder ein Unternehmen durch ihr gezieltes Verhalten sanktionieren können. Wenn im weiteren Verlauf dieses Beitrags von Ethik gesprochen wird, ist damit Ethik im Sinne der CSR gemeint.

3.2 Gründe für die Berücksichtigung ethischer Überlegungen in Unternehmensratings

Vor dem Hintergrund der verstärkten Nachfrage nach ethischen Aspekten in der Unternehmensführung und -bewertung wird im Folgenden daher der Frage nachgegangen, welche Gründe aus Unternehmenssicht für die Berücksichtigung ethischer Elemente in Unternehmensratings sprechen.

Die Gefahr für Unternehmen, die von der Missachtung ethischer Prinzipien ausgeht, ist den meisten Managern bewusst. Über Jahre aufgebaute Reputation und Glaubwürdigkeit kann über Nacht verloren gehen. Um zukünftige Risiken zu verringern, entwickeln immer mehr Unternehmen Konzepte, mit denen sie ihren gesellschaftlichen Beitrag leisten und deutlich machen wollen. Hierfür werden interne Abteilungen gegründet, die sich mit der Realisierung der CSR auseinandersetzen.

Für die Unternehmen stellen sich jedoch zahlreiche Herausforderungen. Die Umsetzung von CSR bereitet erhebliche Schwierigkeiten, da oft konkrete Handlungsanweisungen fehlen. Die Unsicherheit über bestimmte Verhaltensweisen darf allerdings nicht zur Handlungsunfähigkeit eines Unternehmens führen. Auch geht mit der Öffnung gegenüber externen Instanzen neben eventuellen Nutzen auch das Risiko der Spionage einher [LUNAU (2004), S. 13 f.].

Für die Kommunikation von CSR ist der Aufbau von Glaubwürdigkeit nötig. Unternehmen sind jedoch oft einer unberechenbaren öffentlichen Meinung ausgesetzt. Regelmäßig wird die Verknüpfung von Erfolgsstreben und Gemeinwohlorientierung sehr skeptisch gesehen. Starkes Engagement und Kommunikation eines Unternehmens im Bereich der CSR werden von der Öffentlichkeit schnell als Selbstbeweihräucherung verstanden [LUNAU (2004), S. 14]. Die Ursache für dieses Urteil liegt unter anderem in fehlender Transparenz. Für Außenstehende sind die Ernsthaftigkeit und Anstrengung, mit der CSR in einem Unternehmen betrieben wird, nur schwer einzuschätzen. Es fehlen Informationen und Kriterien, mit denen es möglich ist, Trittbrettfahrer von seriösen Unternehmen zu unterscheiden [SCHRAMM (2004), S. 1 ff.]. Die Berücksichtigung ethischer Kriterien in Unternehmensratings zielt darauf ab, diese Problematik aufzugreifen und die Informationslücke der Stakeholder des Unternehmens zu verringern.

Für ein Unternehmen, das neben einer guten Beurteilung hinsichtlich seiner finanzwirtschaftlichen Kennzahlen auch als gut im Bereich der ethischen Kennzahlen bewertet wird, können sich dadurch Vorteile ergeben, die über die angesprochenen positiven Effekte eines traditionellen Ratings hinaus gehen [DILLENBURG/GREENE/EREKSON (2003), S. 167 ff.]. Diese Vorteile können sich in positiven Ergebniswirkungen und in einer verbesserten Bonität zeigen.

Vorteile können z. B. in einer möglicherweise erhöhten Sympathie durch die Stakeholder, insbesondere die Kunden des Unternehmens, liegen. Durch ihre bewusste Kauf- oder Ablehnungsentscheidung können Konsumenten gezielt schädigendes Unternehmensverhalten sanktionieren bzw. positives Verhalten belohnen. Je größer die Gruppe der Konsumenten ist, die nach diesen Kriterien handelt, desto größer ist der Druck auf die Unternehmen, sich dementsprechend zu verhalten, um ihre Erträge zu sichern oder auszubauen. Die erhöhte Transparenz durch die Bewertung auch ethischer Kriterien kann somit einerseits unerwünschte Einblicke in ein nicht korrektes Verhalten geben, aber auch eine Chance sein, sich in diesem Bereich zu profilieren. Ethisch hochwertige Produkte bieten den Unternehmen die Möglichkeit, auch in stagnierenden Märkten noch konstante oder steigende Umsätze zu erzielen (z. B. Bio-Produkte, Eine-Welt-Läden).

Imageverluste, die durch ethisches Fehlverhalten verursacht werden, können sowohl für die Initiatoren als auch für das gesamte Unternehmen gravierende Konsequenzen haben. Für den Entscheidungsträger können Fehlentscheidungen zu Ansehensverlusten und eventuell zur Entlassung führen und auf der Unternehmensebene zu Geschäftsausfällen, die den Unternehmensfortbestand gefährden können. Eine ethisch-orientierte Geschäftspolitik kann das Haftungsrisiko beispielsweise im Bereich der Umweltverschmutzung für die Mitarbeiter und das Unternehmen gleichermaßen verringern. Zusätzlich spielt für Arbeitnehmer die CSR-Politik der Unternehmen u. U. eine bedeutende Rolle bei der Wahl des Arbeitgebers [BACKHAUS/STONE/HEINER (2002), S. 303 ff.].

Klassische Unternehmensratings stellen tendenziell auf die Sicherheit zu leistender Zahlungen ab. Nicht unmittelbar klar ist, welche Rolle dafür die Erfüllung ethischer Kriterien spielt. Argumentieren lässt sich wie folgt: Eine gute Bewertung bei den ethischen Kriterien bedeutet, dass die Risiken aus „überraschender" negativer Publicity und den daraus resultierenden Folgen relativ gering sind. Das sollte sich positiv auf die Bonität auswirken, da eine potenzielle Gefahrenquelle für die

Zahlungsfähigkeit damit eher unbedeutend ist. Da ein Gefährdungspotenzial aus der Nichterfüllung ethischer Ansprüche grundsätzlich wohl eher langfristig besteht, sind positive Bonitätseffekte ethischen Verhaltens entsprechend vor allem bei den langfristigen Unternehmensratings zu erwarten.

Durch die Berücksichtigung ethischer Kriterien in Unternehmensratings können Unternehmen außerdem angeregt werden, wichtige Innovationen voran zu bringen, die aus rein ökonomischen Gesichtspunkten zunächst keine Chance auf eine Verwirklichung hätten. Hierzu bedarf es kreativen Potenzials und Flexibilität, um Produkte und Produktionsverfahren entsprechend zu verbessern. Je größer das Gewicht von ethischen Kriterien bei der Kaufentscheidung von Verbrauchern ist, desto größer wird das Interesse der Wirtschaft an einer sozial- und umweltverträglichen Produktion und ebensolchen Produkten sein. Insofern könnte sich die Etablierung ethischer Kriterien in Unternehmensratings auf die Marktstruktur zumindest einzelner Branchen auswirken. So könnte zu den beiden unternehmerischen Profilierungsmöglichkeiten der Preis- und Qualitätsführerschaft [PORTER (1998)] eine dritte Dimension hinzukommen, nämlich der Wettbewerb um die „Ethikführerschaft".

3.3 Zusätzliche Schwierigkeiten bei der Einbeziehung ethischer Kriterien

Den Möglichkeiten und Vorzügen der Einbeziehung ethischer Kriterien sind jedoch – vor allem wegen ihrer wenig greifbaren Gestalt – Grenzen gesetzt [HANSEN/LÜBKE/SCHOENHEIT (1993), S. 607 f.]. Zu den oben angeführten Problembereichen allgemeiner Ratings kommen einige spezifische Schwierigkeiten hinzu bzw. sind besonders virulent. Die allgemein dem Rating zugrunde liegenden Probleme der fehlenden Transparenz und Vergleichbarkeit werden dabei noch potenziert.

Das Fehlen einer einheitlichen gesellschaftlichen Moralvorstellung macht ein objektives Ratingurteil unmöglich. Das Urteil hängt von der Perspektive des Bewertenden, von der Auswahl der Kriterien und ihrer Gewichtung ab. Die Aufstellung und Bewertung der als relevant identifizierten Kriterien kann immer nur aus Sicht einer bestimmten Anspruchsgruppe erfolgen. Beispielsweise ist ein Unternehmen, das den Transport seiner Rohstoffe statt über den Straßen- über den Schienenverkehr organisiert, von Konsumenten vermutlich als ökologisch positiv zu bewerten. Doch falls einem Landwirt ein Teil seines Bodens zum Bau einer neuen Schienentrasse für den Güterverkehr enteignet wird, so ist dies aus Sicht des Bauern ggf. als sozial schädlich zu beurteilen [ULRICH/WAXENBERGER/JÄGER (1999), S. 3]. Ebenso divergent dürfte die Bewertung gleicher Produkte oder Unternehmen ausfallen, je nachdem, aus welchem Religions- und Kulturkreis die Rating-Agenturen stammen.

Der Kriterienkatalog, der für die Berücksichtigung ethischer Kriterien verwendet wird, sollte sich natürlich auf die relevanten Faktoren beschränken [NÖTZEL

(2002), S. 57 ff.]. Die Meinung, was als relevant zu betrachten ist, kann jedoch stark differieren; ebenso die gewählte Gewichtung. Je nachdem, wo in der Bewertung Schwerpunkte gesetzt werden, kann es zu ganz unterschiedlichen Ergebnissen kommen. Aus diesen Gründen bleibt das Rating nach ethischen Maßstäben besonders subjektiv.

Die Wirkung von Unternehmensratings, die auch ethische Kriterien verwenden, hängt davon ab, ob eine größere Gruppe von Stakeholdern des Unternehmens die bereitgestellten Informationen wahrnimmt und auch wirklich in disziplinierende Maßnahmen umsetzt [GRAAFLAND (2000), S. 24]. Sollte dies nicht der Fall bzw. die Zielrichtung der Maßnahmen zu heterogen sein, fehlen die für das Unternehmen spürbaren Auswirkungen von Fehlverhalten oder auch von vorbildlichem Verhalten und es gäbe keinen Anreiz, moralisch einwandfrei zu agieren.

4. Zusammenfassung und Ausblick

Die Idee, ethische Kriterien in Unternehmensratings zu berücksichtigen, hat neue Perspektiven eröffnet. Hierdurch wird der Bewertungshorizont erweitert und Unternehmen werden nun nicht mehr nur nach finanzwirtschaftlichen Kennzahlen geprüft.

Für Rating-Agenturen, Unternehmen und Stakeholder stellen sich hinsichtlich der Berücksichtigung ethischer Kriterien neue Herausforderungen. Rating-Agenturen müssen versuchen, möglichst zuverlässige Methoden zu entwickeln, um auch bei Einbeziehung eher subjektiver Ethik-Kriterien noch zu einem halbwegs objektiven Rating-Urteil zu gelangen. Für die Unternehmensleitung ist die Orientierung an ethischen Prinzipien bedeutsam, vor allem wenn das „ethische Teilrating" separat publiziert wird. Die Stakeholder, insbesondere Investoren und Konsumenten, haben dann zusätzliche Informationen, an denen sie ihr Handeln ausrichten können. Nur wenn alle drei Parteien bei der Umsetzung mitwirken, ist eine Orientierung an ethischen Prinzipien in Unternehmen erreichbar.

Die große Zahl an Marktteilnehmern, unterschiedliche Interessen, fehlende Standards und Eigeninteressen erschweren jedoch die Koordination. Ohne Koordination ist eine so komplexe Aufgabe allerdings nicht zu bewerkstelligen. Die Koordination kann evtl. am Markt selbst von den Rating-Agenturen ausgehen. Zur Zeit ist der Markt für Unternehmensratings mit zusätzlichen ethischen Kriterien noch in der Entwicklungsphase. In den nächsten Jahren ist aber eine Konsolidierung denkbar. Klarere Strukturen und eine gewisse Standardisierung können die geschilderten Probleme wohl nicht beseitigen, aber zumindest eingrenzen. Damit die Konsolidierung nicht zu einseitig verläuft, ist es wichtig, dass alle Marktteilnehmer diesen Prozess begleiten.

Die obige Beschreibung und Analyse von ethischen Kriterien in Unternehmensratings hat gezeigt, dass Potenzial besteht, aber auch Herausforderungen und

Grenzen bei der Anwendung zu beachten sind. Aufgrund der großen Dynamik des Marktes für Informationsdienstleistungen sind zukünftig noch erhebliche Veränderungen zu erwarten.

Literaturverzeichnis

Backhaus, K., Erichson, B., Plinke, W., Weiber, R. (2003), Multivariate Analysemethoden, 10. Aufl., Berlin u.a.

Backhaus, K. B., Stone, B. A., Heiner, K. (2002), Exploring the Relationship Between Corporate Social Performance and Employer Attractiveness, in: Business and Society, Vol. 41, S. 292-318.

Baseler Ausschuss für Bankenaufsicht (1988), International Convergence on Capital Measurement and Capital Standards, Basel.

Baseler Ausschuss für Bankenaufsicht (2004), International Convergence on Capital Measurement and Capital Standards: A Revised Framework, Basel.

Dieckheuer, G., Boguslaw, F. (2000), Aspects of Sustainable Economic Development, Berlin u.a.

Dieckheuer, G. (1983), Gedanken zum Verhältnis von Mensch und Technologie in der modernen Industriegesellschaft – ökonomische, ökologische, soziokulturelle und bildungspolitische Aspekte des technischen Fortschritts, Volkswirtschaftliche Diskussionsbeiträge der Universität Bamberg, Nr. 25.

Dillenburg, S., Greene, T., Erekson, H. (2003), Approaching Socially Responsible Investment with a Comprehensive Ratings Scheme: Total Social Impact, in: Journal of Business Ethics, Vol. 43, S. 167-177.

Gleißner, W., Füser, K. (2003), Leitfaden Rating – Basel II: Rating-Strategien für den Mittelstand, 2. Aufl., München.

Graafland, J. J. (2000), Profits and Principles: an Economic Framework, Center for Economic Research, Working Paper, Nr. 118, Tilburg University, Tilburg.

Hansen, U., Lübke, V., Schoenheit, I. (1993), Der Unternehmenstest als Informationsinstrument für ein sozial-ökologisches Wirtschaften, in: Zeitschrift für Betriebswirtschaft, 63. Jg., S. 587-611.

Hartmann-Wendels, T., Pfingsten, A., Weber, M. (2004), Bankbetriebslehre, 3. Aufl., Berlin u.a.

Lübke, V. (2002), Ethisches Investment – Neue Aufgaben für den Verbraucherschutz, in: Verbraucher konkret, o. Jg, H. 6, S. 19-22.

Lüdicke, O. (2003), Ratingverfahren und –agenturen, in: Reichling, P. (Hrsg.), Risikomanagement und Rating, Wiesbaden, S. 63-88.

Lunau, Y. (2004), CSR-Initiativen: Wenn Ethik und Erfolg zusammen gehen, in: New Management, 73. Jg., Nr. 5, S. 9-15.

Müller, H. (1996), Funktionen des Rating für Banken, in: Büschgen, H., Everling, O. (Hrsg.), Handbuch Rating, Wiesbaden, S. 327-343.

Nötzel, A. (2002), Broadening the Scope of Rating: Measuring Corporate Social and Environmental Performance, in: Bohnet-Joschko, S., Schiereck, D. (Hrsg.), Socially Responsible Management, Marburg, S. 55-80.

Pfingsten, A. (2001), Stichwort: Rating, in: Zeitschrift für Bank- und Kapitalmarktrecht, 1. Jg., S. 139-143.

Porter, M. E. (1998), Competitive Advantage – Creating and Sustaining Superior Performance, New York.

Schäfer, H., Hauser-Ditz, A., Preller, E. C. (2004), Transparenzstudie – zur Beschreibung ausgewählter international verbreiteter Rating-Systeme zur Erfassung von Corporate Social Responsibility, Bertelsmannn Stiftung (Hrsg.), Gütersloh.

Schramm, M. (2004), Moralische Interessen in der Unternehmensethik, Hohenheimer Working Papers zur Wirtschafts- und Unternehmensethik, Nr. 4.

Smith, R. C., Walter, I. (2001), Rating Agencies: Is there any Agency Issue?, Working Paper, Nr. 003, NYU Stern School of Business, New York.

Sträter, N., Suhr, S. (2004), Stichwort: Erwartete und unerwartete Verluste, in: Zeitschrift für Bank- und Kapitalmarktrecht, 4. Jg., S. 356-359.

Ulrich, P., Waxenberger, B., Jäger, U. (1999), Prinzipiengeleitetes Investment II, Gestaltungsorientierte Leitideen einer wirtschaftsethisch fundierten Unternehmensbewertung, Beiträge und Berichte des Instituts für Wirtschaftsethik der Universität St. Gallen, Nr. 84.

Wielens, H. (2004), Im Brennpunkt: Geld und Spiritualität, Münster.

The Network Structure of Illegal Firms

Aloys Prinz

Summary: While there is a growing body of evidence on the structure of legal markets and firms, not much is known about the structure of their illegal counterparts. The behavior and dynamics of legal firms are shaped by competition whereas those of illicit firms depend crucially on the strategy and success of police attacks. In this paper, the dynamics of the structure of illicit firms is analysed. It is shown that the network structure of illicit firms is by and large determined by the strategy of police attacks. Taking this into account, it is shown that illicit firms face a trade-off between profitability and stability. The resulting level of hierarchy of illicit firms is endogenously determined as an equilibrium of the required profitability and stability that depend on the strategy of police attacks. This firm structure has some implications for fighting illicit markets and firms.

Key words: illicit firms, structure and dynamics of firms, police strategy, network structure of firms

1. Introduction

There is something special about illegal firms: they are not legal. This is a very important feature of firms since the institutional framework within they operate is different from that of legal firms. The most important adversary of a legal firm is its competitor whereas it is the state and the police for illicit ones. On one hand, competition is crucial for the understanding of the behavior of legal firms whereas on the other hand, police attacks are crucial for the behavior of illicit firms. As a consequence, the structure and dynamics of legal and illegal firms are determined by different forces.

In this paper, it is intended to explain the structure and dynamics of illicit firms. Albeit the tools of economic analysis are applied, an important new tool from theoretical physics is used, the theory of networks. This tool has been invented by DUNCAN WATTS and STEVEN STROGATZ in 1998. Since then, an avalanche of literature in theoretical physics emerged. The state of the theory of networks allows now an application to economic phenomena.

The paper starts with a short characterization of illegal firms that emphasizes their differences in comparison to legal firms. Next, a very brief introduction to the relevant results of the theory of networks follows. The analysis in section three uses the physical theory of networks to investigate the structural dynamics of illegal firms. In section four the performance of illegal markets rather than illicit firms is analysed and it is asked how to fight the markets rather than the firms. Section five concludes.

2. Illicit firms

The question, Why are there illegal firms (and not only individual criminals)? may be answered with the same arguments as used with their legal counterparts, e.g. transaction costs and agency problems, capabilities and resource-based reasons as well as the neoclassical arguments (economies of scale and scope etc.).[1] Using the most rudimental neoclassical arguments that seem well suited to explain the structure of an illegal firm, the difference between a legal and an illicit firm might be characterized as follows:

(1) Legal firms are operating in a given legal framework and, hence, are able to a certain extent to enforce contracts with employees, suppliers and customers by using the courts and other tools that the state provides for this end. Illicit firm cannot use these instruments. However, they can enforce contracts by employing force and violence. Note that there is a similarity between illegal and legal firms since the employment of the courts as well as violence may be expensive in terms of money for legal and in terms of increased prosecution by the police for illicit firms. Hence, both types of firms are likely to use self-enforcing contracts [KLEIN (1985)] in the first place.

(2) Both types of firms are unlikely to form if there are no economies of scale.[2] Specialization, division of labor, specific investments as well as the use of common resources within a firm (administration etc.) are very similar in both types of firms. In addition to that, an illicit firm might be able to bear risks by diversifying them that could not be borne by the individual criminal. Supply chain management is for an illicit firm much more expensive and much more dangerous than for a legal firm, and being able to diversify the risks by using a large number of individual criminals within the firm reduces the risk for the individual criminal who commits rather small offences and is financially backed up by the collective of criminals within the firm. Hence, an illegal firm provides a kind of insurance for the individual criminal who participates in it. This insurance function implies economies of scale. To reap the full amount of these economies, vertical integration seems to be the adequate instrument. In addition to the insurance aspect, this strategy is also a protection

---

1 For a comprehensive survey of the theory of firm see, for instance, the papers in LANGLOIS/FU-LAI/ROBERTSON (2002).

2 However, the economies of scale are not unlimited. They also might be outweighed by other diseconomies, e.g. of administration (X-inefficiency).

against competition of other illicit firms on the same market. Furthermore, the control of the entire value chain by one firm (or cartel) makes it easier to protect the activities of the firm from police attacks since the revenues may be used to bribe the police. Bribery seems to be a very effective and efficient form of anti-attack measure since it may be used at the time to protect the firm from competition of other illegal firms: if another firms threatens to invade the market, a purposeful hint to the police might prevent this. This will enable corrupt police forces to show their efficacy and loyalty to the state because they are successful in fighting crimes.

(3) Also economies of scope are likely to play a major role for illegal firms in a way that is not viable for legal ones. The integration legal as well as illegal activities in one firm averts suspicion of the authorities from the firm. Furthermore, it makes it much easier to conceal crimes and to launder money from the criminal part of the activities. Such a 'firm in penumbra' [BRAULKE/ SAUERMANN (1986)] may also be able to influence the decisions of politicians in a direction that is preferred by the firm.

(4) Because it is for illicit or semi-illicit firms much easier to fight new entrants in their markets, not only the competition in the market, but also the competition for the market is reduced to a large extent. The illegal nature of the activity is the main reason for this. Hence, the barriers to entry are much higher for illegal than for legal activities. Therefore, it is more likely that illicit firms are able to earn monopoly profits than their legal counterparts.

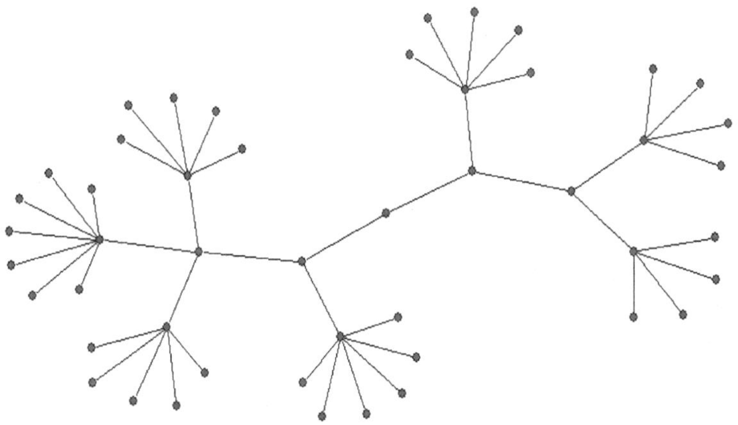

Source: Network drawn with PAJEK.

Fig. 1: Hierarchical network stucture

A further consequence of the analysis so far is that a rather strict hierarchical structure is very likely for illicit firms. The hypothesis is that under these circumstances illicit firms (or cartels) are highly vertically integrated and show at the same time a highly decentralized horizontal structure. (An example of such a network structure is depicted in Figure 1.) The reason for the latter is that in the case an individual criminal is caught by the police, he or she will have committed a rather minor crime and he or she will not know much about the structure of the firm or the names of the persons in the higher ranks of the firm.[1] This prevents individual criminals from strict sentences and at the same time it protects the firm itself from becoming betrayed by a caught criminal. However, if persons from higher ranks of the firm are caught by the police, there is a great potential for damaging the firm and its structure. As will be shown below, that is the central weakness of this hierarchical network structure of illicit firms.

From an economic point of view, *profitability* and *efficiency* are decisive for the structure and the organisation of a firm; from a network point of view, the *vulnerability* of the firm with respect to police attacks is decisive. This latter criterion is unique for illicit firms; as argued above, for legal firm the survival depends on its competitiveness that can be evaluated by its profitability and efficiency, for illegal ones on the stability with respect to police attacks. Therefore it is necessary to analyse the network structure of a firm using the criterion of vulnerability with respect to police attacks. For doing this, some elementary results of the physical theory of networks are required.

3. Network structure and vulnerability

Since the mathematical model of WATTS/STROGATZ (1998) on so-called 'small-world' networks was published in 1998, theoretical physicists analysed these network structures highly intensively. The result is a large body of literature that can be used to analyse network structures wherever they show up.[2]

From a mathematical point of view, there are at least three different types of networks. Two types are extreme: completely *ordered* networks (called lattices) and completely *random* networks that are described by random graphs. These network structures are neither common in nature nor in society. In lattices, the distance from one node of the network to a arbitrarily chosen other node is rather long. In random graphs, however, there are short distances but low degrees of clustering. The latter means that the number of edges that go to and from a vertex (or node) is rather uniformly distributed over all vertices. Real networks are characterised by short distances in combination with high degrees of clustering, i.e. there is a rather

---

1 Concerning this point and the following, see PORET/TÉJÉDO (2002).

2 See for surveys the books by BORNHOLDT/SCHUSTER (eds.) (2003) as well as DOROGOVTSEV/MENDES (2003) and the articles by ALBERT/BARABÁSI (2002) as well as NEWMAN (2003). See also STROGATZ (2001) and BARABÁSI/BONABEAU (2003). The following description of networks is based on results from this literature.

small number of vertices that have a very high number of incoming and outgoing edges whereas the other vertices have only a small number of connections. These are the networks that are called 'small world' or 'scale free' networks. They are characterised by a certain combination of order and randomness.

But even with small world networks there are differences. Especially, one differentiates between egalitarian and hierarchical networks. Egalitarian networks provide short distances and high degrees of clustering, but the link distributions follow the Poisson distribution. In these networks, there is no hierarchical structure. In contrast to that, hierarchical networks show also short distances and an even higher degree of clustering. In addition to that, there are super nodes with very high numbers of edges. These networks are formed by preferential linking, i.e. they grow very unevenly by adding new connections to vertices that are already heavily linked. These are the super nodes. They are the base of a hierarchy of vertices. The link distribution follows no longer Poisson, but the power law.

The difference of egalitarian and hierarchical networks is also crucial for the vulnerability of networks to unspecific and specific attacks. As early as 1964, PAUL BARAN, affiliated then with the Rand Corporation, wrote a research memorandum discussing the vulnerability –or as he put it, the survivability - of communication networks after the physical attack of communication stations [BARAN (1964)]. He distinguished between centralized, decentralized and distributed network structures whereby the last notion means that there is a completely egalitarian network where each vertex is connected via one edge with its nearest neighbour [BARAN (1964), Figure 1]. I.e., a distributed network is a completely decentralized network whereas a decentralized network still has some vertices that are kinds of local hubs within the network.

The more recent physical network theory has produced a quite large body of evidence for crucial differences concerning the so-called attack tolerance of networks.[1] The question is when the network disintegrates under an attack to its links and vertices. 'Disintegration' means that the connectivity of the network (to reach an arbitrarily chosen vertex from any other vertex of the network) is lost; in this case, single vertices or groups of vertices become isolated within the existing network. The main results are that small world networks are particularly stable with respect to random attacks, i.e. attacks that destroy accidentally vertices or links. The reason is the inhomogeneous structure of the network (relatively few hubs). From an economic point of view, random attacks on networks pose a *risk to transactions* and increase in such a way the transaction costs of network transactions.

---

1 The path-breaking paper is ALBERT/JEONG/BARABÁSI (2000) (with a correction in ALBERT/JEONG/BARABÁSI (2001)). See also for the results reported here COHEN/EREZ/BEN-AVRAHAM/HAVLIN (2000; 2001) as well as CALLAWAY/NEWMAN/STROGATZ/WATTS (2000).

On the other hand, scale-free networks with a hierarchical structure [RAVASZ/BARABÁSI (2002); BARABÁSI ET AL. (2002)] are highly vulnerable to intentional attacks that are targeted directly to the hubs. Under intentional attacks, the destruction of hubs is disastrous and leads very quickly to the disintegration of the network. Economically speaking, intentional attacks at hierarchical networks are likely to cause the breakdown of the network and may hence be classified as *systemic risks*. Based on these results from the physical theory of networks, a new kind of analysis of the structural dynamics of illicit firms and their markets is feasible.

4. Determination and dynamics of the network structure of illicit firms

Starting with GIBRAT (1931), there is a large and quickly growing literature on the structure and dynamics of legal firms and markets.[1] The crucial result concerning the size distribution of firms is that it follows Zipf's law, i.e. the power law distribution that is also found in scale-free networks.[2] As a consequence, the explanations of this phenomenon are mainly based on stochastic processes, analysed with the tools of statistical physics [BULDYREV ET AL. (1997); BOTTAZZI/SECCHI (2002); BOTTAZZI/CEFIS/ DOSI/SECCHI (2003)].[3]

Existing work is concentrated on firms operating in legal markets. There are only a few papers on firms and the market structure of illicit markets as e.g. markets for narcotic drugs.[4] As stated in section 1 of this paper, there is a number of economic reasons why illicit firms may differ from their legal counterparts. In the following, the physical theory of networks is used to explain the dynamics of the market structure and the firm sizes in these markets. The crucial point is that there is one specific element that obviously has an impact on both, firm sizes and market structure that does not exist for legal firms: the police that try its best to interfere with the transactions on the market and to demolish the firms as well as the markets. Consequently, firm sizes and the market structure may be seen as a *best response* of illicit firms and their customers with respect to police activities. If this is correct, network vulnerability is the decisive factor that shapes illicit firms and markets. The question is how the structure of the network of firms and their traffickers will change when the police change its strategy from random attacks at traffickers to intentional attacks at the firms themselves.

---

1 See SUTTON (1997) for a survey of the literature following GIBRAT (1931).

2 See e.g. STANLEY (1995); STANLEY ET AL. (1996); AMARAL ET AL. (1997); TAKAYASU (1998); RAMSDEN/KISS-HAYPÁL (2000) as well as AXTELL (2001), for empirical results.

3 For another explanation, based on economic considerations, see SUTTON (1995; 2001).

4 See PORET/TÉJÉDO (2002) and the literature cited there.

As is well known from the literature already quoted in section 2, random police attacks at traffickers will not destroy the network of an illegal firm or monopoly except a large number of traffickers is caught. Exactly this is counteracted by minimizing the quantity of drugs a single trafficker is carrying.[1] Therefore, the network structure of illegal firms under random police attacks (see Figure 2) will be hierarchical in the network theoretical sense defined above: there will be a rather steep organizational structure with a huge number of traffickers, a small number of higher ranks and only a very few drug barons as the bosses of the drug dealing enterprise.

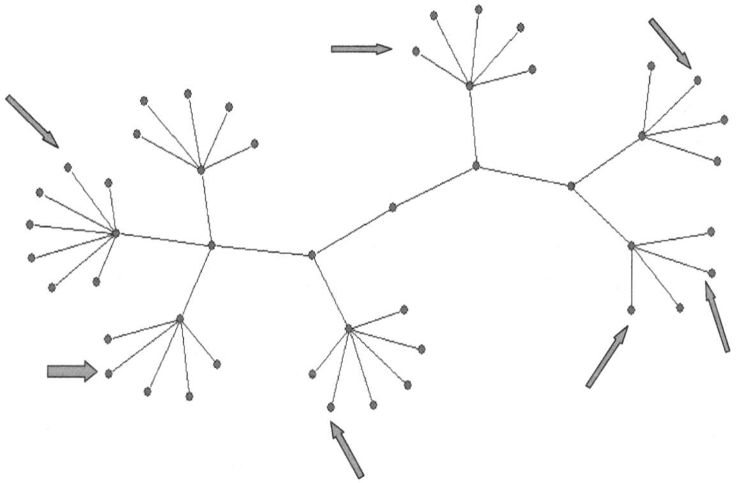

Source: Network drawn with PAJEK.

Fig. 2: Random attacks at a hierarchical network

Such a hierarchical organization is characterised by a degree distribution (i.e. the probability that a node – here a person within the (very large) firm – has k edges – here direct connections with other persons of the firm) that follows[2]

$$prob(k) \sim k^{-\gamma}, \qquad (1)$$

i.e. a power law distribution[1] and a clustering coefficient[2] in a deterministic scale-free network of [BARABÁSI ET AL. (2002), based on DOROGOVTSEV/GOLTSEV/MENDES (2002), p. 066122-2]

---

1 See also PORET/TÉJÉDO (2002).

2 See BARABÁSI/RAVASZ/VICSEK (2001), p. 559, with γ as degree exponent.

$$C(k) \sim k^{-1}. \tag{2}$$

In addition to these characteristics, and - as will be explained in the following – much more important, the centrality of a network can be determined by δ [GOLENKO ET AL. (1977), p. 66]:[3]

$$\begin{aligned} \delta &= \sum_p d_p^{***}, \\ d_p^{***} &= d_{\max}^{**} - d_p^{**}, \\ d_p^{**} &= 1 - d_p^{*},\ 0 \le d_p^{*} \le 1, \\ d_p^{*} &= \frac{\sum_p d_{pq}}{\sum_{p,q} d_{pq}}. \end{aligned} \tag{3}$$

In words, d_p^{***} is a measure for the position of a node relative to the center (here: the highest-ranked person in the firm) of the network. The highest-ranked person has $d^{***} = 0$. The number d_{pq} counts the smallest number of edges in a network that connects two nodes p and q with each other. Then d_p^{*} determines the distance of p to the center of the network; hence $d_p^{**} = 1 - d_p^{*}$ measures the position of the node p relative to the center. The central element has the maximal value for d_p^{**}.

According to GOLENKO ET AL. (1977, p. 67), the centrality of a two stages hierarchical network, consisting of one center and many nodes on the level below the center, increases with the number of nodes, but at a decreasing rate, i.e. $\frac{\partial \delta(...)}{\partial n} > 0, \frac{\partial^2 \delta(...)}{\partial n^2} < 0.$

Consider now the consequences of the change of police attacks from random attacks on traffickers to intentional attacks at the center of the firm (see Figure 3). As is well known from the physical theory of networks, such attacks lead very quickly – if successful – to the complete disintegration and fragmentation of the

1 For a deterministic network construction, BARABÁSI/RAVASZ/VICSEK (2001), p. 561, calculate $\gamma = \ln 3/\ln 2$.

2 The clustering coefficient measures how dense the nodes are connected to their nearest neighbours [WATTS (1999), pp. 32 f.]. Mathematically, it is the total actual number of edges divided by the total potential number of edges in a network [WATTS (1999), p. 102]. For a k-regular random graph (the mathematical description of a network) (i.e. all nodes have the same number of edges; WATTS (1999), p. 27) with n nodes the expected clustering coefficient is $C \approx k/n$ [WATTS (1999), p. 112].

3 There are several other measures for centrality in networks [e.g. WASSERMAN/FAUST (1994)].

network structure of the firm (see Figure 4). Hence, the measure of network *centrality* as defined above can be interpreted as a measure of the *vulnerability* of an illicit firm.[1] The higher the value of the measure of centrality, the higher the vulnerability of the firm to intentional attacks of the police.

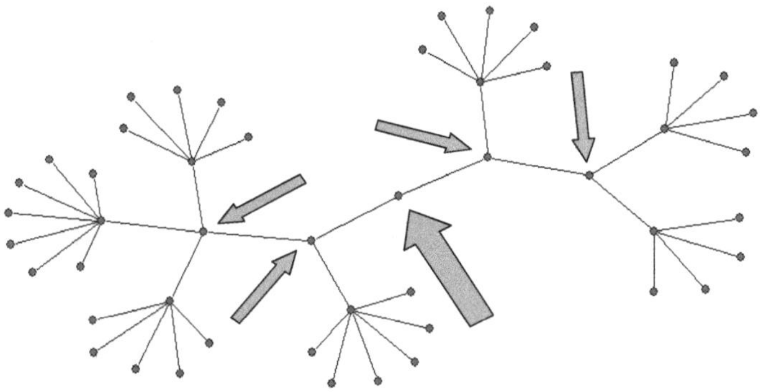

Source: Network drawn with PAJEK.

Fig. 3: Intentional attacks at a hierarchical network

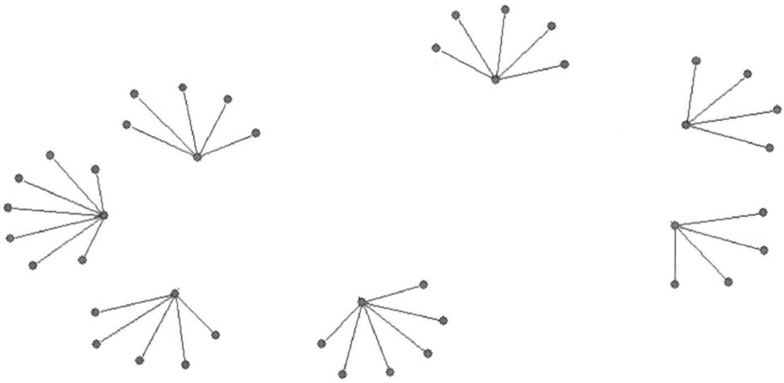

Source: Network drawn with PAJEK.

Fig. 4: Disintegration of a hierarchical network due to intentional attacks

The structure of the illicit firm has to be changed if the firm is to survive. This requires to give up the hierarchical structure and to implement a more egalitarian structure. Instead of one center the firm may be split up into, say, five or ten different firms (or centers) that are more or less autonomous (see Figure 5). How far the firm will be decentralized depends to a large extent on the intensity of the

---

1 This is also the consequence of the analysis of communication structures by BARAN (1964).

intentional police attacks. The lower the degree of centrality, the less vulnerable the firm will become to intentional attacks.

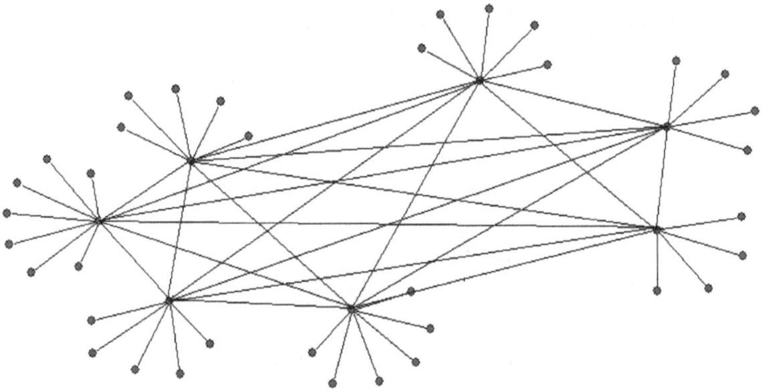

Source: Network drawn with PAJEK.

Fig. 5: Re-integration as an egalitarian network

However, this forced change of strategy is costly for two reasons: First, the monopoly power of the firm decreases or will even be completely lost. Second, the economies of scale and scope will decline. Consequently, the firm will loose at least some of its profitability. Hence, there is a trade-off between profitability and vulnerability of illicit firms. This interdependence of profitability and vulnerability to intentional police attacks is depicted in Figure 6.

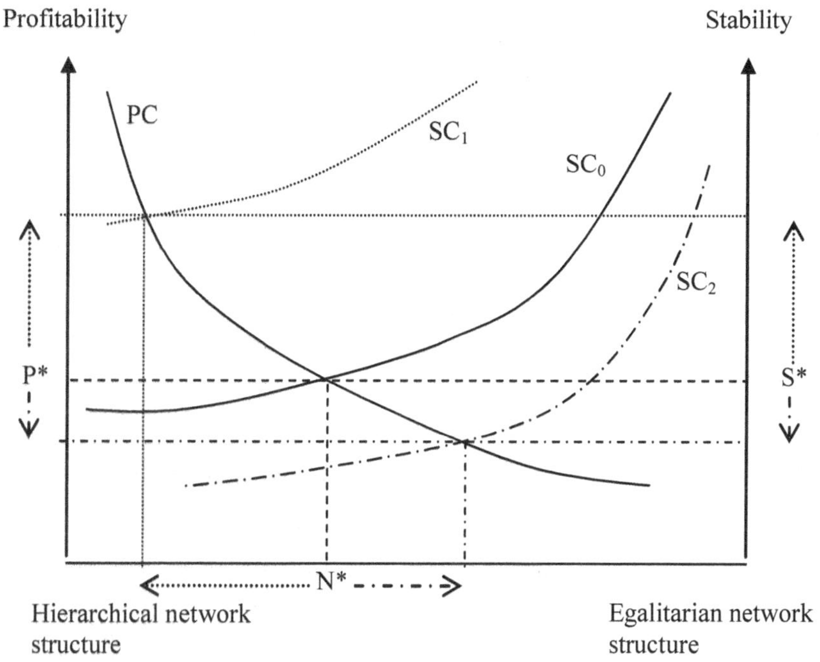

Fig. 6: Profitability, stability and network structure of firms

In this figure, on the left-hand vertical axis the profitability is shown and on the right-hand vertical axis the stability (which is the inverse value of vulnerability). Both depend on the hierarchical structure of the firm or market, respectively. Therefore, the horizontal axis that connects the vertical axes determines the hierarchical structure of the firms on the market. From left to right the degree of hierarchy declines. Starting with a highly hierarchical network structure, it becomes more and more egalitarian when moving to the right. The change of the network structure may also imply a change in the market power of the firms. The highly hierarchical network structure might be identified as a monopoly whereas the egalitarian network structure might imply a large number of competitive firms.

In Figure 6, the optimum is given by the three variables P*, N* and S*, denoting the equilibrium profitability, degree of network hierarchy and stability (robustness against intentional police attacks). The optimum is reached at the intersection of the profitability (PC) and the stability curve (SC). Since it seems not feasible to have both at the same time, there is a trade-off between profitability and stability. The more hierarchical the market is structured, the more profitable the firm is, but the less stable (or the more vulnerable) it is to intentional police attacks. The optimum shows the balance of profitability and stability.

The situation of random police attacks is shown in Figure 6 as the intersection of PC and SC_1 (whereas intentional police attacks are depicted as the intersection of

PC and SC_0). Random police attacks imply then a higher level of both, profitability and stability of the firms, combined with a relative high level of hierarchy. In contrast to that, an even more successful intentional attack strategy of the police might provoke a stability curve like SC_2 that implies an even lower level of both, profitability and stability.

Furthermore, the change of the network structure of firms will not only be qualitative, but also quantitative. Intentional police attacks decrease the number of links to vertices in the network. This is the reason for a more egalitarian network. In such a network, the power law regime of the link distribution will be cut-off at a certain point or the power law regime may disappear altogether.[1] Hence, illicit markets might become characterized by a different size structure of their firms in comparison to a legal market.

5. Consequences for the fight of illicit markets

Until this point, the fight of illicit firms rather than illicit markets was at the center of the analysis. This means that the situation of the supply side of the illicit market was investigated, but not the performance of the market as a whole. However, the crucial question of fighting illicit markets is the performance of these markets, especially the prices and quantities.

Figure 7 illustrates what will happen to the illicit market under various types of police attacks. Starting with random attacks, the result will be a monopoly (or local monopolies) with highly hierarchical firm structures. The quantity of the illegal good will be the monopoly quantity, Q_M, the price is most likely the monopoly price, P_M. Given the demand function, high prices deter at least some people form consuming the illicit good (e.g. a drug).

[1] This is the result of simulations of small-world networks with cost of adding links or limited capacity of a vertex [AMARAL/SCALA/BARTHÉLÉMY/STANLEY (2000), especially figure 4, p. 11151].

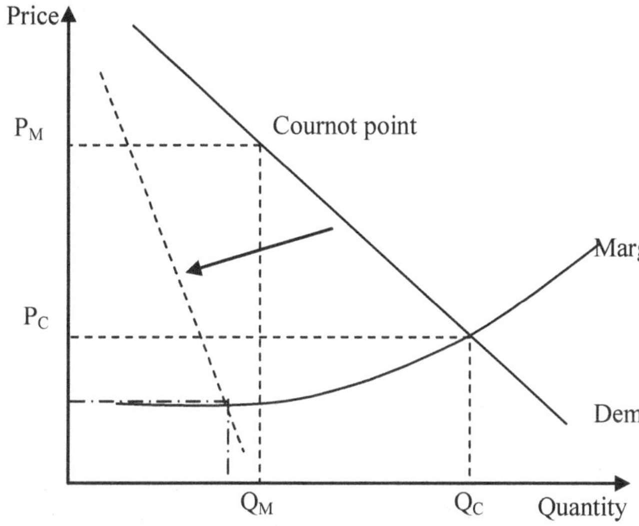

Fig. 7: Market reactions on police attacks

Fighting the supply of drugs via intentional police attacks, may change the market structure in the direction of competition.[1] This will drive down prices and drive up quantities to their competitive values, Q_C and P_C. This effect is not at all intended; it is rather a side-effect of the fight against the supply side of the illicit good. The result of the policy, however, does not seem to fit well the objectives of the policy.

To redirect the policy to the fight against the quantity of the illicit good on the market, it is necessary to fight also the demand of the good. It even seems that a demand side policy may be more successful than a supply side policy because a monopolistic market structure is rather desirable with illicit goods. In Figure 7, bringing down demand would reduce the extent of the illicit market even at competitive prices.

6. Conclusions

In this paper, the structure of illicit firms is analysed. For this end, economic analysis has been combined with physical network analysis. The main point is that the change of police strategy may have a very important effect not only on the quantities and prices in illicit markets, but also on the firms and their network structure.

---

1 See especially PORET/TÉJÉDO (2002) for an analysis of this effect.

Random police attacks on the distributors of illicit goods are countered by a situation in which each trafficker carries the smallest possible amount of the good. The hierarchical structure of the firm does not change since it is not under police pressure. To reap high returns from providing illicit goods, this structure seems optimal under random police attacks.

A change of the strategy of the police from random to intentional attacks at the highest ranks of the firm will change this picture drastically. Successful attacks now threaten the existence of the whole firm, i.e. the hierarchical network structure renders the firm highly vulnerable to intentional attacks. The optimal reaction to this strategy of the police is to decentralize the firm structure by creating a higher number of smaller firms. Since these firms are likely to become autonomous, competition among them may rise. Furthermore, economies of scale and scope may at least partially be lost in this process. Hence, reducing vulnerability implies less profitable and more egalitarian firms.

To fight illicit markets effectively, the attack of the supply side does not seem sufficient. Additional policies to reduce demand may be required to reduce the quantities sold.

References

Albert, R., Barabási, A.-L. (2002), Statistical mechanics of complex networks, in: Review of Modern Physics, Vol. 74, pp. 47-97.

Albert, R., Jeong, H., Barabási, A.-L. (2000), Error and attack tolerance of complex networks, in: Nature, Vol. 406, pp. 378-382.

Albert, R., Jeong, H., Barabási, A.-L. (2001), Corrections: "Error and attack tolerance of complex networks", in: Nature, Vol. 409, p. 542.

Amaral, L. A. N., Scala, A., Barthélémy, M., Stanley, H. E. (2000), Classes of small-world networks, in: Proceedings of the National Academy of Science of the United States of America (PNAS), Vol. 97, pp. 11149-11152.

Amaral, L. A. N. et al. (1997), Scaling behavior in economics: I. Empirical results for company growth, in: Journal of Physics I France, Vol. 7, pp. 621-633.

Axtell, R. L. (2001), Zipf distribution of US firm sizes, in: Science, Vol. 293, pp. 1818-1820.

Barabási, A.-L. et al. (2002), Scale-free and hierarchical structures in complex networks, University of Notre Dame, November 25, 2002.

Barabási, A.-L., Bonabeau, E. (2003), "Scale-free networks", in: Scientific American, May 2003, pp. 50-59.

Barabási, A.-L, Ravasz, E., Vicsek, T. (2001), Deterministic scale-free networks, in: Physica A, Vol. 299, pp. 559-564.

Baran, P. (1964), On distributed communications, Memorandum RM-3420-PR August 1964, Internet document: http://www.rand.org/publications/RM/RM3420/index.html [accessed 02.05.2005].

Bornholdt, S., Schuster, H.G. (eds.) (2003), Handbook of graphs and networks, Weinheim: Wiley-VCH.

Bottazzi, G., Secchi, A. (2002), On the Laplace distribution of firm growth rates, LEM Working Paper Series 2002/20, Pisa.

Bottazzi, G., Cefis, E., Dosi, G., Secchi, A. (2003), Invariances and diversities in the evolution of manufacturing industries, LEM Working Paper Series 2003/21, Pisa (Draft).

Braulke, M., Sauermann, H. (1986), Die Firma im Halbschatten [„The firm in penumbra"], in: Finanzarchiv, N.F., Vol. 44, pp. 297-305.

Buldyrev, S. V. et al. (1997), Scaling behaviour in economics: II. Modeling of company growth, in: Journal of Physics I France, Vol. 7, pp. 635-650.

Callaway, D. S., Newman, M. E. J., Strogatz, S. H., Watts, D. J. (2000), Network robustness and fragility: Percolation on random graphs, in: Physical Review Letters, Vol. 85, No. 25, pp. 5468-5471.

Cohen, R., Erez, K., ben-Avraham, D., Havlin, S. (2001), Breakdown of the Internet under intentional attack, in: Physical Review Letters, Vol. 86, No. 16, pp. 3682-3685.

Cohen, R., Erez, K., ben-Avraham, D., Havlin, S. (2000), Resilience of the Internet to random breakdown, in: Physical Review Letters, Vol. 85, No. 21, pp. 4626-4628.

Dorogovtsev, S. N., Mendes, J. F. F. (2003), Evolution of networks, Oxford et al: Oxford University Press.

Dorogovtsev, S. N., Goltsev, A. V., Mendes, J. F. F. (2002), Pseudofractal scale-free web, in: Physical Review E, Vol. 65, pp. 066122-1 – 066122-4.

Gibrat, R. (1931), Les inégalités économiques; applications: aux inégalités des richesses, à la concentration des entreprises, aux populations des villes, aux statistiques des familles, etc., d'une loi nouvelle, la loi de l'effet proportionnel, Paris: Librairie du Recueil Sirey.

Golenko, D. I. et al. (1977), Kybernetik zur Steuerung ökonomischer Prozesse [Cybernetics for the control of economic processes], Akademie-Verlag: Berlin.

Klein, B. (1985), Self-enforcing contracts, in: Journal of Institutional and Theoretical Economics, vol. 141, pp. 594-600.

Langlois, R. N., Fu-Lai Y., T., Robertson, P. L. (eds.) (2002), Alternative theories of the firm, 3 vols., Cheltenham: Edward Elgar.

Newman, M. E. J. (2003), The structure and function of complex networks, in: SIAM Review, Vol. 45, pp. 167-256.

PAJEK (2002), Program for large network analysis, by Vladimir Batagelj and Andrej Mrvar, University of Ljubljana, Department of Mathematics, Internet: http://vlado.fmf.uni-lj.si/pub/networks/pajek/ [accessed 02.05.2005].

Poret, S., Téjédo, C. (2002), Law enforcement and concentration in illicit markets, Institut National de la Statistique et des Etudes Economiques (INSEE), Série des Documents de Travail du CREST, No 2003-02.

Ramsden, J. J., Kiss-Haypál, G,. (2000), Company size distribution in different countries, in: Physica A, Vol. 277, pp. 220-227.

Ravasz, E., Barabási, A.-L. (2002), Hierarchical organization in complex networks, arXiv:cond-mat/0206130 v2 1 Sep 2002.

Stanley, M. H. R. et al. (1996), Scaling behaviour in the growth of companies, in: Nature, Vol. 379, pp. 804-806.

Stanley, M.H.R. et al. (1995), Zipf's plots and the size distribution of firms, in: Economic Letters, Vol. 49. pp. 453-457.

Strogatz, S. H. (2001), Exploring complex networks, in: Nature, Vol. 410, pp. 268-276.

Sutton, J. (2001), The variance of firm growth rates: The 'scaling' puzzle, Discussion Paper No EI/27, The Toyota Centre, LSE London.

Sutton, J. (1997), Gibrat's legacy, in: Journal of Economic Literature, Vol. 35, pp. 40-59.

Sutton, J. (1995), The size distribution of businesses. Part I: A benchmark case, Discussion Paper No. EI/9, The Toyota Centre, LSE London.

Takayasu, H. (1998), Country dependence on company size distributions and a numerical model based on competition and cooperation, in: Fractals, Vol. 6, pp. 67-79.

Wasserman, S., Faust, K. (1994), Social network analysis: Methods and applications, Cambridge University Press, Cambridge.

Watts, D. J. (1999), Small worlds. The dynamics of networks between order and randomness, Princeton University Press, Princeton, New Jersey.

Watts, D. J., Strogatz, S. H. (1998), Collective dynamics and small-world networks, in: Nature, Vol. 393, pp. 440-442.

Reichtum, Opfer und Steuern in jüdischen, christlichen, islamischen und buddhistischen Quellen

Jochen Schumann

Zusammenfassung: Den großen Religionen der Welt wird oft ein distanziertes Verhältnis zu Wohlstand und Reichtum nachgesagt. Das Studium jüdischer, christlicher, islamischer und buddhistischer Quellen zeigt, dass Vorbehalte regelmäßig nur dann bestehen, wenn Wohlstand und Reichtum als Selbstzweck verfolgt werden und die Hinwendung zum Glauben beeinträchtigen. Mit der Umverteilung mittels Opfern und Steuern wird auch die Haltung der Religionen zur Hilfe für Arme und Mönche und zur Finanzierung der Staatstätigkeit angesprochen. Zu jeder der vier Religionen werden einführende Hinweise auf Entstehung und Inhalt gegeben sowie abschließende Bemerkungen zur Entwicklung bis zur Gegenwart gemacht.

Schlüsselworte: Religionsökonomie, biblische Ökonomie, islamic economics, buddhistic economics, Zinsverbote

1. Einleitung

Schon Max WEBER betonte, dass das Streben der Menschen nach wirtschaftlichem Erfolg von deren religiöser Einstellung abhängt.

In „Die protestantische Ethik und der Geist des Kapitalismus" widmete er sich dem Calvinismus. Nach dieser Religion gelte es, den Ruhm Gottes in der Welt durch Vollstreckung seiner Gebote zu mehren [WEBER (1993), S. 66]. Die Menschen kommen dieser Aufgabe durch „innerweltliche Askese" nach, indem sie rastlos arbeiten, auf Luxuskonsum verzichten und durch Sparen akkumulieren. Den dadurch erreichten wirtschaftlichen Erfolg sehen die Calvinisten nicht als Selbstzweck an, sondern erhoffen sich daraus ein Indiz, zu den von Gott zum ewigen Leben vorab Ausgewählten zu gehören [WEBER (1993), S. 77 ff.]. Die asketische Form des calvinistischen Protestantismus prägt nach WEBER den Geist des damals entstehenden Kapitalismus.

In „Die Religion Indiens" kommt WEBER zu der Auffassung, dass der Buddhismus keine Grundlage für eine an wirtschaftlichem Erfolg orientierte gesellschaftliche Ordnung sein kann. Der Prozess der zum Nirvana führenden Erleuchtung sei vollständig auf das jeweilige Individuum bezogen; kein anderer Mensch und keine Gemeinschaft von Menschen könne ihm dabei helfen [WEBER (1920), S. 213]. Der Buddhismus in seiner ursprünglichen Form habe keine Aspekte einer sozialen, auf wirtschaftlichen Erfolg ausgerichteten Bewegung.

Die beiden Weberschen Beispiele beschreiben extreme Gegensätze: Im Calvinismus wirtschaftliche Erfolgsorientierung innerhalb einer asketischen kapitalistischen Gesellschaft; im Buddhismus Verzicht auf soziale Kontakte, Überwindung weltlicher Bedürfnisse zu Gunsten spiritueller Erleuchtung.

Noch in den siebziger Jahren des letzten Jahrhunderts glaubten Ökonomen, die in Ländern vorherrschenden Religionen als Indikatoren für deren Wachstumspotenzial heranziehen zu können. ADELMANN und MORRIS (1973, S. 38 f.) unterschieden drei Klassen von Ländern, A, B und C:

- A-Länder sind solche, deren Religion die Verantwortlichkeit des einzelnen für seine Handlungen und für seine Fähigkeit, auf seine Umgebung Einfluß zu nehmen, betont. Dazu gehören vor allem Länder mit christlicher und/oder jüdischer Bevölkerung.
- B- und C-Länder sind solche, deren Religionen eher fatalistische Haltungen gegenüber der Fähigkeit des Menschen fördern, sein Schicksal zu bestimmen. Zu der mittleren Klasse B werden islamische Ländern gezählt, zu der schlechten Klasse C Länder mit buddhistischer oder hinduistischer Bevölkerung.

Diese Einteilung ist heute überholt, haben doch vor allem buddhistisch geprägte Länder Ostasiens seit einigen Jahrzehnten hohes wirtschaftliches Wachstum erzielt, christliche Länder hingegen an Wachstum verloren. Das mag zum einen daran liegen, dass die Religionen heute aufgeklärter, wirtschaftsfreundlicher interpretiert werden als früher, zum anderen auch daran, dass sich der religiöse Einfluss auf wirtschaftliches Verhalten geändert hat.

In diesem Beitrag soll es nicht darum gehen, die heutigen Dimensionen des Einflusses verschiedener Religionen auf wirtschaftlichen Erfolg zu untersuchen und zu beurteilen. Wir beschränken uns vielmehr auf eine Darstellung jüdischer, christlicher, islamischer und buddhistischer Auffassungen zu zwei wichtigen, am wirtschaftlichen Erfolg anknüpfenden Sachverhalten, nämlich erstens die Haltung zu wirtschaftlichem Reichtum, zweitens die Forderungen zur Umverteilung von Gütern entweder durch Opfer oder durch Steuern. In jedem der vier Hauptabschnitte gehen wir zunächst kurz auf die Entstehung sowie auf den Inhalt einer Religion ein und widmen uns dann der Einstellung zu Reichtum, Opfer und Steuern nach den religiösen Quellen.

2. Reichtum, Opfer und Steuern in jüdischen Quellen

2.1 Zur Entstehung und zum Inhalt jüdischen Glaubens

Nach jüdischem Glauben kam das Volks Abrahams aus Ur in Chaldäa (vgl. Gen. 11, 31) und ließ sich gut 1000 Jahre vor der Zeit des Moses in Palästina nieder, nachdem es die dort lebenden Kanaaniten bezwungen hatte. Es ist weitgehend unbekannt, warum und in welcher Zahl die Juden nach Ägypten auswanderten. In den Berichten von Sklaverei und Frondiensten im Land der Pharaonen, von Moses' Leben und Wirken, vom Auszug aus Ägypten, von der 40-jährigen Wanderschaft in der Wüste, vom Bund mit dem Gott Jahve, von Moses' Empfang der Gesetzestafeln auf dem Berg Sinai vermischen sich historische Anhaltspunkte und orientalische Phantasie [DURANT (1977), S. 269 f.]. Die blutige Rückeroberung Kanaans unter Josua wurde als göttlicher Auftrag empfunden.

Das Volk bildete keine geeinte Nation, sondern war lange Zeit in zwölf Stämme geteilt, deren Organisation die von patriarchalischen Familien war. Die „Richter" waren zugleich Priester und Anführer in kriegerischen Auseinandersetzungen. Trotz der Warnungen des Samuel, daß ein König den Familien ihre Söhne, Töchter, Äcker, Wein- und Ölgärten sowie den Zehnten vom Ertrag der Saat und der Weinberge als Steuer nehmen würde (1. Sam. 8, 10-20), entschlossen sich die Isrealiten um 1032 v. Chr., Saul zum König zu wählen. Auf ihn folgte 1012 v. Chr. David, der Bezwinger des Riesen Goliath gewesen sein soll, der vierzig Jahre lang teils grausam, teils friedliebend herrschte und Jerusalem zur Hauptstadt bestimmte. Sein Nachfolger wurde um 972 v. Chr. Salomo, dessen Weisheit das Volk zu Ordnung und Wohlstand führte. Er wurde einer der reichsten Herrscher seiner Zeit und ließ in Jerusalem einen ersten Tempel erbauen, der sich zum geistigen Mittelpunkt des Landes entwickelte. Mit dem Reichtum des Königs und dem Wohlstand von Grundbesitzern und Händlern entstand allerdings eine Kluft zwischen Reichen und Armen.

Nach Salomos Tod spaltete sich 932 v. Chr. das Reich in den nördlichen Teil Ephraim mit der Hauptstadt Samaria und in den südlichen Teil Judäa mit der Hauptstadt Jerusalem. Ephraim wurde um 722 v.Chr. Beute der Assyrer. Judäa behauptete sich, mußte sich nach Belagerung Jerusalems und Zerstörung des Tempels schließlich 587 v. Chr. Babylon unterwerfen; die Bevölkerung ging in die Babylonische Gefangenschaft. Der Perserkönig Kyros eroberte 538 v. Chr. Babylon und entließ die Juden aus der Gefangenschaft. Diese waren in Babylon heimisch geworden; nur ein Teil der Verbannten kehrte zurück. In Jerusalem entstand ein zweiter Tempel.

Die jüdische Religion war in der ägyptischen Zeit und auch noch bis in die Zeit der Könige hinein polytheistisch. Dies drückte sich auch in Tierverehrungen aus, z. B. im Schlangenkult oder im Tanz um das Goldene Kalb. Noch Salomo war gegenüber dem Glauben an exotische göttliche Wesen tolerant. Erst allmählich setzte sich der Glaube an den einen Gott Jahve durch, der mit dem Volk Israel einen Bund eingegangen war und der Moses als seinen Sachwalter eingesetzt hatte. Auf dem Berg Sinai soll Jahve dem Moses die Tafeln mit den Gesetzen und Geboten übergeben und ihn beauftragt haben, zu deren Aufbewahrung als Zeugnis des Bundes eine kostbare Lade anzufertigen. Der Gott Jahve ist nicht nur zornig und nachtragend, sondern auch bereit, Völker zu vernichten oder zu vertreiben, die sich den Israeliten entgegenstellen; er droht auch den Israeliten Vernichtung an, sollten sie ihm Gehorsam verweigern [DURANT (1973), S 277 f.]. Der Prophet Jesaja erkennt im Schicksal des Volkes Israel die Strafe Jahves für Israels Sünden und Verfehlungen; er bestärkt die Israeliten jedoch in ihrer Hoffnung auf einen Messias, der Gerechtigkeit und Frieden bringt [DURANT (1973), S. 284 f.].

Im Alten Testament der Bibel finden sich schriftliche Zeugnisse der jüdischen Religion. Ein Teil davon wurde offenbar aus alten Quellen zusammengestellt, als es unter dem judaischen König Josia um 622 v. Chr. darum ging, der Bevölkerung einen Kodex zu geben, um das Leben der einzelnen und der Gemeinschaft zu regeln und den Glauben allein an Jahve endgültig durchzusetzen. Nach der späteren Lehrmeinung bilden die fünf Bücher des Moses als Thora (griechisch: Pentateuch) das „geschriebene Gesetz" des Judentums. Die Thora wird durch das „mündliche Gesetz" der talmudischen Rabbiner-Kommentare erläutert [MANGELOJA (2004), S. 2], die teils im babylonischen Exil entstanden. Die fünf Bücher heißen Genesis (Gen.), Exodus (Exod.), Leviticus (Lev.), Numeri (Num.) und Deuteronomium (Dtn.).

2.2 Reichtum

Die in der ökonomischen Literatur unterstellte Knappheit der wirtschaftlichen Ressourcen im Verhältnis zu den beinahe unbegrenzten menschlichen Bedürfnissen wird in der Thora grundsätzlich anders gesehen: Die Ressourcen sind nicht knapp; sie reichen aus, um alle lebensnotwendigen Bedürfnisse zu befriedigen [MANGELOJA (2004), S. 3].

Diese Grundhaltung wird schon deutlich während der Wanderschaft des Volkes Israel durch die Wüste, als Jahve die vom Hunger bedrohten Israeliten mit Manna versorgt (das wie Koriandersamen aussehen und wie Semmel mit Honig schmekken soll; vgl. Exod. 16:31). Ein jeder solle für sich und seine Familienangehörigen eine bestimmte Menge Manna sammeln, aber nichts davon aufbewahren, da es verderblich ist (Exod. 16:16-21). Am nächsten Tag würde Jahve jedem eine gleiche Menge Manna verfügbar machen.

Der Grundsatz, sich statt unbegrenzten Strebens nach Reichtum zu bescheiden, gilt nicht nur während der Ausnahmezeit der Wanderschaft durch die Wüste. Allgemein werden Handel und Reichtum nicht negativ gesehen; es kommt aber darauf an, wie man damit umgeht. Die Brüder Jakob und Esau hatten beide, als sie sich nach langer Trennung begegneten, respektablen Wohlstand erreicht. Der rechtschaffene Jakob, der mit seiner Familie reiste, sagt zu seinem Bruder: „...ich habe alles genug"; Esau, der mit 400 Mann unterwegs war, brüstet sich mit seinem Überfluss (vgl. Gen. 33.11) und zeigt damit Hang zum Luxus und Mangel an Verantwortung.

Unter dem Gesichtspunkt der Gerechtigkeit gab es für das Streben nach Reichtum erhebliche Beschränkungen, die sich nicht nur im Verbot von Diebstahl, Täuschung und Überteuerung ausdrückten, sondern aus heutiger Sicht ungewohnte Regulierung wirtschaftlicher Handlungen darstellen:

Da sind erstens der Schuldenerlass und das Zinsverbot. Jeder 7. Tag war, in Anlehnung an die Schöpfungsgeschichte, Sabbat, also ein Tag, an dem für jeden einzelnen, auch für Knecht, Magd und Gast, jede Art von Arbeit verboten ist (Exod. 20: 8-11). Auch jedes 7. Jahr war Sabbat, ein Jahr, in dem die Felder brach liegen und in dem Schulden erlassen werden (Dtn. 15: 1-2). Ein Großteil der Kredite betraf Hilfe für Personen aus der eigenen oder einer anderen israelitischen Familie, in heutiger Sprechweise: Konsumentenkredit. Aber auch gewerbliche Kredite zur Finanzierung von Handel und Handwerk fielen unter den Schuldenerlass[1]. Jede Kreditgewährung sollte grundsätzlich zinsfrei sein; wer Zinsen nahm, war ein Wucherer (vgl. z. B. Exod. 22:25; Dtn. 23:19). Das Gebot zum Schuldenerlass im 7. Jahr und das Zinsverbot galten jedoch nur gegenüber „Nächsten" aus dem eigenen Volk, ganz ausdrücklich nicht gegenüber Fremden, also Nicht-Israeliten (Dtn. 15:3; 23:20).

Die Bildung wirtschaftlichen Reichtums durch verzinsliches Kreditgeben und Kreditnehmen war also innerhalb des Volkes Israel durch Zinsverbot und Schuldenerlass erheblich reglementiert. Die Erlaubnis für Kredit- und Zinsgeschäfte mit Nicht-Juden waren ein Grund dafür, dass später in der Diaspora sich Juden auf Geldgeschäfte spezialisierten und reich wurden. Man denke z. B. an William Shakespeares „Kaufmann von Venedig", in dem der christliche Kaufmann Antonio vom Juden Shylock Geld gegen Zinsen leihen muss.

Da ist zweitens die egalitäre Verteilung von Land. Jahve hatte seinem Volk versprochen, nach der Eroberung Kanaans und der vollständigen Ausrottung seiner Bevölkerung dieses Land als „jungfräuliches", unbelastetes Land an die Israeliten zu geben (Dtn. 7:1-5, 20, 16). Moses sollte „das Land austeilen zum Erbe nach der Zahl der Namen" (Num. 26:52; 33:54). Nicht eingeschlossen in die Empfangs- und Erbberechtigten waren die Leviten (vgl. Num. 57-62).; diese erhielten nur als priesterliche Gemeinschaft einen Teil des Landes. Neben ihren sakralen Diensten hatten sie öffentliche Aufgaben wahrzunehmen, darunter auch die Durchführung der Verteilung des Landes (vgl. Dtn. 21:5). Da der Boden nicht überall gleich ergiebig ist, waren Messung und Bewertung schwierig [MANGELOJA (2004), S. 6].

---

1 Damit nicht die Bereitschaft zur Kreditgewährung abnahm, je näher das Jahr des Schuldenerlasses heranrückte (vgl. Dtn. 15:9-10), wurde im 1. Jahrhundert v. Chr. die „Prosbul-Regelung" eingeführt, nach der durch Hinterlegung der Schuldurkunde bei Gericht der Verfall der Forderung vermieden wurde [NUTZINGER (2004), S. 5].

Der Verkauf und der Kauf von Land waren grundsätzlich möglich, wurden jedoch beeinflusst durch die Vorschrift, dass jedes 50. Jahr ein „Freijahr, Halljahr" (so die lutherische Bibelübersetzung; vgl. Lev. 25:10-13) oder „Jahr des Jubiläums" [MANGELOJA (2004), S. 22] sein sollte. Durch das Freijahr wurde die Entwicklung des Reichtums der Familien an Boden dadurch neutralisiert, dass das innerhalb der letzten 50 Jahre verkaufte Land an die verkaufende Familie zurück fiel. Diese sehr einschneidende Vorschrift impliziert, dass der Bodenpreis beim Verkauf nur den absehbaren Ertrag des Landes bis zum nächsten Freijahr ausdrücken konnte. Es gab also keinen endgültigen Eigentumsübergang von verkauftem Boden auf den Käufer. Die Vorschrift hatte zum Ziel, die anfängliche Bodenverteilung des Landes möglichst zu erhalten [MANGELOJA (2004), S. 22].

2.3 Opfer und Steuern

Hier sind Leistungen gemeint, die von den Israeliten entweder als Opfer der Tempelsteuer oder als Armenopfer erbracht oder dem König als Steuern entrichtet werden mussten.

Die Tradition des Opfers der Tempelsteuer als Abgabe des Zehnten geht auf Abraham zurück (vgl. Gen. 14:20). Die den Tempel verwaltenden Leviten hatten das Recht und die Pflicht, ein Zehntel des landwirtschaftlichen Ertrages der Israeliten als Tempelsteuer zu nehmen (Num. 18:21, 24). Aus diesen natural oder in Geld zu erbringenden Leistungen hatten sie ihren Lebensunterhalt und die Kosten des Tempels zu bestreiten.

Daneben gab es einen weiteren Zehnten vom landwirtschaftlichen Ertrag, der aber nicht an den Tempel abzuliefern war, sondern der dort mit der Familie natural als Brot, Wein oder Öl verzehrt werden sollte (Dtn. 14: 22-27). Dieser zweite Zehnte war also keine Abgabe, sondern eher eine der Tempelverehrung dienende Konsumvorschrift. Wenn der Transport der Naturalien nach Jerusalem zu schwierig war, konnte man diese auch am Heimatort in Geld tauschen und das Geld im Bereich des Tempels verbrauchen (Dtn. 14: 24-26). Jedes dritte Jahr sollte dieser Zehnte nicht in Jerusalem, sondern am eigenen Wohnort verbraucht und mit Witwen und Waisen geteilt werden. Für den abgegebenen Teil wurde die Bezeichnung „Armenopfer" gewählt (vgl. Dtn. 14: 28-29); dieses stellt dann doch eine umverteilende Abgabe dar.

Als feste, einmalige Abgabe von einem halben Silberling wird das „Hebeopfer" erwähnt, das Männer über 20 Jahre anlässlich ihrer Musterung für die „Versöhnung ihrer Seelen" zu geben hatten (Exod. 30: 12-16).

Die Thora erwähnt keine Steuern an einen Staat. Mit dem Beginn der Königszeit wurden jedoch staatliche Steuern aktuell, vor denen schon Samuel gewarnt hatte (1. Sam. 8: 15-17). Unter Saul und am Anfang der Zeit Davids gab es noch keine solche Steuern. Dies änderte sich nachhaltig zur Zeit Salomos, als sich in der durch Landbau geprägten Wirtschaft zunehmend auch Handel und Gewerbe entwickelten. Der Bau und der Unterhalt von Tempel und Königspalast erforderten die Einführung immer neuer Steuern. Es entstand eine Spaltung zwischen der mit städtischem Handel und Gewerbe reicher werdenden Bevölkerung und einem dabei verarmenden Bevölkerungsteil [DURANT (1977), S. 281].

2.4 Abschließende Bemerkungen

Die Thora war und blieb das verbindende und einigende Band unter den Juden. Die mosaischen Gesetze wurden durch den in Babylon entstandenen Talmud interpretiert, jedoch grundsätzlich nicht geändert. Es ist in der Regel unklar, ob und wie lange in der politischen Wirklichkeit die besonderen Vorschriften angewandt wurden, z. B. in den Jahren der Jubiläen die Landverteilung durch Rückübertragung verkaufter Grundstücke jeweils wieder hergestellt wurde. Von dem Schuldenerlass im 7. Jahr ist bekannt, dass er zur Zeit des Herodes (34 – 4 v. Chr.) aufgehoben wurde, während die Regel des Brachliegens der Felder noch galt. Es gab aber zusätzliche entstandene, im Talmud festgeschriebene Regeln über landwirtschaftliche Mindestflächen, die zur Sicherung der Existenz der Einwohner einer Gemeinde zur Verfügung stehen sollten. [DURANT (1977a), S. 102 f.].

Schon um die christliche Zeitwende lebten die Juden verstreut in Babylon (rund 2,5 Millionen), im Römischen Reich[1] (rund 1,5 Millionen), in Ägypten (rund 1,25 Millionen) und in Syrien (rund 1 Million); nur etwa 1,25 Millionen waren in Palästina beheimatet. Im Laufe der Zeit kamen vor allem in den USA, in Europa (auch im Gebiet der ehemaligen Sowjetunion) bedeutende Anteile hinzu; im heutigen Israel gibt es etwa 5,5 Millionen jüdische Einwohner. Es hat sich der alte Sachverhalt nicht geändert, dass etwa 70 bis 80 % der Juden in der Diaspora leben [Schröder 1981, S. 10). Die Diaspora trug mit der Tempelsteuer erheblich zum Bau des zweiten Tempels und dessen späterem Ausbau sowie zum Reichtum des Tempels bei.

Der 1948 neu gegründete Staat Israel ist demokratisch organisiert mit weltlicher Legislative, Exekutive und Judikative; es gibt ein Spektrum von Parteien, das von orthodoxen konservativen bis zu nicht religiös orientierten Gruppierungen reicht. Für Familien- und Erbschaftsangelegenheiten wurden religiöse Gerichte geschaffen, die bei Juden als Rabbiner-Gerichte nach jüdischem Recht, bei anderen Religionsgemeinschaften nach deren religiösem Recht entscheiden.

---

[1] Ohne Syrien, Ägypten, Palästina.

3. Reichtum, Opfer und Steuern in christlichen Quellen

3.1 Zur Entstehung und zum Inhalt christlichen Glaubens

Der christliche Glaube dokumentiert sich in den Quellen, die über das Leben und die Lehren Christi berichten. Jesus sprach Aramäisch, kannte die hebräische Sprache der Thora und sicherlich auch Latein als Amtssprache und Griechisch als Sprache der Gebildeten (mit Pontius Pilatus soll er Griechisch gesprochen haben) [Hermann 2004, S. 10]. Die ältesten schriftlichen Zeugnisse sind Briefe des Apostels Paulus, die noch vor dessen Tod ca. 64 n. Chr. entstanden sein müssen. Die vier erhaltenen Evangelien gehörten zu einer größeren Zahl, die in den ersten beiden Jahrhunderten in Umlauf waren. Die drei synoptischen Evangelien nach Mathäus (Mt.), Markus (Mk.) und Lukas (Lk.) schildern teils gleiche Ereignisse. Das vierte Evangelium, das des Johannes, will nicht biografisch berichten, sondern Christus als göttliches Wort, als Schöpfer der Welt und Erlöser der Menschen darstellen. Die Originale der Evangelien dürften zwischen 60 und 120 n. Chr., im Anschluss an die mündliche Überlieferung, niedergeschrieben sein; die ältesten erhaltenen Exemplare stammen aus dem dritten Jahrhundert [DURANT (1977a), S. 123 f.].

Ausgangspunkt für Christus waren die Lehren Johannes' des Täufers, die jüdischer Überlieferung entsprachen: Der erwartete Messias ist nahe, die Zeit der Reue ist nur noch kurz bemessen. Wer ein gerechtes Leben führt, der wird das Reich erben, in dem es kein Übel und kein Leid geben wird. Die Umrisse der christlichen Ethik treten besonders in der Bergpredigt (Lk. 6:17 ff.) hervor: Demut, Friedfertigkeit und Nächstenliebe [DURANT (1977a), S. 136].

Zwar hatten die Propheten Amos und Jesaja damit begonnen, Jahve, den Gott der rücksichtslosen Kriege, in einen Gott der Liebe zu verwandeln [DURANT (1977), S. 283 f.] und ein Reich des Friedens anzukündigen (vgl. Jesaja 9:5-6). Es ist jedoch erstmalig und einmalig, dass Christus die Nächstenliebe nicht nur, wie die Thora, auf die Nächsten in der eigenen Familie und im eigenen Volk, sondern auch auf Fremde und selbst auf Feinde bezieht.

Jesus stand in der jüdischen Tradition und bekannte sich zu ihr. Er betonte allerdings „die sittliche Seite der Gebote" gegenüber den jüdischen Riten, der „rein formellen Seite der Gesetzespraxis" [LUSSER (2002), S. 50]. An den Beispielen des Ährenraufens seiner Jünger (Lk. 6:1-5) und seines Heilens nicht akut lebensgefährlicher Erkrankungen (Lk. 6:5-11) jeweils auch am Sabbat relativierte er die rituelle Vorschrift des Arbeitsverbotes an diesem Tag [LUSSER (2002) S. 45 ff.).

3.2 Reichtum

Die Speisung der 5000, über die in allen Evangelien berichtet wird (Mt.. 14: 18-20; Mk 6: 34-44; Lk. 9: 12-17; Joh. 6: 5-13), kann ähnlich gedeutet werden wie die Versorgung der Isrealiten in der Wüste mit Manna, nämlich als Botschaft, dass die wirtschaftlichen Ressourcen ausreichen, um alle – Reiche und Arme – zu versorgen.

Was den Reichtum angeht, scheint der Wortlaut von Stellen aus den Evangelien eine kritische Haltung Jesus' anzudeuten:

Einen reichen Jüngling, der die Gebote einzuhalten sich bemühte, forderte Jesus nach seiner Frage, was er zur Gewinnung des ewigen Lebens noch tun könne, auf: „... verkaufe was du hast, und gib's den Armen, so wirst du einen Schatz im Himmel haben" (Mk. 19:21). Als der Jüngling nicht bereit war, alle seine Güter wegzugeben, konstatierte Jesus: „Ein Reicher wird schwer ins Himmelreich kommen. ... Es ist leichter, dass ein Kamel durch ein Nadelöhr gehe, denn dass ein Reicher in das Reich Gottes komme (Mk. 19:23-24).

Schon in der Bergpredigt hatte Jesus gesagt: „Niemand kann zwei Herren dienen. ... Ihr könnt nicht Gott dienen und dem Mammon" (Mt. 6:24, ähnlich Lk. 16:13). Und er stellte auch fest: „... der betrügliche Reichtum und viele andere Lüste ... ersticken das Wort, und es bleibt ohne Frucht"(Mk. 4:19).

Dennoch geht es in Jesus' Äußerungen nicht um eine Verurteilung des Reichtums selbst, sondern stets um die Gefahr, in die dieser die Reichen bringt, indem er sie davon abhält, sich kompromisslos und vollständig für Gott zu entscheiden [NUTZINGER (2004), S. 8]. Nicht im Reichtum selbst, sondern in seiner Störkraft sieht Jesus dessen negative Eigenschaft.[1] Die Hinwendung zu Gott erfolgt nicht durch das Hergeben von Reichtum; ihr kann jedoch, über die geläuterte Einstellung zur Nächstenliebe, die Bereitschaft zum Verzicht auf Reichtum folgen.

Gegen eine grundsätzlich kritische Einstellung der Evangelien zum Reichtum sprechen Gleichnisse, die ausdrücklich betonen, dass erst das wirtschaftliche Handeln der Menschen die Ertragskraft von Ressourcen schafft, welche die Voraussetzung des Entstehens von Wohlstand und dessen Verteilung ist:

Im Gleichnis vom Sämann wird die muliplikative Ertragskraft des Samens mit der Wirksamkeit der Botschaft vom Reich Gottes verglichen (vgl. Mk. 4:26-27; Lk. 8:11-12).

Um die Ertragskraft sinnvoll verwendeter Ressourcen geht es auch in dem aufschlussreichen Gleichnis, in dem ein Reicher Ressourcen verteilt an seine Knechte, mit denen sie während seiner Abwesenheit auf einer längeren Reise wirtschaften sollen. Nach Mt. 25:14-29 gibt er dem ersten Knecht 5 Zentner, dem zweiten 2 Zentner, dem dritten 1 Zentner.[2] Der erste und der zweite Knecht verdoppeln durch kluge Anlage das auf Zeit erhaltene Vermögen; sie werden dafür von ihrem

---

1 Der Arme ist dieser Störkraft nicht ausgesetzt; allerdings könnte es bei ihm der Neid auf den Reichtum sein, der sein Verhältnis zu Gott beeinträchtigt [NUTZINGER (2005), S. 7].

2 Die hier benutzte Luther-Übersetzung der Bibel spricht von Zentnern. Gebräuchlich ist auch das griechische Gewichtsmaß „Talente"; einem Talent entsprechen knapp 30 kg.

Herrn gelobt und belohnt. Der dritte Knecht bewahrte den Zentner nur auf und wird von seinem Herrn dafür getadelt und bestraft; er muss den Zentner an den ersten Knecht abgeben mit der Begründung „... wer... hat, dem wird gegeben..., wer aber nicht hat, dem wird auch, was er hat, genommen werden" (Mt. 25:25-29). Das Gleichnis findet sich auch in Lk. 19:12-26, wo den Knechten allerdings nicht Zentner überlassen werden, sondern Geld gegeben wird.[1] Hier wirft der Reiche dem untätigen dritten Knecht vor, er hätte das Geld wenigstens in die Wechselbank geben und Zinsen dafür erhalten können (Lk. 19:23). In dem Gleichnis wird nicht das Verhältnis von Herr und Knechten, von Reich und Arm problematisiert; die Knechte sollen als treue Sachwalter ihres Herrn die Ressourcen ertragbringend einsetzen und dafür belohnt werden.

Es ist auffallend, dass bei Lukas sogar die Verzinsung des Geldes als Untergrenze der Ertragskraft von Ressourcen erwähnt wird. Denn das jüdische Zinsverbot der Thora gegenüber den Nächsten aus dem eigenen Volk bestand auch im Christentum fort, wenn auch nicht mit gleicher Klarheit und Strenge. In den Evangelien enthält nur die Bergpredigt eine sprachlich undeutliche Formulierung zum Zinsnehmen: „Und wenn ihr leihet, von denen ihr hoffet zu nehmen, was für Dank habt ihr davon? ... tut wohl und leihet, dass ihr nichts dafür hoffet, so wird euer Lohn groß sein" (Lk. 6: 34-35). Es bleibt unklar, ob mit dem, worauf ein Kreditgeber nicht hoffen soll, nur die Verzinsung oder sogar die Rückzahlung der Kreditsumme gemeint ist.

Schließlich macht das Gleichnis von den Arbeitern im Weinberg in Mt. 20:1-16 noch die Problematik der Entlohnung und damit der Verteilung von Reichtum deutlich: Der Eigentümer eines Weinbergs verdingt in den Morgenstunden Tagelöhner zum üblichen Tageslohn von einem Groschen (Drachme). Am Mittag und am Nachmittag stellt er noch weitere Tagelöhner ein und lässt ihnen, zum Verdruss der seit dem Morgen arbeitenden Tagelöhner, am Abend den gleichen Lohn von einem Groschen zukommen. Einem der Unzufriedenen sagt der Weinbau-Unternehmer: „Mein Freund, ich tue dir nicht Unrecht. Bist du nicht mit mir eins geworden um einen Groschen? ... habe ich nicht die Macht, zu tun, was ich will ... Siehst du darum scheel, dass ich so gütig bin? Also werden die Letzten die Ersten und die Ersten die Letzten sein" (Mk. 20:13-16). Dieses Gleichnis drückt akzeptierend aus, dass die Verteilung von Lohn, der über den üblichen, die Existenz sichernden Lohn hinausgeht, von der Güte, damit aber auch von der Willkür des Unternehmers abhängt.

Nach der christlichen Lehre ist die Entwicklung von Reichtum nicht wie im Judentum durch einschneidende Regeln, wie Schuldenerlass jeweils im 7. Sabbat-Jahr, Rückverteilung von Land jeweils im 50. Jahr des Jubiläums, beschränkt. In

---

[1] „Geld" könnte als Synonym zu Talenten gemeint sein bzw. zu deren Rechenwert von 60 Minen bzw. 100 griechischen Drachmen (oder römischen Denaren) je Talent [RIENECKER (1991), S. 456 f.].

den Evangelien wird Reichtum selbst nicht grundsätzlich verworfen, allerdings als Gefahr gesehen, dass er vom Reich Gottes ablenkt. In den Evangelien wird die für Wohlstand wichtige Ertragskraft der Ressourcen und ihr sinnvoller Einsatz hervorgehoben. Die Teilung der Menschen in Reiche und Arme, in Herren und Knechte wird nicht in Frage gestellt. Unter der Voraussetzung, dass die Existenz auch der Armen gesichert ist, wird eine gewisse Beliebigkeit in der Verteilung von Löhnen hingenommen.

3.3 Opfer und Steuern

Hier sind wieder umverteilende Abgaben gemeint, und zwar jetzt solche, die zur Zeit Christi als Opfer an den Tempel oder an die Armen zu entrichten waren oder als Staatssteuern an die einheimischen Behörden oder an die römische Besatzung gingen. Die dem Tempel und den Behörden zufließenden Abgaben werden auf gut 20 %, die an die Römer zu übertragenden Staatssteuern auf etwa 12 % des Sozialproduktes geschätzt. Die gesamte Abgabenbelastung betrug etwa 33 – 35 % [SCHRÖDER (1981), S. 15, 54]; sie war für ein Land mit geringem Entwicklungsstand hoch.

Der in der Thora genannte zweite Zehnte, der von den Israeliten am Tempel zu verzehren bzw. in jedem dritten Jahr teilweise als Armenopfer zu geben war, wird in den Evangelien nicht erwähnt. Die Tempelsteuer als ehemaliger erster Zehnter war bis zur Zeit Christi eher angestiegen.

Die Entrichtung der Tempelsteuer erfolgte zum einen in den Gemeinden, die jeweils edle Männer mit dem Transport der Erträge zum Tempel beauftragten. Zum anderen konnte die Steuer auch in Jerusalem am Tempel gezahlt werden, der sich zum Finanzzentrum entwickelt hatte. Die am meisten verbreitete Währung war, wie überall im Osten des römischen Reiches, die recht wertbeständige, aus Silbermünzen bestehende Drachme aus dem griechischen Tyros; jedoch waren auch andere fremde Münzen im Umlauf. Eine Doppeldrachme entsprach einem halben „Schekel des Heiligtums“, der traditionellen Zahlungsmitteleinheit, in der die Steuerschuld ausgedrückt wurde [SCHRÖDER (1981), S. 77]. Die Umwechslung fremder Münzen in „Schekel des Heiligtums“ erfolgte durch Geldwechsler, die neben dem allgemeinen Geschäft des Geldwechsels das Einziehen der Tempelsteuer besorgten. Die Geldwechsler-Tische wurden zwei Wochen vor Beginn des Passah-Festes im Vorhof des Tempels aufgestellt; am ersten Tag des dem Fest folgenden Monats wurde die Steuer fällig. Die Steuerpflicht war streng; Nicht-Zahlungsfähige wurden gepfändet [SCHRÖDER (1981), S. 81].

Jesus bekannte sich in Kapernaum zur Zahlung der Tempelsteuer (Math. 17: 24-27), obgleich seine Heimatstadt Nazareth in Galiläa lag und für ihn daher die judaische Steuerpflicht nicht bestand.

Nach seinem Einzug vor dem Passah-Fest in Jerusalem kam es zur „Reinigung des Tempels“ durch Jesus; er stürzte die Tische der Händler und der Geldwechsler um und trieb sie zum Tempel hinaus (Math. 21: 12-13; Mark. 11: 15-17: Luk. 19: 45-46; Joh. 2: 14-16). Diese Aktion widersprach dem sonst gezeigten Sanftmut Jesu und trug dazu bei, dass ihn die Priesterschaft als bedrohlich empfand und seine Verhaftung und Verurteilung betrieb [SCHRÖDER (1981), S. 80 f.].

Gegen die Tempelsteuer, die durch freiwillige Opfer und vor allem durch Beiträge aus der Diaspora noch ergiebiger wurde, gab es keinen Widerstand der Bevölkerung. Hingegen gab es zunehmende Feindschaft gegen die von der römischen Besatzung beanspruchten Staatssteuern, die später, um 66 n. Chr., zum Aufstand gegen die Römer beitrugen. Jesus hatte auf die provozierende Frage, ob man dem römischen Kaiser Steuern zahlen müsse, geantwortet: „... gebt dem Kaiser, was des Kaisers ist, und Gott, was Gottes ist" (Math. 22: 21; Mark. 12:17; Luk. 20: 25).

Seit dem Jahr 6 n. Chr. war Judäa über einen regionalen Prokurator (ab 26 n. Chr.: Pontius Pilatus) dem Statthalter von Syrien untergeordnet, und dieser unterstand direkt dem Kaiser in Rom. Die an die Römer abzuführenden Steuern wurden veranschlagt und eingetrieben durch die einheimischen theokratischen Behörden in Dörfern und Städten, die die Besteuerung auch an private Steuereinnehmer verpachten konnten [SCHRÖDER (1981), S. 46 f.].

Die staatliche Steuer setzte sich aus im voraus veranlagten und fälligen sowie aus nachträglich fälligen Steuern zusammen. Wichtigster Bestandteil der im voraus zu leistenden Steuern war die Ernte-Ertrags- (Korn-) Steuer, bei der Umfang und Güte des Bodens zur Ermittlung einer Durchschnitts-Ernte diente, die für jeweils fünf Jahre der Besteuerung zugrunde gelegt wurde. Bei Missernten war die Steuerlast besonders drückend [SCHRÖDER (1981), S. 48].

Neben den Steuern gab es Zölle, z. B. Brückenzoll, Stadtzoll, ferner Einfuhrzölle für importierte Güter wie Kleidung und Schmuck, Ausfuhrzölle für exportierte Güter wie Getreide, Öl und Vieh. Die Zollsätze lagen, je nach Gegenstand und Gebiet, zwischen 2 und 25 % des Wertes. Die Erhebung der Zölle wurde in der Regel Pächtern gegen Zahlung einer jährlichen Mindestpachtsumme übertragen. Den Zöllnern trugen Bereicherung und Willkür ein schlechtes Ansehen in der Bevölkerung ein [SCHRÖDER (1981), S. 49].

3.4 Abschließende Bemerkungen

Die Ausbreitung der Lehren Jesu erfolgte über Kleinasien nach Rom, vor allem durch die Apostel Paulus und Petrus, die der christlichen Lehre jeweils eigene Prägung gaben und die in Rom unter Kaiser Nero ca. 64 n. Chr. den Märtyrertod starben.

Trotz der Verfolgungen breitete sich das Christentum im östlichen und westlichen römischen Reich aus. Es bildete sich eine kirchliche Organisation mit Bistümern heraus; unter den Bischöfen hatte der Bischof von Rom als Nachfolger des Apostels Petrus eine besondere Stellung. Kaiser Konstantin erließ 313 n. Chr. ein

Toleranzedikt; um 380 n. Chr. wurde das Christentum römische Staatsreligion. Streitigkeiten um Fragen des Glaubens, des Kultes und der Sitte, vor allem zwischen den Bischöfen von Rom und Byzanz (Konstantinopel), führten 1054 n. Chr. zum endgültigen Bruch zwischen dem lateinischen westlichen Christentum mit dem Papst in Rom als irdischem Stellvertreter Christi und dem östlichen orthodoxen Christentum, das durch zahlreiche Patriarchate geprägt ist.

Im Mittelalter versuchte die in westlichen Klöstern der Dominikaner und Benediktiner entstandene Scholastik, den christlichen Glauben mit der Vernunft der griechischen Philosophie und des römischen Rechts zu untermauern. Der bekannteste Scholastiker war Thomas von Aquin, der insbesondere die Lehren des Aristoteles auswertete. Das scholastische Anliegen stellte sich nicht nur als intellektuelle, sondern auch als praktische Aufgabe, um den in Städten und Stadtstaaten aufblühenden Handel und die handwerkliche Produktion einschließlich deren Finanzierung mit christlichen Lehren vereinbar zu machen [SCHUMANN (2003), S. 4 ff.]. Im Zusammenhang mit dem Streben nach Reichtum stellten sich Fragen nach angemessenen und gerechten Preisen, Löhnen und Gewinnen, ferner Fragen nach begründeten Ausnahmen vom Zinsverbot. Die Finanzierung öffentlicher Ausgaben berührte auch die Frage nach Steuern und nach öffentlicher Verschuldung. Allen diesen Fragen stellten sich die scholastischen Lehren in differenzierter Weise.

Abgaben an die kirchlichen Organisationen traten später in den Vordergrund durch den Ablasshandel. Um ihre Finanzen zu ordnen, war die Kirche bereit, als Dienstleistung Seelenheil zu verkaufen. Der Ablassprediger Tetzel soll formuliert haben: „Wenn der Gülden im Becken klingt, im huy die Seel in'n Himmel springt". Der Ablasshandel war mitverantwortlich für das Entstehen reformatorischer Abspaltungen von der katholischen Kirche im 16. Jahrhundert, z. B. des Luthertums und des Calvinismus.

Martin Luther schien in seinen Anschauungen zu Reichtum und Umverteilung allerdings noch einer ländlich gebliebenen Gesellschaft verhaftet zu sein. Er wandte sich gegen die ausgefeilten Argumente der Scholastiker, polterte gegen „Diener des Mammon" und verurteilte kreditwirtschaftliche Finanzierung unversöhnlich als sündhaften Wucher [SCHUMANN (2003), S. 16 f.].

Johannes Calvin lehrte in Genf in einer bereits entwickelten Wirtschaft, in der es Gewerbe und gewerblichen Kredit gab. Nach ihm ist Reichtum, erworben durch entbehrungsreiche Arbeit und Sachkapitalbildung, kein Selbstzweck, sondern wird von den Gläubigen als Anzeichen dafür gewertet, zu den von Gott zu ewigem Leben Prädestinierten zu gehören [SCHUMANN (2003), S. 17 f.].

Ganz allmählich emanzipierte sich das Denken und Handeln bezüglich politischer Ordnungen und wirtschaftlichem Erfolg unter Führung der Niederlande und Englands von den religiösen Traditionen. Diese Trennung setzte sich im Lauf der europäischen Geschichte selbst in der katholischen Administration durch. In einem Vortrag in Heidelberg bemerkte Kardinal Karl Lehmann, dass es in der Bibel heiße „Ihr sollt euch nicht Schätze auf Erden aneignen“, dass aber ohne Mittel weder Kirche noch Gläubige ihren Aufgaben nachkommen können; damit wird offenbar die weltliche Funktionsweise von Kreditmärkten akzeptiert.

4. Reichtum, Opfer und Steuern in islamischen Quellen

4.1 Zur Entstehung und zum Inhalt islamischen Glaubens

Der Prophet Mohammed (569 – 632 n. Chr.) war vornehmer Herkunft, jedoch von bescheidenem Vermögen. Er wuchs in Mekka auf, blieb offenbar des Lesens und Schreibens unkundig. Im Alter von 25 Jahren heiratete er die 40-jährige Chadischa, die wohlhabend war und ihm auch noch Kinder gebar.

Um 610 n. Chr. soll ihm erstmals der Erzengel Gabriel erschienen sein, der ihm offenbarte, dass er der Gesandte Allahs, des einzigen Gottes, sei. Er begann, an der traditionellen Kultstätte, der Kaaba („Kubus“), zu predigen. Es gelang ihm nicht, viele Anhänger um sich zu scharen; vielmehr machte er sich Feinde. Als auch noch seine Frau starb, floh er mit etwa 80 Anhängern nach Medina. Das Jahr 622 n. Chr. seiner dortigen Ankunft wurde zum Ausgangspunkt der islamischen Zeitrechnung. Von Medina aus führte der Prophet Feldzüge gegen Karawanen, verteidigte Medina gegen Angriffe aus Mekka und rückte schließlich um 630 n. Chr. mit etwa 10.000 Mann in Mekka ein. Er erklärte die Stadt mit der Kaaba zum islamischen Heiligtum. Aus den großteils götzendienerischen Nomadenstämmen Arabiens machte Mohammed eine monotheistische Nation [DURANT (1977a), S. 412 ff.].

23 Jahre lang soll Mohammed seine Offenbarungen diktiert haben, die auf Pergament, Leder oder Palmblättern in Arabisch aufgeschrieben wurden. Diese Diktate wurden auch auswendig gelernt und um 651 n. Chr. endgültig zum Koran zusammengestellt.

Der Koran enthält 114 Suren mit 6.348 Versen, die nicht in der Reihenfolge ihrer Entstehung oder nach inhaltlichen Kriterien, sondern nach abnehmender Länge gegliedert sind. Die Inhalte der längeren Suren sind eher prosaisch und praktisch, sie kommen zuerst; die Inhalte der kürzere Suren sind eher geistig und poetisch, sie kommen danach. Neben Regeln für sittliches Verhalten, Eheschließung und Scheidung, Behandlung von Kindern, Sklaven und Tieren finden sich viele Hinweise auf harte Bestrafung in der Hölle und süße Belohnung im Paradies [DURANT (1977a), S. 427 ff.].

Da der Inhalt des Korans dem Propheten vom Erzengel Gabriel verkündigt wird, da der Islam monotheistisch ist, Reue und Buße in den Mittelpunkt stellt und Himmel und Hölle kennt, ist die Nähe zum Juden- und zum Christentum deutlich. Die Bücher des Moses, die Psalmen Davids, die Evangelien über das Wirken Jesu werden als göttlich inspirierte Offenbarungen anerkannt; allerdings seien sie durch ihre Überlieferungen verfälscht und verdorben worden; Christus sei nicht der Sohn Gottes und sei am Kreuz nicht gestorben. Der Koran ersetze alle sonstigen göttlichen Offenbarungen [DURANT (1977a), S. 435 f.].

An vielen Stellen gibt der Koran die Anweisung, den rechten Glauben an Allah in „Heiligem Krieg“ (Dschihad) mit dem Schwert auszubreiten. So heißt es: „Und wenn ihr die Ungläubigen trefft, dann herunter mit dem Haupt, bis ihr ein Gemetzel unter ihnen angerichtet habt, ...“ (Sure 47:4). Es gibt jedoch auch Koranstellen, welche die Friedfertigkeit predigen; die berühmteste lautet: „ ... wer eine Seele ermordet, ohne dass diese einen Mord oder eine Gewalttat begangen hat, ... soll sein wie einer, der die ganze Menschheit ermordet hat. Und wer einen am Leben erhält, soll sein, als hätte er die ganze Menschheit am Leben erhalten“ (Sure 5:32). Es ist kontrovers, ob sich diese Sure nur auf die Gemeinschaft der Gläubigen oder auf alle Menschen bezieht.

Etwa 200 Verse des Korans lassen sich zivil-, straf- und verfassungsrechtlich, 10 Verse wirtschaftsrechtlich auslegen. Unter den rechtlich und wirtschaftlich relevanten Regeln finden sich solche für Verträge, Schulden, Gewerbe und Finanzwesen.

Im islamischen religiösen Recht, der Sharia, werden als primäre Quellen neben dem Koran folgende Quellen unterschieden [GHAUSSY (1986), S. 35 ff.].

- Die Sunna; sie besteht aus schriftlichen und mündlichen, für Muslime verbindlichen Überlieferungen über Aussagen und Taten des Propheten bezüglich Lebens- und Rechtsfragen, auch wirtschaftlicher Art.
- Die Idschma; sie betrifft den Konsens unter Richtern, der unter Zuhilfenahme von Koran und Sunna in einem Rechtsfall gefunden wurde und der dann auf gleichartige Fälle anwendbar ist.
- Die Qias; das ist der Analogieschluß zu einem von den anderen primären Rechtsquellen geregelten Fall.

Daneben gibt es durch richterliche Rechtsprechung entstandenes subsidiäres Recht:

- Idschtihad beruht auf selbständiger Urteilsbildung eines Richters.
- Istihan entspricht einem Für-Gut-Halten.
- Istilah repräsentiert ein öffentliches Interesse.
- Urf beinhaltet ein Gewohnheitsrecht.

Die Glaubensrichtungen der Sunniten und der Schiiten unterscheiden sich zum einen in der Streitfrage der Nachfolgeschaft des Propheten; die Schiiten lehnen das Wahlprinzip ab und fordern das Erbschaftsprinzip. Zum anderen wird von den Sunniten, denen heute mehr als 80% der Mohammedaner angehören, die subsidiäre Rechtsfindung nur eingeschränkt befürwortet. Die im 8. und 9. Jahrhundert

n. Chr. entstandenen sunnitischen Rechtsschulen, die Hanafitische Schule, die Malekitische Schule, die Shafiitische Schule und die Hanbalitische Schule, sind in dieser Reihenfolge jeweils strenger in den Vorbehalten gegenüber einer richterlichen Fortentwicklung des islamischen Rechts [SCHUMANN (2003), S. 26 f.].

Im folgenden werden Reichtum, Opfer und Steuern nicht nur mit dem Koran als unmittelbarer Quelle oder mit religiösem Recht des Islam erläutert. Da der Koran, anders als die Berichte der Thora und die Gleichnisse der Bibel, weniger zusammenhängende Darstellungen gibt, soll auch auf neuere islamische Quellen zurückgegriffen werden. Seit den fünfziger und sechziger Jahren des letzten Jahrhunderts entstand nämlich, ungeachtet divergierender politischer Ordnungsauffassungen und religiöser Rechtsschulen, eine islamische Wirtschaftslehre, die sich auf die Lehren des Korans beruft und sich zur Auswertung anbietet.

4.2 Reichtum

Obgleich ein Großteil der Bevölkerung nomadisierende Beduinen waren, hatte im Land Mohammeds neben der Landwirtschaft der Handel Tradition, vor allem der mit Schiffen über das Rote Meer und der mit Karawanen über das Land von Indien bis Ägypten. Der Prophet hatte ein durchaus positives Verhältnis zu Handel und Reichtum. Er selbst soll sich in Medina als Einkäufer betätigt und an Versteigerungen mitgewirkt haben. Im Koran heißt es: „... Allah hat das Verkaufen erlaubt..." (Sure 2:275) und „Es ist keine Sünde, dass ihr Gewinn von eurem Herrn begehrt" (2: 198). Der Prophet wandte sich aber gegen die Willkür monopolistischer Preissetzung und gegen das spekulative Ausnutzen von Gewinnchancen [DURANT (1977a), S. 341].

Die Mohammedaner sollen als Allahs Sachwalter irdischer Ressourcen wirken; sie können deren Eigentümer sein und diese zu Produktion und Handel einsetzen. Der Gedanke der Einheit und der Bruderschaft mit anderen Gläubigen legt den Mohammedanern soziale Gerechtigkeit auf [CHOUDHOURY (1986), S. 8]. In der neueren westlichen Wirtschaftslehre trägt der einzelne zum Reichtum der Gesamtwirtschaft bei, indem er sein eigenes Wohlergehen in den Mittelpunkt stellt und als „homo oeconomicus" handelt. Nach der islamischen Wirtschaftslehre soll ein Mohammedaner als „homo islamicus" nicht als einzelnes Individuum, sondern als Teil und zum Wohl der islamischen Gemeinschaft handeln [HOSSEINI (1992), S. 110]. Er soll auf eigenen Vorteil und eigene Reichtumsmehrung verzichten, wenn er dadurch die Interessen anderer Mohammedaner schützen oder fördern kann. Zu einem solchen Verhalten sollen auch reiche Belohnungen und harte Strafen im Jenseits beitragen.

Würden alle Verhaltensnormen vom „homo islamicus" befolgt, müssten sie nicht mit diesseitigen Geboten und Verboten sowie mit irdischen Strafen und Belohnungen durchgesetzt werden. Auf die Einhaltung der Normen wäre wohl noch eher in kleinen Familien- und Stammesgesellschaften Verlass, in denen gegenseitige Beaufsichtigung vorherrscht. Je größer und je arbeitsteiliger eine Gesellschaft ist, desto ausgeprägter sind für jeden einzelnen die Anreize, zum eigenen Vorteil Verhaltensnormen zu übertreten. Ebenso wie der Entwurf einer kommunistischen Gesellschaft hat es auch der ideale islamische Entwurf schwer, sich in der Praxis einer Gesellschaft durchzusetzen und dadurch das Streben des einzelnen nach Reichtum wirksam zu begrenzen. Es müsste ja für die Beteiligten jeweils erkennbar sein, ob z. B. der Preis oder der Lohn, den er zahlt bzw. erhält, ein „gerechter" Ausgleich zwischen den eigenen Reichtumsinteressen und denen seines Marktpartners darstellt.

Die islamische Lehre überlässt daher keineswegs alle Entscheidungen nur den Normen des edlen „homo islamicus", sondern macht ganz konkrete Verhaltensvorschriften. So gibt es nicht nur unmittelbare Konsumvorschriften des Korans wie die Einhaltung von Fastenzeiten oder das Verbot von Schweinefleisch und Alkohol. Für die Reichtumsbildung besonders bedeutsam ist das islamische Zinsverbot (Riba[1]), das sich in die Tradition jüdischer und christlicher Zinsverbote einreiht.

In vor-islamischer Zeit war es im arabischen Raum üblich, dass sich eine Schuld jeweils verdoppelt, wenn der Schuldner zum vereinbarten Zeitpunkt nicht zurückerstatten kann. Vor diesem Hintergrund ist das Verbot von Zinsen zu verstehen, die in der deutschen Ausgabe des Korans stets als Wucher bezeichnet werden: „O ihr, die ihr glaubt, fresset nicht den Wucher in doppelter Verdoppelung..." (Sure 3: 130). „Und was ihr auf Wucher ausleiht, um es zu vermehren mit dem Gut der Menschen, das soll sich nicht vermehren..." (Sure 30:39). „Die, welche Wucher fressen, sollen nicht anders auferstehen, wie einer aufersteht, den der Satan durch Berührung geschlagen hat. ... wer... sich enthält, dem wird Vergebung für das Vergangene ...; wer es aber von neuem tut, die sind des Feuers Gefährten und werden ewig darin verweilen" (Sure 2: 275).

Da dem Propheten gute Kenntnis der damaligen Handelsgeschäfte und deren durchaus nicht ungebräuchliche Kreditfinanzierung zugeschrieben wird, sind sich die meisten islamischen Autoren auch in der neueren Zeit darüber einig, dass es der Koran mit dem Zinsverbot sehr ernst meint und daher irgendwelche Abmilderungen unangebracht sind. Sowohl für Konsumentenkredite als auch für gewerbliche Kredite ist Zinsnehmen nach dem Koran und nach den Normen der neuen islamischen Wirtschaftslehre verboten. Im Gegensatz zum jüdischen Zinsverbot, das Ausnahmen gegenüber Nicht-Juden ausdrücklich erlaubt, und zum christlichen Zinsverbot, das mit der Emanzipation der westlichen Wirtschaftslehre von den religiösen Traditionen inaktuell wurde, hat das Zinsverbot des Korans in der neuen islamischen Lehre seine Fortsetzung gefunden.

---

1 „Riba" hängt etymologisch mit dem jiddischen „Reibbach" oder „Rebbach", einem gewinnträchtigen Geschäft, zusammen. Daraus wurde in der älteren volkstümlichen deutschen Sprache auch „Rebbes" für Gewinn, Vorteil oder Wucher [HEINSIUS (1820), Bd. 3, S. 1075].

Allerdings gibt es in der islamischen Wirtschaftslehre doch zinsähnliche Elemente [vgl. die bei SCHUMANN (2003, S. 35 ff.) genannten Quellen]:

Bei der Finanzierung dauerhafter Konsumgüter kann eine Bank die Lieferung des Konsumgutes an den Kunden veranlassen, diese Lieferung bezahlen, um dann nach einer vereinbarten Zeit die Bezahlung des Kaufpreises einschließlich eines zinsartigen Aufschlags zu verlangen. Oder der Erwerb eines Wohnhauses erfolgt mittels einer Bank, die das Haus dem Kunden zunächst gegen eine Leasing-Gebühr oder Miete überlässt.

Die Finanzierung gewerblicher Geschäfte sollen besondere islamische Banken nicht mit Krediten zu festen, vorab vereinbarten Zinssätzen, sondern mit variabler Erfolgsbeteiligung übernehmen. Bei solchen mit dem Koran vereinbaren Mudarabah-Geschäften stellt eine Bank einem gewerblichen Investor Geldkapital zur Verfügung. Sie erhält vom unsicheren Gewinn des Investors einen bestimmten Anteil; die Bank geht mit dem Investor also ein „gemeinsames Wagnis" (joint venture) ein. Das islamische Verbot der Fremdfinanzierung von Unternehmen mit Krediten zu festen Zinssätzen zu Gunsten der Eigenfinanzierung durch Beteiligung einer Bank bedeutet, dass den Unternehmen die Freiheit der Entscheidung über eine regelmäßig am günstigsten erscheinende Mischfinanzierung genommen ist [SCHUMANN (2003), S. 30 ff.]. Durch diese Vorschrift würde, wenn sie befolgt wird, die durch Investitionen veranlasste Mehrung des Reichtums islamischer Volkswirtschaften beeinträchtigt.

4.3 Opfer und Steuern

Den Koran durchzieht die Lehre von den Zakat-Abgaben zum Zweck der Umverteilung von den Reichen zu den Armen. Zakat heißt wörtlich „versüßen"; der Vorgang soll als Armenspende den Reichtum reinigen, den sich Mohammedaner dadurch aneignen konnten, dass sie die ungleich über alle verteilten Möglichkeiten des Reichtumserwerbs nutzten: „Siehe, wer da glaubt und das Rechte tut und das Gebet verrichtet und die Armenspende (Zakat) zahlt, deren Lohn ist bei ihrem Herrn, und keine Furcht soll über sie kommen und nicht sollen sie traurig sein" (Sure 2: 277).

Durch Zakat soll überflüssiger Konsum der Reichen vermieden werden. Es besteht auch die Vorstellung, dass durch die Umverteilung der Konsum und die Investitionen in der gesamten Wirtschaft gefördert werden können [CHOUDHOURY (1986), S. 18].

Der Koran enthält viele Hinweise auf Almosen, bleibt jedoch unklar über Quellen und Umfang der Zakat-Abgabe. Sie ist grundsätzlich zu entrichten auf Ressourcen, die über ein abgabenfreies Minimum hinausgehen. Bemessungsgrundlagen waren im Verlauf der Geschichte Ressourcenbestände entweder natural oder nach ihrem Wert, ferner Einkommen aus verschiedenen Arten von Ressourcen. So waren z. B. Gold und Silber einer Steuer von 2,5 % unterworfen. Für jeweils fünf

Kamele war eine Ziege als Abgabe zu entrichten. Esel und Elefanten waren steuerfrei mit der Begründung, dass sie sich wenig vermehren. Landwirtschaftliche Produkte, deren Anbau bewässert werden musste, waren mit 5 %, andere mit 10 % ihres Wertes zu versteuern; manche blieben wegen schneller Verderblichkeit steuerfrei [KURAN (1986), S. 147]. Zahlreiche Güter und Dienstleistungen, die im Verlauf der Entwicklung hinzukamen, blieben frei von Zakat. Es bleibt aufgrund der vergangenheitsorientierten Kasuistik unklar, ob die Steuer nur die Reicheren traf.

Zu den Empfängern der Zakat-Erlöse sollen grundsätzlich „die Armen", wie Behinderte, Unbeschäftigte, Waisen, Abhängige von Häftlingen, notleidende Schuldner und Pilger-Reisende nach Mekka gehören. Auch der Ausbreitung des Islam sowie der Entlohnung der Steuer-Eintreiber und Steuer-Pächter waren Zakat-Erlöse zugedacht. Schließlich versteckten sich hinter dem Begriff des Zakat auch die Abgaben für die islamischen theokratischen Herrscher und Behörden.

4.4 Abschließende Bemerkungen

Der Islam breitete sich nach dem Tod des Propheten in wenigen Jahren zunächst über Damaskus und Jerusalem, dann über ganz Syrien, Persien und Ägypten aus. Um 1200 erstreckte sich der islamische Einflussbereich im Westen über Afrika bis ins maurische Spanien, im Osten bis Indien. Spanien wurde vom 13. bis zum 15. Jahrhundert vom Christentum zurück gewonnen. Im Osten war der islamische Bereich im 13. Jahrhundert von den Mongolen angegriffen worden. Das islamische Osmanische Reich (1299 – 1923) kam im Westen hinzu; im Osten breitete sich der Islam bis Malaysia und Indonesien aus [DURANT (1977a), S. 439 ff.].

Die Kalifen, als Nachfolger des Propheten, anerkannten besonders die griechische Naturwissenschaft und Philosophie, die vor allem in Syrien heimisch geworden war und von dort in den ganzen islamischen Einflussbereich hineinwirkte. Um 830 wurde in Bagdad, dem Zentrum des damaligen abbasidischen islamischen Reiches, ein „Haus der Weisheit" gegründet, das zu einer Blüte von Wissenschaft, Literatur und Kunst führte, in die auch ältere ägyptische, indische und babylonische Einflüsse eingingen.

Die bekanntesten islamischen Wissenschaftler wurden Ibn Sina/Avicenna (980 – 1037), der als Mediziner und Philosoph in Persien wirkte, und Ibn Roschd/Averroes (1126 – 1198), der im maurischen Spanien lebte, und der Platon und Aristoteles kommentierte. Die Schriften des Avicenna und des Averroes bildeten eine wichtige Brücke für die christlichen Scholastiker zu den griechischen Quellen.

Hätten die hoffnungsvollen Ansätze islamischer Wissenschaft eine Fortführung erlaubt, wäre auf den griechischen Fundamenten und mittels einer Auswertung der islamischen religiösen Rechtsschulen die Entstehung einer „muslimischen Scholastik" möglich gewesen, die den Islam mit griechisch-philosophischen Gründen der Vernunft und mit dem islamischen Recht hätte untermauern können. Eine solche

Auseinandersetzung und Läuterung hatte jedoch historisch keine Chance. Der Kalif in Bagdad und der Emir in Sevilla ließen die dort vorhandenen philosophischen Werke des Avicenna und des Averroes verbrennen. Um 1200 wandte sich der Islam von Ansätzen eigenständigen philosophischen Denkens ab, und Vertreter der Strenggläubigkeit begannen, den geistigen Kosmos zu beherrschen [SCHUMANN (2003), S. 23 ff.]. Da es an einer scholastischen Diskussion fehlte und die vielversprechenden Ansätze der Wissenschaft keine Fortsetzung fanden, gab es im islamischen Einflussbereich, anders als im christlichen, keine durch eine Scholastik vorbereitete Emanzipation des politischen und wirtschaftlichen Denkens und Handelns.

In vielen der Staaten mit muslimischer Bevölkerung wurde im Zuge der Expansions- und Kolonisierungsbestrebungen europäischer Staaten ab der zweiten Hälfte des 19. Jahrhunderts das islamische religiöse Recht allmählich durch europäisches weltliches Recht, meist britisches und französisches, verdrängt [DALKUSU (1999), S. 4]. In der Wirtschaft dominierten die Niederlassungen europäischer, dann auch amerikanischer Firmen, die sich nach westlichen Standards verhielten.

Nachdem seit der Mitte des 20. Jahrhunderts islamische Staaten den Weg in die nationale Unabhängigkeit suchten und fanden, wurde das Fehlen des historischen Unterbaus einer funktionsfähigen politischen und wirtschaftlichen Ordnung deutlich. Die in den Vorabschnitten bereits hilfsweise herangezogene neue islamische Wirtschaftslehre, die auf dem Koran gründet, allerdings noch mit Hindernissen wie dem Zinsverbot belastet ist, kann als Versuch gesehen werden, den Rückstand aufzuholen.

5. Reichtum, Opfer und Steuern in buddhistischen Quellen

5.1 Zur Entstehung und zum Inhalt buddhistischen Glaubens

Der später als Buddha bezeichnete Spross aus dem Geschlecht Gautama wurde wahrscheinlich um 560 v. Chr. nahe der indisch-nepalesischen Grenze als Sohn eines Königs geboren [vgl. zum Folgenden auch SNELLING (1991), S. 17 ff.]. Nach der Sage wurde er ohne Beteiligung des Vaters gezeugt; er soll als weißer Elefant in den Schoß seiner Mutter eingegangen sein, die nach der Geburt verstarb. Er wuchs in großem Luxus auf und wurde von jeder Berührung mit dem Leid des Daseins ferngehalten. Auf einer Ausfahrt sollen ihm ein Greis, ein Kranker, eine Toter und ein Asket begegnet sein. Dieses Erlebnis soll ihn veranlasst haben, sich im Alter von 29 Jahren von seiner Frau und seinem neugeborenen Kind zu trennen, um sich, sechs Jahre lang erfolglos als Asket, der Erkenntnis und der Erlösung zu widmen [DURANT (1977), S. 374]. Nach sieben Jahren soll ihm in einer Nacht unter einem Feigenbaum die Erleuchtung gekommen sein. Bis zu seinem Tod im Alter von 81 Jahren soll er lehrend in Nordindien umher gewandert sein, auch Wunder vollbracht haben. Er gewann viele geistliche und nichtgeistliche Anhänger, die seine Lehren über den indischen Subkontinent verbreiteten [GLASENAPP (1957), S. 65 ff.].

Die Lehren Buddhas trafen in Indien auf die hinduistischen Lehren der Veden, die eine stark ausgeprägte vertikale und horizontale Hierarchie der Bevölkerung, auch das Kastenwesen, geschaffen sowie komplizierte Opfer-Rituale und hohe Steuern gebracht hatten [DASGUPTA (1992), S. 5].

Schon 100 Tage nach Bhuddas Tod sollen die Anhänger der Theravada-Schule damit begonnen haben, die auf Buddha zurückgehenden Lehren in der Pali-Sprache, einem mittel-indischen Dialekt, aufzuschreiben. Mit anderen älteren Schulen wurden diese Lehren später als „Hinayana“, das „Kleine Fahrzeug zum Heil“, bezeichnet. In den ersten Jahrhunderten n. Chr. entstand „Mahayana“, das meist in Sanskrit aufgeschriebene „Große Fahrzeug zum Heil“, das die älteren Lehren um zahlreiche Aspekte ergänzte und in dem neben dem historischen Buddha andere Erleuchtete und auf dem Weg zur Erleuchtung befindliche „Bodhisattvas“ auftreten [PIBOOLSVARUT (1997), S. 244]. Seit der Mitte des 1. Jahrtausends n. Chr. kamen verstärkt kultische Rituale und Zeremonien zur Geltung, die ein drittes, „Diamantenes Fahrzeug zum Heil“ hervorbrachten und in Indien der hinduistischen Gegenreformation gegen den Buddhismus Vorschub leisteten [GLASENAPP (1957), S. 70].

Die Theravada-Texte [SNELLING (1991), S. 111 ff.] bestehen aus einer großen Zahl von Schriften, die Buddhas Lehren von der Wesenlosigkeit, der Vergänglichkeit und dem leidvollen Inhalt aller Erscheinungen überliefern. Alle Erscheinungen, wie z. B. das „das Ich“, seien wesenlos, weil sie jeweils nur Namen seien für eine Kombination von Daseinsfaktoren. Jede solche Kombination sei nicht dauerhaft, sondern vergänglich. Das verblendete Festhalten an der Unvergänglichkeit werde, angesichts der Erfahrung der Vergänglichkeit von den Menschen, als Leid wahrgenommen [PIBOOLSVARUT (1997), S. 15 ff.].

Die Welt bestehe also aus einem sich unaufhörlich wandelnden Kosmos, in dem alles seinen Anfang und sein Ende habe; unveränderlich sei nur ein ewiges Weltgesetz, das sich in einem leeren Raum vollziehe. Dementsprechend gebe es keine Persönlichkeit, die aus einer unsterblichen Seele und einem vergänglichen Körper besteht. „Sondern alles, was ist, entsteht durch das Zusammenwirken von in funktionaler Abhängigkeit entstehenden und wieder vergehenden ‚Dharmas‘, d.h. Daseinsfaktoren“ [GLASENAPP (1957), S. 78]. Es werden fünf Gruppen von „Dharmas“ unterschieden, die das Leben des Menschen ausmachen: erstens die körperlichen Bestandteile und die erlebten Farben und Töne, zweitens Gefühle von Lust und Unlust, drittens die Fähigkeit zu unterscheiden, viertens die Triebkräfte des geistigen und moralischen Wirkens, fünftens das Bewusstsein. Die Kombination und das Zusammenspiel von „Dharmas“ spiegeln Dauerhaftigkeit vor, sind jedoch veränderlich und zeitlich begrenzt.

Der Buddhismus bestreitet zwar das Vorhandensein einer permanenten geistigen Substanz oder Seele, lehrt jedoch eine fortdauernde Vergeltung des guten und des bösen Handelns von Menschen in Existenzen, die durch Wiedergeburt[1] zeitlich verbunden sind: Es bestehe ein „Kausalnexus" von einer früheren zu einer gegenwärtigen bzw. künftigen Existenz. Im Zyklus der Existenzen sollen die Folgen guter oder böser Taten früherer Existenzen das Wohlergehen oder Schlechtergehen einer gegenwärtigen bzw. künftigen Existenz bestimmen. Gegen die Folgen des Handelns in früheren Leben gebe es keine Abwehr; sie seien hinzunehmen. Im „gegenwärtigen Leben habe hingegen jeder die Freiheit, zwischen dem Guten und dem Schlechten zu wählen" [GLASENAPP (1957), S. 80]. Nur wenn es einer Persönlichkeit gelinge, den durch Wiedergeburt hergestellten „Kausalnexus" aufzuheben, sei das Leid beendet und der Eintritt in den leeren Raum des Nirvana erreicht.

Der Weg zum Nirvana verlangt gutes Handeln, nämlich die Einhaltung von fünf Geboten: nicht töten, nicht stehlen, nicht lügen, nicht unerlaubten Geschlechtsverkehr ausüben, keine berauschenden Getränke trinken [BRODBECK (2002), S. 39]. Nach dem „Kleinen Fahrzeug" kann nur ein Mensch, der Hass, Gier und Wahn überwunden hat, das Nirvana erreichen. Nach dem „Großen Fahrzeug" kann man durch Kardinaltugenden wie Zucht, Geduld, Wissen und Wahrheitsübermittlung zum Wohl aller beitragen und über den Zustand eines Bodhisattvas auf den Stufen zur Vollendung im Nirvana emporsteigen. Nach dem dritten, „Diamantenen Fahrzeug" helfen auch die Rezitation von Texten und die Ausführung heiliger Handlungen zum Vorankommen auf dem Weg zum Nirvana.

5.2 Reichtum

Entgegen der in der Einleitung erwähnten Auffassung Max WEBERS, dass der Buddhismus wegen seiner Orientierung an den individuell verfolgten Zielen des Nirvana keine den ökonomischen Erfolg positiv wertende Ordnung sein könne, werden in der neueren Literatur gerade die wirtschaftsfreundlichen Aspekte betont, die schon in den alten Theravada-Texten sehr deutlich erkennbar sind [DASGUPTA (1992)] und in neuen Veröffentlichungen zu einer „Buddhist Economic Theory and System" verarbeitet werden [PIBOOLSVARUT (1997)].

Nur die Folgen guten und schlechten Handelns in früheren Leben hat der Buddhist fatalistisch hinzunehmen. Im gegenwärtigen Leben kommt es für ihn darauf an,

---

[1] Die Wiedergeburtslehre des Buddhismus unterscheidet sich von der Seelenwanderungslehre des Hinduismus, die um 800 v. Chr. in den philosophischen Anhängen der Veden (Upanishaden) ausgedrückt wurde: Die Seele des Menschen geht nach dessen Tod entsprechend den guten und bösen Taten dieses Menschen in göttliche, menschliche, tierische oder höllische Körper ein, und diese Wanderung ist ohne Ende – es sei denn, der Mensch erreiche durch weltentsagende Askese das Wissen über Brahma, das Absolute, und damit Erlösung [GLASENAPP (1957), S. 150].

zwischen Gut und Schlecht richtig zu wählen, d.h. auch die wirtschaftlichen Verhältnisse so zu gestalten, dass sie den Weg zum Nirvana ebnen helfen. Der buddhistische Mönch hat Vertrauen und Anrecht auf die Bereitstellung von Unterhaltsmitteln durch andere. Der Laie soll wirtschaftlichen Wohlstand zwar nicht als Selbstzweck anstreben, aber als Mittel, um auf dem rechten Weg weiterzukommen.

In der Sutre über den legendären Vimalakirti wird berichtet, dass dieser gut aß und trank, sich reich kleidete, öffentliche Ämter wahrnahm und in Zeiten der Not tatkräftig half, Medizin zu reichen und Hunger zu stillen. Als Verbreiter der buddhistischen Lehre befürwortete er in Übereinstimmung mit seinen eigenen Aktivitäten niemals passive Kontemplation, sondern verlangte von Mönchen wie auch von Laien stets aktive Teilnahme, um auf eine günstige Konstellation ihrer „Dharmas" hinzuwirken. Ein Händler solle so klug sein zu wissen, was eine Ware kostet, welchen Erlös und welchen Gewinn sie bringt; er soll fähig ein, die richtigen Waren zum Kauf und zum Verkauf auszuwählen; er soll das Vertrauen von wohlhabenden Leuten wecken, ihm seine Geschäfte zu finanzieren. „That householder is commended by Buddha, who succeeds in acquiring wealth by lawful and honorable means and through his own energy and effort; who does not run into debt and retains ownership of his property; who enjoys both material well-being and independence; and who uses his wealth to perform good deeds". Bhudda würde dann von "wealth that has seized its opportunity" sprechen, von einem Wohlstand, der vierfache Glückseligkeit verschafft, nämlich die des Eigentums, die des Reichtums, die der Freiheit von Schulden und die der Freiheit von unehrenhaftem Erwerb [DASGUPTA (1992), S. 4, gemäß der englischen Ausgabe von Anguttara Nikaya ii, 67-68].

Reichtum wird dementsprechend als Folge aktiven, ehrenhaften und effizienten Tätigwerdens angesehen. Er schafft die Voraussetzung dafür, dass Mönchen und Armen geholfen werden kann. Daher ist er auch gesellschaftlich vorteilhaft und erwünscht. Reichtum wird nicht nur einzelwirtschaftlich, sondern auch gesamtwirtschaftlich positiv gesehen, weil er dazu beiträgt, das Potenzial guten Handelns der Bevölkerung und damit das mögliche Vorankommen der einzelnen auf dem Weg zum Nirvana zu fördern.

Historisch verbreitete sich der Buddhismus in Indien in einer Phase deutlich zunehmenden Handels. Offenbar traten erfolgreiche Händler vom Hinduismus zum Buddhismus über. Sie trugen dazu bei, dass buddhistische Klöster reich wurden und dass sich der Buddhismus in Zentral- und in Ostasien ausbreitete [DASGUPTA (1992), S. 5 f.].

5.3 Opfer und Steuern

In der Tradition des Buddhismus ist die Zweiteilung der Gesellschaft in Mönche und Laien verbreitet. Laien sollen Wohlstand ansammeln, um eigene Bedürfnisse zu befriedigen, aber auch um Opfer zu bringen, die es Armen und speziell Mönchen ermöglicht, ihren Lebensunterhalt zu bestreiten. Ein buddhistischer Bettelmönch, der in Indien ursprünglich wie Buddha gelb, in Ostasien später meist schwarz gekleidet ist, darf außer seiner Kleidung nur eine Almosenschale, ein Schermesser, eine Nadel und ein Wassersieb besitzen; seine tägliche Nahrung sollte er bis Mittag zu sich genommen haben [GLASENAPP (1957), S. 83]. Für die Bettelmönche zu opfern oblag jedem Laien.

Buddhistische Mönche befanden sich entweder auf der Wanderschaft oder lebten, so wohl die Regel, in Klöstern. Auch die Entstehung, die Organisation und der nicht selbst erwirtschaftete Unterhalt der Klöster setzte Opfer voraus. Im Gegensatz zur jüdischen Tempelsteuer gab es für solche Opfer keine zentralen und einheitlichen Regeln. Wie bereits erwähnt, trugen die freiwilligen Opfer erfolgreicher Händler dazu bei, dass buddhistische Klöster reich wurden.

Auch bezüglich Steuern enthält die buddhistische Tradition weniger spezielle Aussagen als jüdische, christliche und islamische Quellen. An Stelle isolierten Nachdenkens über Steuern und eine eventuell notwendige Aufnahme von Staatsschulden zur Finanzierung des Staatshaushalts gibt es in buddhistischen Quellen Hinweise auf die Aufgaben staatlicher Institutionen und, daran anschließend, auf die Notwendigkeit, diese Einrichtungen mit Steuern zu finanzieren.

In der buddhistischen Genesis erfolgt nach der Ausdifferenzierung der Natur die Entstehung menschlicher Wesen, die sich in Gesellschaften zusammenschließen, welche die Einrichtung des Königtums sinnvoll machen. Eine Art von Sozialvertrag soll einem König den Schutz der einzelnen vor den habsüchtigen Handlungen anderer übertragen [PIBOOLSVARUT (1997), S. 44, verweist auf Aggana Sutta D.27 der Theravada-Schriften]. Die Institution des Königtums soll die individuellen Eigentumsrechte durchsetzen und schützen, um die Stabilität der Gesellschaft und den Frieden zu wahren. Der König solle sich durch zehn Tugenden, darunter Wohltätigkeit, Integrität und Toleranz, auszeichnen und über fünf Stärken verfügen, nämlich über Waffen, Wohlstand, Minister, Vorgänger und Weisheit [PIBOOLSVARUT (1997), S. 45].

Bei der Erledigung seiner Aufgaben soll sich das Königtum davor hüten, das Eigentum anderer anzutasten; es soll mit den geringstmöglichen Steuern auskommen. Die Steuern sollen niemals über das von den Vorgängern erhobene Niveau ansteigen [PIBOOLSVARUT (1997), S. 92]. Grundsätzlich würden geringe Steuern die wirtschaftliche Tätigkeit fördern; hohe Steuern würden auch die Korruption unter den Steuereinnehmern begünstigen [DASGUPTA (1992), S. 8]. Nach REYNOLDS (1990, S. 4) soll der buddhistische Staat die Steuern auf nicht mehr als ein Zehntel der Ernte, nach DASGUPTA (1992, S. 8) auf nicht mehr als ein Sechstel der Bruttoproduktion festsetzen.

In der Parabel von König Mahavijita in der Kutadanta Sutre [hier berichtet nach DASGUPTA (1992), S. 9] plant der König in einer wirtschaftlichen Krise ein Opfer, um das Schicksal günstig zu beeinflussen. Sein Priester überzeugt ihn davon, dass es vernünftiger sei, Bauern und Hirten mit Saatkorn und Tiernahrung, Händler mit

Kapital und das Personal des Königs mit Lohn und Lebensmitteln zu versorgen; dies würde die Erzeugung erhöhen, die Korruption reduzieren, die Steuereinnahmen des Königs steigern und das Volk zufrieden halten. In diesen Vorschlägen drückt sich bemerkenswerte Einsicht in konjunkturpolitische Möglichkeiten der Staatstätigkeit aus.

Staatsaufgaben der Umverteilung von Gütern von Reicheren an Ärmere, wie sie im Islam mit den Zakat-Abgaben im Mittelpunkt stehen, werden in der buddhistischen Tradition kaum erwähnt. Allerdings finden sich in den Edikten des Königs Ashoka Aufforderungen, dass Alte, Waisen und Gefangene zu unterstützen seien – möglicherweise durch Umverteilungsmaßnahmen des Staates. In der Schrift Dighanikaya wird bemerkt, dass Umverteilung eine von vier Säulen ist, auf denen die Popularität eines Königs beruht [DASGUPTA (1992), S. 9]. In den buddhistischen Quellen liegt der Schwerpunkt der Staatstätigkeit nicht auf der Umverteilung mittels Steuern und Staatsleistungen, sondern auf den allokativen Wirkungen der über Steuern finanzierten Staatstätigkeit, die den gesamten Wirtschaftsablauf unterstützen sollen.

5.4 Abschließende Bemerkungen

Der schon erwähnte König Ashoka herrschte von 273 – 232 v. Chr. über ein Reich, das mit Ausnahme des tamilischen Ceylon den ganzen indischen Subkontinent sowie Afghanistan und Beludschistan umfasste. Ashoka soll sich von einem grausamen in einen toleranten und friedfertigen Herrscher gewandelt haben, der als erster den Buddhismus aufnahm und anzuwenden versuchte. In einer historisch einmaligen Aktion ließ er im ganzen Reich in Felsen und Säulen buddhistisch geprägte Edikte einmeißeln. Diese fanden allerdings nicht nur Zustimmung; z. B. betrafen strenge Einschränkungen beim Töten von Tieren nicht nur Jäger und Fischer, sondern auch tieropfernde hinduistische Brahmanen [DURANT (1977), S. 390 ff.]. Es gelang Ashoka nicht, sein Reich politisch zu stabilisieren; für das Aufblühen und die Ausbreitung des Buddhismus hatte er jedoch größte Bedeutung. In ganz Indien festigte sich der Buddhismus in den nächsten zweihundert Jahren, in Ceylon bis zur Gegenwart. Unter dem Einfluss der die buddhistische Zeit überdauernden Kaste der Bramahnen setzte sich dann in Indien die hinduistische Gegenreformation durch. Über Indien hinaus begann nach Ashoka die Ausbreitung des Buddhismus als friedliche „unblutige Eroberung Asiens“, so dass heute „das sanfte Antlitz Gautamas von Kandia auf Ceylon bis Kamakura in Japan die Menschen heißt, freundlich zueinander zu sein und den Frieden zu lieben“ [DURANT (1977), S. 393].

Allerdings wandelte sich der Buddhismus auch oder gerade während seiner regionalen Ausbreitung. In Sri Lanka, Laos, Kambodscha, Burma und Thailand hielt sich der Buddhismus in Inhalten und Formen, die eher der älteren Hinayana-Lehre des „Kleinen Fahrzeugs zum Heil“ entsprechen. In der Zeit nach Christus entstanden die Mahayana-Lehren des „Großen Fahrzeugs zum Heil“. Etwa um 150 n.

Chr. bemühte sich unter dem König Kanischka ein Konzil, andere traditionelle Lehren und Kulte in den Buddhismus zu integrieren; der historische Buddha wurde – entgegen dessen überkommenen Bekundungen – zur Gottheit erhoben; weitere erleuchtete Buddhas und im Prozeß der Erleuchtung befindliche Boddhisatvas wurden zugelassen; ca. 300.000 Sutren wurden abgesegnet [DURANT (1977), S. 394]. Varianten des „Großen Fahrzeugs" breiteten sich in Nepal, der Mongolei, China, Korea und Japan aus. In dem nach 500 n. Chr. entstandenen dritten, „Diamantenen Fahrzeug zum Heil" verstärkte sich die Bedeutung von Ritualen und Zeremonien; es wurde vor allem in Tibet heimisch [GLASENAPP (1957), S. 70 f.].

Das wieder hinduistisch gewordene Indien erlangte besonders unter den Gupta-Königen (320 bis 530 n. Chr.) Wohlstand. Es erlitt seit der Jahrtausendwende die despotische Herrschaft mohammedanischer Sultane und Moguln. Im 16. Jahrhundert versuchte der zu Weisheit und Toleranz bekehrte König Akba der Große eine Versöhnung von Islam, Hinduismus und Christentum, die jedoch fehlschlug [DURANT (1977), S. 410 ff.]. Ab dem 17. Jahrhundert geriet Indien unter den konkurrierenden Einfluss der Portugiesen, Franzosen und Engländer; dieser führte dann zur britischen Herrschaft, die 1947 mit der indischen Unabhängigkeit endete.

Obgleich die verfügbaren Quellen zum „Kleinen Fahrzeug" und zum „Großen Fahrzeug" keine weiteren Hinweise auf das buddhistische Denken über Reichtum, Opfer und Steuern geben, bleibt darauf hinzuweisen, dass in den hinduistisch und in den buddhistisch geprägten Ländern auch wirtschaftliche Regeln galten, die den entsprechenden Regeln in christlichen Ländern nicht unähnlich waren. In Indien soll es im Altertum relativ wenige Kredite und keine Zinsen gegeben haben; erst im Mittelalter nahm das Volumen der Kredite zu, dann jedoch, abhängig von der Kaste des Darlehensnehmers, mit Zinssätzen von 12 bis 60 Prozent. Eine Besonderheit war, dass auch Nachkommen, teils bis zur sechsten Generation, für die Schulden Verstorbener hafteten. Wie in den christlichen Ländern stiegen Steuern und Zölle an; besonders die Bodensteuer mit einem Sechstel bis zur Hälfte des Ernteertrags wurde drückend [DURANT (1977), S. 419].

6. Schluss

Zum Schluss lohnt es sich zunächst, die unterschiedlichen zeitlichen und räumlichen Dimensionen der vier Lehren zu betonen:

- Der jüdische Glaube ist der älteste. Die Wanderung des Volkes Israel unter Moses aus Ägypten durch die Wüste und die Rückeroberung Kanaans dürften im 13. Jahrhundert v. Chr. stattgefunden haben. Die Verfestigung des Glaubens an Jahve erfolgte durch das 1. Jahrtausend v. Chr. hindurch. Um 135 n. Chr. wurde Judäa den Juden verboten. Erst ab 1948 gibt es wieder einen jüdischen Staat, Israel. Die jüdische Diaspora hatte im Altertum ihre Schwerpunkte in Ägypten und dem vorderen Orient, in der Neuzeit in den USA und in Europa (einschließlich der ehemaligen Sowjetunion).

- Die zweitälteste ist die buddhistische Lehre. Sie begann mit Buddha Gautama im 6. Jahrhundert v. Chr., fand ihre staatliche Umsetzung kurzzeitig in Indien unter Ashoka im 3. Jahrhundert v. Chr., bewährte sich dann außerhalb ihres Entstehungslandes in der friedlichen Ausbreitung über Mittel- und Ostasien.
- Die drittälteste ist die christliche Lehre, die in der Zeitwende durch Jesus entstand, sich in kurzer Zeit gleichfalls friedlich außerhalb ihres Entstehungslandes, nämlich über Kleinasien nach Rom, ausbreitete und ein Pfeiler der europäischen Zivilisation wurde.
- Die viertälteste oder „jüngste" der Religionen ist die islamische, die im 7. Jahrhundert n. Chr. unter Mohammed ihren Ursprung hatte, sich nach Westen schnell über den vorderen Orient und Nordafrika bis nach Spanien, nach Osten schließlich bis Indonesien ausbreitete.

Trotz der enormen zeitlichen und räumlichen Unterschiede in der Entstehung und Ausbreitung der Glaubenslehren lässt sich erkennen, dass alle wirtschaftlichen Wohlstand und Reichtum letztlich nur dann ablehnen, wenn diese als Selbstzweck verfolgt werden und die Einstellung zum Glauben stören. Die überkommenen Schichtungen der Menschen in „Reiche" und „Arme" werden nicht zugunsten egalitärer Vermögensverteilung in Frage gestellt. Der verantwortungsvolle Umgang mit Wohlstand und Reichtum schließt ein, dass durch Opfer an Arme und Mönche auch denjenigen eine Lebensgrundlage gesichert wird, die in wirtschaftliche Not geraten sind bzw. sich entschlossen haben, sich auf mönchische Lebensformen zu konzentrieren.

Für die grundsätzlich positive Einstellung zum Erwerb wirtschaftlichen Wohlstands war sicherlich auch eine herausfordernde Komponente, dass die Menschen in meist karger natürlicher Umgebung sinnvolle landwirtschaftliche Produktionsmethoden entwickeln mussten und spezielle Produkte ihrer Region durch Handel vermarkten konnten. Der Handel auch über weite Entfernungen, z. B. mittels Karawanen oder Schiffen, ließ Reichtum entstehen, der später manchmal sogar „Basarkapitalismus" genannt wurde. Ein fast überall verbreitetes Zinsverbot schränkte die Finanzierung von Produktion und Handel zwar ein; die hohen Strafen auf „Wucher" deuten aber auch an, dass das Verbot oft übertreten wurde.

Als Besonderheiten der einzelnen Religionen lassen sich abschließend die folgenden hervorheben:

- Ein hoher Grad der Regulierung des Wirtschaftens im Judentum, wie der Schuldenerlass im 7. Sabbatjahr und die Rückübertragung von gekauften Bodenflächen im 50. „Jahr des Jubiläums".
- Die in Gleichnissen der christlichen Evangelien erläuterte besondere Ertragskraft wirtschaftlich sinnvoll verwendeter Ressourcen.
- Die Betonung der Solidarität der Gläubigen im Islam, vor allem durch Zakat-Abgaben der „Reichen" zum Zweck der Umverteilung an die „Armen".

- Die Bejahung von ehrenhaft durch eigene Anstrengungen erworbenen Wohlstands auch im vermeintlich weltabgewandten Streben nach dem Nirvana, wie es zumindest der Theravada-Buddhismus des älteren „Kleinen Fahrzeugs zum Heil“ zum Ausdruck bringt.

Literatur

Adelman, I., Morris, C. T. (1973), Economic Growth and Economic Equity, Stanford.

Bibel (o. J.), Die Bibel oder die ganze heilige Schrift des Alten und des Neuen Testaments, nach der deutschen Übersetzung D. Martin Luthers; nach dem 1912 vom Deutschen evangelischen Kirchenausschuss genehmigten Text, Stuttgart.

Brodbeck, K.-H. (2002), Buddhistische Wirtschaftsethik: Eine vergleichende Einführung. Aachen.

Choudhoury, M. A. (1986), Contributions to Islamic Economic Theory, Basingstoke/London.

Dalkusu, J. N. (1999), Grundlagen des zinslosen Wirtschaftens: Eigentum, Geld, Riba und Unternehmungsformen nach den Lehren des Islam, Dissertation, St. Gallen.

Dasgupta, A. (1992), Buddhism and Economics, Discussion Paper No. 9225, Department of Economics, University of Otago, Dunedin/New Zealand.

Durant, W. (1977), Der alte Orient und Indien, Band I der "Kulturgeschichte der Menschheit", herausgeg. von W. und A. Durant (deutsche Ausgabe von „The Story of Civilization“, 1944 – 1950).

Durant, W. (1977a), Weltreiche des Glaubens, Band V der „Kulturgeschichte der Menschheit“, herausgeg. Von W. und A. Durant (deutsche Ausgabe von „The Story of Civilization“, 1944 – 1950).

Flusser, D. (2002), Jesus, 3. Aufl. Reinbek bei Hamburg.

Ghaussy, A. G. (1986), Das Wirtschaftsdenken im Islam – von der orthodoxen Lehre bis zu heutigen Ordnungsvorstellungen, Bern/Stuttgart.

Glasenapp, H. (1957), Die nichtchristlichen Religionen, Frankfurt/Main.

Heinsius, Th. (1820), Volksthümliches Wörterbuch der deutschen Sprache, Band. 3, Hannover.

Hermann, R. (2004), Babylon Palästina – Welche Sprache sprach Jesus? Frankfurter Allgemeine Zeitung (FAZ) vom 25.10.2004, S. 10.

Hosseini, H. (1992), From homo oeconomicus to homo islamicus: The Universality of Economic Science Reconsidered, in: C. Bina, H. Zangeneh (eds.), Modern Capitalism and Islamic Ideology in Iran, Basingstoke/London.

Koran (1960), Deutsche Ausgabe aus dem Arabischen übersetzt von Max Henning, Einleitung und Anmerkungen von Annemarie Schimmel, Stuttgart.

Kuran, T. (1986), The Economic System in Contemporary Islamic Thought, International Journal of Middle East Studies, Vol 18, S. 135 – 164, reprinted in: Niblock, T., Wilson, R. (eds.), The Political Economy of the Middle East, Vol. III: Islamic Economics, Cheltenham, UK/Northampton Ma/USA 1999.

Mangeloja, E. (2004), Economic Utopia of the Torah. Economic Concepts of the Hebrew Bible Interpreted According to the Rabbinical Literature, Discussion Paper, University of Jyväskylä, Finland.

Nutzinger, H. G. (2004), Die Wirtschaft in der Bibel, Universität Kassel, Fachbereich Wirtschaftswissenschaften, Volkswirtschaftliche Diskussionsbeiträge 59, Kassel.

Piboolsvarut, P. (1997), An Outline of Buddhist Economic Theory and System, Doctoral Thesis, Simon Frazer University.

Reynolds, F. E. (1990), Ethics and Wealth in Theravada Buddhism, in: Sizemore and Swearer (eds.), Ethics, Wealth and Salvation – A Study of Buddhist Social Ethics, Columbia/South Carolina.

Rienecker, F. (Hrsg. 1991), Lexikon zur Bibel, 2. Sonderauflage, Wuppertal/Zürich.

Schröder, H. (1981), Jesus und das Geld, Wirtschaftskommentar zum Neuen Testament, 3. Aufl., Gesellschaft für kulturhistorische Dokumentation, Karlsruhe.

Schumann, J. (2003), Zur Geschichte christlicher und islamischer Zinsverbote, Volkswirtschaftliche Diskussionsbeiträge, Beitrag Nr. 356, Westfälische Wilhelms-Universität Münster (erscheint in: Hagemann, H. (Hrsg.), Studien zur Entwicklung der ökonomischen Theorie, Schriften des Vereins für Socialpolitik, Gesellschaft für Wirtschafts- und Sozialwissenschaften, Neue Folge Band 115, Berlin 2005).

Snelling, J. (1991), Buddhismus. Ein Handbuch für den westlichen Leser. München (deutsche Ausgabe von „The Buddhist Handbook, A Complete Guide to Buddhist Teaching and Practise, London 1987).

Weber, M. (1993), Die protestantische Ethik und der Geist des Kapitalismus: Textausgabe auf der Grundlage der ersten Fassung von 1904/1905 mit einem Verzeichnis de r wichtigsten Zusätze und Veränderungen von 1920. K. Lichtblau, Weiß, J. (Hrsg.), Neue wissenschaftliche Bibliothek, Bodenheim.

Weber, M. (1920), Die Religion Indiens (deutsche Ausgabe von: Religion of India, New York 1958).

VIII. Methodische Aspekte

Die Grenzen der entscheidungsorientierten Betriebswirtschaftlehre

Dietrich Adam

Zusammenfassung: Die entscheidungsorientierte BWL befasst sich mit der optimalen Gestaltung und Steuerung von Systemen. Sie geht vom klassischen Planungsschema aus, d.h. sie unterstellt gutstrukturierte Fragestellungen. Reale Problemstellungen weisen aber eine Vielzahl von Defekten auf, die eine Modellbildung behindern oder gar unmöglich machen. Der Beitrag zeigt auf, welche Hilfestellungen dennoch für die Entscheidungsfindungen gegeben werden können und wo das Konzept des klassischen Planungsschemas seine Grenzen findet.

Schlüsselworte: Wohl- und schlechtstrukturierte Problemstellungen, Defekte, Interdependenzen, Koordination, Alternativplanung, wertmäßige Kosten

1. Gestaltung und Steuerung von Systemen als Gegenstand der entscheidungsorientierten BWL

Die entscheidungsorientierte-BWL (e-BWL) betrachtet betriebswirtschaftliche System (Teile von Unternehmen, ganze Unternehmen oder auch Versorgungsketten von Unternehmen) aus dem Blickwinkel zielgerechter Gestaltung und Steuerung. Die Gestaltung betrifft die langfristige, strategische Auslegung der Systeme. Etwa: Wie sollen das Bestell- und das Informationssystem einer Versorgungskette von Unternehmen gestaltet sein, um bei geringen Kosten eine vorgegebene Versorgungssicherheit zu garantieren. Die Gestaltung bezieht sich mithin auf die Auswahl zwischen alternativen Systemtypen. Alternativen sind:

- Jedes Unternehmen der Versorgungskette handelt autonom und die Betriebe sind allein über die Bestellmengen informatorisch mit einander verbunden, wobei jedes Unternehmen mit einem eigenen Typ von Bestellpolitik – z. B. der two-bin-Politik -arbeitet.
- Die gesamte Versorgungskette wird zu einem einheitlichen Entscheidungsfeld zusammengefasst und ein fokales Unternehmen disponiert für die ganze Kette auf der Basis der originären Kundennachfrage.

Die Steuerung beschäftigt sich mit der eher kurzfristigen, operativen Frage, wie die Variablen einer Systemauslegung einreguliert werden sollen. Handeln die Unternehmen autonom, und wenden sie die two-bin-Lagerpolitik an, muss die

Steuerung festlegen, mit welcher Bestellmenge und welchem Bestellpunkt (Menge, bei der eine neue Bestellung ausgelöst wird) ein Unternehmen arbeiten soll. Für die kurzfristige Gestaltung eines Systems bedient sich die e-BWL einer modellhaften Abbildung der Variablen, Daten, und Zusammenhänge und Bewertungen. Dabei ist für jeden Systemtyp ein anderes Modell zu konstruieren, da jeweils andere Variable und Zusammenhänge und andere zu beeinflussende Zielgrößen (Kosten bzw. Erlöse) existieren.

Die Systemauswahl und die operativen Entscheidungen lassen sich i.d.R. nur gleichzeitig treffen. Einem bestimmten Lagersystem – z. B. der Two bin –, der Bestellrhytmus- oder einer Optionalpolitik kann nur dann mit Hilfe eines Modells ein Zielwert (z. B. die Höhe der Kosten) zugeordnet werden, wenn auch das Niveau der kurzfristigen Gestaltungsparameter festgelegt wird. Die kurzfristigen Entscheidungen hängen dabei von der Datenlage (Nachfragerate, Lieferzeiten) und den beeinflussbaren Zielgrößen ab. Für die Systemauswahl muss zumindest bekannt sein, in welchem Rahmen sich die Nachfragerate und die Lieferzeit sowie die Bewertungsgrößen bewegen. Für diesen Datenrahmen lassen sich dann die Zielwerte alternativer Systemauslegungen quantifizieren und vergleichen. In einfachsten Fall dominiert ein System in allen relevanten Datenlagen.

Die Frage nach der zielgerechten Festlegung der Systeme und deren Variablen lässt sich nur beantworten, wenn einem bestimmten Niveau der Variablen eines Systems ein eindeutiger Zielbeitrag zugeordnet werden kann. Das ist der Fall, wenn die Voraussetzungen der klassischen Entscheidungstheorie erfüllt sind, d.h. es muss sich um gut strukturierte Problemstellungen handeln.

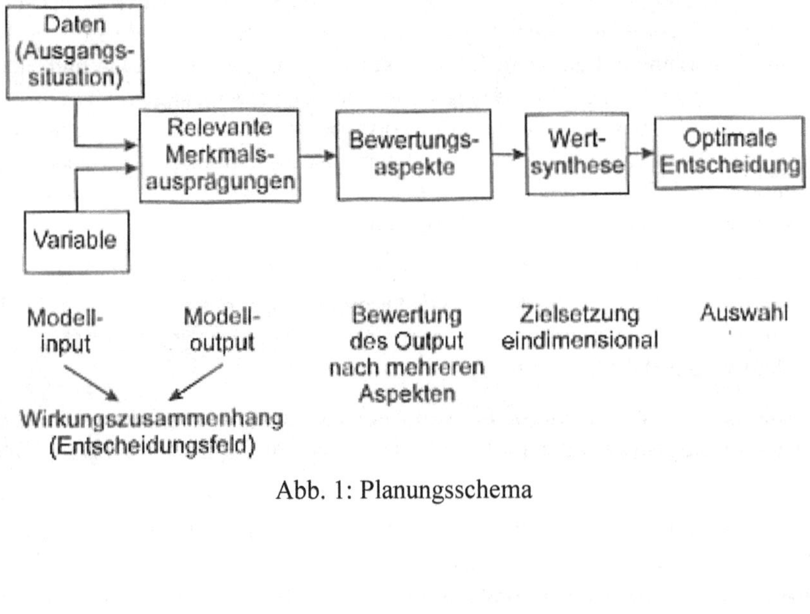

Abb. 1: Planungsschema

Ein gut- bzw. wohlstrukturiertes Entscheidungsproblem liegt bei folgenden 4 Voraussetzungen vor:

- Die Variablen eines Entscheidungsproblems müssen bekannt sein, was häufig bei dynamischen Problemen wie der Investitionspolitik nicht der Fall ist. Der Entscheidungsträger ist heute über die sich künftig bietenden Alternativen nicht oder nur unvollkommen informiert. Das Entscheidungsfeld ist folglich offen. Es ist dann unmöglich, die für einen bestimmten Zeitraum optimale Investitionspolitik zu bestimmen, da der Zusammenhang zwischen den heute bekannten und den künftigen, heute noch unbekannten Alternativen im Modell nicht abgebildet werden kann. Damit gehen im Modell die intertemporalen Zusammenhänge des Wirtschaftens ganz oder teilweise verloren.
  Zudem müssen die Wirkungszusammenhänge innerhalb eines Systems bekannt sein. Für ein Lagersystem wie etwa der two-bin-Politik muss bekannt sein, wie die Höhe der Bestellmenge und des Bestellpunktes auf den Lagerbestand, die Fehlmengen und die Bestellhäufigkeit wirken. Bekannt sein muss auch, welcher Zusammenhang zwischen den beiden Variablen des Systems besteht, ob beide von einander abhängen oder ob sie unabhängig sind. In realen Entscheidungsproblemen sind die Wirkungszusammenhänge häufig nicht oder nur in Grenzen bekannt. Es handelt sich dann um wirkungsdefekte Problemstellungen.

- Die relevanten Systemausprägungen wie Lagerbestand, Fehlmengen usw. müssen sich in ökonomische Bewertungskategorien wie Kosten oder Servicegrad transformieren lassen. Dazu muss bekannt sein, wie eine Veränderung der Lagermengen auf die Kapitalbindungskosten und die Kosten der Lagerpflege wirken. Diese Bewertung scheitert häufig, da die Controllinginstrumente die entsprechenden Veränderungsinformationen nicht generieren können. Beispielsweise lässt sich die ökonomische Wirkung von Fehlmengen kaum quantifizieren, da die Reaktion der Käufer auf verspätete Lieferungen schwer abzuschätzen ist. Die Quantifizierung von Lagerkosten im Sinne von Kapitalbindungskosten scheitert häufig daran, dass kein unmittelbarer Zusammenhang zwischen Lagerbestand und Kapitalbindung besteht. Vielmehr wird mit mehr oder weniger plausiblen Hypothesen über diesen Zusammenhang gearbeitet. Problemstellungen, bei denen die Transformation in ökonomische Werte nicht oder nur bedingt gelingt, werden als bewertungsdefekt bezeichnet.

- Wenn eine optimale Entscheidung bestimmt werden soll, muss es schließlich gelingen, alle relevanten ökonomischen Bewertungsaspekte zu einer eindimensionalen Zielgröße – z. B. Gewinn – zusammenzufassen. Häufig handelt es sich in der Realität aber um Mehrzielprobleme mit Konflikten zwischen den Zielen. Es gelingt mithin nicht, eine Lösung zu finden, die gleichzeitig optimal für alle Ziele ist. In einem derartigen Fall lässt sich allenfalls die Menge der pareto-optimalen, d.h. effizienten Lösungen ermitteln. Derartige Mehrzielprobleme werden als zieldefekt bezeichnet.

- Für Probleme, die weder wirkungs-, bewertungs-, noch zieldefekt sind, muss schließlich ein effizientes Lösungsverfahren existieren, das es erlaubt, die optimale Lösung in einer vertretbaren Rechenzeit zu ermitteln. Insbesondere für Reihenfolgeprobleme und nicht lineare dynamische Problemstellungen ist diese Voraussetzung nicht erfüllt. Für diese Klassen von Problemen gibt es keine mathematisch exakten Lösungsverfahren.

Klassischerweise geht die e-BWL von gegebenen Systemen aus und fragt lediglich nach dem zielgerechten Niveau der kurzfristigen Variablen, wenn eine ganz bestimmte Datensituation vorliegt. Häufig wird dabei auf statische Fragestellungen – einperiodische Modelle – abgestellt. Durch die Einperiodensicht wird der intertemporale Aspekt des Wirtschaftens aus der Analyse ausgeblendet, d.h. der Wirkungszusammenhang zwischen heutigen und künftigen Entscheidungen, sowie der Einfluss des heutigen Systemzustandes auf künftige Entscheidungen bleibt unberücksichtigt.

Häufig wird auch diese einperiodische operative Fragestellung noch weiter eingeengt, in dem von Modellen mit nur einer Variablen – oder einer Kategorie von Variablen – ausgegangen wird. Die Analysen werden mithin unter der ceteris-paribus-Prämisse durchgeführt, d.h. es wird die Veränderung des Systems bei Variation nur einer Größe und Konstanz aller übrigen analysiert. Durch diese Prämisse wird auch der sachliche Wirkungszusammenhang zwischen den Variablen einer realen Problemstellung aus der Analyse ganz oder teilweise ausgeblendet.

Dazu ein Beispiel: In der Programm- und Losgrößenpolitik sind die Produktionsmengen und die Losgrößen nicht additiv und nicht linear miteinander verknüpft. Beide Kategorien von Variablen müssten daher simultan geplant werden, wenn die optimale Entscheidung generiert werden soll. Aus Vereinfachungsgründen werden aber die „Losgrößen" im Modell der Programmplanung auf einem ganz bestimmten Niveau fixiert – als Datum behandelt - und es wird dann berechnet, wie die optimalen Produktionsmengen bei diesen Losen aussehen würden. Es wird folglich mit einem Partialmodell gearbeitet, das den Einfluss unterschiedlich großer Lose auf die Programmentscheidung aus der Analyse ausgeblendet. Als Folge kommt es i.d.R. zu einem suboptimalen Programm und nicht optimalen Losen.

Der Grund für diese eingeengte Sicht liegt darin, dass für die kurzfristigen Entscheidungsprobleme in einperiodischen Partialmodellen die Voraussetzungen der klassischen Entscheidungstheorie weitgehend erfüllt sind, so dass sich mit Hilfe eines Modells „optimale" Entscheidungen berechnen lassen. Die Frage stellt sich allerdings, inwieweit die eingeengte Sichtweisen für reale Problemstellungen Lösungshilfen bieten, denn das eigentliche Problem besteht nicht darin, innerhalb eines Modells die optimale Lösung zu berechnen, sondern eine Modellstrukturierung zu finden, die der realen Fragestellung gerecht wird. Zu dieser Frage leistet die e-BWL nur einen sehr eingeschränkten Beitrag.

Wenn die eingeengte Sichtweise für reale Probleme Sinn machen soll. Sind 2 Fragen zu beantworten:

- Wie lassen sich die Defekte eines realen Entscheidungsproblems sinnvoll beheben und welche Bedeutung hat die Art der Überwindung der Defekte für die Lösung des Entscheidungsproblems?
- Wie können die sachlichen und die intertemporalen Zusammenhänge zwischen den Variablen des realen Entscheidungsproblems im Modell zumindest näherungsweise sinnvoll erfasst werden, ohne in der Planung auf das nicht praktikable Konzept von Simultanmodellen auszuweichen? Mit der Integration von Teil-Problemstellungen in einem Modell steigt die Wahrscheinlichkeit, dass dieses Modell lösungsdefekt ist. Mit der Integration von Fragestellungen in *einem* Modell und der damit steigenden Komplexität der Modelle, wird folglich der Teufel mit dem Belzebub ausgetrieben.

2. Hilfestellung der entscheidungsorientierten BWL bei strukturdefekten Problemstellungen

Ob und wie sich Strukturdefekte zumindest teilweise beheben lassen, hängt von der Art und dem Ausmaß der Defekte ab. Die Schwierigkeit bei deren Überwindung besteht generell darin, dass es keine formallogische Begründung für das Vorgehen gibt. Möglich sind allenfalls aus der realen Lage heraus plausibel erscheinende Ansätze. Die Entwicklung von Modellen wird damit zur Kunstlehre bzw. zu einer Erfahrungswissenschaft. Der Modellbilder braucht schon viel Glück, Geschick und Erfahrungswissen, wenn er eine Strukturierung finden will, die für ein reales Problem zu Lösungshilfen führt. Optimale Entscheidungen für das reale Problem sind in defekten Problemsituationen generell unmöglich. Es kann nur darum gehen, gute Lösungen zu finden.

Für die verschiedenen Defekte soll beispielhaft gezeigt werden, wie vorgegangen werden kann. Es ist allerdings keine generalisierende, theoretisch richtige Empfehlung für ein sinnvolles Vorgehen möglich.

2.1 Lösungsdefekt

Bei lösungsdefekten Modellen kann die e-BWL durch Relaxierung des Problems sinnvolle Hilfen anbieten. Die Probleme werden dann gegenüber der Realität vereinfacht, d.h. es werden bestimmte Zusammenhänge des realen Problems im Modell vernachlässigt. Ein Beispiel dafür sind Reihenfolgeprobleme. Wird in einer zu konstruierenden Reihenfolge, in der ein LKW Kunden beliefern soll, ein Kunde in die Reihenfolge eingeordnet, hat das Einfluss auf die möglichen Reihenfolgen der noch nicht zugeordneten Kunden. Bei jedem Zuordnungsschritt müssten daher auch alle denkbaren Konsequenzen für die noch verbleibenden Zuordnungen berücksichtigt werden. Derartige Probleme sind np-hart; es lässt sich nachweisen, dass die optimale Lösung im allgemeinen Fall allein durch vollständige Enumeration aller Reihenfolgen bestimmt werden kann, was für Probleme mit größerer Kundenzahl sehr schnell an rechentechnische Grenzen stößt.

Durch heuristische Konstruktionsprinzipien lassen sich aber auf einfache Weise vollständige Reihenfolgen herleiten und bewerten. Die Heuristiken verzichten bei jedem Zuordnungsschritt darauf, die Konsequenzen für die restlichen Zuordnungen zu berücksichtigen. Eine der einfachsten Heuristiken ist das Prinzip des dichtesten Nachbarn. Ausgehend vom Auslieferungslager wird als 1. der Kunde angesteuert, für den die kürzeste Einzelstrecke zu fahren ist. Vom Standort des 1. Kunden wird als 2. der Kunde mit der geringsten Entfernung zum 1. Kunden ausgesucht usf. Auf diese Weise entsteht eine vollständig Rundreise für den LKW, die sich durch die Gesamtstrecke bewerten lässt.

Das Problem dieser Art von Vereinfachung besteht darin, dass zunächst keine Informationen über die Qualität der Lösung gewonnen werden können. Der Modellentwickler kann sich aber andere Heuristiken ausdenken. Z. B. kann er von der schlechtesten Lösung des Rundreiseproblems ausgehen. Bei dieser Lösung kehrt der LKW nach jeder Auslieferung zunächst zum Auslieferungslager zurück und fährt dann zum nächsten Kunden – dümmer geht es nicht. Das Denkprinzip der 2. Heuristik besteht nun darin, diese Pendeltouren systematisch zu unterbinden, indem zwei Kunden zu einer Teilreihenfolge zusammengefasst werden. Von allen möglichen Kunden, die zu einer Teilreihenfolge zusammengebunden werden könnten, werden diejenige ausgewählt, bei denen die Einsparung – saving – an Kilometern gegenüber den Pendeltouren am größten ist. Nach diesem Prinzip des Zusammenbindens von Kunden wird eine Teilreihenfolge immer weiter ergänzt, bis alle Kunden in eine Liefertour eingeordnet sind. Auch diese zweite Lösung kann bewertet werden.

Entwickelt der Modellbauer z. B. 10 heuristische Lösungsprinzipien und wendet diese auf eine große Zahl realer Rundreiseprobleme an, kann er Aussagen über die Qualität der Heuristiken ableiten. Er wird dann feststellen, dass das Prinzip des dichtesten Nachbarn der Saving-Heuristik deutlich unterlegen ist. Für die Heuristiken lassen sich auf diesem Wege Operationscharakteristiken erzeugen. Eine Charakteristik gibt an, mit welcher Wahrscheinlichkeit ein bestimmter Zielwert erreicht oder unterschritten wird. U. U. lassen sich diese Bewertungskriterien noch nach der Art der Datensituation weiter konkretisieren, indem Cluster von Transportproblemen mit unterschiedlichen Strukturmerkmalen gebildet werden. Ein solches Strukturmerkmal könnte die Art der Verteilung der Kunden im Raum sein.

Die Lösungshilfe bei relaxierten Problemen besteht mithin darin, geeignete von weniger geeigneten Heuristiken zu unterscheiden, um die geeigneten Prinzipien auf konkrete Fragestellungen anwenden zu können.

Nach dem Prinzip der Relaxierung lassen sich Lösungshilfen für alle Arten von Reihenfolgeproblemen gewinnen, gleichgültig ob es sich um Rundreiseprobleme - wie im obigen Fall - oder um Reihenfolgen handelt, in denen Fertigungsaufträge über die Produktionsanlagen laufen (Fertigungssteuerung) sollen. Denkbar ist es auch, Probleme in Reihenfolgeprobleme zu transformieren, die real keine Reihenfolgeprobleme sind.

Dazu gehört die dynamische Programmplanung. Plant ein Unternehmen jedes Jahr einzeln mit einem statischen Modell auf der Basis der relativen Deckungsspannen der jeweiligen Jahre, werden neu entwickelte Produkte i.d.R. kaum Chancen haben, in das Programm aufgenommen zu werden, weil für diese Produkte meistens am Anfang negative Deckungsspannen und ungünstige Produktionskoeffizienten gelten. Positiv werden diese relativen Spannen häufig erst in der Zukunft, wenn auf Grund hoher Produktionsmengen zurückliegender Perioden Erfahrungseffekte wirksam geworden sind. Zu diesen Erfahrungseffekten kommt es aber nicht, wenn die neuen Produkte in der statischen Progammplanung nicht in das Fertigungsprogramm aufgenommen werden. Zudem treten bei den jungen Produkten negative Effekte für das künftige Absatzpotenzial auf. Wird nicht geliefert, ist die Zufriedenheit der Kunden mit diesen Produkten gering, was sich nachteilig auf deren künftige Nachfrage niederschlägt. Ein dynamischer Planungsansatz, der den Erfahrungskurveneffekt und die Wirkungen auf das Absatzpotential abbildet, ist aber wegen der nicht linearen, zeitübergreifenden Beziehungen lösungsdefekt.

Eine denkbare Heuristik besteht darin, die Produkte in den einzelnen Perioden nicht mehr nach den relativen Deckungsspannen der jeweiligen Perioden zu beurteilen, sondern Gesamtdeckungsbeiträge für die Restnutzungsdauer und Gesamtzeitbedarfe für die Produktion bei Lerneffekten abzuschätzen. Dabei wird vereinfachend davon ausgegangen, dass negative Wirkungen für das Absatzpotential völlig vermieden werden können. Das Ergebnis einer alljährlichen einperiodischen Programmplanung lässt sich verbessern, wenn die Reihenfolge der Kapazitätszuteilung auf den mehrperiodischen Daten beruht. Durch dieses Denkprinzip steigt die Chance junger Produkte, in das jeweilige Jahresprogramm aufgenommen zu werden.

Bei lösungsdefekten Problemstellungen kann die Erfahrung des Modellkonstrukteurs über die Wirksamkeit heuristischer Lösungsprinzipien wesentliche Hilfestellung bei der Modellstrukturierung bieten. Es ist aber sehr viel Kreativität des Modellentwicklers gefragt, um sinnvolle Heuristiken zu entwickeln.

2.2 Zieldefekte

Liegen Probleme mit mehreren widerstreitenden Zielen vor, reduzieren sich die denkbaren Lösungshilfen der e-BWL deutlich. Das soll am Beispiel der Ablaufplanung (Fertigungssteuerung) gezeigt werden. Im Allgemeinen ist es unmöglich, die Ergebnisse der Ablaufplanung mit Kosten und Erlösen zu bewerten, da die entsprechenden Bewertungsinformationen aus dem Rechnungswesen nicht abzuleiten sind. Ersatzweise werden die Ergebnisse dann mit Durchlaufzeiten der Aufträge, ablaufbedingten Stillstandszeiten der Maschinen, Lieferverzug usw. „bewertet“. Das Problem besteht nun darin, dass diese Ersatzziele bei Werkstattfertigung konfliktär sind. Sinkende Durchlaufzeiten gehen mit steigenden ablaufbedingten Stillstandszeiten einher usf.

Für das Reihenfolgeproblem können nun heuristische Prinzipien – wie oben beschrieben – entwickelt werden, die im Hinblick auf ein Ziel eine bestimmte Operationscharakteristik aufweisen, aber eine ganz andere für ein 2. Ziel haben. Werden die Aufträge nach der kürzesten Operationszeitregel eingeplant, ergeben sich für die Durchlaufzeit meist günstige aber für die Stillstandszeiten recht ungünstige Ergebnisse. Die Termineinhaltung ist bei der Schlupfzeitregel – eingeplant wird als nächstes der Auftrag mit der geringsten Zeitdifferenz zum Liefertermin – niedrig, dafür ergeben sich Probleme bei der Durchlaufzeit.

Eine Entscheidungshilfe kann in dieser Situation darin bestehen, die Hyperebene effizienter Lösungen zu bestimmen. Dazu werden z. B. 2 heuristische Prinzipien (Durchlaufzeit- und Stillstandszeitkriterium) mit einander kombiniert, indem das 1. Prinzip mit dem Gewicht a und das 2. mit dem Gewicht 1-a in eine neue Heuristik einfliesst. Für eine bestimmte Ausprägung von a kann dann für ein bestimmtes Reihenfolgeproblem der zugehörige Wert der Durchlaufzeit und der Stillstandszeit berechnet werden. Durch Variation von a kann die Austauschbeziehung zwischen den Zielen „Durchlaufzeit" und „Stillstandszeit" für dieses Reihenfolgeproblem abgeleitet werden. Der Entscheidungsträger kann dann für ein bestimmtes Reihenfolgeproblem erkennen, welche Erhöhung der Durchlaufzeit eintreten würde, wenn die Stillstandszeit um ein bestimmtes Ausmaß sinkt.

Wird das Prinzip der Mischung von Heuristiken auf eine große Menge von Reihenfolgeproblemen und Heuristiken angewendet, können die effizienten Kombinationen für Durchlauf- und Stillstandszeit bestimmt werden.

Bei einer Vielzahl von Zielen ist es aber praktisch unmöglich, die gesamte Hyperebene effizienter Lösungen bestimmen zu wollen. Berechenbar sind bestenfalls einzelne Punkte dieser Ebene, die dann linear interpoliert werden. Derartige Analysen helfen dem Disponenten bei der Abwägung seiner Strategien. Will er z. B. die Durchlaufzeit senken, um positive Marktwirkungen zu erzielen, wird deutlich, was das für die Maschinenauslastung für negative Rückwirkungen hat.

Bei zieldefekten Problemen kann die Lösung eines Problems nicht mehr automatisiert werden, wie sich das die e-BWL vorstellt, vielmehr muss der Disponent wertend in den Entscheidungsprozess eingreifen. Die e-BWL liefert bestenfalls Entscheidungshilfen, die dem Disponenten bei der Abwägung unterstützen.

2.3 Bewertungsdefekte

Bei Bewertungsdefekten gelingt es nicht oder nur unzureichend, die technischen Systemausprägungen in ökonomische Werte zu transformieren. Beispielsweise kann für ein Lagersystem die Höhe der Fehlmengenkosten nicht oder nur in einer bestimmten Bandbreite quantifiziert werden. U. U. ist auch für die Lagerkosten nur ein bestimmtes Intervall bekannt. Die Folge ist, dass keine optimale Lösung für das Lagerproblem generiert werden kann. Vielmehr lässt sich nur zeigen, wie sich die optimale Lösung bei bestimmten Annahmen über die Bewertungsgrößen verändert. Es können mithin Sensitivitätsanalysen durchgeführt werden. Diese lassen erkennen, ob die optimale Politik stark mit den Bewertungsgrößen variiert oder ob sie weitestgehend stabil bleibt. Bei Lagersystemen zeigt sich eine meist hohe Sensitivität der optimalen Politik gegenüber Veränderungen der bestellfixen Kosten, solange diese Kosten noch niedrig sind. Mit steigenden bestellfixen Kosten nimmt die Reagibilität der optimalen Politik schnell ab. Bei Fehlmengenkosten zeigt sich, dass bei hohen Kostensätzen eine nur sehr geringe Veränderung der optimalen Politik auftritt, während die Reaktion der optimalen Politik bei niedrigen Kostensätzen groß ist. Derartige Informationen können bei der Frage nützlich sein, ob verstärkte Überlegungen zur genaueren Quantifizierung der Bewertungsgrößen überhaupt sinnvoll sind. Ist die Sensitivität gering, lohnen sich größere Aufwendungen für eine verbesserte Quantifizierung der Bewertungsgrößen nicht, da ungenaue Bewertungsansätze zu fast gleichen Politiken führen wie genauere.

Auch der Sensivitätsanalyse sind sehr schnell Grenzen gesetzt, da bei Informationsdefiziten über mehrere Bewertungsgrößen kombinatorische Probleme auftreten. Sind bestellfixe und Lagerkosten nur in Bandbreiten bekannt, müssen Kombinationen von Datensätzen gebildet werden, um die Reaktion der Lösung erkennen zu können, was sehr schnell auf rechentechnische Grenzen stößt.

Gelingt eine Quantifizierung von Werten überhaupt nicht, werden häufig ersatzweise die technischen Ausprägungen eines Systems zur „Bewertung“ herangezogen. Beispielsweise werden die Ergebnisse der Ablaufplanung mit Ersatzzielen wie Durchlauf-, Stillstands- und Verzugzeiten „bewertet“. Mit diesen Ersatzzielen kann – siehe oben – wie mit zieldefekten Problemen umgegangen werden.

2.4 Wirkungsdefekte

Die Hilfestellung, die die e-BWL bei Strukturdefekten geben kann, ist bei wirkungsdefekten Problemen am geringsten. Wirkungsdefekte zeichnen sich dadurch aus, dass Variablen und/oder Zusammenhänge zwischen Variablen und den Systemausprägungen nicht oder nur unvollständig bekannt sind. Dazu zwei Beispiele:

Bei Investitionsproblemen sind die künftigen Investitionsalternativen nicht oder unvollständig bekannt. Folglich können die intertemporalen Zusammenhänge des Wirtschaftens nicht oder nur unvollständig abgebildet werden. Da die Daten künftiger Handlungsalternativen nicht bekannt sind, kann nicht abgewogen werden, ob ein heutiger Ersatz einer alten Maschine sinnvoll ist, oder ob noch abgewartet werden sollte. Eine schwache Hilfestellung kann darin bestehen, für das Ersatzproblem von bestimmten durch Erfahrung gestützten Raten des technischen Fortschrittes auszugehen. Statt der konkreten künftigen Handlungsalternativen werden dann geschätzte Daten über den Fortschritt in die Modellbildung einbezogen. Die unbekannten künftigen Variablen gehen dann indirekt über Datenhypothesen in die Modellbildung ein.

Unzureichend bekannte Wirkungszusammenhänge existieren bei Umweltfragestellungen. Beispielsweise lassen sich die Mengen schädlicher Abgase einer bestimmten Produktionstechnologie nicht eindeutig quantifizieren, da bestenfalls Wahrscheinlichkeitsverteilungen über die Wirkungszusammenhänge bekannt sind. Als Folge kann in einem Modell einer bestimmten Technologie keine eindeutige Schadstoffmenge zugeordnet werden. Ist der Wirkungszusammenhang nur in einer bestimmten Bandbreite bekannt, kann allerdings für alternative Ausprägungen dieses Zusammenhanges ein Risikoprofil erzeugt werden. Dieses Profil zeigt, mit welcher Wahrscheinlichkeit eine bestimmte Schadstoffmenge nicht überschritten wird. Durch Vergleich der Risikoprofile unterschiedlicher Fertigungstechnologien kann wieder eine Hilfestellung bei der Frage gegeben werden, welche Technologie aus ökologischer Sicht sinnvoll ist.

Wirkungsdefekte Problemstellungen lassen damit auch keine automatisierte Planung zu. Vielmehr muss der Modellbauer viel Kreativität bei der Frage aufbringen, wie fehlende Variable oder unzureichend bekannte Zusammenhänge dennoch sinnvoll im Modell abgebildet werden können. Die Qualität der Lösung hängt ganz ausschlaggebend von der Realitätsnähe dieser Annahmen ab.

Weil bei Wirkungsdefekten häufig nur mit groben Annahmen gearbeitet werden kann, erzwingt das für die Planung Flexibilitätsüberlegungen und eine ständige nachträgliche Anpassung bereits getroffener Entscheidungen. Wurde einer Investitionsentscheidung eine bestimmte Annahme über künftige Entwicklungen der Technik zu Grunde gelegt, muss diese Entscheidung U. U. revidiert werden, wenn sich die Annahmen als irrig erweisen. Planung ist dann kein einmaliger Akt mehr, vielmehr ist Planung ein dynamischer Prozess von Anpassungsnotwendigkeiten.

Damit gewinnen Flexibilitätsüberlegungen an Bedeutung, die in der Ursprungsform der e-BWL nicht vorkommen. Sind die Unsicherheiten und Unbestimmtheiten eines Entscheidungsproblems sehr hoch, kommt es darauf an, originäre Entscheidungen zu fällen, die sich mit möglichst geringen ökonomischen Nachteilen an veränderte Situationen anpassen lassen. Flexibilität ist meistens nicht ohne zusätzliche Kosten zu haben. Flexiblere Investitionsstrategien – der Aufbau flexibler Fertigungssysteme – ist i.d.R. mit höheren Investitionsausgaben verbunden als der Aufbau starrer Anlagen. Die höheren Ausgaben für Flexibilität lassen sich meistens noch recht gut quantifizieren. Das ist für den Nutzen nicht der Fall, weil die Frage nicht beantwortet werden kann, welcher Anpassungsbedarf in der Zukunft tatsächlich auftreten wird.

Insbesondere bei wirkungsdefekten Problemstellungen sind die Möglichkeiten einer Unterstützung des Entscheidungsträgers durch Modelle recht schwach. Modellbildung wird damit weitestgehend zur Kunstlehre bzw. zum Glückspiel.

Die Hilfestellung der e-BWL besteht bei Wirkungsdefekten häufig nur darin, bestimmte Rahmenbedingungen zu empfehlen, von denen langfristige positive Effekte zu erwarten sind. Dazu ein Beispiel. Das Problem der Fertigungssteuerung gehört zu den wirkungsdefekten Problemen, da die künftigen Auftragseingänge unbekannt sind. Fertigungsteuerung kann dann beispielsweise durch ein zentrales Modell nach heuristischen Prinzipien erfolgen, wobei die Planungsergebnisse in bestimmten Zeitabständen revidiert werden, wenn neue Aufträge eingegangen sind. Ein Betrieb kann aber auch mit dem Kanbanprinzip eine Ablauforganisation schaffen, bei der das zentrale Steuerungsproblem entfällt, da in der Fertigung eine Abfolge koordinierter, dezentraler Regelkreise geschaffen wurde. Gelingt es, eine kanbanfähige Ablauforganisation zu schaffen, zeitigt dieses Prinzip meistens günstigere ökonomische Wirkungen als eine zentrale Steuerung.

3. Integriertes Modell kontra Partialmodell

Für die e-BWL ergibt sich mit der Integration von Teilproblemen in einem Modell ein zweiter Problemkreis. Zwischen den Teilproblemen – z. B. der Programm-, der Los- sowie der Ablaufplanung – bestehen i.d.R. nicht-lineare, nicht additive Zusammenhänge. Damit bestehen zwischen den Teilproblemen automatisch Interdependenzen, d.h. die optimale Lösung eines Teilproblems ist nicht zu finden, wenn nicht gleichzeitig auch über die anderen Teilfragen entschieden wird. Losplanung und Programmplanung müssten folgerichtig in einem Modell zusammengefasst werden und auch das Ablaufproblem müsste integriert werden usw. Da aber letztlich alles mit allem zusammenhängt, müsste ein Simultanmodell über alle Entscheidungsprobleme der BWL und über alle künftigen Perioden konstruiert werden. Ein derartiges Modell wäre automatisch lösungsdefekt. Der Integration von Teilproblemen in einem Modell sind damit Grenzen gesetzt. Die praktische Entscheidungsfindung kann nur auf der Basis von Partialmodellen erfolgen. Das Problem besteht dann darin, wie die Ergebnisse der Partialmodelle sinnvoll koordiniert werden können. Koordination ist erreicht, wenn mit den Partialmodellen zumindest näherungsweise die Ergebnisse erzielt werden, die mit Simultanansätzen zu erreichen wären.

In einem Partialmodell lassen sich grundsätzlich die Verflechtungen zu den nicht im Modell abgebildeten Variablen des realen Problems nicht direkt abbilden. Nicht im Modell abgebildete Variable können allenfalls indirekt über Daten berücksichtigt werden. So geht das Partialmodell der Programmplanung von einer bestimmten Lösung des Losproblems aus und erfasst die für diese Lose geltenden Rüst- und Lagerkosten sowie die sich ergebenden Rüstzeiten in den Daten des Programmproblems. Das Modell der Programmplanung findet dann nur das für die vorgegebenen Lose optimale Programm. Die Programmplanung könnte dann mit alternativen Datensätzen des Losproblems durchgeführt werden, um die Rückwirkung auf die Zielsetzung transparent werden zu lassen.

Bei einer großen Zahl nicht im Modell erfasster Verflechtungen ist diese Alternativplanung allerdings kein gangbarer Weg. Das Planungskonzept macht nur bei einer überschaubaren Alternativenzahl Sinn. Für den Planenden kommt es dann darauf an, einen überschaubaren Satz sinnvoller Szenarien zu konstruieren.

Dazu muss er begründete Erfahrungswerte über die Zielwirkung von Interdependenzen haben. Die Wirkung von Programmentscheidung und Investitionsentscheidungen sind relativ stark, da die Zahlungsreihe von Investitionen nachhaltig von der Programmgestaltung abhängt. Der Einfluss des Ablaufproblems auf die Investitionsplanung ist hingegen relativ schwach. Es würde sich dann anbieten, Programmplanung und Ablaufplanung sequenziell in zwei Partialmodellen durchzuführen, wobei in der Programmplanung nicht die vollen Fertigungskapazitäten bereitgestellt werden. Für die ablaufbedingten Stillstandszeiten wird vielmehr ein erfahrungsgemäß benötigter Prozentsatz der Kapazität zurückbehalten. Programmplanung und Investitionsplanung könnten im Wege der Alternativplanung erfolgen, indem die Zahlungsreihen für eine überschaubare Anzahl von Programmalternativen generiert werden.

Das Beispiel zeigt deutlich: Der Planungsaufwand wird nur beherrschbar, wenn der Planer gute Erfahrungen über die ökonomische Wirkung von Zusammenhängen hat, und wenn er in der Lage ist, die Zahl der durchzuspielenden Alternativen klein zu halten. Die Auswahl eines sinnvollen Integrationsgrades eines Modells und die Auswahl eines sinnvollen Satzes von Planungsalternativen ist dann wiederum eine kreative Leistung des Planers, bei der die e-BWL kaum Hilfestellung geben kann.

Ein 2. Weg zur Koordination von Partialmodellen ist das Konzept der wertmäßigen Kosten, auf das immer dann zurückgegriffen werden kann, wenn die Interdependenzen von Planungsproblemen auf Knappheitssituationen zurückzuführen sind. Das soll am Beispiel von Los- und Programmplanung kurz erläutert werden. Wird für die Losplanung ein Modell zur Minimierung der Rüst- und Lagerkosten eingesetzt, und werden für die Rüst- bzw. die Lagerkosten jeweils die pagatorischen Wertansätze verwendet, unterstellt dieser Ansatz implizit nicht knappe Fertigungskapazitäten und auch von Kapitalengpässen wird abstrahiert. Bestimmt wird die Losgröße mit minimalen pagatorischen Kosten. Dieser Ansatz geht von einer Substitution von Leerzeiten durch Rüstzeiten aus, d.h. verändert sich bei Variation der Losgröße der Zeitbedarf für Umrüstung – steigt er, weil die Lose verkleinert werden – wird davon ausgegangen, dass dadurch der Umfang der nicht genutzten Kapazitäten geringer wird. Der ökonomische Schaden der Rüstzeiten beläuft sich folglich nur auf die pagatorischen Rüstkosten.

Ist die Fertigungskapazität hingegen knapp – Leerzeiten existieren überhaupt nicht – findet eine Substitution von Rüst- gegen Fertigungszeiten statt. Sinkt der Rüstzeitbedarf gegenüber der Lösung mit minimalen pagatorischen Kosten, steht mehr Zeit für Produktion zur Verfügung, in der Produkte mit positivem Deckungsbeitrag je ZE gefertigt werden können. Der ökonomische Schaden der Rüstzeiten erstreckt sich dann nicht allein auf die pagatorischen Kosten, er umfasst vielmehr auch die verdrängten Deckungsbeiträge der nicht zu fertigenden Erzeugnisse. Diesem Aspekt kann im Partialmodell der Losplanung Rechnung getragen werden, indem die pagatorischen Rüstkosten um die verdrängten Deckungsspannen je Rüstzeiteinheit erhöht werden.

Die Opportunitätskosten – Grenzdeckungsbeiträge – lassen sich allerdings nur in einem Simultanmodell der Los- und Programmplanung exakt bestimmen. Aber ein erfahrener Planer kennt aus dem letzen Planungslauf die Grenzprodukte und deren Deckungsbeiträge. Er kann für den nächsten Planungslauf auf diese Erfahrungswerte zurückgreifen, um in der Losplanung eine erste sinnvolle Planungsalternative für die Programmplanung zu generieren. Ergibt sich, dass die für die Losplanung angenommenen Opportunitätskosten mit denen übereinstimmen, die aus der anschließenden Programmplanung resultieren, sind Programm- und Losplanung vollkommen koordiniert. Führt die Programmplanung zu höheren Opportunitätskosten, muss die Losgröße dementsprechend reduziert werden. Durch mehrere Planungsrunden kann eine hinreichende Abstimmung der Partialmodelle erreicht werden.

Dieses Konzept ist auch auf die Lagerkosten anzuwenden. Existiert relative Kapitalknappheit – das Unternehmen bekommt noch zusätzliches Kapital aber die Zinssätze steigen –, ist für die Lagerkosten der Grenzzinssätze anzusetzen. Ist das Kapital absolut knapp, werden für das Kapital hurdelrates festgesetzt. Diese Zinsraten entsprechen den Opportunitätskosten des knappen Kapitals. Sie können für den 1. Planungsschritt zunächst wie bei den Rüstkosten aus den Erfahrungswerten der Vergangenheit abgeleitet werden.

Bei der Frage über den sinnvollen Integrationsgrad von Modellen hilft auch die Kenntnis der Reaktion der Zielfunktion auf Politikänderungen. Bei Lagerpolitik zeigt sich sehr häufig: Die Gesamtkosten reagieren nur sehr wenig, wenn die Bestellmenge verändert wird; z. B. steigen die Kosten nur um 1%, wenn die Bestellmenge um 20% zunimmt. Die Kostenfunktion verläuft sehr flach. Es ist dann weitgehend gleichgültig, mit welcher Politik letztlich gearbeitet wird. Flache Erfolgsfunktionen sind meist ein Indiz dafür, dass sich komplexere Modelle nicht auszahlen. Wird ein Simultanmodell der Bestell- und der Meldemenge konstruiert, das die Interdependenzen beider Variablen erfasst, ergibt sich häufig bei viel Rechenaufwand eine Politik, die kaum von der des Partialmodells der Bestellmengenplanung abweicht. Die Interdependenz beider Variablen zeigt nur schwache Wirkungen, sie kann folglich bei der Modellbildung vernachlässigt werden. Informationen über den generellen Verlauf der Erfolgsfunktionen können daher Hilfe bei der Frage nach dem sinnvollen Integrationsgrad von Modellen liefern.

4. Ausblick

Das Planungskonzept der e-BWL ist für den Fall wohlstrukturierter Probleme entworfen worden. Für diese Voraussetzung liefert das Konzept einen in sich geschlossen, logischen Rahmen für die Entscheidungsfindung. Reale Probleme haben aber i.d.R. die genannten Defekte. Diese Defekte, aber auch die Komplexität der Planung bei interdependenten Wirkungszusammenhängen lassen keine automatische Planung in Sinne des Planungskonzeptes zu. Bei der Modellbildung und der Quantifizierung der Daten sind vielmehr das kreative Potential und die Erfahrung des Planenden gefragt. Das aber bedeutet: Die Eignung bestimmter Modelle für die Lösung von Entscheidungsproblemen lässt sich nicht generell beurteilen. Ob bestimmte Modelle in realen Problemsituationen geeignet sind, hängt von der Strukturierung eines Gesamtproblems in Partialmodellen und der Auswahl geeigneter Datensätze ab. Bei der Modell-Strukturierung und der Generierung sinnvoller Datensätze vermag die e-BWL allenfalls indirekt Hilfe zu bieten. Die Defekte und das Interdependenzproblem machen damit die Grenzen des entscheidungsorientierten Ansatzes der BWL deutlich.

Public Private Partnership

Ein Konzept zum hybriden Investitionscontrolling

Heinz Lothar Grob, Anne-Kathrin Röthemeyer

Zusammenfassung: Angesichts des großen Investitionsstaus im öffentlichen Sektor besteht die Notwendigkeit, alternative Wege zur Finanzierung von Sanierungen sowie zum Betrieb und Neubau von öffentlicher Infrastruktur einzuschlagen. In Public Private Partnership wird eine Möglichkeit gesehen, die Infrastruktur zügig und effektiv zu modernisieren. Eine Wirtschaftlichkeitsbetrachtung, bei der die PPP-Variante mit der konventionellen Realisationsform verglichen wird, ist maßgeblich für die Entscheidung, ob ein Vorhaben als Public Private Partnership-Projekt realisiert wird. Im Folgenden wird ein hybrides Konzept vorgestellt, das sowohl für die öffentlichen als auch für die privaten Entscheidungsträger eine rollenspezifische Gestaltung eines Systems „korrespondierender VOFIs" bietet.

1. Definition und Abgrenzung

Unter dem Begriff Public Private Partnership – kurz: PPP – werden neue Organisationsformen zur Erfüllung öffentlicher Aufgaben subsumiert, bei denen die öffentliche Verwaltung bislang eigenverantwortlich wahrgenommene Verwaltungsaufgaben im Rahmen einer langfristig angelegten Kooperation mit Privaten erfüllt.

Nicht neu ist, dass sich die öffentliche Hand beim Aufbau und dem Erhalt einer leistungsfähigen Infrastruktur der Hilfe Privater bedient. Das Neue an PPP ist die Komplexität der übertragenen Aufgaben, die eigenverantwortliche Aufgabenwahrnehmung durch den Privaten sowie die Dauer der Kooperation, die zumeist auf mehrere Jahrzehnte angelegt ist. Die Zusammenarbeit zwischen Verwaltung und Privaten in Form der PPP erhält dadurch auch qualitativ einen neuen Charakter.

Aufgrund dieses Begriffsverständnisses bietet sich ein breiter Anwendungsbereich für PPP. Von aktueller politischer Bedeutung ist die Nutzung von PPP im Bereich der öffentlichen Infrastruktur, wie beispielsweise bei Straßen, Bildungseinrichtungen und Krankenhäusern. In der intensiveren Nutzung von PPP wird eine der Grundvoraussetzungen für Wachstum und Wohlstand der Gesellschaft gesehen. Eine kurzfristige Verstärkung der Investitionen in diesen Bereichen ist von essenzieller Bedeutung. Tatsächlich kann PPP einen Beitrag dazu leisten, privates Kapital in Milliardenhöhe zu mobilisieren. Vor diesem Hintergrund hat der Bundeskanzler in seiner Regierungserklärung am 17. März 2005 das Thema PPP als eine von 20 Maßnahmen zur Fortsetzung der Agenda 2010 aufgenommen. Dabei wurde das Ziel vorgegeben, die Rahmenbedingungen für die Durchführung von PPP zu verbessern, um zusätzliches Kapital für Infrastrukturmaßnahmen zu mobilisieren.

1.1 PPP-Modelle

1.1.1 Vertragsmodelle

Die integrierten Planungs-, Bau-, Finanzierungs-, Betreiber- und Verwerterleistungen durch den privaten Sektor können nach einer übergreifenden Ausschreibung durch die öffentliche Hand in unterschiedlicher Ausprägung und in unterschiedlicher Rechtsform vereinbart werden. Der private Auftragnehmer übernimmt beim Erwerbermodell – auch als BOT-Modell[1] bezeichnet – auf einem in seinem Eigentum stehenden Grundstück Planung, Bau, Finanzierung und Betrieb einer Immobilie, die von der öffentlichen Hand genutzt wird. Die Laufzeit beträgt i. d. R. 20 bis 30 Jahre. Zum Vertragsende geht das Eigentum an Grundstück und Gebäude auf den öffentlichen Auftraggeber über. Das Entgelt besteht in einer regelmäßigen Zahlung an den privaten Auftragnehmer, das bei Vertragsschluss festgesetzt wird und für Planung, Bau, Betrieb (Facility Management), Finanzierung und Erwerb der Immobilie einschließlich des Grundstücks zu zahlen ist.

Das Inhabermodell – auch als BTO-Modell[2] bezeichnet – entspricht grundsätzlich dem Erwerbermodell. Im Unterschied wird das Projekt auf einem Grundstück des Auftraggebers errichtet bzw. saniert. Im Falle eines Neubaus wird der öffentliche Auftraggeber Eigentümer des errichten Objekts.

Der private Auftragnehmer übernimmt beim Leasingmodell[3] Planung, Bau, Finanzierung und Betrieb einer Immobilie. Anders als beim Erwerbermodell besteht jedoch keine Verpflichtung zur Übertragung des Gebäudeeigentums am Ende der Vertragslaufzeit. Der Auftraggeber hat vielmehr ein Optionsrecht, die Immobilie entweder zurückzugeben oder zu einem vorab fest kalkulierten Restwert zu erwerben. Neben der Kaufoption sind auch Mietverlängerungsoptionen oder Verwer-

---

1 BOT = Build-Operate-Transfer (am Ende der Vertragslaufzeit); weitere Varianten sind Ratenkauf bzw. Mietkauf mit Planungs- und Betreiberelementen.

2 BTO = Build-Transfer-Operate, wobei Transfer für zivilrechtlichen Eigentumstransfer auf den öffentlichen Auftraggeber bereits zu Beginn der Vertragslaufzeit steht; Ratenkauf bzw. Mietkauf (mit Planungs- und Betreiberelementen).

3 Das Modell wird auch als BOO-Modell (Build-Operate-Own-Modell) bezeichnet. Auch hier bleibt der Private grundsätzlich über die Vertragslaufzeit hinaus Eigentümer des Objekts. Häufig wird für diese rechtlich-ökonomische Konstruktion auch der Begriff Investorenmodell verwendet.

tungsabreden möglich. Als Nutzungsentgelt zahlt der Auftraggeber regelmäßige Leasingraten an den Auftragnehmer in einer bei Vertragsschluss auszuhandelnden Höhe. Bestandteil dieser Raten ist das Entgelt für die (Teil-)Amortisation der Planungs-, Bau- und Finanzierungskosten und den Betrieb. Der Preis, zu dem der öffentliche Auftraggeber das Eigentum am Ende der Vertragslaufzeit erwerben kann, wird ebenfalls bereits im Zeitpunkt des Vertragsschlusses festgelegt.

Das Vermietungsmodell[1] entspricht weitgehend dem Leasingmodell, jedoch ohne Kaufoption mit zuvor festgelegtem Kaufpreis. Allenfalls kann das Gebäude zum im Zeitpunkt des Vertragsablaufs zu ermittelnden Verkehrswert erworben werden. Der Auftraggeber zahlt regelmäßige Raten an den Auftragnehmer in bei Vertragsschluss feststehender Höhe; Bestandteile dieser Raten sind das Entgelt für die Gebrauchsüberlassung („Miete") und den Betrieb.

Das Contractingmodell erfasst (Ein-)Bauarbeiten und Verbesserungen von technischen Anlagen oder Anlagenteilen durch den Auftragnehmer in einem Gebäude des öffentlichen Auftraggebers. Die Laufzeit beträgt 5 bis 15 Jahre, das Entgelt besteht in regelmäßigen, bei Vertragsschluss festgesetzten Zahlungen zur Abdeckung von Planungs-, Durchführungs-, Betriebs- und Finanzierungskosten des Auftragnehmers

Beim Gesellschaftsmodell werden öffentliche Aufgaben (z. B. Finanzierung und Durchführung eines Infrastrukturprojekts) auf eine Objektgesellschaft übertragen, an der die öffentliche Hand (oftmals mehrheitlich) neben einem oder mehreren privaten Unternehmen, deren Gesellschaftsanteile nicht ausschließlich von der öffentlichen Hand getragen werden, beteiligt ist. Die gesellschaftsvertragliche Vereinbarung kann mit weiteren PPP-Vertragsmodellen kombiniert werden.

Das Gesellschaftsmodell wird auch als Kooperationsmodell bezeichnet. Bei derartigen Modellen, die insbesondere im Bereich der Wasserversorgung bzw. der Abwasserentsorgung Anwendung finden, wird eine Aufspaltung in eine „Besitzgesellschaft" und eine „Betriebsgesellschaft" vorgenommen. Die Besitzgesellschaft, die mehrheitlich der öffentlichen Hand gehört, hält das Eigentum an den Anlagen. Die „Betriebsgesellschaft" pachtet die Anlagen und führt sie eigenverantwortlich.

In Gebührenmodellen steht die Finanzierung durch den Nutzer im Mittelpunkt der Betrachtung. Zunächst ist auf Konzessionsmodelle einzugehen. Beim Konzessionsmodell verpflichtet sich der Auftragnehmer, eine bestimmte Leistung auf eigenes wirtschaftliches Risiko unmittelbar an den Bürger zu erbringen. Im Gegenzug erhält er das Recht, seine Kosten über Entgelte oder Gebühren von Nutzern zu finanzieren. Hierbei steht er in unmittelbarer vertraglicher Beziehung zu den Nutzern. Die Berechtigung zur Entgelt- oder Gebührenerhebung wird durch Verleihung der Berechtigung zur Erhebung einer Gebühr oder durch eine Tarifge-

---

[1] Auch hierfür wird der Begriff BOO-Modell (Build-Operate-Own-Modell) verwendet.

nehmigung zur Erhebung eines privatrechtlichen Entgelts übertragen. Gegenstand einer Konzession kann sowohl eine Bau- als auch eine Lieferleistung sein.

Hinsichtlich des Eigentumsübergangs zum Vertragsablauf sind unterschiedliche Regelungen möglich (z. B. automatischer Eigentumsübergang auf den Auftraggeber ohne Schlusszahlung, Entschädigung zu einem fest vereinbarten Preis oder zum Verkehrswert, Verlängerungsoptionen). Der Auftraggeber kann sich gegebenenfalls im Rahmen einer Anschubfinanzierung auch an den Kosten des Auftragnehmers beteiligen oder Zuschüsse zum laufenden Betrieb zusichern.

Liegt der ganz überwiegende Schwerpunkt auf der Erbringung von Dienstleistungen des Facility Managements, Betriebs oder der Finanzierung, so wird von einer Dienstleistungskonzession gesprochen. Enthält die Vertragsleistung jedoch einen nicht unerheblichen Anteil an Bauleistungen (Errichtung bzw. Sanierung eines Bauwerks), so ist die Konzession nach der deutschen Rechtsprechung als Baukonzession zu qualifizieren.

Bei Betreibermodellen verpflichtet sich ein privater Investor gegen Entgelt gegenüber der öffentlichen Hand, eine Infrastrukturanlage zu planen, zu bauen, zu finanzieren und zu betreiben. Nach außen tritt der Betreiber regelmäßig nicht als selbstständiger Rechtsträger in Erscheinung. Das Charakteristische am Betreibermodell ist, dass die öffentliche Hand gegenüber der Öffentlichkeit verpflichtet bleibt, die infrage stehende Versorgungsleistung zu erbringen. Hierfür erhebt sie Gebühren. Die Betreibermodelle unterscheiden sich daher bezüglich der Konzession dadurch, dass die öffentliche Hand – und nicht der Nutzer – den Betreiber vergütet.

2. PPP aus Sicht der Bundesregierung

Das Thema PPP in den Maßnahmenkatalog zur Fortsetzung der Agenda 2010 aufzunehmen, ist eine konsequente Fortsetzung der bereits auf der Klausurtagung in Neuhardenberg im vergangenen Jahr formulierten Absicht der Bundesregierung, sich für den verstärkten Einsatz von PPP bei der Erfüllung öffentlicher Aufgaben einzusetzen. PPP sollte dabei keinesfalls nur als Maßnahme zur Überwindung der schwierigen Haushaltslage gesehen werden, sondern vielmehr als eine unter mehreren Gestaltungsmaßnahmen zur Förderung von Investitionen im öffentlichen Bereich. Ausdrücklich muss betont werden, dass nicht jedes Investitionsprojekt, das von öffentlichem Interesse ist, als PPP-geeignet anzusehen ist. Deshalb wird in jedem Fall ein systematischer Eignungstest empfohlen. Auf der Basis dieser Überlegungen hat die Bundesregierung Eckpunkte für PPP aufgestellt, die für alle Vorhaben der Bundesregierung relevant sind.

2.1 Eckpunkte der Bundesregierung für PPP

PPP-Zielsetzung

Bei PPP-Projekten wird das Ziel verfolgt, durch eine langfristig angelegte Zusammenarbeit zwischen öffentlicher Hand und privater Wirtschaft öffentliche Infrastrukturprojekte wirtschaftlicher zu realisieren als bisher. Neben den Investitions- und Finanzierungskosten sind daher regelmäßig auch die Betriebskosten der Maßnahme zu betrachten. Dies entspricht dem Prinzip, den gesamten Lebenszyklus im Sinne eines Total Cost of Ownership-Modells [GROB, LAHME (2004), S. 157-164] zu analysieren. Zur Erzielung von Effizienzpotenzialen ist eine ausgewogene und sachgerechte Risikoverteilung von besonderer Bedeutung. Insbesondere steht der Risikotransfer von der öffentlichen Hand zum privaten Anbieter im Mittelpunkt der Betrachtung. Bei der sachgerechten Verteilung des Risikos ist von dem Grundsatz auszugehen, dass die Risiken von demjenigen Partner zu tragen sind, der sie am besten beeinflussen kann. In jedem Fall ist die Wirtschaftlichkeitsrechnung um Risikoanalysen zu ergänzen, um eine Vergleichbarkeit der PPP-Varianten und der Eigenerstellung zu ermöglichen.

Transparenz und Wettbewerbsneutralität

Bei der Gestaltung eines Public Private Partnerships ist auf größtmögliche Transparenz zu achten. Die Auswahl der Partner, die konkrete Ausgestaltung des Projekts, seine Chancen und Risiken und der erzielte Erfolg müssen – auch unter dem Gesichtspunkt einer externen Erfolgskontrolle – nachvollziehbar sein. Die Einhaltung vergaberechtlicher Regelungen ist evident.

Nutzerfinanzierte Projekte

Nutzerfinanzierte PPP sind als erfolgreich anzusehen, wenn sie über den gesamten Lebenszyklus hinweg Effizienzgewinne gegenüber der staatlichen Aufgabenerledigung aufweisen. Private Investoren, die die wesentlichen Parameter des Geschäftsmodells selbst festlegen, müssen hier die Kosten, aber auch das Gebührenrisiko, übernehmen. Die öffentliche Hand darf also nicht bei mangelnder Kapazitätsauslastung zum finanziellen Ausgleich verpflichtet sein.

Falls Vorgaben der öffentlichen Hand zu beachten sind (z. B. verbilligte Tarife für bestimmte Nutzergruppen, Bereitstellung von Infrastruktur im Rahmen der Regional- oder Strukturentwicklung) ist zu prüfen, inwieweit PPP als Mischmodelle mit Nutzerfinanzierung und vorab begrenzten Ausgleichszahlungen der öffentlichen Hand wirtschaftlicher als die staatliche Eigenerstellung sind.

Haushaltsfinanzierte Projekte

PPP, bei denen anstelle der herkömmlichen Investitions-, Finanzierungs-, Betriebs- und Verwertungskosten Nutzungsentgelte oder vergleichbare Zahlungen die öffentlichen Haushalte in Zukunft belasten, sind dann zu unterstützen, wenn sie über den gesamten Lebenszyklus hinweg Vorteile („Effizienzgewinne") gegenüber der staatlichen Aufgabenerledigung aufweisen.

Steuersparmodelle

Die Vorteilhaftigkeit von PPP muss sich aus nicht-steuerlichen ökonomischen Gründen ergeben. Ein steuerinduzierter Wettbewerb zwischen einzelnen Gebietskörperschaften sollte nicht das entscheidende Motiv für PPP sein. Abzulehnen sind daher PPP-Modelle, bei denen die Erzielung von Steuervorteilen für private Investitionen im Vordergrund stehen.

Unterschiedliche Einsatzmöglichkeiten bei Bund, Ländern und Gemeinden

Beim Bund ist der Anwendungsbereich derzeit auf Bundesfernstraßen („A-Modell und F-Modell") – also Verkehrsinfrastrukturmaßnahmen – konzentriert. Bei eigenen Maßnahmen im Bereich des Hochbaus steht der Bund PPP-Projekten grundsätzlich aufgeschlossen gegenüber.[1] Maßgeblich für die Nachfrage nach Leistungen im öffentlichen Hochbau ist nicht etwa der Bund, sondern die Länder und Kommunen. Deshalb wird im Folgenden auf die Bereiche Verkehrsinfrastruktur und öffentlicher Hochbau gesondert eingegangen.

2.2 Verkehrsinfrastruktur

Im Bereich des Bundesfernstraßenbaus sollen neben der Haushaltsfinanzierung verstärkt auch neue Finanzierungsformen zum Einsatz gebracht werden. Dies betrifft vor allem die international bereits übliche Projektfinanzierung im Rahmen von Betreibermodellen, auf die nun einzugehen ist.

Betreibermodelle nach dem Fernstraßenbauprivatfinanzierungsgesetz

Seit September 1994 sind mit dem Fernstraßenbauprivatfinanzierungsgesetz (FStrPrivFinG) die rechtlichen Voraussetzungen zur Anwendung des Betreibermodells im Bundesfernstraßenbau gegeben, die so genannten F-Modelle. Private Unternehmen können den Bau, die Finanzierung und den Betrieb von Sonderbauten, wie Brücken, Tunnel und Pässe, übernehmen Zur Refinanzierung erhalten die Unternehmen das Recht zur Erhebung von Mautgebühren. Darüber hinaus können die Projekte aus dem öffentlichen Haushalt begrenzt gefördert werden. Die Förderobergrenze liegt laut Fernstraßenbauprivatfinanzierungsgesetz bei 20 %.[2]

---

[1] Bei PPP-Projekten im Bereich der Hochschulen kann der Bund gemäß Art. 91 a Grundgesetz am Aus- und Neubau der Hochschulen mitwirken, nicht jedoch bei deren Betrieb und Unterhaltung. Auch auf der Grundlage von Art. 104 a Abs. 4 Grundgesetz kann der Bund bei Investitionen nur *fördernd* auftreten. Welche Einsatzmöglichkeiten sich für PPP auf dieser Grundlage realisieren lassen, sollte genauer geprüft werden.

[2] Erstmals angewandt wurde dieses Modell für den 1994 ausgeschriebenen Warnowtunnel in Rostock, der 2003 eröffnet wurde sowie für den Herrentunnel in Lübeck, der 2005 den Betrieb aufnehmen soll.

Betreibermodell für den mehrspurigen Autobahnausbau

Mit der Einführung der LKW-Maut wurde ein privatwirtschaftliches Betreibermodell für den mehrstreifigen Autobahnausbau (A-Modell) verwirklicht. Ein Zusammenhang zwischen diesem Modell und dem vorhergehend beschriebenen F-Modell besteht nicht.

Nach dem A-Modell führen die privaten Partner den Ausbau einer bislang vierstreifigen Autobahn auf sechs Fahrstreifen durch und betreiben den Autobahnabschnitt danach. Das private Unternehmen erhält zur Refinanzierung seiner Ausgaben das Gebührenaufkommen aus der LKW-Maut auf dem jeweiligen Steckenabschnitt. Darüber hinaus erhält der Private eine Anschubfinanzierung aus dem öffentlichen Haushalt. Sie kann ca. 50 % der gesamten Projektsumme betragen.[1]

Die Verkehrsinfrastrukturfinanzierungsgesellschaft als PPP Kompetenzzentrum Verkehr

Die Verkehrsinfrastrukturfinanzierungsgesellschaft (VIFG) ist eine Gesellschaft privaten Rechts im Eigentum des Bundes. Sie wurde im Oktober 2003 auf Basis des „Verkehrsinfrastrukturfinanzierungsgesellschaftengesetzes" gegründet. Zu ihren Aufgaben gehören sowohl Aufgaben der Finanzierung von Neu- und Ausbau, Erhaltung, Betrieb und Unterhaltung von Bundesfern- und -wasserstraßen sowie von Bau, Ausbau und Ersatzinvestitionen der Schienenwege der Eisenbahnen des Bundes als auch Aufgaben im Zusammenhang mit der Vorbereitung, Durchführung und Abwicklung von Projekten nach dem Fernstraßenbauprivatfinanzierungsgesetz und anderer vergleichbarer privatwirtschaftlicher Projekte der Verkehrsinfrastruktur.

Daneben ist ihr die Aufgabe übertragen worden, die Umsetzung von Betreibermodellen in der Verkehrswegerealisierung zu begleiten und die Beschaffungsvariante PPP systematisch weiterzuentwickeln.

Als „PPP Kompetenzzentrum Verkehr" nimmt die VIFG u. a. folgende Aufgaben wahr:

- Verfahrensmäßige und konzeptionelle Unterstützung der öffentlichen Projektträger bei der Auswahl, Vorbereitung und Umsetzung von PPP-Maßnahmen,
- Beurteilung bestehender und geplanter PPP-Modelle für Verkehrsinfrastrukturvorhaben im Hinblick auf ihre Effizienz und Machbarkeit,

---

[1] Bundesverkehrsminister Dr. Manfred Stolpe hat am 25. Februar angeordnet, dass fünf Autobahnausbaumaßnahmen als Public Private Partnership auf den Markt gebracht werden. Bei diesen so genannten A-Modellen handelt es sich im Einzelnen um die A8 in Bayern (Augsburg West – München Allach), die A4 in Thüringen (AS Waltershausen – AS Herleshausen, sog. „Umfahrung Hörselberge"), die A1/A4 in Nordrhein-Westfalen (AS Düren – AK Köln Nord), die A5 in Baden-Württemberg (AS Baden-Baden – AS Offenburg) und die A1 in Niedersachsen (AD Buchholz – AK Bremer Kreuz).

- systematische Weiterentwicklung innovativer privatwirtschaftlicher Organisations- und Finanzierungsmodelle,
- Bündelung, Aufbereitung und Dokumentation von Wissen und Erfahrungen im Bereich von nationalen und internationalen PPP-Projekten im Verkehrssektor,
- Organisation eines Wissensaustauschs und -transfers zwischen interessierten Institutionen und Personen aus dem öffentlichen Sektor, der Privatwirtschaft sowie der Wissenschaft.

2.3 Öffentlicher Hochbau

Die finanzielle Lage der Städte und Gemeinden förderte in der Vergangenheit neuartige Lösungsansätze zur Erfüllung ihrer Aufgaben. Bemerkenswert ist, dass in der jüngsten Vergangenheit die Länder und Kommunen als Hauptträger der öffentlichen Hochbauvorhaben PPP als Handlungsoption anerkennen.

Ein Schwerpunkt liegt zurzeit im Bereich des Schulbaus – hier sind die Projekte am weitesten gediehen. Allerdings existieren zwischen den einzelnen Bundesländern erhebliche Unterschiede. Mit gleich fünf Pilotprojekten ist der Bereich „Schule“ in NRW als PPP-Projekt vertreten. In Monheim, Rhein-Erft-Kreis und Witten sind die Vergabeverfahren bereits abgeschlossen. Bei diesen Projekten konnten die erwarteten Effizienzvorteile realisiert werden. Diese belaufen sich bei dem Projekt in Mohnheim auf 15 %, bei dem Projekt im Erftkreis auf 10 % und in Witten konnten 9 % realisiert werden. Hervorzuheben sind auch die Ergebnisse im Landkreis Offenbach in Hessen, in dem auch im Schulbereich PPP-Projekte vergeben wurden. Hier konnten bei dem sog. Los West 19 % und bei dem Los Ost 18 % Effizienzvorteile realisiert werden.

PPP Task Force für den öffentlichen Hochbau

Da die Ebene von Ländern und Kommunen Hauptträger der Nachfrage im öffentlichen Hochbau sind, muss ihren Bedürfnissen bezüglich der Verbreitung von Informationen zum Thema PPP im öffentlichen Hochbau Rechnung getragen werden. Die Verbreitung von PPP-Kompetenz im Einklang mit den föderalen Prinzipien ist daher ein zentraler Ansatzpunkt des im vergangenen Jahr eingesetzten PPP Task Force. Sie steht in enger Kooperation mit der Gesellschaft für Verkehrsinfrastrukturfinanzierung, die u. a. auch als PPP-Kompetenzzentrum Verkehr agiert.

Die PPP Task Force ist als Stabsstelle beim Parlamentarischen Staatssekretär im Bundesministerium für Verkehr-, Bau und Wohnungswesen angesiedelt. Aufgabenfelder der Task Force sind Pilotprojektbetreuung, Grundsatz- und Koordinierungsarbeiten, Öffentlichkeitsarbeit und Wissenstransfer.

Die Task Force soll in der Startphase fünf bis zehn Pilotprojekte begleiten. Im Blickfeld stehen sowohl Bundesprojekte als auch Landes- und kommunale Projekte. Die Projektverantwortung soll grundsätzlich bei den Projektträgern bleiben, die Task Force wird lediglich eine beratende Funktion übernehmen. Angestrebt werden einheitliche Standards für Ausschreibungsverfahren. Wirtschaftlichkeitsvergleiche sollen ermöglicht und fortentwickelt werden. Insbesondere für kommunale PPP-Projekte sind Fördermittel des Bundes (z. B. zur Erstellung der Ausschreibungsunterlagen) vorgesehen.

Zudem soll die Task Force in Abstimmung mit einem sog. Lenkungsausschuss Grundsatzfragen aufgreifen und Lösungsvorschläge zur Verbesserung der PPP-spezifischen Rahmenbedingungen erarbeiten sowie den Implementierungsprozess begleiten, indem die Beratung in den diversen Bund-Länder-Fachgremien unterstützt wird. Ziel des organisatorischen Konzepts ist, unter Beachtung der europarechtlichen Anforderungen bundeseinheitliche Regeln, Verfahren und Instrumente für die Umsetzung von PPP-Projekten zu entwickeln.

Angesichts des europäischen Harmonisierungsprozesses und der föderalen Strukturen in Deutschland ist eine enge Abstimmung und Koordinierung der PPP-spezifischen Fragestellungen auf EU-Ebene, im nationalen Bereich zwischen Bund, Ländern und Gemeinden sowie in den verschiedenen Anwendersektoren erforderlich. Die Task Force soll hier Koordinationsfunktionen übernehmen und die Entwicklung eines föderalen PPP-Kompetenznetzwerks forcieren und die Kommunikation mit und zwischen den regionalen und sektoralen Kompetenzzentren und Ansprechpartnern in Politik, Verwaltung, Wirtschaft und Wissenschaft fördern.

Schließlich soll das Know-how zu PPP der interessierten Öffentlichkeit zur Verfügung gestellt werden. Neben der Internetseite zählen dazu etwa die Durchführung von Fachkonferenzen, Seminaren und Workshops, die Sammlung von Best-Practice-Fallbeispielen und die Durchführung eines PPP-Awards.

3. Instrumente des Investitionscontrollings von PPP-Projekten

Zur methodischen Unterstützung von Public Private Partnership-Projekten wurde auf ministerieller Ebene für den öffentlichen Hochbau eine Reihe von Arbeitspapieren [BERATERGRUPPE – „PPP IM ÖFFENTLICHEN HOCHBAU“ (2003)] erstellt, in denen ein Konzept zur Berechnung der Wirtschaftlichkeit der Vorhaben dokumentiert worden ist. In diesem Papier wird die Anwendung der Kapitalwertmethode empfohlen. Zur Ermittlung des Kapitalwerts sind die projektbezogenen Ein- und Auszahlungen des PPP-Objekts, die während seiner Nutzungsdauer anfallen, unter Verwendung eines Kalkulationszinsfußes auf den Anfangszeitpunkt der Investition zu diskontieren. Der Kalkulationszinsfuß hat dabei die Aufgabe, sämtliche Zinssätze, die bei der Investitionsentscheidung relevant sind, in Form einer Durchschnittsgröße zu repräsentieren.

Zur Vergleichbarkeit der Projekte, bei der auch die Risiken eines PPP-Projekts beachtet werden sollen, wird erörtert, entweder den Kalkulationszinsfuß zu adjustieren oder aber „entscheidungsrelevante Risiken separat" [BERATERGRUPPE – „PPP IM ÖFFENTLICHEN HOCHBAU" (2003), S. 4] in der Zahlungsfolge abzubilden. Beide Vorschläge, die gleichrangig nebeneinander gestellt werden, sind nun kurz zu diskutieren:

- Die Berücksichtigung von Risiken im Kalkulationszinsfuß erinnert auf den ersten Blick an den in der betriebswirtschaftlichen Literatur [SCHNEIDER (1992), S. 504 ff., S. 520 ff.] diskutierten sog. *Praktikervorschlag*. Dieser beinhaltet, durch Erhöhung des Kalkulationszinsfußes den Kapitalwert zu reduzieren, sodass die Erfolgsaussicht aufgrund drohender Verlustgefahren geschmälert wird. Eine derartige Empfehlung kann jedoch allenfalls als Heuristik interpretiert werden. Eine pauschale Reduktion des Diskontierungssatzes ist als nicht sinnvoll anzusehen, da das Ausmaß der Verschlechterung nicht begründbar nachvollziehbar ist. Außerdem ist bei einem derartigen Vorgehen keine betriebswirtschaftlich gehaltvolle Kontrollrechnung durchführbar. Eine *theoriegestützte* Quantifizierung des Risikos im Kalkulationszinsfuß aus Sicht des Eigenkapitalgebers wird durch das Capital Asset Pricing Model (CAPM) [z. B. GROB (2001), S. 435-442] gewährleistet. Allerdings ist dieser Ansatz primär für börsennotierte Unternehmungen – also nicht für die öffentliche Hand und nicht in jedem Fall für den privaten Partner – entwickelt worden.
- Eine explizite („separate") Quantifizierung von Risiken in der Zahlungsfolge kann als eine fiktive Versicherungsprämie interpretiert werden. Sicherlich ist hierin ein interessanter Vorschlag zur Berücksichtigung von Risiken zu sehen, der an die Verrechnung kalkulatorischer Wagnisse in der Kostenrechnung erinnert. Allerdings ist von vornherein problematisch, ein mehrwertiges Entscheidungsmodell, in dem zukünftige Szenarien mit gewissen Wahrscheinlichkeiten erwartet werden, durch Einbeziehung fiktiver Versicherungsprämien in ein deterministisches Modell zu transferieren. Anstelle eines „pauschalen Schlechterrechnens" der Elemente der Zahlungsfolge sollten alternative Szenarien mit ihren entsprechenden Kapitalwerten dargestellt werden.

Nun ist darauf einzugehen, dass der Vorschlag, bei PPP-Projekten die Kapitalwertmethode zu verwenden, *generell* als kritisch anzusehen ist. Diese Methode der Investitionsrechnung lässt keine periodenspezifischen Kontrollen zu, da sämtliche Zahlungen unter Verwendung des Diskontierungsfaktors auf den aktuellen Zeitpunkt bezogen werden. Die für langfristige Vorhaben bedeutsame Planung und Kontrolle von Mittelherkunft und -verwendung, die in *jedem* Zeitpunkt gewährleistet sein sollte, ist bei Nutzung der Kapitalwertmethode nicht möglich.

Das Arbeitspapier „PPP im öffentlichen Hochbau" enthält einen Hinweis auf die vollständige Finanzplanung [HEISTER (1962), S. 45; GROB (2001)] als Alternative zur Kapitalwertmethode [BERATERGRUPPE – „PPP IM ÖFFENTLICHEN HOCHBAU" (2003), S. 5]. Dieses Konzept stellt ein Verfahren der Investitionsrechnung dar, bei dem Kredit- und Finanzbestände durch Ein- und Auszahlungen im Zeitablauf fortgeschrieben werden. Dabei wird in jedem der im Modell abgebildeten Zeitpunkte – algorithmisch gesteuert – so disponiert, dass Mittelherkunft und -verwendung ausgeglichen werden. Allerdings wird die konsequente Verwendung dieser alternativen Investitionsrechnung in dem Arbeitspapier nicht vertieft. Stattdessen wird im Zusammenhang mit dem Kapitalwert eines Projekts über Zeitpräferenzen, Zinsstrukturen und kongruente Finanzierungsstrukturen diskutiert sowie auf ministeriell vorgeschriebene reale und nominale Kalkulationszinsfüße eingegangen. Derartige Bewertungsprobleme treten bei Verwendung des VOFIs – einem Akronym für *vollständiger Finanzplan* – von vornherein nicht auf, da dort mit marktwirtschaftlich fundierten Zinssätzen gearbeitet wird. Die Lücke, die in dem Arbeitspapier der Beratergruppe „PPP im öffentlichen Hochbau" zu identifizieren ist, soll deshalb in diesem Beitrag geschlossen werden.

4. Die Eignung des VOFIs für PPP-Projekte

Bei PPP-Projekten sollten sowohl für den Public- als auch für den Private-Partner gesonderte Wirtschaftlichkeitsrechnungen durchgeführt werden. Für jeden dieser Akteure ist ein VOFI für das zu planende bzw. zu kontrollierende PPP-Projekt und ein weiterer für dessen Opportunität aus Sicht des jeweiligen Partners zu erstellen. Die Opportunitäten können auch Unterlassensalternativen darstellen, bei denen der Status quo fortgeschrieben wird. Aus der Sicht des privaten Partners bedeutet dies, dass die für das PPP-Projekt bereitgestellten eigenen liquiden Mittel alternativ zinsbringend angelegt werden. Für die öffentliche Hand sollte ein VOFI erstellt werden, in dem die Auszahlungen (und ggf. Einzahlungen) bei Beibehaltung der aktuellen Verhältnisse des PPP-Projekts ausgewiesen werden. Die Verwendung von VOFI ist mit einer Änderung des Vergleichskonzepts verbunden. Während bei der Kapitalwertmethode die Zahlungsfolge eines Projekts aus Differenzbeträgen (z. B. Ersparnissen) besteht, werden bei der vollständigen Finanzplanung die Zahlungen der betrachteten Alternativen separat ausgewiesen. Eine Differenz im Sinne einer Zielwertverbesserung wird erst im letzten Schritt ermittelt. Im VOFI wird also beispielsweise nicht die monetäre Ersparnis einer Maßnahme dokumentiert, sondern die Auszahlung *mit* und *ohne* diese Maßnahme ausgewiesen, um im späteren Ablauf des Projekts Kontrollen zu ermöglichen.

Der im VOFI enthaltene Anfangsbestand an liquiden Mitteln sowie die im Laufe der Nutzungsdauer anfallenden Zahlungen werden aufgrund des Akzeptanzprinzips auf ein bestimmtes Investitionsobjekt bezogen. Akzeptanz – und nicht etwa Kausalität – ist zu fordern, da die finanzielle Sphäre einer Institution grundsätzlich unteilbar ist. Bei PPP-Objekten dürfte das Akzeptanzprinzip regelmäßig erfüllt sein, da dem PPP-Projekt grundsätzlich spezifische Finanzierungsmaßnahmen zugerechnet werden können.

Die hier herausgestellten wesentlichen Unterschiede zwischen der Kapitalwertmethode und dem Konzept des VOFIs machen deutlich, dass nur beim VOFI eine periodenbezogene Planungs- und Kontrollrechnung möglich ist. Sicherlich ist die durch die Kapitalwertmethode ermittelte aktuelle Wertsteigerung durch ein Investitionsobjekt für Entscheidungszwecke – sofern die Prämissen akzeptiert werden – hinreichend. Indes sind für eine Liquiditätsplanung sowie für Investitionskontrollen periodenbezogene Analysen unerlässlich. Durch die Verwendung von VOFI wird somit ein Methodenbruch beim Übergang von der Planung zur Kontrolle verhindert.

Der in einem VOFI aufgeführte Anfangsbestand an liquiden Mitteln wird durch die Bewegungsgrößen, zu denen operative Cashflows, finanzwirtschaftliche Zahlungen und Steuerzahlungen zu rechnen sind, periodisch-sukzessiv zum Endwert der Investition verdichtet. Der Aufbau eines VOFIs für den Private-Partner, von dem als Beispiel angenommen wird, dass es sich um eine Kapitalgesellschaft handelt, wird in Abb. 1 dargestellt. Die im VOFI ausgewiesenen Daten eines fiktiven Investitionsprojekts ermöglichen, die Beziehungen zwischen den Modellvariablen relativ leicht nachzuvollziehen. Beispielsweise resultieren die Steuerzahlungen bzw. -erstattungen im VOFI aus der letzten Tabelle der steuerlichen Nebenrechnungen. Zur Vereinfachung, die allerdings eine Vergröberung darstellt, könnten zur Bestimmung der Steuerzahlungen auch Ertragsteuermultifaktoren verwendet werden.

VOFI des PPP-Projekts						
Zeitpunkt	0	1	2	3	4	5
Zahlungsfolge der Investition	–18000	–4000	3200	19040	5972	3785
Eigenkapital						
+ Anfangsbestand	9000					
– Entnahme						
+ Einlage						
Kredit mit Endtilgung						
+ Aufnahme	1000					
– Disagio	50					
– Tilgung					1000	
– Sollzinsen		110	110	110	110	
Kontokorrentkredit						
+ Aufnahme	8050	2311				
– Tilgung			2270	8091		
– Sollzinsen		1047	1347	1052		
Standardanlage						
– Anlage				4949	4368	4220
+ Auflösung						
+ Habenzinsen					396	745
Steuerzahlungen						
– Auszahlungen				4838	890	310
+ Erstattung		2846	527			
Finanzierungssaldo	0	0	0	0	0	0
Bestandsgrößen						
Kontokorrentkredit	8050	10361	8091			
Kredit mit Endtilgung	1000	1000	1000	1000		
Guthabenstand				4949	9317	13537
Bestandssaldo	**–9050**	**–11361**	**–9091**	**3949**	**9317**	**13537**

Berechnung der Abschreibungen auf Sachanlagen					
Zeitpunkt	1	2	3	4	5
Buchwert zu Beginn des Jahres	18000	14400	10800	7200	3600
– Abschreibungen Sachanlagen	3600	3600	3600	3600	3600
Buchwert zum Ende des Jahres	14400	10800	7200	3600	

Berechnung der Abschreibungen auf das Disagio					
Zeitpunkt	1	2	3	4	5
Buchwert zu Beginn des Jahres	50	38	25	13	
– Abschreibungen Disagio	13	13	13	13	
Buchwert zum Ende des Jahres	38	25	13		

Berechnung der Körperschaftsteuerzahlungen					
Zeitpunkt	1	2	3	4	5
Einzahlungsüberschuss	–4000	3200	19040	5972	3785
Ertragsüberschuss	–4000	3200	19040	5972	3785
– Abschreibungen Anlagevermögen	3600	3600	3600	3600	3600
– Abschreibungen Disagio	13	13	13	13	
– Zinsaufwand	1157	1457	1162	110	
+ Zinsertrag				396	745
– Gewerbesteuerauszahlung			2474	450	155
+ Gewerbesteuererstattung	1361	190			
Einkünfte aus Gewerbebetrieb	–7408	–1679	11791	2195	775
Zahlung der Körperschaftsteuer			2240	417	147
Erstattung[1] der Körperschaftsteuer	1408	319			

Berechnung des Solidaritätszuschlags					
Zeitpunkt	1	2	3	4	5
Körperschaftsteuerzahlung	–1408	–319	2240	417	147
Zahlung des Solidaritätszuschlags			123	23	8
Erstattung des Solidaritätszuschlags	77	18			

Berechnung der Dauerschuldentgelte					
Zeitpunkt	1	2	3	4	5
+ Kreditzinsen	1157	1457	1162	110	
+ Disagio	50				
Dauerschuldentgelte	1207	1457	1162	110	

1 Die Erstattung der Körperschaftsteuer ist aus der Perspektive des PPP-Projekts zu sehen. Unterstellt wird, dass im „Rest der Unternehmung" hinreichend große Gewinne erzielt werden. Die Erstattung stellt sich somit als temporäre Reduktion einer Steuerzahlung dar. Bei konstantem Steuersatz besteht für den privaten Akteur lediglich ein positiver Zinseffekt [GROB, H. L. (2001), S. 306 f.].

Berechnung der Gewerbesteuerzahlungen					
Zeitpunkt	1	2	3	4	5
Ertragsüberschuss	–4000	3200	19040	5972	3785
– Abschreibungen Anlagevermögen	3600	3600	3600	3600	3600
– Abschreibungen Disagio	13	13	13	13	
– Zinsaufwand	1157	1457	1162	110	
+ Zinsertrag				396	745
Einkünfte aus Gewerbebetrieb vor Gewerbesteuer	–8769	–1869	14266	2645	930
+ Hinzurechnungen (§ 8 Abs. 1 GewStG)	603	728	581	55	
Gewerbeertrag vor Gewerbesteuer	–8166	–1141	14847	2700	930
Zahlung der Gewerbesteuer			2474	450	155
Erstattung der Gewerbesteuer	1361	190			
Gewerbeertrag nach Gewerbesteuer	–6805	–951	12372	2250	775

Aggregation der Steuerzahlungen					
Zeitpunkt	1	2	3	4	5
Zahlung der Körperschaftsteuer			2240	417	147
Erstattung der Körperschaftsteuer	1408	319			
Zahlung des Solidaritätszuschlags			123	23	8
Erstattung des Solidaritätszuschlags	77	18			
Zahlung der Gewerbesteuer			2474	450	155
Erstattung der Gewerbesteuer	1361	190			
Steuerzahlung			4838	890	310
Steuererstattung	2846	527			

Abb. 1: Standardisierter Aufbau des VOFIs eines PPP-Projekts

Die vollständige Finanzplanung als Instrument des Investitionscontrollings, in deren Mittelpunkt der VOFI steht, ist generischer Natur. Der VOFI kann also für *beliebige* der im ersten Teil dieses Beitrags dargestellten PPP-Varianten sowohl für den Public- als auch für den Private-Bereich verwendet werden.

Die Datenbeschaffung für die öffentliche Hand ist im Allgemeinen relativ einfacher zu realisieren, da die Finanzierungsseite nicht durch spezifische Kredite, sondern durch einen pauschal zu bemessenden Zinsfuß festzulegen ist. Außerdem fallen keine Ertragsteuern an. Dagegen sind bei privaten Akteuren die entscheidungsspezifischen finanzwirtschaftlichen und steuerlichen Parameter zu ermitteln. Jeder der Vertragspartner kann aufgrund „seines" VOFIs die für ihn relevanten

Kennzahlen zur Quantifizierung des monetären Vorteils des PPP-Projekts bestimmen. Der Endwert der liquiden Mittel ist der „natürliche Zielwert“ des VOFIs, der sich aus der Fortschreibung der Kredit- und Finanzbestände „automatisch“ („algorithmisch“) ergibt. Für die im Endzeitpunkt vorhandenen Sachwerte (z. B. Immobilien) sollte ein monetäres Äquivalent (z. B. der Zeitwert) prognostiziert und in den VOFI einbezogen werden. Neben dem Endwert können auch weitere Kennzahlen bestimmt werden, wie z. B. Gesamt- und Eigenkapitalrentabilitäten, durchschnittliche Gewinne, Vermögenswerte sowie die Amortisationsdauer.

Zur Bestimmung des monetären Vorteils eines PPP-Projekts sind die Endwerte des PPP-Objekts und der Opportunität zu vergleichen. Ebenso können – ohne dass unterschiedliche Entscheidungsempfehlungen daraus resultieren – die VOFI-Gesamtkapitalrentabilität bzw. die VOFI-Eigenkapitalrentabilität mit ihren entsprechenden Referenzgrößen verglichen werden. Anders als bei der klassischen Investitionsrechnung besteht bei VOFI wegen der Explikation der impliziten Prämissen des Kalkulationszinsfußes Zielwertkompatibilität zwischen dem Endwertkonzept und der Rentabilitätsanalyse.

Auch der Kapitalwert – jedoch unter Berücksichtigung beliebiger Zinsfüße und Ertragsteuersätze – könnte unter Verwendung der Daten des VOFIs errechnet werden. Zu diesem Zweck ist eine Sensitivitätsanalyse zur Errechnung der Höhe des auf den aktuellen Zeitpunkt bezogenen ökonomischen Gewinns durchzuführen. Dieser Gewinn ist dadurch gekennzeichnet, dass der Endwert der Investition mit dem Endwert der Opportunität bzw. der Unterlassensalternative übereinstimmt. Für die öffentliche Hand stellt der ökonomische Gewinn den auf den Betrachtungszeitpunkt bezogenen Erfolg des PPP-Vertrags dar, der als finanzwirtschaftliches Potenzial zur Finanzierung zukünftiger Investitionen bzw. zur außerordentlichen Rückzahlung von Krediten interpretiert werden kann. Für den privaten Akteur kann der ökonomische Gewinn in gleicher Weise und außerdem als zusätzliche Ausschüttungsmöglichkeit interpretiert werden.

Risiken sollten durch Darstellung unterschiedlicher für realistisch gehaltener Szenarien transparent machen. Sie werden also nicht „weggerechnet“, sondern in Form bedingter Zielwerte und anderer Kennzahlen präsentiert. Bei der Quantifizierung der Risiken können auch Simulationsverfahren [GROB, HERMANS (2005)] eingesetzt werden.

5. VOFI-Varianten für PPP-Projekte

Bei sämtlichen PPP-Varianten fließen zwischen den Akteuren des Public- und des Private-Bereichs Finanzströme hin und her. Die Wirtschaftlichkeitsrechnung der Akteure sind insofern durch korrespondierende VOFIs charakterisierbar. Hier wird ein Gesamtkonzept zum Investitionscontrolling vorgestellt, das sowohl vom

Public- als auch vom Private-Partner zu nutzen ist. Dieses Konzept ist durch Hybridität [BROCKE (2004)] gekennzeichnet.

Ein hybrides System besteht aus mindestens drei Teilsystemen, zwischen denen Beziehungen existieren. Zu den Teilsystemen gehört ein Basissystem, in dem Gemeinsamkeiten des Gesamtsystems enthalten sind, sowie zwei begründet unterschiedliche Teilsysteme mit spezifischen Elementen. Der Aufbau dieses hybriden System ist durch die Figur eines Baums – bestehend aus einem Stamm und zwei Ästen – beschreibbar.

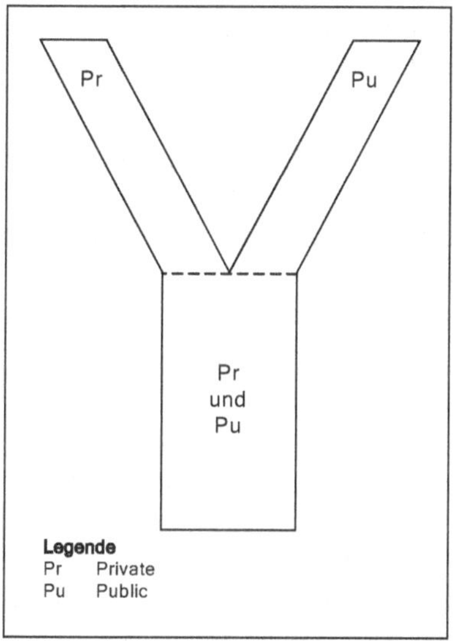

Abb. 2: Figur eines hybriden Systems

Der Stamm enthält zum einen die für alle Partner verbindlich definierten generellen Standards bezüglich der Verwendung der Methoden der Wirtschaftlichkeitsrechnung und zum anderen die Vertragsdaten der Partner, wie z. B. Leasingraten, Rückkaufpreise. Die beiden Äste beinhalten die spezifischen Daten der beiden Akteure des PPP-Projekts, wie z. B. Finanzierungskonditionen.

Durch das hybride System wird die Untersuchung der Datensituation des jeweiligen Partners erleichtert. Für die öffentliche Hand ist relevant, ob aufgrund der geplanten Vertragsparameter und weiterer Daten das PPP-Objekt durch den privaten Akteur tatsächlich *nachhaltig* betrieben werden kann. Sollte ein Vorhaben mittel- oder langfristig aus wirtschaftlichen Gründen scheitern, so entstünden dem Public-Partner Transaktionskosten durch Anpassungsentscheidungen. Insofern liegt bei ihm nicht nur ein kurzfristiges Interesse zum Abschluss eines Vertrags vor, sondern auch ein langfristiges Interesse bezüglich des Erfolgs einer PPP-Maßnahme. Dagegen darf der Private-Partner davon ausgehen, dass die öffentliche Hand ihre Verpflichtungen dauerhaft erfüllen wird. Die Antizipation der Datensituation des Vertragspartners ist offenbar für die beiden Akteure von unterschiedlicher Bedeutung. Die Informationsasymmetrien gehen mit gleich gerichteten Interessensasymmetrien einher. Auf den Inhalt des in Abb. 2 dargestellten hybriden Systems ist nun näher einzugehen.

- Für die Architektur des hybriden Investitionscontrollings von PPP-Projekten sind bezüglich des Aufbaus und der Prämissen des VOFIs Vorschriften zur Standardisierung unerlässlich. Zum einen stärken sie die Rationalität der Entscheidungen beider Partner, zum anderen ermöglichen sie das Konzept *korrespondierender VOFIs*. Die Standards beziehen sich auf den Aufbau des VOFIs und den Algorithmus zur Zielwertbestimmung. Sowohl für den Public- als auch für den Privat-Partner sollte die Nutzung des gleichen Standards verpflichtend sein.

  Eine Standardisierung der Methode zur Beurteilung der Vorteilhaftigkeit reduziert die Unsicherheit der Abschätzung von Parametern des Kalküls. Bei einer nicht standardisierten individuellen Wirtschaftlichkeitsrechnung könnte ja nicht einmal mit Sicherheit angenommen werden, ob der private Akteur überhaupt ein Kalkül unter Berücksichtigung von Ertragsteuern durchführt.

- Die relevanten Daten des privaten Akteurs sind dem Akteur der öffentlichen Hand zum Teil bekannt oder lassen sich hinreichend genau abschätzen. Mit Sicherheit vorhersehbar sind natürlich die Vertragsdaten. Sie sind im Stamm des Baums enthalten. Hinreichend genau abschätzbar dürften Kapitalkosten- und -ertragsätze sowie die steuerrechtlichen Bedingungen des privaten Partners sein. Schwieriger ist die Aufgabe, die laufenden Ein- und Auszahlungen (z. B. Betriebskosten) des privaten Akteurs zu schätzen. Diese Daten sind dem linken Ast zuzuordnen.

Die Architektur eines hybriden Investitionscontrollingsystems für Public Private Partnership-Projekte ist in Abb. 3 zusammenfassend dargestellt worden. Aus dem Schema geht hervor, dass der Public-Partner korrespondierende VOFIs nutzen kann, um einen möglichst umfassenden Informationsstand zu erzeugen. Für den Private-Partner ist dagegen eine solitäre Beurteilung seiner eigenen Vorteilhaftigkeit ausreichend.

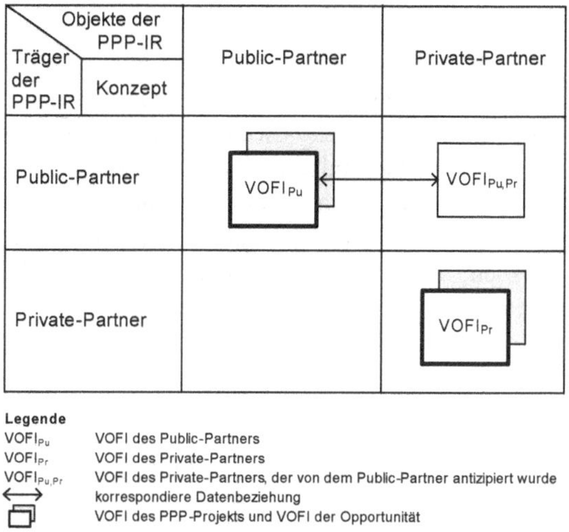

Abb. 3: Architektur einer PPP-Investitionsrechnung („PPP-IR“)

6. Softwareentwicklung

Zur Vereinheitlichung der Wirtschaftlichkeitsrechnung unter Verwendung des VOFI-Konzepts könnte ein neues Arbeitspapier entwickelt werden, in dem die standardisierte Durchführung zu dokumentieren ist. Innovativer ist jedoch die Idee, auf der Basis eines solchen Papiers ein Softwareprodukt zu entwickelt, das zum einen von der öffentlichen Hand, also vom Bund, von den Ländern und Kommunen, und zum anderen von den privaten Interessenten einsetzbar ist. Eine Vorschrift zu einer verbindlichen Nutzung des Softwareprodukts dürfte allerdings nicht praktikabel sein. Indes könnte der Staat bei der Gestaltung eines PPP-Controllingsystems ein Softwareprodukt, in dem unterschiedliche Public Private Partnership-Varianten wählbar sind, allgemein verfügbar machen und empfehlen, dass es sowohl vom Public- als auch vom Private-Partner genutzt wird. Keineswegs muss es sich hierbei um ein Open Source-Produkt handeln, vielmehr liegt hier die Konstruktion eines Open Application-Produkts vor. Ein nicht erwünschter Nebeneffekt ist allerdings darin zu sehen, dass dieses zum Download zur Verfügung zu stellende ausführbare Programm nicht nur für PPP-Projekte, sondern allgemein zur Unterstützung von Investitionsentscheidungen verwendet werden könnte. Sicherlich wäre eine weitere Verbreitung des Konzepts für Consulter nicht unproblematisch – aus wissenschaftlicher Perspektive wäre dies jedoch eine „erfreuliche“ Nebenwirkung.

7. Resümee

Die Einführung eines hybriden Investitionscontrollings für Public Private Partnership-Projekte wirft eine Vielzahl von Forschungs- und Entwicklungsfragen auf, bei denen zum einen empirische Analysen und zum anderen Möglichkeiten des praktischen Designs eines ausbaufähigen Controllingsystems zu behandeln sind. Nicht nur die Autoren dieses Beitrags, sondern auch der geschätzte Adressat dürften es als Freude empfinden, dass bei dem Versuch einer Problemlösung sowohl volkswirtschaftliche als auch betriebswirtschaftliche und wirtschaftsinformatische (kurz: ökonomische) Perspektiven einzunehmen sind.

Literatur

Beratergruppe – „PPP im öffentlichen Hochbau" (2003), PPP im öffentlichen Hochbau, Leistungsteil III – Wirtschaftlichkeitsvergleich, Auszug Arbeitspapier Nr. 4, Technik des Vergleichens, 2003.

Brocke, J. vom (2004), Hybride Systeme, Begriffsbestimmung und Forschungsperspektiven für die Wirtschaftsinformatik, Arbeitsbericht Nr. 2 des Kompetenzzentrums Internetökonomie und Hybridität Münster, Münster 2004.

Grob, H. L. (2001), Einführung in die Investitionsrechnung – Eine Fallstudiengeschichte, 4., vollst. überarb. u. erw. Aufl., München 2001.

Grob, H. L., Hermans, J. (2005), Risiko-Chancen-Analyse mit Crystal Ball, Arbeitsbericht Nr. 21 der Reihe „Computergestütztes Controlling", Münster 2005.

Grob, H. L., Lahme, N. (2004), Total Cost of Ownership-Analyse mit vollständigen Finanzplänen, in: Controlling, 16. Jg., 2004, H. 3, S. 157-164.

Heister, M. (1962), Rentabilitätsanalyse von Investitionen, Ein Beitrag zur Wirtschaftlichkeitsrechnung, Bd. 17 der Beiträge zur betriebswirtschaftlichen Forschung, Hrsg.: E. Gutenberg, W. Haseneck, H. Hax, E. Schäfer, Köln, Opladen 1962 (mit einem Vorwort von E. Gutenberg).

Schneider D. (1992), Investition, Finanzierung und Besteuerung, 7., vollst. überarb. u. erw. Aufl., Wiesbaden 1992.

The Rationality of Rational Choice Making

Werner Güth, Hartmut Kliemt *

Abstract: "Rational choice making" may be characterized either in terms of a priori notions of rationality or starting from how humans as a matter of fact behave. We demonstrate the inherent problems of the former and then reflect on how to pursue the latter approach.

Key words: Evolution(ary stability), reward allocation, (un)bounded rationality, decision emergence, game theory

1. Introduction

A "good banana" is good for reasons other than a good "mail delivery car", while a banana is yellow on behalf of the same quality that renders a traditional German mail delivery car yellow. It may well be that "rationality" is a term like "good" rather than "yellow", i.e. a term with an almost completely context dependent meaning. Nevertheless most neo-classical economists believe that the term "rational choice" is sufficiently clear to use it as a basic category of their discipline. For them there exists merely one type of rational behavior namely that of "rational economic man" or "homo oeconomicus". Their economic imperialism has it that all social science should be absorbed in the new world of economics [McKenzie / Tullock (1978)] where explanations of behavior in terms other than utility maximizing choices are ruled out as unsound.

There have, of course, been dissenting voices in economics. Classical political economy of a Marxist type for instance has always insisted that forces other than strategically rational choices are needed to explain the workings of an economy as a whole. Thinking about the economy in terms of "economic forces" they rejected rationality and rational choice making as basic explanatory categories and consequently used the core concepts of economics differently than neo-classical economists.

---

* Werner Güth has been Gustav Dieckheuer's colleague at the chair of economic theory (Jochen Schumann) at the University of Münster where both started their academic career. Ever since then their families have been closely befriended. As far as this is concerned we count Hartmut Kliemt in as adopted by the Güths.

The different usage of such a central concept like that of an equilibrium may serve as an illustration here. Though we nowadays almost exclusively associate the views of Cournot and Nash [COURNOT (1838), NASH (1951)] with it the term "equilibrium" had a very different "organic" meaning in much of the classical tradition [see on this WALSH / GRAM (1980]. Broadly speaking a society could be in such an "organic" equilibrium only if it could reproduce itself under the natural constraints it was facing. For instance if more than a ton of steel was needed to produce a ton of steel (including all indirect uses of steel in, say, the mining of coal etc.) then a society was out of equilibrium in this organic sense [see the particularly simple classical discussion in an input output framework in DORFMAN / SAMUELSON ET AL. (1958), chap. 9-10, and on input output analysis more generally SCHUMANN (1968)]. Such were the economic forces that the classics saw at work and were interested in.

Classical, in particular Marxist approaches are not very fashionable anymore [see for mathematically sophisticated views of classical Marxist Political Economy MORISHIMA (1973), ABRAHAM-FROIS / BERREBI (1979)], but neo-classical macro economics is very much alive [in German language see in particular DIECKHEUER (2003)]. Still, even in the case of macro-economics at least some micro-foundation in terms of individual maximization of utility is expected [an overview over the micro-macro issue is given in WEINTRAUB (1979)]. It seems that those economists who demand that social phenomena be explained in terms of the homo oeconomicus model have won the day. But others remain skeptical as far as the role of micro considerations in the explanation of macro behavior is concerned [on "micro motives and macro behavior" in a social science vein see SCHELLING (1978) and BLALOCK / WILKEN (1979)]. Grounding all social and economic science on the model of homo oeconomicus seems rather futile to them.

We share the view that it is impossible to build economics as a whole on the neo-classical "model of rational expecting maximizing man" [see on the "orthodox" view of REMM, MECKLING (1976)]. But we believe that foundations in terms of individual behavior may eventually be provided. Therefore in our complimentary tribute to Gustav Dieckheuer we will pursue an argument complementary to his rather skeptical view on the alleged micro foundations of economics. We will attack the practice of characterizing economics in terms of maximization (utility, profit or of some other maximization criterion) but uphold methodological individualism. – Let us start with good old homo oeconomicus "in action" so to say – and for that matter at his more extreme – and then see what might be put in his place once he becomes homo oeconomicus emeritus.

2. Dictators and the evolutionary stability of profit maximization

Our subjective experience does not support the view that human choice makers are maximizers. Most of the time, at least consciously and intentionally we do not maximize. We pursue all sorts of aims, ends, or values and in doing so we normally try to satisfy our aspiration levels within certain normative constraints rather than restlessly seeking to improve our own situation. The economists' claim that human behavior must be understood as maximizing some quantity or other is not "natural" at all but rather far fetched. Not only day to day experience tells us that this is so. Many social theorists and among them most notably Herbert Simon [see for instance SIMON (1957), SIMON (1985)] have for quite a long time drawn our attention to the fact that maximization is not an appropriate universal behavioral model. Nevertheless economists have remained remarkably unmoved until fairly recently. What made them think twice was experimental economics. Why it took experimental economics to drive home the obvious is an interesting point in itself. But since we cannot pursue this point here we are content to draw attention to some crucial experimental evidence like the by now well-known reward allocation and dictator experiments of psychology and economics.

2.1 Reward allocation and dictator games

A variant of what has become known as dictator experiments among economists has been performed by social psychologists [e.g. SHAPIRO (1975), MIKULA (1973)] for quite some time as "reward allocation task" experiments [for a related "allocation of burden" experiment see GÜTH (1984)]. Reward allocation tasks were assigned to individuals who had before jointly performed another task leading to a reward that afterwards had to be allocated to the performers by one of them. The allocating individual had to allocate some fixed amount (some "pie") to "self" and to "other". "Other" would get whatever was assigned to him but would have no say in the process while self would receive the residual.

Profit maximization obviously requires to take all the reward and to leave nothing for one's partner. This hypothesis, however, is quite frequently refuted by experimental evidence in psychologists' reward allocation games.

Something analogous although with more heterogeneity, can be observed in experimental economists' "dictator game" experiments. In such games experimental economists usually asked an individual to allocate some fixed sum of money to himself and some other actor. Typically the money was simply handed over to the allocating individual for the purpose of making an allocation choice. Since the sum to be allocated dropped like manna from heaven (that is the situation seemed rather unfamiliar or even strange to subjects). This renders the economists' experiments – though they were often performed in a setting where anonymity and possibly even so-called double blind test conditions prevailed – somewhat less compelling than the reward allocation games of psychologists. After all, strange situations might trigger strange responses.[1]

But even then, from an economic point of view, the result should have been the same if participants of the experiments were egoistic maximizers of profits and thus of monetary rewards accruing to themselves rather than to others. Would economists say here in defense of homo oeconomicus that the allocation of manna is so strange a task that individuals had not a chance to develop adequate response strategies this response in itself would be strange. Such a defense seems entirely ad hoc when coming from those who insist on maximization as a universal behavioral disposition. In any event, this rescue strategy would not work for the results of social psychologists since the task of allocating benefits after completing a joint project is certainly not uncommon.

Dictator and reward allocation experiments taken together seem sufficient to refute the thesis that human behavior is universally and in each and every instance selfish. There is nevertheless the view that as biological entities, humans like other beings, cannot do otherwise than show best responses to the behavior of their fellows. Selection would have operated against those behaving otherwise and therefore those who survive "must" be maximizers of offspring (or whatever is the ultimate measure and arbitrator of relative success). We only do not yet understand what the "deeper logic" of the seemingly non-maximizing behavior is and therefore do not recognize it as such. In short, there is a level of maximization on which what seems to be something other than maximization is in truth maximization.

However, even if we would grant that on the deeper level of analysis maximization is going on we should be aware that the deeper structure of maximization itself can and often will render deviations from individual maximization viable. The argument is like the argument from kin selection in biology where phenoltypical altruism is explained in terms of a deeper "egoism" of the genes. Whenever phenotypical altruism can be explained as adaptive in a competition for shares of a gene pool then this is certainly an insight of some value. But it should also be noted that the term "selfish gene" used in this context is just a metaphor while the unselfishness of phenotypical behavior is unselfishness in a non-metaphorical common sense meaning of that term. "Phenotypically", non-maximizing behavior is observed, i.e. as a phenomenon. That the emergence of this phenolmenon can be explained in terms of genetic competition for shares in a gene pool does not change it. It remains a fact that phenotypically non-maximizing behavior is observed even if it is explained as "maximization on a deeper level".

---

1 The considerably larger heterogeneity of behavior in dictator than in reward allocation experiments demonstrates the validity of this claim.

If a deeper explanatory level of an evolutionary or at least adaptive kind is required for the explanation of behavior we should try to fulfill that requirement across the board. It must be asked how profit maximization on the phenotypical can be explained on the deeper evolutionary level. After all, if every phenomenon must be accounted for in evolutionary terms then homo oeconomicus behavior must be explained that way as well. In short, to the same extent that violations of profit-maximization in phenotypical behavior must be explained in terms of their deeper adaptive value profit maximization must also be explained in such terms. If both non-maximization and maximization can be the outcome of evolutionary competition then both outcomes and not only one must be explained in such terms.

2.2 Evolutionary stability of profit maximization

Güth and Peleg [GÜTH / PELEG (2001)] discuss the issue of the evolutionary stability of profit maximization in full generality (except for some technical assumptions guaranteeing interior solutions when analyzing strategic interaction as well as evolutionarily stable populations). In their indirect evolutionary analysis behavior (as well as payoffs) may be type dependent. We denote the type of a player $k = i, j$ by m_k, his strategy by s_k and his payoff by u_k. For each type constellation (m_i, m_j) of two interaction partners i and j $(\neq i)$ rationality of behavior, i.e. of the equilibrium $(s_i^*(m_i,m_j), s_j^*(m_i,m_j))$, requires the familiar mutual best reply condition:

$$\frac{\partial}{\partial s_i} u_i\left(s_i^*(m_i,m_j), s_j^*(m_i,m_j)\right) = 0.$$

Due to this, the condition for evolutionary stability of profit maximization can be expressed as:

$$\frac{\partial}{\partial s_j} u_i\left(s_i^*(m_i^*,m_j^*), s_j^*(m_i^*,m_j^*)\right) \cdot \frac{\partial}{\partial m_i} s_j^*(m_i^*,m_j^*) = 0$$

where (m_i^*, m_j^*) is the evolutionarily stable type-constellation. Thus there are two sufficient conditions guaranteeing that profit maximization results form evolutionary selection, namely:

(i) $\frac{\partial}{\partial s_j} u_i\left(s_i^*(m_i^*,m_j^*), s_j^*(m_i^*,m_j^*)\right) = 0$ and

(ii) $\frac{\partial}{\partial m_i} s_j^*(m_i^*,m_j^*) = 0.$

Condition (i) demands that i's profit $u_i(\cdot)$ does not depend (at least locally) on j's behavior s_j. This is usually assumed for competitive markets where it is assumed that varying the sales' amount by a competitor does not affect the own profit. For this ideal setting one can employ the as if-justification of profit maximization stating that it results from evolutionary selection rather than direct optimization.

Condition (ii) means that j's behavior $s_j^*(m_i, m_j)$ is not affected by changes of i's type m_i. This typically holds good when i's type m_i is i's private information. In this case a change in i's type m_i will at most affect i's behavior $s_i^*(m_i, m_j^*)$ but not j's strategy $s_j^*(m_i, m_j^*)$. Therefore also if type information remains completely private one has to expect sooner or later that profit maximizing behavior prevails and can therefore rely on the as if-justification.

In general, however, neither condition (i) nor (ii) will apply since, for instance,

- on markets one's own profit depends on others' behavior, contrary to (i) and
- type changes can often be detected by investing in type detection or signaling (see Güth and Kliemt, 2000, for an analysis of such possibilities) leading to violations of condition (ii) by providing clues about m_i which affects $s_j^*(m_i, m_j)$.

In short, there are special situations in which one can rely on the as if-justification of profit maximization. But one can definitely not take the prevalence of suitable conditions for granted. If we rely on evolutionary explanations at all it is insufficient simply to assume profit maximization as a universal fact of life without proving that the prerequisites for selecting profit maximizing behavior prevail. Quite to the contrary, more often than not one will have to expect non-profit maximizing behavior since both sufficient conditions (i) and (ii) presuppose that extreme or idealized cases prevail.

We believe that the preceding result is rather strong. Nevertheless, we fear that many neo-classical economists will remain unconvinced. They insist that profit maximization may perhaps not be the name of the game of life but, so they tend to say, modern economics is not relying on profit maximization anyway. That, they will go on, was in the days when economics was treated as a kind of "science of markets". But economics is not the science of markets anymore. Modern neo-classical economics is a general social science [see on this programmatically MCKENZIE / TULLOCK (1978) or FREY (1990)]. To make real progress social science must be "translated" into the precise economic maximization framework of rational choice theory. And then all sorts of behavior in all social contexts can be accounted for in terms of "utility maximization".

3. The "Unbounded" Rationality of Maximizing Preference Satisfaction

If economists speak of homo oeconomicus as a maximizer it must be understood in the first place that the behavior of such a man is not necessarily guided by intentional maximization. The claim is that the individual behaves "as if" maximization were the guiding principle of his behavior. For this to be the case individual choice behavior must satisfy a certain well-known set of axioms that guarantee the existence of a utility function representing individual choices. Within this framework nobody ever chooses an alternative A over an alternative B because it has a higher utility. The utility measure does not belong to the reasons for action. The reasons for action are such that A is preferred in comparison with B. But this does not say much about the rationality of an individual as more conventionally or common sensically understood.

3.1 To err is human

To see why, consider the following decision problem with only one personal decision maker (player 1):

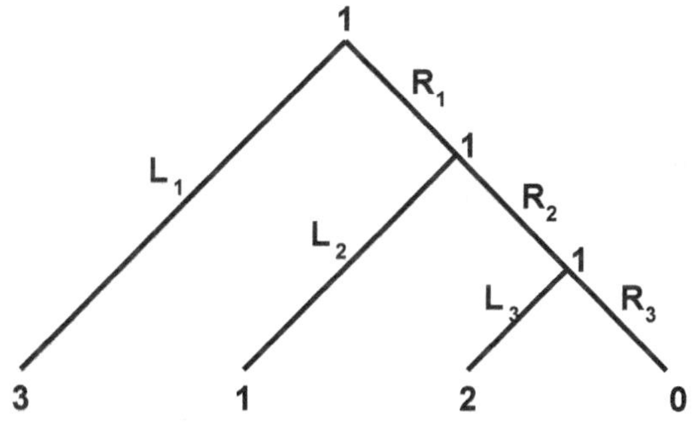

Figure 1

Assume that the numbers indicated at the end nodes are representing the preferences of the choice making person. The person may confront three choice problems, namely to decide between L_3 and R_3, L_2 and R_2 and between L_1 and R_1. Obviously optimality (in the sense of a sequentially optimal strategy) requires (L_1, R_2, L_3). But why should the person trust her own rationality when actually having to decide between L_2 and R_2? If she would be rational, she should have chosen L_1 and thus avoided this decision. Does not the fact that R_1 occurred render it doubtful that she would select L_3 after R_2? Would she not have to infer that the tree is different from the one written down here and that her preferences as a choice maker are different form those indicated once she should have to move at all at one of the later nodes?

One way out of the puzzle inspired by Reinhard Selten's analysis of perfect equilibria [see SELTEN (1975) and supplementary to our present concerns BRENNAN / GÜTH ET AL. (forthcoming) for more details] consists in interpreting full rationality as the limit case emerging when the probability of a non-rational "cause" of an act vanishes. Assume, for instance, in the example above positive minimum choice probabilities, e.g. uniform ones with $\varepsilon = \Pr ob\{C\}$ for all choices $C = L_1, R_1, L_2, R_2, L_3, R_3$ with $1/2>\varepsilon>0$ (see Selten 1975). If a person who shares this assumption has to choose between L_2 and R_2, she can now attribute the necessity of her choice-making as consequent upon a non-intentional choice of R_1. The person who must make the choice between L_2 and R_2 is not anymore logically compelled to assume that she has been irrational. By assuming the low probabilities of making mistakes she has taken into account from the beginning that she might be acting in a way other than what ideal rationality without the possibility of mistakes would imply. Moreover, anticipating that a non-intentional choice of R_3 might occur does not render the intentional decision for R_2 suboptimal since $2(1-\varepsilon)+0\cdot\varepsilon = 2-2\varepsilon > 1$ due to $\varepsilon < 1/2$.

A person who conceives of herself as a rational actor who is guided by intentions (a homo noumenon in Kantian terms [KANT (1991)]) on the one hand and thinks of herself as a non-rational part of nature (a homo phaenomenon in Kantian terms, [KANT (1991)]) that will perform acts unintentionally with a probability $\varepsilon > 0$ can believe in her rationality as a choice maker who intends to be guided by her plans and can at the same time without incoherence make plans for the contingency of not adhering to her plans. Due to $\varepsilon > 0$ it is necessary for a rational choice maker to make a plan for all contingencies in the tree even if she intends to act otherwise or such that later decisions cannot be reached according to her own plan.

If we conceive of a fully rational plan (L_1, R_2, L_3) as the limit case for $\varepsilon \to 0$ when non-intentional actions deviating from the plan become more and more unlikely we never need to make a plan for a perfect world in which the probability of mistakes becomes nil. A model of the world in which certain branches of a decision tree occur *at all* presupposes that the branches can *in fact* be reached. In slightly different words, the world in which it is absolutely impossible that certain decisions must be made, must not contain them at all as part of the game tree. Such are the rules of setting up and interpreting a decision tree if the actor acknowledges to be human at all.

3.2 No actor remains single

The requirement that a personal player be split up into three decision making agents 1, 2, 3 is another possibility of dealing with the issue of internal coherence of a game model and forming coherent intentions in the model. The game model of the preceding example then becomes the following 3-"person"-game:

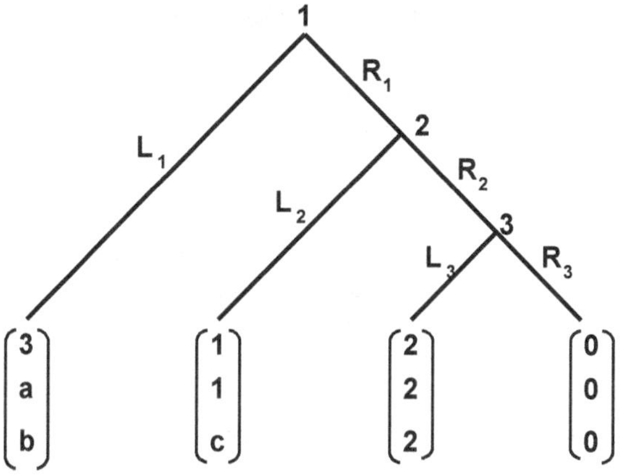

Figure 2

In this way of modeling the decision situation of the rational person, all pairs of agents of the person agree on the evaluations of the plays still possible. The payoff parameters *a* of agent 2 and *b* and *c* of agent 3 can be fixed in arbitrary ways since they concern the evaluations of forgone possibilities that are not anymore in existence when the later stages of the game are reached (it is assumed here that sequentiality is closely associated with the same ordering structure in time that characterizes causality as well). The convention is to set simply $a = 3 = b$ and $c = 1$. But since there is no absolutely compelling reason for that the values could be fixed otherwise as well without affecting rational decision making by choice makers who decide in view of the expected causal (future) consequences of their acts.

Clearly, if agent 2 has to choose, he may doubt agent 1's rationality. But why should that induce him to question agent 3's rationality? This multiple selves-approach [see GÜTH / KLIEMT (1996) for some more detail as far as our views are concerned] according to which a person with multiple choice tasks is represented by a team of independent agents should ring several bells. The proverbial clash between passion and reason is one. Some whistles are added to that bell by the classical philosophical problem of akrasia or "weakness of the will" [of the wide ranging literature we only refer to some that is relatively close to economics, e.g. AINSLEE (1992), AINSLEE (2002), ELSTER (1984) and FRANK (1988)].

To split a rational person up into several actors or agents may appear as an arbitrary or ad hoc rescue operation. But this impression is deceptive. Quite to the contrary we claim that a fully rational being in making himself the distinction between "making a choice" and "predicting a choice" (which may be one of his own or another person's) knows that he cannot make an envisioned future choice "now". Making the distinction between predicting a choice and making it he knows that he will bring the choice into existence (make it) in the future. And though all his actions may be caused he himself must frame his choice making as something that can be done only in the instance of choice. This implies that the choice maker is already doing something akin to splitting up his own choice making through time in distinct occasions where this very same phenomenological self-interpretation (as a choice *maker*) will apply. The most natural way to capture that is the agent model proposed here.

Both ways of modeling a sequence of decisions of a rational actor avoid problems of internal incoherence of the rationality assumption.[1] We would, however, think that the two should in principle always be combined. On the one hand, rational actors conceive of themselves as humans who can err, on the other hand, they conceive of themselves as entities that *make* their choices rather than to predict them. Their self-conception is of necessity such that in the act of making a choice they must make the conceptual distinction between choosing something and predicting the choice and in doing so they must acknowledge as well that they can err.

Conceptually or philosophically looking at the limiting cases of the preceding arguments is certainly of interest – at least within limits. But this is not to say that such considerations come anywhere close to what may be called workable rationality. So let us turn to that.

4. Bounded Rationality

The cognitive limitations of homo sapiens rule out optimality except for very simple decision tasks. Neither can we generate complete preference orderings over large consumption sets nor can we perform backward induction analyses over many stages – not even for game theoretically rather trivial games like chess (a game with perfect information but with much too many board situations compared to the capacity of the human brain). Would we reflect on it at all practically all of us, except perhaps for some economists, would admit that none of us is behaving as a rational maximizer. Our non-optimal behavior may rely on no deliberation at all. When following some convention like driving on the right side of a road in continental Europe we do so out of a behavioral disposition rather than deliberation of the consequences. Likewise after adopting a routine like brushing our teeth after eating we are in the habit of brushing our teeth rather than in the habit of considering after each meal the eternal question "to brush or not to brush". After developing the disposition not to consider shop lifting as one of the choice options open after entering a supermarket that option, though in an objective sense still a

---

[1] Neglecting for the time being the fact that incomplete type information may as well extend to a personal actor's own future types rather than being confined to the types of others. Such rather natural constraints on information must be modeled within a multiple selves model.

possibility, need not show up in a decision tree depicting our decisions in the supermarket since it is "out of the question" for us.

Even though we are simply conditioned or trained to adopt some of the routines that we follow in our lives, adopting a routine, as opposed to a single act under the routine, may, require some deliberation. In defense of the maximization framework one might want to argue that on the level of "choosing" routines we are fully rational maximizers. We choose the optimal routine on a constitutional level of rule choice in view of our own limitations in within or in-period choices [see on the logic of this paradigmatically BRENNAN / BUCHANAN (1985), BUCHANAN (1999), VANBERG / BUCHANAN (1988)]. But if a decision environment is somewhat complex any such deliberation on the level of rule choice is at best boundedly rational. It is characterized at least by the following features:

- we are commanding only limited capabilities of information acquisition and processing
- we try to develop adequate cognitive or mental models of the decision environment within the cognitive constraints that we face
- we update our models in view of the experiences we make should appropriate feedback be available.

The adaptive process characterized by the preceding features may lead to gradual improvements. But it is on no stage of the process anything akin to the traditional maximization framework. Still, it should be noted that boundedly rational behavior is not non-rational or even irrational. Boundedly rational deliberation is both,

- forward looking by predicting the consequences of one's choices with the help of mental models (the shadow of the future) and
- path dependent since, given appropriate feedback information, we try to learn from past outcomes to improve our performance (the shadow of the past).

Although the notion of "bounded rationality" is often used differently, we insist that an adequate concept of bounded rationality must be clearly distinguished from a concept that emerges by simply weakening some of the rationality axioms but maintaining others in spite of their unrealism. Bounded rationality is neither constrained optimization (which is often more complex than unconstrained maximization) nor can it be described in terms of pure path dependence as in (direct) evolution or some learning dynamics which deny cognition practically any role.[1]

---

1 Reinforcement learning, for instance, requires only the cognitive idea that what has been good in the past will be good in the future; imitation that what has been good for others will be good for oneself etc.

Bounded rationality is not simply inferior to full rationality. Nor is it some kind of approximation of full rationality. Though many of the limitations that boundedly rational decision makers face can be modeled explicitly within the full rationality framework (e.g. by splitting up a personal choice maker into several when taking sequential rationality at its word) this is not to say that such models are in any way true representations of real decision processes. They still stick to local maximization if within a more complex model integrating all sorts of constraints. But as long as we impose on our decision making the requirement that all decisions must be modeled as if they were fully rational such ways of taking into account the limitations of rational choice making of boundedly rational decision makers will lead us nowhere. Bounded rationality theory poses the challenge of combining elements of forward looking deliberation of consequences with elements of adaptation, and in particular adaptive learning, in a systematic manner. We are far from knowing enough to specify the human way of generating choices but we must address the task of understanding that process in an "as is" rather than an "as if" way.

Against this many economists tend to object that one should "never change a winning team". But in terms of generating true explanations of economic phenolmena rather than building a reputation for economics as a strict and mathematically formulated science has the team been really a winning one? It is also often claimed that the rational choice-approach offers straight forward (except for computational problems) predictions whereas the behavioral approach to choice making remains rather vague. The former is allegedly integrated while the latter relies on fragmented ideas whose consistency may be questionable. This kind of a defense is, of course, at best naïve. As shown by the tradition of neo-classical repairs and game fitting the rational choice-approach per se offers no guidance at all. Only after postulating what motivates players' decision behavior, after specifying private beliefs and what others know about them and after requiring detailed knowledge of the rules of the game, we can try to solve a game. Meeting those challenges is usually as difficult as predicting choice based on a behavioristic approach precisely because behavioral knowledge is required in formulating all rules of the game explicitly. The alleged advantage of the neo-classical approach emerges only because it takes the liberty to start modelling after the empirical problems are solved by assumption. To state it clearly: The rational choice-approach per se only provides a language to describe empirical information in a precise way but does not provide any knowledge itself nor does it equip us with an algorithm for solving decision problems.

We do not consider traditional rational choice-explanations as useless or uninteresting. We rather view them as often most inspiring philosophical exercises. Humans are by their boundedly rational nature interested in the counterfactual issue of how perfectly rational beings (traditional profit or modern utility maximizing homines oeconomici) would behave. But that does not inform us how the far less capable species of homo sapiens as a matter of fact generates choice behavior.

Either it abstracts from the dynamic nature of human cognition, its limitations, its dependence on emotions etc. or it assumes that we know everything about these factors and therefore can build them into the rules of games explicitly. Moreover, advice based on the traditional rational choice-approach becomes practically impossible or useless. An advisor preparing to base his advice on a traditional rational choice model would have to construe the cardinal utility function of his client, would have to inquire what his beliefs are and what he knows about others. If this is not virtually impossible it is more or less useless since, if possible, practically all the work would be done by providing the empirical basis (technically speaking the knowledge of the rules of the game) and not by the rational choice analysis per se.

In short, despite its precise mathematical form conventional rational choice analysis is substantially rather vague. Though it possibly induces us to make all sorts of empirical inquiries it is in itself mostly devoid of empirical or substantial content. In the following section we will present an outline of a framework for behavioral approaches which is similarly vague and far from offering a readily applicable algorithm. But it has at least the advantage of relying on concepts which are intuitively plausible.

5. A Process Model of Decision Emergence

We first mention the obvious ingredients for any reasonable process model of human decision making [similar to STRACK / DEUTSCH (in press), GÜTH (2000), and GÜTH / ORTMANN (forthcoming)] and then sketch them by means of flowchart diagrams:

- By means of a behavioral repertoire which is continuously updated, in view of feedback on success of former choices, one can capture what has been learned so far (by specifying for various cognitive ideas and behavioral ways how (un)successful they were).
- In repeated tasks this could assume the form of satisfying given aspirations and aspiration adjustment, e.g. in the form of setting higher (lower) aspirations when satisficing was easy (difficult).
- In structurally novel situations a mental modeling module would have to specify how one derives from primary concerns, e.g. an income motive, more practical action goals like earning more than or at least the same as before and/or as others. Other than primary concerns action goals should allow to identify a few relevant decision alternatives like initiating an advertisement, reducing costs etc. and to model how action goals are affected by those alternatives, i.e. action goals can be more or less directly related to obvious decision alternatives.

How these ingredients can be combined in principle is illustrated in the system of flow chart diagrams (Figure 3 to 6) whose major components (modules) are dynamic specifications of the aspects:

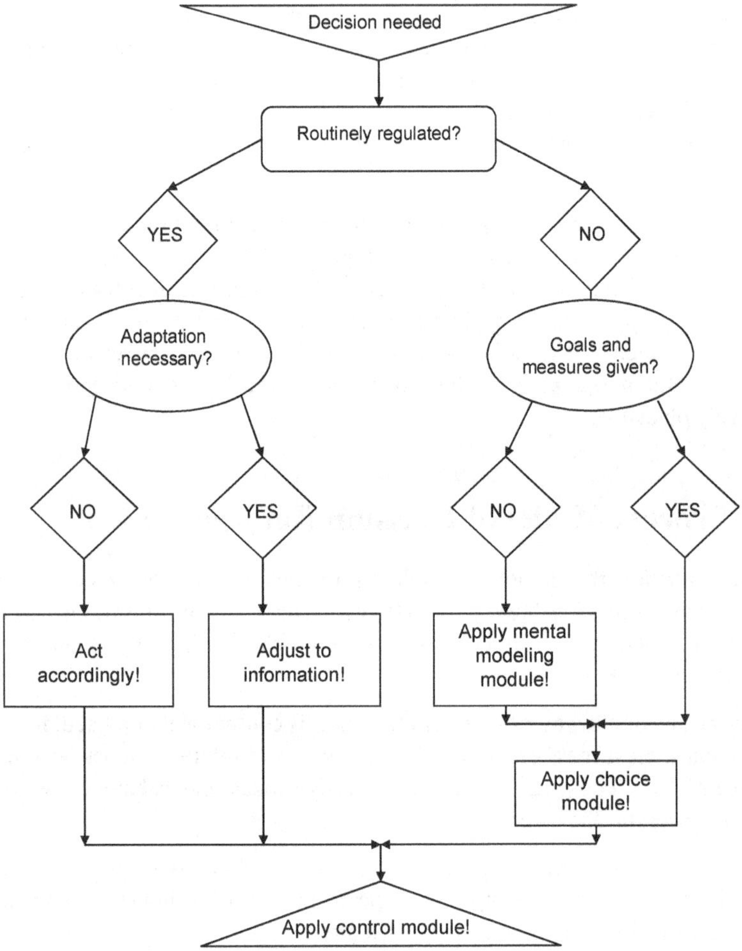

Figure 3

How experiences can induce behavioral adjustments, captured by the control model in the figures is convincingly demonstrated by the confirmation of learning theories [see CAMERER (2003) for a selective review]. Quite often not only own but also others' experiences assist us in improving our choices [HUCK / NORMANN / OECHSSLER (1999)], for instance, identify most behavioral adaptations in their market experiments as imitation). And mental modeling usually starts from basic concerns like staying in business, a profit motive for entrepreneurs while

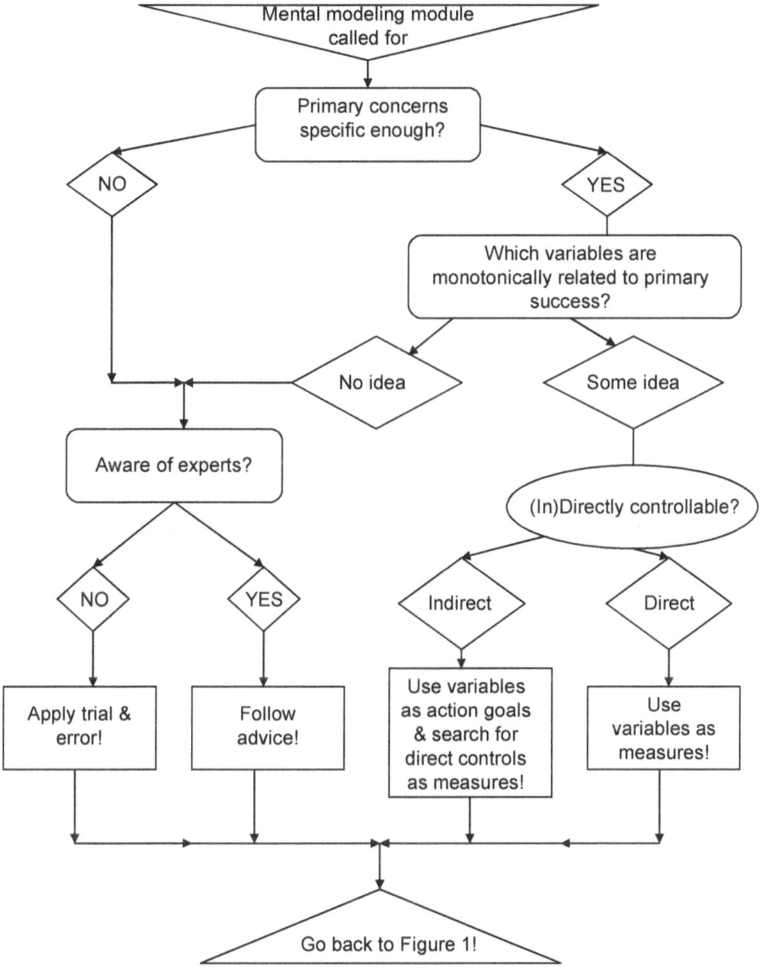

Figure 4

employees will typically aspire to keep their employment or to improve it somewhat. Such concerns, however, often do not specify the ways in which they can be promoted. Action goals which are more easily and directly related to measures need be developed. Which measures will suggest themselves in view of the basic aspirations and aims strongly depends on causal hypotheses. In view of such hypotheses pursuing the aim of staying in business might, for instance, suggest cutting one's labor force. The mental model would have to specify how this might also reduce the sales level and not only the cost level. Likewise an employee might engage in further training to improve his skills in order to avoid being laid off if such reduction of the labor force is implemented. Here the mental model would have to specify which aspects matter (more) for the employer when

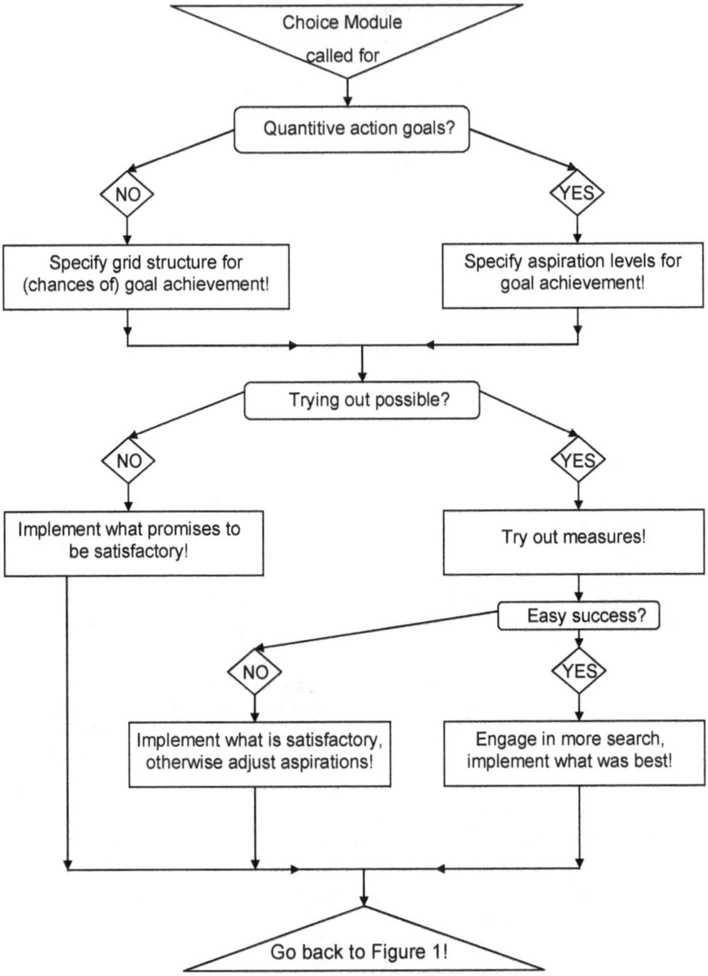

Figure 5

deciding whom to keep and whom to lay off. Note how such dynamics allow for various reasons why people may behave differently in similar choice situations.[1] The frequently observed difference of inexperienced and experienced decision makers can be attributed to their different experiences as stored in their behavioral repertoire which they update continuously. Better education can explain why the mental models of some are more complex than those of others. One may, for

1 Also the converse is possible: Although people derive their decisions based on different cognitive processes, they still might come to the same conclusion, i.e., behave in the same way.

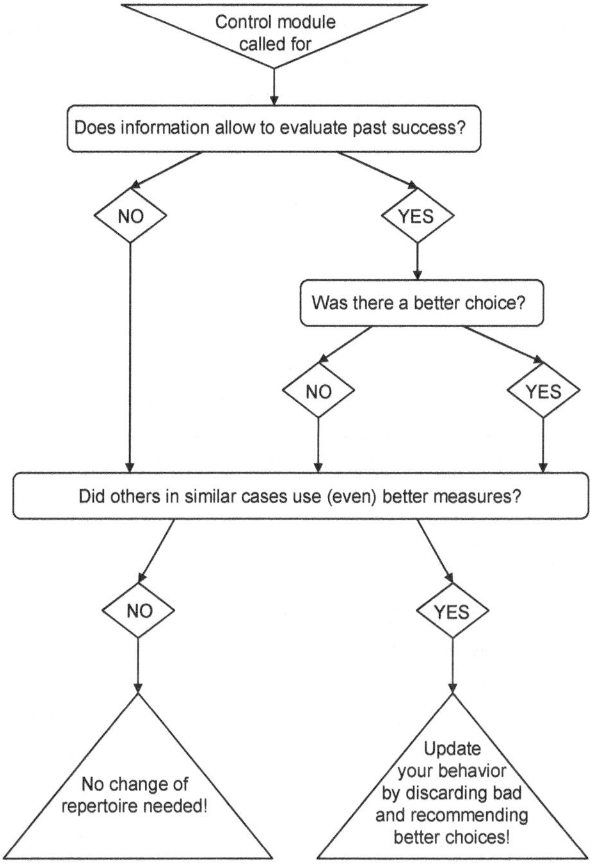

Figure 6

instance, see an ultimatum game as an allocation task where two have to mutually arrange an allocation without paying much attention to the asymmetry of the interaction process [see PULL (2003)]. For somebody, trained in game theory, such a simple mental representation may, however, look like missing the essential aspect of the situation. Heterogeneity may further result from different primary concerns, emotions connected to what happens etc.

6. Conclusions

We conclude with a classical if too rarely invoked citation: "The assumption that conduct is prompt and rational is in all cases a fiction. But it proves sufficiently near to reality, if things have time to hammer logic into men. Where this has happened, and within the limits it has happened, one may rest content with this fiction and build theories upon it … and we can depend upon it that the peasant sells his calf just as cunningly and egoistically as the stock exchange member his portfolio of shares. But this holds good only where precedents without number have formed conduct through decades and, in fundamentals, through hundreds and thousands of years, and have eliminated unadapted behavior. Outside of these limits our fiction loses its closeness to reality" [SCHUMPETER (1959)].

If "things" do not "have time to hammer logic into men" choices seem less akin to the model of fully rational choice making of neo-classical economics. Outside the realm in which maximizing behavior (in particular profit maximizing behavior) may be evolutionarily stable (as shown in sec. 2) the "assumption that conduct is prompt and rational" which "is in all cases a fiction" (sketched in section 3) anyway is not even close to the reality of boundedly rational choice making. Real life is that of merely boundedly rational choice makers (as partly characterized in 4) whose decisions may be represented by rather broad techniques (see section 5) which clearly need further development such as to generate testable implications.

References

Abraham-Frois, G., Berrebi, E. (1979), Theory of Value, Prices and Accumulation. A Mathematical Integration of Marx, von Neumann and Sraffa. Cambridge, Cambridge University Press.

Ainslee, G. (1992), Picoeconomics. Cambridge, Cambridge University Press.

Ainslee, G. (2002), Break Down of the Will. Princeton, Princeton University Press.

Blalock, H. M., Wilken, P. H., Eds. (1979), Intergroup Processes. A Micro-Macro Perspective. New York and London. The Free Press and Collier Macmillan Publishers.

Brennan, G., Güth, W. et al. (forthcoming), Approximate Truth in Economic Modelling. LOFT6 Proceedings to appear in a special issue of Synthese.

Brennan, G., Buchanan, J. M. (1985), The Reason of Rules. Cambridge, Cambridge University Press.

Buchanan, J. M. (1999), The Logical Foundations of Constitutional Liberty. Indianapolis, Liberty Fund.

Camerer, C. (2003), Behavioral Game Theory. Princeton, Princeton University Press.

Cournot, A. (1838), Recherches sur les principes mathématiques de la théorie des richesses. Paris, L. Hachette.

Dieckheuer, G. (2003), Makroökonomik – Theorie und Politik. Berlin et al., Springer.

Dorfman, R., Samuelson, P., et al. (1958), Linear Programming and Economic Analysis, McGraw-Hill.

Elster, J. (1984), Ulysses and the Sirens. Cambridge, Cambridge University Press.

Frank, R. (1988), The Passions within Reason: Prisoner's Dilemmas and the Strategic Role of the Emotions. New York, W. W. Norton.

Frey, B. S. (1990), Ökonomie ist Sozialwissenschaft. Die Anwendung der Ökonomie auf neue Gebiete. München. Vahlen.

Güth, W. (1984), Egoismus und Altruismus – Eine Spieltheoretische und Experimentelle Analyse, in: Normengeleitetes Verhalten in den Sozialwissenschaften (Hrsg. H. Todt), Schriften des Vereins für Socialpolitik, N.F., Bd. 141, 35-58.

Güth, W. (2000), Boundedly rational decision emergence – a general perspective and some selective illustrations, in: Journal of Economic Psychology 21, 433-458.

Güth, W., Kliemt, H. (1996), One person-many players? On Björn Frank's "The use of internal games: the case of addiction", in: Journal of Economic Psychology 17, 661-668.

Güth, W., Kliemt, H. (2000), Evolutionarily stable co-operative commitments, in: Theory and Decision 49, 197-221.

Güth, W., Ortmann, A. (forthcoming), A Behavioral Approach to Distribution and Bargaining. Behavioral Handbook. M. Altman, M. E. Sharpe (eds.).

Güth, W., Peleg, B. (2001), When will payoff maximization survive? – An indirect evolutionary analysis, in: Evolutionary Economics 11, 479-499.

Huck, S., Normann, H. T. et al. (1999), Learning in Cournot Oligopoly – An Experiment, in: The Economic Journal 109, C80-C95.

Kant, I. (1991), Political writings. The metaphysics of morals. Oxford et al., Oxford University Press.

McKenzie, R. B., Tullock, G. (1978), The World of Economics, R. D. Irwin.

Meckling, W. (1976), Values and the Choice of the Model of the Individual in the Social Sciences, in: Schweizerische Zeitschrift für Volkswirtschaft und Statistik 112/4, 545 ff.

Mikula, G. (1973), Gewinnaufteilungsverhalten in Duyaden bei variiertem Leistungsverhältnis, in: Zeitschrift für Sozialpsychologie 3, 126-133.

Morishima, M. (1973), Marx's Economics. A Dual Theory of Value and Growth. Cambridge, Cambridge University Press.

Nash, N. J. (1951), Noncooperative Games, in: Annals of Mathematics 54, 289-295.

Pull, K. (2003), Ultimatum games and wages: Evidence of an 'implicit bargain'?, in: Schmalenbach's Business Review 55, 161-171.

Schelling, T.C. (1978), Micromotives and Macrobehavior. New York and London, Norton.

Schumann, J. (1968), Input-Output-Analyse. Ökonometrie und Unternehmensforschung 10. Heidelberg, Springer.

Schumpeter, J. A. (1959), The Theory of Economic Development. Cambridge, MA, Harvard University Press.

Selten, R. (1975), Reexamination of the Perfectness Concept for Equilibrium in Extensive Games, in: International Journal of Game Theory 4, 25-55.

Shapiro, E. G. (1975), Effects of future interaction on reward allocation in dyads: equity or equality, in: Journal of Personality and Social Psychology 32, 873-880.

Simon, H. A. (1957), Models of Man. New York, John Wiley and Sons.

Simon, H. A. (1985), Human Nature in Politics: The Dialogue of Psychology with Political Science, in: American Political Science Review 79, 293 ff.

Strack, F., Deutsch, R. (in press), Reflective and impulsive determinants of social behaviour. Personality and Social Psychology Review.

Vanberg, V., Buchanan, J. M. (1988), Rational Choice and Moral Order, in: Analyse und Kritik 10/2, 138 ff.

Walsh, V. / Gram, H. (1980), Classical and Neoclassical Theories of General Equilibrium. Oxford, Oxford University Press.

Weitraub, E. R. (1979), Microfoundations. The Compatibility of Microeconomics and Macroeconomics. Cambridge et al., Cambridge University Press.

Intelligente Government Support Systeme

Wirtschaftspolitische Entscheidungsunterstützung am Beispiel der wissensbasierten Marktdiagnostik

Stefan Kooths

Zusammenfassung: Der Beitrag nimmt mit der Einordnung und Konzeption von Entscheidungsunterstützungssystemen für wirtschaftspolitische Diagnoseaufgaben methodische Fragen der entscheidungsorientierten Volkswirtschaftslehre in den Blick. Hierzu wird zunächst am konkreten Beispiel von Marktfunktionsfähigkeitsanalysen auf der Basis des KMD-Konzeptes das Anforderungsprofil für die computergestützte Entscheidungsfindung erstellt. Diesem Anforderungsprofil werden dann die verfügbaren Technologien gegenübergestellt, die für betriebswirtschaftliche Fragestellungen als Management Support Systeme entwickelt wurden. Ein besonderer Schwerpunkt liegt dabei auf der Darstellung von Verfahren aus dem Gebiet der Künstlichen Intelligenz. Auf dieser Grundlage kann dann aufgezeigt werden, wie ein intelligentes Entscheidungsunterstützungssytem für KMD-Analysen konzipiert werden kann und welche grundsätzlichen Aspekte sich aus einer stärkeren Hinwendung der Volkswirtschaftslehre zur Entwicklung computergestützter Werkzeuge für die volkswirtschaftliche Forschung ergeben.

Schlüsselworte: Entscheidungsunterstützungssysteme, Künstliche Intelligenz, Marktfunktionsfähigkeitsdiagnostik, KMD-Konzept, Wettbewerb, Marktversagen

1. Einleitung

Der Begriff der Entscheidungsorientierten Volkswirtschaftslehre hat neben der inhaltlichen auch eine methodische Dimension. Während die inhaltliche Dimension darauf abzielt, dass sich die volkswirtschaftliche Forschung auf Fragestellungen konzentriert, die ökonomisch und insbesondere wirtschaftspolitisch auch tatsächlich entscheidungsrelevant sind, stellt die in diesem Beitrag im Vordergrund stehende methodische Dimension darauf ab, die Endanwender volkswirtschaftlichen Wissens (vor allem Unternehmer, Politiker und Bürokraten) bei dessen Anwendung in praxisrelevanten Entscheidungssituationen zu unterstützen.

Eine wichtige Aufgabe in dem hiermit angesprochenen Bereich des Wissenstransfers zwischen Theorie und Praxis übernimmt die Lehre, zu der im weitesten Sinne auch das Beraterwesen gezählt werden kann. Damit sind die heutigen Möglichkeiten aber noch nicht ausgeschöpft, weil sich ein solcher Ansatz ausschließlich auf die Aus- und Weiterbildung des Faktors Mensch (Humankapitalbildung) konzentriert. Hinzukommen sollte die Entwicklung von Hilfsmitteln (Werkzeugen), die den Faktor Arbeit produktiver macht (Sachkapitalbildung). Das wichtigste komplementäre Sachkapital für Wissensarbeiter sind softwareimplementierte Instrumente in Form von Fachanwendungen. Andere Wissenschaften haben diese zweite Komponente bereits früh und umfassend in ihr Forschungsprogramm aufgenommen (z. B. CAD-Programme in den Ingenieurwissenschaften). In der Volkswirtschaftslehre dominieren demgegenüber immer noch Ökonometrie- und Simulationsprogramme das Bild, die nur einen kleinen Teil des Tätigkeitsspektrums von Volkswirten abdecken, insbesondere dann, wenn sie außerhalb des akademischen Sektors aktiv sind. Fairerweise muss bei diesem Vergleich in Rechnung gestellt werden, dass die Entwicklung der Informatik zunächst Ansätze hervorbrachte, die eine höhere Affinität zu natur- und ingenieurwissenschaftlichen Fragestellungen als zu einem Großteil der sozialwissenschaftlichen Wissensgebiete hatte. Mittlerweile stehen aber auch Softwaretechnologien zur Verfügung, die mehr können als „nur“ mathematische Modelle zu lösen, sondern auch in komplexen, schlecht strukturierten Wissensgebieten sinnvoll eingesetzt werden können (z. B. in der medizinischen Diagnostik). Lösungsansätze aus dem Gebiet der Künstlichen Intelligenz (KI) spielen hierbei eine wichtige Rolle.

Die Betriebswirtschaftslehre hat sich mit dem Bereich der Management Support Systeme innerhalb der Wirtschaftsinformatik bereits systematisch auf die Bedürfnisse von betrieblichen Entscheidungsträgern eingestellt. Es ist kein Grund erkennbar, weshalb die Volkswirtschaftslehre dies für ihre Zielgruppe nicht auch tun sollte. Neben der Erweiterung bestehender Management Support Systeme um volkswirtschaftliche Entscheidungskriterien (z. B. bei der Analyse von Direktinvestitionsvorhaben) kommen vor allem eigenständige Anwendungen für wirtschaftspolitische Entscheidungsträger in Betracht, die analog als Government Support Systeme bezeichnet werden können. Dieser Beitrag nimmt daher einige konzeptionelle Aspekte in den Blick, die das Potenzial für die Entwicklung von volkswirtschaftlichen Entscheidungsunterstützungssystemen verdeutlichen. Da dies am besten anhand einer konkreten Aufgabenstellung gelingen kann, wurde mit der Marktfunktionsfähigkeitsdiagnostik auf der Basis des Koordinationsmängeldiagnose-Konzeptes (KMD-Konzept) eine Wissensdomäne ausgewählt, die hierfür alle Voraussetzungen in idealer Weise kombiniert: Als Bestandteil der Politik der Wettbewerbsordnung gehört die Marktfunktionsfähigkeitsdiagnostik zum Kernstück marktwirtschaftlicher Wirtschaftspolitik, das KMD-Konzept ist durch seine Operationalisierung bewusst auf den praktischen Einsatz hin ausgerichtet und die Anwendung des Konzeptes auf konkrete Märkte ist als wissensintensive, nicht-triviale Aufgabe einzustufen, die typischerweise nur von Experten geleistet werden kann, deren zeitliche Kapazitätsgrenze zugleich den entscheidenden Engpassfaktor für ein systematisches Marktscreening darstellt. Insgesamt also eine günstige Konstellation, um mit Hilfe von softwareimplementierten wissensbasierten Entscheidungsunterstützungssystemen die bestehende Restriktion zu lockern.

Im Folgenden wird zunächst in aller Kürze das KMD-Konzept skizziert [eine ausführliche Beschreibung liefert GROSSEKETTLER (1995) sowie dessen Beitrag in diesem Band], woraus sich das Anforderungsprofil (Lastenheft) für eine softwaregestützte Lösung ergibt. Der sich daran anschließende Abschnitt gibt einen Einblick in die einschlägigen Technologien, die zur Realisierung eines wissensbasierten Diagnosesystems für Marktfunktionsfähigkeitsanalysen herangezogen werden können. Der fünfte Abschnitt zeigt dann auf, wie ein solches Softwaresystem konzeptionell gestaltet werden kann, dessen beispielhafte Bedeutung für die entscheidungs- und anwendungsorientierte Volkswirtschaftslehre im Schlussabschnitt thematisiert wird.

2. KMD-Analysen als Wissensdomaine

Die Politik der Wettbewerbsordnung ist das Kernstück marktwirtschaftlicher Wirtschaftspolitik. Sie gibt grundsätzlich der marktlichen Koordination den Vorrang vor staatlichen Interventionen. Nach ordoliberalem Verständnis fällt dem Staat dabei die Aufgabe zu, die Wettbewerbsordnung vor Deformierung zu schützen. Diese ordnungspolitische Kontrollaufgabe resultiert einerseits aus der potenziellen Gefährdung der Wettbewerbsordnung durch die Teilnehmer am Wettbewerbsprozess selbst (Marktmachtproblem) und andererseits aus Marktversagenstatbeständen (z. B. natürliches Monopol), die die Anwendung der üblichen Marktmechanismen nicht ohne weiteres ratsam erscheinen lassen (spezieller Regulierungsbedarf). Beide Problembereiche begründen die ordnungspolitische Notwendigkeit, Märkte systematisch auf ihre Funktionsfähigkeit hin zu überprüfen.

Aufgrund folgender Eigenschaften ist das KMD-Konzept als Strukturgeber für Marktfunktionsfähigkeitsanalysen ausgewählt worden:

- Operationalisiertes Kennzahlensystem als Verbindungsstück zwischen theoretischer Analyse und empirischem Befund.
- Kompatibilität mit den in der Wettbewerbstheorie weitgehend akzeptierten Marktfunktionen.
- Integration der Marktversagenstheorie.

Das KMD beurteilt die Funktionsfähigkeit von Märkten anhand ihrer Koordinationseffizienz. Hierzu werden fünf miteinander vermaschte Marktprozesse als Regelkreismodelle interpretiert und danach beurteilt, ob die jeweilige Regelgröße durch funktionale Stellgrößenvariationen auf Normalniveau ausreguliert wird oder nicht. Im Einzelnen werden die folgenden Marktprozesse betrachtet (Regel- und Stellgröße in Klammern):

- Markträumung
  (Übernachfrage ⇨ Preisvariation)
- Renditenormalisierung
  (risikokorrigierte Überrendite ⇨ Kapazitätsvariation)
- Übermachterosion
  (Übermacht ⇨ Strukturvariation)
- Produkt- und Verfahrensfortschritt
  (Rückstände ⇨ Mutations-, Selektions- und Imitationsprozesse)

Für die jeweiligen Prozesse, die sich den in der Wettbewerbspolitik anerkannten statischen und dynamischen Marktfunktionen zuordnen lassen [Fritsch/Wein/Ewers (2001), S. 27], liegen bereits Ideal- und Hilfsindikatoren als operationalisiertes Kennzahlensystem vor [Markträumung: Munsberg (1994); Renditenormalisierung: Nagel (1999); Übermachterosion: Schengber (1996); technischer Fortschritt: Sebbel-Leschke (1996)]. Auf der Basis der hiermit darstellbaren Prozessmuster wird zunächst eine zweistufige Stabilitätsprüfung durchgeführt (vgl. zum Folgenden Abbildung 1). Stufe 1 prüft anhand statistischer Verfahren (Abweichungs-, Trend- und Reaktionstests), ob der für stabile Regelkreisprozesse typische Gummibandeffekt (Ausregulierung temporärer Abweichungen der Regelgröße vom Sollwert) auf dem betrachteten Markt ausgeprägt ist oder nicht. In Stufe 2 erfolgt dann auf der Basis der ökonomischen Theorie eine Überprüfung, ob das beobachtete Prozessmuster auch theoretisch plausibel erscheint.

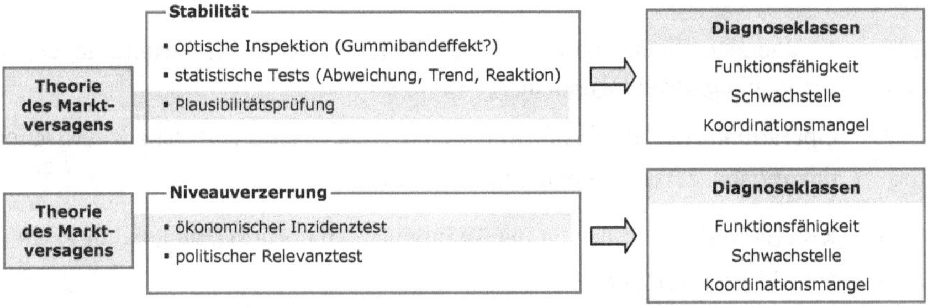

Abb. 1: Grobstruktur einer KMD-Analyse

Der Stabilitätsanalyse schließt sich eine Niveauverzerrungsprüfung an, die sicherstellen soll, dass die beobachteten Prozessmuster nicht nur dynamisch stabil, sondern auch auf einem unverzerrten Niveau stattfinden. Da beim KMD-Ansatz nicht die Stellgrößenniveaus, sondern funktionale Stellgrößenvariationen im Vordergrund stehen, konzentriert sich die Niveauverzerrungsprüfung auf die Rahmenbedingungen des betrachteten Marktes und die sich daraus ggfs. ableitbaren Ursachen für systematische Verzerrungen. Auf die quantitative Messung der Abweichung von Soll- und Istniveau wird hingegen verzichtet, weil dies seitens des Marktbeobachters ein Wissen voraussetzen würde (z. B. über „richtige" Relativpreise), das erst durch einen funktionsfähigen Marktprozess entdeckt werden kann. Auch die Niveauverzerrungsprüfung erfolgt zweistufig, wobei Stufe 1 (ökonomischer Inzidenztest) nach theoretisch fundierten Tatbeständen sucht (bspw. Wirkungsrichtung einer Importbeschränkung auf das inländische Preisniveau) und Stufe 2 (politischer Relevanztest) prüft, ob sich die ggfs. diagnostizierten theoretischen Defizite auch in der politischen Diskussion als relevant erkannt wurden (bspw. durch Beschwerden von Nachfragern über im internationalen Vergleich überhöhte Preise).

Getrennt nach Stabilitäts- und Niveauverzerrungsprüfung ergeben sich als Ergebnis einer KMD-Analyse für jeden Marktprozess eine von drei Diagnoseklassen:

- Funktionsfähigkeit
  ⇨ es liegen weder empirische noch theoretische Anhaltspunkte für eine Funktionsstörung vor
- Schwachstelle
  ⇨ es liegen entweder empirische oder theoretische Anhaltspunkte für eine Funktionsstörung vor
- Koordinationsmangel
  ⇨ es liegen theoretisch plausible und empirisch nachweisbare Anhaltspunkte für eine Funktionsstörung vor

Da im Rahmen einer KMD-Analyse nach Anhaltspunkten für Funktionsstörungen gesucht wird, liegt diesem Konzept somit implizit die Nullhypothese funktionsfähiger Märkte zugrunde (wird keine Evidenz für das Gegenteil gefunden, so gilt ein Markt als funktionsfähig).

Die wissensintensiven und aus Sicht der KI anspruchsvollen Bereiche einer KMD-Analyse stellen die Plausibilitätsprüfung auf Stabilität sowie der ökonomische Inzidenztest der Niveauverzerrungsprüfung dar, weil beide auf die Theorie des Markt- bzw. Wettbewerbsversagens zurückgreifen. Zwar hat die Industrieökonomik für spezialisierte Konstellationen (Laborsituationen) auch mathematische/spieltheoretische Modelle entwickelt, deren Anwendbarkeit für reale Marktanalysen ist jedoch immer noch stark eingeschränkt. Unterscheidet man die in der Volkswirtschaftslehre entwickelten Modelltypen grob in Beschreibungsmodelle, Erklärungsmodelle (Simulation, Prognose) und Entscheidungsmodelle (Diagnose, Gestaltung, Maximierung) und deren Ausprägungen in mathematisch (quantitativ, strukturiert) einerseits sowie heuristisch (qualitativ, schlecht strukturiert) andererseits, so ist das einer Marktfunktionsfähigkeitsanalyse zugrunde liegende Modell als heuristisches Entscheidungsmodell zu charakterisieren.

Insgesamt muss das durch die Markt- und Wettbewerbstheorie entwickelte Wissen als schlecht strukturiert bezeichnet werden. Es bewegt sich zwischen den beiden

Polen „kein Wissen“ (man weiß zwar mehr als nichts ...) und „algebraisch-funktionales Wissen“ (... aber man kann für die Problemlösung keinen Algorithmus angeben) und ist gekennzeichnet durch folgende Wissensformen:

- Beziehungen (x hängt zusammen mit/gehört zu y)
- Abhängigkeiten, Richtungseinflüsse (je mehr ... desto ...)
- Regeln, Ausnahmen (wenn ... dann ... [es sei denn ...])
- (normatives) Hintergrundwissen

Die Anwendung dieses Wissens ist als nichttriviale Aufgabe einzustufen und macht die Qualität einer Marktfunktionsfähigkeitsanalyse aus. Neben einer adäquaten Abbildung und Bereitstellung dieses Wissens für den Anwender (z. B. in Form von Vollständigkeitskontrollen oder Konsistenzchecks) ist für die Akzeptanz jeder Softwarelösung die Offenheit für alternative Konzeptansätze und Wissensinhalte von großer Bedeutung. Dies bedeutet zum einen, dass eine Softwarelösung den menschlichen Experten nicht bevormunden darf. Daher müssen die maschinellen Vorschläge jederzeit vom Menschen überschrieben werden können und subjektive Einschätzungen sollen nicht scheinbar objektiviert werden, wenn dazu die Grundlage fehlt (allerdings sind alle subjektiven Wertungen und Abweichungen als solche erkennbar zu machen). Zum anderen muss das System jederzeit um neue Wissensbestandteile erweiterbar sein. Hierdurch werden dann entweder Wissenslücken des Systems geschlossen und damit dessen Anwendbarkeit und Schlussfolgerungsfähigkeit ausgebaut oder bereits bestehendes Wissen wird durch konkurrierende Alternativen in Frage gestellt, was aufgrund der industrieökonomischen Variantenvielfalt eher die Regel als die Ausnahme darstellen dürfte. Auch durch die zweite, vermeintlich destruktive Systemerweiterung steigt aber dessen Kompetenz, weil es dem wirtschaftspolitischen Entscheidungsträger eine informiertere Diagnose ermöglicht. Der folgende Abschnitt vermittelt einen Überblick darüber, welche technischen Lösungen grundsätzlich verfügbar sind, um Entscheidungsträger durch Softwaresysteme zu unterstützen.

3. Wissensbasierte Entscheidungsunterstützungssysteme

Wissensbasierte Entscheidungsunterstützungssysteme reichern konventionelle rechnergestützte Entscheidungshilfen mit Technologien aus dem Bereich der Künstlichen Intelligenz an. Zuweilen werden sie auch nur kurz als Intelligente Systeme bezeichnet [TURBAN ET AL. (2005)]. Beide Teilbereiche sollen im Folgenden kurz beleuchtet werden.

Entscheidungsunterstützungssysteme (Decision Support Systeme (DSS)) sind Instrumente, die vor allem die Betriebswirtschaftslehre im Rahmen der Wirtschaftsinformatik entwickelt hat. Sie richten sich an Führungskräfte und sollen diese in schlecht strukturierten Entscheidungssituationen unterstützen, nicht aber ersetzen. Schlecht strukturiert ist ein Problem immer dann, wenn es sich nicht durch die Anwendung einer fest vorgegebenen (mathematischen) Methode lösen lässt, sondern in die Lösung auch Erfahrung und menschliches Urteilsvermögen einfließen (z. B. bei der Auswahl der anzuwendenden Lösungsmethode).[1] Typischerweise wird daher durch ein DSS keine Vollautomatisierung von Entscheidungsabläufen realisiert, sondern sie sind so konzipiert, dass das Problemlösungsverfahren interaktiv im Mensch-Maschine-Dialog abläuft. Neben der Steigerung der Effizienz von Führungskräften (Erhöhung der Anzahl getroffener Entscheidungen pro Zeiteinheit) steht vor allem die Anhebung der Effektivität des Managements (Verbesserung der Entscheidungsqualität) beim Einsatz von DSS im Vordergrund [BACK (2001), S. 369].

DSS bilden zusammen mit den Management Information Systemen, die für die Datenversorgung und -aufbereitung zuständig sind und daher treffender Data Support Systeme genannt werden sollten, die Kategorie der Management Support Systeme (MSS). Sie bilden die Informationsversorgungsinfrastruktur zur umfassenden Unterstützung der Rationalität von (betrieblichen) Entscheidungen sowohl für Kontroll- als auch für Planungsaufgaben. Die Bereitstellung von MSS bildet die systemgestaltende Aufgabenklasse des Controlling [GROB (1996), S. 2 ff.]. An anderer Stelle hat der Autor am Beispiel der Wettbewerbspolitik gezeigt, dass sich eine solche Aufgabenklasse auch für die Wirtschaftspolitik formulieren lässt [KOOTHS (2004)]. Durch Analogiebildung erhält man dann Government Support Systeme (GSS), die die Kontroll- und Gestaltungsaufgaben von wirtschaftspolitischen Entscheidungsträgern in Exekutive und Legislative unterstützen (vgl. Abbildung 2). Obwohl sich auch im Bereich des Data Support (computergestützte Volkswirtschaftliche Gesamtrechnung und Brancheninformationssysteme) interessante Tätigkeitsgebiete für die Volkswirtschaftsinformatik bieten, soll hier nur der Bereich des Decision Support behandelt werden.

Management Support Systeme (MSS)	
Decision Support	Data Support

Government Support Systeme (GSS)	
Decision Support	Data Support

Abb. 2: Management und Government Support Systeme

Abbildung 3 zeigt die Komponenten eines DSS und stellt dessen Einbettung in die externe Informationsversorgungsinfrastruktur schematisch dar. Über die Datenverwaltungskomponente (Data Management) wird die Verbindung zu internen und externen Datenquellen, also insbesondere zum Führungsinformationssystem hergestellt. Das Modell- und Methodenbanksystem (Model Management) verwaltet

---

[1] Siehe für eine ausführlichere Diskussion der Merkmale eines schlecht strukturierten Problems auch den Beitrag von ADAM in diesem Band.

sämtliche traditionellen quantitativen Datenanalysemethoden und Entscheidungsmodelle, hauptsächlich aus den Bereichen der Statistik und des Operations Research (z. B. Zeitreihenanalyse, LP-Modelle). Die Wissensbasierten Subsysteme (Knowledge-Based Subsystems), durch deren Existenz sich „intelligente" von konventionellen DSS unterscheiden, stellen KI-Technologien für die Entscheidungsunterstützung zur Verfügung, entweder als eigenständige Komponenten oder als Hilfsmittel für die übrigen Subsysteme. Der Begriff „Intelligente Subsysteme" wäre indes treffender, da – wie sich im Folgenden zeigen wird – Wissensbasierte Systeme nur einen (obschon sehr bedeutenden) Teilbereich möglicher KI-Technologien darstellen.

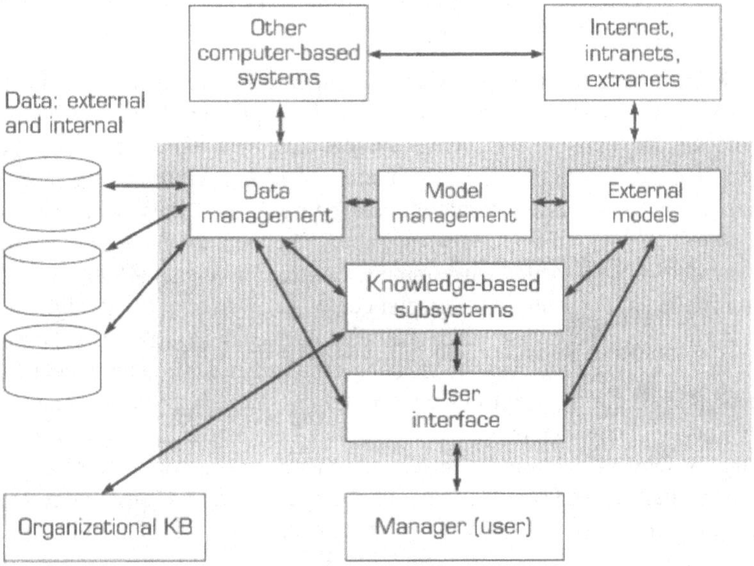

Quelle: TURBAN ET AL. (2005), S. 109.

Abb. 3: Komponenten eines Decision Support Systems

Sämtliche Komponenten eines DSS werden dem Anwender unter einer einheitlichen, auf seine Bedürfnisse zugeschnittenen Benutzeroberfläche (User Interface) zugänglich gemacht. Da ein gelungener Mensch-Maschine-Dialog einen wesentlichen Erfolgsfaktor für den Einsatz von DSS darstellt, kann die Bedeutung einer diesen Dialog unterstützenden Benutzerschnittstelle kaum überschätzt werden.

Im Folgenden sei die mögliche Ausgestaltung des KI-Kerns eines intelligenten DSS etwas genauer betrachtet. Hierzu ist zunächst eine begriffliche Klärung nötig, denn kaum ein Wissenschaftsbegriff erzeugt bei Anhängern wie Skeptikern derart emotionale Konnotationen wie der der „Künstlichen Intelligenz". Beim Einsatz von KI zur Entwicklung Wissensbasierter DSS geht es nicht um den möglichst perfekten Nachbau natürlicher Intelligenz. Selbst wenn dieses utopische Ziel gelänge, wäre damit dem Hauptanliegen für den Einsatz von DSS, der Effektivitätssteigerung von Entscheidungsträgern, noch nicht geholfen. Hätte man die exakte Kopie eines menschlichen Entscheidungsträgers in Form einer gleichermaßen befähigten Maschine, so stünde diese vor denselben Problemen wie zuvor auch schon der Mensch (gleichwohl wäre eine solche Vorstellung aus Effizienzsicht bereits ein Traum). Worauf es stattdessen und realistischerweise ankommt, ist ein produktiver Mix zwischen menschlichen und maschinellen Fähigkeiten und zwar nach Maßgabe der jeweiligen komparativen Vorteile. Dieses Vorgehen wird dadurch begünstigt, dass die absoluten Vorteile des einen oftmals die absoluten Nachteile des anderen sind und man daher davon ausgehen kann, dass sich beide im Team sinnvoll ergänzen.

Intelligenz ist immer eine Abstraktionsleistung, bei der entweder das Wissen über bekannte Zusammenhänge auf neue Fragestellungen angewandt wird (Problemlösungskompetenz) oder neues Wissen aus Erfahrung gewonnen wird (Lernfähigkeit). Menschliche Experten zeichnet dabei vor allem ihre Kreativität aus, die sie insbesondere ihrem allgemeinen Hintergrundwissen (sog. Weltwissen) verdanken und die sie zu heuristischem Handeln (Überbrückung von Wissenslücken) befähigt. Zuweilen sind Menschen aber auch zu kreativ, d. h. sie missachten oder verdrängen Zusammenhänge, die sie bei bewusster und sorgfältiger Entscheidung eigentlich für relevant halten würden. Gründe hierfür können Ablenkung, Ermüdung, Zeitmangel oder auch schlichtes Nichtwissen sein. Künstliche Intelligenz ist demgegenüber ermüdungsfrei und nicht ungewollt inkonsistent, hat aber im Vergleich zu menschlicher Intelligenz Defizite im kreativen Bereich. Gleichwohl – und damit unterscheiden sie sich von traditionellen Computerprogrammen – können KI-Technologien bestimmte intelligente Eigenschaften (z. B. Fehlertoleranz) abbilden und sind somit als Bestandteil eines DSS besser an die Anforderungen eines menschlichen Experten angepasst, weil sie in (bislang noch) eng umrissenen Bereichen ähnlich „ticken" wie der menschliche Benutzer. Hierzu ein Beispiel: Während ein traditionelles Computersystem eine Lösung nur dann erarbeiten kann, wenn alle hierfür erforderlichen Voraussetzungen exakt erfüllt sind und alle notwendigen Daten vollständig vorliegen, ist ein KI-System auch in der Lage, eine Lösung vorzuschlagen oder an einer solchen mitzuarbeiten, die zwar nicht perfekt, aber unter den gegebenen Umständen am ehesten geeignet ist. Gerade das zeichnet einen brauchbaren Berater aus, der ja nicht ständig erklären soll, was alles nicht geht, sondern auch Vorschläge unterbreiten soll, wie es (vielleicht) doch gehen könnte und was unter den gegebenen Bedingungen möglich und zu beachten ist.

Neben der Vorschlagsgenerierung können KI-basierte Ansätze bei der Entscheidungsfindung wichtige Kontrollaufgaben (Plausibilitäts- und Konsistenzchecks, Vollständigkeitsprüfungen) oder ermüdende Suchaufgaben in großen Lösungsräumen übernehmen und so den menschlichen Benutzer mehr und mehr von Routinetätigkeiten entlasten.

	Wissensbasierte Systeme (Expertensysteme)	Soft Computing	Multiagentensysteme (verteile Intelligenz)
Kennzeichnung	Trennung von Wissensbasis und Problemlösungsstrategie; Erklärung der gefundenen Lösung	Lernfähigkeit und Toleranz gegenüber unscharfem, ungewissem und unvollständigem Wissen	Emergente Problemlösung durch Kooperation vieler kontextbezogener, autonomer und flexibler Module
Teilgebiete	① logikbasiert ② regelbasiert ③ framebasiert[1] ④ modellbasiert ⑤ fallbasiert ⑥ statistisch *jeweils für Zwecke der Diagnose, Simulation und Konstruktion*[2]	① Fuzzy Systeme/ Computing with Words ② Neuronale Netze (Konnektionismus) ③ Genetische Algorithmen (evolutionäre Systeme) ④ symbolbasiertes Lernen ⑤ probabilistisches Schließen[3] ⑥ Multikriterielle Analytik (AHP, ANP)[4]	① Agentendesign ② Kommunikation ③ Kooperation und Konfliktlösungen

Tab. 1: KI-Technologien

Tabelle 1 gibt einen Überblick über die aus Sicht der Intelligenten DSS (IDSS) derzeit verfügbaren und relevanten Basistechnologien aus dem KI-Bereich. Hier ist nicht der Raum, auf Einzelheiten einzugehen, sondern es soll ein allgemeiner Eindruck davon vermittelt werden, wozu sich die unterschiedlichen KI-Ansätze als Ergänzung konventioneller DSS grundsätzlich eignen. Auf dieser Grundlage können dann im nächsten Abschnitt konzeptionelle Überlegungen zur Auswahl

[1] Unter den framebasierten Ansatz lassen sich i. w. S. auch Semantische Netze, O-A-V-Tripel sowie (als dynamische Abfolge von Frames) Scripts subsumieren, die in Tabelle 1 nicht einzeln ausgewiesen werden. Eine Erläuterung des Frame-Konzeptes erfolgt im nächsten Abschnitt.

[2] Vgl. zu dieser Einteilung PUPPE (1990), PUPPE (1991) und speziell zu Diagnosesystemen Puppe et. al. (1996).

[3] Hierzu zählen neben der Fuzzy Logic: Konfidenzfaktoralgebra, Dempster-Shafer-Evidenztheorie, abduktive Logiken zum nichtmonotonen Schließen sowie stochastische Ansätze (Bayessches Schließen, Bayessche Belief-Netze).

[4] AHP = Analytic Hierarchy Process [SAATY (2000)], ANP = Analytic Network Process [SAATY (2001)].

und zum Einsatz dieser Technologien angestellt werden, um die im zweiten Abschnitt formulierten Anforderungen zu erfüllen.

Die drei Hauptbereiche Wissensbasierte Systeme (WBS), Soft Computing und Multiagentensysteme fassen unterschiedliche Herangehensweisen bzw. Aufgabenschwerpunkte zusammen, die mit den jeweiligen Ansätzen bezweckt werden. Diese stellen keine exklusiven Alternativen dar, sondern sind miteinander kombinierbar.

Das hervorstehende Merkmal von Wissensbasierten Systemen (das Synonym „Expertensysteme" ist etwas aus der Mode gekommen) ist die Trennung der Wissensbasis und von den darauf anwendbaren Problemlösungsstrategien (Inferenzverfahren). Wie Tabelle 1 anhand der Teilgebiete zeigt, kann das Wissen auf verschiedene Weisen im System abgebildet (repräsentiert) werden (z. B. durch Regeln oder Beispielfälle). Entscheidend ist hierbei, dass es stets symbolisch, d. h. für Menschen verständlich, repräsentiert wird und das System somit keine Black Box darstellt. Anders wäre eine weitere wesentliche Eigenschaft, die Selbstdokumentation (Erklärung der gefundenen Lösung), nicht realisierbar.

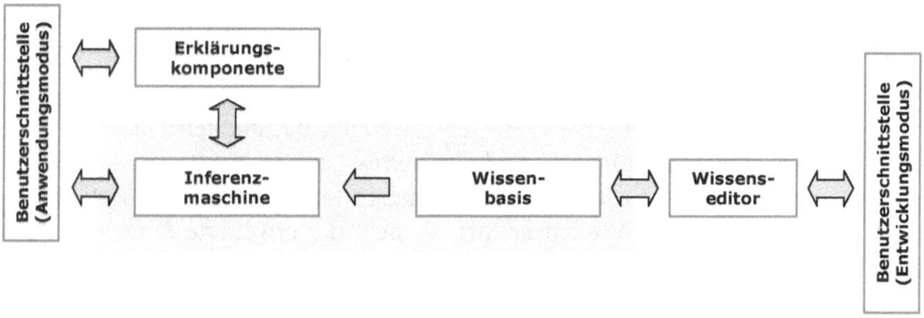

Abb. 4: Aufbau eines Wissensbasierten Systems

Anhand des in Abbildung 4 dargestellten Schemas lässt sich neben dem Aufbau eines WBS auch die Rollenverteilung zwischen Wissenschaft und Praxis ablesen. Der grau unterlegte Bereich wird als Knowledge Engineering bezeichnet und fällt in den interdisziplinären Bereich der jeweiligen Fachinformatik, im vorliegenden Fall also in die Volkswirtschaftsinformatik/Computational Economics [AMMAN (1997)]. Die Interdisziplinarität ergibt sich daraus, dass für die Kodierung des Wissens (Design der Wissensbasis) und den darauf abzustimmenden Schlussfolgerungsverfahren (Design der Inferenzmaschine) die Anforderungen der jeweiligen Fachsdisziplin (Besonderheiten der Wissensdomäne) mit den aus der Informatik bereitgestellten Repräsentations- und Inferenztechnologien zusammengebracht werden müssen, wofür sowohl ein inhaltlich-fachliches als auch ein technisches Verständnis erforderlich ist. Nimmt man die hiermit eng zusammenhängende Konzeption der Erklärungskomponente hinzu, so steht der Fragenkomplex „Was wissen, wie denken und argumentieren Ökonomen?" im Vordergrund der volkswirtschaftlichen WBS-Entwicklung. Über einen Wissenseditor wird die Wissensbasis des Systems von Fachexperten mit Inhalt gefüllt (Entwicklungsmodus), das dann im Anwendungsmodus von Praktikern zur Unterstützung ihrer Arbeit eingesetzt werden kann. Da der Einsatz des Systems in der Praxis (also die konkrete Fallbearbeitung) in der Regel in einer Datenbank dokumentiert wird, lassen sich aus der Art und Weise, wie Anwender mit dem bereitgestellten Wissen umgehen, zugleich Rückschlüsse und Anregungen für die weitere volkswirtschaftliche Forschung ableiten. Der Wissensfluss von der Theorie zur Praxis ist somit keine Einbahnstraße, jedenfalls dann nicht, wenn sich die Volkswirtschaftslehre als entscheidungsorientierte Sozialwissenschaft versteht, die auf praxisrelevante Fragen Antworten sucht.

Wissensbasierte Systeme sind als KI-Komponente von ihren Konstruktionsmerkmalen dafür prädestiniert, Entscheidungsunterstützungssysteme zu „intelligenten maschinellen Beratern" zu machen. Die übrigen in Tabelle 1 aufgeführten Technologien werden daher selten ohne Einbettung in ein WBS verwendet, können dieses aber aufgrund ihrer spezifischen Fähigkeiten sinnvoll ergänzen bzw. ausfüllen.

Die verschiedenen Teilgebiete des Soft Computing erlauben zum einen, den für praktische Fragestellungen überaus bedeutsamen Umgang mit unscharfem oder unsicherem Wissen maschinell handhabbar zu machen (Fuzzy Logik und Verfahren des probabilistischen Schließens), zum anderen können sie eingesetzt werden, um lernfähige Systeme zu entwickeln, die in einem bestimmten Umfang selbst neues Wissen entdecken können (symbolbasiertes Lernen, Neuronale Netze, Genetische Algorithmen). Rüstet man WBS mit Lernverfahren aus (als Ergänzung, nicht als Alternative zum Wisseneditor), so steht der erweiterte Fragenkomplex „Was wissen, wie denken, argumentieren und forschen Ökonomen?" im Zentrum der volkswirtschaftlichen WBS-Entwicklung.

Das Agentenbasierte Paradigma der Künstlichen Intelligenz stellt darauf ab, menschliche Entscheidungsträger durch künstliche Stellvertreter (Softwareagenten) nachzubilden und sie untereinander interagieren zu lassen, woraus sich dann Multiagentensysteme bilden. In kommerziellen Anwendungen dienen sie zum Beispiel als Beauftragte, um bei der Suche nach günstigen Lieferanten behilflich zu sein [TURBAN ET AL. (2005), S. 714 ff.]. Dies kann so weit gehen, dass Softwareagenten sogar Geschäfte eigenständig für ihre menschlichen Prinzipale abschließen. Die Volkswirtschaftslehre hat diesen Ansatz aufgegriffen und auf dieser Basis das Forschungsgebiet der Agent-Based Computational Economics (ACE) ausgeprägt (siehe hierzu auch den Beitrag von RINGHUT in diesem Band). In ACE-Modellen nutzt man Softwareagenten vor allem zur Abbildung heterogener Eigenschaften und Verhaltensweisen von Wirtschaftssubjekten, um deren Interaktion auf Märkten modellieren und die sich daraus ableitenden Ergebnisse simulieren zu können.

Unabhängig vom konkreten Anwendungsgebiet sind die (Teil-) Autonomie der Agenten und deren Interaktion (Kommunikation, Kooperation, Konfliktlösung) kennzeichnend für Multiagentensysteme. Intelligenz äußert sich dabei auf zwei Ebenen: Zum einen in der Eigenintelligenz der Softwareagenten (zumeist interpretiert als rationales zielorientiertes Handeln), bei deren Design dann auf andere KI-Technologien zurückgegriffen wird, und zum anderen als emergente Intelligenz, die sich im Zustandekommen eines Gesamtergebnisses aus dem Zusammenspiel verschiedener Einheiten äußert. Letzteres ist Ökonomen bestens vertraut: So stellt die Preis-Mengen-Kombination in einem Marktgleichgewicht ein als Intelligenzleistung zu bezeichnendes Informations-Tupel dar, das ein Knappheitsproblem optimal löst. Diese Intelligenzleistung kann weder einem einzelnen Akteur allein zugeschrieben werden, sondern erfolgt nur durch deren Interaktion in einem marktlichen Prozess, noch ist sie von einem zentralen Planer unabhängig von dessen individueller Intelligenz jemals erreichbar.

4. Konzeptionelle Überlegungen

Nach dem allgemeinen Überblick über verschiedene Technologien zur Entwicklung wissensbasierter Entscheidungsunterstützungssysteme im vorangegangenen Abschnitt werden diese nun bezüglich ihrer konzeptionellen Eignung für rechnergestützte KMD-Analysen diskutiert. Hierzu werden zunächst die in Frage kommenden traditionellen Varianten Wissensbasierter Systeme betrachtet und dann die Weiterentwicklung eines framebasierten Ansatzes zu einem agentenbasierten System in groben Zügen vorgestellt, wobei auch die übrigen KI-Technologien einbezogen werden.

Fallbasierte und statistische WBS setzen einen umfangreichen Pool an Beispielanalysen voraus, aus denen das implizit oder explizit vorhandene Wissen extrahiert und für neue Anwendungsfälle verfügbar gemacht werden kann. Auf eine solche Fallbasis kann nicht zurückgegriffen werden, weil Marktfunktionsfähigkeitsdiagnosen bislang als reine Textgutachten niedergelegt werden, die einer maschinellen Auswertung kaum zugänglich sind.[1] Zur Überwindung dieses Engpasses stellt der Einsatz von WBS eine wichtige Voraussetzung dar: in dem Maße, wie Marktanalysen mit allen Argumentationsschritten innerhalb eines Computersystems abgebildet und ihre einzelnen Komponenten in einer (Wissens-) Datenbank gespeichert werden, werden sie zukünftig auch als Input für fallbasierte (auf Ähnlichkeitserkennung und Analogieschlüssen zurückgreifende), sta-

---

[1] Hierfür kämen kontextverstehende Methoden des Wissensmanagements (Text-Mining) in Betracht, mit denen sich bestehende Studien syntaktisch auswerten ließen. Vgl. hierzu die Beiträge im Heft 2002/02 der Zeitschrift Künstliche Intelligenz oder kommerzielle Produkte wie KAI|Box des Unternehmens AIDOS (www.aidos.com). Diese Verfahren dienen jedoch in erster Linie dem Wiederfinden von Dokumenten. Eine Unterstützung bei der Erzeugung neuer Dokumente bieten sie nicht.

tistische (auf dem Theorem von Bayes aufbauende) und neuronale (konnektionistisch-induktive) Klassifikationsverfahren nutzbar.

Regelbasierte und modellbasierte Ansätze (Produktions- bzw. Simulationssysteme) eigenen sich besonders zur Abbildung von Ursache-Wirkungs-Zusammenhängen, wobei die Verwendung von Produktionsregeln vor allem auf heuristisches Wissen und modellbasierte Simulationssysteme stärker auf ein tieferes Problemverständnis zugeschnitten sind [Luger 2001, S. 301 ff, Giarratano/Riley 1998, S. 133 ff.]. Wie bereits erwähnt, dürfte im Bereich der hier betrachteten Domäne das heuristische Wissen dominieren. In Teilbereichen, etwa zur Abbildung der sich aus der Prozessvermaschung ergebenden Implikationen [Krämer (1992)], kann aber auch auf modellbasiertes Wissen zurückgegriffen werden.

Neben Ursache-Wirkungs-Zusammenhängen spielen für die Erstellung von Marktfunktionsfähigkeitsanalysen die hierarchische Verknüpfung von Wissensbestandteilen (Subsumtion, Verlinkung, Argumentationsketten) eine bedeutende Rolle, wofür sich eine framebasierte Wissensrepräsentation anbietet. Frames [MINSKY (1975)] können entweder konkrete Gegenstände oder abstrakte Begriffe (gedankliche Konstrukte) repräsentieren und korrespondieren somit unmittelbar mit den Einheiten einer Wissensdomaine, die auch als Wissensgranulate bezeichnet werden. Industrieökonomische Konzepte wie Marktphase, Markttransparenz oder Marktzutrittsschranke sind Beispiele für Wissensgranulate, die als Frames repräsentiert werden können, um als Bausteine im Rahmen einer KMD-Analyse Verwendung zu finden.

Ein Frame kapselt das deklarative (Know-what) und prozedurale (Know-how) Wissen über die von ihm repräsentierte Einheit. Technisch wird diese Kapselung durch eine Zusammenfassung von Slots (Datenfelder zur Zustandsbeschreibung) mit den für ihre Bearbeitung relevanten Methoden realisiert, die das Verhalten eines Objektes bestimmen. Dies erlaubt es einem Frame, selbständig auf Datenänderungen zu reagieren. Bekommt beispielsweise das für die Bestimmung der Marktphase zuständige Frame neue Angaben über den Grad der (von einem anderen Frame diagnostizierten) Produktdifferenzierung, so kann es daraus selbständig die Einordnung des Analysezeitraums in eine Marktphase ableiten.

Die Einbindung von Frames in eine Klassenhierachie (so genannte Vererbungsmechanismen) ermöglichen die effiziente Darstellung von Generalisierung und Spezialisierung innerhalb einer Wissensdomaine. Hierzu ein Beispiel: Dem DSS möge die Wirkung von Marktzutrittsschranken auf den Renditenormalisierungsprozess bekannt sein. Ferner seien hohe Fixkosten als eine Form von Marktzutrittsschranken kodiert. Dann sollte es dem System möglich sein, aufgrund der allgemeinen Zusammenhänge zwischen Marktzutrittsschranken auf die Renditenormalisierung auch von dem speziellen Fall hoher Fixkosten auf die Renditenormalisierung zu schließen. Hierzu muss der Fixkostenframe lediglich wissen, dass er unter bestimmen Bedingungen als Marktzutrittsschranke wirken kann.

Erweitert man den framebasierten Ansatz um ein Kommunikationssystem zwischen den Frames (Botschaftsverwaltung), so geht dieser vollständig in einem objektorientierten System auf [RICHTER (1991), § 8; JACKSON (1999), Ch. 7]. Darüber hinaus lassen sich sowohl Regeln als auch (Teil-) Modelle des Problembereichs in Form von Objekten abbilden [KUECHLER/LIM/VAISHNAVI (1995), NAULT/STOREY (1998)]. Geht man noch einen Schritt weiter und implementiert Kooperations- und Konfliktlösungsstrategien zur Koordination der verschiedenen Objekte, so lässt sich das so entstehende DSS auch als agentenbasiertes System auffassen,[1] wobei jedem Agenten die Aufgabe zufällt, einen bestimmten Baustein einer KMD-Analyse (teil-) autonom zu bearbeiten und im Rahmen der Gesamtanalyse aktiv zu vertreten (Bsp.: Bestimmung der Marktphase). Wie bereits im vorangegangenen Abschnitt besprochen, unterstützten agentenbasierte Systeme die Trennung in lokales Wissen (der einzelnen Agenten) und globales Wissen, das sich durch das Zusammenwirken der verschiedenen Agenten bei der gemeinsamen Problemlösung als emergente Intelligenz äußert, die maßgeblich von den in der Inferenzmaschine implementierten Kontrollstrategien zur Koordinierung der teilautonomen Agenten abhängt. Der Agentenpool stellt somit die Wissensbasis dar, während der Inferenzmaschine in dieser Konstellation eine Moderatorenrolle zukommt.

Zur Bearbeitung der jeweiligen Aufgabe kann ein Agent auf Daten zurückgreifen, die er unmittelbar vom Nutzer erfragt oder durch Kommunikation mit anderen Agenten ermittelt. Darüber hinaus stellen Default-Werte für die einzelnen Slots sicher, dass auch fehlende Daten überbrückt und der Inferenzprozess fortgesetzt werden kann. In diesem Zusammenhang ist die Nullhypothese funktionsfähiger Märkte für die Konfiguration eines agentenbasierten WBS von Bedeutung, da nicht nachgewiesene Funktionsmängel als nicht existent gelten. Aufgrund der Kommunikation der Agenten untereinander erhält man einen ereignisgesteuerten Inferenzprozess: ändert ein Agent den Wert seines öffentlichen Ergebnisslots, so benachrichtigt es alle übrigen Agenten, die auf den bisherigen Wert zurückgegriffen haben, woraufhin diese dann (über so genannte Dämonen, die die Slotbelegung überwachen) reagieren können. Dies korrespondiert mit dem kognitiven Prozess eines menschlichen Experten, wenn dieser aufgrund neuer Evidenz die Einschätzung eines bestimmten Sachverhalts ändert und überlegt, welche Konsequenzen sich daraus für die bisherigen Schlussfolgerungen ergeben. Aufgrund des Vererbungsmechanismus können verschiedene Varianten desselben Analysebausteins leicht und konsistent implementiert werden, indem die gemeinsamen Eigenschaften und Verhaltensweisen in einem Vorfahrobjekt zusammengefasst und nur die Besonderheiten in den Nachkommen ausdifferenziert werden (beispielsweise können Marktzutrittsschranken verschiedene Erscheinungsformen haben, dennoch haben sie die gemeinsame Eigenschaft, für die Beurteilung der potenziellen Kon-

---

1 Vgl. z. B. die Nutzung der Wissensabfragesprache KQML als Agentenkommunikationssprache [FININ ET AL. (1994)].

kurrenz oder – wie im Beispiel oben – für den Renditenormalisierungsprozess relevant zu sein).

Das in der Volkswirtschaftslehre dominierende Wissensrepräsentations- und Inferenzverfahren stellen mathematische Gleichungsmodelle dar. Ihre Popularität verdanken sie ihrer Fähigkeit, Dependenzen (über Funktionsausdrücke) abzubilden, Interdependenzen aufzulösen und Inkonsistenzen zu vermeiden. Diese wünschenswerten Eigenschaften können in abgeschwächter Form in agentenbasierten Systemen nachgebildet werden. Dependenzen lassen sich durch den Rückgriff eines Agenten auf Slots anderer Agenten, durch Verschachtelung von Agenten (Agenten als Slots anderer Agenten) oder durch Regelagenten abbilden, die mehrere Agenten miteinander in Beziehung setzen. Interdependenzen und Inkonsistenzen können zwar nicht grundsätzlich aufgelöst werden, jedoch lassen sie sich innerhalb eines Agentensystems identifizieren und dem Nutzer als Problem mit Lösungsvorschlägen vorlegen. An diesem Punkt wird die Rolle eines WBS als Entscheidungs*unterstützungs*system deutlich. Das System soll kein Wissen vortäuschen, über das es gar nicht verfügen kann. Es soll dem Nutzer aber aufzeigen, welche Konsequenzen seine Argumentationsführung hat, um ihm so Gelegenheit zu geben, auf Probleme aufmerksam zu werden und getroffene Zwischenentscheidungen zu überdenken. Ambivalente Ergebnisse, die sich objektiv nicht eindeutig entscheiden lassen, bleiben als solche erhalten und werden dem Nutzer zur (subjektiven) Entscheidung vorgelegt. Die dadurch erreichte Transparenz subjektiver Entscheidungen auf das Analyseergebnis ist zwar auch in Textgutachten möglich, jedoch dort weitaus weniger zwingend.

Die Steuerung der Reihenfolge, in der die Botschaften der Agenten untereinander ausgetauscht und bearbeitet werden, sowie die Mechanismen zur Identifikation von Interdependenzen (Argumentationsschleifen) und Widersprüchen sind die Aufgabe der Inferenzmaschine des WBS. In den Bereich der Ausgestaltung der Inferenzmaschine fallen Fragen der Argumentationsrichtung (Vorwärts- vs. Rückwärtsverkettung), verschiedene Suchstrategien (Tiefen- vs. Breitensuche) und – im Rahmen der Botschaftssteuerung – die Umsetzung des für agentenbasierte Ansätze typischen nichtmonotonen Schließens (Truth Maintenance und Backtracking-Mechanismen).

Ein wichtiger Fragenbereich betrifft die Abbildung von Ungewissheit und Unschärfe sowohl auf Slot- wie auf Inferenzebene. Hier sind die Anwendung verschiedener Verfahren zu prüfen wie Fuzzy Logic / Computing with Words, Konfidenzfaktoren, der Dempster-Shafer-Ansatz oder Belief-Netzwerke. Zu einigen dieser Verfahren liegen interessante framebasierte und objektorientiere Ansätze vor, an die ggfs. angeknüpft werden kann: SHARMA ET AL. (2003) stellen eine auf Fuzzy Frames (Objekte mit fuzzifizierten Slots) beruhende Expertensystemarchitektur vor; KOLLER/PFEFFER (1997) und (1998) eine objektorientierte Abbildung Bayesscher Netze. In diesem Zusammenhang wäre zu prüfen, ob sich dieser Ansatz mit der symbolischen Verallgemeinerung der Wahrscheinlichkeitstheorie [DARWICHE (1993)] verknüpfen lässt, um die Notwendigkeit statistischer (Fall-)

Wahrscheinlichkeiten zu überwinden. Immer dann, wenn das System dem Anwender im Rahmen eines Mensch-Maschine-Dialogs Alternativen zur Beurteilung vorlegen muss, sind AHP- bzw. ANP-Technologien sehr gut geeignet. Ähnlich wie Input-Output-Matrizen die sektorale Leistungsverflechtung einer Volkswirtschaft nachzeichnen, lässt sich mit ANP-Supermatrizen die Argumentationsverflechtung einer Marktanalyse abbilden und auf dieser Basis ein quasi-konsistentes Gesamtergebnis synthetisieren.

Die vorstehenden Überlegungen umreißen skizzenhaft das technisch-methodische Potenzial der Verbindung aus DSS und Künstlicher Intellignz, aus dem die entscheidungsorientierte Volkswirtschaftslehre zur Entwicklung geeigneter Werkzeuge für ihre Endanwender schöpfen kann.

5. Ausblick

Die Entwicklung von (intelligenten) Government Support Systemen kann als eigenständiger Forschungskontrollbeitrag der computergestützten Anwendung volkswirtschaftlichen Wissens angesehen werden. Die Entwicklung des skizzierten Agentenmodells ist ein typisches Beispiel für den mit der anwendungsorientierten Volkswirtschaftsinformatik einhergehenden wissenschaftlichen Arbeitsstil, der den Brückenschlag zwischen Theorie und Praxis nicht nur fordert, sondern auch fördert: Die Erstellung der für KMD-Analysen notwendigen Agenten umfasst die Abbildung der Prozessmustertests sowie die Implementierung der relevanten Marktversagenstatbestände. Dies wird – insbesondere in den ersten Prototypen – nicht vollständig sein können und – auch bei den reiferen Versionen – in der Wissenschaftsgemeinde bezüglich der im Agentendesign abgebildeten Theorieelemente nicht unumstritten bleiben. Hier liegt die Stärke des zugrunde liegenden framebasierten bzw. objektorientierten Ansatzes: Wer mit einer bestimmten Umsetzung eines Theorieelementes nicht einverstanden ist, kann aus der bestehenden Objekthierarchie einen neuen Typ ableiten und einen alternativen wettbewerbstheoretischen Aspekt als neuen Agenten implementieren, der dann innerhalb des Gesamtsystems alternativ zur Verfügung steht. Der einzige Zwang, dem man sich dabei unterwerfen muss, besteht darin, Agenten zu schaffen, die innerhalb des Gesamtsystems produktiv sind, d. h. einen Bezug zwischen tatsächlich verfügbaren Daten und dem Analyseergebnis herstellen (Relevanz- und Machbarkeitstest für die anwendungsnahe Forschung). Bei der agentenbasierten Theorieentwicklung ist daher die Verbindung zur Empirie und zur wirtschaftspolitischen Praxis bereits mitzudenken. Kritik innerhalb dieses Ansatzes kann zwangsläufig nur konstruktiv sein im Sinne der Bereitstellung modifizierter oder alternativer Agenten. Es ist daher auch möglich, an Stelle des KMD-Konzeptes auf der bereitgestellten Agenteninfrastruktur einen alternativen Ansatz zu implementieren oder das KMD um weitere Werkzeuge zu ergänzen (z. B. um den hypothetischen Monopolistentest). Die Praxistauglichkeit der verschiedenen Agenten lässt sich dadurch feststellen, wie oft darauf im Rahmen der praktischen Arbeit direkt oder indirekt (über andere Agenten) zurückgegriffen wird. Analog zu den gängigen Zitationsindizes lässt sich auf diese Weise innerhalb der Wissenschaftsgemeinde ein Wettbewerb um praxistaugliche Theoriebeiträge in Gang setzen.

Literatur

Amman, H. M. (1997): What Is Computational Economics?; in: Computational Economics, Vol. 10, S. 103-05.

Back, A. (2001): Entscheidungsunterstützungssysteme; in: Handwörterbuch Unternehmensrechnung und Controlling, Stuttgart.

Badiru, A. B. / Cheung, J. Y. (2002): Fuzzy Engineering Expert Systems with Neural Network Applications; New York.

Balzert, H. (1999): Lehrbuch der Objektmodellierung – Analyse und Entwurf; Heidelberg/Berlin.

Bonissone, P. P. (1997): Soft Computing: The Convergence of Emerging Reasoning Technologies; in: Soft Computing, Vol. 1, S. 6-18.

Darwiche, A. (1993): A Symbolic Generalization of Probability Theory; Ph. D. Thesis, Stanford.

Darwiche, A. (2000): Model-Based Diagnosis under Real-World Constraints; in: AI Magazine, Vol. 21, 57-73.

Dubois, D. / Prade, H. (1998): Soft Computing, Fuzzy Logic, and Artifical Intelligence; in: Soft Computing; Vol. 2, S. 7 - 11.

Eucken, W. (1990): Grundsätze der Wirtschaftspolitik; 6. Aufl., Tübingen.

Finnin, T. / Fritzson, R. / McKay, D. / McEntire, R. (1994): KQML as an Agent Communication Language; in: The Proceedings of the Third International Conference on Information and Knowledge Management (CIKM'94), ACM Press.

Fritsch, M. / Wein, T. / Ewers, H.-J. (2001): Marktversagen und Wirtschaftspolitik – Mikroökonomische Grundlagen staatlichen Handelns; 4. Aufl., München.

Görz, G. (1995) [Hrsg.]: Einführung in die Künstliche Intelligenz; 2. Aufl., Bonn u. a. O.

Grob, H. L. (1996): Positionsbestimmung des Controlling; Arbeitsbericht Nr. 1 der Reihe „Computergestütztes Controlling", Münster.

Grossekettler, H. (1995): Die Messung der Funktionsfähigkeit von Märkten mit Hilfe des Konzepts zur Koordinationsmängeldiagnose – Methodenbeschreibung und Anwendung bei einer In-vivo-Inpsektion realer Märkte; Volkswirtschaftliche Diskussionsbeiträge, Nr. 195, 2. Aufl., Münster.

Hamker, J. (1998): Pathologie der Marktprozesse – Ein Störungshandbuch zur Koordinationsmängeldiagnose; Lohmar/Köln.

Haun, M. (2000): Wissenbasierte Systeme – Eine praxisorientierte Einführung; Renningen.

Jackson, P. (1999): Introduction to Expert Systems; 3rd Ed.,Harlow.

Jin, Y. (o. J.): Soft Computing Home Page; http://www.soft-computing.net.

Kendrick, D. (1991) [Ed.]: Report of the NSF Workshop on Research Opportunities in Computational Economics; Washington.

Kleiner, M. (2000): UML mit Delphi – Objektorientiert modellieren und entwickeln; Frankfurt /M.

Koller, D. / Pfeffer, A. (1997): Object-Oriented Baysian Networks; in: Proceedings of the Thirteenth Annual Conference on Uncertainty in Artificial Intelligence (UAI-97), Providence, S. 302-313.

Koller, D. / Pfeffer, A. (1998): Probabilistic Frame-Based Systems; in: Proceedings of the Fifteenth National Conference on Artificial Intelligence (AAAI-98), Madison, S. 580-587.

Kooths, S. (2004): Controlling Dritten Grades – Wettbewerbspolitik und Volkswirtschaftsinformatik; in: Bensberg, F. / v. Brocke, J. / Schultz, M. (Hrsg.): Trendberichte zum Controlling; Heiderlberg 2004, S. 33. ff.

Kosch, A. (2001): InterBase Datenbankentwicklung mit Delphi – Zugriff auf InterBase 5 und 6 mit IBX und DBExpress; Frankfurt/M.

Krämer, T. (1992): Simulation und Funktionsfähigkeitsprüfung verbundener Marktprozesse – Eine Untersuchung auf der Basis des Koordinationsmängelkonzepts; Frankfurt u.a.O.

Krupp, H.-J. (2004): Was kann die (National-) Ökonomie zur Gestaltung der Wirtschaftspolitik beitragen?; in: Wirtschaftsdienst, 84. Jg., Heft 2, S. 84-90.

Kuechler, W. L. / Lim, N. / Vaishnavi, V. K. (1995): A Smart Object Approach To Hybrid Knowledge Representation and Reasoning Strategies; in: Nunamaker, J. F. / Sprague (Ed.): Information Systems, Decision Support and Knowledge-Based Systems, IEEE Proceedings of the Twenty-Eighth Annual Hawaii International Conference on System Sciences; Vol. III, Los Alamitos.

Luger, G. (2001): Artificial Intelligence: Structures and Strategies for Complex Problem Solving; 4th Ed., Upper Saddle River.

Minsky, M. (1975): A Framework for Representing Knowledge; in: Winston, P. H. (Ed.): The Psychology of Computer Vision; New York.

Munsberg, H. (1994): Der Verlauf von Markträumungsprozessen in den Branchen des Verarbeitenden Gewerbes der Bundesrepublik Deutschland; Frankfurt/Main u. a. O.

Nagel, F. (1999): Der Renditenormalisierungsprozeß; Lohmar/Köln.

Nault, B. R. / Storey (1998): Using Object Concepts to Match Artificial Intelligence Techniques to Problem Types; in: Information and Management, Vol. 34, No. 1, S. 19-31

Pearl, J. (2001): Causality – Models, Reasoning and Inference; Cambridge.

Puppe, F. / Gappa, U. / Poeck, K. / Bamberger, S. (1996): Wissensbasierte Diagnose- und Informationssysteme; Berlin / Heidelberg / New York.

Richter, M. M. (1992): Prinzipien der Künstlichen Intelligenz; 2. Aufl., Stuttgart.

Reiß, W. / Wagenhals, G. (1990): Volkswirtschaftsinformatik; in: Gablers Volkswirtschaftslexikon, 3. Aufl., Wiesbaden.

Russel, S. / Norvig, P. (2003): Artificial Intelligence: A Modern Approach; 2nd Ed., Upper Saddle River.

Saaty, T. L. (2000): The Fundamentals of Decision Making and Priority Theory with the Analytic Hierarchy Process; AHP Series, Vol. VI, Pittsburgh.

Saaty, T. L. (2001): The Analytic Network Process: Decision Making with Dependence and Feedback; 2nd Ed., Pittsburgh.

Schengber, R. A. (1996): Marktabgrenzung und Machtmessung – Eine Analyse von Methoden und Indikatoren für das Koordinationsmängel-Diagnosekonzept; Lohmar/Köln.

Sebbel-Leschke, B. (1996): Technischer Fortschritt – Eine Analyse zur Funktionsfähigkeitsprüfung des Produkt- und des Verfahrensfortschrittsprozesses im Rahmen des Konzeptes zur Koordinationsmängeldiagnose; Bergisch Gladbach/Köln.

Sen, S. (1997): Multiagent Systems: Milestones and New Horizons; in: Trends in Cognitive Science, Vol. 1, S. 334-339.

Sharma, A. K. / Kumar, C. / Mustafa, K. / Kumar, A (2003): A Fuzzy Frame Based Expert Shell; in: Proceedings of National Workshop on IT Services and Applications (WITSA2003), New Delhi.

Stefik, M. J. (1995): Introduction to Knowledge Systems; San Francisco.

Streit, M. E. (2003): Von der Ordnungsökonomik zur Systemtheorie – Bemerkungen zu zentralen Forschungsparadigmen; MPI Discussion Papers, Max-Planck-Institut zur Erforschung von Wirtschaftssystemen, No. 02-2003, Jena.

Turban, E. / Aronson, J. E. (2005): Decision Support Systems and Intelligent Systems; 7th Ed., Upper Saddle River.

Tietzel, M. (1985): Wirtschaftstheorie und Unwissen – Überlegungen zur Wirtschaftstheorie jenseits von Risiko und Unsicherheit; Tübingen.

Teixeira, S. / Pacheco, X. (2002): Borland Delphi 6 Developer's Guide; Indianapolis.

Zadeh, L. A. (1996): Fuzzy Logic = Computing with Words; in: IEEE Transactions on Fuzzy Systems, Vol. 2, S. 103-111.

Monopolmarktmodelle bei explizit modellierten Heterogenitäten auf der Nachfrageseite

Eine Diskussion über Erweiterungen des Standardlehrbuchmodells auf Basis von agentenbasierten Modellformulierungen

Eric Ringhut

Zusammenfassung: Die Wirtschaftswissenschaften erfahren in den letzten Jahren mit dem Aufkommen der agentenbasierten Computermodelle (agent-based computational economics – auch als ACE-Modelle bekannt) eine neue Form der Modellierung und Modellanalyse. ACE-Modelle sind vereinfacht ausgedrückt Computerprogramme, die einzelne Wirtschaftssubjekte als künstliche Agenten modellieren und deren Interaktion abbilden. Die Motivation für eine solche Art der Modellformulierung liegt in der Erkenntnis, dass die Interaktion heterogener Agenten selbst Ursache für komplexe Modellergebnisse auf der Makroebene sein kann, obwohl die Komplexität auf der Mikroebene vernachlässigbar gering erscheint. Ohne die explizite Abbildung dieser Interaktion und der Heterogenität der Agenten kann diese Komplexität (und meistens auch die Dynamik) auf der Makroebene nicht modelliert werden. Der technische Fortschritt und der zunehmende Einzug der Computer in die Sozial- und Wirtschaftswissenschaften haben die Verbreitung dieser ACE-Modelle über die letzten Jahre enorm gefördert. Ziel dieses Beitrags ist es, die Möglichkeiten der ACE-Modellierung an einem einfachen Beispiel – dem klassischen Modell des Monopolmarktes – zu erläutern und die Folgen deutlich zu machen.

Schlüsselworte: Agentenbasierte Modellierung, agent-based computational economics, ACE, Monopol

1. Einleitung

Das Modell des Monopolmarktes ist Bestandteil eines jeden Standardlehrbuchs der Mikroökonomik bzw. der Preis- und Markttheorie. Seine Modellannahmen und Ergebnisse sind allgemein bekannt und ausführlich diskutiert. Trotz (oder gerade wegen) seiner Einfachheit hat dieses Modell die ökonomische und wirtschaftspolitische Entscheidungsfindung maßgeblich beeinflusst. Die Erkenntnisse über die Modellergebnisse haben beispielsweise entscheidend die heute vorherrschende Meinung in Bezug auf Regulierungsnotwendigkeiten geprägt.

In der Literatur gibt es zahlreiche Beiträge, die das Modell des Monopolmarktes aus den verschiedensten Blickwinkeln betrachten, erweitern und kritisieren. Eine neuere Modellbetrachtung stellt die Modellierung als agentenbasiertes Computermodell dar. Solche Modelle sind in der Literatur als ACE-Modelle zu finden, wobei ACE ein Akronym für *agent-based computational economics* darstellt. Der Begriff agent-based macht bereits deutlich, dass es sich um die explizite Modellierung einzelner Agenten oder Marktteilnehmer handelt. Der Grund dafür liegt in der Erkenntnis, dass die Heterogenität von Agenten und ihre Interaktion in (künstlichen) Märkten die Modellergebnisse entscheidend beeinflussen. Beide Eigenschaften können eine eigene Modelldynamik kreieren, die auf der Makroebene nicht abgebildet werden kann. Welche neuen Erkenntnisse diese Forschungsrichtung bringen kann und welche bestehenden Ansätze es bereits gibt, ist Gegenstand dieses Beitrags. Dabei wird weder beabsichtigt, einen vollständigen Literaturüberblick zu geben, noch sollen einzelne Modelle im Detail aufgearbeitet und dargestellt werden. Keiner dieser Ansprüche könnte im Rahmen dieser Arbeit erfüllt werden. Stattdessen sollen die wesentlichen Forschungsrichtungen und Erkenntnisse dargelegt werden und beispielhaft Modellauszüge aufgezeigt werden, um die Motivation und den Nutzen für den Bereich ACE deutlich zu machen.

Die Arbeit gliedert sich wie folgt. Zunächst wird in Abschnitt 2 das Standardlehrbuchmodell des Monopolmarktes vorgestellt und die zugrunde liegenden Annahmen mit Relevanz für die weitere Untersuchung diskutiert. Daran schließt sich im Abschnitt 3 ein kurzer Überblick über die Forschungsrichtung der *agent-based computational economics* an, bevor im Abschnitt 4 auf einzelne Erweiterungen des Monopolmarktmodells im Rahmen von ACE-Modellierungen eingegangen wird. Die Arbeit schließt mit einer Zusammenfassung im Abschnitt 5.

2. Das Standardlehrbuchmodell des Monopolmarktes

Üblicherweise wird ein Monopolmarkt als eine Marktform definiert, in der es lediglich einen Anbieter für ein Produkt gibt, das keine engen Substitute kennt und das durch Eintrittsbarrieren keinem Wettbewerb ausgesetzt ist [vgl. z. B. McKenzie (2003), S. 2]. Dementsprechend steht der Monopolist als einziger Anbieter der Gesamtnachfrage X^D gegenüber und kann diejenige Preis-Mengen-Kombination wählen, die sein Gewinnmaximierungsziel erfüllt.

Die Nähe zu substitutiven Gütern sowie die Höhe der Eintrittsbarrieren bestimmen dabei die Preiselastizität der Marktnachfrage, die durch Gleichung (1) beschrieben sei

$$X^D = f(P)\,, \qquad (1)$$

mit P als Preis. Der Monopolist wird als Gewinnmaximierer angenommen, wobei die Gewinnmaximierungsfunktion G des Monopolisten in ihrer allgemeinen Form durch Gleichung (2) beschrieben wird (mit U für Umsatz und K für Kosten)

$$G = U(X) - K(X) = P \cdot X - K(X)\,, \qquad (2)$$

Die Maximierung dieser Funktion führt zu der allgemein bekannten Gewinnoptimierungsbedingung (3):

$$GE = GK \qquad (3)$$

Im Gewinnoptimum sind daher Grenzerlös GE und Grenzkosten GK identisch. Damit ist die gewinnoptimale Menge des Monopolgutes bestimmt, die wiederum eingesetzt in (1) und aufgelöst nach P den Monopolpreis P^M ergibt. Abb. 1 verdeutlicht dieses Ergebnis graphisch, wobei die Art der Funktionsverläufe per Annahme gewählt wurde.

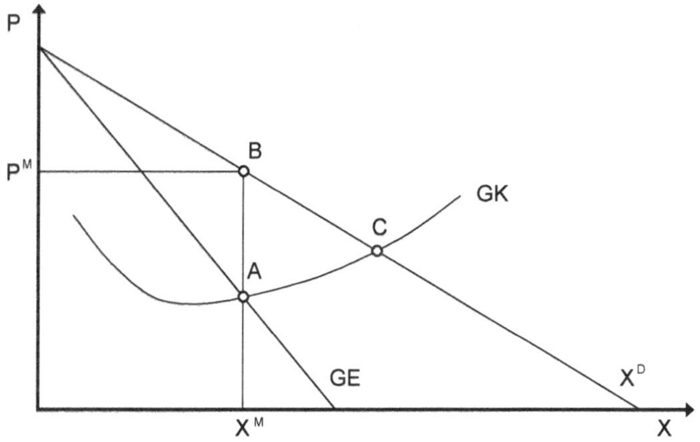

Abb. 1: Das Standardmodell des Monopolmarktes

Im Punkt A sind Grenzkosten und Grenzerlös gleich groß, damit ist die Monopolmenge X^M festgelegt, die über die Nachfragefunktion den Monopolpreis P^M bestimmt. Die Fähigkeit des Monopolisten, das gesamte Marktangebot zu beeinflussen, versetzt ihn in die Lage, einen höheren Preis am Markt durchzusetzen als sich ansonsten in einem Wettbewerbsumfeld ergeben würde. Unterstellt man, dass die Grenzkostenkurve im Wettbewerbsfall ebenfalls der eingezeichneten GK-Kurve entspricht, so würde der Schnittpunkt dieser Kurve mit der Gesamtnachfrage (Punkt C) die Preis-Mengen-Kombination im Wettbewerbsfall beschreiben.

So weit, so gut. Diese Ausführungen gehören wie bereits erwähnt zum Standard der ökonomischen Profession. Was sich jedoch an Annahmen hinter diesem Modell verbirgt und wie restriktiv diese Annahmen eigentlich sind, wird erst durch eine vertiefte Diskussion deutlich. Dabei sei darauf hingewiesen, dass diese Diskussion hier streng modelltheoretisch ist.

- Gewinnmaximierung braucht streng genommen gar nicht als Annahme unterstellt werden, sondern ist modelltheoretisch gesehen die einzig denkbare Verhaltensweise des Monopolisten. Wie bereits weiter unten noch deutlich werden wird, stecken in diesem Modell weitgehende Annahmen über die Informationsbasis aller Marktteilnehmer. Kurz gesagt könnte man sagen: Alle wissen alles. In Bezug auf das Verhalten des Monopolisten bedeutet dies, dass die Marktteilnehmer, als auch die nicht marktteilnehmende Modellumwelt, jederzeit über die Aktionen und Ergebnisse des Monopolisten informiert sind. Es ist daher zu erwarten, dass perfekte *corporate governance* vorherrscht. Würde nun diese Umwelt beobachten, dass der Anbieter keine Gewinnmaximierung betreibt, obwohl er es unter den Modellannahmen eindeutig könnte, so würde er aufgekauft werden und ein Management eingesetzt, das den Anteilseignern (Shareholdern) schließlich die Maximierung ihres eingesetzten Kapitals ermöglicht [vgl. z. B. MCKENZIE (2003), S. 5].
- Von Zeit zu Zeit liest man in der Literatur, dass im Modell angenommen werde, alle Nachfrager verhielten sich homogen. Dies ist aus zweierlei Sicht interessant, zum einen ist das Verhalten der Nachfrager – das Augenmerk liegt auf dem letzten Buchstaben – überhaupt nicht modelliert, sondern lediglich das des Aggregates Marktnachfrage und zweitens wäre Homogenität nicht zwingend notwendig. Aus welchem Grund sollten sich die Nachfrager homogen verhalten müssen? Wenn zwei Nachfrager A und B einen Prohibitivpreis von 100 Geldeinheiten je Mengeneinheit haben, A jedoch bei einer Preissenkung von 1 Geldeinheit je Mengeneinheit 2 Einheiten des Gutes mehr nachfragt, B aber nur eine, so ist das Verhalten sicherlich heterogen und dennoch hat das keinerlei Auswirkungen auf das oben dargestellte Modellergebnis.[1]
- Nachfrager – oder genauer Käufer – verkaufen das Produkt nicht weiter. Diese Annahme ist im Standardmodell ohne Belang, denn Rationierungen der Nachfragerseite sind ausgeschlossen. Jeder, der eine höhere Zahlungsbereitschaft als P^M aufweist, ist im Modell in der Lage, seine gewünschte Menge zu erwerben. Falls jemand erworbene Einheiten zu einem günstigeren Preis weiterverkauft, bleibt das ohne Folgen für die dargestellten Ergebnisse. Was die Aufhebung dieser Annahme jedoch für Auswirkungen haben kann, wenn Erweiterungen des Modells zugelassen werden, wird weiter unten angesprochen.
- Die Monopolpreis-Mengen-Kombination B in Abb. 1 ist mit Wohlfahrtsverlusten gegenüber einem angenommenen Wettbewerbsergebnis verbunden. Da

[1] Im genannten Beispiel würde man sogar ebenso eine perfekte, kontinuierliche Gerade als Funktionsverlauf der Gesamtnachfrage erhalten.

der Teil der Konsumenten- und Produzentenrente, der durch die Fläche ABC beschrieben wird, verloren geht, wird das Monopolmarktergebnis als Marktversagen bezeichnet. Dabei wird grundsätzlich unterstellt, dass die Ursache für diese Wohlfahrtsverluste in der Beherrschung der Marktnachfrage durch den Monopolisten liegt, die wiederum auf die hohen Eintrittsbarrieren zurückzuführen sind. Wenn man jedoch die Modellannahmen streng auslegt, dann kann man ebenso umgekehrt argumentieren, dass bei vollkommenen Informationen und keinerlei Organisationskosten, die Konsumenten genauso gut den Monopolisten aufkaufen könnten, um dadurch den Wettbewerbspreis zu erzielen. Tatsächlich ist dieses Verhalten jedoch auch modelltheoretisch nicht zu erwarten, denn ein einzelner Nachfrager würde sich besser stellen, wenn er sich nicht am Kauf beteiligt und damit Kapitaleinsatz leisten muss, sondern stattdessen als *free rider* auftritt. Damit führt das Free-Rider-Problem zu prohibitiv hohen Organisationskosten auf der Nachfragerseite und verhindert, dass die Nachfrager den Monopolisten übernehmen. Daher könnte man argumentieren, dass das *free riding* auf der Nachfragerseite die Ursache für Wohlfahrtsverluste ist.

- Im Modell wird unterstellt, dass die Nachfrage gegeben und unabhängig vom Monopolpreis ist. Die Nachfragemenge wird selbstverständlich vom Preis beeinflusst, nicht jedoch die Nachfrage, die üblicherweise abhängig ist von Budgetrestriktionen und Präferenzen. Dies muss jedoch (auch modelltheoretisch) nicht sein, wie weiter unten gezeigt wird.[1]

- Der modellierte Monopolmarkt wird als statischer Markt angenommen. Alle Informationen liegen vor, der Monopolist kann den Monopolpreis bestimmen (errechnen) und das Marktgleichgewicht stellt sich ein. Es existieren keine Preisanpassungsprozesse, weil sie unter vollkommenen Informationen gar nicht notwendig sind. Die fehlende Dynamik bezieht sich jedoch auch auf das Monopolgut an sich. Dieses wird als existent, bereits erfunden und entwickelt und bis zur Produktionsreife gebracht angenommen. Das heißt, die Entwicklungsgeschichte, die Preishistorie, die Entwicklungskosten bleiben vollkommen außer acht. Dies hat bei statischer Betrachtung keinerlei modelltheoretische Bedeutung, kann jedoch – und muss vielleicht sogar – eine Rolle bei dynamischer Betrachtung spielen.[2]

---

1 Anschauliche Beispiele aus der Praxis nennt McKenzie (2003), S. 15.

2 Güter fallen ja in der Regel nicht vom Himmel in den Schoß von Monopolisten, sondern erfordern teilweise enormen Entwicklungsaufwand. Ohne jemals vom Markt eine Entschädigung für diesen Aufwand zu bekommen, wäre wohl kaum ein Unternehmer bereit, diese Kosten auf sich zu nehmen. Daher müssen Wohlfahrtsaspekte in diesen Fällen über die Zeit betrachtet werden. Diese Ansicht ist selbstverständlich anerkannt und findet bspw. in der Vergabe von Patenten auch Anwendung. Siehe hierzu auch McKenzie (2003), S. 16 f.

- Der Markt für das Monopolgut weist keinerlei Netzwerkeffekte auf. Netzwerkgüter zeichnen sich dadurch aus, dass der Nutzen, den sie aus Sicht der Konsumenten befriedigen, davon abhängig ist, ob und wie viele andere dieses Gut ebenfalls konsumieren. Betriebssysteme, Spielkonsolen, Mobilfunkverträge und Vereinsmitgliedschaften sind nur Beispiele für solche Netzwerkgüter. Da das Netzwerk für den Konsumenten einen Wert an sich darstellt und ein monopolistischer Anbieter ein Interesse daran haben kann, das Netzwerk möglichst groß auszubauen, kann dies Einfluss auf seine Preissetzungsstrategie nehmen. Des Weiteren gilt zu beachten, dass nicht nur die statische Größe eines Netzwerks, sondern auch die Geschwindigkeit, mit der es sich entwickelt, für seine Nachfrager Nutzen stiften kann und damit wohlfahrtsrelevant wird. Zusammengefasst bedeutet dies, dass soweit es sich um ein Netzwerk-Monopolgut handelt, die Standardlehrbuchannahme der statischen Betrachtung modelltheoretisch nicht angebracht erscheint.
- Für die weitere Untersuchung ist jedoch die folgende Annahme von besonderer Bedeutung: Der Monopolist kennt die Marktnachfragefunktion vollständig, kennt jede Preiselastizität bei jeder beliebigen Preis-Mengen-Kombination. Es ist gerade diese Annahme, die implizit deutlich macht, dass das Modell von vollkommenen Informationen ausgeht.[1]

Weitet man die Annahmendiskussion noch tiefer auf Wohlfahrtsaspekte aus (insbesondere auf den Vergleich des Monopolmarktergebnisses mit dem im Wettbewerbsfall), so können aus modelltheoretischer Sicht weitere Annahmen diskutiert werden, die wesentlichen Einfluss auf die Bewertung von Monopolmärkten und deren Regulierung heutzutage haben. Da dies jedoch für die vorliegende Arbeit nicht weiter von Bedeutung ist, soll darauf nicht näher eingegangen werden.[2]

Im folgenden Abschnitt wird stattdessen auf die Forschungsrichtung *agent-based computational economics* eingegangen und ihre Bedeutung für modelltheoretische Untersuchungen von Monopolmärkten aufgezeigt.

---

[1] Jeder, der eine neue Erfindung macht und diese potentiellen Konsumenten anbieten möchte, wäre froh um diese Information.

[2] Es wird an dieser Stelle auf die Arbeit von McKenzie (2003) verwiesen. Dass weiter oben Wohlfahrtsaspekte sehr wohl explizit angesprochen wurden, liegt daran, dass sie ein Kommunikations- und Organisationsproblem auf der Nachfragerseite beinhalten. Die Kommunikation zwischen einzelnen Nachfragern spielt weiter unten eine Rolle, so dass diese Annahme diskussionswürdig erschien.

3. ACE – Agent-based Computational Economics

Agent-based Computational Economics (ACE) wird definiert als:

"the computational study of economies modelled as evolving systems of autonomous interacting agents. Starting from initial conditions, specified by the modeller, the computational economy evolves over time as its constituent agents repeatedly interact with each other and learn from these interactions." [TESFATSION (2002), S. 55].[1]

Das Forschungsgebiet ACE ist mittlerweile so weitläufig, dass in der Literatur bereits bis zu acht verschiedene Forschungsstränge differenziert werden [PHAN (2003), S. 2 f.]. Das Spektrum reicht grob von der Modellierung und Analyse von Marktprozessen auf der Ebene einzelner Marktteilnehmer über die Abbildung von unterschiedlichen intelligenten Lernverfahren bis zu der Programmierung von so genannten *computational laboratories*, mit deren Hilfe unterschiedliche ökonomische Fragestellungen auf der Agentenebene untersucht werden können.[2] Die entscheidende Frage hier ist aber mehr, warum sollte man überhaupt und wenn, wann auf der Agentenebene modellieren? Aus Sicht von AXTELL (2000) können drei wesentliche Gründe unterschieden werden:

1. Zur Durchführung klassischer Simulationen
2. Als Ergänzung zu analytischen Modellen
3. Als Ersatz für analytische Modellformulierungen.

Im ersten Fall werden ACE-Modelle generiert, um Modellergebnisse anschaulich aufbereiten, analysieren und präsentieren zu können. Im letztgenannten Fall liegt die Motivation eher darin, dass bestimmte Modelle mathematisch-analytisch nicht mehr lösbar, sondern nur noch durch Simulationen erfahrbar gemacht werden können. Von besonderer Bedeutung scheint der zweite Fall zu sein, da ACE explizit als Ergänzung zur analytischen Betrachtung verstanden wird. Wenn ein Modell bspw. nachweislich einen eindeutigen Gleichgewichtswert besitzt, dieser aber nicht errechnet werden kann, können ACE-Modelle über Simulationen helfen, diesen Wert numerisch zu bestimmen. Oder wenn es darum geht, vom rationalen Agenten-Fall zu abstrahieren und beschränkt rationale Agenten zuzulassen oder instabile Gleichgewichtsphase zu analysieren oder Konvergenzzeiträume zu bestimmen bis ein Gleichgewicht nahezu erreicht ist, können ACE-Modelle ein sinnvolles Werkzeug darstellen. In letzterem Fall mag es theoretisch befriedigend sein, dass ein Gleichgewicht *in the very long run* erreicht wird, aber interessant ist

---

[1] Für eine detaillierte Vorstellung von ACE siehe TESFATSION (2005).

[2] Beispiele hierfür sind SWARM und MODULECO. Für eine Link-Sammlung über verfügbare Entwicklungsumgebungen für agentenbasierte Modellierung siehe http://www.econ.iastate.edu/tesfatsi/acedemos.htm.

ja in diesem Fall insbesondere mit welcher Geschwindigkeit man sich auf das Gleichgewicht zu bewegt. Ist man nach wenigen Perioden bereits zu 90 % am Gleichgewichtswert oder erst nach 100.000 Perioden? Damit ermöglichen ACE-Modelle Szenarien durch zu spielen, deren Ergebnisse sich analytisch nicht bestimmen lassen. Sie können somit den Raum aufzeigen, der sich auftut, wenn Modellannahmen sukzessive ersetzt und Modelle dadurch mathematisch-analytisch unlösbar werden.

Insbesondere wenn es um die Abbildung von unvollständigen Informationen und damit Unsicherheit bei den Entscheidungsträgern in einer ökonomischen Modellumgebung geht, stellen ACE-Modelle eine Möglichkeit dar, die Auswirkungen solcher Defizite auf der individuellen als auch auf der kollektiven Ebene zu modellieren. Es geht dabei auf der einen Seite um den individuellen Entscheidungsfindungsprozess eines einzelnen Agenten sowie auf der anderen Seite die Verbreitung von Informationen auf der kollektiven Ebene, also um Lernprozesse von künstlichen sozialen Netzwerken. Letzteres hört sich vielleicht nach einem realitätsfernen Begriff an, aber letztendlich stellt ein realer Markt doch nichts anderes dar als ein solches soziales Netzwerk, in dem eigenständige Wirtschaftssubjekte (Agenten) zusammentreffen, Informationen austauschen, möglicherweise auf unterschiedlichste Art und Weise voneinander lernen und Transaktionen miteinander durchführen. Eine herausragende Eigenschaft solcher Systeme – als auch deren künstliche Abbildung in (Computer) Modellen – ist, dass trotz äußert simpler und perfekt voraussagbarer Verhaltensweisen auf der Agentenebene das Zusammenspiel in einem Netzwerk – die Interaktion an sich – komplexe Marktergebnisse zustande bringen kann. Die Interaktion selbst ist damit Ursache von Komplexität, Nichtlinearitäten, scheinbar stochastischen Ergebnissen. Klassische Lehrbuch-Makromodelle können diese Ursache nicht abbilden, da sie die Interaktion per se ausschließen. Entweder sie werden nur als Gleichgewichtsmodell verstanden und dann auch nur ihre Gleichgewichtszustände analysiert[1], oder simple Differenzen- oder Differentialgleichungen beschreiben einen zeitlichen Ablauf, aus dem sich ein Entwicklungsprozess zum Gleichgewicht (Gleichgewichtspfad) errechnen lässt.

In ACE-Modellen werden im Gegensatz dazu die Interaktionen auf der Agentenebene explizit modelliert, indem einzelne Agenten (als Softwareagenten) spezifiziert werden – welche Eigenschaften und Verhaltensweisen sie haben – und anschließend ein Interaktionsschema programmiert wird – wer kommuniziert mit wem, wann und worüber und tauscht welches Gut in welchen Mengen aus? Es liegt mehr als auf der Hand, dass sich zumindest in einer Eigenschaft die Agenten voneinander unterscheiden müssen. Wenn alle das Gleiche denken, erwarten, empfinden, besitzen, anstreben usw. wird es zu keinerlei Interaktion kommen. Dies

---

[1] Das heißt, das Modell liegt gar nicht in einer dynamisierten Form vor, in der der Weg zum Gleichgewicht nachgezeichnet werden kann.

ist üblicherweise dadurch gewährleistet, dass es mindestens einen Anbieter und einen Nachfrager gibt. Jedoch kann sich die Heterogenität von Agenten auch auf eine Marktseite beziehen, indem z. B. unterschiedliche Anfangsausstattungen mit Kapital vorgegeben werden, unterschiedliche Präferenzen vorliegen, andere Erwartungsbildungsprozesse angenommen werden usw. Diese Heterogenität, die vorliegt bevor irgendein Agent mit einem anderen etwas zu tun hatte, nennt man *idiosynkratische Heterogenität.* Nun ist es in ACE-Modellen typischerweise so, dass, wenn Interaktion zugelassen wird, sich zwei Agenten durch individuelle Lernprozesse in völlig verschiedene Richtungen entwickeln können, selbst wenn sie in der Ausgangssituation absolut identisch gewesen sind. Dies nennt man *interaktive Heterogenität.* Menschen weisen nun mal im Gegensatz zu vielen anderen elementaren Bausteinen eines komplexen interagierenden Systems die aus Modellbauersicht herausfordernde Eigenschaft auf, dass sie lernfähig sind, also Ansichten, Überzeugungen und Verhaltensweisen im Zeitablauf ändern. Da dies auf nahezu alles zutreffen könnte, ist es bereits am Anfang des Modellbaus von entscheidender Bedeutung, sich Gedanken darüber zu machen, wann eine Verhaltensweise von (modellergebnis) beeinflussender Bedeutung ist und wann nicht [PHAN (2003), S. 5].

Auf einen besonderen Punkt sei an dieser Stelle hingewiesen. Die Diskussion über den Einfluss von Heterogenitäten bei Marktteilnehmern ist breit und lang und erst recht ist sie nicht neu. Auch ohne die Modellierungsmöglichkeiten von ACE finden sich zahlreiche Arbeiten, die heterogenes Verhalten explizit modellieren. Dabei müssen in der Regel zahlreiche vereinfachende Annahmen getroffen werden, um Modelle analytisch noch lösen zu können. Die Freiheitsgrade werden durch die gewählte Methodik beschränkt. ACE hebt diese Einschränkung weitestgehend auf. Die Gefahr, die dabei entsteht, ist jedoch, dass alles erklärt werden kann und dadurch wiederum nichts. STIGLER und BECKER haben diesen Einwand bereits 1977 in Bezug auf den Erklärungsgehalt von unterschiedlichen Präferenzen auf das ökonomische Verhalten von Menschen angebracht. Die Freiheitsgrade, die das menschliche Präferenzspektrum anzubieten hat, schienen (damals) unendlich groß, so dass sie zur Erklärung von empirischem Verhalten nichts beizutragen hatten, insbesondere da sie empirisch nicht messbar seien. Dass diese Aussage so heute nicht mehr gültig erscheint, ist das Thema unter anderem von CAPLAN (2003). Von Bedeutung ist jedoch an dieser Stelle, dass ACE zwar sicherlich die Tür zur Modellierung unterschiedlicher menschlicher Präferenzen öffnet, die modellierte Heterogenität jedoch selbstverständlich andere, empirisch klar messbare Eigenschaften wie Vermögensausstattungen, Einkommen, Wohnlage, Anzahl Kinder etc. umfassen kann. Dennoch muss der Modellbauer selbstverständlich darauf achten, wie sensitiv seine Modellergebnisse auf Parametereinstellungen reagieren und welche Parameterwerte ökonomisch gehaltvoll und empirisch nachweisbar sind.[1]

Da das Wesentliche dieser Modelle nicht deutlich genug betont werden kann, sei an dieser Stelle nochmals erwähnt: selbst simple, deterministische Verhaltensweisen auf der Ebene der Agenten, können durch Interaktion zu komplexen Marktergebnissen führen, die alleine aufgrund der Heterogenität und Interaktion zustande kommen. Das alleine ist Anlass und Motivation genug, diesen Forschungszweig zu beachten, denn dass beide Eigenschaften in der realen Welt eher die Regel als die Ausnahme sind, liegt auf der Hand.

Der folgende Abschnitt beschäftigt sich mit Ansätzen, in denen ACE und das Modell des Monopolmarktes zusammengeführt und oben dargestellte Annahmen teilweise aufgehoben werden. Ziel ist es, die Idee und Motivation dieser Ansätze zu vermitteln, nicht deren Details zu erläutern. Für diesen Zweck wird auf die angegebene Literatur verwiesen.

4. Modellerweiterungen auf Basis von ACE-Modellierungen

Im Folgenden werden in einzelnen Abschnitten prominente Beispiele aus der Literatur vorgestellt, die auf der einen Seite einen Bezug auf agenten-basierte Modellformulierungen haben und auf der anderen Seite Erweiterungen des Standardlehrbuchmodells des Monopolmarktes darstellen, indem dort unterstellte Annahmen aufgehoben werden.

Die Ausführungen beginnen mit der Aufhebung der Annahme, die Marktnachfragefunktion sei dem Monopolisten vollkommen bekannt. ROTHSCHILD ist dieser Frage 1974 in einem heute als bereits „klassisch" bezeichneten Artikel im Journal for Economic Theory nachgegangen [LOGINOVA/TAYLOR (2004), S. 2, sowie ROTHSCHILD (1974)]. Demnach sollte sich ein Monopolist durch Preisexperimentieren Informationen über das Käuferverhalten beschaffen und so die Marktnachfragefunktion lernen. Allerdings kann es sein, dass das Lernergebnis nicht das vollständige Wissen über die Marktnachfragefunktion darstellt, da Lernprozesse mit Opportunitätskosten in Form von entgangenen Erträgen durch suboptimale Preise verbunden sein können. Der Monopolist sieht sich nämlich grundsätzlich dem folgendem Problem gegenüber: Soll er seine bisherigen Informationen nutzen, um darauf basierend seinen gewinnmaximierenden Preis zu bestimmen oder soll er versuchen, neue Informationen am Markt zu sammeln (neue Preise auspro-

[1] Der Begriff Parametereinstellung wird dabei als Sammelbegriff für sämtliche Modellbausteine angesehen. Auch die Wahl einer bestimmten Preissetzungsfunktion – unabhängig von ihren Parameterausprägungen – kann erheblichen Einfluss auf die Modelldynamik haben.

bieren), um sich dem globalen Optimum zu nähern? Diese Fragestellung ist in der Literatur unter dem Stichwort *exploration versus exploitation* bekannt und vielfach diskutiert [FISHMAN/ROB (1997), S. 2].

Um sich dieses Ergebnis verdeutlichen zu können, muss man sich bewusst machen, dass das Nachfrageverhalten auf Märkten nicht unbedingt der Standardlehrbuchdarstellung einer stetigen fallenden Preis-Absatzfunktion entsprechen muss. Werden stochastische Einflüsse zugelassen, Unstetigkeiten sowie „nicht-normal" verlaufende Bereiche der Preis-Absatzfunktion, so übertragen sich diese Eigenschaften auf die Gewinnfunktion des Monopolisten, an Hand derer dieser die Vorteilhaftigkeit seiner Preissetzung beurteilt. Damit kann es sein, dass es nicht einen einzigen Berggipfel im Gewinn-Mengen-Gebirge (oder besser Extremwert der Gewinnfunktion des Monopolisten) gibt, dem man sich, egal von welcher Seite man kommt, eindeutig schrittweise nähern kann.[1]

4.1 Unbekanntes Nachfragerverhalten

Die erste wesentliche und am häufigsten angegangene Erweiterung zum Standardmonopolmarktmodell ist die Aufhebung der Annahme, dass die Marktnachfrage dem Monopolisten vollkommen bekannt ist. Die Diskussion über diese Erweiterung hat bereits Anfang der 70er Jahre begonnen und ist mittlerweile in zahlreichen Beiträgen in der wirtschaftswissenschaftlichen Literatur festgehalten.[2] Um einen einfachen Einstieg in diese Diskussion zu finden und ein erstes kleines ACE-Modell zu betrachten, sei an dieser Stelle auf das Modell von FISHMAN/ROB (1997) eingegangen.

Das Modell umfasst einen Anbieter, den Monopolisten, der das Gut X mit Grenzkosten in Höhe von Null produziert und anbietet. Des Weiteren existieren zwei unterschiedliche Nachfragertypen, die entweder eine geringe oder hohe Zahlungsbereitschaft für das Gut X aufweisen. Der Niedrigpreis-Typ ist bereit P_L zu zahlen, während der Hochpreis-Typ P_H zahlen würde, mit $P_H > P_L$. Der Markt ist zeitlich nicht beschränkt und alle Markteilnehmer haben eine unendliche Lebensdauer. Strategische Überlegungen, die gegen Ende einer Lebensdauer – sei es des Marktes oder eines Marktteilnehmers – relevant werden könnten, entfallen somit vollständig. In jeder Periode wird ein Nachfragertyp zufällig ausgewählt, der darüber zu entscheiden hat, ob er ein vorliegendes Preisangebot annehmen oder ablehnen möchte. Die Wahrscheinlichkeit, dass er ein Hochpreis-Typ ist, sei α. Der Monopolist kennt P_L und P_H, nicht jedoch α. Aus Sicht des Monopolisten kann α entweder α_L (Niedrigpreis-Regime) oder α_H (Hochpreis-Regime) sein, mit $1 > \alpha_H >$

---

[1] Genau das macht man schließlich, wenn man *hill-climbing* mit Informationen über Differentialquotienten verwendet.

[2] Zu den herausragenden Stationen auf diesem Gebiet zählen PRESCOTT (1972), GROSSMAN ET AL. (1977), MCLENNAN (1984), EASLEY/KIEFER (1988), AGHION ET AL. (1991) sowie KELLER, RADY (1999).

$\alpha_L > 0$. Beide Werte werden zum Zeitpunkt der Markteröffnung festgelegt und bleiben über die Zeit konstant. Entscheidend ist die folgende Annahme:

$$\alpha_H \cdot P_H > P_L > \alpha_L \cdot P_H \qquad (4)$$

Diese Annahme bewirkt, dass P_H den Monopolpreis im Hochpreis-Regime darstellt und P_L im Niedrigpreisregime. Die Ungleichung drückt jedoch zudem aus, dass ein Anreiz aus Sicht des Monopolisten besteht, den wahren Wert von α zu lernen, denn ohne diese Kenntnis kann er seinen Preis nicht gewinnmaximierend setzen. Zu Beginn des Marktes, bevor irgendeine Transaktion stattgefunden hat, nimmt der Monopolist an, dass die a priori Wahrscheinlichkeit, dass $\alpha = \alpha_H$ ist, $\rho_0 = \Pr(\alpha = \alpha_H)$ beträgt. Im Zeitverlauf sei ρ_t die a posteriori Wahrscheinlichkeit, die der Monopolist auf Grundlage seiner weiter unten erläuterten Transaktionserfahrungen aktualisiert.[1]

Wenn der Monopolist nun in einer Periode seinen Preis auf P_L festsetzt, so gewinnt er dadurch keinerlei Informationen, da egal in welchem Regime sich der Markt befindet und unabhängig vom Nachfrager-Typ, der ihm gegenübersteht, eine Transaktion immer zustande kommt. Anders dagegen im Fall von $P > P_L$. Falls in einer solchen Situation der Nachfrager kauft, so steigt aus Sicht des Monopolisten die Wahrscheinlichkeit, dass sich der Markt im Hochpreis-Regime befindet. Umgekehrt steigt die Wahrscheinlichkeit für das Niedrigpreis-Regime, wenn der Kauf nicht zustande kommt. Daher befindet sich der Monopolist bei $P > P_L$ im Experimentierbereich, in dem er versucht, über seine Transaktionserfahrungen das wahre Regime zu lernen. Die folgenden beiden Gleichungen zeigen, wie er im Fall eine Kaufs U_K bzw. Nicht-Kaufs U_N bei $P > P_L$ seine Einschätzung ρ_t aktualisiert:

$$U_K(\rho_t) = \frac{\rho_{t-1}\,\alpha_H}{\rho_{t-1}\,\alpha_H + (1-\rho_{t-1})\,\alpha_L}, \quad \text{falls Nachfrager bei } P > P_L \text{ kauft} \qquad (5)$$

$$U_N(\rho_t) = \frac{\rho_{t-1}\,(1-\alpha_H)}{\rho_{t-1}\,(1-\alpha_H) + (1-\rho_{t-1})\,(1-\alpha_L)}, \quad \text{sonst.} \qquad (6)$$

Es gilt selbstverständlich $U_K(\rho_t) > \rho_{t-1} > U_N(\rho_t)$.

Entsprechend dem Standardmodell ist der Monopolist bestrebt, seinen Periodengewinn G zu maximieren. G ist eine Funktion von ρ_t, denn seine persönliche Re-

---

[1] FISHMAN und ROB weisen darauf hin, dass die Nachfrager sowohl ihre eigene Zahlungsbereitschaft als auch das gültige Regime kennen und daher keinen Anreiz haben, über die Preisangebote des Monopolisten auf das Nachfragerverhalten anderer Konsumenten zu schließen.

gimeeinschätzung bestimmt sein Preissetzungsverhalten. Gleichung (7) verdeutlicht dies:

$$G(\rho_t) = \text{Max}\left(\frac{P_L}{1-\delta}, \tilde{\rho}_t\,[P_H + \delta\, G(U_K(\rho_t))] + (1-\tilde{\rho}_t)[\delta\, G(U_N(\rho_t))]\right) \qquad (7)$$

mit $\delta \in (0,1)$ als Diskontierungsfaktor und $\tilde{\rho}_t = \rho_t \cdot \alpha_H + (1 - \rho_t)\cdot \alpha_L$. Aus dieser Zielfunktion lässt sich folgende optimale Preissetzungsregel für den Monopolistenpreis P_M ableiten:

$$P_M = \begin{cases} P_H & \text{wenn } \rho_t \geq \rho^* \\ P_L & \text{wenn } \rho_t < \rho^* \end{cases} \qquad \text{mit } \rho^* = \frac{(P_L/P_H) - \alpha_L}{\alpha_H - \alpha_L} \qquad (8)$$

Der Wert von ρ^* stellt eine Cut-Off Grenze dar, ab der die Vorteilhaftigkeit des Hochpreises von der des Niedrigpreises abgelöst wird und umgekehrt. Im Fall von P_H entspricht der erwartete Periodengewinn des Monopolisten dem zweiten Teil von (7). Im Fall von P_L erzielt er einen sicheren Umsatz in Höhe von P_L, so dass dieser abdiskontiert auf den Periodenbeginn dem erwarteten Periodengewinn entspricht. Wichtig ist folgende modellinhärente Schlussfolgerung: Sollte es jemals auf Basis dieser Preisregel optimal sein, dass der Monopolist seinen Preis bei P_L festsetzt, so wird er dieses Preisniveau für immer beibehalten. Warum? Nun, wie bereits eingangs erwähnt, vermittelt das Transaktionsergebnis von P_L – immer ein Kauf, unabhängig von Regime und Nachfrager-Typ – dem Monopolisten keinerlei neue Informationen. Da er nur seinen erwarteten Periodengewinn maximieren möchte und daher keine zukünftigen Periodenerträge ins Kalkül zieht kann es niemals optimal sein, den Preis wieder auf P_H anzuheben. Die Experimentierphase ist ab dem ersten p_L abgeschlossen.

Um einen Eindruck über die Modellverhaltensweise zu erlangen sei ein numerisches Beispiel angeführt. Es gelten folgende Parameterwerte: $\alpha = 0{,}5$ (gleiche Chance in einer Periode einen Hochpreis- oder Niedrigpreis-Typ zu treffen), $\alpha_H = 0{,}8$, $\alpha_L = 0{,}3$, $P_H = 100$, $P_L = 50$, $\delta = 0$.

Damit ist Gleichung (4) erfüllt und die Cut-Off Grenze beträgt: $\rho^* = 0{,}4$.

Damit es zu ökonomisch nicht-trivialen Verhaltensweisen des Monopolisten kommt, sei unterstellt, dass $1 > \rho_0 > \rho^*$. Damit ist sichergestellt, dass wenigstens in einer Periode experimentiert wird. Im unterstellten Beispiel beträgt $\rho_0 = 0{,}9$. Die folgenden Grafiken in Abb. 2 zeigen die Modellergebnisse für die ersten 50 Perioden.

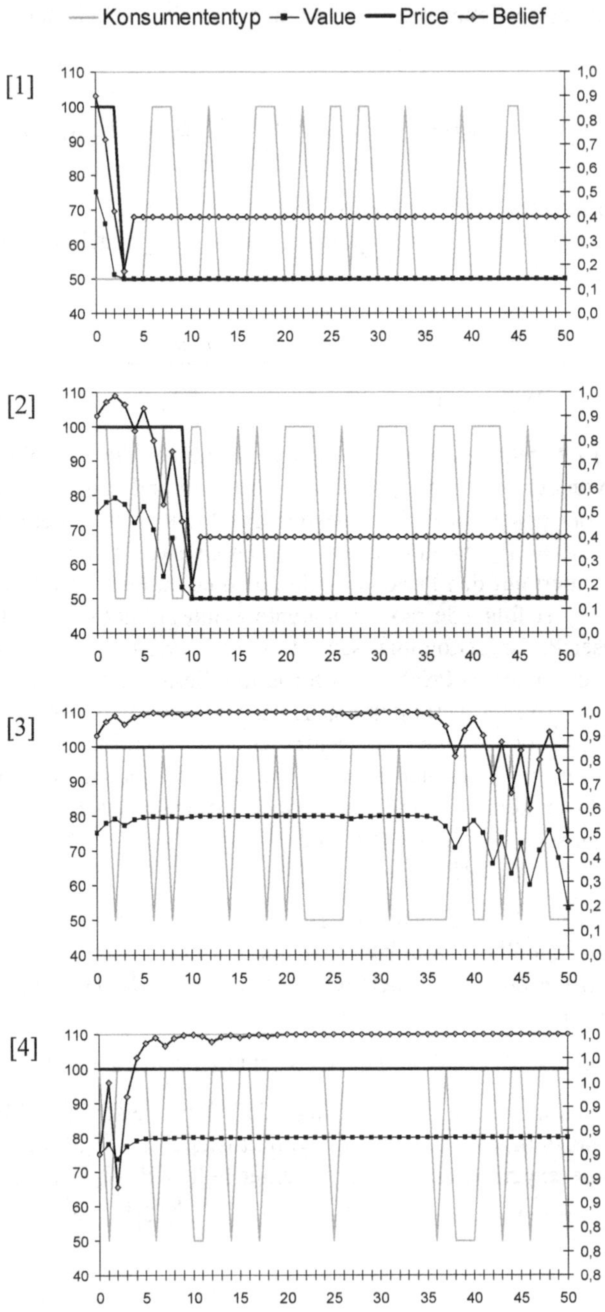

Abb. 2: FISHMAN/ROB-Modell

In allen Abbildungen stellt die zwischen 50 und 100 hin und her springende graue Linie den Nachfrager-Typ in der entsprechenden Periode dar, die dicke schwarze Linie zeigt die Preissetzung des Monopolisten (beide linke Achse), die dünne schwarze mit quadratischen Punktmarkierungen den erwarteten Periodengewinn und die mit rauteförmigen grauen Punktmarkierungen versehene Linie die Regimeeinschätzung ρ_t des Monopolisten (beide rechte Achse).

Da die Anfangsparameter so gewählt wurden, dass sich Experimentieren lohnt, beginnen alle Märkte mit P_H als Monopolpreis. Je nach Kauf oder Nicht-Kauf aktualisiert der Monopolist ρ_t entsprechend (5) bzw. (6). Sobald dieser Wert das erste Mal unter $\rho^* = 0{,}4$ fällt, ist die Experimentierphase vorbei und P_L wird zum Monopolpreis in jeder Periode. Die erste Graphik zeigt, dass zufällig in den ersten Perioden nur Niedrigpreis-Nachfrager dem Monopolisten gegenüberstehen. Daher sinkt sein Glaube an ein Hochpreis-Regime sehr schnell und bereits ab der dritten Periode ist das Preisexperimentieren vorbei. Sein erwarteter Periodengewinn verharrt auf dem Niveau von 50. Je nach Auftreten unterschiedlicher Nachfrager-Typen kann es zu vollkommen unterschiedlichen Marktverläufen kommen. Die Graphiken 2 bis 4 verdeutlichen beispielhaft, dass das Hochpreis-Regime durchaus lange vorherrschen kann.

Im vorgestellten Modell von FISHMAN und ROB wurde angenommen, dass es zwei Nachfrager-Typen gibt und der Monopolist ebenfalls an zwei mögliche Regime glaubt und zudem P_L und P_H kennt. Die ökonomische Realität hat jedoch sicher ein breiteres Spektrum anzubieten. LELOUP modelliert beispielsweise einen Monopolmarkt, in dem der Anbieter einer Vielzahl von Nachfragern gegenübersteht, die entweder eine Einheit des Monopolgutes kaufen wenn der angebotene Preis unterhalb des persönlichen Prohibitivpreises liegt oder nicht [LELOUP/DEVEAUX (2001), LELOUP (2002, 2003)]. Die individuellen Prohibitivpreise sind nicht beobachtbar. Sie werden zufallsbasiert erzeugt, wobei der Monopolist auch die Form der Verteilungsfunktion nicht kennt, jedoch eigene Vorstellungen über ihr Aussehen entwickelt. In jeder Periode trifft er auf einen per Zufall ausgewählten Nachfrager und bietet diesem genau einen Preis P_i aus einer endlichen Menge von möglichen Preisen an. Preisverhandlungen sind nicht zugelassen. Die Kosten sind auf Null normiert, so dass der Periodengewinn entweder Null (Nicht-Kauf) oder P_i (Kauf) entspricht. Das Ziel des Monopolisten ist es, den Barwert seiner Periodengewinne zu maximieren.

Auf Grundlage der Kaufentscheidung der Nachfrager lernt der Monopolist die Verteilung der Prohibitivpreise. Leloup untersucht verschiedene Lernmethoden, wie *bayesian-learning*, *Maximum-Likelihood* Schätzung und *self-reinforcing machine learning* Verfahren. Dabei stellt sich heraus, dass der Monopolist, nachdem das Modell in einen Gleichgewichtszustand konvergiert hat, die Verteilungsparameter nur unvollständig gelernt hat. Der Grund für dieses Ergebnis, das in der Literatur vielfach unter dem Stichwort *incomplete learning* zu finden ist, liegt darin, dass ökonomisch nicht die Genauigkeit des Lernprozesses belohnt wird, sondern der Barwert der Periodengewinne. Daher können große Fehler am Anfang einer Simulation trotz perfekter Anpassung am Ende nicht mehr aufgeholt werden.

Das Ausmaß an Lernen ist schließlich nicht exogen vorgegeben, sondern ergibt sich aus der Abwägung zwischen erwarteter Ergebnisverbesserung durch weiteres Preisexperimentieren und Ausnutzung der aktuell vorliegenden Informationsbasis. Lernen ist somit eine endogene Eigenschaft des Modells und wird durch den ökonomischen Vergleich von Kosten und Nutzen getrieben.

An Hand dieser Argumentation wird deutlich, dass durch die Aufhebung der Annahme, der Monopolist würde die Nachfragefunktion vollständig kennen, und die Modellierung von Lernprozessen, die nicht direkt die Genauigkeit des Lernens der Parameter der Nachfragefunktion belohnen, sondern ökonomische Größen wie Gewinne, der Wissensstand den das Standardmodell beschreibt, möglicherweise niemals erreicht wird.

4.2 Kommunikation unter den Nachfragern

Interessant ist die Aufhebung der Annahme, dass Nachfrager keine Erfahrungen über Transaktionen austauschen dürfen. Menschen leben in sozialen Netzwerken, kommunizieren direkt oder indirekt miteinander, kaufen Fachzeitschriften, lesen Online-Portale usw. All das gehört insbesondere im Zeitalter der Informationstechnologie immer mehr zum Alltag. Die Kosten der Informationsbeschaffung sind häufig vernachlässigbar gering.

LELOUP (2002, 2003) und PHAN ET AL. (2003) erweitern das Standardmonopolmarktmodell um diesen Aspekt. Der Grundgedanke dabei ist, dass ein Agent (ein Nachfrager) nicht mehr bereit ist, einen Preis zu zahlen, der höher als der niedrigste Preis ist, den ein anderer in der Vergangenheit bezahlt hat. Zusätzlich könnte man modellieren, dass dies selbst dann gilt, wenn der niedrigste Preis noch unterhalb des ursprünglichen persönlichen Prohibitivpreises des betrachteten Agenten liegt. Unterschiedliche Effekte treten in Abhängigkeit der Kommunikationsstruktur auf, die implementiert wird. Kann jeder mit jedem jederzeit kommunizieren oder nur mit seinen direkten Nachbarn? Die implementierte Kommunikationsstruktur bestimmt die Geschwindigkeit, mit der sich Informationen unter den Agenten ausbreiten können.

Die qualitativen Auswirkungen der Aufhebung dieser Annahme liegen auf der Hand. Wenn der Monopolist mit niedrigen Preisen experimentiert, läuft er Gefahr, dass die Nachfrager ihre Zahlungsbereitschaft ändern und nicht mehr bereit sind, höhere Preise in Kauf zu nehmen als der niedrigste, von dem sie wissen, dass er einem anderen gewährt wurde. Gewinnverluste sind zu erwarten. Ein pessimistisch eingestellter Monopolist, der zu Marktbeginn nicht davon überzeugt ist, dass er hohe Preise erzielen kann und daher mit niedrigen experimentiert, wird daher im Gleichgewicht bei einem Preisniveau mit positiver Wahrscheinlichkeit enden, das unterhalb des optimalen Monopolpreises zu Beginn der Simulation liegt.

4.3 Monopolmarkt mit Netzwerkeffekten

FISHMAN/GANDAL (1994) modellieren ein einfaches Modell, in dem zwei Anbieter eines vergleichbaren Gutes X in zwei Perioden auf Nachfrager treffen. Wie in den Modellen weiter oben ist auch hier den Anbietern das aktuell gültige Regime (Niedrigpreis versus Hochpreis) unbekannt, sie kennen jedoch die Zahlungsbereitschaft der Nachfrager in Form der Prohibitivpreise P_H und P_L in beiden Regimes und nehmen beide mit einer Wahrscheinlichkeit α $(1 - \alpha)$ an, dass sich der Markt im Hochpreisregime (Niedrigpreisregime) befindet. Daher würde kein Anbieter jemals einen Preis unterhalb von P_L bzw. zwischen P_L und P_H festsetzen. Beide Anbieter können beliebig viele Einheiten des Gutes X in jeder Periode zu Kosten in Höhe von Null anbieten. Es wird unterstellt, dass die Nachfrager in einer Periode nur einen der beiden Anbieter kontaktieren können, um den Preis in Erfahrung zu bringen. Dadurch besitzen die Anbieter jeder für sich ein gewisses Maß an Marktmacht in Bezug auf ihre Freiräume bei der Preissetzung. Falls sie vollkommene Kenntnis über die Zahlungsbereitschaft der Nachfrager hätten, könnten sie beiden als perfekte Monopolisten auftreten.

Die wesentliche Neuerung besteht nun darin, dass in der zweiten Periode ein Netzwerkeffekt eingebaut wird. Dieser kommt dadurch zustande, dass die Nachfrager nicht mehr bereit sind, von dem Anbieter mit dem geringeren Marktanteil in der ersten Periode zu kaufen – egal welchen Preis er in der zweiten Periode anbietet. Um den Netzwerkeffekt vollständig von anderen Einflüssen zu separieren, wird zudem angenommen, dass beide Anbieter ihre Preissetzung zu Beginn der zweiten Periode vornehmen bevor sie Kenntnis über die Verteilung der Marktanteile aus der ersten Periode erlangen. Damit stehen die Anbieter vor folgendem Problem: setzen sie den Preis in der ersten Periode mit P_H hoch an, verkaufen sie keine Einheit von X falls sich herausstellen sollte, dass die Nachfrager nur bereit sind P_L zu zahlen. Zudem laufen sie dabei jedoch auch Gefahr, einen geringeren Marktanteil als der Konkurrent zu bekommen und damit keinerlei zukünftige Gewinne zu realisieren.

FISHMAN und GANDAL spielen die folgenden vier möglichen Situationen durch, wobei der erste Teil der Klammer die Preissetzung des ersten Anbieters in Periode 1 ist und der zweite von Anbieter 2:

[1] (P_L,P_H) [2] (P_L,P_L) [3] (P_H,P_H) [4] (P_H,P_L)

Ihre zentrale Erkenntnis ist, dass, wenn sich die Einschätzung der Anbieter, dass der Markt sich in einem Hochpreisregime befindet, α in einem Bereich

$$\frac{P_L}{(2P_H - P_L)} \leq \alpha < \frac{P_L}{P_H} \tag{9}$$

bewegt, ein Monopolist mit dem Preis experimentieren würde und den wahren Regimezustand lernt, während durch den Netzwerkeffekt keiner der beiden Anbieter experimentiert. Stattdessen offerieren beide zum Preis von P_L in beiden Perioden, selbst wenn ein Hochpreisregime vorliegt. Dass Letzteres der Fall ist, werden die Anbieter niemals erfahren.

Dem aufmerksamen Leser ist sicherlich aufgefallen, dass das vorgestellte Modell kein ACE-Modell ist. Das ist richtig! Eine ACE-Modellierung dieses interessanten Ansatzes würde jedoch weitergehende Untersuchungsmöglichkeiten eröffnen. Beispielsweise könnte die Betrachtung auf mehrere Periode ausgedehnt werden, die Cut-Off-Grenze, ab der ein Anbieter sämtliche Marktanteile verliert gelockert werden, indem beispielsweise Minimumanteile vorgegeben werden, ab denen ein Anbieter vom Markt verschwindet. Er könnte dann mit seiner Preissetzung auf fallende Marktanteile reagieren. Zusätzlich könnte man Erfahrungsgüter modellieren, deren wahrer Wert sich erst durch den Gebrauch herausstellt, um graduelleres Verhalten der Konsumenten abzubilden. Ebenfalls interessant wäre eine Untersuchung der Auswirkungen und Verhaltensweisen der beiden Anbieter bei unterschiedlichen Zeitpunkten des Markteintritts. Eine ACE-Modellierung würde dafür eine geeignete Plattform darstellen.

4.4 Strategisches Käuferverhalten

Strategisches Verhalten der Nachfrager spielt keine Rolle auf Märkten, auf denen Konsumenten vollkommen anonym auftreten können und keinerlei private Informationen offen legen. Ebenso wenig relevant ist diese Fragestellung für Märkte, auf denen Konsumenten das angebotene Gut nur einmalig erwerben und es keinen Informationsaustausch zwischen Anbieter und Nachfrager im Vorfeld des Kaufs gibt. Durch den zunehmenden Einfluss der Informationstechnologie bei Transaktionen – man denke nur an das wachsende Umsatzvolumen über Online-Shops – ist es jedoch heutzutage den Anbietern immer leichter möglich, Informationen über das Käuferverhalten zu erwerben und die Anonymität der Käufer aufzuheben. Das Bewusstsein darüber kann Nachfrager dazu veranlassen, sich strategisch zu verhalten, um Anbieter dazu zu bewegen, Preise zu senken [KENNAN (2001) und LOGINOVA/TAYLOR (2004)]. Ein solches strategisches Verhalten besteht beispielsweise darin, dem Anbieter vorzutäuschen, dass die persönliche Nachfrage nach dem Monopolistenprodukt sehr preiselastisch ist. Um dies glaubhaft zu machen, kann der Käufer aus strategischen Überlegungen Angebote ablehnen, obwohl seine Zahlungsbereitschaft den geforderten Preis übersteigt. An Hand des Modells von LOGINOVA und TAYLOR lassen sich diese Überlegungen argumentativ verdeutlichen.

Angenommen es gäbe zwei Marktteilnehmer – einen Anbieter S und einen Nachfrager B. Der Nachfrager B möchte gerne in jeder Periode eine Einheit des angebotenen Gutes X von S beziehen. S ist der einzige Anbieter von X (Monopolfall). B vergleicht in jeder Periode t vor dem Kauf seinen persönlichen Nutzen an Hand seiner Zahlungsbereitschaft mit dem angebotenen Preis und entscheidet dann, ob er kauft oder nicht. Der persönliche Nutzen in einer Periode V_t wird durch eine permanente Komponente λ bestimmt (bspw. einen konstanten Präferenzparameter) sowie eine periodenabhängige υ_t, die eine Zufallsvariable im Einheitsintervall darstellt. Beide Komponenten und damit natürlich auch V_t stellen private Informationen dar, die der Monopolist S nicht direkt beobachten kann. Er bietet in jeder Periode eine Einheit von X nach dem Prinzip take-it-or-leave-it an, beobachtet das Käuferverhalten von B und aktualisiert darauf aufbauend seine Vorstellung über die permanente Komponente λ. Falls B in Periode t gekauft haben sollte, schätzt S die Wahrscheinlichkeit als hoch ein, dass V_{t+1} ebenfalls hoch sein wird und umgekehrt.

Diese Einschätzung kann jedoch vollkommen unterschiedlich ausfallen, wenn B sich strategisch verhält. Angenommen V_t wäre in der ersten Periode sehr hoch, dann hätte B ein Interesse daran, diese Information zu verbergen, indem er hohe Preise von S ablehnt. Warum?

Nun, ein Nachfrager B, der eine dauerhaft hohe Präferenz für das Gut X aufweist (λ ist groß) möchte, dass der Monopolist diese Einschätzung nicht auf Basis seines Käuferverhaltens erkennen kann. Daher lehnt er den Kauf in der ersten Periode ab, um dem Monopolisten zu signalisieren, dass seine Nutzenbewertung gering sei. Dahingehend kaufen alle B, die nur in dieser Periode (zufällig) ein hohes Nutzenempfinden für dieses Gut aufweisen eine Einheit von X. Dem Monopolisten werden damit genau die falschen Signale auf Basis seines ersten Preisangebotes übermittelt. Die, die eine hohe Präferenz für das Gut haben, halten sich aus strategischen Gründen zurück und die, die nur (zufallsbedingt) in dieser Periode kaufen, signalisieren Interesse (*reverse screening*). Umgekehrt kann es auch bei geringem Nutzenempfinden (V_t ist klein) und geringen Preisangeboten zu strategischem Verhalten kommen, denn ein B mit hoher Präferenz aber aktuell geringem Nutzenempfinden (λ relativ hoch, V_t insgesamt jedoch gering) kann sich zurückhalten, um genau dieses geringe Nutzenempfinden zu signalisieren.[1]

Im Rahmen der vorliegenden Arbeit soll nicht weiter in das konkrete Modell eingetaucht werden, sondern stattdessen Ansatzpunkte aufgezeigt werden, die interessante Erweiterungen des Standardlehrbuch-Monopolmodells darstellen mit einem direkten Bezug zu agentenbasierten Modellformulierungen. Strategisches Käuferverhalten gehört sicherlich dazu. Man stelle sich nur die Situation vor, in der ein Monopolist ein Investitionsgut an wenige in Frage kommende Nachfrager anbietet, die dieses Gut jedoch auf Grund der Nutzungsdauer erst nach relativ langen Zeiträumen ersetzen. Der Zeitpunkt ist dabei keineswegs vorgegeben, sondern kann innerhalb eines mehrjährigen Zeitraums vom Nachfrager frei gewählt werden. Da der Markt relativ beschränkt ist, ist es möglicherweise noch nicht einmal auszuschließen, dass die Nachfrager miteinander kommunizieren und

---

1 Für eine detaillierte Diskussion und Entwicklung der Modelllösungen siehe LOGINOVA/TAYLOR (2004).

Kauferfahrungen austauschen. Wie soll sich ein Monopolist in einer solchen Situation optimal verhalten?

5. Zusammenfassung und Ausblick

Der vorliegende Beitrag hat sich mit einer Diskussion über die Annahmen des Standardlehrbuchmodells des Monopolmarktes beschäftigt und Erweiterungsmöglichkeiten durch Modellierung im Rahmen von *agent-based computational economics* Modellen (ACE-Modelle) aufgezeigt. Dabei ist zum einen gezeigt worden, dass die Annahmen des statischen Lehrbuchmodells teilweise sehr restriktiv erscheinen und eine Dynamisierung sowohl unter dem Aspekt der Wohlfahrtsbewertung als auch unter Aufhebung der Annahme vollkommener Informationen geboten erscheint. Des Weiteren wurde deutlich gemacht, dass eine ACE-Modellformulierung eine geeignete Plattform darstellt, um die modelltheoretischen Auswirkungen der Aufhebung von Annahmen deutlich zu machen. Zahlreiche Beispiele aus der Literatur wurden aufgeführt und der Versuch unternommen, ihre Grundideen, Motivationen und zentralen Erkenntnisse zu vermitteln. An vielen Stellen wurden Hinweise gegeben, welche weiteren Untersuchungen im Rahmen von ACE erfolgen könnten.

Obwohl sich dieser Beitrag ausschließlich mit Erweiterungen des Monopolmodells beschäftigt hat, sei jedoch erwähnet, dass viele der dargelegten Überlegungen sich auch auf den Wettbewerbsfalls übertragen lassen. An dieser Stelle sei insbesondere auf eine Arbeit von FISHMAN/ROB (1997) verwiesen sowie die dort angegebene Literatur.

Mittelfristig wäre es ein wünschenswertes Ergebnis der weiteren ökonomischen Forschung auf diesem Gebiet, eine Art Standard-ACE-Modell des Monopolmarktes zu entwickeln, für das gilt: so viel wie möglich standardisieren, und nur so viel wie eben nötig modifizieren, um einer bestimmten Fragestellung nachzugehen. Damit würde die Vergleichbarkeit, Reproduzierbarkeit, das Verständnis und die Akzeptanz der Ergebnisse deutlich verbessert werden.

Literatur

Aghion, P., Bolton, P., Harris, C., Jullien, B. (1991), Optimal Learning by Experimentation, in: Review of Economic Studies, Vol. 58, S. 621 – 654.

Axtell, R. (2000), Why Agents? On carried motivations for agent computing in social sciences, Working Paper, No. 17, Center on Social and Economic Dynamics, The Brooking Institution.

Caplan, B. (2003), Stigler-Becker versus Myers-Briggs: Why Preference-Based Explanations Are Scientifically Meaningful and Empirically Important, in: Journal of Economic Behavior & Organization, Vol. 50, Issue 4, S. 391 – 405.

Easley, D., Kiefer, N. (1988), Controlling a Stochastic Process with Unknown Parameters, in: Econometrica, Vol. 56, S. 1045 – 1064.

Fishman, A., Gandal, N. (1994), Experimentation and Learning with Network Effects, in: Economics Letters, Vol. 44, S. 103 – 108.

Fishman, A., Rob, R. (1997), Experimentation and Competition, in: CARESS Working Paper 97-12.

Grossman, S., Kihlstrom, R., Mirman, L. (1977), A Bayesian Approach to the Production of Information and Learning by Doing, in: Review of Economic Studies, Vol. 44, S. 533 – 548.

Keller, G., Rady, S. (1999), Optimal Experimentation in a Changing Environment, in: Review of Economic Studies, Vol. 66, No. 3, S. 475 – 507.

Kennan, J. (2001), Repeated Bargaining with Persistent Private Information, in: Review of Economic Studies, Vol. 68, S. 719 – 55, URL: http://www.ssc.wisc.edu/~jkennan/research/Paper_cycRESFinal.pdf.

LeLoup, B., Deveaux, L. (2001), Dynamic Pricing on the Internet: Theory and Simulation, in: Electronic Commerce Research Journal, Special Issue on Electronic Market Design, Vol. 1, S. 53 – 64.

LeLoup, B. (2002), Dynamic Pricing with Local Interactions, in: Logistic Priors and Agent Technology Proceedings of the 2002 International Conference on Artificial Intelligence, CSREA Press, Las Vegas.

LeLoup, B. (2003), Pricing on Agent-based Markets with Local Interactions, in: Electronic Commerce Research and Applications.

Loginova, O., Taylor, C.R. (2004), Price Experimentation with Strategic Buyers, URL: http://www.econ.duke.edu/Papers/Other/Taylor/pricing.pdf.

McKenzie, R. B. (2003), Monopoly: A Game Economists love to play – badly!, in: Southern Economic Journal, URL: http://www.gsm.uci.edu/~mckenzie/monopoly.pdf.

McLennan, A. (1984), Price Dispersion and Incomplete Learning in the Long Run, in: Journal for Economic Dynamics and Control, Vol. 7, S. 331 – 347.

Phan, D. (2003), From Agent-based Computational Economics towards Cognitive Economics, in: Cognitive Economics, Springer, u.a. Berlin.

Phan, D., Pajot, S., Nadal, J. P. (2003), The Monopolist's Market with Discrete Choices and Network Externality Revisited: Small Worlds, Phase Transition and Avalanches in an ACE Framework, in: Ninth Annual Meeting of the Society of Computational Economics, University of Washington, Seattle, USA, July 11-13, 2003.

Prescott, E. (1972), The Multiperiod Control Problem Under Uncertainty, in: Econometrica, Vol. 40, S. 1043 – 1058.

Rothschild, M. (1974), A Two-Armed Bandit Theory of Market Pricing, in: Journal of Economic Theory, Vol. 9, S. 185 – 202.

Tesfatsion, L. (2002), Agent-based Computational Economics, Economics Working Paper, No. 1, Iowa State University, Revised July 2002.

Tesfatsion, L. (2005), Agent-based Computational Economics: A Constructive Approach to Economic Theory, URL: http://www.econ.iastate.edu/tesfatsi/hbintlt.pdf.

Autorenverzeichnis

Prof. em. Dr. Dietrich Adam

Wöste 40

48291 Telgte

E-Mail: dietrich.adam@gmx.de

Nach der Habilitation im Jahr 1968 in Hamburg folgte Dietrich Adam einem Ruf an die Westfälische Wilhelms-Universität Münster und vertrat hier Industriebetriebslehre und anfänglich auch Unternehmensforschung. Später folgten Krankenhausbetriebslehre und Umweltmanagement. Seit der Entpflichtung im Jahr 2001 koordiniert er den finanziellen und zeitlichen Ressourceneinsatz für seine Hobbys – Malerei, Eisenbahnmodellbau, Briefmarken, Handweberei und digitaler Videoschnitt – und trachtet danach, den persönlichen Nutzen bei knappen Ressourcen zu maximieren.

Prof. Dr. Thomas Apolte

Institut für Ökonomische Bildung
Westfälische Wilhelms-Universität Münster

Schlossplatz 4, 48149 Münster

E-Mail: Apolte@uni-muenster.de

Thomas Apolte hat an der Mercator-Universität Duisburg Wirtschaftswissenschaften studiert und dort über die politische Ökonomie der Systemtransformation promoviert. Nach einem einjährigen Forschungsaufenthalt in den USA wurde er im Jahre 1997 in Duisburg habilitiert. Nach Lehraufträgen in Bochum und Witten-Herdecke wurde er 2000 zum Professor an die Westfälische Wilhelms-Universität Münster berufen.

Prof. Dr. Dr. h. c. Klaus Backhaus

Betriebswirtschaftliches Institut für Anlagen und Systemtechnologien
Westfälische Wilhelms-Universität Münster

Am Stadtgraben 13-15, 48143 Münster

E-Mail: backhaus@wiwi.uni-muenster.de

Klaus Backhaus ist Direktor des Betriebswirtschaftlichen Instituts für Anlagen und Systemtechnologien der Westfälischen Wilhelms-Universität Münster und Honorarprofessor für Technologiemanagement an der Technischen Universität Berlin sowie Mitglied des Technologie- und Innovationsrates beim Regierenden Bürgermeister in Berlin. Er ist Mitglied mehrerer Bei- und Aufsichtsräte namhafter Unternehmen. Seit 2002 ist er ordentliches Mitglied der Nordrhein-Westfälischen Akademie der Wissenschaften. Im Jahr 2005 wurde ihm die Ehrendoktorwürde der Universität St. Gallen verliehen. Seine Forschungsgebiete sind Industriegütermarketing, Technologiemanagement und Internationales Management.

Dr. Markus Baumgartner

Feinhalstrasse 4

81247 München

E-Mail: markus.baumgartner@bmw.com

Markus Baumgartner studierte Volkswirtschaftslehre und Geschichte an der WWU in Münster und der Universidad Catolica in Salamanca/Spanien. Nach dem Abschluss als Diplom-Volkswirt arbeitete er als wissenschaftlicher Mitarbeiter am Institut für industriewirtschaftliche Forschung der Universität Münster. Seit der Promotion im Jahre 1995 ist er in mehreren Funktionen bei der BMW AG tätig.

Prof. Dr. Ansgar Belke

Institut für VWL, insb. Außenwirtschaft
Universität Hohenheim

70593 Stuttgart

E-Mail: belke@uni-hohenheim.de

1985-1991 Studium der VWL in Münster. 1995 Promotion bei Prof. Dr. W. Kösters in Bochum mit dem Thema „Theorie und Empirie Politischer Konjunkturzyklen – Eine kritische Analyse der Zeitreihendynamik in Partisan-Ansätzen". Habilitation 2000 in Bochum: Lehrbefugnis für VWL und Ökonometrie. Habilitationsschrift: „Wechselkursschwankungen, Außenhandel und Arbeitsmärkte: Neue theoretische und empirische Analysen im Lichte der Europäischen Währungsunion". 2000-2001 Vertragsprofessur an der Universität Wien. Seit 2001 C4-Professor für VWL, insb. Außenwirtschaft, an der Universität Hohenheim.

Prof. em. Dr. Manfred Borchert

Lehrstuhl für Volkswirtschaftslehre, insbesondere für Geld und Währung,

Am Stadtgraben 9, 48143 Münster

E-Mail: manfred.borchert@wiwi.uni-muenster.de

1959-1964 Studium der VWL an der Universität Erlangen-Nürnberg. Promotion 1967 über das Thema „Das Heckscher-Ohlin-Theorem und das Leontief-Paradoxon". Doktorvater: Prof. Dr. Ernst Heuß. Visiting Fellow an der Princeton University 1967/68. Habilitation 1971 an der Philipps-Universität Marburg. Habilitationsschrift: „Zinsabhängigkeit der Geldnachfrage". In Münster seit 1974 Professor für VWL, insb. Geld und Währung. Regelmäßige Forschungsaufenthalte u.a. im Board of Governors des Federal Reserve System, an der Weltbank, an der Brookings Institution, am AICGS (der Johns Hopkins University), an der American University, an der Nankai-University (in Tianjin, VR China) sowie beim Internationalen Währungsfond.

Dipl.-Kfm. Christian Braun

Betriebswirtschaftliches Institut für Anlagen und Systemtechnologien
Westfälische Wilhelms-Universität Münster

Am Stadtgraben 13-15, 48143 Münster

E-Mail: christian.braun@uni-muenster.de

Christian Braun arbeitet als wissenschaftlicher Mitarbeiter am Betriebswirtschaftlichen Institut für Anlagen und Systemtechnologien. Er begann seine Tätigkeit dort nach einem BWL-Studium an der Westfälischen Wilhelms-Universität Münster, an der Universidad Nacional de Córdoba/Argentinien und an der Ocean University of Qingdao/China. Forschungsschwerpunkte liegen im Internationalen Marketing und Standortmarketing.

Dipl.-Kulturwirtin Johanna Brinkmann

Lehrstuhl für Wirtschaftsethik
Martin-Luther Universität Halle-Wittenberg

Große Steinstr. 73, 06108 Halle

E-Mail: brinkmann@wiwi.uni-halle.de

Dipl.-Kulturwirtin (Universität Passau 2002), seit 2003 Doktorandin am Lehrstuhl für Wirtschaftsethik an der Martin-Luther-Universität Halle-Wittenberg. Stipendiatin der Stiftung der Deutschen Wirtschaft.

Dipl.-Vw. Martin Distelkamp

Gesellschaft für Wirtschaftliche Strukturforschung (GWS) mbH
Weissenburger Str. 4, 49076 Osnabrück

Fachgebiet Makroökonomische Theorie,
Universität Osnabrück
Rolandstr. 8, 49069 Osnabrück

E-Mail: distelkamp@gws-os.de

Martin Distelkamp studierte von 1991 bis 1997 Volkswirtschaftslehre mit sozialwissenschaftlicher Ausrichtung an der Universität Essen. Bevor er im Jahr 2000 seine derzeitige Anstellung als wissenschaftlicher Mitarbeiter an der Universität Osnabrück und bei der Gesellschaft für Wirtschaftliche Strukturforschung antrat, war er beim Wissenschaftlichen Institut für Kommunikationsdienste in Bad Honnef beschäftigt.

Prof. Dr. Norbert Eickhof

Universität Potsdam
Lehrstuhl für Volkswirtschaftslehre, insbesondere Wirtschaftspolitik

Postfach 90 03 27, 14439 Potsdam

E-Mail: eickhof@rz.uni-potsdam.de

1943 geb., 1963 – 1968 Studium der VWL, 1972 Promotion und 1979 Habilitation an der Westfälischen Wilhelms-Universität Münster, 1980 – 1986 Professor für VWL, insb. Wirtschaftspolitik, an der Universität Bamberg, 1986 – 1994 Professor für Volkswirtschaftspolitik an der Ruhr-Universität Bochum, seit 1994 Professor für VWL, insb. Wirtschaftspolitik, an der Universität Potsdam.

Dr. Juliane Fissahn

Siemens AG
Communications, Supply Chain Carrier Networks

Postfach, 81359 München

E-Mail: Juliane.Fissahn@siemens.com

Juliane Fissahn studierte von 1992 bis 1996 Volkswirtschaftslehre in Münster und arbeitete in den nachfolgenden Jahren als wissenschaftliche Mitarbeiterin an der Forschungsstelle für allgemeine und textile Marktwirtschaft (FATM) der Universität Münster. Seit 2000 hat sie in der Logistik bei Siemens Mobile Phones verschiedene Führungsaufgaben in den Bereichen Controlling, Order- und Kapazitätsmanagement übernommen und arbeitet zurzeit an strategischen Projekten im Bereich Supply Chain Management Carrier Networks.

PD Dr. Matthias Göcke

Lehrstuhl für Volkswirtschaftstheorie
Westfälische Wilhelms-Universität Münster

Universitätsstraße 14-16, 48143 Münster

E-Mail: gocke@uni-muenster.de

1985-1990 Studium der VWL mit dem Schwerpunkt Ökonometrie. 1993 Promotion über das Thema „Starke Hysteresis im Außenhandel". Doktorvater: Prof. Dr. G. Dieckheuer. Habilitation 1998 in Münster. Habilitationsschrift: „Learning-by-doing und endogenes Wachstum“. Von 1998 bis 2005 Hochschuldozent an der Wirtschaftswissenschaftlichen Fakultät in Münster. Im WS 02/03 Vertretung eines Lehrstuhls für Volkswirtschaftspolitik an der Universität Bochum. Im WS 04/05 Vertretung des Lehrstuhls für Geld und Währung an der Universität Münster.

Prof. Dr. Heinz Lothar Grob

Institut für Wirtschaftsinformatik
Lehrstuhl für Wirtschaftsinformatik und Controlling
Westfälische Wilhelms-Universität Münster

Leonardo-Campus 3, 48149 Münster

E-Mail: grob@wi.uni-muenster.de

Heinz Lothar Grob ist seit 1990 Inhaber des Lehrstuhls für Wirtschaftsinformatik und Controlling am Institut für Wirtschaftsinformatik sowie Direktor am European Research Center for Information Systems (ERCIS) der Universität Münster. Seine Forschungsschwerpunkte sind computergestütztes Controlling, Internetökonomie und E-Learning. Er ist Sprecher des interdisziplinären Forschungsverbundprojekts Internetökonomie und Hybridität sowie für das E-Learning-Projekt cHL-Hybrid.

Prof. Dr. Heinz Grossekettler

Institut für Finanzwissenschaft
Westfälische Wilhelms-Universität Münster

Wilmergasse 6-8, 48143 Münster

E-Mail: 12hegr@wiwi.uni-muenster.de

Heinz Grossekettler ist Direktor des Instituts für Finanzwissenschaft der Universität Münster und Vorsitzender des Wissenschaftlichen Beirats beim Bundesministerium der Finanzen. Er hat in Mainz und Paris studiert und außer in Münster auch in Kristiansand und Paris gelehrt. In seinen Forschungen beschäftigt er sich vor allem mit der Messung der Funktionsfähigkeit von Marktprozessen und mit der Frage, wie man den Grad der Funktionsfähigkeit auf der Basis weltweiter Vergleiche verbessern kann und wann man Märkte durch administrative Verfahren ersetzen sollte. Die Beantwortung dieser Fragen erfolgt mit Hilfe eines Messkonzepts, das als Koordinationsmängel-Diagnosekonzept (KMD-Konzept) bekannt geworden ist, und mit Hilfe der Entwicklung von Verfassungsprinzipien für die wirtschaftliche Staatstätigkeit.

Prof. Dr. Werner Güth

Max Planck Institute of Economics

Kahlaische Str. 10, 07745 Jena, Germany

E-Mail: gueth@econ.mpg.de

Werner Güth studied economics and received his doctoral degree (1972) and habilitation (1976 at the University of Münster). He taught economic theory at the universities of Cologne (1977 – 1986), Frankfurt (Main) (1986 – 1994) and Humboldt-University/ Berlin (1994 – 2001) and is the director of the Strategic Interaction Group of the Max Planck Institute of Economics in Jena since 2001. He is honorary professor of economics of Schiller University in Jena and a member of the Berlin-Brandenburg Academy of Sciences. His main research topics are game theory and experimental economics.

Dipl.-Oec. Sabine Jost-Heil

DaimlerChrysler AG, Konzernstrategie

70546 Stuttgart

E-Mail: sabine.jost-heil@daimlerchrysler.com

Sabine Jost-Heil hat nach dem Studium der Ökonomie mit Schwerpunkt Internationale Wirtschaftspolitik an der Universität Augsburg Aufgaben in der Volkswirtschaftlichen Abteilung der Daimler-Benz AG übernommen. Seit 1995 ist sie im Bereich Verkehrs-, Umwelt- und Wirtschaftspolitik der Konzernstrategie der DaimlerChrysler AG zu wirtschafts- und industriepolitischen Fragestellungen tätig.

Dr. Andreas Hense

wik-Consult GmbH

Rhöndorferstraße 68, 53604 Bad Honnef

E-Mail: a.hense@wik.org

Andreas Hense studierte von 1993 bis 1997 Volkswirtschaftslehre an der Universität Münster und war im Anschluss wissenschaftlicher Mitarbeiter am Lehrstuhl für Wirtschaftspolitik der TU Freiberg. Seit 2003 arbeitet er als Senior Economist bei der WIK Consult GmbH, Bad Honnef.

Dr. Karsten Hurcks

Atemis GmbH & Co. KG Innovative Beratung für Banken
Geschäftsführender Gesellschafter

Siemensstr. 10a, 63755 Alzenau

E-Mail: karsten.hurcks@atemis.de

Karsten Hurcks wurde 1964 in Albersloh/Westfalen geboren. Nach dem Studium der Betriebs- und Volkswirtschaft an den Universitäten Münster (1985-1987) und Passau (1987-1990) arbeitete er als wissenschaftlicher Mitarbeiter am Institut für industriewirtschaftliche Forschung der Universität Münster (1990-1993). Nach der Promotion im November 1993 war er zunächst als Projektleiter und schließlich als Geschäftsbereichsleiter für den Bereich Inhouse-Consulting der Unternehmensberatung DMC im Dresdner Bank Konzern (1994-1999) tätig. Seit 1999 ist er geschäftsführender Gesellschafter der Unternehmensberatung Atemis, die sich auf die Beratung von Banken spezialisiert hat. Zugleich ist er Dozent an Bank-Akademien und Autor verschiedener Fachartikel.

Dipl.-Vw. Kathrin Isele

Universität Potsdam
Lehrstuhl für Volkswirtschaftslehre, insbesondere Wirtschaftspolitik

Postfach 90 03 27, 14439 Potsdam

E-Mail: isele@rz.uni-potsdam.de

1972 geb., 1993 – 1999 Studium der VWL an der Westfälischen Wilhelms-Universität Münster, Diplomarbeit am Institut für Industriewirtschaftliche Forschung von Prof. Dr. Gustav Dieckheuer, 1999 – 2004 Wissenschaftliche Mitarbeiterin am Lehrstuhl für VWL, insb. Wirtschaftspolitik, von Prof. Dr. Norbert Eickhof an der Universität Potsdam.

Prof. Dr. Hartmut Kliemt

University Duisburg-Essen, Philosophy Department

Lotharstr. 65, 47048 Duisburg, Germany

E-Mail: hartmut.kliemt@t-online.de

Hartmut Kliemt studied philosophy and mathematics (1968/69) and economics at the universities of Regensburg, Göttingen and Frankfurt (Main) where he received his “doctor of philosophy” in 1977 and his habilitation in 1983. In 1988 he became full professor for practical philosophy at the University of Duisburg. His main research topics are political philosophy, health ethics and economics, philosophy of economics, foundations of game theory and game theoretic modelling.

Ansgar Kortenjann, M. A.

Institut für Ökonomische Bildung, Westfälische Wilhelms-Universität Münster

Schlossplatz 4, 48149 Münster

E-Mail: Kortenjann@uni-muenster.de

Ansgar Kortenjann hat an der Westfälischen Wilhelms-Universität Politikwissenschaft, Wirtschaftspolitik und Germanistik studiert. Seit 2003 ist er wissenschaftlicher Mitarbeiter am Institut für Ökonomische Bildung.

Prof. Dr. Wim Kösters

Lehrstuhl für Theoretische VWL I
Ruhr-Universität Bochum

Universitätsstraße 150, 44780 Bochum

Geb. am 26. November 1942 in Greven, hat seit 1991 den o.g. Lehrstuhl inne. Er ist gegenwärtig u.a. Mitglied des Vorstands des RWI Essen. Seine Forschungsgebiete sind Geldtheorie und -politik, Konjunkturtheorie und Stabilitätspolitik sowie Fragen der Währung und Integration.

Dr. Stefan Kooths

University of Muenster
Muenster Institute for Computational Economics

Fliednerstraße 21, 48145 Muenster

E-Mail: kooths@uni-muenster.de

Stefan Kooths studierte von 1988 bis 1993 Volkswirtschaftslehre an der Universität Münster und war von 1988 bis 1997 Stipendiat der Studienstiftung des deutschen Volkes; 1992 Deutsch-Österreichischer Hochschulsoftwarepreis für die CAL-Software MAKROMAT; 1998 Promotion bei Professor Gustav Dieckheuer über Ansätze der Künstlichen Intelligenz in der Konjunkturtheorie, seitdem Arbeit an der Habilitationsschrift und –software auf dem Gebiet der Wettbewerbspolitik. Seit August 2002 Geschäftsführer des Muenster Institute for Computational Economics (MICE); parallel dazu Lehrtätigkeit an der Business and Information Technology School (BiTS) in Iserlohn.

Prof. Dr. Gerd–Jan Krol

Institut für Ökonomische Bildung
Westfälische Wilhelms-Universität Münster

Schlossplatz 4, 48149 Münster

E-Mail: krol@uni-muenster.de

Studium der Volkswirtschaftslehre 1963–68 an der Universität Münster. Ab 1974 Professor für Wirtschaftswissenschaft und Didaktik der Wirtschaftslehre (Schwerpunkt Wirtschaftspolitik) an der PH Westfalen Lippe, 1980 im FB 06 (Sozialwissenschaften), ab 2000 im Institut für Ökonomische Bildung des FB 04 (Wirtschaftswissenschaften) der Universität Münster.

Dr. Markus Langenfurth

PLEON Public Affairs

Hausvogteiplatz 2, 10117 Berlin

E-Mail: Markus.Langenfurth@pleon.com

Markus Langenfurth studierte von 1988 bis 1994 zunächst Wirtschaftswissenschaft an der Universität Duisburg und dann Volkswirtschaftslehre an der Universität Münster. Von 1991 bis 1994 war er studentische Hilfskraft und von 1994 bis 1999 wissenschaftlicher Mitarbeiter von Prof. Dr. Dieckheuer am Institut für industriewirtschaftliche Forschung. 1999 promovierte er bei Prof. Dr. Dieckheuer zum Thema Handel mit Telekommunikationsdienstleistungen. Anschließend arbeitete er drei Jahre in einer Unternehmensberatung und gründete 2003 das Unternehmen IQnomics. Nach der Übernahme durch PLEON Public Affairs arbeitet er heute als Berater für ökonomische Politikanalysen politische Kommunikation in Berlin.

Prof. Dr. Martin Leschke

Lehrstuhl für VWL 5
Universität Bayreuth

95440 Bayreuth

Geb. am 2. März 1962 in Oberhausen, hat seit 2002 den o.g. Lehrstuhl inne. Seine Forschungsgebiete sind Geldtheorie und -politik, Institutionenökonomik sowie Fragen der Wirtschaftspolitik.

Prof. em. Dr. Ingolf Metze

Institut für Finanzwissenschaft
Westfälische Wilhelms-Universität Münster

Wilmergasse 6-8, 48143 Münster

E-Mail: 13inme@wiwi.uni-muenster.de

Ingolf Metze war bis zu seiner Emeritierung im Jahr 2000 Direktor des Instituts für Finanzwissenschaft. Seine Interessengebiete sind Steuern, Sozialpolitik und Bevölkerungstheorie. Seit seiner Emeritierung beschäftigt er sich mit der Simulation eines entscheidungstheoretisch basierten Wachstumsmodells unter Berücksichtigung von Änderungen der Bevölkerungsstruktur.

Prof. Dr. Bernd Meyer

Gesellschaft für Wirtschaftliche Strukturforschung (GWS) mbH
Weissenburger Str. 4, 49076 Osnabrück

Fachgebiet Makroökonomische Theorie, Universität Osnabrück
Rolandstr. 8, 49069 Osnabrück

E-Mail: meyer@gws-os.de

Bernd Meyer hat nach seinem Studium der Volkswirtschaftslehre bei Ernst Helmstädter an der Universität Münster promoviert (1973) und habilitiert (1980). Von 1981 bis 1984 war Meyer im Rahmen einer langfristigen Lehrstuhlvertetung Professor für Volkswirtschaftslehre an der Universität Augsburg, seit 1984 ist er Professor für Volkswirtschaftslehre, insbesondere Makroökonomische Theorie an der Universität Osnabrück. Im Jahr 1996 gründete Meyer die Gesellschaft für Wirtschaftliche Strukturforschung in Osnabrück. In den Jahren 1996 und 1997 war er Vorsitzender des Ausschusses Evolutorische Ökonomik des Vereins für Socialpolitik. Seit 1996 war er Mitglied und von 1999 bis 2002 Vorsitzender des Wissenschaftlichen Beirats zur Umweltökonomischen Gesamtrechnung beim Bundesumweltministerium.

Dr. Ulrich Müller

DaimlerChrysler AG
Konzernstrategie

70546 Stuttgart

E-Mail: Ulrich.dr.Mueller@daimlerchrysler.com

Ulrich Müller ist nach der Promotion im Jahr 1984 am Lehrstuhl für Allgemeine Volkswirtschaftslehre der Universität Bamberg zu Daimler-Benz gegangen. Dort hat er als Trainee im Bereich Leitender Führungskräftenachwuchs seine berufliche Laufbahn begonnen. Nach Stationen als Leiter Controlling und Organisation Pkw-Entwicklung sowie Homologation und Zertifizierung Pkw ist er seit 2000 in der Konzernstrategie verantwortlich für den Bereich Verkehrs-, Umwelt- und Wirtschaftspolitik.

Prof. Dr. Andreas Pfingsten

Institut für Kreditwesen
Westfälische Wilhelms-Universität Münster

Universitätsstr. 14-16, 48143 Münster

E-Mail: 21anpf@wiwi.uni-muenster.de

Andreas Pfingsten ist seit 1994 Professor für Betriebswirtschaftslehre und Direktor des Instituts für Kreditwesen der Universität Münster. Nach seinem Diplom als Wirtschaftsingenieur in Karlsruhe sowie einem Studienjahr in Economics an der UBC in Vancouver promovierte und habilitierte er in Karlsruhe im Fach Volkswirtschaftslehre. Nach mehrjährigen Tätigkeiten in der Praxis (Landeskreditbank Baden-Württemberg und FIDUCIA Informationszentrale) übernahm er eine VWL-Professur an der Universität GH Siegen. Seit 1999 ist er Mitglied der Nordrhein-Westfälischen Akademie der Wissenschaften.

Prof. Dr. Ingo Pies

Lehrstuhl für Wirtschaftsethik
Martin-Luther Universität Halle-Wittenberg

Große Steinstr. 73, 06108 Halle

E-Mail: pies@wiwi.uni-halle.de

Diplom-Volkswirt (Universität Münster 1989), Dr. rer. pol. (Universität Eichstätt 1992), Habilitation in Volkswirtschaftslehre (Universität Münster 1999), Inhaber des Stiftungslehrstuhls für Wirtschaftsethik an der Martin-Luther-Universität Halle-Wittenberg.

Prof. Dr. Thorsten Polleit

Chefvolkswirt Barclays Capital Deutschland und
Honorarprofessor an der Business School for Finance and Management (HfB)

Sonnemannstr. 9-11, 60314 Frankfurt am Main

Geb. am 4. Dezember 1967 in Münster, ist seit Ende 2002 bei Barclays Capital. Zusätzlich ist er seit 2002 Mitglied des ECB Shadow Council und seit 2003 Honorarprofessor an der HfB Frankfurt. Seine Forschungsgebiete sind die Geldtheorie und -politik, die Währungs- und Kapitalmarkttheorie.

Prof. Dr. Aloys Prinz

Institut für Finanzwissenschaft
Westfälische Wilhelms-Universität Münster

Wilmergasse 6-8, 48143 Münster

E-Mail: aloys.prinz@wiwi.uni-muenster.de

Jahrgang 1956, wurde nach dem Studium der VWL an der Universität des Saarlandes in Saarbrücken und an der Universität zu Köln an der Freien Universität Berlin promoviert und habilitiert. Von Ende 1993 bis Frühjahr 2000 war er Professor für Wirtschaftspolitik an der Johannes Gutenberg-Universität Mainz, seit April 2000 hat er eine Professur für Finanzwissenschaft an der Westfälischen Wilhelms-Universität in Münster inne. Seine Hauptarbeitsgebiete sind Sozialpolitik, Gesundheitsökonomik sowie Theorie und Politik der Besteuerung.

Dr. Eric Ringhut

OPC – Organisations- und Projekt Consulting GmbH

Prinzenallee 7, 40549 Duesseldorf

E-Mail: eringhut@opc-gruppe.de

Eric Ringhut wurde 1973 in Darmstadt geboren. Nach seinem Studium der Volkswirtschaftlehre an der Westfälischen Wilhelms-Universität Münster im Jahr 1997 arbeitete er vier Jahre als wissenschaftlicher Mitarbeiter am Institut für industriewirtschaftliche Forschung unter der Leitung von Prof. Dr. G. Dieckheuer. In dieser Zeit beschäftigte er sich mit den Forschungsgebieten Künstliche Intelligenz, Computational Economics und Kognitionspsychologie, die er in seiner Dissertation zum Thema Erwartungsbildung und Preisfindung auf Finanzmärkten zusammenführte. Aufbauend auf diese Arbeit gründete er im direkten Anschluss an seine Promotion im Jahr 2002 gemeinsam mit Dr. Stefan Kooths das Münster Institute for Computational Economics (MICE) – ein Projekt, das nur durch die wertvolle Unterstützung von Prof. Dr. G. Dieckheuer realisiert werden konnte. Nach eineinhalb Jahren wechselte er dann zur Unternehmensberatung OPC, wo er seit 2003 als Berater auf nationalen und internationalen Projekten vorwiegend in der chemischen Industrie tätig ist.

Prof. Dr. Bodo Risch

Industrie- und Handelskammer Nord Westfalen

Sentmaringer Weg 61, 48151 Münster

E-Mail: risch@ihk-nordwestfalen.de

Studium der Volkswirtschaftslehre in Hannover, Saarbrücken und Kiel, wissenschaftlicher Assistent am Lehrstuhl Prof. Dr. Dr. h.c. Herbert Giersch, Institut für Weltwirtschaft (Kiel), Forschungsaufenthalt an der Yale University, USA, Promotion über Einkommenspolitik, nach Trainee-Programm im DIHT Geschäftsführer International und Volkswirtschaft an der IHK Nord Westfalen in Münster, Honorarprofessor an der Wirtschaftswissenschaftlichen Fakultät der Westfälischen Wilhelms-Universität.

Dipl.-Vw. Anne-Kathrin Röthemeyer

Bundesministerium für Wirtschaft und Arbeit

Scharnhorststr. 34-37, 10115 Berlin

E-Mail: anne-kathrin.roethemeyer@bmwa.bund.de

Anne-Kathrin Röthemeyer studierte Volkswirtschaftslehre an der Westfälischen Wilhelms-Universität Münster. Von 1998 bis 2002 war sie Referentin im Ministerium für Städtebau und Wohnen, Kultur und Sport des Landes Nordrhein-Westfalen. Seit 2002 ist sie als Referentin im Bundesministerium für Wirtschaft und Arbeit tätig.

Prof. em. Dr. Dr. h. c. Jochen Schumann

Lehrstuhl für Volkswirtschaftstheorie
Westfälische Wilhelms -Universität Münster

Universitätsstrr. 14-16, 48143 Münster

E-Mail: hejoschumann@t-online.de

Jochen Schumann: Studium, volkswirtschaftliches Diplom, Promotion und Habilitation an der Johann Wolfgang Goethe-Universität Frankfurt/Main. Inhaber des Lehrstuhls für Volkswirtschaftstheorie der Westfälischen Wilhelms-Universität Münster 1967-1995.

Boris Staeck, BscBA

Institut für Kreditwesen
Westfälische Wilhelms-Universität Münster

Universitätsstr. 14-16, 48143 Münster

E-Mail: boris.staeck@web.de

Boris Staeck studiert an der Universität Münster Betriebswirtschaftslehre im Diplomstudiengang. Sein Bachelor-Studium hat er dort im Januar 2005 mit einer Arbeit am Institut für Kreditwesen über Ethische Ratings erfolgreich abgeschlossen.

Dipl.-Kfm. Norbert Sträter

Institut für Kreditwesen
Westfälische Wilhelms-Universität Münster

Universitätsstr. 14-16, 48143 Münster

E-Mail: 21nost@wiwi.uni-muenster.de

Norbert Sträter hat, nach einer Ausbildung zum Bankkaufmann, in Münster und Rotterdam Betriebswirtschaftslehre studiert. Nach dem Diplom in Münster 2003 hat er sich als wissenschaftlicher Mitarbeiter des Instituts für Kreditwesen in letzter Zeit vor allem mit der Rolle von Banken im Geldwäscheprozess beschäftigt.

Dr. Frank Straube

Swiss Re Germany Holding AG

85773 Unterföhring bei München

E-Mail: mail@fstraube.de

Frank Straube: Jahrgang 1962, war nach seinem Studium der Volkswirtschaftslehre an der Universität zu Köln von 1986 bis 1991 wissenschaftlicher Mitarbeiter am Lehrstuhl für Allgemeine Volkswirtschaftslehre der Otto-Friedrich-Universität Bamberg, davon zwei Jahre im DFG-Forschungsprojekt "Monetäre Makroökonomie". Er promovierte dort mit einer empirischen Arbeit über die Auswirkungen von Wechselkursveränderungen auf bilaterale Handelsströme. Anschließend trat er in die Swiss Re Germany AG (vormals Bayerische Rückversicherung AG, München) ein, und war dort Marktreferent und später Leiter der Gruppe Analysen und Projekte. Seit 2001 ist er Leiter Betriebswirtschaft der Swiss Re Germany Holding AG, Unterföhring bei München.

Dr. Ebbo Tücking

Cove GmbH & Co. KG

Stephanienstraße 42, 40211 Düsseldorf

E-Mail: ebbo@tuecking.de

Ebbo Tücking studierte Betriebs- und Volkswirtschaftslehre in Bayreuth und Münster und promovierte 1998 bei Gustav Dieckheuer. Seit 1999 ist er geschäftsführender Gesellschafter eines innovativen Handelsunternehmens sowie Dozent für Gründungsmanagement an der staatlich anerkannten privaten Hochschule Business and Information Technology School (BiTS), Iserlohn.

Prof. Dr. Paul J. J. Welfens

Europäisches Institut für Internationale Wirtschaftsbeziehungen,
Lehrstuhl für Makroökonomische Theorie und Politik und Jean Monnet Lehrstuhl für Europäische Wirtschaftsintegration
Bergische Universität Wuppertal

Gaußstr.20, 42119 Wuppertal

E-Mail: welfens@uni-wuppertal.de

Paul J. J. Welfens: geboren 1957 in Düren, Studium der Volkswirtschaftslehre in Wuppertal, Duisburg und Paris, Promotion 1985, Habilitation 1989. Inhaber des Lehrstuhls für Volkswirtschaftslehre - Schwerpunkt Makroökonomische Theorie und Politik - an der Bergischen Universität Wuppertal; Präsident des Europäischen Instituts für Internationale Wirtschaftsbeziehungen (EIIW); Jean-Monnet-Professor für Europäische Wirtschaftsintegration; zuvor Distinguished Research Fellow am AICGS/The Johns Hopkins University, Professor an der Universität Münster bzw. Potsdam.

Prof. Dr. Bernd Wilfling

Professur für VWL, insbesondere empirische Wirtschaftsforschung
Westfälische Wilhelms-Universität Münster

Am Stadtgraben 9, 48143 Münster

E-Mail: bernd.wilfling@wiwi.uni-muenster.de

Nach dem Statistik-Studium promovierte Bernd Wilfling 1993 am Fachbereich Statistik der Universität Dortmund mit einer Arbeit über Einkommensverteilungen zum Doktor der Naturwissenschaften. Die Habilitation in Volkswirtschaftslehre erwarb er im Jahr 2000 am Fachbereich Wirtschaftswissenschaften der Universität Hamburg mit einer Schrift über Wechselkurs- und Zinsentwicklung vor Regimewechseln des Währungssystems. Nach einem Gastforschungsaufenthalt am Hamburgischen Welt-Wirtschafts-Archiv erhielt er einen Ruf an die Westfälische Wilhelms-Universität Münster, an der er seit September 2002 die Professur für Volkswirtschaftslehre, insbesondere Empirische Wirtschaftsforschung innehat.

Dr. Marc Ingo Wolter

Gesellschaft für Wirtschaftliche Strukturforschung (GWS) mbH

Weissenburger Str. 4, 49076 Osnabrück

E-Mail: wolter@gws-os.de

Marc Ingo Wolter studierte von 1990 bis 1995 Volkswirtschaftslehre an der Universität Osnabrück. Anschließend promovierte Herr Wolter bei Herrn Prof. Dr. Bernd Meyer an der Universität Osnabrück zum Thema Alterssicherungssysteme und wirtschaftliche Entwicklung. Seit 1996 ist Herr Wolter Mitarbeiter der Gesellschaft für Wirtschaftliche Strukturforschung in Osnabrück.

Schriftenverzeichnis von Gustav Dieckheuer

Dieckheuer, Gustav (2004): Außenhandel, Wertschöpfung und Beschäftigung - Untersuchung für ein Input-Output-Modell für Deutschland, Münster.

Dieckheuer, Gustav (2003): Übungen und Problemlösungen zur Makroökonomik, 2., vollständig überarbeitete Auflage, Berlin, Heidelberg.

Dieckheuer, Gustav / Mlakar, Marcel / Stemmann, Ute (2003): Trade Creation and Trade Diversion by EU Enlargement with Special Reference to Poland, in: Dieckheuer, G. / Fiedor, B. (Hrsg.), Eastward Enlargement of the European Union, Economic Aspects, S. 7 - 24.

Dieckheuer, Gustav (2002): Economic Globalization - Causes and Consequences, in: Dieckheuer, G. / Fiedor, B. (Hrsg.), Competition, Environment and Trade in the Globalized Economy, 2002, S. 1 - 11.

Dieckheuer, Gustav (2001): Internationale Wirtschaftsbeziehungen, 5., vollständig überarbeitete Aufl., München-Wien.

Dieckheuer, Gustav (2001): Außenwirtschaft, Studienheft Nr. 9, Münster.

Dieckheuer, Gustav (2001): Internationaler Kapitalverkehr und Devisenmärkte, Studienheft Nr. 8, Münster.

Dieckheuer, Gustav (2001): Theorie und Politik des internationalen Handels, Studienheft Nr. 7, 2. Auflage, Münster.

Dieckheuer, Gustav (2003): Makroökonomik Theorie und Politik, 5. Aufl., Berlin u. a.

Dieckheuer, Gustav / Göcke, Matthias (2001): Das Prognosemodell der FATM und die FATM- Textilprognose 1996, in: Ahlert, D., Dieckheuer, G. (Hrsg.), Textil und Bekleidungswirtschaft im Wandel: betriebs- und volkswirtschaftliche Aspekte im Spiegel der FATM-Arbeit 1990-2001, Schriften zur Textilwirtschaft, Bd. 54, Münster, S. 225-257.

Dieckheuer, Gustav (2000): Entwicklungspolitische Strategien zur Überwindung externer Verschuldungslasten und zur nachhaltigen Integration der Entwicklungsländer in die Weltwirtschaft, in: Dabrowski M. et.al., (Hrsg.), Lösungsstrategien zur Überwindung der Internationalen Schuldenkrise, Berlin, S. 261-290.

Dieckheuer, Gustav (2000): Internationale Makroökonomik, Studienheft Nr. 6, 2. Auflage, Münster.

Dieckheuer, Gustav / Fiedor, Boguslaw (2000): Aspects of Sustainable Economic Development, Berlin u. a..

Dieckheuer, Gustav / Göcke, Matthias (1999): Internationale Kapitaltransaktionen - eine theoretische Wirkungsanalyse, in: Luebke, E. (Hrsg.), Beiträge zur Finanz- und Wirtschaftspolitik: Festschrift für Ingolf Metze zum 65. Geburtstag, S. 79-93.

Dieckheuer, Gustav (1999): Geld- Fiskal- und Lohnpolitik in einer Währungsunion: eine makroökonomische Analyse von Niveau- und Struktureffekten, in: IFO-Studien - Zeitschrift für empirische Wirtschaftsforschung, Bd. 45, S. 591-619.

Dieckheuer, Gustav (1999): The Future of the Euro, Working Paper presented at Kobe-University, Japan.

Dieckheuer, Gustav (1999): The Process of the European Econmic Integration-Opening up for Eastern Europe, Working Paper presented at the University of Hiroshima, Japan.

Dieckheuer, Gustav (1999): Benefits and Risks of Economic Globalization- an European Perspective, Working Paper presented at Shuudo-University, Hiroshima, Japan.

Dieckheuer, Gustav (1999): The European Monetary Union- Structure and International Effects, Working Paper presented at Kyushu-University, Fukuoka, Japan.

Dieckheuer, Gustav (1999): The German Economy after Reunification, Working Paper presented at Kobe-Gakuin-University, Japan.

Dieckheuer, Gustav (1999): Produktionsstandort Deutschland - Herausforderung mit Zukunft?, Westfälische Wilhelms-Universität Münster, Forschungsstelle für Allgemeine und Textile Marktwirtschaft, Arbeitspapier Nr.37, Münster.

Dieckheuer, Gustav / Lütke Wöstmann, Christian (1999): Festung Mercosur? Entwicklung und Auswirkungen der regionalen Integration im 'Gemeinsamen Markt des Südens', in: R. Eschenburg et.al. (Hrsg.), Lateinamerika: Gesellschaft-Raum-Kooperation, Frankfurt a.M., S. 329-352.

Dieckheuer, Gustav (1999): Entwicklungspolitische Strategien zur Überwindung externer Verschuldungslasten und zur nachhaltigen Integration der Entwicklungsländer in die Weltwirtschaft, Westfälische Wilhelms-Universität Münster, Volkswirtschaftliche Diskussionsbeiträge, Beitrag Nr. 301, Münster.

Dieckheuer, Gustav / Lueb, Thomas / Plaßmann, Gisela (1998): Globalisierung: Risiken, Chancen und Anpassungsstrategien in den Industrieländern, insbesondere in Deutschland, in: Eschenburg, Rolf / Dobrowski, Martin (Hrsg.), Konsequenzen der Globalisierung, Münster, S. 299 - 342.

Dieckheuer, Gustav / Lütke Wöstmann, Christian (1996): Mittelamerika und der Protektionismus der EU: Zum Streit um die 'Gemeinsame Marktordnung für Bananen', Westfälische Wilhelms- Universität Münster, Volkswirtschaftliche Diskussionsbeiträge, Beitrag Nr. 223, Münster.

Dieckheuer, Gustav (1996): Große Weltwirtschaftskrise, in: T. Plümper (Hrsg.), Lexikon der Internationalen Wirtschaftsbeziehungen, München.

Dieckheuer, Gustav / Langenfurth, Markus / Lueb, Thomas (1996): Wirtschaftliche Integration in Asien und Europa: Die Rolle Japans und der Bundesrepublik Deutschland, Westfälische Wilhelms- Universität Münster, Volkswirtschaftliche Diskussionsbeiträge, Beitrag Nr. 220, Münster.

Dieckheuer, Gustav / Kooths, Stefan (1996): Internationaler Konjunkturzusammenhang, in: Plümper, T. (Hrsg.), Lexikon der Internationalen Wirtschaftsbeziehungen, München.

Dieckheuer, Gustav / Göcke, Matthias (1996): internationaler Preiszusammenhang, in: Plümper, T. (Hrsg.), Lexikon der Internationalen Wirtschaftsbeziehungen, München, S. 269-272.

Dieckheuer, Gustav / Göcke, Matthias (1995): Mikroökonomische Hysteresis im Angebot und in der Nachfrage, in: Dieckheuer, G. (Hrsg.), Beiträge zur angewandten Mikroökonomik - Jochen Schumann zum 65. Geburtstag, Berlin u.a., S. 225-248.

Dieckheuer, Gustav (Hrsg.) (1995): Beiträge zur angewandten Mikroökonomik - Festschrift zum 65. Geburtstag von Prof. Dr. Dr. h.c. Jochen Schumann, Berlin.

Dieckheuer, Gustav / Kooths, Stefan (1995): Intertemporaler Zahlungsbilanzausgleich und Weltzinsniveau, in: Dieckheuer, G. (Hrsg.), Beiträge zur angewandten Mikroökonomik, Berlin, S. 103-127.

Dieckheuer, Gustav / Langenfurth, Markus (1995): Passive Lohnveredelung - Faktor des Wirtschaftswachstums in Osteuropa?, Westfälische Wilhelms-Universität Münster, Volkswirtschaftliche Diskussionsbeiträge, Beitrag Nr. 208, Münster.

Dieckheuer, Gustav (1995): Freie Wechselkursentwicklung oder Währungsdumping?- Überlegungen zu den Ursachen und Wirkungen der jüngsten Aufwertung der Deutschen Mark, in: Jahresbericht 1994/95 der Nord-Westdeutschen Textilindustrie.

Dieckheuer, Gustav (1995): Hochschulreform und Ökonomie - Abschied vom Leitbild der Humboldtschen Universität, Münster.

Dieckheuer, Gustav (1994): Ökologisch-ökonomische Aspekte des Multifaser-Einsatzes, in: Rohstoff-Rundschau, S. 730-738.

Dieckheuer, Gustav (1994): Übungen und Problemlösungen zur Makroökonomik, Berlin, Heidelberg.

Dieckheuer, Gustav / Göcke, Matthias (1993): A forecast model for the German textile economy - econometric framework and results of the 1994 prognosis, in: Proceedings of the 3rd Joint Seminar - College of Textiles, North Carolina.

Dieckheuer, Gustav / Göcke, Matthias (1993): Die FATM-Textilprognose 1994, Westfälische Wilhelms-Universität Münster, Forschungsstelle für Allgemeine und Textile Marktwirtschaft, Arbeitspapier der FATM, Münster.

Dieckheuer, Gustav / Göcke, Matthias (1993): A forecast model for the German textile economy - econometric framework and results of the 1994 prognosis, Westfälische Wilhelms-Universität Münster, Volkswirtschaftliche Diskussionsbeiträge, Beitrag Nr. 185, Münster.

Dieckheuer, Gustav (1993): Externe Finanzierungssalden, Wechselkurs und internationaler Kapitalzinssatz, in: Zeitschrift für Wirtschaft- und Sozialwissenschaften (ZWS), 13. Jg., S. 401 - 423.

Dieckheuer, Gustav (1993): Finanzwissenschaft, in: A. Woll (Hrsg.), Wirtschaftslexikon, 9. Aufl., München.

Dieckheuer, Gustav (1993): Makroökonomik. Theorie und Politik, Kontrollfragen, Übungsaufgaben und Lösungen 1. bis 5. Kapitel, Studienheft Nr. 5, Münster.

Dieckheuer, G. / Baumgartner, M. (1993): Lateinamerika: Verschuldung und Außenhandel - Ursachen, Entwicklungen und Perspektiven, in: Arbeitshefte des Lateinamerika- Zentrums, Nr. 6, Münster.

Dieckheuer, Gustav (1992): Geld- und Fiskalpolitik bei internationalen Rückwirkungen, in: WISU- das Wirtschaftsstudium, 21. Jg., Heft 3, S. 201-207.

Dieckheuer, Gustav / Göcke, Matthias / Kalenberg, Frank (1992): Die FATM-Textilprognose 1993, Westfälische Wilhelms-Universität Münster, Forschungsstelle für Allgemeine und Textile Marktwirtschaft, Arbeitspapier der FATM, Münster.

Dieckheuer, Gustav (1992): Die europäische Währungsunion - Konsequenzen für deutsche Unternehmen, Westfälische Wilhelms- Universität Münster, Volkswirtschaftliche Diskussionsbeiträge, Beitrag Nr. 156, Münster.

Dieckheuer, Gustav (1992): Einführung in die Makroökonomik, Studienheft Nr. 4, Münster.

Dieckheuer, Gustav / Kooths, Stefan (1992): Inflation und Beschäftigung, Studienheft Nr. 3, Münster.

Dieckheuer, Gustav (1991): Volkswirtschaftslehre, in: P. Eichhorn (Hrsg.), Verwaltungslexikon, 2. Aufl., Baden- Baden.

Dieckheuer, Gustav (1991): Internationale Kapitalströme und Wechselkursverbund - eine theoretische Analyse unter besonderer Berücksichtigung der Finanz- und Leistungstransaktionen zwischen EG, Japan und USA, Westfälische Wilhelms-Universität Münster, Volkswirtschaftliche Diskussionsbeiträge, Beitrag Nr. 144, Münster.

Dieckheuer, Gustav (1991): Aufgaben und Lösungen zur Mikroökonomik, Studienheft Nr. 1, Münster.

Dieckheuer, Gustav (1991): Externe Finanzierungssalden. Zinsniveau und Wechselkurs - eine mittelfristige Analyse im Rahmen eines Zwei-Länder-Modells, Westfälische Wilhelms-Universität Münster, Volkswirtschaftliche Diskussionsbeiträge, Beitrag Nr. 141, Münster.

Dieckheuer, Gustav / Göcke, Matthias / Kalenberg, Frank (1991): Die FATM-Textilprognose 1992 - das Prognosemodell, Westfälische Wilhelms-Universität Münster, Forschungsstelle für Allgemeine und Textile Marktwirtschaft, Arbeitspapier der FATM, Münster.

Dieckheuer, Gustav (1990): Die FATM-Textilprognose 1990, Westfälische Wilhelms-Universität Münster, Forschungsstelle für Allgemeine und Textile Marktwirtschaft, Arbeitspapier der FATM, Nr. 15, Münster.

Dieckheuer, G. / Müller, U. / Nödinger, H. (1990): Sectoral Transmission and Aggregate Effects of Imported Inflation: An Econometric Input- Output Model for the Federal Republic of Germany, in: Gehrels, F. et al (Hrsg.), Real Adjustment Processes Under Floating Exchange Rates, Berlin Heidelberg, S. 53 - 80.

Dieckheuer, Gustav (1990): Die Bedeutung ausländischer Direktinvestitionen für Beschäftigung, Struktur, Wettbewerbsfähigkeit und Wachstum von Volkswirtschaften - dargestellt am Beispiel der Bundesrepublik Deutschland 1950 - 1990, Westfälische Wilhelms- Universität Münster, Volkswirtschaftliche Diskussionsbeiträge, Beitrag Nr. 131, Münster.

Dieckheuer, Gustav (1989): 60 Jahre nach dem Schwarzen Freitag - wirtschaftspolitische Lehren aus der Großen Weltwirtschaftskrise, in: Beiträge zur Textilwirtschaft und Wirtschaftspolitik, Nr. 3, Münster.

Dieckheuer, G. / Schießl, P. (1989): Möglichkeiten und Risiken im Osthandel - dargestellt am Beispiel Ungarns, Erlangen.

Dieckheuer, Gustav (1989): Grenzen des Wachstums oder Wachstum ohne Grenzen? Gedanken über die Angst der ökonomischen Zukunftsbewältigung, in: H. Hierdeis und H.S. Rosenbusch (Hrsg.); Artikulation der Wirklichkeit, Frankfurt, S. 297 - 308.

Dieckheuer, Gustav (1988): Börsenkrach, Dollarschwäche und wirtschaftspolitische Fehlentwicklungen - auf dem Weg in eine neue Weltwirtschaftskrise?, in: Festschrift des Raiffeisenverbandes Bayern, Bamberg, S. 4 - 25.

Dieckheuer, Gustav (1988): Zu den Wirkungen der Dollarkursentwicklung auf die Wirtschaft der Bundesrepublik Deutschland, in: Studien zur Bundesrepublik Deutschland, Tongji Universität, Heft 1, Schanghai, S. 22 - 27.

Dieckheuer, Gustav (1987): Bewältigung des volkswirtschaftlichen Strukturwandels mit Hilfe staatlicher Strukturpolitik?, in: Fortbildung, Zeitschrift für Führungskräfte in Verwaltung und Wirtschaft, 32. Jg., Heft 3, S. 68 - 71.

Dieckheuer, Gustav et al (1987): Gesamtwirtschaftliche und sektorale Preis- und Produktionseffekte von Wechselkursänderungen in der Bundesrepublik Deutschland von 1973 bis 1986 - Eine ökonometrische Analyse- Exporte, Importe und Handelsbilanzsaldo, Volkswirtschaftliche Forschungsberichte der Universität Bamberg, Bericht Nr. 10, Bamberg.

Dieckheuer, G. / Schießl, P. (1986): Wirtschaftsentwicklung und Wirtschaftspolitik der Bundesrepublik im internationalen Vergleich, Bamberg.

Dieckheuer, Gustav (1985): US- Budgetdefizit, Dollarkurs und internationale Verschuldungssituation: Wirkungsanalysen mit einem geldmarktorientierten Erklärungsansatz, Volkswirtschaftliche Forschungsberichte der Universität Bamberg, Bericht Nr. 6, Bamberg.

Dieckheuer, G. / Müller, U. / Seitz, G. (1985): US- Budgetdefizit, Dollarkurs und internationale Verschuldungssituation: Empirische Untersuchungen und Simulationen mit einem ökonometrischen Drei- Länder- Modell, Volkswirtschaftliche Forschungsberichte der Universität Bamberg, Bericht Nr. 5, Bamberg.

Dieckheuer, Gustav (1985): Internationaler Preiszusammenhang, sektorale Preisstrukturen und gesamtwirtschaftliche Inflationsrate, in: Bamberger Forschungsprojekte 1980 - 1985, Bamberg, S. 29 - 35.

Dieckheuer, Gustav (1985): Portfolioselektion im finanziellen und nichtfinanziellen Sektor, in: W. Ehrlicher und D. B. Simmert (Hrsg.), Der volkswirtschaftliche Sparprozeß, Beiheft zu Kredit und Kapital, Heft 9, Berlin, S. 365 - 403.

Dieckheuer, Gustav (1985): US- Budgetdefizit, Dollarkurs und internationale Verschuldungssituation: Theoretische Wirkungsanalyse, Volkswirtschaftliche Forschungsberichte der Universität Bamberg, Bericht Nr. 4, Bamberg.

Dieckheuer, Gustav (1984): Externe Verschuldung, Welthandel und internationaler Konjunkturzusammenhang: Theoretische Konzeption eines Drei- Länder- Modells, Volkswirtschaftliche Forschungsberichte der Universität Bamberg, Bericht Nr. 1, Bamberg.

Dieckheuer, G. / Meyer, U. / Schumann, J. (1984): Simultaneous determination of quantities and prices in a dynamic input- output- model, demonstrated for the Federal Republic of Germany, in: United Nations, Proceedings of the seventh International Conference on Input- Output- Techniques, New York, S. 367 - 394.

Dieckheuer, Gustav (1984): Direkte Auslandsneuverschuldung als Instrument staatlicher Schuldenstrukturpolitik- eine modelltheoretische Wirkungsanalyse für feste und flexible Wechselkurse, Volkswirtschaftliche Diskussionsbeiträge der Universität Bamberg, Beitrag Nr. 26, Bamberg.

Dieckheuer, Gustav (1983): Gedanken zum Verhältnis von Mensch und Technologie in der modernen Industriegesellschaft- ökonomische, ökologische, sozio- kulturelle und bildungspolitische Aspekte des technischen Fortschritts, Volkswirtschaftliche Diskussionsbeiträge der Universität Bamberg, Beitrag Nr. 25, Bamberg.

Dieckheuer, Gustav (1983): Grundzüge der makroökonomischen Theorie- Produktion, Beschäftigung und Preisniveau, Bamberg.

Dieckheuer, Gustav (1983): Nachfrageorientierte Beschäftigungspolitik, öffentliche Kreditaufnahme und Verschuldungsdynamik, Volkswirtschaftliche Diskussionsbeiträge der Universität Bamberg, Beitrag Nr. 22, Bamberg.

Dieckheuer, Gustav (1983): Einkommens-, Zins- und Zahlungsbilanzeffekte einer staatlichen In- und Auslandsneuverschuldung bei festen Wechselkursen - eine Simulationsstudie mit einem Zwei- Länder- Modell, Volkswirtschaftliche Diskussionsbeiträge der Universität Bamberg, Beitrag Nr. 19, Bamberg.

Dieckheuer, Gustav (1983): Grundzüge der makroökonomischen Theorie- Geld, Zins und Realeinkommen, Bamberg.

Dieckheuer, Gustav (1983): Nationale und internationale Aspekte der öffentlichen Verschuldung, in: Kommunalwirtschaft, Heft 7, S. 243 - 250.

Dieckheuer, Gustav (1983): Staatsverschuldung in der Bundesrepublik Deutschland: Inlandsverschuldung versus Auslandsverschuldung, in: J. Popkiewicz und J. Schumann (Hrsg.), Probleme der wirtschaftlichen Entwicklung und des Wachstums aus Sicht polnischer und deutscher Ökonomen, Deutsch-polnische wirtschaftswissenschaftliche Studien, Band 4, Bad Honnef, S. 119 - 140.

Dieckheuer, Gustav (1983): Staatliches Budgetdefizit, Wachstum des Produktionspotentials und gesamtwirtschaftliche Inflationsrate, in: Zeitschrift für die gesamte Staatswissenschaft, 139. Band, S. 80 - 89.

Dieckheuer, Gustav (1982): Risiken der internen und externen Neuverschuldung des Staates. Gedanken zu einem aktuellen Problem der Finanzpolitik in der Bundesrepublik Deutschland, Volkswirtschaftliche Diskussionsbeiträge der Universität Bamberg, Beitrag Nr. 17, Bamberg.

Dieckheuer, G. / Müller, U. / Nödinger, H. (1982): Empirische Untersuchungen zu den sektoralen und gesamtwirtschaftlichen Importen von Vorleistungs-, Investitions- und Konsumgütern, Volkswirtschaftliche Diskussionsbeiträge der Universität Bamberg, Beitrag Nr. 12, Bamberg.

Dieckheuer, Gustav (1982): Grundzüge der makroökonomischen Theorie- Güternachfrage und Realeinkommen, Bamberg.

Dieckheuer, Gustav (1982): Realeinkommenseffekte einer Substitution von staatlicher Inlands- durch staatliche Auslandsneuverschuldung, in: Finanzarchiv, Band 40, S. 4188 - 444.

Dieckheuer, Gustav (1982): Sektorale Preis- und Produktionseffekte von Importpreissteigerungen. Empirische Untersuchungen mit einem Fünf- Sektoren-Input- Output- Modell für die Bundesrepublik Deutschland, Volkswirtschaftliche Diskussionsbeiträge der Universität Bamberg, Beitrag Nr. 11, Bamberg.

Dieckheuer, Gustav (1982): Staatliche Auslands- versus staatliche Inlandsneuverschuldung. Eine kurz- und langfristige modelltheoretische Analyse flexible Wechselkurse, Volkswirtschaftliche Diskussionsbeiträge der Universität Bamberg, Beitrag Nr. 10, Bamberg.

Dieckheuer, Gustav (1981): Die Verteilung von Einkommen auf sozio- ökonomische Gruppen- empirische Fakten für die Bundesrepublik Deutschland, theoretische Erklärungsansätze und wirtschafts- politische Beeinflussung, in: J. Popkiewicz und J. Schumann (Hrsg.), Das Volkseinkommen und seine Verteilung in den Volkswirtschaften Polens und der Bundesrepublik Deutschland, Deutsch- polnische wirtschaftswissenschaftliche Studien, Band 3, Bad Honnef, S. 208 - 267.

Dieckheuer, G. / Müller, U. / Nödinger, H. (1981): Importpreise, sektorale Preisstrukturen und internationaler Preiszusammenhang. Modelltheoretische Grundlagen und empirische Untersuchungen für die Bundesrepublik Deutschland, Volkswirtschaftliche Diskussionsbeiträge der Universität Bamberg, Beitrag Nr. 7, Bamberg.

Dieckheuer, Gustav (1981): Internationale Wirtschaftsverpflechtungen und staatliche Neuverschuldung, Volkswirtschaftliche Diskussionsbeiträge der Universität Bamberg, Beitrag Nr. 6, Bamberg.

Dieckheuer, Gustav (1981): Nettokreditaufnahme im Ausland und Stabilitätsziel, Volkswirtschaftliche Diskussionsbeiträge der Universität Bamberg, Beitrag Nr. 5, Bamberg.

Dieckheuer, Gustav (1981): Potentialorientierte und zahlungsbilanzorientierte Geldpolitik. Theoretische Untersuchungen über die Realeinkommens- und Inflationseffekte verschiedener geldpolitischer Strategien und eines staatlichen Budgetdefizits bei alternativer Geldpolitik, Volkswirtschaftliche Diskussionsbeiträge der Universität Bamberg, Beitrag Nr. 4, Bamberg.

Dieckheuer, Gustav (1981): Staatsquote, Wirtschaftswachstum und Inflation, Volkswirtschaftliche Diskussionsbeiträge der Universität Bamberg, Beitrag Nr. 3, Bamberg.

Dieckheuer, Gustav (1980): Der Crowding- out- Effekt - Zum gegenwärtigen Stand von Theorie und Empirie, in: Deutsches Institut für Wirtschaftsforschung, Vierteljahreshefte, S. 126 - 147.

Dieckheuer, Gustav (1980): Das europäische Währungssystem. Eine kritische Beurteilung auf der Grundlage der Theorie optimaler Währungsgebiete.

Dieckheuer, G. / Meyer, U. / Schumann, J. (1979): Ein dynamisches Input- Output- Modell zur simultanen Erklärung der Entwicklung von Mengen und Preisen, angewendet auf die Bundesrepublik Deutschland 1954- 1967, in: J. Seetzen, R. Krengel und G. Von Kortzfleisch (Hrsg.), Makroökonomische Input- Output- Analysen und dynamische Modelle zur Erfassung technischer Entwicklungen, Basel- Bosten- Stuttgart, S. 73 - 104.

Dieckheuer, Gustav (1979): Zu den Wirkungen einer öffentlichen Kreditaufnahme auf die funktionelle und die personelle Einkommensverteilung, in: Finanzarchiv, Band 37, S. 1 - 25.

Dieckheuer, Gustav (1979): Preisbildung in ausgewählten Wirtschaftsbereichen der Bundesrepublik Deutschland, in: J. Popkiewicz und J. Schumann (Hrsg.), Probleme der Preisbildung in den Volkswirtschaften Polens und der Bundesrepublik Deutschland, Deutsch- polnische wirtschaftswissenschaftliche Studien, Band 1, Bad Honnef, S. 99- 118.

Dieckheuer, Gustav (1978): Staatsverschuldung und wirtschaftliche Stabilisierung. Eine theoretische Analyse und eine ökonometrische Studie für die Bundesrepublik Deutschland, Baden- Baden.

Dieckheuer, Gustav (1978): Geldpolitik, Zahlungsbilanz und Wechselkurs. Eine Analyse auf der Grundlage der neuen monetären Zahlungsbilanztheorie, Westfälische Wilhelms- Universität Münster, Volkswirtschaftliche Diskussionsbeiträge, Beitrag Nr. 29, Münster.

Dieckheuer, G. / Meyer, U. / Schumann, J. (1978): Die Auslandsabhängigkeit der Produktions- und Preisentwicklung in der Bundesrepublik- Deutschland 1954 bis 1967, untersucht mit einem dynamischen Input- Output- Modell, in: Zeitschrift für Wirtschaft- und Sozialwissenschaften, Band 98, S. 387 - 424.

Dieckheuer, Gustav (1977): Möglichkeiten und Risiken einer kreditfinanzierten Stabilisierungspolitik, in: Wirtschaftsdienst- Wirtschaftspolitische Monatsschrift, 57. Jg., S. 553 - 561.

Dieckheuer, Gustav (1977): Staatsverschuldung, Zahlungsbilanz und Policy- Mix. Ein Beitrag zur Theorie des internen und externen Gleichgewichts, in: Zeitschrift für die gesamte Staatswissenschaft, 133. Band, S. 440 - 471.

Dieckheuer, Gustav (1976): Realeinkommens-, Preis- und Zinseffekte der Fiskalpolitik, untersucht mit einem ökonometrischen Modell für die Bundesrepublik Deutschland, in: Zeitschrift für die gesamte Staatswissenschaft, 132. Band, S. 422 - 470.

Dieckheuer, Gustav (1975): Wirkung und Wirkungsprozeß der Geldpolitik. Eine mikro- und makroökonomische Analyse, Berlin.

Dieckheuer, Gustav (1975): Eine dynamische Analyse des "Crowding- out-Effektes", in: Finanzarchiv, Band 33, S. 387 - 417.

Dieckheuer, Gustav (1975): Die gesamtwirtschaftliche Preisfunktion. Modelltheoretische und empirische Untersuchungen für die Bundesrepublik Deutschland, in: Zeitschrift für die gesamte Staatswissenschaft, 131. Band, S. 385 - 415.

Dieckheuer, Gustav (1974): Theoretische Untersuchungen zur Wirkungsverzögerung der Geldpolitik, in: Zeitschrift für die gesamte Staatswissenschaft, 130. Band, S. 421 - 445.

FSC
www.fsc.org
MIX
Papier | Fördert
gute Waldnutzung
FSC® C083411

Kolibri 360 GmbH
Ferdinand-Jühlke-Straße 7
99095 Erfurt, Deutschland
produktsicherheit@kolibri360.de

Druck:
CPI Druckdienstleistungen GmbH
im Auftrag der
Kolibri 360 GmbH
Ferdinand-Jühlke-Str. 7
99095 Erfurt